全本点校

太平御覽

（八）

〔北宋〕李昉 等编著

谦德书院 点校

團結出版社

图书在版编目（CIP）数据

太平御览 /（北宋）李昉等编著；谦德书院点校
. -- 北京：团结出版社，2024.3
ISBN 978-7-5234-0257-3

Ⅰ. ①太… Ⅱ. ①李… ②谦… Ⅲ. ①百科全书－中国－北宋 Ⅳ. ① Z222

中国国家版本馆 CIP 数据核字 (2023) 第 135958 号

出版：团结出版社
（北京市东城区东皇城根南街 84 号 邮编：100006）
电话：（010）65228880 65244790 （传真）
网址：www.tjpress.com
Email：zb65244790@vip.163.com
经销：全国新华书店
印刷：易阳印刷河北有限公司

开本：145×210 1/32
印张：238
字数：5883 千字
版次：2024 年 3 月 第 1 版
印次：2025 年 5 月 第 2 次印刷

书号：978-7-5234-0257-3
定价：980.00 元（全九册）

目 录

卷第七百八十八　四夷部九·南蛮四

卷第七百八十九　四夷部十·南蛮五

卷第七百九十 四夷部十一·南蛮六

卷第七百九十一　四夷部十二·南蛮七

卷第七百九十二 四夷部十三·西戎一

卷第七百九十三 四夷十四·西戎二

卷第七百九十七　四夷部十八·西戎六

卷第七百九十八　四夷十九·西戎七

卷第七百九十九　四夷部二十·北狄一

卷第八百　四夷部二十一·北狄二

卷第八百一　四夷部二十二·北狄三

卷第八百二　珍宝部一

卷第八百三　珍宝部二

卷第八百四　珍宝部三

卷第八百五 珍宝部四

卷第八百六 珍宝部五

卷第八百七 珍宝部六

卷第八百八 珍宝部七

卷第八百九 珍宝部八

卷第八百十 珍宝部九

卷第八百十一 珍宝部十

卷第八百一十二 珍宝部十一

卷第八百二十九 资产部九

卷第八百三十 资产部十

卷第八百三十一 资产部十一

卷第八百三十二 资产部十二

卷第八百三十三 资产部十三

卷第八百三十四 资产部十四

卷第八百三十五 资产部十五

卷第八百三十六 资产部十六

卷第八百三十七 百谷部一

卷第八百三十八 百谷部二

卷第八百三十九 百谷部三

卷第八百四十 百谷部四

卷第八百四十一 百谷部五

卷第八百四十二 百谷部六

卷第八百四十三 饮食部一

卷第八百四十四 饮食部二

卷第八百七十六 咎征部三

卷第八百七十七 咎征部四

卷第八百八十八　妖异部四

卷第八百八十九　兽部一

卷第八百九十　兽部二

太平御览卷第七百八十四 四夷部五·东夷五

豆莫娄

《后魏书》曰：豆莫娄国，在勿吉国北千里，去洛阳六千里，旧北夫馀也。

沃沮

范晔《后汉书》曰：东沃沮，人性质直强勇，便持矛步战。

《魏志》曰：东沃沮在高句丽盖马大山之东，滨大海而居。无大君王，世世有邑长。其言语与句丽大同，时时小异。汉初，燕亡人卫满王朝鲜时，沃沮皆属焉。元封二年伐朝鲜，分其地为四郡，以沃沮为玄菟郡。后为夷貊所侵，还属乐浪。今诸邑落渠帅称三老臣，句丽置其中大人为使，又置大家以统之，税其貂布食物、美女碑妾。其土肥美，背山向海，宜五谷。人性质直。少牛马。便持刀矛。其国俗制度，大较似句丽。其嫁娶之法：女年十岁已相许，男家迎之，长养以为妇，至成人更还女家，责钱毕乃复还男。其葬送之法：大木椁长十余丈，开一头作户，新死皆假埋之，须肌肉尽，取骨置椁中；举家皆共一椁，刻木如生，随死者为数；又为瓦鬲，置米其中，编悬之于椁户边。

《后汉书》曰：北沃沮，人言海中有女国，无男人。或传其国有神井，窥之辄生子云。

《魏志》曰：北沃沮，一名置沟娄，去南沃沮八百里。其俗南北皆同。与挹娄接，喜乘船寇抄，沃沮畏之。夏日恒在山上长深穴中为守备；冬月冰冻，船道不通，乃下居村落。其耆老言：国人尝乘船捕鱼，遭风，见吹数十日，东得一岛，其上有人，言语不可晓。其俗，常以七月取童女沈海。又言一国亦在海中，纯女无男。又得一布衣，其两袖长二丈。又得一破船，在岸边。有一人，项中复有面，与语不相晓，不食而死。

肃慎

《书》曰：成王既伐东夷，肃慎来贺，海东诸夷，武王克商，皆通道焉。成王即政而叛，王伐而服之，故肃慎相来贺。王俾荣伯作《贿肃慎之命》。王使荣伯为命书，以币贿赐肃慎之来贺。

《后汉书》曰：挹娄，古肃慎之国也。在夫馀东北千余里，东滨大海，南与北沃沮接，不知其北所极。土地多山险，车马不通。人形似夫馀，而言各异。有五谷、麻布。出赤玉、好貂。所谓挹娄貂是。无君长，其邑各有大人，处于山林之间。土气极寒，常为穴居，以深为贵，大家至接九梯。好养豕，食其肉，衣其皮。冬以豕膏涂身厚数分，以御风寒；夏则裸以尺布，蔽其前后。其人臭秽不洁，作厕于中，圜之而居。自汉兴以后，臣属夫馀。种众虽少，而多勇力，处山险，又善射发，能入人目。弓长四尺，力如弩。矢用楛，长一尺八寸。青石为镞，镞皆施毒，中人即死。便乘船，好寇盗，邻国畏患，而卒不能服。东夷夫馀饮食类此，皆用俎豆。唯挹娄独无法俗，最无纲纪。《魏志》所载同。

《山海经》曰：不咸山在肃慎国。有树名雄常，先人代帝，于此取衣。其俗无衣。中国有圣帝代立者，则此木皮可衣。

《家语》曰：孔子在陈，惠公宾之于上馆。时有隼集于陈侯之庭而死，楛矢贯之，石砮，楛，木名。砮，箭镞。其长尺有咫。惠公使以隼如孔子之馆问焉，子曰："隼之来远矣，此肃慎氏之矢也。"事具博物部。

《肃慎国记》曰：肃慎氏，其地在夫馀国北可六十日行，东滨大海。夏则巢居，冬则穴处。父子世为君长，无文墨，以言语为约。其畜有马、猪、牛、羊。不知乘马，以为财产而已。猪放山谷中，食其肉，坐其皮，绩猪毛以为布。无井灶，人作瓦鬲，四五升以食。坐则箕踞，足挟肉而啖之；得冻肉，坐其上，令软。土地无盐，烧木作灰，灌取汁食之。俗皆编发，以布作襜袩，径尺余，以蔽前。嫁娶之法：男以毛羽插女头，女和则持归，然后致礼娉之。妇贞而女淫，贵壮贱老，寡居终身不嫁。性凶悍，以无忧丧相尚。父母死，男子不哭，哭者谓之不壮。相盗，赃物无多少，尽诛杀之。虽野处而不相犯。死者即日便葬于野，交木作小椁。杀猪积椁上，富室数百，贫者数十，以为死者之粮。以土覆之，以绳系于椁，头出土上，以酒灌酹，终绳腐而止，无时祭祀也。其檀弓三尺五寸，括矢长尺有咫，石砮，皮骨甲。石山在国东北，取之必先祈神，石利入铁。

勿吉

《后魏书》曰：勿吉国在高句丽北，旧肃慎国也。去洛五千里。国有大水，阔三里余，名速末水。其地下湿。无牛，有车马，佃则偶耕，车则步推。有粟及麦穄音祭，菜则有葵。水气咸凝，盐生树上，亦有盐池。多猪无羊。嚼米醖酒，饮之能醉。妇人则布裙，男子猪犬皮裘。初婚之夕，男就女家，执女乳而罢，便以为定，仍为夫妇。俗以人溺洗手面，头插虎豹尾。其父母春夏死立理之，冢上作屋，不令雨湿；若秋冬死，以其尸哺貂，貂食其肉，多得之。国南有从太山，魏言：太皇有虎豹熊狼，不害人。其傍有大莫卢覆锺国、莫多回国、库娄国、素和国、具伏弗国、匹犁尔国、拔大何国、都羽陵国、库伏真国、鲁娄国、羽真侯国，前后各遣朝献。

《北史》曰：勿吉国在高句丽北，一曰靺鞨。邑落各自有长，不相总一。其人劲捍，于东夷最强，言语独异。常轻豆莫娄等国，诸亦患之。去洛阳五千里。自和龙北二百余里，有善玉山。山北行十三日，至祁黎山。又北行七日，至洛怀水，水广里余。又北行十五日，至太岳、鲁水。又东北行十八日，到其国。其部类凡有七种，一号栗末部，与高丽接，胜兵数千，多骁武，每寇高丽；其二曰伯咄部，在栗末北，胜兵七千；其三曰安车骨部，在伯咄东北；其四曰拂涅部，在伯咄部东；其五曰号室部，在拂涅东；其六曰黑水部，在安车骨西北；其七曰山部，在栗末东南，胜兵并不过三千。而黑水部尤为劲健。自拂涅以东，矢皆石镞，即古肃慎氏也。东夷中为强国，所居多依山水，渠帅曰大莫弗瞒母官切咄。国南有徒太山者，俗甚敬畏之，人不得山上溲污；行经山者，以物盛去。地卑湿，筑土如堤，凿穴以居，开口向上，以梯出入。其妻有外淫者，人告其夫，辄杀妻而后悔，必杀告者，由是奸淫事终不敢发。人皆善射，以射猎为业，角弓长三尺，箭长尺二寸。常以七八月造毒药，傅矢以射禽兽，中者立死。煮毒药，气亦能杀人。

又曰：延兴中，勿吉国遣乙力支朝献。大和初，又贡马五百匹。乙力支称：初发其国，乘船溯难河西上，至太泺河，沉船于水，南出陆行，度洛孤水，从契丹西界达和龙。自云：其国先破高句丽十落，密共百济谋，从水道并力取高丽，遣乙力支奉使大国，谋其可否。诏敕："三国同是藩附，宜共和顺，勿相侵扰。"乙力支乃还，从其来道，取得本船，泛达其国。

《隋书》曰：开皇初，勿吉国相率遣使贡献。文帝诏其使曰："朕闻彼土人勇，今来实副朕怀。视尔等如子，尔等宜敬朕如父。"对曰："臣等僻处一方，闻内国有圣人，故来朝拜。既亲奉圣颜，愿长为奴仆。"其国西北与契丹接，每相劫掠。后因其使来，文帝诫之，使勿相攻击，使者谢罪。帝因厚劳之，令宴饮于前。使者与其徒皆起舞，其曲折多战斗容，上顾谓侍臣曰："天地间乃有此物，常得用兵意。"然其国与隋悬隔，唯粟末白山为近。炀帝初，与高丽战，频败其众，渠师突地稽率其部降，拜右光禄大夫，居之柳城，与边人来往，悦中国风俗，请被冠带。帝嘉之，赐以锦绮而褒宠之。及辽东之役，突地稽率其徒以从，每有战功，赏赐甚厚。

扶桑国

《南史》曰：扶桑国者，齐永平元年，其国有沙门慧深来至荆州，说云：扶桑在大汉国东二万余里，地在中国之东。其土多扶桑木，故以为名。扶桑叶似桐，初生如笋，国人食之，实如梨而赤，绩其皮为布以为衣，亦以为锦。作板屋，无城郭。有文字，以扶桑皮为纸。无兵甲，不攻战。其国法有南北狱，若有犯轻罪者入南狱，重罪者入北狱。有赦则放南狱，不赦北狱。在北狱者，男女相配，生男八岁为奴，生女九岁为婢，犯罪之身至死不出。贵人有罪，国人大会，坐罪人于坑，对之宴饮分诀，若死别焉；以灰绕之，其一重则身屏退，二重则及子孙，三重者则及七世。名国王为乙祁，贵人第一者对卢，第二者小对卢，第三为纳咄沙。国主行，有鼓角导从。其衣色随年改易，甲乙年青，丙丁年赤、戊巳年黄、庚辛年白、壬癸年黑。有牛角甚长，以角载物，至胜二十斛。有马车、牛车、鹿车。国人养鹿，如中国畜牛，以乳为酪。有赤梨，经年不坏。多葡萄。其地无铁，有铜，不贵金银，市无租估。其婚姻法：婿往女家门外作屋，晨夕洒扫，经年而女不悦，即驱之，相悦乃成婚。婚礼大抵与中国同。亲丧，七日不食；祖父母丧，五日不食；兄弟伯叔姑姊妹，三日不食。设坐为神像，朝夕拜奠，不制衰绖。嗣王立，三年不亲国事。其俗旧无佛法，宋大明二年，罽宾国常有比丘五人游行其国，始通佛法经教焉。

女国

《南史》曰：沙门惠深云：女国在扶桑东千余里。其人容白端正，色甚洁白，身体存毛，发长委地。至二三月，竞入水妊娠，六七月产子。女人胸前无乳，项后生毛根，白毛中有汗似乳。子百日能行，三四年则成人矣。儿见人惊避，偏畏丈夫。食咸草如禽兽。咸草叶似邪蒿，而气味咸。

文身

《南史》曰：文身国，在倭国东北七千余里。人体有文如兽，其额上有三文，文直，贵；文小曲者，贱。土俗欢乐，物丰而贱，行客不赍粮。有屋宇，无城郭。国王所居，饰以金银珍丽。绕屋为堑，广一丈，实以水银，雨则流于水银之上。市用珍宝。

大汉

《南史》曰：大汉国，在文身国东五千余里，无兵戈，不战伐。风俗并与文身国同，而言语异。

流求

《隋书》曰：流求国，居海岛之间，当建安郡东，水行五日而至。土多出铜。其王姓欢斯，名渴刺兜，不知其由来、有国代数也。彼土人呼之为可老羊，妻曰多拔荼。所居曰波罗檀洞，堑栅三重，环以流水，树棘为藩。王所居舍，其大十六间，雕刻禽兽。多斗镂树，似橘而叶密，条纤如发，纷然下垂。国有四五帅统诸洞，洞有小王。往往有村，村有鸟了帅，并以善战者为之，自相树立，理一村之事。男女皆以白纻缠发，从头盘绕。妇人以罗纹白布为帽，织斗镂皮，并杂色纻及杂毛以为衣，制裁不一。织藤为笠，饰以毛羽。兵有刀矟弓箭剑铍之属，编纻为甲，或以熊、豹之皮。王乘木兽，令人举之而行，导从不过数十人。国人好相攻击，人皆骁健善走，难死而耐创。诸洞各为部队，不相救助。两阵相当，勇者三五人相击射，如其不胜，一军皆走，遣人致谢，即共和解，收取斗死者，共聚而食之，食皆用手。无赋敛，有事则均税。俗无文字，视月亏盈以纪时节，候草枯以为年岁。人深目长鼻，颇类于胡人。纵年老，发多不白。无君臣上下之节、拜伏之礼。父子同床而寝。妇人产乳，必食子衣。以木槽曝海水为盐，木汁为醋，酿米面为酒。遇得异味，先进尊者。凡有宴会，执酒者必待呼名而后饮。上王者酒，亦呼王名，衔杯同饮，颇同突厥。歌呼蹋蹄，一人唱，众皆和，音韵哀怨。其死者气将绝，举至庭，浴其尸，以布帛缠之，裹以苇草，衬土而殡，上不起坟，为子者数月不食肉。有熊罴豺狼，尤多猪鸡，无牛羊驴马。厥田良沃，先以火烧，而引水灌之。持一插以石为刃，长尺余，阔数寸而垦之。宜播种。树木同江表，气候岭南相类。俗事山海之神，祀以酒肴。斗战杀人，便将所杀人祭其神。炀帝大业初，海帅何蛮等，每春秋二时，天清风静，东向，依稀似有烟雾之气，亦不知几千里。三年，帝令羽骑尉朱宽入海求访异俗，何蛮言之，遂与蛮俱往。因到流求国，言语不相通，掠一人，并取其甲而还。时倭国使来朝贡，见之，曰："此夷邪久国人所用也。"帝遣武贲郎将陈稜、朝请大夫张镇同率兵，自义安浮海击之，至流求。初，稜将南方诸国人从军，有昆仑人，颇解其语，遣人慰谕之。流求不从，拒逆官军。稜击走之，进至其都，频战皆败，毁其宫室，虏其男女数千人而还。

太平御览卷第七百八十五 四夷部六·南蛮一

叙南蛮

《礼记·王制》曰：南方曰蛮，雕题交址，有不火食者矣。雕文，谓刻肌，以丹青涅之。交距足，相乡。不火食，地气暖，不为病。

《左传》曰：庸人率群蛮以叛楚，庸，今上庸县，属楚之小国。麇人率百濮聚于选，将伐楚。选，楚地。百濮，夷也。于是申息之北门不启。

又曰：楚子闻蛮氏之乱也，与蛮子无质也，质，信也。使然丹诱戎蛮子嘉杀之，遂取蛮氏。

又曰：王子朝使告于诸侯曰："兹不谷震荡播越，窜在荆蛮，未有攸底。"蠢，动也。蛮荆，荆州之蛮也。

《诗》曰：蠢尔蛮荆，大邦为仇。

又曰：修尔车马、弓矢戎兵，用戒戎作，用逖蛮方。蛮方，蛮荆之外也。此时中国微弱，故复戒将率之臣，以治军实。

又曰：保有凫绎，遂荒徐宅，至于海邦。淮夷蛮貊，及彼南夷，莫不率从。

《尚书·舜典》曰：柔远能迩，敦德允元，而难任人，蛮夷率服。帝曰："皋陶，蛮夷猾夏，寇贼奸宄。"猾，乱也。夏，华夏也。群行攻劫曰寇，杀人曰贼，在外曰奸，在内曰宄，言无教所致也。

又《禹贡》曰：三百里蛮。以文德来之，不制以法。

《论语》曰：子张问行，子曰："言忠信，行笃敬，虽蛮貊之邦，行矣。"

《史记》曰：吴太伯、弟仲雍皆周大王之子，避季历，乃奔荆蛮，文身断发，示不可用。荆蛮义之，从而归之千余家。

《汉书》曰：贾谊上书云："凡天子者，天下之首，何也？上也。蛮夷者，天下之足，何也？下也！"

《世说》曰：郝隆为桓温南蛮参军。三月三日，就温席作诗曰：

“娵隅跃清池。”温问何物，答曰：“蛮名鱼为娵隅。”桓曰：“何为作蛮语？”隆曰：“千里投公，始得一蛮府参军，那得不作蛮语！”

越裳国

《尚书大传》曰：交址之南有越裳国。周公居摄六年，制礼作乐，天下和平。越裳以三象重译而献白雉，曰：“道路悠远，山川阻深，音使不通，故重译而朝成王以归。”周公曰：“德不加焉，则君子不飨其质；质亦贽也。政不施焉，则君子不臣其人。何以获此赐也？”其使请曰：“吾受命吾国之黄耇日久矣；天之无烈风淫雨，意者中国有圣人乎？有则盍往朝之？”周公乃归之于王，称先王之神致，以荐于宗庙。周德既衰，于是稍绝。

黄支国

《汉书》曰：黄支国，去合浦日南三万。国俗与朱崖略同。武帝时来贡，且多明珠、璧琉璃、奇石异物。大珠围及二寸，至圆者置之平地，终日不得止。

槃瓠

《后汉书》曰：昔高辛氏有犬戎之寇，帝患其侵暴，而征伐不克。乃访募天下有能得犬戎之将吴将军首者，购黄金千镒、邑万家，又妻以少女。时帝有畜狗，其毛五采，名曰槃瓠。下令 之后，槃瓠遂衔人头造阙下，群臣怪而诊视之，乃吴将军首也。帝大喜，乃以女配槃瓠。槃瓠得女，负而走南山，止石室中，所处险绝，人迹不至。于是女解去衣裳，为仆鉴之髻结，着独力之衣。仆鉴、独力，皆未详。流俗或改鉴为竖者，妄穿凿也。经三年，生子十二人，六男六女。槃瓠死后，因自相夫妻，织绩木皮，染以草实。好五色衣服，制裁皆有尾形，其衣裳班兰。语言侏离。好入山壑，不乐平旷。帝顺其意，赐以名山广泽。其后滋蔓，号曰蛮夷，外痴内黠，安土重旧。以先父有功、母帝之女，田作贾贩，无关梁符传租说之赋。有邑君长，皆赐印绶。冠用獭皮，名渠帅曰精夫，相呼为姎徒。姎，焉郎切。《说文》曰：女人自称，姎，我也。今长沙武陵蛮是也。

又曰：南蛮，其在唐虞与之要质，故曰要服。夏、商之时，渐为边患。暨于周代，党众弥盛，故《诗》曰："蠢尔蛮荆，大邦为仇。"至楚武王时，蛮与罗子共败楚师，杀其将屈瑕。莫敖不设备，故败，缢于荒谷，群帅囚于治父也。楚师既振，遂属于楚。及吴起相悼王，南并蛮、越，遂有洞庭、苍梧。秦昭王使白起伐楚，略取蛮夷，始置黔中郡。

又曰：汉兴，改秦黔中郡为武陵。岁令大人输布一匹，小口二丈，是谓賨布。《说文》曰：賨，南蛮赋也。音駢冬切。虽时为寇盗，而不足为郡国患。光武建武二十三年，武陵蛮精夫相单程等大寇郡县，遣武威将军刘尚，发南郡、长沙、武陵兵万余人，乘船溯沅水入武溪击之。沅水出牂柯故且兰东北，经灵溪、长沙、巴陵郡入洞庭通功也。武溪，在灵溪郡卢溪县。尚轻敌深入，悉为所没。又遣伏波将军马援将兵到临沅，今武陵郡武县，即汉临沅县也。击破之，单程等饥困乞降。会援病卒，谒者宗均听悉受降，为置吏以司之，群蛮遂平。

又曰：顺帝永和初，武陵太守上书，以蛮夷率服，可比汉人，增其租赋。议者皆以为可，尚书令虞诩独奏曰："自古圣王不臣异俗，非德不能及，威不能加，其兽心贪婪，难率以礼。是故羁縻而绥抚之，附则受而不逆，叛则弃而不追。先帝旧典，贡税多少，所由来久矣。今猥增之，必有怨叛，计其所得，不偿所费，必有后悔。"帝不从。其冬，澧中溇中蛮果争贡布非旧约，溇水，出令澧阳郡。溇，音娄。遂杀乡史，举种反叛。明年，遣武陵太守李进讨破之，斩首数百级，余皆降散。

又曰：延熹中，长沙零陵蛮反叛，寇江陵。荆州刺史刘度、谒者马睦、南郡太守李肃皆奔走。肃主簿胡爽扣马首谏曰："蛮夷见郡无儆备，故敢乘间而进。明府为国大臣，连城千里，举旍鸣鼓，应声十万，奈何委付守之重，而为逋逃之人乎？"肃拔刃向爽曰："掾促去！太守今急，何暇此计！"抱马固谏，肃遂杀爽而走。帝闻之，征肃弃市，复爽门闾，拜家一人为郎。

《魏略》曰：高辛氏有老妇居王室，得耳疾。挑之，乃得物，大如茧。妇人盛瓠中，覆之以槃。俄须化为犬，其文五色，因名槃瓠。

干宝《晋纪》曰：武陵长沙郡夷，槃瓠之后。杂处五服之内，凭山阻险。每常为猱杂鱼肉，而归以祭盘瓠。俗称赤髓横裙子孙。

《唐书》曰：黄国公册安昌者，盘瓠之苗裔也。世为巴东蛮帅，与田、李、向、邓各分盘瓠一体。世传其皮盛以金函，四时致祭。

黄闵《武陵记》曰：山半有盘瓠石室，可容万人，中有石床、盘瓠行迹。今按山窟前，有石羊、石兽，古迹奇异。尤多坐石窟，大如三间屋。遥见一石，仍似狗形，蛮俗相传云是盘瓠象也。

《荆州记》曰：阮陵县君居西口，有上就、武阳二乡，唯此是盘瓠子孙狗种也。二郡在武陵溪之北。

廪君

《后汉书》曰：巴郡南郡蛮，本有五姓：巴氏、樊氏、瞫音审氏、相氏、郑氏，皆出于武落钟离山。在今郡是奏陵山县。其山有赤、黑二穴，巴氏之子生于赤穴，四姓之子皆生黑穴。未有君长，俱事鬼神，乃共掷剑于石穴，约能中者奉以为君。巴氏子务相乃独中之，众皆叹服。又令各乘土船，约能浮者当为君，余姓悉沉，唯务相独浮，因共立之，是为廪君。乃乘土船，从夷水至盐阳盐水，有神女谓廪君曰："此地广大，鱼盐所出，愿留共居。"廪君不许。盐神暮辄来宿，旦即化为虫，与诸虫群飞，掩蔽日光，天地晦冥，积十余日。廪君思其便，因射杀之，天乃开明。廪君于是君乎夷城，四姓皆臣之。廪君死，魂魄世为白虎。巴氏以虎饮人血，遂以人祠焉。

又曰：秦惠王并巴中，以巴氏为蛮夷君长，世代尚秦女。其人爵比不更，有罪得以爵除。

又曰：汉兴，南郡太守靳强奏请，一依秦时故事。至光武建武二十三年，南郡潳山蛮雷迁等始反叛，潳，音屠。寇掠百姓。遣武威将军刘尚讨破之，徙其种人七千余口置江夏界中。其后沔中蛮是也。汉之江夏郡，今竟陵郡富水、安陆、齐安、汉阳、江夏、蕲春郡地皆是也。

又曰：和帝永元十三年，巫蛮许圣等以郡收税不均，汉之巫县，今云安郡巫山县也。怀怨恨，遂屯聚反叛。荆州诸郡兵讨破之，复悉徙置江夏。灵帝光和三年，江夏蛮复反，寇患累年。庐江太守陆康讨破之。汉庐江即今郡也。

《世本》曰：廪君使人操青缕以遗盐神曰："婴此即相宜。"云与女俱生，弗宜将去。盐神受缕而婴之，廪君即立阳石上，望青缕而射之。盐神死，天乃大开。

《说文》曰：㚵，南郡蛮夷布也。㚵音稼。

《荆州图》曰：夷陵县西有温泉。古老相传，此泉元出盐，于今水有盐气。县西一独山，有石穴，有二大石并立穴中，相去一丈，俗名为阴阳石。阴石常湿，阳石常燥。

盛弘之《荆州记》曰：昔廪君浮夷水，射盐神于阳石之上。按，今施州清江县江水，一名夷水，一名盐水，源出清江县西都亭山。

《水经》曰：夷水，别出巴郡鱼复县。《注》云："水色清照十丈，分沙石。蜀人见澄清，因名清江。"

板楯蛮

《后汉书》曰：板楯蛮者，秦昭襄王时，有一白虎，常从群虎，数游秦、蜀、巴、汉之境，伤害千余人。昭王乃募国中有杀虎者，赏邑万家。时有巴郡阆中夷人能作白竹之弩，乃登楼射杀白虎。昭王嘉之，以其夷人，不欲加封，乃刻石盟要，复夷人顷田不租，十妻不算，一户免其一顷田之租税，虽有十妻，不输口算之钱也。伤人者论，杀人得以倓钱赎死。何承天《纂文》曰：倓，蛮夷赎罪货也。倓，徒滥反。盟曰："秦犯夷输，黄龙一双；夷犯秦输，清酒一钟。"夷人安之。

又曰：汉高帝为汉王，发夷人还伐三秦。今汉中秦川。秦地既定，上遣还巴中，复其渠帅罗、朴、督、鄂、度、夕、龚七姓不输租赋，余户乃岁入賨钱口四十，世号为板楯蛮夷。阆中有渝水，其人多居水左右，天性劲勇。初，为汉前锋，数陷阵。俗喜歌舞，喜，音虚记切。高祖观之，曰："此武王伐纣之歌也。"乃命乐人习之，所谓巴渝舞也。

又曰：灵帝光和中，巴郡板楯叛，寇掠三蜀及汉中诸郡。帝欲大发兵，乃问益州计吏考以征讨方略。汉中上计程苞对曰："板楯七姓，射杀白虎，立功先世，复为义人，其人勇猛，善于兵战。昔安帝永和初中，羌入汉川，郡县破坏，得板楯救之，羌死败殆尽，故号为神兵。羌人畏忌，传语种辈勿复南行。至建和二年，羌复大入，实赖板楯连摧破之。前车骑将军冯绲南征武陵，虽丹阳精兵之锐，亦倚板楯以成其功。近益州郡乱，太守李颙亦以板楯讨而平之。忠功如此，本无恶心，但长吏乡亭更赋至重，仆役箠楚过于奴虏，阙庭悠远，不能自闻，含怨呼天，叩心穷谷，故邑落相聚以致叛戾，非有谋主僭号以图不轨。今但选明能牧守，自然安集，不烦征伐也。"帝从其言，遣太守曹谦宣诏赦之，即皆降服。

《北史》曰：自刘石乱后，蛮渐得北迁，陆浑以南，满于山谷。道武既定，中山蛮王梅安率渠帅数千朝京求留质子以表忠款，拜安侍子豹为安远将军。延兴中，大阳蛮首桓诞拥河水以北、滍叶以南八万余落内属，孝文嘉之，拜诞东荆州刺史。襄阳王诞，字天生，桓玄子也，既内属，居朗陵。王师南伐，请为前驱，讨义阳，不果而旋。太和十七年，蛮首田益宗率部曲四千余户内属，襄阳蛮首雷婆思等十一人率千余户内徙，求居大和川，诏给廪食。后开南阳，全有沔北之地，蛮人安堵，不为寇贼。宣武景明初，太阳蛮首田育丘等二万八千户内附，诏置四郡十八县。鲁阳蛮鲁北燕等聚众万余，攻逼频阳，遣右卫将军李宗讨平之，徙万余家于河北及六镇，寻叛南走，所在追讨，比及河杀之皆尽。正始二年，梁沔东太守田清喜拥七郡三十一县户万九千内附。永平初，东荆州太守桓叔兴表前后招慰大阳蛮归者一万七百户，请置郡十六县五十，诏前镇东府长史郦道元检行置之。后二荆两郢蛮大扰动，断三鵶路，杀都督，寇盗至于襄城、汝水，百姓多被其害。连年攻讨，散而复合，其暴滋甚。有冉氏、向氏、田氏，陬落最盛，大者万家，小者千户，更相崇树，僭称王侯，屯据三峡，断遏水路，荆、蜀行人至有假道者。周文略定伊瀍。声教南被，诸蛮畏威，靡然向风。后唐州蛮田鲁嘉叛，自号豫州伯，王雄等讨平之。寻而蛮帅舟令贤、向五子王等反，攻陷白帝。天和初，开封陆腾讨斩之，以其骸骨于水逻城侧为京观，后蛮蛋见辄大哭。自此，狼戾之心去矣！

俚

《后汉书》曰：建武十二年，九真徼外蛮里张游，里，蛮之别号，今则呼为俚人。率种人慕化内属，封为归汉里君。

沈怀远《南越志》曰：晋康郡夫阮音纯县人夷曰徕世尺切其俗栅居，实唯俚之城落。

《南州异物志》曰：广州南有贼曰俚。此贼在广州之南，苍梧、郁林、合浦、宁浦、高凉五郡中央，地方数千里。往往别村各有长帅，无君主，恃在山险，不用城。自古及今，弥历年纪。民俗蠢愚，唯知贪利，无有仁义道理。土俗不爱骨肉，而贪宝货及牛犊。若见贾人有财物、水牛者，便以其子易之，夫或鬻妇，兄亦卖弟。若邻里有负其家债不时还者，其子弟中愚者谓其兄曰："我为汝取钱，汝但当善殡葬我耳！"其处多野葛，为钩挽数寸，径到债家门下，谓曰："汝负我钱，不肯还我，今当自杀。"因食野葛而死债家门下。其家便称怨，宗族人众往债家曰："汝不还我钱，而杀我子弟，今当击汝！"债家惭惧，因以牛犊、财物谢之数十倍，死家乃自收死者罢去，不以为恨。

裴渊《广州记》曰：俚獠贵铜鼓，唯高大为贵，面阔丈余，方以为奇。初成，县于庭，克晨置酒，招致同类，来者盈门。其中豪富子女，以金银为大叉，执以叩鼓，竟留遗主人，名为铜鼓钗。风俗好杀，多构仇怨。欲相攻击，鸣此鼓集众，到者如云。有是鼓者，极为豪强。

太平御览卷第七百八十六　四夷部七·南蛮二

哀牢

《后汉书》曰：哀牢夷者，其先有妇人名沙壹，居牢山，尝捕鱼，水中触沉木，若有感，因怀妊，十月产子男十人。后沉木化为龙出水上，沙壹忽闻龙语曰："若为我生子，今悉何在？"九子见龙惊走，独小子不能去，背龙而坐。龙因舐之。其母鸟语，谓背为九，谓坐为隆，因名其子曰九隆。沙壹将九隆居龙山下。后九隆长大，诸兄以九隆能为父所舐而黠，遂共推以为王。后牢山下有一夫一妇，复生十女子。九隆兄弟皆娶以为妻。后渐相滋长。种人皆刻画其身象龙文，衣皆着尾。九隆死，世世相继，乃分置小王。往往邑居，散在溪谷，绝域荒外，山川阻深，生人以来，未尝交通中国。建武二十三年，其王贤栗遣兵乘箄音蒲佳切船南下江汉，击附塞夷鹿茤音多。鹿茤人弱，为所擒获。于是震雷疾雨，南风飘起，水为逆流，翻涌二百余里，箄船沉没，哀牢之众溺死者数千人。贤栗复遣六王，将万人以攻鹿茤。鹿茤王与战，杀其六王。哀牢耆老共埋六王，夜虎复出其尸而食之。余众惊怖，立引去。贤栗惶恐，谓其耆老曰："我曹入边塞，自古有之。今攻鹿茤，辄被天诛，中国其圣帝乎？天祐助之，何其明也！"二十七年，贤栗等遂率种人诣越嶲太守郑鸿降，求内属，光武封贤栗等为君长。自是岁来朝贡。

又曰：永平十二年，哀牢王柳邈遣子率种人内属。显宗以其地置哀牢、博南二县，割益州郡西部都尉所领六县，合为永昌郡。始通博南山，渡兰仓水。行者苦之，歌曰："汉德广，开不宾，度博南，越兰津，渡兰仓，为他人。"

又曰：西部都尉广汉郑纯，为政清洁，化行夷貊。天子嘉之，即以为永昌太守。纯与哀牢夷人约：邑豪岁输布贯头衣二领、盐一斛，以为常赋。夷俗安之。

《九州记》曰：哀牢人，皆儋耳穿鼻。其渠帅自谓王者，耳皆下肩三寸，庶人则至肩而已。土地沃美，宜五谷、蚕桑。知染彩、文绣。有兰于细布，猿言纻也。织成文章如绫锦。有梧桐木华，绩以为布，幅广五尺，洁白不受垢污。先以覆亡人，然后服之。有濮竹，节相去二丈。地出铜、铁、铅、锡、金、银、光珠、琥珀、水精、琉璃、轲虫、蚌珠、孔雀、翡翠、犀、象、猩猩、豹兽。

《唐书》曰：麟德元年五月，于昆明之拺挔川置姚州都督府，每年差兵募五百人镇守。武太后神功二年，蜀州刺史张东之上表曰："姚州者，古哀牢之旧国也。本不与中国交通，前汉唐蒙开夜郎、滇笮，而哀牢不附。至光武贾岁，始请内属。汉置永昌郡，以统理之，税其盐布毡罽，以利中土。其国西通大秦，南通交址。奇珍进贡，岁时不阙。及诸葛亮五月渡泸水，收其金银盐布，以益军储，使张伯歧选其劲卒，以增武备。前代置郡，其利颇深。今盐布之税不供，珍奇之贡不入，而空竭府库，驱率平人受役蛮夷，肝脑涂地。汉以得利既多，更置博南、哀牢二县，蜀人愁怨，行者作歌。今于国家无丝发之利，在百姓受终之酷，伏乞省罢姚州，使隶嶲府，岁时朝覲，同之番国。"

乌浒

《后汉书》曰：交址西有啖人国，生首子辄解而食，谓之"宜弟"；味旨则以遗其君；君喜而赏其父。取妻美，则让其兄。今乌浒人是也。

《南州异物志》曰：交、广之界，民曰乌浒，东界在广州之南、交州之北。恒出道间，伺候二州行旅，有单逈辈者，辄出击之，利得人食之，不贪其财货也。地有棘竹，厚十余寸，破以作弓，长四尺余，名狐弩。削竹为矢，以铜为鏃，长八寸，以射急疾，不凡用也。地有毒药，以傅矢金，入则挞皮，视未见疮，顾盼之间，肌肉便皆坏烂，须臾而死。寻问此药，云取虫诸有毒螫者，合着管中曝之，既烂，因取其汁，日煎之。如射肉，在其内地则裂，外则不复裂也。乌浒人便以肉为淆俎，又取其髑髅，破之以饮酒也。其伺候行人小有失辈，出射之，若人无救者，便止以火燔燎食之；若人有伴相救，不容得食，力不能尽相担去者，便断取手足以去。尤以人手足掌跖为珍异，以饴长老。出得人归家，合聚邻里，悬死人中当，四面向坐，击铜鼓歌舞饮酒，稍就割食之。春月方田，尤好出索人，贪得之，以祭田神也。

《异物志》曰：乌浒，取翠羽、采珠为产；又能织班布，可以为帷幔。族类同姓，有为人所杀，则居处伺杀主，不问是与非，遇人便杀，以为肉食也。

裴渊《广州记》曰：晋兴有乌浒人，以鼻饮水，口中进啖如故。

林邑国

《南史》曰：林邑国，大汉日南郡象林县，古越裳界也。伏波将军马援开南境北县，其地从广可六百余里，城去海百二十里，去日南界四百余里。北接九德郡。其南界地北水步道二百余里，有西图夷，亦称王。马援所植二铜柱，表汉界处也。其国有金。山石皆赤色，其中生金。金夜则出飞，状如萤火。又出玳瑁、贝齿、古贝、沉木香。古贝者，树名也，其花成时如鹅毳，抽其绪纺之，以作布。布与纻布不殊，亦染成五色，织为班布。沉木香者，土人斫断，积以岁年朽烂而心节独在，置水中则沉，故曰沉香，次浮者栈香。汉末大乱，功曹区连杀县令，自立为王数世。其后王无嗣，外甥范熊代立，死，子逸嗣。晋成帝咸康三年，逸死，奴文篡立。文本日南西卷县夷帅范幼家奴，常牧牛于山涧，得鲤鱼二，化而为铁，因以铸刀。刀成，文向石咒曰："若斫石破者，文当王此国。"因斫石，如断刍藁，文心异之。范幼尝使之商贾，至林邑，因教林邑王作兵车器械，王宠任之。后乃谗言，诸子各奔馀国。及王死，无嗣，文于邻国迓王子，置毒于浆中杀之，遂胁国人自立。

又曰：林邑王文敌，为扶南王子当根纯所杀，大臣范诸农平乱，自立为王。诸农死，子阳迈立。阳迈初在孕，其母梦生儿，有人以金席藉之，其色光丽。夷人谓金之精者为阳迈，若中国云紫磨者，因以为名。宋永初二年，遣使贡献，以阳迈为林邑王。阳迈死，子咄立，慕其父，复曰阳迈。其国俗，居处为閤，名曰干阑，门户皆北向。书树叶为纸。男子皆以横幅古贝绕腰已下，谓之于漫，亦曰都漫。穿耳，贯小环。贵者着革屣，贱者跣行。自林邑、扶南诸国皆然也。其王着法服，加缨珞，如佛像之饰，出则乘象，吹螺击鼓，罩古贝伞，以古贝为幡旗。国不设刑法，有罪者使象蹋杀之。其犬姓号婆罗门。嫁娶必用八月，女先求男，由贱男而贵女。同姓还相婚姻。使婆罗门引婿见妇，握手相付，咒曰："吉利，吉利。"为成礼。死者焚之中野，谓之火葬。其寡妇孤居，散发至老。国王事竺乾道，铸金银人像，大十围。元嘉中，阳迈侵暴日南、九德诸郡，交州刺史杜弘之建牙欲讨之，闻有代，乃止。

又曰：宋文帝元嘉二十二年，使交州刺史檀和之、振武将军宗悫伐林邑。和之遣司马萧景宪为前锋。阳迈闻之惧，欲输金一万斤、银十万斤、铜三十万斤，还所略日南户。其大臣蓍音毒僧达谏止之，乃遣大帅范扶龙戍其北界区栗城。景宪攻城，克之，乘胜即克林邑。阳迈父子并挺身逃奔。获其珍异，皆是未名之宝。又销其金人，得黄金数万斤。

又曰：齐永明中，林邑王范文贇遣使贡献。梁天监中，文赞子天凯奉表献白猴，自此贡献不绝。

《北史》曰：林邑国延袤数千里，土多香木、金宝，物产大抵与交址同。以砖为城，蜃炭涂之。皆开北户以向日，或东西无定。尊官有二：其一曰西那婆帝，其二曰薩婆地歌。其属官三等，其一曰伦多姓，次歌伦致帝，次乙地伽兰。外官分为二百余部，其长曰弗罗，次曰可伦，如牧宰之差也。王戴金花冠，形如章甫，衣朝霞布，珠玑缨络，足蹑革履，时服锦袍。良家子侍卫者二百余人，皆执金装。兵有弓箭、刀矟，以竹为弩，傅毒于矢。乐有琴、笛、琵琶，五弦，颇与中国同。每击鼓以惊众，吹蠡以即戎。其人深目高鼻，发拳色黑。俗皆徒跣，以幅布缠身，冬月衣袍，妇人椎髻。书树叶纸，施椰叶为席。王死七日而葬，有官者三日，庶人一日。以函盛尸，鼓舞导从，舆至外次，积薪焚之。收其余骨，王则内金罂中，沉之于海；有有官者以铜罂，沉之海口；庶人以瓦，送之于江。男女皆截发，哭至水次，尽哀而止，归则不哭。每七日，燃香散花，复哭，尽哀而止。百日、三年皆如之。皆奉佛，文字同于天竺。

《隋书》曰：林邑之先，因汉末交址女子徵侧之乱，内县功曹子区连杀县令，自号为王。无子，其甥范熊代立。死，子逸立。日南人范文，因乱为逸仆隶，遂教之筑宫室，造器械。逸甚信任，使文将兵，极得众心。文因间其子弟，或奔或徙。及逸死，国无嗣，文自立为王。其后范佛为晋扬威将军戴桓所破，宋交州刺史檀和之将兵击之，深入其境。至梁、陈，亦通使往来。其国延袤数千里。高祖既平陈，乃遣使献方物。其后朝贡遂绝。时天下无事，群臣言林邑多奇宝者。仁寿末，上遣大将刘方为驩州道行军总管，率钦州刺史宁长直、驩州刺史李晕、开府秦雄步骑万余，及犯罪者数千人击之。其王梵志率其徒乘巨象而战，方军不利。方于是多掘小坑，草覆其上，因以兵挑之。梵志悉众而陈，方与战，伪北，梵志逐之，至坑所，其众多陷，转相惊骇，军遂乱。方纵兵击之，大破之。频战辄败，遂弃城而走。方入其都，获其庙主十八枚，皆铸金为之，盖其有国十八叶矣。方班师，梵志复其故地，遣使谢罪。于是朝贡不绝。

《唐书》曰：贞观中，林邑王梵头利死，率国人共立头利女王诸葛地，头利之姑子女王独任，国中不宁，大臣可伦翁定乃立地为王，妻之以女，主其国乃定。诸葛地自立后，遣使可伦因地盘献火珠，状如水精，日午时正，以珠承影，取艾衣之，火见，云得之于罗刹国。今之环王国主，即梵志之后。在日南郡西，陆行二十余日方至。

扶南国

萧子显《齐书》曰：扶南国，男子截锦为横幅，女为贯头。贫者以布自蔽。锻金环鐶音贯、银食器。伐木起屋，国王居重阁，以木栅为城。海边生大箬，叶长八九尺，编其叶以覆屋。国王行乘象。妇女亦能乘象。无牢狱。有讼者，则以金指环若鸡子沸汤中令探之。又烧锁令赤，着手上，捧行七步。有罪者手皆焦烂，无罪者不伤。又令没水，直者入即沉，不直者不沉。

又曰：扶南在日南之南、大海西湾中，广袤三千余里。有大江，水西流入海。其先有女人为王，名柳叶。又有激国人名混填，梦神赐弓一张，教乘船入海。填晨起，于神庙树下得弓，即乘船向抚南。柳叶见船，率众欲御之。混填举弓遥射，贯舶一面，通，中人。柳叶怖，遂降。混填娶以为妻，恶其裸露形体，乃穿叠布贯其首。遂治其国，子孙相传。

《南史》曰：扶南王混盘死，国人共举大将军范蔓为王。蔓勇健，有权略，复以兵威攻伐旁国，咸服属之，自号扶南大王。乃作大船，穷涨海，开国十余，辟地五六千里。蔓死后，大将范寻杀其子长而代立，更缮国内，起观阁，游戏之。朝且中脯，三四见客。百姓以蕉、蔗、龟、鸟为礼。国无牢狱，于城沟中养鳄鱼，门外圈猛兽，有罪者辄以喂猛兽及鳄鱼。鱼、兽不食为无罪，三日乃放之。鳄鱼大者长三丈余，状如鼍，有四足，喙长六七尺，两边有齿，利如刀剑，常食鱼。遇得獐鹿及人亦啖之。苍梧以南及外国皆有之。

又曰：扶南王憍陈如，本天竺婆罗门也。有神语曰："应王扶南。"憍陈如心悦，南至盘盘，扶南人闻之，举国欣迎戴而立焉。复改制度，用天竺法。憍陈如死后，王持梨陁跋摩，宋文帝元嘉中，三奉表献方物。齐永明中，王憍陈如阇邪跋摩遣使送珊瑚佛像，并献方物，诏授安南将军，扶南王。其国人皆丑黑拳发。所居不穿井，数十家共一池，引汲之。俗事天神，以铜为像，二面者四手，四面者八手，手各有所持，或小儿，或鸟兽，或日月。其王出入乘象，嫔侍亦然。王生则偏踞翘膝，垂左膝至地，以白叠敷前，设金盆香炉于其上。国俗，居丧则剃发除须。死者有四葬：水葬则投之江流；火葬则焚为灰炉，土葬则瘗埋之，鸟葬则弃之中野。人性贪吝，无礼义。男女恣其奔随。

《隋书》曰：扶南国王遣贡献，其王姓古龙。诸国多姓古龙。讯耆老，言昆仑无姓氏，乃"昆仑"之讹。

《抱朴子》曰：扶南国出金钢，可以刻玉，状似紫石英。其所生在百丈水底盘石上，如钟乳。人没水取之，竟日乃出。以铁槌之不伤，铁反自损。以羖羊角扣之，漼然冰泮。

《外国传》曰：扶南人，若户中亡器物者，即以米一升，诣神庙，乞神见盗者，以米着神足下。明日取米，呼户中奴婢，分令啮之，盗者口中血出，米完不碎；不盗者入口即败。从日南至徼外悉尔。

又曰：扶南之东涨海中有大火洲。洲上有树，得春雨时皮正黑；得火燃树皮，正白。纺绩以作手巾，或作灯注，用不知尽。

又曰：扶南国人，最大居舍，雕文刻镂，好布施，多禽兽。王好猎，皆乘象，一去月余日。

《南州异物志》曰：扶南国在林邑西三千余里，自立为王，诸属皆有官长，及王之左右大臣，皆号为昆仑。

真腊国

《隋书》曰：真腊国，在林邑西南，本扶南之属国也。去日南郡舟行六十日，而南接车渠国，西有朱江国。其王姓刹利氏，名质多斯那。自其祖渐已强盛，至质多斯那，遂兼扶南而有之。死，子伊奢那先代立，居伊奢那城，郭下二万余家。城中有一大堂，是王听政之所。其王三日一朝，坐五香七宝床，上施宝帐，帐以文木为竿，象牙金钿为壁，状如小屋，悬金光焰，有同于赤土。前有金香炉，二人侍侧。王着朝霞，古贝缨络腰腹，下垂至胫。头戴金宝花冠，披真珠璎珞。足履革屣，耳悬金珰。常服白叠，以象牙为屩。有五大臣，一曰孤落支，二曰高相凭，三曰婆阿多陵，四曰舍磨陵，五曰髯罗娄，及诸小臣。朝于王者，辄于阶下三稽首。王唤，上阶则跪，以两手抱膊，绕王还坐。议政事讫，跪伏而去。其国与参半、朱江二国和亲，数与陀桓、林邑二国战争。其人行止皆持兵仗，若有征伐，因而用之。其俗，非王妻子不得为嗣。王初立之日，所有兄弟并刑残之，或去一指，或劓其鼻，别处供给，不得仕进。人形小而色黑，妇人亦有白者，悉拳发垂耳，性气捷劲。居处器物颇类赤土。以右手为净，左手为秽。每旦澡洗，以杨枝净齿，读颂经咒，又澡洗，乃食。食罢，还用杨枝净齿。饮食多苏酪、沙糖、粟、米饼。欲食之时，先取杂肉羹与饼相和，手擩而食。男婚礼毕，即与父母分财别居。父母死，小儿未婚者，以余财与之；若婚毕，财物入官。其丧葬，儿女皆七日不食，剃发而哭，僧尼道士亲故皆来聚会，音乐送之，以五香木烧尸，收灰以金银瓶盛，送于大水之内。贫者或用瓦，而以彩色画之。亦有不焚，送尸山中，任野兽食者。其国北多山阜，南有水泽，地气尤热，无霜雪，饶瘴疠毒虫。土宜梁稻，与日南、九真相类。异者有婆那娑树，无花叶，似冬瓜；菴罗树，花叶似枣，实似李；毗野树，花似木瓜，叶似杏，实似楮；婆田罗树，花叶实并似枣而小异；歌毕他树，花似李，叶似榆而厚大，实似李，其大如升。海中有鱼，名建同，四足，无鳞，其鼻如象，吸水上喷，高五六十尺。有浮胡鱼，其形如鳝，嘴如鹦鹉，有八足。多大鱼，半身出水，望之如山。每五、六月中，毒热气流行，即以白猪、牛、羊，于城西门外祠之；不然者，谷不登，六畜多死。近都有陵伽钵婆山，上有神祠，每以兵二千人守卫。城东有神名婆多利，祭用人肉。每年杀人，以夜祀祷。大业十三年，遣使贡献，帝厚礼之。其后亦绝。

《唐书》曰：真腊国，贞观二年，又与林邑国俱来朝献。太宗嘉其历远疲劳，锡赉甚厚。南方人谓真腊国为吉篾国。自神龙以后，真腊分为二：半以南近海，多陂泽处，谓之水真腊；半以北多山阜处，谓之陆真腊。亦谓之文单国。高宗、则天、玄宗朝，并遣使朝贡。水真腊国，其境东西南北约皆八百里，东至奔陀、浪州，西至堕罗钵底国，南至小海，北即陆真腊，其王所居城号婆罗是拔。国之东界有小城，皆谓之国。其国多象。元和八年，遣李摩那等来朝贡。

参半国

《唐书》曰：武德中，参半国遣使朝贡。其国在真腊西南千余里。城临大海，土地下湿，风俗物产并与林邑国同。

白头国

《唐书》曰：贞观中，扶南来献白头国二人于洛阳，云其国在扶南之西，参半之西南。男女皆素首，身又凝白。居山洞之中，四面岩险，故人莫至。与参半国相接。

太平御览卷第七百八十七 四夷部八·南蛮三

赤土国

《隋书》曰：赤王国，扶南之别种也。在南海中，水行百余日而达。所都土色赤，因以为号。东婆罗剌国，西婆罗娑国，南诃罗旦国，北巨大海，地方数千里。其王姓瞿昙氏，名利富多塞。不知有国近远，称其父释王位，出家为道，传位于利富多塞，在位十六年矣。有三妻，并邻国王之女也。居僧祇城，有门三重，相去各百许步，每门图画仙人菩萨之像，悬金花铃。眊妇女数十人，或奏乐，或捧金花。又饰四妇人，容饰如佛塔边金刚力士之状，夹门而立，门外者持兵杖，门内者执白拂。夹道垂素网缀花。王宫诸屋悉是重阁北户，北面而坐，坐三重之榻，衣朝霞布，冠金花冠，垂杂宝璎珞，四女子立侍左右，兵卫百余人。王榻后作一龛，以金银五香木杂钿之，龛后悬一金光焰，夹榻又树二金镜，镜前并陈金瓮，瓮前各有金香炉，当前置一金伏牛，牛前树一宝盖，盖左右皆有宝扇，婆罗门等数百人东西重行相向而坐。其官有萨陀迦罗一人，陀拏达叉二人、加利密迦三人，共掌政事，俱罗末帝一人掌刑法。每城置那耶迦一人、钵帝十人。其俗皆穿耳剪发，无跪拜之礼。以香油涂身敬佛，尤重婆罗门。妇人作髻于项后。男女通以朝霞朝云杂色布为衣，豪富之室恣意华靡，唯金锁非王赐不得服用。每婚嫁择吉日，女家先期五日作乐饮酒，父执女手以授婿，七日乃配焉。既娶则分财别居，唯幼子与父同居。父母兄弟死，则剃发素服，就水上构竹为棚，棚内积薪，以尸置上，烧香建幡吹蠡击鼓以送之，纵火焚薪，遂落于水。贵贱皆同，唯国王烧讫收灰，贮以金瓶，藏于庙屋。冬夏常温，雨多霁少，种植无时，特宜稻穄、白豆、黑麻，自余物产多同交址。以甘蔗作酒，杂以紫瓜根，酒色黄赤，味亦香美，亦名椰浆为酒。

又曰：炀帝即位，募能通绝域者。大业三年，屯田主事常骏、虞部主事王君政等请使赤土。帝大悦，赐骏等帛各百匹，时服一袭，遣赍物五十段以赐赤土王。其年十月，骏等自南海郡乘舟昼夜二旬，每值便风，至焦石山而过东南，泊陵伽钵拔多洲，西与林邑相对，上有神祠焉。又南行至师子石，自是岛屿连接。又行二、三日，西望见狼牙须国之山。于是南达鸡笼岛，至于赤土之界。其王遣使婆罗门鸠摩罗以舶三十艘来迎，吹蠡击鼓，以乐随使，进金锁以缆骏船，月余至其都。王遣其子那耶迦请与骏等礼见，先遣人送金盘贮香花，并镜镊金合二枚、贮香油金瓶八枚、贮香水白叠布四条，以拟供使者盥洗。将象二头，持孔雀盖，以迎使人。并致金花盘，以藉诏函。男女百人奏蠡、鼓，婆罗门二人导路。至王宫，宣诏讫，引骏等坐，奏天竺乐。事毕，骏等还馆。又遣人送食，以草叶为盘，其大方丈。后请骏等入宴，王前设两床，床上并设草叶盘，方一丈五尺，上有黄、白、紫、赤四色之饼，牛、羊、鱼、鳖、猪、玳瑁之肉百余品。延骏升床，从者坐于地席，各以金钟置酒，女乐迭奏，礼遗甚厚。寻遣那邪随骏贡方物。既入海，见绿鱼群飞水上。浮海上十余日至林邑，东南并山而行，其海水阔千余步，色黄、气腥。舟行一日不绝，云是大鱼粪也。循海北岸，达于交址。至六年春，与那耶迦于弘农谒帝。帝大悦，赐物及官，赏各有差。

蒲罗中国

吴时，康泰为中郎，表上《扶南土俗》曰：拘利正东行，极崎头海边有居人，人皆有尾五、六寸，名蒲罗中国。其俗食人。

优钹国

康泰《扶南土俗》曰：优钹国者，在天竺之东南可五千里，国土炽盛，城郭、珍玩、谣俗与天竺同。

横趺国

康泰《扶南土俗》曰：横趺国在优钹之东南，城郭饶乐不及优钹也。

比擴国

康泰《扶南土俗》曰：诸薄之东南有比擴洲，出锡，转卖与外徼。

马五洲

康泰《扶南土俗》曰：诸薄之东有马五洲，出鸡舌香，树木多华少实。

薄叹洲

康泰《扶南土俗》曰：诸薄之西北有薄叹洲，土地出金，常以采金为业，转卖与诸贾人，易粮米杂物。

耽兰洲

康泰《扶南土俗》曰：诸薄之西北有耽兰之洲，出铁。

巨延洲

康泰《扶南土俗》曰：诸转薄之东北有巨迹洲，人民无田种芋，浮船海中，截大蚶螺杯往扶南。

滨郍专国

康泰《扶南土俗》曰：滨那专国出騸都田切马及金，俗民皆有衣被结发也。

乌文国

康泰《扶南土俗》曰：乌文国，昔混滇初，载贾人大舶所成此国。

斯调国

康泰《扶南土俗》曰：斯调洲湾中有自然监，累如细石子。国人取之，一车输王，余自入。

《南州异物志》曰：斯调，海中洲名也，在歌营东南可三千里。上有王国，城市街巷，土地沃美。

万震《南方异物志》曰：斯调国，又有中洲焉。春夏生火，秋冬死。有木生于火中，秋冬枯死，以皮为布。

林阳国

康泰《扶南土俗》曰：扶南之西南有林阳国，去扶南七千里。土地奉佛，有数千沙门，持戒六齐，曰鱼肉不得入国。一日再市，朝市诸杂米、甘果、石密，暮市但货香花。

《南州物异志》曰：林阳在扶南西七千余里，地皆平博，民十余万家。男女行仁善，皆侍佛。

牟奴七国摸卢国、末利国、卑离国、满都国、缥余国、沙楼国

《晋起居注》曰：太熙元年正月，牟奴等国大小口十七万九千余人，各遣正、副使诣护东夷校尉何龛。上献方物。

蒲林国

《晋起居注》曰：兴宁元年闰月，蒲林王国新开通，前所奉表诣先帝，今遣到其国慰谕。

师子国

《宋元嘉起居注》曰：师子国王遣使奉献，诏曰："此《小乘经》甚少，彼国所有，皆可悉为写送之。闻彼邻多有师子，此所未睹，可悉致之。"

《法显记》曰：师子国本无人，止有鬼神及龙居之。诸国商人来共市易，鬼神自现身，但出宝物，显其时直，商人则依价值取物。诸国人闻其土乐，悉亦复来，于是遂成大国。和适，无冬夏之异，草木常茂，田种随人，无有时节。

毗加梨国

《宋元嘉起居注》曰：五年，天竺毗加梨国王月妥遣使上表，并奉金刚指环一枚、刚印摩勒金环一枚、毦毦一具、白旃檀六段、白赤鹦鹉各一头、细叠两张。

干陀利国

《南史》曰：干陁利国在南海洲上。其俗与林邑、扶南略同，出班布、古贝，槟榔特精，为诸国之极。宋孝武世，王释婆罗那邻陀遣长史竺留陀献金银宝器。梁天监元年，其王瞿昙修跋陀罗以四月八日梦一僧谓曰："中国今有圣主，十年后佛法大兴。汝若遣使，贡奉礼敬，则土地丰乐、商旅百倍。若不信我，则竟土不得自安。"初未之信，既而又梦此僧曰："汝若信我，我当与汝往观。"乃于梦中至中国，拜觐天子。既觉，心异之。陀罗本工画，乃写梦中所见武帝容资，饰以丹青。仍遣使并画工，奉表献玉盘等物。使人既至，摸写帝形以还其国，比所画则符同焉。因盛以宝函，日加礼敬。后跋陀死，子毗针耶跋摩立，遣长史毗员跋摩奉表献金芙蓉、杂香药等。

狼牙修国

《南史》曰：狼牙修国在南海中，其界东西三十日、南北二十日行，北去广州二万四千里。土气、物产与扶南略同。偏多栈沉婆律香。其俗男女皆袒而披发，以古贝为汗漫。其王及贵臣，乃加云霞布覆胛，以金绳为络带，金环贯耳；女子则布，以缨络绕身。其国累砖为城，重门楼阁。王出乘象，有幡旄旗鼓，罩白盖，兵卫甚严。国人说，立国已四百余年，后嗣衰弱，王族有贤者，国人归向之。王闻，乃加囚执，其锁无故自断。王以为神，因不敢害，乃逐出境。遂奔天竺，天竺妻以长女。俄而狼牙王死，大臣迎还为王。二十余年死，子婆伽达多立。天监十四年，遣使阿撤多奉表入贡。

婆利国

《南史》曰：婆利国，在广州东南海中洲上。去广州二月日行。国界东西五十日行，南北二十日行，有一百三十六聚。土气暑热，如中国之盛夏。谷一岁再熟，草木常荣。海出文螺、紫贝。有石名坩贝，大硬。其国人披古贝如袍，及为都缦，乃用班丝者，以璎络绕身。头着金长冠，高尺余，形如牟，缀以七宝之饰，带金装剑。偏坐金高座，以金镫支足。侍女皆为金花杂宝之饰，或持白旄拂及孔雀扇。王出，以象驾舆，舆以杂香为之，上施羽盖、珠帘，导从吹螺击鼓。自古来通中国。问其先及年数，不能记，自言白静王夫人即其国女。天监十六年，遣使奉表献金席等。普通三年，其王频伽复遣使珠智献白鹦鹉、青虫、兜鍪、琉璃器、古贝、螺杯，杂色香数十种。

《隋书》曰：婆利国，自交址浮，海南过赤土、丹丹，乃至其国。国界东西四月行，南四十五日行。王姓刹利耶伽，名护滥那婆。官曰独诃邪拏，次曰独诃氏拏。国人善投轮刀，其大如镜，中有窍，外锋如锯，远以投人，无不中。其余兵器与中国略同。俗类真腊，物产同于林邑。其杀人及盗，截其手，奸者锁其足，期年而止。祭祀必以月晦，盘贮酒肴，浮之流水。每十一月，必设大祭。海出珊瑚。有鸟名舍利，解人语。大业十二年，遣使入贡，后遂绝。

诃罗陀国

《南史》曰：诃罗陀国，宋元嘉七年遣使奉表，曰："伏承圣主重三宝，兴立塔寺，周满国界，今故遣使二人，表此微心。"

呵罗单国

《宋元嘉起居注》曰：去年六月，阇婆洲呵罗单国王毗沙跋摩遣使献奉。

又曰：十一年，呵罗单国王尸梨毗遮耶献银漆柈等。

《南史》曰：呵罗单国都阇婆洲。元嘉七年，遣使献金刚指环、赤鹦鹉鸟、天竺国白叠、古贝叶、婆国古贝等物。十年，呵罗单国王毗沙跋摩奉表曰：“常胜天子陛下，诸佛世尊，常乐安稳，三达六通，为世间尊，是名如来，是故至诚五体敬礼。”其后与子所篡夺。十三年，又上表。二十六年，文帝诏曰：“呵罗单国、婆皇、婆达三国，频越遐海，款化纳贡，远诚宜甄，可并加除授。”乃遣使策命之。二十九年，又遣长史婆和沙弥献方物。

蒲黄国

《宋元嘉起居注》曰：二十六年，蒲黄国献牛黄等物，又献郁金香等物。

婆皇国

《南史》曰：婆皇国，元嘉二十六年，国王舍利婆罗跋摩遣使献方物四十一种，文帝策命之为婆皇国王。二十八年，复遣使贡献。孝武孝建三年，又遣长史竺那婆智奉表献方物，以那婆智为振威将军。大明三年，献赤、白鹦鹉。大明八年、明帝泰始二年、又遣使贡献，明帝以其长史竺须罗远、前长史振威将军竺那婆智并为龙骧将军。

婆达国

《南史》曰：婆达国，元嘉二十六年，国王舍利不陵伽跋摩遣使献方物，文帝策命之为婆达国王。二十六年、二十八年，复遣使献方物。

阇婆达国

《南史》曰：阇婆达国，元嘉中，国王师利婆达呵阿陀罗跋摩遣使奉表曰：“宋国大主大吉天子足下：教化一切种智，安稳天人师，降伏四魔，成等正觉，转道法轮，度脱众生。我虽在远，亦沾灵润。”

槃槃国

《宋起居注》曰：孝建二年七月二十日，槃槃国王遣长史竺伽蓝婆奉献金银琉璃诸香药等物。

《南史》曰：槃槃国，元嘉、孝建、大明中，并遣使贡献。梁中大通元年、四年，其王遣使奉表，累送佛牙及画塔、沉檀等香数十种。六年八月，复遣使送菩提国舍利及画塔图，并菩提树叶、詹糖等香。

《梁书》曰：槃槃南海大洲中，北与林邑隔小海，自交州船行四十日至其国。王曰杨栗翾音翅，栗翾父曰杨德武连，以上无得而纪。百姓多缘水而居，国无城，皆竖木为栅。王坐金龙床，每坐，诸大人皆两手交抱肩而跪。及其国多有婆罗门，自天竺来就王乞财物，王甚重之。其大臣曰勃郎索滥，次曰昆仑帝也，次曰昆仑勃和音胡卧切，次曰昆仑勃帝索甘且。其言“昆仑”、“古龙”声相近，故或有谓为古龙者。其在外城者曰那延，犹中夏刺史、县令。其矢多以石为镞，矟则以铁为刃。有僧尼寺十所，僧尼读佛经，皆食肉而饮酒。亦有道士寺一所，道士不饮食酒肉，读阿修罗王经，其国不甚重之。俗皆呼僧为比丘，呼道士为贪。隋大业中，亦遣使朝贡。

《唐书》曰：槃槃国，在林邑西南海曲中，北与林邑隔小海。自交州船行四十四日，乃至其国，与狼牙修国为邻。人皆学婆罗门，甚敬佛法。贞观九年，遣使来贡方物。

斤陁利国

《宋起居注》曰：孝建二年八月二日，斤陀利国王释陀罗降陀遣长史竹留陀及多奉表献方物。

太平御览卷第七百八十八 四夷部九·南蛮四

顿逊国

《南史》曰：顿逊国在海崎上，地方千里，城去海十里。有五王，并羁属扶南。顿逊之东界通交州诸贾人，其西界接天竺、安息，徼外诸国往还交易。其市东西交会，日有万余人，珍物宝货无所不有。

《唐书》曰：顿逊国出霍香，插枝便生叶，如都梁，以浥衣。国有区拨等花十余种，冬夏不衰。日载十车货之，其花燥更芬馥，亦末为粉，以傅身焉。

《南州异物志》曰：典逊在扶南三千余里，本为别国，扶南先王范蔓有勇略，讨服之。

今属扶南。

竺芝《扶南记》曰：顿逊国属扶南国，主名昆仑。国有天竺胡五百家，两佛图，天竺婆罗门千余人。顿逊敬奉其道，嫁女与之，故多不去，唯读《天神经》。以香花自洗，精进不舍昼夜。疾困便发愿鸟葬，歌舞送之邑外，有鸟啄食，余骨作灰，瓮盛沉海。鸟若不食，乃蓝盛火，葬者投火，余灰函盛埋之。祭祠无年限。又酒树有似安石榴，取花与汁停瓮中，数日乃成酒，美而醉人。

毗骞国

《南史》曰：毗骞国，俗有室屋、衣服，啖粳米。其人言语小异扶南。国内不受贾客，有往者杀而啖之，是以商旅不敢至。王常楼居，不血食，不事鬼神，其子孙生死如常人，唯王不死。扶南王数使与书相报答，常遗扶南王纯金五十人，食器形如圆盘，又如瓦坻，名为多罗，受五升，又如碗者受一升。

竺芝《扶南记》曰：毗骞国，去扶南八千里，在海中。国王身长三丈，颈长三尺，自古以来不死，知神圣未然之事。亦有子孙，子孙生死如常人，唯此王不死耳，号曰长颈王。食器皆纯金，金如此间之石，无央限也。不听妄取，有偷者知则杀食之。长颈王亦能作天竺书，自道宿命所经，与佛语相似。作书可三千言，皆道世事。其国法，有罪者共在王前食之，平常不啖人也。

丹丹国

《梁书》曰：丹丹国，中大通二年，其王遣使奉表送象牙及画塔二躯，并献火齐珠、古贝、杂香药。大同元年，复遣使献金银琉璃、杂宝、香药等物。

《隋书》曰：丹丹国在多罗摩罗国西北，振州东南。振州，今延德郡朱雀同岛上。王姓刹利，名尸陵伽理。户可二万余家，亦置州县，以相统领。王每晨夕二时临朝，其大臣八人，号曰八座，并以婆罗为之。其王每以香粉涂身，冠通天冠，挂杂宝、璎珞，身衣朝霞，足履皮屦。近则乘舆，远则驭象。其攻伐则吹蠡击鼓，兼有幡旗。其刑，盗贼无多少，皆杀之。土出金银、白檀、苏方、槟榔。其谷唯稻，畜有沙牛、羖羊、猪、鸡、鹅、鸭、獐、鹿，鸟有越鸟、孔雀，果蓏力果切有蒲萄、石榴、瓜瓠、菱莲，菜有葱、蒜、蔓菁。

东谢

《唐书》曰：东谢蛮，其地在黔州之西数百里内，南接守宫獠，西连夷子，北至白蛮。土宜五谷，不以牛耕，但为畲田，每岁一易。俗无文字，刻木为契。散在山洞间，依树为层巢而居，汲流以饮，皆自营生业，无赋税之事。谒见贵人，皆执鞭而拜。有功劳者，以牛马、铜鼓赏之；有犯罪者，小事杖罚，大事杀之。盗物倍还其赃。婚姻之礼，以牛酒为聘，女归夫家，皆母自送之。女夫惭，逃避，经旬乃出。燕聚则击铜鼓、吹大角，歌舞以为乐。好带刀剑，未常舍离。丈夫衣服有衫袄、大口裤，以绵绸及布为之。右肩上斜束皮带，装以螺蚌、虎豹、猿狖及犬羊之皮，以为外饰。坐皆蹲踞。男女椎髻，以绯束向后垂下。其首领谢元深既世为酋长，其部落皆尊畏之。谢氏一族，法不育女，自云姓高，不可下嫁故也。贞观三年，元深入朝，冠乌熊皮冠，若今之旄头，以金银络额，身披毛帔，韦皮行縢而着履。中书侍郎颜师古奏言："昔周武时，天下太平，远国归款，周史乃集其事为《王会》篇，令万国来朝至今。如此辈章服，实可图写，今请撰为《王会图》。"从之。以其地为应州，仍拜元深为刺史，隶黔州都督府。

又曰：南谢首领谢强，与西谢邻，共元深俱来朝见，为南寿州刺史，后改为庄州。贞观十三年正月，西南番大酋长蛮州刺史资阳郡开国公宋鼎、邛州刺史谢汕音讪、蛮州巴江县令宋万传、牂州录事参军谢文经、黔中经略招讨观察使王础，奏前件刺中三年一度朝贡，今年恳诉，称州接牂牁，同被声教，独此排摈，窃自惭耻，谨遣随牂牁刺史授官。其牂牁两州户口殷盛，人力强大，邻侧诸蕃悉皆敬惮。请比两州，每三年一度朝贺，仍依牂牁，轮环差定，并以才干位望为众推者。允敕从之。

西赵蛮

《唐书》曰：西赵蛮在东谢之南，其界东至夷子，西至昆明，南至西洱河。洱，音珥。山洞阻深，莫知道里，南北十八日行，东西二十三日行。其风俗物产与东谢同。首领赵氏，世为酋长，有户万余。贞观三年，遣使入朝。二十一年，以其地置明州，即以首领赵磨为刺史。

南平蛮

《唐书》曰：南平蛮，北与涪州接，部落四千余户。男子左衽，露发徒跣；妇人横布两幅穿中而贯其首，名为通裙。其人美发，为髻鬌垂于后；以竹筒如笔，长三四寸斜贯其耳。贵者亦有珠珰。士多女少男。为婚之法，女氏必先货求男族。贫人无嫁资，女多卖与富人为婢。俗皆妇人执役。其王姓朱氏，号为剑荔王。贞观中，遣使内附，以其地隶渝州。

罗刹国

《隋书》曰：罗刹国，在婆利之东。其人极陋，朱发黑身，兽牙鹰爪。时与邑人作市，辄以夜，昼日则掩其面。炀帝大业三年，使常骏等使赤土国，致罗刹国。

投和国

《隋书》曰：投和国，在南海大洲真腊之南，自广州西南，水行百里至其国。王姓投和罗，名脯邪乞。遥理所城，覆屋以瓦，并为阁而居，屋壁皆以彩画之。城内皆王室，城外人居可万余家。王宿卫之士百余人，每临朝，则衣朝霞金冠，耳挂金环，颈挂金涎叙连切衣，足履宝装皮履。官属有朝请将军，总知国政。又有参军、功曹、主簿、城局、金威将军、赞理、赞府等官，分理文武。又有州及郡县，州有参军，郡有金威将军，县有城局为其长官。初至，各选官僚，助理政事。刑法，贼盗多死者，轻者穿耳及颊，私铸银钱者截腕。国无赋税，俱随意贡奉，无多少之限。多以农商为业。国人乘象及马。一国之中，马不过千匹，又无鞍辔，唯以绳穿颊，为之节制。音乐则吹蠡击鼓，死丧则祠祀哭泣，又焚尸以瓮盛之，沉于水中。若父母之丧，则截发为孝。其国市六所，贸易皆用银钱，小如榆荚。有佛道，有学校，文字与中夏不同。讯其耆老，云王无姓，名齐杖靡。王所坐塔，圆以佛塔，以金饰之。门皆东开，坐亦东向。

《唐书》曰：贞观中，投和国遣使奉表，以金函盛之；又献金榼、苦盍反。金锁、宝带、犀、象、海物等数十品。

附国

《隋书》曰：附国者，蜀郡西北二千余里，即汉之西南夷也。有嘉良夷，即其东部所居种姓，自相率领。土俗与附国同，言语少殊，不相统一。其人无姓氏，附国王字宜缯。其国南北八百里，东西四千五百里。无城栅，近川谷，傍山险。俗好复仇，故叠石而居，以避其患，高至十余丈，下至五六丈，每级丈余，以木隔之。基方三四步，其上方二三步，状似浮图。于下级开小门，从内上通，夜必关闭，以防贼盗。国有二万家，号令自王出，嘉良夷政令系之酋帅。重罪者死，轻者罚牛。人皆轻捷，便击剑。漆皮为牟甲，弓长六尺，以竹为弦。妻其群母及其嫂，儿、弟死，父、兄亦纳其妻。好歌舞，鼓吹长笛。有死者，无服制，置尸高床之上，沐浴衣服，被以牟甲，覆以兽皮，子孙不哭，带甲舞剑而呼云："我父为鬼所取，我欲报冤杀鬼！"自余亲戚，哭三声而止。妇人哭，必以两手掩面。死家杀牛，亲属以猪酒相遗，共饮啖而瘗之。死后十日而火葬，必集亲宾，杀马动至数十匹，立其祖父神而事之。其俗以皮为帽，形圆如钵，或戴幂䍦，衣多毛毼皮裘，剥牛脚皮为靴，项系铁锁，手贯铁钏。王与酋帅金为饰，胸前悬一金花，径三寸。其土高，气候凉，多风少雨。土宜小麦、青稞，山出金银，多白雉。水有嘉鱼，长四尺而鳞细。大业四年，其王遣使素福等八人入朝。明年，又遣其弟子宜林率嘉良夷六十人朝贡，欲献良马，以路险不通，请开山道，修职贡。炀帝以劳人，不许。嘉良有水，阔六七十丈。附国有水，阔百余丈。并南流，用皮为舟而济。

边斗四国

《隋书》曰：边斗国一本班斗、都昆国、拘利国、比嵩国，并扶南，度金邻大湾，南行三千里，有此国。其农作与金邻同。其人多白色。都昆出好栈香、藿香及硫黄。其藿香树生千岁，根本甚大，伐之四五年，木皆朽败，唯中节坚贞，芬香独存，取为香。

殊奈国

《唐书》曰：贞观二年，殊奈国遣使贡方物。殊奈者，昆仑人也，在林邑南，去交址海行三月余日。俗习文字与婆罗门同。路绝远，古未常朝中国，至是始通。

甘堂国

《唐书》曰：甘堂国，在大海之南，昆仑人也。贞观十年，与未俱婆国同日朝贡。太宗谓侍臣曰："南荒西城，自远而至，其故何也？"房玄龄对曰："当中国乂安，帝德远被也。"太宗曰："诚如公言，向使中国不安，何缘至？朕何德以堪之？"

金利毗逝国

《唐书》曰：金利毗逝国，在京西南四万余里，东去致物国二千里，西去赤土国一千五百里，南去波利国三千里，柳衢国三千里。其国有城邑庭舍，衣朝霞白叠。每食，先泥上铺席，而后座。国王名本多杨牙，前有队仗、甲鍪、贝多树皮。及其风俗物产，与真腊同。

堕和罗国

《唐书》曰：堕和罗国，南与盘盘国、北与迦逻舍佛、东与真腊接，西邻大海，去高州五月日行。贞观十三年，其王遣使贡方物。二十三年，又遣使献象牙、火珠，请赐好马。诏许之。

陀洹国

《唐书》曰：陀洹国，在林邑西南大海中，东南与堕和罗接，去交阯三月余行。宾服于堕和罗。其王姓察失利，字婆那。土无蚕桑，以白叠朝霞布为衣。俗皆楼居，谓为干栏。贞观十八年，遣使来朝。二十一年，又遣使献白鹦鹉毛羽皓素，头上有红毛数十茎，与翅齐，及婆律膏。仍请马及铜钟，诏并给之。

堕婆登国

《唐书》曰：堕婆登国，在林邑南，海行二月，东与诃陵，西与迷黎车接，北界大海。风俗与诃陵同。种稻，每月一熟。有文字，书于贝多叶。其死者，口实以金，又以金钏贯于四支，然后加以婆律膏，及檀、沉、龙脑等香，积薪以燔之。贞观中，遣使献金花等物。王之所居，竖木为城，造大屋重阁，覆以棕榈皮。所坐床悉以象牙为之，亦以象牙为席。食以手攫之。又以椰树花为酒，饮之亦醉。有山穴，海涌而出盐，国人取食。其国人有毒，与常人同止宿，即令身生疮，与之交会便死，若涎液沾着草木即枯。其人身死，不臭不烂。

多蔑国

《唐书》曰：多蔑国，贞观时通焉。在南海外，国界周回可一月行，南阻大海，西俱游国，北波利利剌国，东真陁桓国。户口极多，置三十州，不役属他国。有州郭、宫殿、楼橹，并用瓦木。以十二月为岁。其物产有金、银、铜、铁、象牙、犀角，朝霞、朝云等布。其俗交易用金、银、朝霞等为贾，百姓二十而税一。五谷菜蔬与中国不殊。

多摩国

《唐书》曰：多摩国，长居国，长居于海岛，东与婆凤，西与多隆，南与半反跋华言五山也，北与诃陵等国接。其国界东西可一月行，南北可二十五日行。其王子，先龙子也，名骨利。骨利得大鸟卵，剖之，得一女子，容色殊妙，即以为妻。其王尸罗劬佣伊说，即其后也。显庆中，遣使贡献。其俗无姓，王居以称为城，以板为屋，坐师子座，东向，衣物与林邑同。胜兵二万人，无马，有弓刀甲矟。婚姻无同姓之别。其食器铜铁金银，所食尚酥乳骆、沙糖、石蜜。其家畜有羖羊、水牛，野兽有獐、鹿等。死亡无丧纪之制，以火焚其尸。其音乐略同天竺。有波那、婆宅、护遮、奄磨、石榴等果，多甘蔗。从其国经薜卢、都思、诃卢、林邑等国，达于交州。

哥罗舍分国

《唐书》曰：哥罗舍分国，在南海之南，接堕和罗，胜兵二万人，其王蒲越伽摩。显庆五年，遣使朝贡。

杜薄国

《唐书》曰：杜薄国，在扶南东涨海中，直渡海数十日至。其人色白皙，皆有衣服。国有稻田，女子作白叠华布。出金、银、铁、以金为钱。出鸡舌香，可含以香人，不见鸡舌，其为水也，气辛而性厉，禽兽不能至，故未可识其树者。华熟自零，随水而出，方得之。杜薄洲有十余国城，皆称王。

乌笃国

《唐书》曰：乌笃国，在中天竺南，一名乌伏那，地方五千余里。百姓殷实，人性懦弱，颇诡诈，尤工禁术，笃信佛法。文字礼仪略同天竺，自古不通中国。贞观中，其王达摩因陀诃斯遣使献龙脑、麝香等。

薄刺洲

《唐书》曰：薄刺洲，隋时闻焉，在拘利南海湾中。其人色黑而齿白，眼正赤，男女并无衣服。一名勃焚洲。

《抱朴子》云：勃焚洲，在南海中。薰绿水胶所出，胶如枫脂。所以不可多得者，正患猪猩兽啖人。此兽大者重千斤，状如水獭，其头身及他处了无毛，唯从鼻上以竟脊至尾上有毛，广一寸许，青，长三四分许，其无毛处则韦囊，人张捕得之，斩刺不伤，积薪烈火，缚以投火中，新尽而此兽不焦。须以大竹杖打之，皮不伤而骨碎都尽而死。

太平御览卷第七百八十九 四夷部十·南蛮五

南诏蛮

《唐书》曰：南诏蛮，本乌蛮之别种也，姓蒙氏。蛮谓王为诏，自言哀牢之后，代居蒙舍州，为渠帅，在汉永昌故郡东姚州之西。其先，渠帅有六，自号六诏，兵力相埒，各有君长，无统帅。蜀时，为诸葛亮所征，皆臣服之。

又曰：南诏蛮，国初时，有蒙舍龙生迦独，迦独生细奴逻，高宗时来朝。细奴逻生逻盛，武后时来朝。其妻方娠逻盛，次姚州，闻妻生子，曰："吾且有子，死于唐地足矣！"子名盛逻皮。逻盛至京师，赐锦袍金带还国。开元初，逻盛死，子盛逻皮立。盛逻皮死，子皮逻阁立。

又曰：南诏蛮，皮逻阁嗣立。二十六年，诏授特进封越国公，赐名曰归义。其后破洱阿蛮，洱，而志切。以功策授云南王。归义渐强盛，余五诏浸弱。先是，剑南节度王昱受归义赂，奏六诏合为一诏。归义既并五诏，服群蛮，破吐蕃之众，兵日以骄大，遂徙居大和城。天宝四载，归义遣孙凤迦异来朝，授鸿胪卿，归国，恩赐甚厚。

又曰：阁罗凤袭封王，无何，鲜于仲通为剑南节度使，张虔陀为云南太守。仲通褊急寡谋，虔陀矫诈，遇下不以礼。旧事：南诏尝与其妻子谒见都督虔陀，皆私之，又有所征求，阁罗凤多不应。虔陁遣人骂辱之，仍密奏其罪恶，阁罗凤忿怨，因发兵反，围虔陁，杀之。后遣使谢罪，仍与云南录事参军姜如芝俱来，请还其所虏掠，且言吐蕃大兵压境，若不许，当归命吐蕃，云南之地非唐有也。仲通不许，因其使进军，逼大和城，为南诏所败。自是阁罗凤北臣吐蕃。

又曰：阁罗凤死，其孙异牟寻为王。牟寻颇知书，有才智，善抚其众。吐蕃役赋南蛮重数，又夺诸蛮险地城，立城堡，岁征兵，以助镇防，牟寻益厌苦之。有郑回者，本相州人，天宝中授巂州西泸县令。巂州陷，为所虏。閤罗凤以回有儒学，更名曰蛮利，甚爱重之，命教凤迦异。及异牟寻立，以回为清平官，事皆咨之。回尝言于牟寻曰："自昔南诏尝款附中国，中国尚礼义，以惠养为务，无所求取。今弃蕃归唐，无远戍之劳，利莫大焉。"牟寻善其言，谋内附者十余年矣。会剑南西川节度使韦皋招抚诸蛮，苴乌、星虏望等归化，闻牟寻之意，因诸蛮寓书于牟寻，且招怀之。牟寻乃斩吐蕃使，去其所立帝号，以归我，仍请复南诏旧名。初，吐蕃因争北庭，与回鹘大战，死伤颇众，乃征兵于牟寻，须万人。牟寻欲因以袭之，乃示寡弱，谓吐蕃曰："蛮军素少，仅可发三千人。"吐蕃少之请益至五千，乃许。牟寻遽遣兵五千人戍吐蕃，乃将数万踵其后，昼夜兼行，乘其无备，大破吐蕃于神川铁桥。遣使告捷，帝乃命兼御史中丞袁滋持节册南诏王，仍赐金印，曰："贞元册南诏印"。

又曰：贞元十年，南诏王遣使蒙凑罗栋来献铎槊、浪人剑。

骠国

《唐书》曰：骠国在永昌故郡南二千余里。其国境东邻真腊，西接东天竺，南尽溟海，北通南诏些乐城界，东北距阳苴咩城六千八百里。往来通聘迦罗婆提等二十国，役属者道林王等九城，食境土者罗君潜等二百九十八部落。其王姓困没长，名摩罗惹。其国相名摩诃思那。其王近适则舆以金绳床，远适则乘象。嫔妃甚众，常数百人。其罗城构以砖甓，周一百六十里，壕岸亦构砖。相传本是舍利佛城，城内有居人数万家，佛寺百余区。其堂宇皆错以金银，涂以丹彩，施以紫纩，覆以锦罽。其俗好生恶杀。其土宜菽、粟、稻、粱，无麻、麦。其理无刑名桎梏之具，犯罪者以竹五十本束之，复犯者挞其背，数止五，经者止三，杀人者戮之。男女十岁则落发，止寺舍，依桑门。至二十不悟佛理，乃复发为居人。其衣服悉以白氎为朝霞，绕腰而已，不衣缯帛，云出于蚕，为其伤生故也。君臣、父子、长幼有序。华言谓之骠，自谓突罗成，阇婆人谓之徒里拙古。未尝通中国。贞元中，其王闻南诏异牟寻归附，心慕之。八年，乃遣其弟悉利移因南诏重译来朝，又献其国乐凡十曲，与乐工三十五人俱。乐曲皆演释氏经论之词意。以悉利移为试大仆卿。

《南夷志》曰：骠国在永昌南七十五日程，閤罗凤所通也。其国用银钱。以青砖为圆城，周行一日程。百姓尽在城内，有十二所堂。当国王所居，门前有大象露坐，高百余尺，白如霜雪。俗尚廉耻，人壮和善，少言，重佛法。城中并无宰杀，又多推步天文。若有诉讼者，王即令焚香，向大象思唯是非，便各引退。或有灾役，王亦焚香对象，悔过自责。男子多衣白叠，妇人当顶为高髻，以金银贝珠为饰，余着青婆裙，又披罗段。行必持扇，贵家妇女皆三人、五人在傍共扇。与波斯及婆罗门接界，西去舍利城六十日程，疑此是东天竺也。

暴蛮等部落

《南夷志》曰：竹子岭东有暴蛮部落，岭西有卢鹿蛮部落，又有生蛮磨弥殿部落。此等部落，皆东爨乌蛮也。男则髻，女则散发，见人无礼节拜跪。三译，乃与华通。大部落则有大鬼主，百姓二百家，小部落亦有小鬼主。一切信使鬼巫，用相服制。土多牛马，无布帛，男女悉被牛羊皮。

勿邓

《南夷志》曰：勿邓部落，大鬼主梦冲，地方千里，功部一姓白蛮，五姓乌蛮。乌蛮妇人以白黑缯为衣，白蛮妇人白缯为衣，下不过膝。

大赕

《南夷志》曰：大赕，周回百余里，悉是野蛮，无君长。地有瘴毒河，赕人至中瘴者，十死八九。閤罗凤尝遣使筑城于彼，管制野蛮，不逾岁，死者过半，岁遂罢弃。其土肥沃，种瓠长丈余。冬瓜亦然，皆三尺围。又多薏苡，无农桑，收此充粮。三面皆是雪山，其高造天。

南泸

《南夷志》曰：泸水，蜀诸葛亮伐南蛮，五月渡泸处。大如臂，川中气候常热，虽方冬，行过者皆袒衣流汗。

量水川

《南夷志》曰：量水川，在滇池南两日行，汉旧黎州地。川中有天池，其水东南流，出一石窦中，水流甚广，石窦甚狭。蛮云：此窦忽室空，则百姓忧溺。

弥诺国、弥臣国

《南夷志》曰：弥诺国、弥臣国，皆边海国也。呼其君长为寿。弥诺，面赤而长；弥臣，面黑而短。性恭谨，每与人语，向前一步一拜。国无城郭，弥诺王所居屋之中，有一大柱，雕刻为文，饰以金银；弥臣王以木栅为居海际水中，以石师子为屋，四足仍以板盖，悉用香木。主出即乘象。百姓皆楼居，披婆罗笼，男少女多。俗好音乐，楼两头置鼓，饮酒即击鼓，男女携手楼中，踏舞为乐，在永昌城西南六十日程。

昆仑国

《南夷志》曰：昆仑国王北去西洱河八十一程，出象及青木、香旃檀、槟榔、琉璃、水精、犀角等物。蛮寇尝攻之，为其决水淹浸，进退无计，饿死万余，不死者去其右腕后放回。

小婆罗门国

《南夷志》曰：小婆罗门国，在永昌北七十四日程。俗不食牛肉，预知身后事。出贝齿、白蜡、越诺。共大耳国来往，蛮夷善之，信通其国。

夜半国

《南夷志》曰：夜半国，在苍望城东北，隔丽水城川原。其妇人唯与鬼通，能知吉凶祸福。本土君长崇信之，蛮夷往往以金购之，要知善恶。

女王国

《南夷志》曰：安王国，去驩州十月程，往往与驩州人交易。蛮尝伐之，中其药箭，百不存一。

独锦蛮

《南夷志》曰：独锦蛮者，乌蛮之苗裔也。在秦臧川，去安宁两日程。其族多姓李。异牟寻母，即独锦蛮女也。有季负蓝，贞元中为大将军，在勃弄拣川为城使等。

弄揀蛮

《南夷志》曰：弄揀蛮，则白蛮苗裔也，本姚州弄揀县部落，其地旧为褒州。尝有首领误杀司户，惧罪，率众北奔，在摩磨些江侧。贞元中，异牟寻破吐蕃城邑，获弄揀城，迁于永昌之地。

清蛉蛮

《南夷志》曰：清蛉蛮，亦白蛮苗裔也，本清蛉县部落。天宝中，嶲州初陷，有首领尹氏父子，相率南奔河赕，阁罗凤厚待之。贞元中，南诏清平官尹辅酋，皆其人也。衣服、言语与蒙舍略同。

长裈蛮

《南夷志》曰：长裈蛮，本乌蛮之后。部落在剑川，属浪诏。其俗皆衣长裈曳地，更无衣服，唯披牛羊皮。

施蛮

《南夷志》曰：施蛮，本乌蛮种族也。铁桥西北大施赕、小施赕、剑寻赕，皆其所居之地，男以缯布为缦裆袴。妇人从顶横分其发，当额及顶后各为髻。男女终身跣足，披牛、羊皮。

磨些蛮

《南夷志》曰：磨些蛮，乌种也。铁桥上下及大婆、小婆、三婆采览、昆池等川，皆其所居之地。土多牛羊，一家即有羊群。终身不洗手面。男女皆披羊皮。俗好饮酒、歌舞。

扑子蛮

《南夷志》曰：扑子蛮，勇悍矫捷。以青婆罗段为通身袴。善用泊箕、竹弓，深林间射飞鼠，发无不中。部落首领谓之酋。其土无食器，以芭蕉叶藉之。

寻传蛮

《南夷志》曰：寻传蛮，俗无丝绵布帛，披婆罗笼，跣足，可以践履捺棘。持弓挟矢，射豪猪，生食其肉，取其两牙双插顶傍为饰，又条其皮以系腰。每战斗，即以笼子笼头，如兜鍪状。

裸形蛮

《南夷志》曰：裸形蛮，在寻传城西三百里，为巢穴，谓之野蛮。阁罗凤既定寻传，而野蛮散居山谷，集战即召之。亦无君长，女多男少。无田农，衣服唯有木皮以蔽形。或十妻、五妻共养一丈夫。尽日持弓，下榻栏，有外来侵害者，则射之。

苴望子蛮

《南夷志》曰：苴望子蛮，在兰苍江以西。其人勇捷，善于马上用枪，所乘马不用鞍。跣足，衣短甲，才蔽胸腹而已。

望蛮

《南夷志》曰：望蛮外喻部落，在永昌北。其人长大，负排持矟，前无强敌。又能用木弓短箭，傅毒药，中人立毙。妇人跣足，以青布为衣，联珂贝、巴齿、真珠，斜络其身。有夫，竖分发，为两髻；无夫者，顶后为一髻垂之。地宜沙牛，角长四尺以来。妇人嗜乳酪。

黑齿、金齿、银齿、绣脚

《南夷志》曰：黑齿、金齿、银齿、绣脚四蛮，并在永昌关南，杂种类也。黑齿，以漆漆其齿。金齿，以金镂片裹其齿。银齿，以银。有事见人，则以此为饰，寝食则去之。皆当顶上为一髻，以青布为通身裤，又斜披青布条。绣脚蛮，则于踝上、腓下周匝刻为文彩，衣以绯布。

绣面蛮

《南夷志》曰：绣面蛮，生一月，则以针刺面，青黛涂之，如绣状。

穿鼻蛮

《南夷志》曰：穿鼻蛮，在柘东。以径尺金环穿鼻中隔，下垂过颐。君长即以丝绳系，使人牵起乃行。其次者，花头金钉两枚，从鼻两边穿，令透下。

长鬃、拣锋

《南夷志》曰：长鬃、拣锋二蛮部落，鬃黑而长，当额前为一长鬃髻，下过脐，每行即以物撑起。君长使两女在前，各持一物撑之。今为南诏所总。

茫蛮

《南夷志》曰：茫蛮部落，并开南杂种也。茫是其君之号，亦呼范诏。从永昌城南，先过唐封，次凤蓝苴，次茫天连，次茫吐薅。又有火赕茫昌盛，恐他茫、鲊茫施，皆其类也。楼居，无城郭。或漆齿，衣青布衫，藤篾缠腰，红缯布缠髻，出其余，垂后为饰。妇人披五色娑罗笼。孔雀巢人家树上，像如水牛，俗养以耕田。

棠魔蛮

《南夷志》曰：棠魔蛮，去安南林西原十二程。俗养牛、马，长与汉人博易。大中八年，经略使苛暴，人将盐一斗，博牛或马一匹，因兹隔绝不来。

太平御览卷第七百九十　四夷部十一·南蛮六

结胸国

《山海经》曰：结胸国，其人结匈。郭璞曰：臆前出，如人结喉也。

羽民国

《山海经》曰：羽民国，其人长头，身生羽。一曰其人长颊。

《外国图》曰：羽民，羽飞不能远。其人卵产。去九疑四万里。

欢兜国

《山海经》曰：欢兜国，其人人面，有翼，鸟啄。欢兜，尧臣，有罪自放南海而死。帝矜之，使其子居南而祠也。一曰欢朱国。

《神异经》曰：南方荒中有人，人手鸟足，杖翼而行，但食海中鱼。虽有翼，不足以飞，倚为径行势也。一名欢兜。为人狠恶奸疏，不畏风雨，不忌禽兽。有所触犯，死乃休耳。

厌火国

《山海经》曰：厌火国，其人兽身黑色，火出其口中。似猕猴黑色也。

三苗国

《书》曰：尧窜三苗于三危。

《山海经》曰：三苗国，在赤水东。

《神异经》曰：西北荒中有人焉，皆人形，而腋下有翼，不能飞，名曰苗民。为人饕餮，淫逸无礼。

《外国图》曰：昔唐以天下授虞，有苗之君非之。苗之民浮黑水，入南海，是为三苗民。去九疑三万三千里。

㦸国

《山海经》曰：㦸国，其为人黄，能操弓射蛇。《大荒经》曰：此国自然有五谷衣服。一曰盛国。

《括地图》曰：禹诛防风氏，夏德，二龙降之。禹使范氏御之以行，经南方。防风神见禹，怒，使射之。有迅雨，二龙升去。臣惧，以刃自贯其心死。禹哀之，疗以不死草，皆生，是名穿匈民。去会稽万五千里。

交胫国

《山海经》曰：交胫国，在贯匈东。其人交胫。言脚胫曲失相交，所谓雕题交趾者。

《外国图》曰：交胫民，长四尺。

不死国

《山海经》曰：不死国，在交胫东。其人黑色，寿考。有员丘山不死树，食之不死；有赤泉，饮之不老。

支舌国

《山海经》曰：支舌国，在不死东。其人舌皆歧，或云支舌也。

三首国

《山海经》曰：三首国，一身三首。

僬侥国

《后汉书》曰：安帝永初中，永昌徼外僬侥种夷陆类等三千余口举种内附，献象牙、犎牛。其人长三尺，穴居，善游，鸟兽惧焉。

《列子》曰：中洲以东三十万里，得僬侥国，人长一尺五寸。

《山海经》曰：周饶国，为人短小，冠带。其人长三尺，穴居，能为机巧，有五谷。一曰僬国，在三首东。

《家语》曰：吴之客问孔子曰："人之长极几何？"对曰："僬侥民长三尺，短之极也。长者不过十，是数之极也。"长者十，短者三，皆数之极也。

《外国图》曰：焦侥民善没游，善捕鸷鸟。其草木夏死而冬生。去九疑三万里。

又曰：从啖水南曰焦侥，其人长尺六寸。一曰迎风则偃，背风则伏。不衣而野宿。

长臂国

《山海经》曰：长臂国，人长一尺五，捕鱼水中，两手各操一鱼。长人手下垂至地。海东有人，尝在海中得布褐习衣，如中国衣，而两袖长三丈，即此长臂民衣也。

三身国

《山海经》曰：三身国，一首而三身。

一臂国

《山海经》曰：一臂国在三身北，一臂一目一鼻孔。

奇肱国

《山海经》曰：奇肱国，其人一臂。

丈夫国

《括地图》曰：殷帝大戊使王孟采药于西王母，至此绝粮，食木实，衣木皮。终身无妻，而生二子，从背间出，是为丈夫民，去玉门二万里。

巫咸国

《山海经》曰：巫咸国在女刃北，右手操青蛇，左手操赤蛇。在登葆山，群巫所从上下也。操药往来。

《外国图》曰：昔殷帝大戊使巫咸祷于山河，巫咸居于此，是为巫咸民。去南海万千里。

女子国

《山海经》曰：女子国在巫咸北，两女子居，水外周之。有黄池，妇人入浴，出即人孕矣。生男，三岁即死。周犹绕也。

轩辕国

《山海经》曰：轩辕国在穷山之际，其不寿者八百岁。其国在山南边也，荒中日山之南也。南女子，北人面蛇身，尾交首上。不敢西射，畏轩辕之丘。言敬畏黄帝威灵，故不敢向之射也。

白民国

《山海经》曰：白民之国在龙鱼北，白身，被发。其人体洞白也。

又曰：白民之国，室后帝鸱帝俊生帝鸿，帝鸿生白民。

《博物志》曰：日南有野女，群行不见夫。其体皛胡了切白，裸袒无衣。

长股国

《山海经》曰：长股之国，在雄常北，被发。国在赤水东。长臂人，身如人，臂长三丈。以类推之，则此脚过三丈矣。黄帝时至，或曰长脚人，常负长脚入海中捕鱼。

无启国

《山海经》曰：海水自东北陬至无启国，在长股东，为人无启。肥肠也。其人穴居，食土，无男女，死即埋之，其心不朽，百二十岁乃复更生也。

一目国

《山海经》曰：一目国，一目，中其面也。

和利国

《山海经》曰：和利国在一目东，为人一手、足，反膝，曲足居上。反，卷曲也。一曰留利之国，人手反折。

深目国

《山海经》曰：深目国，为人举一手一目。

无肠国

《山海经》曰：无肠之国，在深目东，为人长而无肠。

聂耳国

《山海经》曰：聂耳国，在无肠国东，为人两手聂其耳。言耳长，行则以手摄持之。县居海水中。县，居邑也。

跂踵国

《山海经》曰：跂踵国在拘缨东，其人两足皆大，其人行，踵不着地也。一曰踵国。

大人国

《山海经》曰：大人国，为人兽身，人面，犬耳，珥两青蛇。以蛇贯两耳也。

君子国

《山海经》曰：君子国，人冠衣带剑。其人好不争也。

青丘国

《山海经》曰：青丘国，其人食五谷，衣丝帛。其狐九尾。

黑齿国

《山海经》曰：黑齿国，为人黑齿。

《东夷传》曰：倭国东四千余里有裸国，东南有黑齿国，船行一年始可至也。

《异物志》云：西屠染齿，亦以放此也。

玄股国

《山海经》曰：玄股之国，髀皆似画青黑。其人衣鱼，以鱼皮为衣。食鸥。鸥，水鸟也。

毛民国

《山海经》曰：毛民国，为人身生毛。今去临海郡东二千余里，毛人在大海中州岛上，为人短小，面体有毛，如猪熊，穴居，无衣服。晋永嘉四年，吴郡司盐都尉戴建云在海边得一船，上有男女四人，状皆如此，言语不通。送诣承相府，未至，道路死，有一人在。上赐妇，生子，出入市井，渐晓人语，自说其所是此毛民。

《神异经》曰：八荒之中有毛人焉，长七八尺，皆人形，身躯头上皆毛，毛如猕猴，毛长尺，人则瞑目开口吐舌，上唇覆面，下辱覆匈，临海水。

《土物志》曰：毛人之洲乃在涨屿，身无衣服，凿地穴处。虽云象人，不知言语，齐长五尺，毛如熊豕，众辈相随，逐捕鸟鼠。无五谷，唯捕鸟鼠鱼肉以为粮耳。

劳民国

《山海经》曰：劳民国，为人黑。或曰教民。为人面目手足尽黑。食果草实也。有一鸟两头也。

氐人国

《山海经》曰：氐音触抵之抵人国，在建木西，人面而鱼身，无足。自身以上人，以下鱼也。

姑射国

《山海经》曰：姑射国，在海中。

蜮国

《山海经》曰：有蜮山者，有蜮民之国。食桑，射蜮是食。蜮，短狐也，似鳖，含沙射人，中则病死，此山出之也。

沃国

《山海经》曰：有沃之国，言其土饶沃也。沃民是处。凤凰鸟之卵是食，甘露是饮，故其欲，其味皆存也。

反风国

《道书》曰：反风之国，香逆风闻千里也。

林郁国

竹芝《扶南记》曰：林郁国蛮，其延国未多曰，黎与毗骞同，大洲放二万里，法俗是同。

无论国

《南州异物志》曰：无论国有大道，左右种桃、枇杷及诸花果。白日行其下，阴凉蔽热，十余里一亭，皆有井水。食麦饭，饮葡萄酒，如胶，若欲饮，以水和之，其味甘美。

句稚国

《南州异物志》曰：句稚，去典游八百里，有江口，西南向，东北行，极大崎头出涨海中，浅而多磁石。

歌营国

《南州异物志》曰：歌营国在句稚南，可一月行到，其南文湾中有洲名蒲类，上有居人，皆黑如漆，齿正白，眼赤，男女皆裸形。康泰《扶南》土俗记云：大载而去，常望海过则遮船，将鸡猪山果易铁器。

加陈国

《南州异物志》曰：加陈在歌营西南。

师汉国

《南州异物志》曰：师汉国在句稚西，从稚去行可十四、五日乃到其国。亦称王，上有神人及明月珠。但仁善，不忍杀生。土地平博，民有万余家。

扈利国

《南州异物志》曰：扈利国在奴调洲，西南边海。

姑奴国

《南州异物志》曰：姑奴国去歌营可八千里，民人万余户，皆乘四辕车，驾二马或四马，四会所集也。舶船常有百余艘，市会万余人，昼夜作市，船皆鸣鼓吹角。人民衣被同中国。

察牢固

《南州异物志》曰：察牢，在安息中间，大国也，去天竺五千里。民国勇健，举国人皆称王种。国无常王，国人常选耆老有德者立为王，三岁一更举。土地所与天竺同。慕其土地，不出国远行。

类人

《南州异物志》曰：扶南海隅有人如兽，此人，扶南之东，缘海边，略如禽兽，人无道也。身黑若漆，齿白如素。扶南以外，民皆漆齿使黑，而此人身体唯独不漆齿，故正白也。随时流移，居无常处。此民不知安立屋宅，乃随寒暑素饮。身体虽小，夏则入水捕鱼螺，冬则登山射麋鹿也。食唯鱼肉，不识禾稼。寒无衣服，以沙自覆。此人无衣服，若小遇寒凉，辄以沙自覆，惟以出面目耳。时或屯聚，猪、犬、鸡杂糅。此人无衣服，若遇寒凉，以沙自覆，惟以出面目耳。时或虽忝人形，无逾六畜。此人或时权有可得停，犹知立一小屋，以自藉。家中男女大小并止，猪犬共息其中，无复分别也。

雕题国

《异物志》曰：雕题国，画其面及身，刻其肌而青之，或若锦衣，或若鱼鳞。

狼腘国

《异物志》曰：狼腘国，男无衣服，女横布帷。出与汉人交易，不以昼市，暮夜会。俱以鼻嗅金，则知好恶。

瓮人

《异物志》曰：瓮人，齿及目甚鲜白，面体异黑若漆，皆光泽。为奴婢，强勤力。

黄头人

《异物志》曰：黄头人，群相随行，无常居处。其类与禽兽同，或依大树，以草被其枝上，而庇阴其下。发正黄，如扫帚。见汉人，散入草，终不可得近。

儋耳国

《异物志》曰：儋耳夷，生则镂其头，皮尾相连。并镂其耳匡，为数行与颊相连，状如鸡腹，下垂肩上。食薯。纺绩为业。

穿胸国

《异物志》曰：穿胸人，其衣则缝布二幅，合两头，开中央，以头贯穿，胸身不突穿。

西屠国

《异物志》曰：西屠国在海外，以草漆齿，用白作黑，一染则历年不复变。一号黑齿。

《交州以南外国传》曰：有铜柱表，为汉之南极界，左右十余小国，悉属西屠。有夷民，所在二千余家。

金邻国

《异物志》曰：金邻，一名金陈，去扶南可二千余里。地出银，人民多好猎大象，生得乘骑，死则取其牙齿。

《外国传》曰：从扶南西去金陈，二千余里到金陈。

波辽国

《外国传》曰：从西图南去百余里到波辽，十余国皆在海边。

屈都乾国

《外国传》曰：从波辽国南去，乘船可三千里，到屈都乾国地。有人民可二千余家，皆曰朱吾县民，叛居其中。

波延州

《外国传》曰：从屈都乾国东去，船行可千余里，到波延洲。有民人二百余家，专采金，卖与屈都乾国。

究原国民

《外国传》曰：究原有獠民，出锡、铁、鸡舌香，及赤白五色鹦鹉鸟。究原达永昌一岁。

奴后国

《外国传》曰：从林阳西去二千里，奴后国，可二万余户，与永昌接界。

炎人国

《博物志》曰：楚之南，炎人之国。其亲戚死，刳肉，死弃之，然后埋其骨，乃成孝子。

黄孙

《博物志》曰：黄孙，天毒君之孙也，名贵，负躁而好自饮汁，父母笑之，愧而去，居此。黄孙国去九嶷二万一千里。

落头民

《博物志》曰：南方有落头民，其头能飞。其种人常有所祭，号曰“虫落”，故因取名焉。以其头飞，因眼便去，以耳为翼，将晓还复着体。吴时往往得之。

鲛人

《博物志》曰：南海水有鲛人，水居如鱼，不废织绩，其眼能泣珠。

松外诸蛮

《唐书》曰：松外诸蛮，贞观末为寇，遣兵从西洱河讨之。其西洱河，从巂州西千五百里。其地有数十、百部落，大者五、六百户，小者二、三百户。无大君长，有数十姓，以杨、李、赵、董为名家，各擅山川，不相役属，自云其先本汉人。有城郭村邑，弓矢鋋，言语虽小訛舛，大略与中夏同。有文字，颇解阴阳历数。自夜郎、滇池以西，皆云庄蹻之余种也。其土有稻、麦、粟、豆，种获亦与中夏同，而以十二月为岁首。菜则葱、韭、蒜、菁，果则桃、梅、李、柰。有丝麻、女工蚕织之事，出絁绢丝布，广七寸以下。早蚕以正月生，二月熟。畜有马、牛、猪、羊、鸡、犬。饭用竹筲，搏之而取，羹用象杯，若鸡彝。有船无车。男女毡皮为帔，女子絁布为裙，外仍披毡皮之帔。头髻一盘，而成形如髽阻瓜切。男女皆跣。至于死丧、哭泣、棺椁、袭敛，无不毕备。三年之内，穿地为坎，殡于舍侧，上作小屋。三年之外，出而葬之。蠡封畔棺，令其耐湿。父母死，皆斩衰布衣，远者至四五年，近者三、二年，然后即吉。其被人杀者，丧主以麻结发，而黑其面，衣裳不缉，唯服内不废婚，妻不避同姓。其俗，有盗窃、杀人、淫秽之事，酋长即立一长木，为击鼓警众，共会其下，强盗者，众共杀之；若贼家富强，但烧其屋宅，夺其田业而已。

太平御览卷第七百九十一 四夷部十二·南蛮七

西南夷

梁祚《魏国统》曰：西夷土有异犀，三角，夜行如大炬，火照数十步。或时解脱，则藏于深密之处，不欲令人见之。王者贵其异，以为簪札，消除凶逆。

又曰：西南夷有大湖，名曰禁水。水中有毒气，中有物，啧啧作声，射中木石则破裂，中人则死，其俗名曰鬼弹。闻声已至，不可得见故也。

郭义恭《广志》曰：建宁郡，其气平，冬不极寒，夏不极暑，盛夏如此五月，盛冬如此九月。天下之异地，海内唯有此。按《月令》记五气中之位，宜在西南，如此，岂当土行之方、戊已之域乎？

夜郎

《汉书》曰：南夷君长以十数，夜郎最大。汉武帝建元六年，太行王恢击东粤，因兵威，使番阳令唐蒙风晓南粤。南粤食蒙蜀枸酱，枸音矩。蒙问所从来，曰道西北牂柯江，江广数里，出番禺城下。蒙归至长安，问蜀贾人，独蜀出枸酱，多持窃出市夜郎。夜郎者，临牂柯江，江广百余步，足以行船。南粤以财物役属夜郎，西至桐师，然亦不能臣使也。蒙乃上书曰："窃闻夜郎所有精兵，可得十万。浮船牂柯，出不意，此制粤一奇也。诚以汉之强、巴蜀之饶，通夜郎道，为置吏，甚易。"上许之，乃拜蒙中郎将，将千人，从巴莋关入，遂见夜郎侯多同，多同，其侯名。厚赐，谕以威德，约为置吏，使其子为令。夜郎旁小邑，皆贪汉缯帛，以为汉道险，终不能有也，乃且听蒙约。还报，乃以为犍为郡，发巴蜀卒治道，自僰道诣牂柯江。蜀人司马相如亦言：西夷邛莋可置郡，使相如以中郎将往谕，皆如南夷，为置一都尉，十余县属蜀。后数岁，道不通，士罢饿喂，离暑湿，死者甚众。西南夷又数反，发兵兴击，耗费亡功。上患之，使公孙弘往视问焉。还报，言其不便，上许之，罢西夷，独置南夷两县一都尉，稍令犍为自保，就令自保守，且修成其郡县也。就夜郎侯始倚南粤。南粤反，已灭，还诛反者，夜郎遂入朝，上以为夜郎王。

又曰：昭帝始元中，牂柯、谈指、同并等二十四邑，凡三万余人皆反，并音伴。谈指、同并，后皆为县，属汉牂柯郡。遣水衡郡都尉发蜀郡、犍为兵击破之。后姑缯、叶榆人复反，钩町侯亡波率其人击之，有功，汉立亡波为钩町王。至成帝河平中，夜郎王兴，与钩町王禹、漏卧侯俞，漏卧侯，邑名，后为县，属牂柯。更举兵相攻。牂柯太守请发兵诛兴等。议者以道远不可击，遣太中大夫张匡持节和解，并不从。杜钦说王凤曰："张匡和解蛮夷王侯，王侯不从，不惮国威，其效可见。恐议者选耎，选耎，怯不前之意也。选，音息兖反，耎，耎人兖反。复守和解，太守察动静有变，乃以闻之，如此，则复旷一时。旷，空也。一时，三月。言空废一时，不早发兵也。王侯得收猎其众，申固其谋，党助众多，各不胜忿，必相殄灭，自知罪成狂勃，守尉言起狂勃心而杀守尉远藏温暑毒草之地，虽有孙吴将、贲育士，若入水火，往必焦没，智勇俱亡，所设施屯田守之费，不可胜量。宜因其罪恶未成，未疑汉加诛，阴敕旁郡守尉练士马，大司农先调谷积要害处，调，发也。要害者，在我为要，于敌为害也。调，音徒钓切。选任职太守往，以秋凉时入，诛其王侯尤不轨者。即以为不毛之地，亡用之人，圣王不以劳中国，即犹若也。不毛，言不生草木也。宜罢郡，放弃其民，绝其王侯，勿复通。如以先帝所立，累代之功不可隳坏，亦宜因其萌芽，早断绝之。及已成形后师兴，则万姓被害矣。"凤于是荐陈立为牂柯太守。立至牂柯，乃从吏数十人出行，无何，召兴，将数千人出往，立数责，因断兴头，出，晓其众，皆释兵降。释，解也。兴子耶务收余兵，迫胁旁二十邑反，立又击平之。

《后汉书》曰：夜郎者，初，有女子浣于遁水，有三节大竹，流入足间，闻其中有号声，剖竹视之，得一男子，归而养之。及长，有才武，自立为夜郎侯，以竹为姓。武帝平南夷，夜郎侯迎降，天子赐其王印绶，后遂杀之。夷獠咸以竹王非血气所生，甚重之，求为立后，牂柯太守吴霸以闻天子，乃封其三子为侯，死，配食其父。今夜郎县，有竹王神，是也。

滇

《汉书》曰：南夷君长，其西靡莫之属以十数，滇地最大。皆椎髻，耕田，有邑聚。楚威王时，使将军庄蹻将兵循江上略巴、黔中以西。庄蹻至滇池，地方三百里，旁平地肥饶数千里，以兵威定属楚。欲归报，会秦击夺楚巴、黔中郡，道塞不通，因乃以其众王滇，变服从其俗，以长之。秦时，尝破，略通五尺道。汉元狩中，天子乃令王然于、伯始昌、吕越人等十余辈，间出西南夷，指求身毒国。至滇，滇王当羌乃留为求道。师古曰：当羌，滇王名。四岁余，皆闭昆明，莫能通。滇王与汉使言："汉孰与我大？"及夜郎侯，亦然。各自以一州王，不知汉广大。使者还，因盛言滇大国，足事亲附。师古曰：可专事招来之，令其亲附也。天子注意焉。及南粤已灭，乃使王然于以兵威风谕滇王入朝。滇王有众数万人，其旁东北劳深、靡莫皆同姓，相杖未肯听。杖犹倚也。相依倚为援，而不听滇王入朝也。劳、莫数侵犯使者吏卒。元封二年，天子发巴蜀兵击灭劳深、靡莫，以兵临滇。滇王始首善，以故弗诛。滇王离西夷，举国降，请置吏入朝。于是以为益州郡，赐滇王印，复长其民。西南夷君长以百数，独夜郎、滇受王印。滇，小邑也，最宠焉。

《后汉书》曰：滇郡有池，周回二百余里，水源深，而末更浅狭，有似倒流，故谓之滇池。河土平敞，多出鹦鹉、孔雀，有盐池、田渔之饶，金银、畜产之富。人俗豪汰，居官者皆富及累代。及王莽政乱，益州郡夷栋蚕、若豆等起兵杀郡守，越嶲姑复夷人大牟亦皆叛。莽遣宁始将军廉丹，发巴、蜀吏人卒徒十万击之，连年不克而还。以广汉、文齐为太守，群夷始得其和。及公孙述据益土，齐固守拒险。闻光武即位，乃间道遣使自闻。蜀平，征为镇远将军，封成义侯。于道卒，诏为起祠堂，郡人立庙祠之。

又曰：建武十八年，夷渠帅栋蚕，与姑复、摒栋、楪榆、连然、滇池、建伶、昆明诸种反叛，遣武威将军刘尚发卒击之。尚军渡泸水，入益州界。群夷皆弃垒奔走，尚进军，连战皆破之。追至不韦，孙盛《蜀谱》曰：初，秦徙吕不韦子弟宗族于蜀。汉武开西南夷，置郡县，徙吕氏以充之，因置不韦县。斩获甚众，诸夷悉平。

又曰：章帝元和中，蜀郡王阜为太守，政化尤异，有神马四匹出滇池中。

《蜀志》曰：后主建兴二年，诸葛亮率众南征，所战皆捷。孟获者，为夷所服，募生致之。既得，使观于营阵之间，问曰："此军何如？"获曰："不知虚实，故败。定易胜耳。"亮纵之，使更战。七擒而亮犹遣获，获止不去，曰："公，天威也，南人不复反矣！"遂至滇池，南中皆平。

邛

《汉书》曰：自滇以北，君长以十数，邛都最大。皆椎髻，耕田，有邑聚。

《后汉书》曰：邛都夷者，武帝所开，以为邛都县。无几而地陷为污泽，因名为邛池，南人以为邛河。其后复反叛。元鼎六年，汉兵自越巂水伐平之，以为越巂郡。其郡土地平原，有稻田。俗多游荡，而喜讴歌，略与牂柯相类。豪帅放纵，难得制御。王莽时，郡守枚根枚根，太守姓名也。调邛人长贵以为军侯。更始二年，长贵攻杀根，自立为邛谷王。至光武，因就封之，授越巂太守印绶。后刘尚击益州夷，路由越巂，长贵闻之，疑尚既定南边，威法必行己，不得自放纵，即聚兵，招呼诸君长，多酿毒酒，欲先以劳军，因袭击尚。尚知其谋，即分兵先据邛都，遂掩长贵，诛之，徙其家属于成都。

又曰：安帝时，永昌、益州、蜀郡并今云南郡也夷皆叛，众十余万，破坏二十余县。益州刺史张乔，乃遣从事杨竦将兵，至楪榆破之，渠帅三十六种皆来降附。竦因奏长史奸猾侵犯蛮夷者九十人，皆减死论。

又曰：永平中，邛都太守巴郡张翕政化清平，得夷人和，在郡十七年卒。夷人爱慕，如丧父母。苏祁斯人叟二百余人，赍牛羊送丧，至翕本县，起坟祭祀。诏书嘉美，为立祠堂。后夷人反乱，天子以翕有遗爱，乃拜其子湍为太守，夷人欢喜，皆奉迎道路，曰："郎君仪貌类我府君。"后湍颇失其心，有欲叛者，诸夷耆老相晓语曰："当为先府君。"故遂得以安。

《南中八郡志》曰：邛河纵广二十里，深百余丈，多大鱼，长一、二丈，头特大，遥视如载铁釜状。

李膺《益州记》曰：邛都县下有一老姥，家贫孤独，每食，辄有小蛇，头上戴角，在床间，姥怜饴之。后稍长大，遂长丈余。令有骏马，蛇遂吸杀之。令因大忿恨，令姥责出蛇。姥云在床下，令即掘地，愈大而无所见。令迁怒，杀姥。蛇乃感人以灵，言"嗔令何杀我母？当为母报仇！"此后每夜辄闻若风，四十许日。百姓相见，咸惊语："汝头那忽戴鱼？"是夜，方四十里，与城一时俱陷为湖，土人谓之为陷河。唯姥宅无恙，讫今犹存。渔人采捕，必依止宿。每有浪，辄居宅侧，恬静无他，风静水清，犹见城郭楼橹叜音测然今水浅时，土人没水，取得旧木，坚贞，光黑如漆，好事者以为枕，相赠焉。

莋

《汉书》曰：自嶲以东北，君长以十数，莋都最大。其俗或土着，或移徙。

《后汉书》曰：莋都夷者，武帝所开，以为莋都县。其人被发、左衽，言语多好譬类，居处略与汶山夷同。土出长年神药，仙人山图所居焉。元鼎六年，以为沉黎郡。至天汉四年，并蜀为西部，置两都尉，一居旄牛，主徼外夷，一居青衣，主汉人。

巂

《汉书》曰：桐师以东北，至叶榆，名为巂、昆明。编发，随畜迁徙无常处，无君长，地方可数千里。

《永昌郡传》曰：越巂郡，在建宁西北千七百里，治江都县。自建宁，高山相连，至川中平地，东西南北八千余里。郡特好桑蚕，宜黍，稷、麻、稻、梁。

冉駹

《汉书》曰：自莋以东北，君长以十数，冉駹最大。其俗或着土着，或移徙。

《后汉书》曰：冉駹夷者，武帝所开，元鼎六年以为汶山郡。今蜀郡西北通化郡地也。至宣帝地节三年，夷人以立郡赋重，帝乃省并蜀郡，为北部都尉。其山有六夷七羌九氐，各有部落。其王侯颇知文书，而法俗严重。贵妇人，党母族，死则烧其尸。土气多寒，虽在盛夏，冰犹未释。皆依山居止，累石为室，高者至十余丈，为邛笼。今彼土夷人呼为雕。又土地刚卤，不生谷、粟、麻、菽，唯以麦为资。而宜畜牧，有旄牛，无角，一名犝牛，肉重千斤，毛可为毦。犝，徒冬切。毦，音贰。出名马，有羚羊，羚音灵。可疗毒。又有食药鹿，鹿麑有胎者，其肠中粪亦疗毒疾。又有五角羊、麝香、轻毛毼鸡、猩猩。其人能作旄毡、班罽、青顿、毞毲、羊羧之属。青顿、毞毲并未详，字书无二字。特多杂药。地有咸土，煮以为盐，麡、羊、牛、马，食之皆肥。麡音子兮切。其西又有三河、盘于虏，北有黄石、北地、卢水胡，其表乃为徼外。后灵帝时，复分蜀郡北部为汶山郡。

白马

《汉书》曰：蜀之西，冉駹以东北，君长以十数，白马最大，皆氐类也。

《后汉书》曰：白马氐者，武帝元鼎中，分开广汉西部，合以为武都。土地险阻，有麻田，出名马、牛、羊、漆、蜜。氐人勇戆抵冒，贪货死利。居于河池，一名仇池，方百顷，四面斗绝。数为边寇，郡县讨之，则依固自守。元封三年，氐人反叛，遣兵破之。昭帝元凤中，氐人复叛，执金吾马适建姓马适，名建。等将三辅太常徙讨破之。建武初，氐人悉附陇蜀，及隗嚣灭，其酋豪乃背公孙述降汉，马援上复其王侯君长，赐以印绶。后嚣族人隗茂反，杀武都太守。氐人大豪齐锺留为种类所敬信，威服诸豪，与郡丞孔奋击茂，破斩之。

白狼夷

《后汉书》曰：永平中，益州刺史梁国朱辅，好立功名，慷慨有大略。在州数岁，宣示汉德，威怀远夷，自汶山以西，前代所不至，正朔所不加，白狼、盘木、唐菆等百余国，户百三十余万、口六百万以上，举种奉贡，称为臣仆。辅上疏曰："臣闻《诗》云：彼徂者岐，有夷之行。《传》曰：岐道虽僻，而人不远。诗人诵咏，以为符验。今白狼王唐菆等慕化归义，作诗三章。路经邛来大山太零高坂，峭危峻险，百倍岐道。襁负老幼，若归慈母。远夷之语，辞意难正。草木异种，鸟兽殊类。有犍为郡掾田恭，与之习狎，颇晓其言。臣辄令讯其风俗，译其辞语。今遣从事史李陵与恭护送诣阙，并上其乐诗。昔在圣帝，舞四夷之乐；今之所上，庶备其一。"帝嘉之，事下史官，录其歌焉。《东观记》载其歌，并载夷人之本语，并重译训诂为华言，今《花史》所载者是也。至和帝永元十二年，旄牛徼外白狼、楼薄蛮夷王唐缯等，遂率种人十七万口内属。

掸音掸国

《后汉书》曰：和帝永元九年，掸国王雍由调遣使重译奉国珍宝，和帝赐金印、紫绶。安帝永宁初，复遣使朝贺献乐及幻人能变化，吐火，自支解，易牛马头，又善跳丸，数乃至千，自言我海西人，海西即大秦也。掸国西南通大秦。明年元会，安帝作乐于庭，封雍由调为汉大都尉，赐印绶、金银、彩缯各有差。

牂柯

《后汉书》曰：初，楚顷襄王时，遣将庄豪从沅水伐夜郎。军至且兰，椓船于岸而步战。既灭夜郎，因留王滇池。以且兰有椓船牂柯处，乃改其名为牂柯。《异物志》曰：牂柯，击船戢也。牂柯地多雨潦。俗好巫鬼禁忌。寡畜生，又无蚕桑，故其郡最贫。句田可县有桄榔木，可以为面，百姓资之。

又曰：公孙述时，牂柯大姓龙、傅、尹、董氏，与郡功曹谢暹保境为汉，乃遣使从番禺江奉贡。番禺江，今南海郡。光武嘉之，并加褒赏。桓帝时，郡人尹珍自以生于荒裔，不知礼义，乃从汝南许慎、应奉受经书，学成，还乡里教授。自是，南域始有学焉。

《永昌郡传》曰：牂柯郡，在建宁东北千二百里，处所险峻，率皆高山而少平地。

《唐书》曰：牂柯蛮首领亦姓谢氏。其地北去兖州一百五十里，东至辰州二千四百里，南至交州一千五百里，西至昆明九百里。无城壁，散为部落而居。土气郁热，多霖雨，稻粟再熟。无徭役，唯征战之时，乃相屯聚，刻木为契。其法，劫盗者三倍还赃，杀人者出牛马三十头，乃得赎死，以纳死家。风俗物产，略与东谢同。其首领谢龙羽，大业末据其地，胜兵数万人。

又曰：武德三年，牂柯蛮首领谢龙羽遣使朝贡，授龙羽牂州刺史，封夜郎郡公。贞观四年，复朝贡。开元十年，大酋长谢元齐死，诏立其嫡孙嘉艺袭其官封。二十五年，大酋长赵君道来朝，献方物。元和三年五月，敕自今已后，委黔南观察使差本道军将充押领牂柯、昆明等使。四年正月，遣使来朝。是月，遣中使魏德和领其使，并赍国信物降玺书，赐其王焉。自后朝负不绝。

《临海异物志》曰：桄榔木生牂柯，外皮有毛，似栟榈而散生。其木刚，作锄利如铁，中石更利，唯中焦根乃致败耳。皮中有似梼稻米片，又似麦面，作饼饵。

《广志》曰：桄榔树，大四五围，长五六丈，洪直，旁无枝条。其颠生叶。不过数十，似棕叶。破其木，肌坚难伤。入数寸，得面，赤黄，密致可食。

濮

《周书·王会》曰：卜人，丹沙。注云：西南之蛮，丹沙所出。按卜人，盖今之濮人也。

又曰：汤令伊尹为四方献令，伊尹曰："臣请正南欧隑五来切桂国、损子产里、百濮九菌，请令以珠玑、玳瑁、象齿、文犀、翠羽、菌鹤、短狗为献。"

《永昌郡传》曰：云南郡在建宁南四十五里，治云南县，亦多夷濮，分布山野，千五百人。女大小蹲踞道侧。皆持数种器杖，时寇钞，为郡邑之害。

尾濮

《永昌郡传》：郡西南千五百里徼外有尾濮。尾若龟形，长三、四寸。俗坐，辄先穿地空，以安其尾。若邂逅误折尾，便死。男女长，各随宜野会，无有嫁娶，犹知识母，不复别父。俗云"贷老相食"，则此濮也。古人所说，非目见也。

《扶南土俗传》曰：枸利东有蒲罗中人，人皆有尾，长五、六寸。其俗食人。按其地，并西南蒲罗，盖尾濮之地名也。

梁祚《魏国统》曰：西南有夷，名曰尾濮。其地出玳瑁、犀、象、珠玑、金、银、葛越、桂木。人皆蛮夷，重译乃通也。

木绵濮

郭义恭《广志》曰：木绵濮，土有木绵树，多叶。又房甚繁，房中绵，如蚕所作，其大如卷音拳。

文面濮

《广志》曰：文面濮，其俗劗面，而以青画之。劗，音诜。

折腰濮

《广志》曰：折腰濮，其俗，生子皆折其腰。

赤口濮

《广志》曰：赤口濮，在永昌南。其俗，折其齿，劗其唇使赤；又露身，无衣服。

黑僰濮

《广志》曰：黑僰濮，在永昌西南，山居，耐勤苦。其衣服，妇人以一幅布为裙，或以贯头；丈夫以谷皮为衣。其境出白蹄牛、犀、象、武魄、金、铜、华布。

朱提

《永昌郡传》曰：朱提郡，在犍为南千八百里，治朱提县。川中纵广五、六十里。有大泉，池水千顷，名千顷池。又有龙池，以灌溉种稻。与僰道接，时多猿，郡取鸣啸于行人径次，声聒人耳。夷分布山谷间，食肉衣皮，虽有人形，禽兽其心，言语服饰，不与华同。有堂狼山，山多毒草，盛夏之月，飞鸟过之，不能得去。

又曰：建宁郡，朱提之东南六百里，土气和适，盛夏之月，热不郁蒸；孟冬时，寒不惨栗。

又曰：永昌郡，在云南西七百里。郡东北八十里泸仓津。此津有鄣气，往以三月渡之，行者六十人，皆悉闷乱；毒气中物则有声，中树木枝则折，中人则令奄然青烂也。

又曰：兴古郡，在建宁南八百里。郡领九县，纵经千里，皆有瘴气。蒜谷鸡豚鱼酒不可食，皆食啖皆病害人。郡北三百有盘江，广数百步，深十余丈，此江有毒瘴。九县之人，皆号曰鸠民，言语嗜欲，不与人同。鸠民咸以三尺布角割作两襜，不复加针缕之功也，广头着前，狭头覆后，不盖其形，与裸身无异。

昆弥国

《唐书》曰：昆弥国，一曰出昆明西南夷也，在爨之西，洱河为界，即叶榆河。其俗与突厥略同。相传云，与匈奴本是兄弟国也。汉武帝得其地，入益州部，其后复绝。诸葛亮定南中，亦所不至。武德四年，巂州治中吉弘使南宁，因至其国谕之，至十二月，遣使朝贡。贞观十九年四月，右武侯将军梁建方讨蛮，降其部落七十二，户十万九千三百。

西爨

《唐书》曰：西爨方，南宁之渠帅也。自云本河东安邑人也，七世祖仕晋，为南宁太守，属中国乱，遂王蛮夷。梁元帝时，南宁州刺史徐文盛征诣荆州，有爨瓒者，遂据南宁之地。延袤二千余里。俗多华民，饶骏马、明珠、犀、象。瓒死，有二子震、玩，分统其众。隋开皇初，遣使朝贡。文帝遣韦世冲将兵镇之，析置恭州、协州、昆州。未几复叛。后遣史万岁击之，所至皆破，逾西洱河，临滇池而还。玩惧而来朝，文帝诛之，诸子没为官奴，不收其地，因与中国绝。高祖受禅，拜玩子弘达为昆州刺史，令持其父尸归葬本乡。益州段纶又遣俞大施至南宁，谕其部落，悉来归款。自是朝贡不绝。

东女国

《唐书》曰：东女国，西羌之别种，以西海中复有女国，故称东女焉。俗以女为王，东与茂州党项接，东南与雅州接，隔罗女蛮及白狼夷。其境东西九日行，南北二十日行，有大小八十余城。王所居名康延川，中有弱水南流，用牛皮为船以渡。户四万众，胜兵万余人，散在山谷。女王号为宾就，有女官曰高霸，平议国事。在外官僚，并男夫为之。其王侍女数百人，五日一听政令。王若死，国中多敛金钱，动至数万，更于王族求令女二人而立之，大者为王，其次为小王。若大王死，即小王嗣立，或姑死而妇继，无有篡夺。其所居，皆起重层屋，王至九层，国人至六层。其王服青毛绫裙，下领衫，上披青袍，其袖委地。冬则羔裘，饰以纹锦。为小鬟髻，饰之以金。耳垂珰，足履索鞾。俗重妇人而轻丈夫。文字同于天竺。以十一月为正。

又曰：东女国，其俗每至十月，令巫者赍肴诣山中，散糟麦于空，大咒呼鸟，俄而有鸟始鸡，飞入巫者之怀。因剖腹而视之，每有一谷，来岁必登；若有霜雪，必多灾异。其俗信之，名为鸟卜。其居丧，服饰不改，为父母则三年不栉沐。贵人死者，或剥其皮而藏之，内骨于瓶中，揉以金屑而埋之。国王将葬，其大臣亲属殉死者数十人。隋大业中，蜀王秀遣使招之，拒而不受。武德中，女王国敛臂钤汤。汤傍氏始遣使贡方物，高祖厚资遣之。

又曰：垂拱二年，东女国王敛臂遣大臣汤剑石来朝，仍请官号。则天册拜敛臂为左玉钤卫将军，仍以瑞锦制蕃服以赐之。天授三年，其王俄琰儿来朝。开元二十九年十二月，其王赵曳夫遣子献方物，命有司宴于曲江，令宰臣已下同宴。又封曳夫为归昌王，赐其子帛，放还，复以男子为王。贞元九年七月，其王汤立悉与哥邻国王董卧庭、白狗国王罗陀忽、逋租国王弟邓吉知、南水国王苏唐磨、咄霸国王蕃藐蓬，各率其种落，诣剑南西川内附。其哥邻等国，皆散居山川。弱水王，即国初女国之弱水部落，其悉董国在弱水西，故亦谓之弱水西悉董王。旧皆分隶边郡，祖父例授将军、中郎、果毅等官。自中原多故，皆为吐番所役属。其部大者不过三、二千户，各置县令十数人理之。土有丝絮，岁输于吐蕃。至是悉与之同盟，相率献款，兼赍天宝中国家所赐官告共三十九通以进，西川节度使韦皋处其众于维霸保等州，给以种粮、耕牛，咸乐生业。立悉等数国王自来朝，召见于麟德殿，授官赏各有差。

太平御览卷第七百九十二 四夷部十三·西戎一

总序西戎

《易》曰：高宗伐鬼方，三年克之。鬼方，西羌也。

《书》曰：西戎即叙。美禹功也。

《诗》曰：在其板屋，乱我心曲。西戎板屋也。

又曰：自彼氐、羌，莫敢不来王。

《尔雅》曰：西至于邠国。极远之国。

又曰：西至日所入为太蒙，即蒙泛也。太蒙之人信。

《礼》曰：西方曰戎，被发衣皮，有不粒食者矣。

《传》曰：辛有适伊川，见被发而祭于野，曰："不及百年，此其戎乎？其礼先亡矣！"

又曰：秦、晋迁陆浑之戎于伊川。

《汉书》曰：西域以孝武时始通，本三十六国，其后稍分至五十余，皆在匈奴之西、乌孙之南。南北有大山，中央者河，东西六千余里，南北千余里。东则接汉，限以玉门、阳关，西则限以葱领。

《汉书》曰：出阳关，自近者始，曰婼羌，婼，音而遮切。婼羌国王号去胡来王。言去离胡戎来附汉也。

又曰：汉武帝征和中，贰师将军李广利以军降匈奴，帝既悔于征伐，而搜粟都尉桑弘羊与丞相御史奏言："故轮台以东捷枝、渠梨皆故国，轮台、渠梨，地名，今在交河北庭界。地广饶水草，有溉田五千顷以上，处温和，田美，可益通沟渠，种五谷，与中国同时熟。田一岁，有积谷。募人壮健有累重敢徙者诣田所，累重，谓妻子家属也。就畜积为本业，垦溉田，稍筑列亭连城西，以威西国。"帝深陈既往之悔，乃下诏曰："前有司奏，欲益人赋三十助边用，是重困老弱孤独也。"由是不复出军，而封丞相车千秋为富民侯，以明休息，思富养人也。

《后汉书》曰：西羌之本，出自三苗，盖羌姓之别。其国近南岳，及舜流四凶，徙之三危，河关之西南羌地是也。滨于赐支，至于河首，绵地千里。赐支者，《禹贡》所谓“析支”者也。南接蜀、汉。所居无常，依随水草。地少五谷，以产牧为业。其俗，人民氏族无定，或以父名母姓为种号，三二世后，相与婚姻。父没则妻后母。兄亡则纳嫠嫂，寡嫂曰嫠。故国无鳏寡，种类繁炽。不立君臣，无相长一。强则分种为角酋豪，弱则为附落。更相抄暴，以力为雄。杀人偿死，无他禁令。其兵长在山谷，短于平地，不能持久，而果于触突。以战死为吉利，病终为不祥。甚耐寒苦，同之禽兽。虽妇人产子，亦不避风雪。性坚固勇猛，得西方金行之气焉。王政修则宾服，德教失则寇乱。

又曰：昔夏后氏太康失国，四夷背叛。及后相即位，乃征畎夷，七年然后来宾。

又曰：武乙暴虐，犬戎寇边。周古公逾梁山，而避于岐下。及子季历，遂伐西落鬼戎。

又曰：文王为西伯，西有昆夷之患，北有猃狁之难。遂攘戎狄，西戎之国莫不宾服。

又曰：穆王时，戎狄不贡。王乃西征犬戎，获其五王，又得四白鹿、四白狼。王遂迁戎于太原。

又曰：平王之末，自陇山以东，及乎伊、洛，往往有戎。于是渭有狄豲音苑、邽冀之戎，泾北有义渠之戎，洛川有大荔之戎，渭南有骊戎，伊、洛间有杨拒、泉皋之戎，颍川以西有蛮氏之戎。

又曰：晋文公欲修霸业，乃赂戎狄通道，以扶王室。秦穆公得戎人由余，遂霸西戎，开地千里。

又曰：陆浑之戎叛晋，晋令荀吴灭之。楚执蛮氏，而尽囚其民。

又曰：周贞王八年，秦厉公灭大荔，取其地。赵亦灭代戎，代戎即地戎也。韩魏复共稍并伊洛阴戎，灭之，其遗脱者皆逃奔，西逾汧陇。自是中国无戎寇。

《后汉书》曰：武帝时，西域内属有三十六国。汉为置使者校尉领护之，宣帝改曰都护。元帝又置戊己校尉，屯田于车师。《汉官仪》曰：戊己，中央镇覆四方也。哀平间，自相分割为五十五国。

又曰：建武中，西羌皆遣使求内属，愿请都护。世祖以天下初定，未遑外事，讫不许之。

又曰：明帝命将北征匈奴，取伊吾卢地，置宜禾都尉以屯田，遂通西域，于阗诸国皆遣子入侍。

又曰：建初元年春，酒泉太守段彭大破车师于交河城，章帝不欲疲弊中国以事夷狄，乃迎还戊己校尉，不复遣都护。二年，复罢屯田。

又曰：和帝永元三年，班超遂定西域。因以超为都护，治龟兹。复置戊己校尉，领兵五千人治车师。

又曰：六年，班超复击破焉耆，于是五十余国悉纳质内属。其条支、安息诸国，至于海滨四万里外，皆重译贡献。

又曰：九年，班超掾甘英穷临西海而还，皆前世所不至，《山经》所未详，莫不备其风土，传其珍怪焉。于是远国蒙奇、兜勒，皆来归服。

班固《西戎论》曰：孝武之代，图制匈奴，患其兼从西国，结党南羌，从，音子容反。乃表河西，列四郡，开玉门，通西域，以断匈奴右臂，隔绝南羌、月氏，单于失援，由是远遁，而幕南无王庭。因文、景玄默养人，天下丰富，财力有余，士马强盛，故能睹犀布、玳瑁，则建朱崖七郡；惑蒟音矩酱、竹杖，则开牂柯、越嶲；闻天马蒲萄，则通大宛、安息。自是之后，万里相奉，师旅之费，不可胜计。至于用度不足，乃榷酒酤，管盐铁，铸白金，造皮币，算至车船，租及六畜，人力屈，财用竭，因之以凶年，群盗并起，是以末年遂弃轮台之地，而下哀痛之诏，岂非仁圣之所悔哉？且西域近有龙堆，远则葱岭，身热头痛，悬度之厄，淮南、杜钦、扬雄之论，皆以为此天地所以界别区域，绝外内也。

《书》云："西戎即序。"禹就而序之，非止威服，致其贡物也。

魏征《西戎论》曰：自古开远夷、通绝域，必因宏改之主，皆起好事之臣。张骞凿空于前，班超投笔于后，或结之重宝，或摄之利剑，投躯万死之地，以立一朝之功。皆由主尚来远之名，臣徇轻生之节，是知上之所好，下必有甚焉者也。炀帝规摹宏侈，掩吞汉外。裴矩方进西域图记，以荡其心。故万乘亲出玉门关，置伊吾、且末郡，而关右暨于流沙，骚然无聊生矣。古哲王之制，方五千里，务安诸夏，不事要荒。岂威不能加，德不能被？盖不以四夷劳中国，不以无用害有用也。是以秦戍五岭，汉事三边，或道殣相继，或户口减半；隋室恃其强盛，亦狼狈于青海。此皆一人失其道，故亿兆罹其毒也。

婼羌

《说文》曰：羌，西婼羌戎牧羊人，从人牧羊。

《汉书》曰：出阳关，自近者始，曰婼羌国，王号去胡来王。去阳关千八百里，去长安六千三百里。西接且末。随畜逐水草，不田作，仰鄯善、且末。谷山有铁，自作兵甲，有弓矛，服刀剑。刘德曰：服刀，拍髀也。师古曰：拍音貊，髀音俾，又音陛。

鄯善

《汉书》：鄯善国，本名楼兰，王治扜泥城。扜音乌。辅国侯、却胡侯、鄯善都尉、击车师都尉、左右且渠、击车师君各一人，译长二人。

又曰：鄯善地沙卤，少田，寄田仰谷旁国。国出玉，多葭苇、柽柳、胡桐、白草。孟康曰：白草，草之白者也。胡桐，似桑而多曲。师古曰：胡桐泪可以汗金银，今工匠皆用之。民随畜牧逐水草，有驴马，多橐佗。师古曰：佗，古他字也。

又曰：武帝遣从票侯赵破奴将属国骑及郡兵数万击姑师，虏楼兰王，破姑师。于是汉列亭鄣至玉门矣。

又曰：楼兰国最在东垂，近汉，当白龙堆，乏水草。常主发导，负水担粮，送迎汉使。

又曰：元凤四年，大将军霍光白遣平乐监傅介子往刺其王。介子轻将勇敢士，赍金币，扬言以赐外国为名。既至楼兰，诈其王欲赐之。王喜，与介子饮，醉，将其王屏语，壮士二人从后刺杀之，贵人、左右皆散走。介子告谕以“王负汉罪，天子遣我诛王，当更立王弟尉屠耆在汉者。汉兵方至，毋敢动，自令灭国矣！”介子遂斩王尝归首，尝归者，其王名也。驰传诣阙，悬首北阙下。封介子为义阳侯。乃立尉屠耆为王，更名其国为鄯善，为刻印章。赐以宫女为夫人，备车骑辎重，丞相、将军、百官送至横门外，横音光。祖而遣之。

《北史》曰：鄯善城方一里，地多沙卤，少水草。北即白龙堆路。后魏孝文太和四年，遣其弟素延耆入侍。

于阗

《汉书》曰：于阗国王治西域，去长安九千六百七十里。于阗之西，水皆西流注海，其东流注盐泽，河源出焉。多玉石。玉石，玉之璞也。

《后汉书》曰：于阗去洛阳万一千七百里。建武末，莎车王贤强盛，攻并于阗，徙其王俞林为骊归王。明帝永平中，于阗将休莫霸及莎车自立为于阗王，休莫霸死，兄子广德立。后遂灭莎车，其国转盛。

《北史》曰：于阗国在葱岭之北二百余里，所都城方八、九里。城东三十里有首拔河，中出玉石。土宜五谷并桑麻，山多美玉，有好马驼骡。其刑法，杀人者死也。

又曰：于阗俗重佛法，寺塔僧尼甚众，王尤信尚，每设斋日，必亲自洒扫、馈食焉。城南五十里有赞摩寺，即昔罗汉比丘卢旃为其王造覆瓮浮图之所，石上有辟支佛跣处，双迹犹存。西有比摩寺，云是老子化胡成佛之所。

又曰：于阗城东二十里，有大水北流，号树枝水，即黄河也。

又曰：后魏文献末，蠕蠕寇于阗。于阗患之，遣使素目伽上表求救。帝诏以遐阻不行。

又曰：后周武帝建德三年，其王遣使献名马。隋大业中，频遣朝贡。其王姓王，字早示门，练锦帽，金鼠冠，妻戴金花。其王发不令人见，俗言若见王发，其年必俭。

《梁书》曰：武帝天监十三年，王遣使献婆罗婆步鄣。十八年，又献琉璃罂。

《唐书》曰：其国出美玉。王姓尉迟，名屋密。贞观六年，遣使献玉带。太宗优诏答之。

大秦

《后汉书》曰：大秦国，一名黎鞬，在海西，地方数千里。以石为城郭，列置邮亭，垩塈之。

又曰：民俗力田蚕桑，皆髡头而衣文绣，乘辎軿白盖小车，出入击鼓，建旌旗幡帜。

又曰：王宫室皆以水精为柱，食器亦然。

又曰：其人民皆长大平正，有类中国，故谓之大秦国。多金银奇宝，有夜光璧、明月珠、骇鸡犀、珊瑚、虎魄、琉璃、琅玕，织成金缕罽、杂色绫，作黄金涂、火浣布。

又曰：合会诸香，煎其汁，以为苏合。以金银为钱。银钱十当金钱一。

又曰：桓帝延熹九年，大秦王安敦遣使自日南徼外献象牙、犀角、玳瑁，始一通焉。

又曰：其国无盗贼，而道多猛兽师子，遮害行旅。不百余人赍兵器，辄为所食。又有飞桥数百里，可渡海。

《魏略》曰：其国中山出九色次玉石，一曰青，二曰赤，三曰黄，四曰白，五曰黑，六曰绿，七曰紫，八曰红，九曰绀。多神龟、朱鬣马、玄熊；赤、白、黑、黄、青、绿、绀、缥、红、紫十种琉璃。

《通典》曰：国之西南涨海中，可七、八百里行，到珊瑚洲，水底有盘石，珊瑚生其上。大秦人常乘大舶，载铁网，令水工先没入，视之可下网，乃下。初生白。而渐渐似菌生茅中，历岁许，出网目间变作黄色，枝条交错，高极三、四尺，大者围尺余，三年色乃赤好。后没视之，知可采，便以铁钞发其根，乃以索系网，使人于舶上绞车举出。还国園理载，恣意所作。若失时不举便蠹败。

龟兹龟音丘，兹音姿

《北史》曰：龟兹国，在尉犁西北，白山之南一百七十里。王姓白，即后凉吕光所立白震之后。其王头系彩带，垂之于后，坐金师子床。

又曰：出细毡，饶铜、铁、铅、麖皮、氍毹、沙盐、绿雌黄、胡粉、安息香等。

又曰：其国北大山中，有如膏者流出成川，行数里入地，状如醍醐。服之，发齿已落者，能令更生；疠人服之皆愈。

《唐书》曰：龟兹有城郭，男女皆剪发，垂与顶齐。唯王不剪发，以锦蒙顶，着锦袍、金宝带，坐金师子床。有良马、封牛，饶蒲萄酒。又曰：贞观四年，遣使来献马。太宗赐以玺书，抚慰甚厚。自此朝贡不绝。

又曰：贞观二十年，太宗遣左骁卫大将军阿史那杜尔、安西都护郭孝恪，率五将军，发铁勒十三部兵，以伐龟兹。禽其王，及大将羯猎颠等，并破其大城五所，虏男女数万口，勒石纪功而旋。俘其王诃黎布失毕，及那利羯猎颠等，献于社庙。寻以诃黎布失毕为左武翊卫中郎将，那利以下授官各有差。

又曰：先是，太宗既破龟兹，移置安西都护府于其国城，以郭孝恪为都护，兼统于阗、疏勒、碎叶，谓之四镇。高宗嗣位，不欲广地劳人，复命有司弃龟兹等四镇，移安西，依旧西州。

又曰：长寿元年，武威军总管王孝杰、阿史那忠节大破吐蕃，克复龟兹、于阗等四镇。自此复于龟兹置安西都护府，用汉兵三万人以镇之。则天时有田杨名，中宗时有郭元振，开元初则张孝嵩、杜暹等为安西都护，皆有政绩，为夷人所伏。

天竺

《后汉书》曰：天竺国，一名身毒，在月氏东南数千里，卑湿暑热。其国临大水，乘象而战，修浮图道，不杀伐，遂以成俗。出象、犀、玳瑁、金、银、诸香、石密、黑盐等。

又曰：明帝梦见金人，长大，项有光明。以问群臣，或曰："西方有神，名曰佛，其形长丈六尺，而黄金色。”帝于是遣使天竺，问佛道法，遂行于中国，图画形象焉。

《南史》曰：梁天监初，王来贡献。王有螺髻于顶，余剪之。穿耳垂珰。俗多徒跣，衣重白色。有文字，或善天文、算历之术。其人皆学《悉昙章》，书于贝多树叶以记事。

《北史》曰：天竺国，去代三万一千五百里。有伏丑城，周匝十里。城中出摩尼珠、珊瑚。城东三百里有拔赖城，城中出黄金、白真檀、赤檀、石蜜。

《唐书》曰：中天竺，其都城周回七十余里，北临禅连河。云昔有婆罗门领徒千人肄业于树下，树神降之，遂为夫妇，宫室自然而立，僮仆甚盛，于是使役百神，筑城以统之，经日而就。此后有阿育王，颇行苛政，置炮烙之刑，谓之地狱。今城中见有迹焉。

又曰：武德中，其国大乱，其嗣王尸罗逸多练兵聚众，所向无敌，象不解鞍，人不释甲，居六载，而四天竺之君皆北面以臣之，威势远振，政刑甚肃。贞观十五年，尸罗逸多自称摩伽陀王，遣使朝贡。太宗降玺书慰问，尸罗逸多大惊，问诸国人曰：“自古曾有摩诃振且使人至吾国乎？”皆曰：“未之有也！”乃膜拜而受诏书，因遣使朝贡。太宗以其地远，礼之甚厚。复遣卫尉丞李义表报使，尸罗逸多遣大臣郊迎，倾都邑以纵观，焚香夹道。逸多率其臣下东面拜受敕书，复遣使献大珠及郁金香、菩提树。

又曰：贞观十年，沙门玄奘至其国，将梵本经论六百余部而归。先是，遣右率府长史王玄策往使天竺，其四天竺王咸遣使朝贡。会中天竺王尸罗逸多死，国中大乱，其弟阿罗那顺篡立，乃尽发胡兵以拒玄策。玄策战不敌，乃拔身宵遁，走至吐蕃，发精锐一千二百人，并墅婆罗国七千余骑，以从玄策，与副使蒋师仁率二国兵进至中天竺国城，连战三日，大破之，斩首三千余级，赴水溺死者且万人。阿罗那顺弃城而遁，师仁进兵擒获之，虏男女万二千人、牛马三万余头匹。于是天竺震惧。俘阿罗那顺以归。二十二年至京师，太宗大悦，命有司告宗庙。

因谓群臣曰："夫人耳目玩于声色，口鼻耽于臭味，此乃败德之源。若婆罗门不劫掠我使人，岂为俘虏邪？昔中山以贪宝取弊，蜀侯以金牛致灭，莫不由之。"拜玄策朝散大夫。是时就其国，得方士那罗迩婆寐，自言寿二百岁，云有长生之术。太宗深加礼待，馆之于金飚门内，造延年之药，令兵部尚书崔敦礼监主之。发使天下采诸奇药，药成，竟服不效，后放还本国。

又曰：开元八年，南天竺国遣使献五色能言鹦鹉。

《异物志》曰：天竺，大国也，方三万里，佛道所在。其国王治城郭，宫殿皆雕文刻镂，钟鼓音乐，跳丸跃剑。

《通典》曰：后魏宣武时，南天竺国遣使献骏马，云其国出师子貚；貚，胡昆切。有火齐，如云母，而色紫，列之则薄如蝉翼，积之则如纱縠之重沓；有金刚，似紫石英，百炼不销，可以攻玉。

太平御览卷第七百九十三 四夷部十四·西戎二

罽宾

《汉书》曰：罽宾国，王治修鲜城，去长安万二千二百里。地平温和，有目蓿，杂草奇木，檀、槐、梓、竹、漆，种五谷、葡萄，有金、银、铜、锡。以金银为钱，文为骑马，幕为人面。师古曰：幕即漫也。出封牛、水牛、象、大狗、沐猴、孔爵、珠玑、珊瑚、虎珀、璧、琉瑠。自武帝始通。

《唐书》曰：贞观十六年，罽宾国遣使献褥特鼠，喙尖而尾赤，能食蛇。有被蛇螫者，鼠辄嗅而尿之，其疮即愈。

条支

《汉书》曰：条支国，临西海，暑湿，田宜稻。有大鸟，卵如瓮。

《后汉书》曰：条支国，城在山上，周回四十余里。临西海，水曲环其南及东北，三面路绝，唯西北隅通陆。出师子、犀牛。

安息

《汉书》曰：安息国，王治番兜城，去长安万一千六百里。风气物类，与罽宾同。亦以银为钱，文独为王面，幕为夫人面。王死，辄更铸钱。有大马、大爵。其属小大数百城，方数千里。最大国邑临妫水。商贾车船行旁国，书革，旁行为书记。师古曰：今西方胡国书皆横行，不直下也。武帝始遣使至安息，王令将将二万骑迎于东界。东界至王都数千里行，北过数十城，民人相属。因发使随汉使者来观汉地，以大鸟及卵来献，天子大悦。

《后汉书》曰：章帝章和元年，安息王遣使献师子、符拔。符拔形似麟，无角也。

《北史》曰：周武天和二年，其王遣使朝献。

大月氏

《汉书》曰：大月氏国，治监氏城，去长安万一千六百里。物类民俗与安息同。出一封橐驼。师古曰：脊上出一封也。控弦十余万，故强轻匈奴。师古曰：恃其强盛而轻易匈奴也。至冒顿单于攻破月氏，以其王头为饮器。月氏乃远去，过大宛，西击大夏而臣之。

《北史》曰：大月氏，北与蠕蠕接，数为所侵，遂西徙，都薄罗城。其王寄多罗勇武，遂兴师越太山，南侵北天竺，自乾陀罗以北五国尽属之。后魏太武时，其国人商贩京师，自云能铸石为五色琉璃。于是采矿山中，于京师铸之，既成，光泽美于西方来者。乃诏为行殿，容百人，光色映彻，自此中国琉璃遂贱。

《异物志》曰：月氏俗乘四轮车，或四牛，或八牛，可容二十人。王称天子。

大宛

《汉书》曰：大宛国，王治贵山城，去长安万二千五百五十里。以葡萄为酒，富人藏酒至万余石，久者至数十岁不败。俗嗜酒，马嗜目宿。宛别邑七十余城。多善马，马汗血，言其先天马子也。孟康曰：言大宛国有高山，其上有马，不可得，因取五色母马置其下，与集生驹，皆汗血，因号曰天马子云。张骞始为武帝言之，上遣使持金马以请，宛王不肯。于是天子遣贰师将军李广利将兵伐宛，连四年，宛人斩其王毋寡首，献马三千匹，汉军乃还。

又曰：宛王蝉封与汉约，岁献天马二匹。汉使采葡萄、苜蓿种归。天子以天马多，益种葡萄、目蓿，离宫馆旁极望焉。

《异物志》曰：大宛马有肉角数寸，或有解人语及知音舞，与鼓节相应。

《西域图记》曰：其乌马、骝马多白耳，白马、骢马多赤耳，黄马、赤马多黑耳。

疏勒

《汉书》曰：疏勒国，王治疏勒城，去长安九千三百五十里。

《后汉书》曰：耿恭为戊己校尉，引众入疏勒城。城中乏水，穿井，十五丈不得水。恭整衣服向井拜，飞泉涌出。贼遂退之。

《后魏书》曰：疏勒国，高宗末，其王遣使送释迦佛袈裟，长二丈余，广丈余。高宗以审是佛衣，应有灵异，遂烧之以验虚实。置于猛火之上，经日不燃，观者莫不悚骇。后每使朝贡。

《隋书》曰：疏勒国，都白山南百余里。其王字阿你厥，手足皆六指，产子非六指者不育。王戴金师子冠，多稻、粟、麻、麦、铜、铁、银、雌黄。

《唐书》曰：疏勒国王姓裴，俗事妖神，有胡书文字。贞观九年，遣使献名马。

又曰：开元十六年，玄宗遣使册立其王裴安定为疏勒王。

康国

《隋书》曰：康国者，康居之后也。迁徙无常，不恒故地。然自汉以来，相承不绝。其本姓温，月氏人也。旧居祁连山北昭武城，因被匈奴所破，西逾葱岭，遂有其国。支庶各分王，故康国左右诸国并以昭武为姓，示不忘本也。王字代失毕，为人宽厚，甚得众心。其妻，突厥达可汗女也。都于萨宝水上阿禄连城，城多众居，大臣三人共掌国事。其王索发，冠七宝金花，衣绫罗锦绣白叠。其妻有髻，幪以帛巾。丈夫剪发锦袍。名为强国，而西域诸国多归之。

又曰：有胡律，置于妖祠，决罚则取而断之，重罪者族，次重者死，贼盗截足。人皆深目、高鼻，多鬓髯。善于商贾，诸夷交易多凑其国。有大小鼓、琵琶、五弦箜篌、笛。婚姻丧制，与突厥同。国立祖庙，以六月祭之，诸国皆来助祭。俗奉佛。为胡书。气候温，宜五谷，勤修园蔬，树木滋茂。出马、驼、驴、骡、封牛、黄金、刚砂、甘香、阿萨那香、瑟瑟、麖皮、氍毹、锦叠。多葡萄酒，富家或致千石，连年不败。大业中，始遣使贡方物，后遂绝焉。

《唐书》曰：康居人多嗜酒，好歌舞。于道路生子，必以石密内口中，以胶置掌内，欲其成长，口常甘言，掌持钱如胶之粘物。

又曰：以十二月为岁首。有婆罗门为之占星候气，以定吉凶，颇有佛法。至十一月，鼓舞乞寒，以水相泼，盛为戏乐。

又曰：贞观九年，遣使贡师子。太宗嘉其远至，命秘书监虞世南为之赋，自此朝贡。至十一年，又献金桃、银桃，诏令植之于苑囿。

又曰：万岁通天年中，则天封其大首领笃婆钵提为康国王，仍拜左骁卫将军。

又曰：开元六年，遣使贡献锁子甲、水精杯、马脑瓶、驼鸟卵之类。

副货

《北史》曰：副货国，去代一万七千里，东至阿富使且国，西至没谁国，中间相去一千里，南有连山，不知名，北至奇沙国，相去一千五百里。国中有副货城，周匝七十里。宜五谷、蒲萄，唯有马、驼、骡。国王有黄金殿，殿下有金驼七头，各高三尺。其王遣使朝贡。

安国

《隋书》曰：安国，汉时安息国也。王姓昭武氏，与康国王同族，字设力登。妻，康国王女也。都在那密水南，城有五里，环以流水。宫殿皆为平头，王坐金驼座，高七、八尺。每听政，与妻相对，大臣三人评理国事。风俗同于康国，唯妻子、姊妹及母子逆相禽兽，此为异也。炀帝即位之后，遣司隶从事杜行满使于西域，至其国，得五色盐而返。国之西百余里有毕国，可千余家。其国无君长，安国统之。大业五年，遣使贡献。后遂绝焉。

乌苌

《北史》曰：乌苌国，在赊弥南，北有葱岭，南至天竺。婆罗门胡为其上族。婆罗门多解天文吉凶之数，其王动则访决焉。土多林果，引水灌田，丰稻麦。事佛，多诸寺塔，寺极华丽。人有争诉，服之以药，曲者发狂，直者无恙。为法不杀，犯死罪，唯徙于灵山。西南有檀特山，山上立寺，以驴数头运食山下，无人控御，自知往来。

乌那曷

《隋书》曰：乌那曷国，都乌许水西，旧安息之地。王姓昭武，亦康国种类，字佛食。都城方二里，胜兵数百人。王坐金羊座。北去安国四百里，西北去穆国二百余里，东去瓜州七千五百里。大业中，遣使贡方物。

渴盘陀

《北史》曰：渴盘陀国，在葱领东，朱驹波西。河经其国，东北流。有高山，夏积霜雪。亦事佛道，附于嚈哒。

《通典》曰：渴盘陀，后魏时通焉。亦名汉陀国，亦名渴盘罗陀国。理葱岭中，在朱俱波国西，西至护密国，北至疏勒国。其王本疏勒人，累代相承居此。国有户二千余。有悬度山，在国南四百里。悬度者，名山也，溪谷不通，以绳索相引而度，其间四百里，中往往有栈道，因以为名。今按，悬度、葱岭，逦迤相属，邮置所绝，道阻且长，故行人由之，莫能分别。然法明、宋云所经，即悬度山也。又有头痛山，在国西南，向罽宾，历大头痛、小头痛之山，赤土身热之坂。

朱膺《异物志》曰：大头痛、小头痛山，皆渠搜之东，疏勒之西。经之者，身热头痛。夏不可行，行则至死。唯冬可行，尚呕吐。山有毒药，气之所为，冬乃枯歇，故可行也。

钵和

《北史》曰：钵和国，在渴盘陀西。其土尤寒，人畜同居，穴地而处。又有大雪山，望若银峰。其人唯食饼面，饮麦酒，服毡裘。有二道，一道西行向嚈哒，一道西南趣乌长，亦为嚈哒所属。

大夏

《史记》曰：大夏，在大宛西南二千余里，妫水南。其俗土着，有城屋，与大宛同。俗无大君长，往往城邑寡小。其兵弱畏战。善贾。及大月氏西徙，皆臣畜大夏。大夏民多，可百余万。其都曰蓝市城，有市贩卖诸物。东南有身毒国。张骞曰："臣在大夏时，见筇竹杖、蜀布，问曰：安得此？大夏国人曰：吾贾人往市之身毒国。身毒国在大夏东南可数千里。"

米国

《隋书》曰：米国，都那蜜水西，旧康居之地也。无王，其城主姓昭武，康国王之支庶，字闭拙。都城方二百里，胜兵数百人。西北去康居百里。大业中，频贡方物。

邓至

《通典》曰：邓至，羌之别种也。后魏时兴焉。有像舒者，代为白水酋帅，因地名为号，称至王。其地，自千亭以东，平武以西，汶岭以北，宕昌以南。风土习俗与宕昌同。自舒理至十代孙舒彭，附后魏孝文帝，封甘松县子邓为王。西魏恭帝初，其主檐术因乱来奔，周文帝遣兵送还。自后无闻。

安息

《北史》曰：安息国，在葱岭之西，都蔚搜城，西与波斯相接，东去长安一万七百五十里。周武天太和二年，其王遣使来献。

乙弗献

《通典》曰：乙弗献，后魏时闻焉，在吐谷浑北。国有屈海，周回千余里。众有万落，风俗与吐谷浑同。然不识五谷，唯食鱼与苏子，状若中国苟杞子，或赤或黑。西有契翰一部，风俗亦同，土特多狼。

伏卢尼

《北史》曰：伏卢尼，都伏卢尼城，在波斯国北，去代二万七千三百二十里。累石为城。东有大河南流。中有鸟，其形似人，亦有如橐驼鸟者，皆有翼，常居水中，出水便死。城北有云尼山，出银、珊瑚、琥魄，多师子。

石国

《隋书》曰：石国，居药杀水，都城方十余里。其王姓石，名泥国。城之东南立屋，置座于中。正月六日、七月十五日，以王父母烧余之骨，金瓮盛之，置于床上，巡绕而行，散以花香杂果，王率臣下设祭焉。礼终，王与夫人出就别帐，臣下以次列坐，享宴而罢。有粟、麦，多良马。其俗善战。曾贰于突厥，射匮可汗兴兵灭之，令特勒甸职摄其国事。大业五年，遣使朝贡。其后不复至。

宕昌

《通典》曰：宕昌羌，后魏时兴焉，亦三苗之嗣。与先零、烧当、罕开诸部姓别，自立师，皆有地分，不相统摄，宕昌即其一也。俗皆土着，居有栋宇。其屋织犛牛及羖羊毛覆之。无法令摇赋，唯征伐之时乃相屯聚，不然则各事生业，不相来往。皆衣裘褐，牧养犛牛、羊、豕，以供其食。俗有蒸报，无文字，但取木荣落以记岁时。三年一相聚，杀牛、羊以祭天。俗重虎皮，以之送死。有梁勤者，代为酋帅，得羌毫心，乃自称王。其界自仇池以西千里，席水以南北八百里。地多山阜，部众二万余落。至其孙弥忽如，遣使于后魏，太武帝拜为宕昌王。七叶孙弥秦，皆授南北两朝封爵。后见两魏分隔，永熙末，种人企定乃引吐谷浑寇金城。后企定寇石门，后周武帝天和中，诏大将军田恒讨平之，以其地为宕州。

钹音普喝切汗

《隋书》曰：钹汗国，都葱岭之西五百余里，古渠搜国也。王姓昭武，字阿漆。都城方四里，胜兵数千人。王坐金羊床，妻戴金花。俗多朱沙、金铁。东去疏勒千里。大业中，遣使贡方物。

色知显

《北史》曰：色知显国，都色知显城，在悉万斤西北，去代一万二千九百四十里。土平，多五果。

伽色尼

《北史》曰：伽色尼国，都伽色尼城，在悉万斤南，去代一万二千五百里。土出盐，多五果。

白兰

《通典》曰：白兰，羌之别种，后周时兴焉。东北接吐谷浑。风俗物产与宕昌同。周武帝保定元年，朝献使至。

乾陁

《北史》曰：乾陁国，在乌苌西，本名业波，为嚈哒所破，因改焉。好征战，腕宾斗，三年不罢，人怨苦之。有斗象七百头，十人乘一象，皆执兵仗，象鼻缚刀以战。所都城东南七里有佛塔，高七十丈，周三百步，即所谓雀离佛图也。

史国

《隋书》曰：史国，都独莫水南十里，旧康居之地也。其王姓昭武，字逖遮，亦康国王之支庶也。都城方二里，胜兵千余。俗同康国。北去康国二百四十里，南去吐火罗五百里。大业中，遣使朝贡。

狮子

《通典》曰：狮子国，东晋时通焉，天竺旁国也，西海之中，延袤二千余里。多出奇宝。其地和适，无冬夏之异，五谷随人所种，不需时节。其国旧无人，止有鬼神，有龙居之。诸国商估来共市易，鬼不见其形，但出珍宝，明其所堪价，商人依价取之。诸国人闻其土乐，因此竞至，或有停住者，遂成大国。能驯养狮子，遂以为名。风俗与婆罗门同，而尤事佛法。安帝义熙初，遣使献玉佛像。像高四尺二寸，玉色洁润，形制殊特，殆非人功，历晋、宋代，在建康瓦官寺。

又曰：宋文帝元嘉五年，其王刹利摩诃南遣使贡献。梁武帝大通元年，后王迦叶伽罗诃犁耶亦使使贡献。

穆国

《北史》曰：穆国，都乌浒河之西，亦安息之故地，与乌那曷为邻。其王姓昭武，亦康国王之种类也，字阿滥密。都城方三里，胜兵二千人。东北去安国五百里，西去波斯国四千余里。大业中，遣使贡方物。

奄蔡

《通典》曰：奄蔡，汉时通焉。西接大秦，东南二千里与康居接，去阳关八千余里。控弦十余万。与录居同俗，而役属康居。土气温和，临大泽，无涯岸。多桢松、白草及貂，畜牧逐水草。盖近北海，至汉改名阿兰那国。后魏时，白粟特国一名温那沙。

何国

《北史》曰：何国，都那密水南数里，旧是康居地也。其王姓昭武，亦康国王之族类。都城方二里，胜兵者千人。其王坐金羊座。东去曹国百五十里，西去小安国三百里，东去瓜州六千七百五十里。大业中，遣使贡方物。

嚈哒

《北史》曰：嚈哒国，大月氏之种类也，亦高车之别种，其原出于塞北，自金山而南，在于阗之西。都乌许水南二百余里，去长安一万一百里。其王都拔底延城，盖王舍城也。其城方十里余，多寺塔，皆饰以金宝。风俗与突厥略同。兄弟共一妻。无兄弟者，妻戴一角帽；若有兄弟，依其多少之数更加帽焉。衣服类胡，加以缨络，头皆剪发。其语与蠕蠕、高车及诸胡不同。众可有十万。无城邑，依随水草，以毡为屋，夏迁凉土，冬逐暖处。其王分其诸妻，各在别所，相去或一、二里，巡历而行，每月一处。冬寒之时，三月不徒。王位不必传子弟，堪者死便受之。其国无车舆，多驼、马。用刑严急，偷盗无多少皆腰斩，盗一责十。死者富家累石为藏，贫者掘地而埋，随身诸物皆置冢内。人凶悍，能斗战。西域康居、于阗、安息及诸小国三十许，皆役属之，号为大国。

又曰：后魏明帝熙平中，遣宋云、沙门法力等使西域，访求佛经。时有沙门慧生者，亦与俱行，正光中还。慧生所经诸国，不能知其本末，及山川里数，盖举其略云。

太平御览卷第七百九十四 四夷部十五·西戎三

羌无弋

《后汉书》曰：羌无弋爰剑者，秦厉公时，为秦所拘执，以为奴隶。不知爰剑何戎之别也，后得亡归，而秦人追之急，藏于岩穴中得免。羌人云：爰剑初藏穴中，秦人焚之，有影象如虎为其蔽火，得以免死。既出，又与劓女遇于野，遂成夫妇。女耻其状，被发覆面，羌人因以为俗。遂俱亡入三河间。诸羌见爰剑被焚不死，怪其神，共畏事之，推以为豪。河、湟间少五谷，多禽兽，以射猎为事。爰剑教之田畜，遂见尊信，庐落种人依之者日益众。羌人谓奴为无弋，爰剑尝为奴隶，故因名之，其后世世为豪也。

又曰：爰剑曾孙忍时，秦献公初立，欲复穆公之迹，兵临渭首，灭狄獂戎。忍季父卬，畏秦之威，将其种人附落南出赐支河曲西数千里，与众羌绝远，不复交通。其后子孙分别，各自为种，任随所之。或为氂牛种，越巂羌是也；或为白马种，广汉羌是也；或为参狼种，武都羌是也。忍及弟舞独留湟中，并多娶妻妇，忍生九子为九种，舞生十七子为十七种，羌之兴盛从此起矣。

又曰：忍子研立，时秦孝公雄强，威服羌戎。孝公使太子驷率戎狄九十二国朝周显王。研豪健，故羌中号其后为研种。及秦始皇时，务并六国，以诸侯为事，兵不西行，故种人得以繁息。

又曰：武帝征伐四夷，开地广境，北却匈奴，西逐诸羌，乃渡河、湟，筑令居塞。初开河西，别置四郡，酒泉、武威、张掖、敦煌。通道玉门，隔绝羌胡，使南北不得交关。于是鄣塞亭燧，出长城外数千里。

又曰：建武九年，隗嚣死，司徒掾班彪上言：'今凉州部皆有降羌，羌胡被发左衽，而与汉人杂处，习俗既异，言语不通，数为小吏黠民所见侵夺，穷恚无聊，故致反叛。夫蛮夷寇乱，皆为此也。旧制，益州部置蛮夷骑都尉，幽州部置领乌桓校尉，凉州部置护羌校尉，皆持节领护，理其怨结，岁时巡行，问所疾苦。又数遣使驿，通导动静，使塞外羌夷为吏耳目，州郡因此可得警备。今宜复如旧，以明威防。"世祖从之，即以牛邯为护羌校尉。

又曰：烧何豪有妇人铜钳者，年百余岁，多智算，为种人所信向，皆从取计策焉。

又曰：庞参以失期军败抵罪，以马贤代领校尉事。后遣任尚为中郎将，将羽林缇骑五营子弟三千五百人代班雄屯三辅。尚临行，虞诩说尚曰："使君频奉国命，讨逐寇贼，三州屯兵二十余万，民弃农桑，疲苦徭役，而未有功效，劳费日滋。若此出不克，诚为使君危之！"尚曰："忧惶久矣，不知所如。"诩曰："兵法弱不攻强，走不逐飞，自然之势。今虏皆马骑，日行数百里，来如风雨，去如绝弦，以步追之，势不相及，所以旷而无功也。为使君计者，莫如罢诸郡兵，各令出钱数千，二人共市一马，如此可舍甲胄，驰轻兵，以万骑之众，逐数千之众，追尾掩截，其道自穷，便民利事，大功立矣！"尚大喜，即上言用其计，乃遣轻骑钞击杜季贡于丁奚城，斩首四百余级，获牛、马、羊数千头。

又曰：顺帝永建元年，陇西种羌反叛，校尉马贤将七千余人击之。战于临洮，斩首千余级，余皆率种人降，进封贤都乡侯。自是凉州无事。至四年，尚书仆射虞诩上疏曰："臣闻子孙以奉祖为孝，君上以安民为明，此高宗周宣所以上配汤、武也。《禹贡》：雍州之域，厥田唯上。且沃野千里，谷稼充积。又有龟兹、盐池以为民利，上郡龟兹县有盐官，即雍州之域也。水草丰美，土宜产牧，牛马衔尾，群羊塞道。北阻山河，乘厄据险，因渠以溉，水舂河漕，水舂，即水碓也。用功省而军粮饶足。故孝武皇帝及世祖筑朔方、西河，置上郡，皆为此也。而建元无妄之灾，众羌内溃，郡县兵荒二十余年，弃沃壤之饶，损自然之财，不可谓利；离河山之阻，守无险之处，难以为固。今三郡未复，园陵单外，园陵，谓长安诸园陵也。单外，谓无守固也。而公卿选懦，容头过身，张解设难，但计所费，不图其安。宜开圣德，考行所长。"书奏，帝乃复三郡，使谒者郭璜督促徙者，各归旧县，缮城郭，置侯驿。既而激河浚渠，为屯田，省内郡费岁一亿计。遂令这定、北地、上郡及陇西、金城，常储谷粟，令周数年。

又曰：顺帝永和四年，以来机为并州刺史，刘秉为凉州刺史，并当之职。大将军梁商谓机等曰："戎狄荒服，蛮夷要服，言其荒忽无常。而统领之道，亦无常法，临事制宜，略依其俗。今二君性素疾恶，欲分白明黑。孔子曰：人而不仁，疾之已甚，乱也。况戎狄乎！其务安羌胡，防其大故，忍其小过。"机等天性虐刻，遂不能从。到州之日，多所扰发。五年夏，杂种羌等遂反叛，攻金城，与西塞及湟中杂种羌大寇三辅，杀害长吏。机、秉并坐征。

又曰：自爰剑后，子孙支分，凡百五十种。其九种在赐支河首以西，及在蜀、汉徼北。唯参狼在武都。其五十二种衰少，不能自立，分散为附落，或绝灭无后，或引而远去。其八十九种，唯烧当种最强，胜兵十余万。其余大者万余人，小者数千人，更相钞盗，盛衰无常。

湟中月氏胡

《后汉书》曰：湟中月氏胡，其先大月氏之别也。旧在张掖、酒泉地。月氏为匈奴冒顿所杀，余种分散，西逾葱岭。其羸弱者，南入山阻，依诸羌居止，遂与共婚姻。及骠骑将军霍去病破匈奴，取西河地，开湟中，于是月氏来降，与汉民错居。虽依附县官，而首鼠两端。其后汉兵战斗，随势强弱。被服、饮食、言语略与羌同。亦以父名母姓为种，其大种有七。

《庄子》曰：羌人死，燔而扬其灰。

《风俗通》曰：羌本西戎卑贱者也。主牧羊，故"羌"字从"羊"、"人"，因以为号。无君臣上下，健者为豪，不能相一。种别群分，强者凌弱，转相抄盗。男子战死以为吉，病终者谓之凶。

范晔《西域论》曰：张奂盛称：戎夷一气所生，不宜诛尽，流血污野，伤和致妖。是何言之迂乎！羌虽外患，实深内疾，若攻之不根，是养痾于心腹也。根，谓尽其根本。

又曰：昔先王疆理九土，判别畿荒，知蛮貊殊性，难以道御，故斥远诸华，薄其贡职，唯辞要而已。若二汉御戎之方，失其本矣。

氐支

《齐书》曰：氐杨氏与苻氏同出略阳，汉世氐居仇池，地号百顷，建安中有百顷氐王是也。

又曰：仇池，四方壁立，自然有楼橹却敌状，高并数丈。有二十二道，可攀缘而升。东西二门盘道可七里。上有冈阜泉源，氐于上平地立宫室、果园、食库。无贵贱，皆为板屋土墙。所治处名洛谷。

又曰：宋文帝元嘉十九年，龙骧将军裴方明等伐氐，克仇池。

《通典》曰：氐者，西戎之别种。则在广汉西，君长数十，而白马最大。或号青氐，或号白氐，或称蚺氐，蚺，而占切。此盖中国人即其服色而名之也。土地险阻，有麻、铜、漆、蜜、椒、蜡等。勇戆抵冒，贪货死利。居于河地，一名仇池，方百顷，四面斗绝。数为边寇，郡县讨之，则依固自守。其俗，语不与中国及羌胡同，各自有姓，如中国之姓；其服尚青，俗能织布。善田种，畜羊豕马牛。婚姻六礼，知书疏，多知中国之语言。

又曰：汉武元封三年，氐人反，遣兵讨破之，分徙酒泉郡。元凤初复叛，遣大鸿胪国广明讨破之。

又曰：魏武之初，诸氐戎叛，乃令夏侯妙才讨之，因徙武都之种于秦川，以御蜀虏。

《风俗通》曰：氐羌抵冒贪饕，至死好利，乐在山溪，本西南夷之别种，号曰白马。孝武帝遣中郎将郭昌等引兵征之，降服，以为武都郡。

晋华阴令江统《西戎论》曰：春秋之义，内诸夏而外夷狄。以其言论不通，贽币不同，种类乖殊。或居绝域之外，山河之表，崎岖险阻之地，与中国壤断土隔，不相侵涉，赋役不及，正朔不加。故曰天子有道，守在四夷。

又曰：匈奴求守边塞，而侯应陈其不可；单于屈膝未央，萧望之议以不臣。是以有道之君，不攻夷狄也。

车师

《北史》曰：车师国，一名前部，其王居交河城。后魏大武真君十一年，车师王车夷落遣使进薛直上书曰："臣亡父，僻处塞外，仰慕天子威德，遣使奉献，不空于岁，天子降念，赐遣甚厚。及臣继立，不阙常贡，天子垂矜，亦不异前世。敢缘至恩，辄陈私恳。臣国自无讳所攻击，经今八岁，人庶饥荒，无以存活。贼今攻臣急甚，不能自全，遂舍国东奔，三分免一，即日已到焉耆东界。思归天阙，幸垂赈救。"于是下诏抚慰之，开焉耆仓给之。正平初，遣子入侍。自后每使朝贡。

高昌

《北史》曰：高昌者，车师前王之故地，东西二百里，南北五百里，四面多大山。以其地势高敞，人庶昌盛，因名高昌。亦云：其地有汉时高昌垒，故以为国号。东去长安四千九百里。汉西域长史及戊己校尉并居于此，晋以其地为高昌郡，张轨、吕光、沮渠蒙逊据河西，皆置太守以统之。

又曰：其国有八城。地多碛石。气候温暖，厥土良沃，谷麦一岁再熟，宜蚕，多五果，有草名羊刺，其上生蜜而味佳。出赤盐，其味美。复有白盐，其形如玉。高昌人取以为枕，贡之中国。

又曰：后魏文帝和平六年，高昌人立麴嘉为王。嘉字灵凤，金城榆中人。遣使献珠、象、白黑貂裘、名马、盐枕等。宣武延昌中，以嘉为持节平西将军、瓜州刺史。

又曰：后魏孝明熙平初，遣使朝贡献，诏曰："卿地隔关山，境接荒漠，频请朝援，徙国内迁，虽来诚可嘉，于理未协。何者？彼之氓庶，是汉、魏遗黎。自晋氏不纲，因难播越，成家立国，世积已久，恶徙重迁，人怀恋旧。今若动之，恐异同之变，爰在肘腋，不得便如来表也。"

又曰：后魏孝明正光元年，遣使奉表，自以边遐不习典诰，求借五经诸史，并请国子助教刘燮以为博士，明帝许之。

又曰：其国至隋城，周回一千八百四十步。于坐室画鲁哀公问政于孔子之像。

又曰：服饰，丈夫从胡法。妇人裙襦，头上作髻。文字亦同华夏，兼用胡语，书有《毛诗》《论语》《孝经》。置学官，弟子以相教授。虽习读之，而皆为胡语。赋税则计田输银钱，无者输布。

又曰：隋大业四年，遣使贡献，帝待其使甚厚。明年，伯雅来朝，伯雅，高昌王名也。因从击高丽。还，尚宗室女华容公主。八年冬归蕃，下令国中曰："先者以国边荒境，被发左衽。今大隋统御，宇宙平一，孤既沐浴和风，庶均大化，其庶人以上，皆宜解辫削衽。"帝闻而善之，下诏曰："光禄大夫弁国公高昌王伯雅，本自诸华，世祚西壤。昔因多难，剪为胡服。自我皇隋平一宇宙，伯雅逾沙重阻，奉贡来庭，削衽曳裾，变夷从夏。可赐衣冠，仍颁制造之式。"

《唐书》曰：高昌有草名白叠，其实类茧，国人采之，织以为布。

又曰：武德七年，其王文泰又献狗，雌雄各一，高六寸，长尺余，性甚惠，云本出拂菻国。中国有拂菻狗，自此始也。

又曰：太宗嗣位，复贡玄狐裘。因赐其妻宇文氏花钗一具，宇文氏复贡玉盘也。

又曰：贞观四年冬，宇文氏请预宗亲，诏赐姓李氏，封长乐公主，书慰谕之。

又曰：贞观十三年，文泰称疾不朝，太宗命侯君集为交河道大总管，率左屯卫大将军薛万均，及突厥契苾之众，步骑数万众以击之。攻拔其城，虏男女七千余口。文泰惶惧病死，子智盛嗣立，出城降君集。先是，其国童谣云："高昌兵马如霜雪，汉家兵马如日月。日月照霜雪，回首自消灭。"文泰使人捕其初唱者，不能得。君集寻遣使告捷，太宗大悦，宴百寮，班赐各有差曲。赦高昌部内，欲以高昌为州县，特进魏徵谏，以为不便，太宗不从。遂以其地置西州，又置安西都护府，留兵以镇之。

吐谷浑

《后魏书》曰：吐谷浑慕容氏者，本辽西鲜卑，徒河步归有二子，长曰吐谷浑，少曰若洛廆，代统部落，别为慕容氏。步归之存贫，分户百以给吐谷浑。浑与洛廆二部马斗相伤，洛廆怒，谓浑曰："何不分部，令相远？"浑曰："马是畜耳，而何怒？及求别甚易，今当去汝万里之外！"廆悔，谢留之，浑曰："先公之世，卜筮当有二子享福，并流子孙。我是卑庶，理无并大。今以马致隔，天所启也。试驱马令东，若还，我当随去。"即令拥马，皆悲鸣西走，遂西渡陇，止于甘松之南。廆追悔之，作《吐谷浑河干歌》。徒何以兄为河干也。逐水草庐帐而居，以肉酪为粮。浑死，其后以吐谷浑为氏。

又曰：阿豺立，自号沙州刺史。部内有黄沙，周回数百里，不生草木，因号沙州。

《梁书》曰：武帝天监十三年，其王休运筹遣使献金装马脑钟二口，又表于益州立九层佛寺，诏许焉。十五年，又遣使献赤舞龙驹及方物。

《隋书》曰：其王以皂为帽，妻戴金花。其器械、衣服略与中国同。其王公贵人多戴幂䍦，妇人裙襦，辫发，缀以珠贝。国无常税。杀人及盗马者死，余坐则征物以赎罪。风俗颇同突厥。有大麦、粟、豆。青海周回千余里，中有小山。其俗，至冬辄放牝马于其上，言得龙种。吐谷浑尝得波斯草马，放入海，因生骢驹，能日行千里，故时称青海骢马。

又曰：开皇十六年，以光化公主妻吐谷浑王伏允，上表欲称公主为天后，上不许。

《唐书》曰：隋炀帝时，其王伏允来犯塞，炀帝亲总六军以讨之。伏允以数千骑，潜于泥岭而遁。其仙头王率男女十余万口来降，炀帝立其质子顺为王，送之本国。

又曰：贞观九年，诏特进李靖为西海道大总管。时伏允太子顺欲因此立功，由是遂降。乃诏曰："吐谷浑擅相君长，窃据荒裔，志在凶德，政出权门，酋渠携贰，种落怨愤，长恶不悛，野心弥炽，莫顾蕃臣之礼，曾无事上之节，篡窃疆场，虔刘兆庶，积恶既稔，天亡有征。朕君临四海，含育万类，一物失所，责深在予。所以爰命六军，申兹九伐，义存活国，情非黩武。其子大宁王慕容顺，隋氏之甥，忘怀明悟，长自中土，幸慕华风，爰见时机，深识逆顺。以其愎谏违众，独陷迷途，遂诛邪臣，存兹大计。翻然改辙，代父归罪，忠孝之美，深有可嘉。子能立功，足以补过，既往之衅，特宜原免。然其建国西鄙，已历年代，既从废绝，情所未忍，继其宗祀，允归令嗣。可封顺为西平郡王，仍授趉九物切胡吕乌甘豆可汗。"

又曰：吐谷浑，自晋永嘉之末，始西度洮水，建国于群羌之故。至龙朔三年，为吐蕃所灭。

波斯

《北史》曰：波斯国，都宿利城，在忸蜜西，古条支国也。去代二万四千二百二十八里，城方十里，户十余万，河经其城中南流。土地平正，出金鍮石、珊瑚、琥珀、车渠、马脑，多大真珠、颇梨、琉璃、水精、瑟瑟、金刚、火齐、镔铁、铜、锡、朱砂、水银、绫锦、叠㲲、氍毹、毾㲪、赤獐皮及郁金、苏合、青木等，香胡椒、毕拨、石蜜、千年枣、香附子、诃黎勒、无食子、盐绿、雌黄等风物。气候暑热，家自藏冰。地多沙碛，引水溉灌。其五谷及鸟兽等，与中夏略同，唯无稻及黍稷。土出名马、大驴及驼，往往有一日能行七百里，富室至有数千头。又出白象、师子，大鸟，卵形如橐驼。有两翼，飞而不能高，食草与肉，亦能啖人。其王姓波氏，名斯。坐金羊床，戴金花冠，衣锦袍、织成帔，饰以真珠、宝物。其俗丈夫剪发，戴白皮帽，贯头衫，亦有巾帔，缘以织或锦；妇女之服，饰以金银，仍贯五色珠，络之于膊。王于其国内别有小牙十余所，犹中国之离宫也。每年四月，出游处之，十月乃还。王即位以后，择诸子内贤者，密书其名，封之于库，诸子及大臣皆莫之知也。

王死，众乃共发书，视之，其封内有名者即立以为王，余子出，各就边任，兄弟更不相见也。国人号王曰："医囋"，妃曰："防步率"，王之诸子曰："杀野"。

又曰：其刑法，重罪悬诸竿上射杀之。次则系狱，新王立，乃释之。赋税，则准地输银钱。

又曰：其俗以六月为岁首。尤重七月七日、十二月一日。其日，人庶以上，各相命召，设会作乐。

又曰：后魏孝明神龟中，其国遣使上书贡物，云："大国天子，天之所生，愿日出处常为汉中天子。波斯国王居和多千万礼拜。"朝廷嘉纳之。自此每使朝献。

《唐书》曰：波斯伊嗣侯遣使献一兽，名活褥蛇，形类鼠而色青，身长八、九寸、能入穴取鼠。

又曰：龙朔元年，诏遣陇州南田县令王名远充使西域，分置州县。因列其地疾陵城为波斯都督府，授其王卑路斯为都督。是后数遣使贡献。咸亨中，卑路斯自来入朝，高宗甚加恩赐，拜右武卫将军。仪凤三年，令吏部侍郎裴行俭将兵，册送卑路斯还为波斯王。行俭以其路远，至安西、碎叶而还。卑路斯独返，不得入其国，渐为大食所侵，客于吐火罗国二十余年，有部落数千人，后渐离散。至景龙二年，又来入朝，拜为左威卫将军。无何病卒，其国遂灭，而部众犹存。自开元七年至天宝六载，凡十遣使朝，并献马脑床。九载四月，献大毛绣舞筵、长毛绣舞筵、无孔真珠等。

太平御览卷第七百九十五 四夷部十六·西戎四

乌孙

《史记》曰：乌孙在大宛东北，可二千里行，国随畜牧，与匈奴同俗。

《汉书》曰：乌孙国多马，富人至四、五千匹。民贪狼无信，多寇盗，最为强国。

《北史》曰：乌孙居赤谷城，在龟兹西北，去代一万八百里。其国数为蠕蠕所侵，西徙葱岭山中。无城郭，随畜牧水草。后魏太延中，遣使者董琬等使其国。后每来朝贡。

《通典》曰：乌孙，汉时国号大昆弥，理赤谷城。乌孙，于西域诸戎其形最异，青眼赤须。猕猴者，本其种也。其国谓王曰昆弥，亦曰昆莫。去长安八千九百里，内地五千里。莽平，多雨寒，山多松、樠不田作种树，樠音武凡切，其心似松。随畜逐水草，与匈奴同俗。

又曰：乌孙昆莫、弥，皆王号也，故乌孙国有塞种、大月氏种。始张骞言："乌孙本与大月氏共在敦煌间，今乌孙强大，可厚赂，招令东居故地，妻以公主，以制匈奴。"武帝即位，令骞赍金币往赐昆莫，于是使献马，愿尚公主。元封中，遣江都王建女细君为公主以妻焉。公主别理宫室居，岁时一再与昆莫会，置酒饮食。昆莫年老，语言不通，公主悲愁，自作歌曰："吾家嫁我兮天一方，远托异国兮乌孙王。穹庐为室兮毡为墙，以肉为食兮酪为浆。"天子闻而矜怜之。

又曰：宣帝时，都护郑吉请分乌孙为大昆弥、小昆弥，后段会宗为都护，时为乌孙兵围，驿骑上书，愿发城郭敦煌以自救。丞相王商、大将军王凤及百寮议数日不决。上召陈汤问，对曰："臣以为此必无可忧！夫胡兵五，而当汉兵一，刃朴钝，弓弩不利。今闻颇得汉工，然而犹三当一。又兵法曰：客倍而主人半，然后料敌。今乌孙人众，不足以胜会宗，唯陛下勿忧。且兵轻行五十里，重行三十里。今会宗发城郭敦煌兵，历时而至，所谓报仇之兵，非救急之用也。乌孙瓦合，不能久攻，不过五日，当有吉语闻。”居四日，军书至，言已解。

悦般

《北史》曰：悦般国，在乌孙西北，去代一万九百三十里。其先匈奴北单于之部落也。为汉车骑将军窦宪所逐，北单于度金微山，西走康居，其羸弱不能去者，住龟兹北。地方数千里，众可二十余万，凉州人犹谓之单于王。其风俗言语与高昌同，而其人清洁于胡俗。剪发齐眉，以醍醐涂之，昱昱然光泽。日三澡漱，然后饮食。其国南界有大山，山傍石皆焦熔，流地数十里乃凝坚，人取以为药，即石流黄也。与蠕蠕结好，其王尝将数千人入蠕蠕国，欲与大檀相见，入界百余里，见其部人不浣衣，不绊发，不洗手，妇人口舐器物，王谓其从臣曰：“汝曹诳我，将我入此狗国中！”乃驰还。大檀遣骑追之，不及。自是相仇雠，数相征讨。后魏太武真君九年，遣使朝献。并送幻人，称能割人喉脉令断，击人头令骨陷，皆血出数升，或盈斗，以草药内其口中，令嚼咽之，须臾血止，养疮一月复常，又无痕瘢。世疑其虚，乃取死罪囚试之，皆验。云中国诸名山皆有此草，乃使人受其术而厚遇之。又言其国有大术者，来抄掠人，能作霖雨盲风大雪，及行，蠕蠕冻死、漂亡者十二三。是岁再遣使朝贡，求与官军东西齐契讨蠕蠕。太武嘉其意，命中外诸军戒严，以淮南王他为前锋，袭蠕蠕。仍诏有司，以其鼓舞之节施于乐府。自后每使朝贡。

迷蜜

《北史》史曰：迷密国，都迷密城，在者至拔西，去代万二千一百里。后魏正平元年，遣使献一峰黑橐驼。其国东有山，名都悉满山，山出金玉，多铁。

党项

《隋书》曰：党项羌者，三苗 之后也。其种有宕昌、白狼，皆自称猕猴种。东接临洮、西平，西拒叶护，南北数千里。处山谷间，每姓别为部落，大者五千余骑，小者千余骑。织牦牛尾及羖䍽羊毛以为屋，服裘褐，被毡以为上饰。俗尚武力，无法令，各为生业，有战则相屯聚。无徭赋，不相往来，牧养牦牛、猪以为供食，不知稼穑。无文字，但推草木以记年岁时。三年一聚会，杀牛羊以祭天。人年八十已上死者，以为令终，亲戚不哭；少而死者，则云夭枉，共悲哭之。有琵琶、横吹，击缶为节。

《唐书》曰：党项羌，在古析支之地，汉西羌之别种也。魏、晋 之后，西羌微弱，或臣中国，或窜山野。自周氏灭宕昌、邓至 之后，党项始强。其界东至松州，西接叶护，南杂舂桑、迷桑等羌，北连吐谷浑，处山谷间，延亘三千里。其种每姓别为部落，一姓之中复为小部落，大者万骑，小者千骑，不相统一。有细封氏、费听氏、颇超氏、野辞氏、采擒氏，拓拔氏最为强族。俗皆土着，居有栋宇，其屋织牦毛及羊毛覆之，每年一易。俗尚武，无法令赋役。其人多寿，年至百五、六十岁。不事产业，好为盗，互相凌劫。尤重复仇，若仇人未得，必蓬头、垢面、跣足、蔬食，要斩仇人，而后复常。男女并衣裘褐，仍披大毡。养驴、羊以供其食，不知耕稼，土无五谷。气候多风寒，五月草始生，八月霜雪降。求大麦于他界，酝以为酒。妻其庶母及伯叔母、嫂、子弟之妇，淫秽蒸报，诸夷中最为甚。自周及隋，或叛或朝，常为边患。贞观三年，南会州都督郑元璹遣使招谕，其酋长细封步赖举部内附。太宗降玺书慰抚之，步赖因即来朝，宴赐甚厚。列其地为轨州，拜步赖为刺史，仍请率所部讨吐谷浑。其后诸姓酋长相次率部落皆来内属，请同编户。太宗厚加抚慰，列其地为崌音居、奉、岩、远四州，各拜其首领为刺史。

又曰：有黑党项，在于赤水之西。李靖之击吐谷浑也，浑主伏允奔于黑党项，居以空闲之地。及吐谷浑举国内属，黑党项酋长号敦善王，因贡方物。又有雪山之下，及白狗、舂桑、白兰等诸羌。

焉耆

《北史》曰：焉耆国在车师南，都员渠城白山南七十里，汉时旧国也。去代一万二百里。其王姓龙，名鸠尸毕那，即前凉张轨所讨龙熙之嗣。所都城方二里，国内凡有九城。国小人贫，无纲纪法令。

又曰：其丈夫剪发，以为首饰。文字与婆罗门同。俗事天神，并崇信佛法。尤重二月八日、四月八日。是日也，其国咸依释教斋戒行道焉。

又曰：其国养蚕，不以为丝，唯充绵纩。俗尚蒲萄酒，兼爱音乐。南去海十余里，有鱼、盐、蒲苇之饶。

又曰：后魏太武怒之，诏成周公万度归讨之。鸠尸毕那以四、五万人出城，守险以拒。度归募壮勇短兵直往冲，鸠尸毕那众大溃，进屠其城，西鄙诸戎皆来降服，获其珍奇异玩殊方谲诡难识之物巨万。时太武幸阴山北宫，度归破焉耆露板至，帝省讫，赐司徒崔浩书曰："万度归以五千骑，经五千里，拔焉耆三城，获其珍奇异物，及诸委积，不可胜数。自古帝王虽云'西戎即序'，有如指注，不能控引也。朕今手把而有之，如何？"浩书上，称美。

《隋书》曰：焉耆国，俗奉佛书，类婆罗门。婚姻之礼，有同华夏。男子剪发。有鱼盐蒲苇之利。

《唐书》曰：焉耆在京师四七千三百里，其地良沃。贞观六年，其王突骑支遣使贡方物，复请开大碛路，以便行李，太宗许之。自隋末离乱，碛路遂闭，西域朝贡者皆由高昌。及是高昌大怒，遂与焉耆结怨，遣兵袭焉耆，大掠而去。

又曰：贞观十四年，侯君集讨高昌，遣使与之相结，焉耆王大喜，请为声援，乃破高昌。其王诣军门，称谒焉耆人先为高昌所虏者，悉归之。由是遣使谢恩，并贡方物。

小月氏

《北史》曰：小月氏国，都富楼沙城。其王本大月氏王寄多罗子也。寄多罗为匈奴所逐西徙后，令其子守此城，因号小月氏。被服颇与羌同。其俗以金钱为货。

又曰：其城东十里有佛塔，周三百五十步，高八十丈。自佛塔初建，计至后魏武定八年，八百四十二年，所谓百丈佛图也。

佛菻

《唐书》曰：佛菻国，一名大秦，在西海之上，东南与波斯接，地方万余里。列城四百，邑居连属。其宫宇柱棁，多以水精、琉璃为之。有贵臣十二人，共理国政。常使一人将囊随王车，百姓有事，即以书投囊中，王还宫省发，理其枉直。其王无常人，简贤者而立之。国中灾异及风雨不时，辄废而更立。王冠形如鸟举翼，冠及缨络皆缀以珠宝。着锦绣衣，前不开襟。坐金花床，有一鸟似鹅，其毛绿色，常在王边倚枕上坐。每进食，有毒，其鸟辄鸣。其都城叠石为之，尤绝高峻。凡有十万余户。南临大海。城东面有一大门，其高二十余丈，自上及下饰以黄金，光辉昭烂，连曜数里。自外至王室，凡有大门三重，列异宝雕饰。第二门之楼中，悬一大金秤，以金丸十二枚属于衡端，以候日之十二时焉。为一金人，其大如人，立于侧。每至一时，其金丸辄落，铿然发声引唱以纪日时，毫厘无失。其殿以瑟瑟为柱，黄金为地，象牙为门扇，香木为栋梁。其俗无瓦，捣白石为末罗之，涂屋上，其坚密光润还如玉石。至于盛暑之节，人厌嚣热，乃引水潜流上，遍于屋宇，机制巧密，人莫之知，观者唯闻屋上泉鸣，俄见四檐飞溜悬波如瀑布，激气成凉风，其巧妙如此。风俗：男子剪发，披帔而右袒；妇人不开衿，锦为头巾。家资满亿，封以上位。有羊羔生于土中，其国人候其欲萌，乃筑墙以院之，防外兽所食也。然其脐与地连，割之则死；唯人着甲走马及击鼓以骇之，其羔惊鸣而脐绝，便逐水草。俗皆髡而衣绣，乘辎軿白盖小车，出入击鼓，建旌旗幡帜。土多金银奇宝，有夜光璧、明月珠、骇鸡犀、大贝、车渠、马脑、孔翠、珊瑚、虎魄。凡西域诸珍异，多出其国。

又曰：贞观十七年，佛菻王波多力遣使献赤颇黎、绿颇黎、石绿、金精等物。太宗降玺书答慰，赐以绫绮。

又曰：开元七年正月，其王遣吐火罗大首领献师子、零羊各二。不数月，又遣大德僧来朝贡。

吐火罗

《北史》曰：吐火罗国，都葱岭西五百里，与挹怛杂居。都城方二里，胜兵十万，人皆善战。其俗奉佛。兄弟同一妻，迭寝焉。每一人入房，户外挂其衣以为志。生子，属其长兄。其山穴中有神马，每岁牧牝马于穴所，必产名驹。隋大业中，遣使朝贡。

《通典》曰：高宗永徽初，遣使献大鸟，高七尺，其色玄，足如驼，鼓翼而行，日三百里，能啖钱，夷谓之驼鸟。

又曰：龙朔元年，吐火罗置州县，使王名远进《西城图记》，并请于阗以西、波斯以东十六国分置都督府，及州八十，县一百，军府百二十六。仍于其国立碑，以纪圣德。帝从之。

泥婆罗

《唐书》曰：泥婆罗在吐蕃西，其俗剪发与眉齐，穿耳，揎以竹筒牛角，缀至肩者以为姣丽。食用手，无匙箸。其器皆铜。多商贾，少田作。以铜为钱，面文为人，背文为马、牛，不穿孔。衣服以一幅布蔽身。日数盥漱。以板为屋，壁皆雕画。俗重博戏，好吹蠡、击鼓，颇解推测盈虚，兼通历术。事五天神，镌石为像，每日清水浴神，烹羊而祭。其王那陵提婆，身着真珠、颇黎、车渠、珊瑚、琥珀、缨络，耳垂金钩、玉珰，佩宝装服饰，坐师子床。其堂内散花香。大臣及诸左右并坐于地，持兵数百，列侍其侧。宫中有七层之楼，覆以铜瓦，栏槛楹柱皆饰珠宝，楼之四角各悬铜槽，下有金龙，激水上楼，注于槽中，从龙口而出，状若飞泉。

又曰：贞观中，卫尉丞李义表往使天竺，途经其国。那陵提婆见之大喜。与义表同出，观阿耆婆沴池，周回二十余步，水常沸涌。虽流潦暴集，烁石焦金，未尝增减。以物投之，即生烟焰。悬釜而炊，须臾而熟。

大食

《唐书》曰：大食国，本在波斯之西。大业中，有波斯胡人牧驼于俱纷摩地那之山，忽有师子，人语，谓之曰："此山西有三穴，穴中有大兵器，汝可取之，穴中并有异石白文，读之便作王位。"胡人依言，果见穴中有石，及矟刃甚多，上有文，教其反叛。于是纠合亡命，渡常曷水，劫夺商旅。其众渐盛，遂割据波斯西境，自立为王。永徽二年，始遣使朝贡。其王姓大食氏，名啖密莫未腻，自云有国已三十四年，历三主矣。其国男夫黑色多须，鼻大而长，似婆罗门；妇人白晰。亦有文字。出驼、马，大于诸国。兵刃劲利。其俗勇于战斗，好事天神。土多沙石，不堪耕种，唯食驼、马等肉。国西邻于大海。其王移穴中异石置之于国。

又曰：其王常遣人乘船将衣粮入海，经八年而未极西岸。海中见一方石，石上有树，干赤叶青，树上总生小儿，长六七寸，见人皆笑，动其手脚，头着树枝。其使摘取一枝，小儿便死，收在大食王宫。

又曰：龙朔中，灭波斯、拂菻。其国始有米、面之属。又将兵南侵婆罗门，吞并诸胡。胜兵四十余万。长安中，遣使献良马。景云二年，又献方物。开元初，遣使来朝，及进马并宝钿带等方物。其使谒见，唯平立不拜。宪司欲纠之，中书令张说奏曰："大食殊俗，远来慕义，不可置罪。"上特许之。寻又遣使朝献，自云："在本国唯拜天神，虽见王，亦无致拜之法。"所司屡诘责之。其使遂请依汉法致拜。

杜瑰《经行记》云：大食一名亚俱罗，其王号慕门都。其士女瑰伟长大，衣常鲜洁，容止闲丽。女子出必拥面，无问贵贱。一日五时礼天，食肉作斋，以杀生为功德。系银束，佩银刀，断饮酒，禁音乐。人相争者，不至欧击。

又曰：其果有偏桃、千年枣；其蔓菁，根大如斗而圆，味甚美；葡萄大者如鸡卵。

太平御览卷第七百九十六 四夷部十七·西戎五

莎车

《汉书》曰：莎车王治莎车城，去长安九千九百五十里。有铁山出青玉。

又曰：宣帝时，乌孙公主小子万年，莎车王爱之。莎车王无子，死时万年在汉。莎车国人计欲自托于汉，又欲得乌孙心，即上书请万年为莎车王。汉许之，遣使者奚充国送万年。万年初立，暴恶，国人不悦。莎车王弟呼屠徵杀万年并汉使者，自立为王，约诸国背汉。会卫侯冯奉世使送大宛客，即以便宜发诸国兵击杀之，更立他昆弟子为莎车王。

又曰：冯奉世至宛，宛闻其斩莎车王，礼之异于他使，得其名马象龙而还。马形如龙。帝甚悦，下议封奉世关内侯。少府萧望之以奉世矫制发诸国兵，虽有功效，不可以为后代法；若即封奉世，则为使者利以奉世为比，争逐发兵，要功万里之外，为国家生事于夷狄，渐不可长，不宜授封。帝善其议，以奉世为光禄大夫。

波知

《北史》曰：波知国在钵和西南，土狭人贫，依托山谷。其王不能总摄。有大池，传曰大池有龙王，次者有龙妇，小者有龙子。行人经之，设祭乃得过；不祭，多值风雪之困。

粟弋

《通典》曰：粟弋，后魏通焉。在葱岭西，大国，一名粟特，一名㧑梦，出名马、牛、羊、珍果、葡萄酒，其土地水美故也。有大禾，高丈余，子如胡豆。在安息北五千里，附庸小国四百余城。太武帝时，遣使朝贡。

悉居半

《北史》曰：悉居半国，故西夜国也。一名子合，其王号子治呼犍。在于阗西，去代万二千九百七十里。后魏大延初，遣使来献，自后不绝。

越底延

《通典》曰：越底延国，隋时闻焉，治辛头河北，西北去赊弥国千余里，东北至瓜州五千四百里。其婆罗门种类，户数万余。有弓矢刀矟皮甲。国法不杀人，重罪流，轻者杖。国无课税。其俗事佛，王及庶人剪发，衣锦袍，不开缝，贫者白叠。妇人为髻，衣裙衫，帔长巾。俗清洁，气候温，多稻，有羊、马、牛、鍮石，诃梨勒，石蜜、鹿皮、细叠等。

波路

《北史》曰：波路国，在阿钩羌西北，去代一万三千九百里。其地湿热，有蜀马，土平，物产、国俗与阿钩羌同。

三童

《通典》曰：三童国，在轩渠国西南千里。人皆眼有三精珠，或有四舌者，能为一种，亦能俱语。常货多用犀象作金币，率效国王之面，亦效王后之面；若丈夫交易，则用国王之面者。王死则更铸。

蒲山

《北史》曰：蒲山国，故皮山国也，居皮城。在于阗南，去代一万二千里。其国西南三里有冻凌山，后役属于阗。

劫国

《通典》曰：劫国，隋时闻焉，在葱领中，西与南俱与赊弥国界接，西北至悒怛国，去长安万二千里。有户数万。气候热，有稻、麦、粟、豆、羊、马，出洛沙、青黛。婚姻同突厥，死亡弃于山谷。

又曰：大唐武德二年，遣使贡宝带，金锁，颇梨、水精杯各一，颇梨四百九十枚，大小有差。

獠

《魏书》曰：獠之初也，出自梁、益之间。种类甚多，散居山谷，略无氏族之别，依树积木以居其上，名曰干兰。干兰大小，随其家口之数。往往推一长者为王，父死则子继，若中国之党族也。僚王各有鼓角一双，使其子弟自吹击之。好相杀害，多仇怨，不敢远行。性同禽兽，至于忿怒，父子不相避，唯手有兵刃者先杀之。若杀其父，走避于外，求得一狗以谢其母，然后敢归。母得狗谢，不复嫌恨。若报怨相攻击，必杀而食之，平常劫掠责取猪、狗而已。亲戚比邻，指授相卖。亡儿女，哭止，便不复追思。唯执楯持矛，不识弓矢。用竹为簧，群聚鼓之，以为音节。能为细布，色鲜净。大狗一头，买一生口。其俗畏鬼神，尤尚淫祀。所杀之人，美须髯者，剥其面皮，笼之于竹，及燥，号曰鬼，鼓舞祀之，以求福也。

《北史》曰：獠者，盖南蛮之别种。自汉中达于邛笮川洞之间，所在皆有，种类甚多。所生男女无名字，唯以长幼次第呼之。其丈夫称阿谟、阿段，妇人称阿夷、阿等之类，皆语之次第称谓也。铸铜为器，大口宽腹，名曰铜爨，既薄且轻，易于熟食。建国中，李势在蜀，诸獠始出巴西、渠川、广汉、阳安、资中，攻破郡县，为益州大患。自桓温破蜀之后，蜀人东流，山险之地多空，獠遂挟山傍谷，与夏人参居者，颇输租赋，在深山者不为编户。梁、益二州，岁伐獠，以裨润公私，颇藉为利。正始中，夏侯道迁举汉中内附，宣武遣尚书邢峦为梁、益二州刺史以镇之。近夏人者安堵乐业，在山谷者不敢为寇。其后朝廷以梁、益二州控摄险远，乃立巴州以统诸獠。后以巴酋严始欣为刺史，又立隆城镇，所绾獠二十万户。及周文平梁、益，令所在抚慰。然天性暴乱，旋致扰动。每岁命随近州镇出兵讨之，获其生口，以充贱隶，谓之为压獠焉。

《永昌郡传》曰：獠民喜食人，以为至珍美，不自食其种类也。怨仇，乃相害食耳。能水中潜行，行数十里。能水底持刀刺捕取鱼。其人以口嚼食，并以鼻饮水。死人有棺，其葬，竖棺埋之。

丁令丁音颠，令音连

《后魏书》曰：丁令在康居北，胜兵六万人。随畜牧依处，土出貂鼠皮、貚子皮。西南去康居界二千里。

又曰：丁令北有马脑国。其人音声似雁鹜。从膝以上至头，人也；膝已下生毛，马脑马蹄，走疾于马，勇健敢战。

且弥

《北史》曰：且弥国，都天山东，临于大谷，在车师北，去代一万五百七十里，本役属车师。

陀罗伊罗

《通典》曰：陀罗伊罗国，隋时闻焉，在乌蔡国北，大雪山坡上。缘梯登山，接七百梯，方到其国。

赊弥

《北史》曰：赊弥国，在波知之南。山居，不信佛法，专事诸神。亦附嚈哒。东有钵卢勒国。路险，缘铁锁而度，下不见底。后魏熙平中，宋云等使终不能达。

泽散

《通典》曰：泽散国，魏时闻焉，属大秦。其治在海中央，最与安息城谷相近，西南诣大秦，不知里数。

女国

《北史》曰：女国，在葱岭南。其国世以女为王，姓苏毗，字末羯，在位二十年。女王夫号曰："金聚"，不知政事。国内丈夫唯以征伐为务。山上为城，方五六里，人有万家。王居九层之楼，侍女数百人，五日一听朝，复有小女王共知国政。其俗：妇人轻丈夫，而性不妒忌；男女皆以彩色涂面，一日中或数度变改之；皆披发，以皮为鞋。课税无常。气候多寒，以射猎为业。出鍮石、朱砂、麝香、犛牛、骢马、蜀马。犹多盐，恒将盐向天竺兴贩，其利数倍。亦数与天竺、党项战争。其女王死，国中厚敛金钱，求死者族之中贤女二人，一为女王，次为小王。贵人死，剥皮，以金屑和骨肉置瓶中埋之；经一年，又以其皮内铁器埋之。俗事阿修罗神。又有树神。岁初，以人祭，或用猕猴祭。

呼得

《通典》曰：呼得，魏时闻焉，在葱岭北，乌孙西北，康居东北，胜兵万余人，随畜牧，出名马，多貂鼠。

曹国

《北史》曰：曹国，都那蜜水南数里，旧是康居之地也。国无主，康国王令子乌建领之。都城方三里，胜兵千余人。国中有得悉神，自西海以东诸国并事之。其神有金人马、金波罗，阔丈有五尺，高下相称。每月以驼五头、马十匹、羊一百口祭之。南去康国百里。大业中，遣使贡方物。

漕国

《北史》曰：漕国，在葱岭之北，汉时罽宾国也。其王姓昭武，字顺达，康国王之宗族也。都城方四里，胜兵万余人。国法严峻。俗重淫祠。葱岭山顺天神者，仪制极华，以金为屋，以银为地，祠者日有千余人。祠前有一鱼骨，其孔中通马出入。国王戴金牛头冠，坐金马座。

土多稻、粟、豆、麦，饶象、马、封牛、金、银、镔铁、氍毹、朱砂、青黛、安息青木等香、黑盐、阿魏。东去劫国七百里。大业中，遣使贡方物。

何国

《隋书》曰：何国，都那密水南数里，旧是康居地也。其王姓昭武，亦康国王之族类。都城方二里，胜兵千人。其王坐金羊床，车去曹国百五十里，西去安国三百里。大业中，遣使贡方物。

短人

《通典》曰：短人，魏时闻焉，在康居西北。男女皆长三尺，人众甚多。去奄蔡诸国甚远。康居长老传闻：尝有商旅行北方，迷惑失道，而到此国。国中甚多真珠、夜光明月珠。其国去康居可万余里。

《突厥敝拴记》云：自突厥北行一月，有短人国，长者不逾三尺，亦有二尺者。头少毛发，若羊胞之状，突厥呼为羊胞头。其傍无它种类相侵，俗无寇盗。但有大鸟，高七八尺，恒伺短人啄而食之。短人皆持弓矢，以为之备。按，此亦在西北，即《魏略》之短之人国也。

小人

《通典》曰：小人，在秦之南，躯才三尺。其耕稼之时，惧鹄所食。大秦之南，每卫助之，小人竭其珍货以酬报。

轩渠

《通典》曰：轩渠国，多九色鸟，青口、绿颈、紫翼、红膺、绀顶、丹足、碧身、缃背、玄尾，亦名九尾鸟，亦名锦凤，其青多红少，谓之绣鸾。恒从弱水西来，或云是西王母之禽也。其国币货，同三童国。

温宿

《北史》曰：温宿国，居温宿城，在姑默西北，去代一万五百五十里。

朱俱波

《通典》曰：朱俱国，后魏时通焉，亦名朱居盘国，汉子合国也。今并有西夜、蒲犁、依耐、德若四国之地。在于阗国西千余里，其西至葱岭二百里，东至涅盘国，南至女国三千里，北至疏勒九百里。其王本疏勒国人。后魏宣武永平中，朱居盘国遣使朝贡。其言音与于阗相似，其间小异。人貌多同华夏，亦类疏勒。大唐武德以后，频遣使朝贡。

尉头

《北史》曰：尉头国，居尉头城，在温宿北，去代一万六百五十里。

滑国

《通典》曰：滑国，车师之别种。后汉顺帝永建初，八滑从班勇击北虏有功，汉以八滑为后部亲汉侯。自魏、晋以来，不通中国。至梁武帝普通初，其王厌带夷粟陁始遣使献黄师子、白貂裘、波斯锦物等。后魏之居桑乾也，滑犹小国，属蠕蠕。后稍强大，征其傍国波斯、渴盘、罽宾、龟兹、疏勒、姑墨、于阗等国焉。其兽有师子、两脚驼。人皆善骑射。着小袖长身袍，用金王为带。女人被裘，头上刻木为角，长咫尺，以金银饰之。兄弟共妻。无城，以毡屋为居，东向开户。其王金床，随太岁转。无文字，以木为契，与旁国通用胡书，羊皮为纸。无职官。事天神、火神，每日出，祀神而后食，其跪一拜而止。死以木为椁，父母死，其子截一耳，葬讫即吉。其言语，待译然后通。至后魏时，谓之嚈哒国。或云高车之别种，或云大月氏之种，其源出于塞北自金山。至后魏文帝时，已八九十年矣。在于阗之西，东去长安万一千里。衣服类胡，加以缨络。头皆剪发。其语与蠕蠕、高车及诸胡不同。部众可十万，依随水草。其国无车舆，多驼马。用刑严急，盗无多少皆腰斩，盗一责十。死者富家累石为藏，贫穷者掘地而埋，随身诸物皆置冢内。又兄弟共聚一妻。无兄弟者其妻戴一角帽，若有兄弟者，依其多少之数更加帽角焉。西域康居、于阗、沙勒、安息及诸小国三十许皆役属之，号为大国。每遣使朝贡。孝明帝熙明中，遣使伏子统宋云使西域，所经诸国，不能知其本末及山川里数，今举其略云。至隋时，又谓挹怛国，都乌浒水南二百余里，大月氏之种类也。胜兵五六万人，俗善战。先时国乱，突厥遣通设字诘强领其国。俗同吐火罗。南去漕国千五百里，东去瓜州六千五百里。大业中，遣使来贡。按刘璠《梁典》，滑国姓嚈达，后裔以姓为国号转讹，又谓之悒怛焉。

姑默

《北史》曰：姑默国，居南城，在龟兹西，去代一万五百里。

叠伏罗

《通典》曰：叠伏罗，后魏时通焉，去代三万一千里。国中有勿悉城，城北有疆奇水西流。有白象。土宜五谷。宣武时，遣使献方物。

阿钩羌

《通典》曰：阿钩羌，后魏时通焉，在莎车西南。国西有县度山，其间四百里中，往往有栈道，下临不测之深，人行以绳索相持而度山。有五谷、诸果，市用钱为货，居止立宫室，有兵器。

葱茈羌茈音紫

《通典》曰：敦煌西、西域之南山中，从婼羌西至葱岭数千里，有月氏余种，曰葱茈羌、白马羌、黄牛羌，各有酋豪，北与诸国接，不知其道里广狭。传闻黄牛羌种类，孕身六月生。南与白马羌邻。并魏时闻焉。

太平御览卷第七百九十七 四夷部十八·西戎六

蒲类

《汉书》曰：蒲类，王治天山西疏榆谷，去长安八千三百六十余里。

《后汉书》曰：蒲类国，王居天山西疏榆谷。庐帐而居，逐水草。颇知田作，有牛、马、骆驼、羊畜，能作弓矢，国出名马。蒲类，本大国也，前西域属匈奴时，蒲类王得罪单于，单于怒，徙蒲国人民六千余口，内之匈奴右部阿恶地，号曰阿恶国。初徙居时，甚贫羸，不能者，逃亡在山谷间，故得留为蒲类国云。

小宛

《汉书》曰：小宛国，王治扜零城，去长安七千二百一十里，东与婼羌接。

精绝

《汉书》曰：精绝城国，王治精绝城，去长安八千八百二十里，地厄狭，西通扜弥四百六十里。

渠勒

《汉书》曰：渠勒国，王治鞬都城，去长安九千九百五十里，东与戎卢接。

依耐

《汉书》曰：依耐国，王治去长安万一百五十里，北至疏勒六百五十里。少谷，寄田莎车、疏勒。

无雷

《汉书》曰：无雷国，王治无雷城，去长安九千九百五十里。衣服类乌孙。

难兜

《汉书》曰：难兜国，王治难兜城，去长安一万五千一百五十里，西与大月氏接。种五谷，有金、银、铜、铁，作兵。

孤胡

《汉书》曰：孤胡国，王治车师柳谷，去长安八千余里。

山国

《汉书》曰：山国，王治去长安七千一百七十里。出铁，民山居，寄田籴谷于焉耆。

乌贪

《汉书》曰：乌贪訾离国，王治于娄谷，去长安万三百三十里。

卑陆

《汉书》曰：卑陆国，王治天山乾当谷，去长安八千六百八十里。

郁立师

《汉书》曰：郁立师国，王治内咄谷，去长安八千八百三十里。

劫国

《汉书》曰：劫国，王治天山东丹渠谷，去长安八千五百七十里。

乌弋山离

《汉书》曰：乌弋山离国，王治去长安万二千二百里，不属都护。乌弋地暑热，其草木、畜产、五谷、果菜、饮食、宫室、市列、钱货、兵器、金珠之属，与罽宾同。有桃枝、桃枝似鹿，或名天禄。师子，犀牛。俗重妄杀。钱文为人头，幕为骑马。

拘弥

《后汉书》曰：拘弥，王治宁弥城，去洛阳万二千八十里。灵帝熹平四年，于阗王安国攻宁弥，杀其王，死者甚众。戊己校尉、西域长史各发兵，辅立宁弥侍子定兴为王。

德若

《后汉书》曰：德若国，王治东去洛阳一万二千一百五十里，与子合相接，其俗皆同。

高附

《后汉书》曰：高附国，在大月氏西南，其俗似天竺，而弱易服。善贾贩，内富于财。所属无常，天竺、罽宾、安息三国，强则得之，弱则失之。

东离

《后汉书》曰：东离国，王治沙奇城，在天竺东南三千余里。其地暑热，风气、物类与天竺同。有城十数。其人民男女皆长大，可八尺。乘象往来邻国，有寇，乘象以战。

移支

《后汉书》曰：移支国，王居蒲类地。其民勇猛敢战，以寇钞为事。皆被发，随畜逐水草，不田作。

者舌

《后魏书》曰：者舌国，故康居国也，在破洛那西北，去代一万五千四百五十里。大武延平三年，遣使朝贡。

拔豆

《后魏书》曰：拔豆国，去代五万一千里。国中出金、银、杂宝、白象、水牛、牦牛、葡萄、五果，土宜五谷。

乌利

《后魏书》曰：乌利国，去代二万五百里。国中出金玉、良马、白叠，土宜五谷。

者至拔

《后魏书》曰：者至拔国，都城在疏勒西，去代一万一千六百二十里。其国东有藩贺那山，出美铁、师子等。

朱居

《后魏书》曰：朱居国，在于阗西。其民山居，有麦，多林果。咸事佛，与于阗相类。役属嚈哒。

权乌摩

《后魏书》曰：权乌摩国，故乌秅国也，其王治乌秅城，西接悉居半国，西南去代一万二千九百七十里。

伽色尼

《后魏书》曰：伽色尼国，治伽色城，在万斤南，去代一万二千九百里。出赤盐，多五果。按，此条与卷第七百九十三“伽色尼”重。

薄知

《后魏书》曰：薄知国，治城在伽色尼南，去代一万三千三百二十里。

牟知

《后魏书》曰：牟知国，都牟知城，在忸密西南，去代二万二千九百二十里。土平，禽兽、草木类中国。

阿弗太汗

《后魏书》曰：阿弗太汗国，治阿弗太汗城，在忸密西，去代二万三千七百二十里。土平，多五果。

呼似密

《后魏书》曰：呼似密国，治呼似密城，在阿弗太汗西，去代三万七百里。土平，出金、银、琥珀，有师子，多五果。

诺色波罗

《后魏书》曰：诺色波罗国，治诺色波罗城，在忸密南，去代二万三千四百二十八里。土平，宜稻麦，多五果。

毕伽至

《后魏书》曰：毕伽至国，治毕伽至城，东接忸密国，去代二万三千七百二十八里。土平，少田殖，取稻麦于邻国，有五果。

伽不单

《后魏书》曰：伽不单国，治伽不单城，在悉万斤西北，去代一万二千七百八十里。土宜稻麦，有五果。

伽倍

《后魏书》曰：伽倍国，故休密翎侯所治和墨城也。在莎车西，去代万三千里。民居山谷间。

折薛莫孙

《后魏书》曰：折薛莫孙国，故双靡翎侯所治双靡城也。在伽倍西，去代一万三千五百里，居山谷间。

钳敦

《后魏书》曰：钳敦国，古之贵霜翎侯所治护藻城也。在折辟臭孙西，去代一万三千五百六十里。居山谷之间。

弗敌沙

《后魏书》曰：弗敌沙国，古盼顿翎侯所治薄芳城也。在钳敦西，去代一万三千六百里。居山谷间。

临儿

《魏略》曰：临儿国，《浮屠经》云：其国王生浮屠太子也，父曰屑头耶，母曰莫耶。浮屠身服黄色，发青，乳有青毛，冬青。始莫耶梦白象而孕，及生，从母右胁出，堕地能行七步。汉哀帝元寿元年，博士景庸从月氏王使伊存口授《浮屠经》，其所载与《老子经》相出入，盖以老子西出关，教胡为浮屠也。

赀虏

《魏略》曰：赀虏，本匈奴之奴也。匈奴名奴婢为赀。始建武时，匈奴衰，分其奴婢亡匿在金城、武威、酒泉北，黑水东，畜牧逐水草，抄盗凉州，不与东部鲜卑同也。其种非一，有大胡、丁零羌杂处，并本亡奴婢也。

盘越

《魏书》曰：盘越国，一名汉越王，在天竺东南数千里，与益部相近。其人小大与中国人同。

盐长

《山海经》曰：西海中有盐长国，其人乌首，亦名乌民。

奇恒

《括地图》曰：奇恒民，善为机巧，设百禽，为车飞，从风远行。汤时，西风多，奇恒车至于豫州，汤破其车。十年，西风倒，乃令复作车遣归。去玉门四万里。

石尖

《玄中记》曰：玉门之西南，羌之东，有一国五六百户，无他事役。国中有山，山上有祠庙。国人每岁出石类数千枚，输于庙中，名霹雳尖，以给霹雳所用。从春雷出，而尖日减，至秋尖尽。

扶伏

《玄中记》曰：扶伏民者，黄帝轩辕之臣，曰茄丰，有罪，刑而放之，扶伏而去，后是为扶伏民。去玉门关二万五千里。

可兰

《沙州记》曰：大白兰西北千二百里，有可兰虏。风俗卑陋，从开辟后，口不知谷味，目不识五色，耳不闻六律五声，是四夷中不臧者。土无所出，直大养群畜而已。户落万余，然其人顽弱，不斗战，忽见异人，举国便走。

鹄国

《神异经》曰：西海之中有鹄国，男女皆长七寸，为人自然有礼，好经论跪拜。其人岁寿三百，行如飞，日行千里。百物不敢犯之，唯畏海鹄，鹄遇吞之，亦寿三百岁。人在鹄腹中不死，而鹄一举千里。

无不达

《神异经》曰：西南大荒中有人焉，长一丈，腹围九尺，践龟蛇，戴朱乌，左手凭青龙，右手凭白虎。知河海升斛，识山石多少，知鸟兽言语，知百谷可食，识草木咸苦。名曰“圣”，一名“哲”，一名“仙”，一名“通”，一名“无不达”。凡人见拜者，令人神知。

无继民

《外国图》曰：无继民，穴居食土，无夫妇。死则埋之，心不朽，百年复生。去玉门四万六千里。

录民

《外国图》曰：录民，穴居食土，无夫妇。死则埋之，肺不朽，百二十年复生。去玉门万一千里。

无首民

《外国图》曰：无首民，乃与帝争神，帝斩其首，敕之北野，以乳为目，脐为口。去玉门三万里。

纳民

《外国图》曰：纳民，陛居食土，无夫妇。死埋之，其肝不朽，八年复生。去玉门五万里。

拘夷

释道安《西域志》曰：拘夷国，北去城数百里。山上有石骆驼，溺水滴下，以金、铜、铁及木器、手掌承之皆漏，唯瓢瓠不漏，服之令人身臭，毛皮尽脱得止。其国有婆罗门守视。

波罗奈斯

释道安《西域志》曰：波罗奈斯国，佛转法轮、调达入地狱、土陷处，皆在其国。

鼠王

释道安《西域志》曰：于阗道中有鼠王国，大者如狗，小者如菟，着金袈裟，沙门过不礼，白衣不礼辄害人。

摩诃赖

释道安《西域志》曰：摩诃赖国，又南得诃赖国，有阿耨达山，王舍城在耨达山东南角，竹园精舍在城西佛。六年苦行贝多树，去城五十里。

波丽越

释道安《西域志》曰：罗卫国东西四百里，至波丽越国。波丽越国，即佛外祖国也。

鸡城

释道安《西域志》曰：胡国北有鸡城，其人皆冠，象鸡也。

和诃条

支僧载《外国事》曰：和诃条国，在大海中，地方二万里。大山名三漫屈，有石井，井中生千叶白莲花数种。井边石上有四佛足迹，每月六斋日，弥勒菩萨常以诸天神礼佛迹，毕，便飞去。国王长者常作金树银花、银树金花以供奉佛。

播黎日

支僧载《外国事》曰：播黎日国者，昔是小国耳，今是外国之大都，流沙之外，悉称臣妾。

舍卫

支僧载《外国事》曰：舍卫国，今无复王，尽属播黎日国，王遣小儿注，国人不奉佛法。

维耶离

支僧载《外国事》曰：维耶离国，去舍卫五十由旬，由旬者晋言三十里。维摩诘家在城内。国人不复奉佛，悉事水火，余外道也。

迦维罗越

支僧载《外国事》曰：迦维罗越国，今无复王也。国人亦属播黎日国，今尚精进。昔太子生时，有二龙，一吐水，一吐火，一冷一暖。今有二池，尚一冷一暖。

那诃维

支僧载《外国事》曰：那诃维国，土丰乐，多民物。在迦维越南，相去三十里。

碓国

支僧载《外国事》曰：迦叶佛生碓国，今无复此国，故处在舍卫国西，相去三十里。

拘那舍

支僧载《外国事》曰：拘那舍国，牟尼佛所生也，亦名拘那舍，在迦维罗越西，相去复三十里。

波罗奈国

支僧载《外国事》曰：弥勒佛，当生波罗奈国，是《屈陀罗经》所说，在迦罗越南。

拘宋婆

支僧载《外国事》曰：拘宋婆国，今见过去佛四所，住处四屋。迦叶佛住中，教化四十年，释迦文佛住五年，二佛不说。

罽密

支僧载《外国事》曰：罽密，小国耳，在舍卫之西。国王民人悉奉佛。土地寒，罗汉道人及沙门，到冬月日未中前饮少酒，过中后不复饮酒，食果。国属大秦。

拘私那竭

支僧载《外国事》曰：佛在拘私那竭国。佛欲入涅盘时，自然有宝床从地出，有八万四千国王争将佛归，神妙天人曰："佛应就此亡。"那竭王乃作金棺枬檀车送佛丧，积薪不烧自燃。王将舍利归宫。八万四千国兴兵争舍利，婆罗门分之，乃用金升量合利，得八斛四斗，诸国各得少许，还国，各立浮屠。

摩竭提

支僧载《外国事》曰：摩竭提国，在迦维罗城之南，相去三十里由旬，有贝多树，佛在此树下坐六年。

太平御览卷第七百九十八　四夷部十九·西戎七

吐蕃

《唐书》曰：吐蕃在长安之西八千里，本汉西羌之地，其种落莫知所出，或云南凉秃发利鹿孤之后也。利鹿孤有子曰樊尼。及利鹿孤卒，樊尼尚幼，弟傉檀嗣位，以樊尼为安西将军。后魏神瑞元年，傉檀为西秦乞佛盘炽所灭，樊尼招集余众，以投沮渠蒙逊，以为临松太守。及蒙逊灭，樊尼乃率众西奔，济黄河，逾积石，于羌中建国，开地千里。樊尼威惠夙着，为群羌所怀，皆抚以恩信，归之如市。遂改姓为窣勃野，以秃发为国号，语讹谓之吐蕃。其后子孙蕃昌，又侵伐不息，土宇渐广。历周及隋，犹隔诸羌，未通于中国。其国人号其王为赞普，置大论、小论，以统理国事。无文字，刻木结绳为约。虽有官，不常厥职，临时统领。征兵用金箭，寇至举烽燧，百里一亭。用刑严峻，小罪剜眼、劓、刖，或皮勒鞭鞭之，但随喜怒，而无常科。囚人于地牢，深数丈，二、三年方出之。宴异国宾客，必驱牦牛，令客自射牲以供馔。与其臣下一年一小盟，刑羊、狗、猕猴，先折其足而杀之，绎其肠而屠裂之，令巫者告于天地、山川、日月、星辰之神，云“若心迁变，怀奸反覆，神明鉴之，同于羊狗”；三年一大盟，夜于坛墠之中陈设肴馔，杀人、马、牛、驴以为牲，咒曰：“尔等咸须同心戮力，共保我家，唯天地神祇共知尔志，有负此盟，使尔身体屠裂，同于此牲！”其地气候大寒，不生稷稻，有青粿麦、豆、小麦、荞麦，畜多牦牛、猪、犬、羊、马、又有天鼠，状如雀鼠，其大如猫，皮可为裘。又多金、银、铜、锡。其人或随畜牧而不常厥居，然颇有城郭。其国都城号为逻些城，屋皆平头，高者至数十尺。贵人处于大毡帐，名为拂庐。寝处污秽，绝不栉沐。接手饮酒，以毡为盘，捻麸为碗，实以羹酪，并而食之。多事羱羝之神，人信巫觋。不知节候，麦熟为岁首。围棋、六博、吹蠡、鸣鼓为戏，弓剑不离身。重壮贱老，母拜于子，子倨于父，出皆少者前，老者后。军令严肃，每战，前队皆死，后队方进。重兵死，恶疾终，累代战没，以为甲门；临阵败死者，悬狐尾于其首，表其似狐之怯，稠人广众，必以徇焉，其俗耻之，以为次死。拜必两手据地，作狗吠之声，以身再揖而止。居父母丧，截发，青黛涂面，衣服皆黑，既葬，即吉。其赞普死，以人殉葬，衣服、珍玩及常所乘马、弓剑之类，悉埋之。

又曰：贞观八年，其赞普弃宗弄赞始遣使朝贡。弄赞弱冠嗣位，性骁武，多英略，其邻国羊同及诸羌并宾伏之。太宗遣行人冯德遐往抚慰之。见德遐，大悦，闻突厥及吐谷浑皆尚公主，乃遣使献金，随德遐入朝，多赍金宝，奉表求婚，太宗未之许。

又曰：弄赞常率众二十余万，顿于松州西境，遣使贡金帛，云来迎公主。太宗遣吏部尚书侯君集等击破之，弄赞大惧，遣使谢罪，因复请婚，太宗许之。弄赞乃遣其相禄东替至礼，献金五千两，自余宝玩数百事。贞观十五年，太宗以文成公主妻之，令礼部尚书、江夏郡王道宗主婚，持节送公主于吐蕃。弄赞率其部兵次柏海，亲迎于河源。见王人，执子婿之礼，甚恭。既而叹大国服饰、礼仪之美，俯仰有愧沮之色。及与公主归国，谓所亲曰："我祖、父未有通婚上国者，今我得尚大唐公主，为幸实多，当为公主筑一城，以夸示后代。"遂筑城邑，立栋宅，以居处焉。公主恶其人赭面，弄赞令国中权且罢之，身亦释毡裘，袭纨绮，渐慕华风，仍遣酋豪子弟请入国学，以习诗书，又请中国识文之人典其表疏。

又曰：太宗伐辽东还，弄赞遣禄东赞来贺，奉表曰："圣天子平定四方，日月所照之国并为臣妾。而高丽恃远，阙于臣礼，天子自领百万，渡辽致讨，隳城陷阵，指日凯还。夷狄才闻陛下发驾，少进之间，已闻归国，鹰飞迅越，不及陛下速疾。奴忝预子婿，喜百常夷。夫鹅犹雁也，故作金鹅奉献。"其鹅黄金铸成，高七尺，中可实酒三斛。

又曰：高宗嗣位，授弄赞为驸马都尉，封西海郡王，赐物二千段。弄赞因致书与司徒长孙无忌等，云天子初即位，若臣下有不忠之心者，当勒兵以赴国，并献金银珠宝十五种。高宗嘉之，进封为王，赐杂彩三千段，因请蚕种及造酒、碾硙、纸墨之匠，并许焉。

又曰：高宗闻刘审礼等败，召侍臣问以绥御之策，中书舍人郭正一曰："吐蕃作梗，年岁已深，命将兴师，相继不绝，空劳士马，虚费粮储，近讨则徒损兵威，深入则未穷巢穴。臣望少发兵募，且遣备边，明立烽候，勿令侵抄。使国用丰足，人心叶同，宽之数年，可一举而灭。"给事中刘齐贤、皇甫文亮等，皆言严守之便。

又曰：长寿元年，武威军总管王孝杰大破吐蕃之众，克复龟兹、于阗、疏勒、碎叶等四镇。乃于龟兹置安西都护府，发兵以镇守之。

又曰：圣历二年，番将赞婆率所部千余人，及其兄弟莽布支等来降，则天遣羽林飞骑郊外迎之。授赞婆辅国大将军，行右卫大将军，封归德郡王，优赐甚厚。

又曰：神龙元年，赞普之祖母遣其大臣悉董然来献方物，为其孙请婚。中宗以所养雍王宗礼女为金城公主许嫁与之，自是频岁贡献。景龙三年十一月，又遣其大臣尚赞吐等来迎女。中宗宴之于苑内球场，命驸马都尉杨慎交与毡蕃使打吐，中宗率侍臣以观之。四年正月，下制曰："圣人布化，用百姓为心；王者垂仁，以八荒无外。故能光宅遐迩，财成品物。由是隆周理历，恢柔远之图；强汉乘时，建和亲之义。斯盖御宇长策，经邦茂轨。朕受命上灵，克纂洪业，庶几前烈，永致和平。眷彼吐蕃，僻在西服，皇运之始，早申朝贡。太宗文武圣皇帝，德侔覆载，情深亿兆，思偃兵甲，遂通姻好，数十年间，一方清净。自文成公主化往其国，因多变革。我之边隅，亟兴师旅；彼之蕃落，颇闻凋弊。顷者赞普及祖母可敦酋长等，屡披诚款，积有岁时，思托旧亲，请崇亲好。金城公主，朕之少女，岂不钟念？但为人父母，志恤黎元，若允乃诚祈，更敦和好，则边土宁晏，兵役休息。遂割深慈，为国大计，筑兹外馆，聿膺嘉礼，降彼吐蕃赞普。即以今月进发，朕亲自送于郊外，命大将军杨矩使焉。"其月，帝幸始平县，以送公主，设帐殿于百顷泊侧，引王公宰臣赋诗饯别，改始平县为金城县，改其地为凤池乡。

又曰：开元二年秋，吐蕃大将坌达延、乞力徐等，率众十余万寇临洮，军又进寇兰、渭等州，掠监牧羊马而去。玄宗令摄左羽林将军薛讷及太仆少卿王晙率兵邀击之。仍下诏，将大举亲征，召募将士克期进发。俄而晙等与贼相遇于渭源之武阶驿，前军王海滨力战死之，晙等乘之而进，大破吐蕃之众，杀数万人，尽收得所掠羊马。贼余党奔北，相枕藉而死，洮水为之不流。上遂停亲征，命紫微舍人倪若水往按军实，仍吊祭王海滨而还。

又曰：开元十七年，玄宗遣皇甫唯明等使吐番。唯明等既见赞普及公主，具宣上意。赞普等欣然请和，尽出贞观已来前后敕书，以示唯明等。令其重臣名悉猎随唯明入朝，上表曰："外甥是先皇帝宿亲，又蒙降金城公主，遂和同为一家，天下百姓普皆安乐。中间为张玄表、李知古等东西两处先动兵马，侵抄吐蕃，边将所以互相征讨，迄至今日，遂成衅隙。外甥以先代文成公主、今金城公主之故，深识尊卑，岂敢失礼？又缘年小，枉被边将谗构斗乱，令舅致怪，伏乞垂察。追留死将万足承前数度使人入朝，皆被边将不许，所以不敢自奏。去冬，公主遣使人娄众失若将伏专往，蒙降使看公主来，外甥不胜喜荷。谨遣谕名悉猎及副使押卫将军浪些纥夜悉猎入朝，奏取进止，两国事意，悉猎所具。外甥蕃中已处分边将，不许抄掠，若有汉人来投，便令却送。伏望皇帝舅远察赤心，许从旧好，长令百姓快乐。如蒙圣恩，千年万岁，外甥终不敢先违盟誓。谨奏进金胡瓶一、金盘一、金碗一、马脑杯一、零羊衫段一，谨充微国之礼；金城公主又别进金鸭、盘盏、杂器物等。"十八年十月，名悉猎等至京师，上御宣政殿，列羽林仗以见之。悉猎颇晓书记，先曾迎金城公主至长安，当时朝廷皆称其材辩。及是，上引入内宴与语，甚礼之，赐紫袍、金带及鱼袋，并时服缯彩、银盘、胡瓶等，仍于别馆，供拟甚厚。悉猎受袍带、器物，而却进鱼袋，辞曰："本国无此章服，不敢当殊异之赏。"上喜而许之，诏御史大夫崔琳充使报聘，仍于赤岭各竖分界之碑，约以更不相侵。时吐蕃使奏云："公主请《毛诗》、《礼记》、《左传》、《文选》各一部。"制令秘书省写与之，正字于休烈上疏谏曰："臣闻：戎狄，国之寇也；经籍，国之典也。戎之生心，不可以无备；典有恒制，不可以假人。传曰："裔不谋夏，夷不乱华。"所以革其非心，在乎有备无患。昔者东平王入朝，求史记诸子，汉帝不与。盖以史记多兵谋，诸子杂诡术。夫以东平，汉之懿戚，尚不欲示征战之书；今西戎，国之寇仇，岂可贻经典之事？且臣闻，吐蕃之性慓悍果决，敏情持锐，善学不回。若达于书，必能知战；深于诗，则知武夫，有师干之试；深于礼，则知月令，有废兴之兵；深于传，则知用师，多诡诈之智；深于史，则知往来，有书檄之制。何异备寇兵而资盗粮也？臣闻鲁秉周礼，齐不加兵；吴获乘车，楚屡奔命。一以守典存国，一以丧法危邦，可取鉴也。且公主出嫁从人，远适异国，合慕夷礼。返求良书，愚臣料之，恐非公主本意也。虑有奔北之类劝教于中。若陛下虑失蕃情，以备国信，必不得已，请去《春秋》。当周德既衰，诸侯强盛，礼乐自出，战伐交兴，情伪于是乎生，变诈于是乎起，则以臣召君之事，取威定霸之名。若与此书，国之患也。《传》曰：于奚请曲县鞶缨，仲尼云：'惜也，不如多与之邑。唯名与器，不可假人'。狄固贪婪，贵货易土，正可锡之锦绮，厚以玉帛，何必率从其求，以资其智？臣忝叨列位，职刊秘籍，实痛经典弃在戎夷，昧死上闻，唯陛下深察。"

又曰：开元二十二年，遣将军李佺于赤岭与吐蕃分界立碑。二十四年正月，吐蕃遣使贡方物金银器玩数百事，皆形制奇异。上令列于提象门外，以示百寮。

又曰：开元二十八年春，章求兼琼密与安戎城中吐蕃翟都局及维州别驾董承宴等通谋，都局等遂翻城归款，因引官军入城，尽杀吐蕃将士，使监察御史许远率兵镇守。上闻之甚悦。中书令李林甫等上表曰："伏以吐蕃此城，正当冲要，凭险自固，恃以窥边，积年以来，蚁聚为患，纵有百万之众，难以施功。陛下亲纡秘策，不兴师旅，须令中使李思敬晓谕羌族，莫不怀恩，翻然改图，自相谋陷，神算运于不测，睿略通于未然，累载逋诛，一朝荡灭。又臣等今日奏事，陛下从容谓臣等曰：‘卿等但看四夷不久当渐沦丧。’德音才降，遽闻戎捷，则知圣与天合，应如响至，前古以来，所未有也。请宣示百寮，编诸史策。”手制答曰：“此城仪凤年中，羌引吐蕃，遂被固守。岁月既久，攻伐亦多。其地险隘，非力所制。朝廷群议，不劝取之。朕以小蕃无知，事须处置，授以奇计，所以行之，获彼戎心，归我城守，有足为慰也。”

大羊同

《通典》曰：大羊同，东接吐蕃，西接小羊同，北直于阗，东西千余里，胜兵八九万。其人辫发毡裘，畜牧为业。地多风雪，冰厚丈余。所出物产，颇同吐蕃。俗无文字，但刻木结绳而已。刑法严峻。其酋豪死，抉去其脑，实以珠玉，剖其五脏，易以黄金，假造金鼻、银齿，以人为殉，卜以吉辰，藏诸岩穴地，人莫知其所。多杀牸牛莫马以充祭祀，葬毕服除。其王姓姜葛，有四大臣，分掌国事。自古未通。

悉立

《通典》曰：悉立，在吐蕃西南，户五万余。有城邑村落，依溪涧。丈夫以缯彩缠头，衣毡褐；妇人辫发，着短裙。以蒸报为俗。畜多水牛、羖羊、鸡、豕，谷宜粳稻、麦、豆，饶甘蔗、诸果。死，葬于中野，不为封树。丧制以黑为衣，一年就吉。刑有刖、劓。羁事吐蕃。

章求拔

《通典》曰：章求拔，或云章揭拔，本西羌种也。在悉立西南，居四山之内，近代移出山，西接东天竺。遂改衣服，变西羌之俗。其地延袤八九百里，胜兵二千余人。居无城郭，好为寇掠，商旅患之。闻悉立入朝，亦遣使朝贡。

且末上子余切

《汉书》曰：且末国，王治且末城，去长安六千八百二十里。有葡萄诸果。西通精绝二千里。

《北史》曰：且末西北有流沙数百里，夏日有热风，为行旅之患。风之所至，唯老驼预知之，即嗔而聚立，埋其口鼻于沙中。人每以为候，亦即将毡拥蔽鼻中。其风迅马夫，斯须过尽，若不防者，必至危毙。后魏大统八年，其兄鄯善未率众内附。

乌秅上一加切，下真加切

《汉书》曰：乌秅，王治乌秅城，去长安九千九百五十里。田石间有白草，累石为室，民接手饮，师古曰：自高山下溪涧中饮水。接，连其手也。出小步马。师古曰：小细步也，所谓百步千迹也。

西夜

《汉书》曰：西夜国，王号子合，王治呼犍谷，犍，音巨言切。去长安万二百五十里。与胡异，其种类羌氐。行国，师古曰：言不着土地。随畜逐水草往来，而地出玉石。

《后汉书》曰：西夜国，去洛阳万四千四百里。地生白草，有毒，国人煎以为药，傅箭镞，所中辄死。

太平御览卷第七百九十九　四夷部二十·北狄一

总叙北狄上

《说文》曰：狄，犬种，字从“犬”。狄之言淫僻也。

《白虎通》曰：狄者，易也，言僻易无别。

《风俗通》曰：胡者，谨按《汉书》，山戎之别种也。貊者，略也，云无礼法。又胡者，互也，其被发左衽，言语贽币，事殊互也。

《晋中兴书》曰：胡者，北狄之总名也。

《诗》曰：《采薇》，遣戍役也。文王之时，西有昆夷之患，北有猃狁之难，以天子之命，命将帅遣戍役，以守卫中国，故歌《采薇》以遣之，《出车》以劳还，《杕杜》以勤归也。采薇采薇，薇亦作止。薇，菜。作生也。西伯将遣戍役，先与之期以采薇之时。今薇生矣，可以行矣。重言“采薇”，丁宁行期也。曰归曰归，岁亦暮止。又丁宁归期，定其心也。靡室靡家，猃狁之故。不遑启居，猃狁之故。猃狁，北狄也。古者师出不逾时，今薇生而行，岁晚乃归，使汝无室家夫妇之道，不暇跪居者，有猃狁之难也。

又曰：我戍未定，靡使归聘。聘，问也。定，止也。我方守于北狄，未得止息，无所使归问言，所以忧也。

又曰：戎车既驾，四牡业业。岂敢定居？一月三捷。一月之中，三有胜功，谓侵也、伐也、战也。

又曰：岂不日戒？猃狁孔棘。戒，警敕军事也。孔，甚。棘，急也。言君子小人，岂不日相警戒乎？猃狁之难甚急，预述其苦以劝之。

又曰：王命南仲，往城于方。出车彭彭，旗旐央央。王，殷王也。南仲，文王之属方，朔方近猃狁之国也。彭彭，驷马貌。王使南仲为将，率往筑城于朔方，为军垒以御北狄之难。天子命我，城彼朔方。赫赫南仲，猃狁于襄。襄，除也。

又曰：昔我往矣，黍稷方华。今我来思，雨雪载涂。王事多难，不遑启居。途冻释也。黍稷方华，朔方之地六月时也，以此出征，至春冻始释而来反。

又曰：执讯获丑，薄言还归。讯，言。丑，众也。执其可言问所获之众以归者当献之。赫赫南仲，玁狁于夷。夷，平也。

又曰：《六月》，宣王北伐也。《六月》，言周室微而复兴，美宣王之北伐也。六月栖栖，戎车既饬。四牡骙骙，载是常服。栖栖，简阅貌。饬，正也。日月为常服，戎服也。记六月者，盛夏出兵，明其急也。玁狁孔炽，我是用急。炽，盛也。此序吉甫之意也。北狄来侵甚炽，故王以急遣我。

又曰：玁狁匪茹，整居焦获。侵镐及方，至于泾阳。焦获，周地名也，接于玁狁者也。匪，非也。茹，度也。镐与方，皆北方地名。言玁狁之来侵，非其所当度为也，乃自整齐而处周之焦获，来侵至泾水之北，言其大恣也。

又曰：薄伐玁狁，至于太原。言逐出之而已。

又曰：文武吉甫，万邦为宪。吉甫，尹吉甫也，有文有武。宪，法也。吉甫此时大将也。吉甫燕喜，既多受祉。祉，福也。吉甫既伐玁狁而归，天子以燕礼乐之，则欢喜矣，又多受享赐也。

又曰：显允方叔，征伐玁狁。方叔先与吉甫征伐玁狁。

又曰：《车攻》，宣王复古也。宣王能内修政事，外攘夷狄，复文武之境土。

又曰：《渐渐之石》，下国刺幽王也，戎狄叛之。山石渐渐然高峻，不可登而上，喻戎狄众强而无礼，不可得而复也。

又曰：《何草不黄》，下国刺幽王也。四夷交侵，中国背叛，用兵不息，视民如禽兽。用兵不息，自岁始至岁晚，何草不黄？

《礼》曰：北方曰狄，衣羽毛，穴居，有不粒食者。

《周礼》曰：职方氏，掌天下之图，以掌天下之地，辨其帮国、都鄙、四夷、八蛮、七闽、九貉、五戎、六狄之人民与其财用、九谷、六畜之数要，周知其利害。北方曰貉、狄。四、八、七、九、五、六，周之所服国数也。利，金锡竹箭之属；害，神奸铸鼎所象百物也。

又曰：司隶，掌五隶之法，辨其物而掌其政令。五隶，谓罪隶四狄之属也。物，衣服兵器之属。夷隶，掌养牛马与鸟言。郑司农云：夷、狄之人，或晓鸟兽之言，故《春秋传》曰："介葛庐闻牛鸣，曰：'是生二牺，皆用矣。'"是以夷隶职掌与兽言。

《左传》曰：北戎侵郑，郑伯御之，公子突曰："戎轻而不整，贪而无亲，胜不相让，败不相救。"

又曰：晋里克帅师，梁由靡御，以败狄于采桑。平阳北屈县西南有采桑津。梁由靡曰："狄无耻，从之必大克。"不耻走也。里克曰："惧之而已，无速众狄。"

又曰：晋侯败狄于箕，郤缺获白狄子。白狄，狄之别种也。故西河郡有白部胡。

又曰：鄋瞒侵齐，鄋瞒，狄国名。遂伐鲁。鲁使叔孙得臣败狄于咸，获长狄侨如，富父终甥摏其喉，以戈杀之，埋其首于子驹之门。

又曰：赤狄侵齐，又侵晋，取向阴之禾。晋灭赤狄潞氏，以潞子婴儿归。潞，赤狄之别种也。

又《成下》曰：潞子婴儿之夫人，晋景公之姊也。酆舒为政而杀之，又伤潞子之目。晋侯将伐之，诸大夫皆曰："不可。酆舒有三俊才。"伯宗曰："狄有五罪：不祀一也；嗜酒二也；弃仲章而夺黎氏地，三也；虐我伯姬，四也；伤其君目，五也。天反时为灾，地反物为妖，民反德为乱，乱则妖灾生，故文，反'正'为'乏'。尽在狄矣。"晋侯从之，晋荀林父败赤狄于曲梁，晋侯赏桓子狄臣千室。

又曰：无终子嘉父使孟乐如晋，无终，山戎国名。孟乐，其使臣。因魏庄子纳虎豹之皮，以请和诸戎。晋侯曰："戎狄无亲而贪，不如伐之。"魏绛曰："劳师于戎，诸华必叛。戎，禽兽也。获戎失华，无乃不可乎？"公曰："然则莫如和戎乎？"对曰："和戎有五利焉：戎狄荐居，贵货易土，土可贾焉，一也；边鄙不耸，民狎其野，穑人成功，二也；戎狄事晋，四邻振动，诸侯威怀，三也；以德绥戎，师徒不勤，甲兵不顿，四也；鉴于后羿而用德度，远至迩安，五也。"

又曰：郑人赂晋侯歌钟二肆，肆，列也。县钟十六为一肆。及其钟磬，女乐二八。晋侯以乐之半赐魏绛，曰："子教寡人和诸戎狄，以正诸华。八年之中，九合诸侯。如乐之和，无所不谐。请与子乐之。”辞曰：“夫和戎狄，国之福也。臣何力之有焉？”公曰：“微子无以待戎。夫赏，国之典也，子其受之。”魏绛于是乎始有金石之乐，礼也。

又曰：鲁襄公十八年，白狄始来。白狄，狄之别名，未尝与鲁掠，故曰始来也。

又曰：晋荀吴帅师败狄于大卤。大卤，太原晋阳县也。

又曰：晋中行穆子败无终及群狄于太原，即大卤也。无终，山戎也。将战，魏舒曰：“彼徒我车，所遇又厄，地险不便车。以什共车，不克。”更增十一，以当一车之用。乃毁车以为行，毁车为步阵。为五阵以相离，两于前，五于后，专为右角，参为左角，偏为前拒以诱之。狄人笑之，笑其失常。未阵而薄之。大败之。《传》言荀吴能用善谋。

又曰：晋梁丙率阴戎伐颍，颍，周邑。王使詹桓伯辞于晋曰：“我在伯父，犹衣服之有冠冕，木水之有本原，民人之有谋主也。民人谋主，宗族之师长。伯父若裂冠毁冕，拔本塞源，专弃谋主，虽戎狄，其何有余一人？伯父犹然，则难戎狄无所可责。”

又曰：晋荀吴伪会齐师者，假道于鲜虞，遂入晋阳，鲜虞，白狄别种。晋阳，肥国。灭肥，以肥子绵皋归。肥，白狄也。县皋，其君名。钜鹿下曲阳西南有肥累城。

又曰：晋荀吴帅师伐鲜虞，围鼓三日，鼓人告食竭力尽，而后取之。克鼓而反，不戮一人，以鼓子鸢鞮归。鸢鞮，鼓君名。

又曰：晋荀跞如周葬穆后，籍谈为介。王求彝器，籍谈曰：“晋居深山，戎狄之与邻，而远于王室，王灵不及，拜戎不暇，其何以献器？”王曰：“叔父，唐叔成王之母弟也；密须之鼓与其大路，文所以蒐也；密须，姞姓国也。文王伐之，得其路鼓以蒐；阙巩之甲，武所以克商也。阙巩国所出铠。唐叔受之，处参虚，抚有戎狄。参，实沈之次，晋之分野。”

又曰：晋侯训兵于稷，以略狄土。

《谷梁传》曰：中国，夷狄曰大卤。

《尔雅》曰：北至于祝栗。左极远之国。

又曰：觚竹、北户、西王母、日下，谓之四荒。觚竹在北，北户在南，西王母在西，日下在东，四方昏荒之国。

又曰：九夷、八狄、七戎、六蛮，谓之西海。八狄在北。

又曰：北载斗极为空桐，载，值也。空桐之人武。地气使之然也。

《论语》曰：管仲相桓公，霸诸侯，一匡天下，民到于今受其赐。微管仲，吾其被发左衽矣！微管仲，则君不君，臣不臣，皆为夷狄。

又曰：子曰："夷狄之有君，不如诸夏之亡也。"

《国语》曰：郑人伐滑，王使游孙伯请滑，郑人执之。王怒，将以狄伐郑。狄，隗姓之国也。富辰谏曰："不可！夫狄，无列于王室，列，位次也。豺狼之德也。王不忍小忿而弃郑，又登叔隗以阶狄，阶狄祸。狄封豕豺狼，不可厌也。厌，足也。"王弗听。十八年，王黜狄后，黜废也。狄后既立，而通于王子带，王故废之也。狄人来诛杀谭伯。狄人奉子带，攻王而杀谭伯。初，惠后欲立王子带，故以其党启狄人，狄人遂入周，王乃出居于郑。

又曰：晋侯使随会聘于周，王飨之肴蒸，原公相礼，范子私于原公曰："吾闻王室之礼无毁折，今此何礼也？"原公以告于王，王召士季范子字也。曰："亲戚宴飨则有肴蒸，蒸，升也，升折俎之肴也。唯戎狄则有体荐。夫戎狄冒没轻馋，贪百不让，冒，抵触也。没，入也。馋，进退无列。其血气不治，若禽兽焉。其适来班贡，不俟馨香嘉味，适，往也。班，赋也。故坐诸门外，而使舌人体委与之。舌人，能达四方之志，象胥之官。汝今我王室之一二兄弟，以时相见，于是乎有折俎加豆，加豆，谓既食之后，所加之豆也。其实芹俎兔醢之属。以示容合好，胡有效戎狄也？"

又曰：骊姬曰："以皋落狄之朝夕苛我边鄙，皋落，东山狄。苛，扰也。君盍使申生伐狄？若不胜狄，虽济其罪可也。且夫胜狄，诸侯惊惧，吾边鄙不警。"公说，使申生伐东山。至稷桑，稷桑，皋落狄地。狄人出逆。申生欲战，狐突谏曰："不可。"果战败狄于稷桑。

又曰：公令阉楚刺重耳，重耳逃于狄。狄，北狄，隗姓。

又曰：襄王避叔带之难，居于郑地氾。子犯曰："君盍纳王？"公乃行赂于草中之戎、骊土之狄，以启东道。二邑戎狄，在晋之东也。

《尚书大传》曰：狄人将攻大王亶父，亶父召耆老而问曰：“狄人何欲？”耆老对曰：“欲得菽粟、财货。”太王曰：“与之。”每与而狄人之至不止。太王问耆老曰：“狄人又何欲？”耆老曰：“又欲土地。”太王曰：“与之。”耆老曰：“君不为社稷乎？”太王曰：“社稷所以为民也，不可以所为亡民也。”耆老曰：“君纵不为社稷，不为宗庙乎？”太王曰：“宗庙者，私也，不可以吾私害民也。”遂杖策而去，过梁山，止乎岐山。周氏之民，奔而从之者三千乘。

《诗含神雾》曰：四方蛮貊，制作器物多与中国反。书则横行，食则合和，伏则交脚，鼓则细腰，如此之类甚众。中国之所效者，貂蝉、胡床、胡饭。

《春秋考异邮》曰：北狄之气，主生幽都。

太平御览卷第八百 四夷部二十一·北狄二

总叙北狄下

《史记》曰：唐虞以上，有山戎、猃狁、荤粥。晋灼曰：尧时荤粥，周曰猃狁，秦曰匈奴。

又曰：武王伐纣，而营洛邑，复居于丰镐。放逐戎狄泾洛之北，时入贡，命曰荒服。

又曰：赵武灵王北破林胡、楼烦，筑长城，自代傍阴山下至高阙在朔方。为塞，而置云中、雁门、代郡。

《汉书》曰：山戎伐燕，告急于齐。桓公北伐山戎，山戎走。

又曰：晋文公攘戎翟，居于西河圁音器洛之间，号曰赤翟、白翟。师古曰：《春秋》所书，晋师灭赤狄潞氏，郤缺获白狄子者。

又曰：晋北有林胡、楼烦之戎，燕北有东胡、山戎。服虔曰：乌桓之先也，后为鲜卑。

又曰：晋悼公使魏绛和戎翟，戎翟朝晋。后百余年，赵襄子逾句注而破之，并代以临胡貉。貉，音莫伯反。后与韩、魏共灭智伯，分晋地而有之，则赵有代、句注以北，而魏有西河、上郡，以与戎界边。

又曰：秦灭六国，而始皇帝使蒙恬将数十万众北击胡，悉收河南地，因河为塞，筑四十四县城临河，徙谪戍以充之。有罪谪令戍之，徙谪者令居之。而通直道，自九原至云阳，因边山险，堑溪谷，可缮者缮之，缮，补也。起临洮至辽东万余里。又渡河，据阳山、北假中。北假，地名。当是时，东胡强而月氏盛。

又曰：昴曰旄头，胡星也。昴、毕间为天街。胡貉、月支旃裘引弓之民，昴主之。

又曰：扬雄上书：北地之狄，五帝所不能臣，三王所不能制。

又曰：前世岂乐倾无量之费，役无罪之人，快心于狼望之北哉？匈奴中地名。以为不一劳者不久佚，不暂费者不永宁。是以忍百万之师，以摧饿虎之喙，运府库之财，填卢山之壑，而不悔也。卢山，匈奴中山也。

又曰：狄不服，中国未得高枕安寝也。

又曰：外国天性忿鸷，鸷，很也，音竹二反。形容魁健，负力怙气，难化以善，易隶以恶，隶谓附属之，恶谓威也。其强难诎，其和难得。故未服之时，劳师远攻。

又曰：狄，真中国之坚敌也。

又曰：王莽征匈奴，严尤谏曰："周、秦、汉征之，皆未得上策者也。周得中策，汉得下策，秦无策焉。周宣王时，猃狁内侵，至于泾阳，命将征之，尽境而还。其视戎狄之侵境，而譬犹蚊虻之螫欧之而已。故天下称明，是为中策。汉武帝选将练兵，约赍轻粮，深入远戍，约，少也，少赍装。虽有克获之功，胡辄报之，兵连祸结三十余年，中国疲耗，匈奴亦创艾，创音初向反，艾读曰乂反。而天下称武，是为下策。秦始皇不忍小耻，而轻民力，筑长城之固，延袤万里。袤，长也，音茂。转输之行，起于负海，疆坟既完，中国内竭，以丧社稷，是为无策。今天下比年饥馑，发三十万众，具三百日粮，兵先至者聚居暴露，势不可用，一难也；边既空虚，内调郡国，不相及属，此二难也；计一人三百日食，用糒十八斛，非牛力不能胜。胡地沙卤，多乏水草，军出未满百日，牛必物故，此三难也；胡地秋冬甚寒，春夏甚风，食糒饮水，师有疾疫，此四难也；辎重自随，则轻锐者少，幸而逢虏，危殆不测，此五难也。"莽不听。

又曰：夷狄之为患也，故自汉兴，忠言嘉谋之臣，曷尝不运筹策，相与争于庙堂之上乎？高祖时则刘敬，吕后时樊哙、季布，孝文时贾谊、朝错，孝武时有王恢、韩安国、朱买臣、公孙弘、董仲舒，人持所见，各有异同。然总其要归，两科而已：搢绅之儒则守和亲，介胄之士则言征伐，皆偏见一时之利害也。

又曰：文帝徙六郡良家材力之士，六郡谓陇西、天水、安定、北地、上郡、西河也。其安定、天水、西河，武帝所置耳，史本其土地而追言之。聚天下精兵，军于广武，顾问冯唐，与论将帅，喟然叹息，思古名臣，此和亲无益之明效也。

又曰：董仲舒以匈奴可悦以厚利，结之于天耳。故与之厚利以没其意，与盟于天以坚其约，质其爱子以累其心。使边城守境之民，父兄缓带，稚子咽哺，胡马不窥于长城，而羽檄不行于中国，不亦便于天下乎？

又曰：孝武时，虽征伐克获，而士马物故亦略相当；虽开河南之野，建朔方之郡，亦弃造阳之北九百余里；匈奴人民每来降汉，单于亦辄拘留汉使以相报复，其桀骜尚如斯。

又曰：孝宣之世，单于臣服，三世称藩，宾于汉庭。是时边城晏闭，牛马布野。

又曰：王莽篡位，始开边隙，单于由是归怨自绝，莽斩其侍子，边境之祸构矣。

又曰：萧望之曰："戎狄荒服，言其来服荒忽无常，时至时去。宜待以客礼。"

又曰：夷狄之人，饮食不同，言语不通，僻居北垂寒露之野，逐草随畜，射猎为生，隔以山谷，雍以沙幕，天地所以绝外内也。

又曰：晁错上书曰："战胜之威民气百倍，败兵之卒没世不复。自高后以来，陇西三困于匈奴矣，民气破伤，亡有胜意。"

又曰：以蛮夷攻蛮夷，中国之形也。今匈奴地形、技艺与中国异，上下山阪，出入溪涧，中国之马弗与。与，如也。险道倾仄，且驰且射，中国之骑弗与也。风雨罢劳，饥渴不困，中国之人不与也。此匈奴之长技也。

又曰：材官驺发，矢道同的，驺谓矢之善者也，《春秋》作"菆"字。发矢次射，故中则同的。则匈奴之革笥木荐弗能支也。革笥，以皮作，如铠。春被衣，荐以木枚，作如盾。

又曰：胡貉之地，积阴之处也，木皮三寸，冰厚六尺，食肉而饮酪，其人密理，鸟兽毳毛，密理，谓其肥也。毳，细毛。其性耐寒。

又曰：胡人衣食之业不着于地，着，直略反。其势易以扰乱边境。何以明之？胡人如飞鸟走兽，广野美草甘水则止，草尽水竭则移，以是观之，往来转徙，时至时去，此胡人之生业，而中国之所以不可离南亩也。

又曰：匈奴欲立威者，始于折胶。秋气至，胶可折，弓弩可用。匈奴常以为候而出兵。

《后汉书》曰：耿秉上言曰："今北虏分争，以夷伐夷，国家之利。"

又曰：闻《匈奴传论》曰："并兵穷讨，掩其窟穴，蹑北追奔三千余里，破龙祠，焚罽幕，铭功封石，偈呼而旋。"

又曰：王莽时，卢芳诈称武帝之后，奔匈奴十二年，芳与贾览共攻云中，久不下。其将随昱得芳之众，昱诣阙，拜昱为五原太守，封镌胡侯。镌谓凿。凿之也。

《晋书》曰：前汉末，匈奴大乱，五单于争立，而呼韩邪单于失其国，携乃率部落入臣于汉。嘉其意，剖并州北界以安之。于是匈奴五千余落入居朔方诸郡，与汉人杂处。后汉末，群臣竞言：胡入猥多，宜先为其所。建安中，魏武帝始分其众为五部，部立其中贵者为帅，复改帅为都尉。其左部都尉所统可万余落，居于太原；右部都尉可六千余落，居于祁县；南部都尉可三千余落，居于蒲子县；北部都尉可四千余落，居新兴县；中部都尉可六千余落，居太陵县。

又曰：晋武帝践祚后，匈奴二万余落归化，帝复纳之，使居河西故宜阳城下，后复与晋人杂居。由是平阳、西河、新兴、上党、乐平，靡不有焉。

又侍御史郭钦上疏曰：戎狄强犷，历古为患。魏初，置西北诸郡，皆为戎居。今虽服从，若百年之后，有风尘之警，胡骑自平阳、上党不三日而至孟津，北地、西河、太原、冯翊、安定、上郡，尽为狄庭矣。宜及平吴之威，谋臣猛将之略，出北地、西河、安定，复上郡，实冯翊。于平阳以北诸县，募取死罪，徙三河三魏四万家以充之，裔不乱华，渐徙平阳、恒农、魏郡、京兆、上党杂胡，峻四夷出入之防，明先王荒服之制，万世之长策也。

又曰：太康七年，有萎莎胡率部落来降。

又曰：北狄以部落为类，其入居塞者，有鲜支种，有乌谭种，有赤勒种，有捍蛭种，有萎莎种，有赤莎种，有郁鞞种，有委童种，有大楼种，不相杂错。

又曰：其国号左贤王、右贤王、左弈蠡王、右弈蠡王、左于六王、右于六王、左渐尚王、右渐尚王、左朔方王、右朔方王、左独鹿王、右独鹿王、左显鹿王、右显鹿王、左安乐王、右安乐王，凡十六等，皆用单于亲子弟。

贾谊《新书》曰：臣闻强国战智，王者战义，帝者战德。故汤祝网而汉阴降，舞三苗而南蛮服。今汉，帝国也，宜以厚德怀四夷，孰敢不承帝意？陛下为臣建三表，设五饵，以此与单于争，则下匈奴犹振槁也。臣且以事势谕天子之言，使匈奴大众信陛下也，若日出之灼灼，故闻君一言，虽有微远其志不疑，仇仇之人，其心不殆，若此则信谕矣，一表也。臣又且以事势谕陛下之爱，令匈奴之自视也，苟胡面而戎状者，其自以为见爱于天子也，犹弱子之于慈母也。若此则爱谕矣，一表也。臣又且以事势谕陛下之好，令胡人之自视也，苟其校之所长与其所工，可以当天子之意，若此则好谕矣，一表也。爱人之状，好人之役，爱有实以诺，可期十死一生，彼必将至，此谓三表。匈奴好之，来者家长以上必衣绣，家少者乃衣文锦，为银车五乘，大雕画之，驾四马，载绿盖，从数骑，御骖乘，且虽单于之出入也，不轻都此矣。令匈奴降者，时时得此而赐之，一国闻之见之者，希心而相告，人人冀幸，以为吾至可以得此，将以怀其目，一饵也。匈奴之使至者，若大降者也，大众之聚也，上必有所召赐食焉。饭物盛美，胾炙醯醢，方数尺于前，令一人坐此，胡人欲观者固百数在旁，得赐者之喜也，且笑且饭，味皆所嗜而所未尝得也。今来者，时时得此而飨之，一国闻之者、见之者，垂涎而相告，人自以吾至亦将得此，将此怀其口，一饵也。降者若使者至也，必使人有所召客焉，胡人之欲观者勿禁。令妇傅白黑绣衣而侍其堂者二三十人，或薄或掩，为其胡戏，使乐府吹箫鼓鞀。令使、降者时得此而乐，一国闻之者、见之者，人人唯恐其后至也。以此怀其耳，一饵也。凡降者，陛下必有所富，令有高堂邃宇、善厨大囷，厩有编马，库有阵车，时时大具，召胡客飨胡，令其居处乐皆过其虑，出其单于。或时时赐此，匈奴一国倾心而冀，人人汲汲其时。将以此怀其腹，一饵也。于来降者，上必时时有所召幸拊循而后得入官。于胡婴儿贵人子好可爱，有数十人，为绣衣，出则从出，入则从入，则更侍胡婴儿，得近侍胡贵人，得佐酒上前，使付酒钱，出绣衣，具带服，时以赐之，令数人得此而居之，一国闻者、见者，人人唯恐后至也。以此怀其心，一饵也。

《晋中兴书》曰：北狄，其地南接燕赵，北并沙漠，东渐九夷，西界六戎。世世自相君臣，不禀中国正朔。

《西域记》曰：诸胡俗，婚姻相然许者，先送同心指环。

崔豹《古今注》曰：秦所筑长城，土色如紫，汉塞亦然，故称紫塞焉。

李陵《报苏武书》曰：终日无睹，但见异类，韦帐毳幕以御风雨。

又曰：出礼义之乡，入无知之俗。

又曰：胡笳互动，牧马悲鸣，吟啸成群，边声四起。

班固《燕然山铭》曰：铄王师兮征荒裔，剿匈奴兮截海外。封神丘兮建隆碣，熙帝载兮振万世。

古诗曰：胡马依北风，越鸟巢南枝。

《古胡无人行》曰：望胡地，何崄巇。断胡头，脯胡臆！

陆机《乐府诗》曰：驱马陟阴山，山高马不前。借问燕山候，劲虏在燕然。

古诗曰：出自蓟北门，遥望胡地桑。

陈琳《乐府诗》曰：饮马长城窟，水寒伤马骨。

蔡琰诗曰：边亭与华异，胡风春夕起。

太平御览卷第八百一　四夷部二十二·北狄三

托跋氏

《宋书》曰：托跋氏，其先汉将李陵之后也。陵降匈奴，单于妻之以女，字托跋，其后因氏焉。世豪强，分建种落也。

又曰：索头虏，姓托跋氏。匈奴有数百千种，各立名号，索头亦其一也。晋初，索头种有部落数万家在云中。惠帝末，并州刺史司马腾于晋阳为匈奴所围，索头虏单于猗驼遣军助腾。怀帝永嘉三年，驼弟卢率部落自云中入雁门，就并州刺史刘琨，求楼烦等五县。琨不能制，且欲倚卢为援，乃上言："卢兄驼有救腾之功，宜请移五县民于新兴，以其地处之。"愍帝进卢为代王，卢孙十翼鞬据阴山，众数十万。鞬死，子开字涉珪。即后魏道武皇帝。

又曰：虏俗以四月祠火，六月末，率大众至阴山，谓之却霜。阴山去平城六百里，深远，饶树木，霜雪未尝释，盖欲以暖气御寒也。

《后魏书》曰：黄帝子昌意少子受封北土，国有大鲜卑山，因以为号。其后世为君长，统幽都之北。黄帝以土德王，北俗谓土为托，谓后为跋，故以为氏。其裔始均仕尧世，逐女魃于弱水北，民赖其勋。帝舜嘉之，命为田祖，历三代至秦、汉，獯鬻、猃狁、山戎、匈奴之属，累代残暴，作害中州，而始均之裔，不交南夏，是以载籍无闻焉。积六七十世，裔孙毛即成皇帝，讳毛也。统国三十六，大姓九十九，威振北方，莫不率服。至力微立，即成元皇帝。诸部大人悉服，控弦之士二十余万，迁于定襄之盛乐也。

又曰：禄官立，始祖子也。分国为三部：一居上谷北，濡源之西，东接宇文部，自统之；一居代郡之参合陂北，兄子猗驼统之；一居定襄之盛乐故城，使猗驼弟猗卢统之。

稽胡

《后周书》曰：稽胡，一曰百步部稽，盖匈奴别种，刘元海五部之苗裔也。或云山戎、赤狄之后。离石以西，安定以东，方七八百里，居山谷间，种落繁炽。其俗，妇人多贯蜃贝以为耳颈饰。孝昌中，有刘蠡升者，居云阳谷，分遣部众抄掠，居汾晋之间，略无宁岁。神武迁邺后，如密图之，伪许以女妻蠡升之子。蠡升信之，遂遣其子诣邺，齐神武厚为之礼，缓以婚期。蠡升即恃和亲，不为之备。大统元年三月，齐神武潜师袭之。

又曰：保定中，离石生胡数寇汾北，勋州刺史韦孝宽于险要筑城，以遏其路。

又曰：建德五年，高祖败齐师于晋州，乘胜逐北。齐人所弃甲仗，稽胡乘间窃出，盗而有之。

慕容氏

《晋书·载记》曰：慕容氏，其先有熊氏之苗裔，世居北夷，邑于紫蒙之野，号曰东胡。其后与匈奴并盛，控弦之士二十余万。风俗、官号与匈奴略同。秦汉之际，为匈奴所败，分保鲜卑山，因以为号。《通典》慕容氏亦东胡之后，别部鲜卑也。魏初，渠帅有莫谟跋，率诸部入居辽西，后从司马宣王讨公孙渊，有功，拜率义王。至孙涉归，魏封为鲜卑单于。涉归有二子，长曰吐谷浑，西迁河湟之间；次曰廆，有命代才略，晋太康十年，又迁于徒河之青山也。

又曰：慕容廆，字弈洛瑰，昌黎棘城鲜卑人也。曾祖莫护跋，初率诸部大人入居辽西，从宣帝伐公孙氏有功，拜率义王，始建国于棘城之北。时燕代多冠步摇冠，莫护跋见而好之，乃敛发袭冠，诸部因呼之为步摇。其后音讹，遂为慕容焉。或云慕二仪之德，继三光之容，遂以慕容为氏。祖木延左贤王，父涉归，以全柳城之功，进拜鲜卑单于，迁于辽东北，于是渐慕诸夏之风矣。

又曰：安北将军张华，有知人之鉴。慕容廆童冠时，往谒之，华谓曰："君至长，必为命世之器。"因以所服簪帻遗廆。

又曰：慕容廆谋于众曰："吾先公以来，世奉中国。且华裔理殊，强弱固别，岂宜与晋国竞乎？何为不和，以害吾百姓耶？"乃遣使来降，帝嘉之，拜为鲜卑都督。廆致敬于东夷府，巾衣诣门，抗士大夫之礼，何龛严兵引见，廆乃改服戎衣而入。人问其故，廆曰："主人不以礼宾，复何为哉？"龛闻而惭之。廆以大棘城即帝颛顼之墟，元康四年乃移居之，教以农桑，法制同于上国。永嘉初，廆自称鲜卑大单于。建武初，元帝承制，拜廆假节散骑常侍、都督辽左杂夷流人诸军事、龙骧将军、大单于、昌黎公。廆刑政修明，流亡者多归之。廆乃立郡以统流人，冀州人为冀阳郡，豫州人为成周郡，青州人为营丘郡，并州人为唐国郡。廆卒，皝嗣立。皝雄毅多权略，日强盛，遂自称燕王。后迁都于柳城。俊、暐即其子孙。

宇文莫槐

《后汉书》曰：宇文莫槐出于辽东塞外，其先南单于之远属。莫槐之人皆剪发，而留其顶上以为饰。妇人被长襦及足而无裳焉。秋收乌头，为毒药，以射禽兽。

《北史》曰：莫廆部众强盛，自称单于。塞外诸部咸畏惮之。莫槐父子世雄漠北，又先得玉玺三钮，自言为天所相，每自夸大。莫廆之孙曰："乞得龟，为慕容廆破之。"先是海出大龟，枯死于平郭，至是乞得龟败也。

高车

《北史》曰：高车，盖古赤狄之种也。初因号为狄历，北方以为敕勒，诸夏以为高车，丁零。其语略与匈奴同，而时有小异。或云：其先匈奴甥也。其种有狄氏、袁纥氏、斛律氏、解批氏、护骨氏、异奇斤氏。其人好引声长歌，有似狼嗥。本无都统、大帅，当种各有君长。为性粗猛。党类同心，至于寇难，翕然相依。斗无行阵。其俗：婚姻用牛马纳聘，以多为荣。俗无谷，不作酒。迎妇之日，男女相将持马酪、熟肉节解，主人延宾，亦无行位，穹庐前丛坐，饮宴终日。

又曰：高车俗不洁净。喜致震霆，每震则叫呼射天，而集之移去。至来岁秋马肥，复相率集于震所。埋羖羊，然火拔刀，女巫祝说，如中国祓除，而群队驼马，旋绕百匝乃止。人持一束柳枝，因曲竖之，以乳酪灌焉。

又曰：高车妇人以皮裹羊骸苦交切，戴之首上，萦屈发鬋而缀之，有似轩冕。其死亡葬送，掘地作坎，坐尸于中，张臂引弓，佩刀挟矟，无异于生，而露坎不掩。走马绕旋，多者数百匝，男女无小大皆集会之。

又曰：高车与蠕蠕同，唯车轮高大，辐数至多。后徙于鹿浑海西北百余里，部落强大，常与蠕蠕为敌。后魏道武帝度弱洛水，西行至鹿浑海，袭破之，复讨其余种于狼山。

又曰：道武帝自牛川南引，大校猎，以高车围骑徒，遮列七百余里，聚杂兽于其中。因驱至平城，即以高车众起鹿苑，南固台阴，北距长城，东包白登之西山。

又曰：高车族有十二姓：一曰泣伏利氏，二曰吐卢氏，三曰乞旃氏，四曰大连氏，五曰窟贺氏，六曰达薄氏，七曰阿仑氏，八曰莫允氏，九曰俟分氏，十曰副伏罗氏，十一曰乞袁氏，十二曰右叔沛氏。

又曰：高车昧利，不顾后患。

又曰：高车斛律部帅倍侯利，为蠕蠕掩袭，遂奔魏，赐爵孟都公。倍侯利质直，勇健过人，北方之人畏之，婴儿啼者语曰："倍侯利来。"便止。处女歌谣云："求良夫，当如倍侯利。"其众服如此。善用五十蓍筮吉凶，每中，故得亲幸。倍侯利卒，道武悼惜，葬以魏礼，谥曰忠壮王。

又曰：太和十四年，阿伏至罗遣使至京，以二箭奉贡，云："蠕蠕为天子贼臣，当为天子讨除。"孝文赐绣裤褶一具，杂彩百匹。

又曰：高车部众分散，或来奔附，或投蠕蠕。诏遣宣威将军羽林监孟威抚纳降人。

又曰：高军遣使贡金方一、银方一、金杖二、马七匹、驼十头。

又曰：高车与蠕蠕战于蒲类海北，割蠕蠕之发，送于羽林监孟威。

又曰：高车遣使献龙马五匹、金银、貂皮及诸方物。诏赐乐器一部、乐工八十人、赤绸十匹、杂彩六十匹。

又曰：高车王伊匐遣使朝贡，因乞朱画步挽一乘，并幔褥鞦鞦一副，伞、扇各一枚，青曲盖五枚，赤漆扇五枚，鼓角十枚诏给之。

乌洛侯

《北史》曰：乌洛侯国，在地豆干北，去代都四千五百余里。其地下湿，多雾气而寒。国人尚勇，不为奸窃，故慢藏野积而无冠盗，好射猎。乐有箜篌，木槽革面，施九弦。太武真君四年来朝，称其国西北有魏先帝旧虚，石室南北九十步，东西四十步，高七十尺，室有神灵，人多祈请。太武遣中书侍郎敞告祭，刊祝文于石室之壁而还。

《唐书》曰：乌罗浑国，盖后魏之乌洛侯也，今亦谓之乌罗护。其国在京师东北六千三百里，东与靺羯，西与突厥，南与契丹，北与乌丸接。风俗与靺羯同。贞观六年，其君长遣使献貂皮。

库莫奚

《后魏书》曰：库莫奚国之先，东部宇文别种也。初为慕容元贞所破，邑落窜匿于松漠之间。

《后周书》曰：库莫奚，鲜卑之别种也。先为慕容晃所破，窜于松漠之间。后种渐多，分为五部：一曰辱纥主，二曰莫贺弗，三曰契个，四曰木昆，五曰室得。每部置俟斤一人。有阿会氏者，最为豪帅，五部皆受其节度。

《北史》曰：登国三年，道武亲讨库莫奚，至弱水南，大破之。

又曰：武成之世，库莫奚岁致名马文皮。太和四年，辄入塞内，辞以畏豆地干抄掠，诏书切责之。

轲比能

《魏志》曰：轲比能，本小种鲜卑，以勇健、断法平端、不贪财物，众推以为大人。部落近塞，自袁绍据河北，中国人多叛归之，教作兵器铠楯，颇学文字，故其勒御部众，拟于中国，出入弋猎，建立旌麾，鼓节为进退。

又曰：建安中，乌桓反，轲比能动为寇害。太祖以鄢陵侯彰为骁骑将军北征，大破之。

又曰：延康初，轲比能遣使贡马。文帝立比能为附义王。

又曰：黄初二年，轲比能出诸魏人在鲜卑者五百余家，还居代郡。黄初三年，轲比能率部落，与代郡乌丸等三十余口交市，遣魏人千余家居上谷。后与东部鲜卑大人素利及步度根三部争斗，乌桓校尉田豫和之，使不得相侵。五年，轲比能复击鲜卑，豫帅轻骑径进椅其后。比能使别小帅琐奴拒豫，进讨破之。由是怀贰，乃与辅国将军鲜卑辅书曰："夷狄不识文字，故校尉阎柔保我于天子。我与乌丸为仇，往年攻击之，而田校尉助素利。乌丸也。我临陈使琐奴往，闻使君来，即引军退，步度根数数钞盗，又杀我弟，而诬我以钞盗。我夷狄，虽不知礼义，兄弟子孙受天子印绶，牛马尚知美水草，况我有人心耶？将军当保明我于天子。"辅得书，闻帝，帝复使豫诏纳安慰。轲比能众遂强盛，控弦十余万骑。每钞掠得财物，均平分付，一决目前，终无所私。故能得众死力，余部大人皆惮之。

太平御览卷第八百二 珍宝部一

宝

《尚书·汤誓》曰：遂伐三朡，俘厥宝玉，孔安国曰：俘，取也。玉以礼神，使无水旱之灾，故取而宝之。谊伯、仲伯作《典宝》。二臣作《典宝》一篇，言国之常宝也。

又《盘庚》曰：无总于货宝。孔安国注曰：无总货宝以求位也。

又《旅獒》曰：分宝玉于伯叔之国，时庸展亲。孔安国注云：以宝玉分同姓之国，是用诚信亲亲之道。弗宝远物，则远人格；不侵夺其利，则来服。所宝唯贤，则迩人安。宝贤任能，则近人安；近人安，则远人安也。

又《顾命》曰：越玉五重，陈宝，于东西序，坐北，列玉五重，又陈先王所宝之器物。赤刀、大训、弘璧、琬琰在西序，大玉、夷玉、天球、河图在东序。胤之舞衣、大贝、鼖鼓在西房，兑之戈、和之弓、垂之竹矢在东房。皆历代所传之宝。

《毛诗·嵩高》曰：王遣申伯，路车乘马，锡尔介珪，以作尔宝。宝，瑞也。

《诗含神雾》曰：圣人受命，必顺斗，张握命图，授汉宝。宋均曰：圣人，谓高祖人。受天命而王，必顺旋衡法。故张良受兵钤之图命以授汉，为珍宝也。

《礼记·檀弓》曰：南弓敬叔反，必载宝而朝。敬叔，鲁孟僖子。常失位去鲁，得反，载其宝来朝君也。夫子曰："若是其货也，丧不如速贫之愈也。"

又曰：天不爱其道，地不爱其宝。

又曰：儒有不宝金玉，而以忠信为宝。

《左传·庄公》曰：齐人来归卫宝，文姜请之也。

又《庄公》曰：王及郑伯入于郑，遂入成周，取其宝器而还。

又《文下》曰：宋昭公尽以宝行。

又《襄公》曰：宋人得玉，献诸子罕。子罕不受，曰："我以不贪为宝，尔以玉为宝。若与我，皆丧宝也。不若人有其宝也。”

又《昭六》曰：吴太子诸樊入郧，诸樊，吴王僚之太子。取楚夫人与其宝器以归。

《公羊传·僖公》曰：虞公贪而好宝，及为晋所灭，抱宝牵马而去。

又《定公》曰：盗窃宝玉大弓。盗者何，阳虎也。

《史记》曰：赵简子告诸子曰：“吾藏宝符于常山之上，先得者赏。”诸子驰之常山上，求无所得。毋恤还曰：“已得符矣。登常山而临代，代可取也。”

又曰：晋使郄克以车八百乘伐齐，陈于鞍。于是晋军追齐，至马陵，齐侯请以宝器谢，不听，必得笑克者萧同叔子。

又曰：鲁昭公八年，楚灵王就章华台，召昭公往焉，赐昭公宝器。已悔，复许取之。

又曰：卫叔名封，成王长，用事，举康叔为周司寇，赐卫宝祭器。

又曰：秦逐客，李斯书曰：“陛下致昆山之玉，有随和之宝，垂明月之珠，服太阿之剑，乘纤离之马，建翠凤之旗，树灵鼍之鼓。此数宝者，秦不生一焉，而陛下悦之。”

又曰：乐毅伐齐，入临淄，尽取齐宝也。

又曰：梁惠王与齐威王会田于梁，问：“齐王亦有宝乎？”威王曰：“无有。”梁王曰：“若寡人国小，尚有径寸之珠照车前后各十二乘者十枚，奈何以万乘之国而无宝乎？”威王曰：“寡人以为宝与王异。吾臣有檀子者，使守南城，则楚人不敢为寇；东取泗上，十二诸侯皆来朝。吾臣有盼子者，使守高堂，则赵人不敢东渔于河。吾更有黔夫者，使守徐州，则燕人祭北门，赵人祭西门，齐之北门也。言燕、赵之人畏其侵伐，故祭以求福。徙而从者七千余家。吾臣有种首者，使备盗贼，则道不拾遗。将以照千里，岂特十二乘哉！”梁惠王惭，不怿而去。“梁”，或作“魏”字。

《汉书》曰：沛公西入武关，欲击秦峣下军。张良曰：“臣闻其将者，贾竖子，易动以利。”令郦食其持重宝啖秦将，秦将果欲连和。沛公乃击秦军，大破之。

谢承《后汉书》曰：郑弘为邹令，县人王逢得路遗宝物，悬于衢道，求主还之。

《后汉书》曰：世祖遣卫尉铫期持珍宝缯帛赐隗嚣，期至郑，被盗。

张璠《汉记》曰：朱俊为郡吏，太守尹端有罪应死，俊为买珍宝赂主章吏，端得免死。

范晔《后汉书》曰：帝常召见诸郡计吏，问其风俗，及前后守令能不。蜀郡计掾樊显进曰："渔阳太守张堪，昔在蜀，其仁以惠下，威能讨奸。前公孙述破时，珍宝山积，卷握之物足富十世，而堪去职之日，乘折辕车，布被而已。"帝闻，良久叹息。

《魏氏春秋》载袁绍《檄州郡文》曰：曹操父嵩，乞丐携养，因赃假位，舆金辇宝，输货权门。

《魏志》曰：陈泰为匈奴中郎将，京邑贵人多寄宝货，因市奴婢，泰皆挂于壁。及征为尚书，悉以还。

《吴志》曰：士燮为交址太守，每遣使诣权，致杂香、细葛，辄以千数；明珠、大贝、琉璃、翡翠、玳瑁、犀象之珍，奇物异果蕉耶、龙眼之属，无岁不至。

《晋中兴书》曰：姚苌试诸子，谓曰："吾有一宝物，万金不易，汝等技艺胜者，吾以与之。"诸子皆索好马，欲于父前试之。唯略不动，苌以为贤，故越诸兄立为嗣子。

《晋安帝记》曰：桓玄尤爱珍宝，常玩弄珠玉，不离于手。

《晋书·殷仲文传》曰：桓玄为刘裕所败，仲文随玄西走。其宝玩悉藏地中，皆变为土。

《晋书·吕纂载记》曰：即序胡安据盗发张骏墓，见骏貌如生，得真珠帘，琉璃榼、白玉樽、赤玉箫、紫玉笛、珊瑚马鞭、马脑钟，水陆奇珍，不可胜纪。

《齐书》曰：始兴王鉴镇益州，于州园地得古冢，无复棺，但有石椁。铜器十种，并古形；玉璧三枚。珍宝甚多，不可皆识；金银为蚕形者，数万计。又以朱砂为阜，水银为池。左右咸劝取之，鉴曰："皇太子昔在雍，有发古冢者，得玉屏风、玉匣之属，皆将还都；吾意尝不同。”乃遣功曹何伫之为起坟，诸宝物一不得犯。

《梁书》曰：羊侃，大同中，魏使阳斐与侃在北尝同学。有诏令侃延斐，同赏宾客三百余人，食器皆金玉杂宝，奏三部女乐。至夕，侍婢百余人，俱执金花烛。

崔鸿《十六国春秋·前赵录》曰：曜平陈安，长驱至于西河。张茂惧，遣使称蕃，献诸珍宝珠玉不可胜纪。

《后魏书》曰：元乂既专政，乃于禁中自别作库，掌握之宝，充牣其中。

《北史》曰：齐神武后，以孝武帝后配彭城王孙韶。魏室奇宝，多随后入韶家。有二玉钵相盛，转而不可出；玛瑙榼三斗，玉缝之。皆称西域鬼作也。

《北齐书》曰：高德正尝辞疾，除冀州刺史即起。显祖怒，禁门下。其妻出宝物满四床，欲以寄人。帝掩见，大怒曰：“我府藏无此物！”诘其得由，皆诸元赂之。帝乃斩德正并妻子伯坚。

《隋书》曰：开皇十二年，突厥遣使献七宝碗。

《唐书》曰：师子国，在西海之中，出奇宝。商贾到则不见人，但置宝物价直于洲上，宝依价质之而去。以能养师子，故以为国名。

又曰：天宝中，师子国遣婆罗门僧灌顶三藏来献金宝璎珞。

《老子》曰：我有三宝，保而持之。一曰慈，二曰俭，三曰不敢为天下先。轻敌则几丧吾宝。

《晏子春秋》曰：和氏之璧，井里之朴耳。良工修之，则为荐国之宝。《孙卿子》云：井里之璞。又云：玉人琢之，为天下宝。

《鲁连子》曰：楚王成章华台，酌诸侯酒。鲁君先至，与之大曲之弓，不琢之璧，既而悔之。伍举见鲁君曰：“大曲之弓，不琢之璧，楚王之宝也。吴求之弗与，举兵伐楚。”鲁惧，奉而归之。

《墨子》曰：周公见申徒狄曰：“贱人强气则罚至。”申徒狄曰：“周之灵珪出于土，楚之明月出蚌蜃，五象出于污泽，和氏之璧、夜光之珠，三棘六里，此诸侯所谓良宝也。”《淮南子·说山》云：周之简珪产于石，大象神龟出于沟壑。

《孟子》曰：诸侯之宝三：土地、人民、政事。宝珠玉者，殃必及身。

《淮南子》曰：夫夏后氏之璜，不能无考，明月之珠，不能无颣。夜光之珠，白似月光，故曰明月。颣，若丝之有结颣也。然天下宝之者，何也？小恶不及妨大美。

《傅子》曰：夫赍不赀之宝，独宿旷野，其危甚于累卵。比之秦，犹泰山之安也。

《战国策》曰：周有砥厄，宋有结绿，梁有悬犁，楚有和璞。此四宝者，主之所美也，已为天下名器。

《国语》曰：晋定公享楚王孙圉，赵简子鸣玉以相，问圉，曰：“楚之白珩犹在乎？为宝也几何？”对曰：“未尝为宝也。楚有观射父，能作训辞，以行诸侯；有左史倚相，能道训典，以叙百物；有梦曰云，金木竹箭之生也，此楚国宝也。若白珩，先王之玩，何宝焉！”

《穆天子传》曰：天子西征，至阳纡之山，河伯无夷所都，是唯河宗氏。乃至于昆仑之丘，观春山之宝。

《吕氏春秋》曰：世皆以珠玉为宝，宝逾多而民逾贫，失其所宝也。

陆贾《新语》曰：圣人不用珠玉，而宝其身也。

《盐铁论》曰：汝汉之合铁，诱外国、钩羌胡之宝也。

《说文》曰：琛，宝也。犍为舍人曰：美宝为琛。

《说苑》曰：经侯过魏，左带玉具剑，右带环佩，左光照右，右光照左。太子不视，又不问。经曰：“魏国亦有宝乎？”太子曰：“主信臣忠，百姓戴上，此魏国之宝也！”经左解玉具，右解佩，委之而起。

《阮子》曰：虽金玉满堂，明珠满室，饥不为宝，非国之用。

《新序》曰：晋平公浮西河，中流而叹曰：“嗟乎！安得贤士大夫与共此忧乐乎？”船人固桑对曰：“夫剑产于越，珠产江汉，玉产昆岗，此三宝者，皆无足而致。今君苟好士，则贤士至矣！”

《西京杂记》曰：武帝以七宝床、杂宝案、厕宝屏风、列宝帐设于桂宫，时人谓之四宝宫也。

又曰：高祖入咸阳宫，行库藏，见有琴长六尺，十三弦，二十六徽，皆用七宝饰之，铭曰“渥玙之乐”。

《汉武故事》曰：上杂错天下珍宝为帐，其次甲乙。

《三辅黄图》曰：金宝一，银二，龟三，贝四，布宝五，泉宝六。凡宝货六种，二十八品。

《地镜图》曰：夫宝物在城郭丘墙之中，树木为之变。视柯偏折枯，是其候也。视折枯所向，宝在其方。凡有金宝，常变作积蛇，见此辈，便脱只履若衣以掷之、溺之，即得。凡藏宝，忘不知处，以大铜盘盛水，着所疑地，行照之，见人影者，物在下也。

又曰：视屋上瓦，独无霜，其下有宝藏。

蔡氏《化清论》曰：经云：“宝者，众之所利也。苟利其利，害必存焉。”

《郭璞奏》曰：臣以为珍奇靡丽之物，诚是玩弄之所宝，然非经国之至宝。

张衡《东京赋》曰：所贵唯贤，所宝唯谷。

《明皇杂录》曰：杨国忠骄奢僭侈之态，复纷然未满持盈。公主玉叶冠、虢国夫人夜光枕、杨国忠锁子帐，皆希代之宝，莫能计其直。

珠上

《说文》曰：珠，蚌之阴精也。

《尚书·禹贡》曰：徐州厥贡，淮、夷蠙蛛。淮、夷二水，出蠙蛛也。

《周礼·天官·玉府》：若王合诸侯，则共珠盘玉敦。郑玄曰：敦、盘类，珠、玉必为饰。

《左传·哀公》曰：卫太叔疾，出奔。宋臣向为宋向魋臣纳美珠焉，与之城锄。城锄，宋邑。宋公求珠，魋不与，由是得罪。

又《哀下》曰：越围吴，晋赵鞅使楚隆告于吴王曰：“寡君之老无恤，使臣隆敢展谢其不共。展，陈也。黄池之役，君之先臣志父得承齐盟，曰好恶同之。今君在难，无恤不敢惮劳，非晋国之所能及也，使陪臣敢展布之。”王拜稽首曰：“寡人不佞，不能事越，以为大夫忧，拜命之辱。”与之一箪珠。箪，小笥。

《尔雅》曰：西方之美者，有霍山之多珠玉焉。霍山，今在平阳永安县东北也。

《尚书考灵曜》曰：卯金出轸，握命孔符，赤用藏，龙吐珠也。郑玄注曰：藏，秘也。宝物，喻道也。赤汉将用天之秘道。

《尚书考灵曜》曰：甲子冬至，日月五纬，俱起牵牛，日月若编珠。

《春秋保乾图》曰：吐珠于泽，谁能不含？宋均注曰：珠出于野泽之中，谁能不含取以为宝也？

《礼斗威仪》曰：王者政平，德至渊泉，则江海出明珠。

又《戴礼》曰：玉居山而木能润，渊生珠而岸不枯。

《韩诗外传》曰：良珠度寸，虽有百仞之水，不能奄其耀也。

《韩诗内传》曰：汉女所弄珠，如荆鸡卵。

《孝经援神契》曰：神灵滋液，百宝用，则珠母见，珠母玑镜。宋均曰：事神明得，则大珠有光，可以为镜。德至渊，则海出名珠。

《史记》曰：乐毅遗燕王书曰：“齐王遁走莒，仅以身免，珠玉财宝尽收入于燕。”

又曰：魏王与齐威王会田于郊。魏王曰：“若寡人国小，尚有径寸之珠照车前后各十二乘者十枚，奈何以万乘国而无宝乎？”事具宝门。

又曰：汉王赐张良金百溢，白珠二升。良具以献项伯。

又曰：邹阳上书曰：“臣闻明月之珠，夜光之璧，以暗投人于道路，人无不案剑相眄者，何则？无因而至前也。”

《汉书》景帝诏曰：黄金珠玉，饥不可食，寒不可衣。吏发民，若取黄金者，坐赃为盗。

又曰：董偃与母卖珠为事。偃十三，随母养馆陶公主家。左右言其姣好，召见，曰：“吾为养之得幸。”

又《地理志》曰：武帝时，使使入海市明珠到国，围二寸已下。

又曰：霍光废昌邑王，太后被珠襦，坐武帐，召王伏前听诏。

又曰：成帝时，王章死，妻子皆徙合浦。王商辅政，曰："还章妻子故乡。"其家属皆采珠，致产数百万。

范晔《后汉书》曰：光武耳不听郑卫之音，手不持珠玉之玩。

又曰：董卓擅朝政，吕布斩之，长安中民悉卖珠玉市酒肉相庆，填满街肆。

又曰：马援在交址，常饵薏苡实。及军还，载之一车。后有上书谮之者，以为前所载还，皆明珠文犀也。

司马彪《续汉书》曰：天竺国，一名身毒，出琉璃、珠玑。

又曰：扶风人士孙奋居富而性吝。梁冀认奋母为其守藏婢，云盗白珠十斛也。

《后汉书》曰：珠，蚌中阴精也。玓瓅，明珠色也。玑，珠不圆也。夫馀出珠，大如酸枣。

《东观汉记》曰：永建四年，汉阳太守文砻献大珠。诏曰："海内颇有灾异，而砻不推忠竭诚，而喻明珠之瑞求媚。今封珠却还。"

又曰：显宗时，锺离意为尚书。时交址太守坐赃千金，征还伏法，以其资物颁赐群臣。意得珠玑，悉以委地而不拜赐。上怪而问其故，对曰："臣闻孔子忍渴于盗泉之水，曾参回车于胜母之间，恶名也。此赃秽之物，诚不敢拜。"帝嗟叹曰："清乎，尚书之言！"乃更以库钱三十万赐意。

又曰：和熹后时，新遭大忧，法禁未设。宫中亡大珠一箧，主名不立。太后乃亲自临见宫人，一一间阅，察其颜色，开示恩信。宫人盗者，即时首服。

谢承《后汉书》曰：孟尝为合浦太守，郡俗旧采珠以易米。先时，二千石贪秽，使人采珠，积以自入。珠忽徙去，合浦无珠，饿死者盈路。孟尝化行，一年之间，去珠复还。

又曰：汝南李敬少时迁赵相。奴于鼠穴中，得系珠及珰珥相连。以问主簿，主簿曰："前相夫人昔亡珠，不知所在。疑其子妇窃之，因去妇。"敬送珠付前相，惭，乃还去妇。

又曰：豫章黄向辰，步路中得珠琪一囊，可直三百余万。求主还之，主欲以半物谢向，向委去不顾也。

《魏书》曰：卞皇后性俭约，不尚华丽，无文绣珠玉，器皆黑漆。太祖尝得名珰数具，命后自选一具，后取其中者。太祖问其故，对曰："取其上者为贪，取其下者为伪，故取其中者。"

《魏志》曰：文帝问苏则曰："前西域通使敦煌，献径寸大珠，可复求市得不？"则曰："若陛下德流沙漠，不求自至；求而得之，不足贵也！"帝默然。

又曰：公孙渊以辽东叛，遣田豫以本官督青州刺史程喜。喜内怀不服，军事之际，多相违错。喜知帝宝爱明珠，乃密上："豫虽有战功，而禁令宽驰，所得器仗珠银，甚多放散，不皆簿官。"由是功不见列。

又曰：文帝作《终制》曰："饭含无以珠玉，无施珠襦玉柙。"

《典略》曰：临淄侯曹植与杨修书曰："今世作者，可略而言，人人自谓握灵蛇之珠。"

《魏略》曰：大秦国出夜光珠、真白珠。夫馀出珠，大如酸枣。

《魏志》曰：东夷俗以璎珠为财宝，或以缀衣为饰，或以悬颈垂耳至于袂。不以金银锦罽为珍。

又曰：倭国女王壹与遣大夫率善等献真白珠五十孔，青大勾珠二枚也。

《蜀志》曰：秦密奏记，益州牧刘焉荐儒士任定祖，曰："甫欲剖蚌求蛛，今乃随、和炳然，复可叹哉！"

又曰：宗预复东聘吴，孙权握预手曰："今君年长，孤亦衰老，恐不复相见！"遗预大珠一斛。

《吴录·地理志》曰：朱崖珠官县出明月珠。

又曰：袁博，字君游，为淮陵长。其女得坏墙中珰珠百余，博封上之，诏以赐博。

《吴志》曰：魏文帝遣使，以马求易明珠、翡翠。权曰："此皆孤所不用，而可得马，何若而不听其交易？"

王隐《晋书》曰：武帝诏曰："御府内省珠玉玩好之物，皆以赐王公也。"

《晋书》曰：陶璜自交州上表曰："合浦郡，土地硗确，无有田农。百姓唯以采珠为业，商贾去来以珠贸米。而吴时珠禁甚严，虑百姓私散好珠，禁绝来去，人以饥困，又所调猥多，限每不充。今请上珠输二，次者输一，粗者蠲除。自十月讫二月，非采珠之时，听商旅往来如旧。"并从之。

《晋令》曰：士卒百工，不得服真珠珰珥。

沈约《宋书》曰：文帝诏太史令钱乐之作小浑天，安二十八宿，中外以白真珠及青黄三色珠为三家星，日月五星悉居黄道。

《南史》曰：中天竺国在大月支东南数千里，出火齐，状如云母，色如紫金，有光耀，列之则如蝉翼，积之则如纱縠之重沓也。

崔鸿《十六国春秋·前秦录》曰：建元十年正月，悬珠帘于正殿。

《后魏书》曰：尔朱世隆将败，洛中先谣曰："三月末，四月初，扬灰簸土觅真珠。"至是并验。

又曰：毕众敬以笃老乞还桑梓，朝廷许之。众敬临还，献真珠珰四具。

太平御览卷第八百三　珍宝部二

珠下

《唐书》曰：高祖朝，曷婆那可汗献大珠。上曰："珠信为宝。朕所宝者赤心耳，何用珠为？"竟不受。

又曰：贞观中，桂州都督李弘节以清慎闻。身殁 之后，其家卖珠。上闻之，乃宣言于朝曰："此人生时，宰相言其清白。今日既然，所举者岂得无罪？必可理之，不可舍也！"魏征谏曰："陛下言此人不清，未见受财之所。闻其卖珠，将罪举者，臣不知所谓。自圣朝已来，为国尽忠，清贞自守，终始不渝者，屈突通、张道源而已。通子三人来选，共有一匹羸马，道源儿子不能存立，未见一言及之。今弘节为国立功，前后大蒙赏赉，居官终殁，不言贪贱。妻子卖珠，未为有罪。审其清者，无所存问；疑其浊者，傍罪举人。虽疾恶情深，实以好善不笃。臣窃思度，未见其可，恐有识闻之，必生横议。伏唯再思。"上抚掌曰："造文不思，遂有此语，方知谈不容易。"

又曰：婆利东有罗刹国，其人极陋，朱发黑身，兽牙鹰爪。时与林邑人作市，以夜而来，自掩其面。其国出火珠，状如水精。日午时以珠承影，取艾依之即火出。

《管子》曰：桓公问管子曰："昔者，周人有天下，诸侯宾复，名教通于天下，而夺于其下，何数也？"管子对曰："君分壤而贡入，市朝同流，黄金一筴也，江阳之珠一筴也。此谓以寡为多，以狭为广。"

又曰：珠者，阴之阳也，故胜火。玉者，阳之阴也，故胜水。其化如神。故天下藏珠玉，诸侯藏金石。

又曰：以珠玉为币。

又曰：玉起于禺山，珠起于赤野。

又曰：丹青在山，民知而取之；美珠在渊，民知而取之。丹青与珠，各有所用之宝，故虽在山泉，而人犹知而取之，况在于人，怀宝而不知乎？

《晏子春秋》曰：景公为履，黄金之綦，饰以银，连以珠。

《列子》曰：子华之门徒，指河曲之隈，谓商丘开曰："彼中有宝珠，泳可得也。"商丘开从如泳之，既出，果得珠。

《孙卿子》曰：在物莫明于珠玉。珠玉不睹，王公则不为宝。

又曰：昔卫灵公坐重华之台，侍御数百，随珠照日，罗衣从风。仲叔御入谏，灵公下席再拜，曰："寡人过矣！"

《庄子》曰：夫唾，大者如珠，小者如雾。

又曰：黄帝游于赤水之北，登于昆仑之丘，遗其玄珠。使知索之而弗得，使离朱索之而弗得。使罔象索之，乃得。

又曰：河上有贫穷待织萧绡而食者。其子投渊，得千金之珠。谓其子曰："取石来，锻之！夫千金之珠，必在九重之渊，骊龙颔下。子能得珠者，遭其睡也；使骊龙悟，子尚奚有哉！"

又曰：修其道之谓备，不以物挫志之谓完。君子明于此，则韬乎其事，沛乎其为，万物逝也。若然者，藏金于山，藏珠于川。

又曰：儒以《诗》《礼》发冢。大儒曰："东方作矣，事之何若？"小儒曰："未解裙襦，口中有珠。《诗》固有之曰：'青青之麦，生陵之陂。'生不布施，死何用含珠为？"

《邹子》曰：珠生于南海，玉出于须弥，无足而至。

《墨子》曰：和氏之璧，夜光之珠，三棘六异，此诸侯所谓良宝。

《尸子》曰：水员折者有珠。

《韩子》曰：随侯之珠，不婴以银黄。其质至美，物不足以饰。

又曰：楚人卖珠于郑者，为木兰之椟，薰以桂椒，缀以玫瑰，辑以翡翠。郑人买其椟，而还其珠。此可谓善卖椟矣，未可谓善鬻珠也。

《淮南子》曰：曾城九重，有珠树在其西。

又曰：美玉不雕，美珠不文，质有余也。

又曰：明月之珠，不能无颣。

又曰：楚王亡其猿，而林木为之残。楚庄王猿捷躁，依木而处，故残林以求之也。宋王亡珠，而池中鱼为之殚。

又曰：珠玉尊则天下争，礼乐饰则纯朴散。

又曰：禹填鸿水以为山，堙昆仑以为土。中立曾城九重，其高万一千里，上有木禾。禾长五丈五尺。珠树、玉树、不死树、沙棠、琅玕、绛树，并在曾城，沙棠、琅玕，珠类也。玉璜在西北隅。

《任子》曰：丹渊之珠，沉于黄泥。

《牟子》曰：珠玉少而贵，凡属多而贱。圣人七经而已，佛遂万亿言，恐烦而无当也。

《抱朴子》曰：识珍者必拾浊水之明珠，赏气者必采秽薮之芳蕙。

《穆天子传》曰：北征舍于珠泽。此泽出珠，故名也。珠泽之薮方四十里。

《山海经》曰：开明山北有珠树。

又曰：三珠树生赤水山。其为树如柏，叶皆为珠。一曰，其状若彗。如彗星状。

又曰：鸟鼠同穴之山，滋水出焉。西注于汉水，多如鱼魮之鱼。是生珠玉。亦珠玉蚌类。

又曰：数历之山，楚水出焉，其中多白珠。今蜀郡平泽出青珠。

《战国策》曰：张丑为质于燕，王欲杀之。走出国境，境吏得丑。丑曰："燕所为将杀我者，人有言我有宝珠也。王欲得之，我失已久矣，如燕不信。今子但欲致我，我且言子之夺我珠而吞之，燕王必且杀之，刳子之腹矣。吾要且死，子之腹亦且寸绝！"境吏恐而放之。

又曰：苏秦说李兑不能听，送秦以明月之珠、和氏之璧、黑貂之裘。

又曰：有人操随侯之珠露野，无弓弩之卫必危。

《吕氏春秋》曰：宋桓司马有宝珠，抵罪出亡。王使人问珠之所在，曰："投之池中。"于是竭池而求之，鱼得祸焉。

又曰：以随侯之珠，弹千仞之雀，世必笑之。是何也？所用重，所要轻。

又曰：精气之集也，阜于珠玉，与为精朗。

陆贾《新语》曰：圣人不用珠玉，而宝其身。

《汉武故事》曰：上起神屋，以白珠为帘，玳瑁为柙。

《东方朔记》曰：珠弹不如泥丸，各有所用也。

东方逆《神异经》曰：西北荒中，有二金阙。上有明月珠，径三丈，光照千里。

《盐铁论》曰：珠玑出桂林，距汉万余里。

《说苑》曰：墨子谓滑釐曰："今凶年，有欲与子随侯之珠者，曰：'不得卖也，以为饰！'又欲与子一钟粟者。得珠不得粟，不得珠得粟，子将何择？"滑釐曰："粟可取也。"

《新序》曰：秦使使者往观楚子之宝器。楚王召子西而问焉，曰："吾和氏之璧，随侯之珠，可以示诸？"子西对："不知。"召昭奚恤而问焉，昭奚恤对曰："吾国之宝器，在贤臣；珠玉玩好之物，非宝之重者。"

《太玄经》曰：明珠弹于飞肉，其得不复！

《论衡》曰：天地之间，物气相类实非者多。海外西南有珠树焉，察之是珠，然非鱼中之珠也。夫十日之日，犹珠树也。珠树非真珠，十日似日，非实日也。

又曰：随侯以药作珠，精曜如真。

又曰：人审知有富贵之命，则幽居俟之，不须劳形求索也。犹珠在山，不求贵价于人，人自贵之。命富之人，筋力自轻；命贵之人，才智自高。

《白虎通》曰：德至渊泉，即江出大贝，海出明珠。

《释名》曰：王后首饰曰副。副，覆也，上有垂珠，步则摇也。

蔡邕《劝学》曰：明珠不莹，焉发其光？宝玉不琢，不成珪璋。

《古今注》曰：章帝元和元年，明珠出馆陶，大如李有明曜。三年，明月珠出豫章海昏，大如鸡子，围四寸八分。章和元年，郁林大珠围三寸。和帝永平十五年，郁林降民得大珠，围五寸，径寸七分。

郭子横《洞冥记》曰：帝起甘泉望风台，台上得白珠，如花一枝。

帝以饰九华之盖，望之若照月。

王子年《拾遗记》曰：黄帝之子名青阳，是曰少昊，一名挚。有白云之瑞，号为白帝。有凤衔明珠致于庭，少昊乃拾珠，怀之，使照服于天下。

又曰：燕昭王时，有黑乌白头，集王之所。衔洞光之珠，圆径一尺。此珠色黑如漆，而悬室内，百神不能隐其精灵。

又曰：石季伦，所爱婢数十人。季伦尝屑沈水香如持拴，布象床上，使所爱者践之，无迹则赐真珠百琲。若有迹者，即节其饮食，令体轻。故闺中相戏曰："尔非细骨轻躯，那得百琲真珠？"琲，蒲罪切，珠贯之名也。

又曰：舜葬苍梧之野，有鸟如雀，自丹州而来，吐五色之气如云，名曰凭宵。鸟时来苍梧之野，衔者，沙珠积成垄阜，名曰珠丘。今苍梧之外，采药时得青石，洁如珠，服之不死，带者身轻。

又曰：瀛洲有鸟如凤，身绀翼丹，名藏珠。每鸣翔而吐杂珠累斛。仙人常以其余饰仙裳，轻而耀于日月也。

《西京杂记》曰：高祖斩白蛇，剑上有七彩珠、九华玉为饰，杂厕五色琉璃为匣。剑在室，光影犹照于水也。

又曰：汉诸陵寝皆以竹为帘，帘皆为水文龟凤之像。昭阳殿织珠为帘，风至则鸣，如珂佩之声。

《列仙传》曰：朱仲者，会稽市贩珠人也。高后时，募三寸珠，乃诣阙，上之。珠好过度，赐五百金。鲁元公主私以七百金从仲求，仲献四寸珠，送阙下既去。景帝时，复献三寸珠数十枚，去，不知所之。

《列女传》曰：珠崖令卒官，妻息送丧归。汉法：内珠入关者死。妻弃其系臂珠。男年九岁，好而取之，置其母镜奁中，母不知也。至关，吏搜索，得珠。问："谁当坐者？"前妻子初曰："初当坐之。"继母请吏曰："幸无劾儿，诚不积也。妾当坐。"初又曰："夫人哀初之孤，欲以活初耳。"因号泣，傍人莫不酸鼻陨涕。关吏执笔，不能就一字，乃曰："母子有义如此，吾宁坐之？不忍加文，又且相让，安知孰是？”乃弃珠而遣之。

《神仙传》曰：麻姑欲见蔡经母，及经弟妇。弟妇新产十数日，麻姑望见之，曰：“噫，且止勿前！”即求少许米，便以掷地。视米，堕地皆成珠。方平笑曰：“姑故年少，吾老矣，不喜复作此变化也。”

《列仙传》曰：郑交甫将往楚，道至汉皋台下，见二女佩两珠，大如荆鸡卵。交甫与之言曰：“欲子之佩。”二女解与之。既行返顾，二女不见，佩亦失矣。

《吴越春秋》曰：越王允常聘欧冶子造五剑。秦客薛烛善相剑，示之。烛曰：“虽倾城量珠玉，犹未可与也！”

又曰：伍员奔吴，至昭关。关吏欲执之，伍员曰：“上所以索我者，以我有美珠也。今执我，将言尔取之。”关吏因舍焉。

《邴原别传》曰：原远游学，诣安丘孙嵩。嵩辞曰：“君乡里郑君，知之乎？”原答曰：“然”。嵩曰：“郑君学览古今，学者之师模，君乃舍之，似不知也。而曰：‘然’何？原曰：“故有登山而采玉者，有入海而采珠者，不知山之高、海之深哉？”

《博物志》曰：鲛人从水出，寓人家，积日卖绢。将去，从主人索一器，泣而成珠满盘，以与主人。

又曰：五月五日，取青蛉头，正中埋，皆成青珠。

王朗《杂事》曰：焦生乞恩辞，生未有妇，从乌桓赎李娥为妻，与耳中金珰一双，珠四枚，珰二双，珠三十双，合中真珠一升。

卢綝《四王起事》曰：张方劫帝西迁。国家有宝物，诏石将军载之。于是放军人八千余人，三日辇之，尚有缺角真珠百余斛。

又曰：惠帝迁长安时，洛阳御府有大珠珰百余斛。

《卫玠别传》曰：骠骑王武子，君之舅也。常与君同语，语人曰：“昨日与吾外甥并坐，冏若明珠之在我侧，朗然来映人。

《搜神记》曰：吴王夫差女名玉。童子韩重有道术，玉悦之，结气死。葬于昌门之外。重至冢前哭祭，女见形，将重入冢。临去，取径寸明珠以送重。

又曰：隋侯行，见大蛇伤，救而治之。其后蛇衔珠以报之，径盈寸，纯白而夜光可烛堂，故历世称为隋珠焉。

又曰：浍参养母至孝。曾有玄鹤，为弋人所射，穷而归。参收养疗治，疮愈放之。后鹤夜到门外，参秉烛视之，鹤雌雄双至，各衔明月珠报参焉。

又曰：南海之外有鲛人，水居如鱼，不废绢绩。其人能泣珠。

《幽明录》曰：洛下有洞穴。妇欲杀夫，推下，经多时至底，仍得一穴。行数十里，见人皆长三丈，披羽衣。如此九处。最晚，所至告饥。长人指庭柏树下有一羊，令跪捋羊。初捋，得一珠。后得，始令其啖之，即得疗饥。复寻穴行，出交州，还洛。问张华，云："九处地仙，名九馆大夫。羊为痴龙。初一珠，食之，天地等寿。次者，延年。后者，充饥而已。"事具嵩山。

又曰：汉武帝幸河渚，闻弦歌之音，而有老公及年少数人出，皆长八九寸，为帝奏乐饮酒，乐。老公顾命洞穴之宝。一人受命，下没川底，得一大珠，径数寸，明耀绝世。上问东方朔，朔曰："河底有穴，沉数百丈，中有赤蚌，生此珠也。"事具乐部。

又曰：王敦召王猛。猛至江口，入水中，命船人进船，至大电。见猛行水中，从东北还，逆船。弟子问其故，猛云："水神数兴波浪，贼害行旅。暂约勒，以真珠一握为信。"

《三秦记》曰：始皇冢中，以夜光珠为日月，殿悬明月珠，昼夜光明。

《三辅决录》曰：昆明池中有神池，通白鹿原。人钓鱼，纶绝而去。梦于汉武帝求去钩。帝明日戏于池，见大鱼衔索，帝曰："岂梦所见耶？"取而放之。后三日，池边得明珠一双，帝曰："岂鱼之报报耶？"

沈怀远《南越志》曰：珠有九品。大五分以上至一寸八分，分为八品。有光彩，一边小平，似覆釜者，名珰珠。珰珠之次为走珠，走珠之次为滑珠，滑珠之次为磥砢珠，磥砢珠之次为官两珠，官两珠之次为税珠，税珠之次芯符珠。

孙柔之《瑞应图》曰：晋平公鼓琴，有玄鹤二八而下，衔明珠舞于庭。一鹤失珠，觅得而走。师旷掩口而笑。

《广志》曰：莫难珠，其色黄，生东夷。又有明珠称光，大径寸，或围二寸以上，出黄支。有至员珠，置平地，终日不得停。今上方名以甲乙为次第。石珠，铸石为珠。

《广志》曰：夫馀地美珠如酸枣。

又曰：班鱼头中，有白石如珠玑，出北海。

《梁四公记》曰：震泽中洞庭山南有洞穴，深百余尺。旁行五十余里至龙宫。杰公谓："是东海龙王第七女掌龙王珠藏，小龙千户卫护此珠。龙畏蜡，爱美玉及空青，而嗜烧燕。使通信，可得宝珠。"帝闻大喜，乃诏有能使者厚赏之。于是罗子春兄弟三人应募。帝敕百工，以于阗舒河中美玉，造小函二，以桐木灰发其光。求宣州空青，汰取其精者，用海鱼胶调之，成二函，火坚之。龙脑香寻亦继之。杰公曰："以腊涂子春等身及衣佩石。"乃烧燕五百枚，入洞穴。至龙宫，守门小蛟闻蜡气，俯伏不敢动。乃以烧燕百事赂之，令其通。以其上上者献龙女，龙女食之，大喜。又上玉函青缶，具陈帝旨。洞中有龙，五千余岁，能变化出入人间，善译时俗之言。龙女知帝礼之，以大珠三、小珠七、杂珠一石，以报帝命。子春等乘龙载珠还国，食顷之间便至。龙去，而子春荐珍。帝大喜，喜得聘通灵异，获天人之宝。以珠示杰公，公曰："三珠，其一是天帝如意珠之下者，其二是骊龙珠之中者。七珠，二是虫珠，五是海蚌珠，人间之上者。杂珠，是蚌蛤蛇鹤等珠，不如大珠之贵。"帝遍示百寮，朝廷咸谓杰公虚诞，莫不诘之。杰公曰："如意珠之上者，夜光照四十余里，中者十里，下者一里。光之所及，无风雨雷雹水火刀兵诸毒疠。骊珠九色，夜光百步，中者十步，下者一室。光之所及，无蛇虺虫豸之毒。虫珠七色，多赤，六足二目。目当其陷处，有臼如铁蚁皋。蚌珠五色，皆有夜光及数尺，无瑕者为上，有瑕者为下。蚌珠生于其腹，与月盈亏。蛇珠所致，隋侯、哙参即其事也。"又问蛇、鹤之辩，对曰："使其自识。"帝命杰公记蛇、鹤二珠斗余，杂珠散于殿前，取大黄蛇、玄鹤各十数处，布珠中间。于是鹤衔其珠，鸣舞徘徊：蛇衔其珠，盘屈宛转。群公观者，莫不叹服。帝复出如意、龙、虫等珠，校光之远近，七九之数，皆如杰公之言。

盛弘之《荆州记》曰：石蕴玉以润其区，汉含珠而清其域。

阚骃《十三州志》曰：僧强叠国在天竺南，佛寺三千余所。其地有神珠，非玉石，昼夜于国中光明于日。珠径一尺五寸，其色正碧。

《南方草木状》曰：凡采珠，一旁小平，形似覆釜，第一。珠母肉玉白，人民以姜齑食之。

常璩《华阳国志》曰：广阳县，山出青珠。永昌郡博南县有光珠穴，出光珠。珠有黄珠、白珠、青珠、碧珠。

徐衷《南方草物状》曰：凡采珠，常三月。用五牲祈祷。若祠祭有失，则风搅海水，或有大鱼在蚌左右。自蚌珠，长二寸半，在涨海中。其一寸五分，其光色，一旁小平，形似覆釜，为第一。珰珠凡三品，其一寸三分，虽有光色，形不员正，为第二。滑珠，凡三品。

万震《南州异物志》曰：合浦有民善游。采珠儿年十余便教入水求珠。官禁民采珠，巧盗者蹲水底剖蚌，得好珠吞之而出。

裴氏《广州记》曰：鲸鲵目即明月珠，故死不见有目精。

《林邑记》曰：黄被州上，户口殷富，多明珠杂宝。

《语林》曰：王长史语林道人曰："真长可谓金石满堂。"林公以语孙兴公。兴公曰："语不得耳。选择正可得少碎珠耳！"

又曰：中朝有人诣王太尉，过王安丰大将军。丞相在坐，因往别屋，见李寅平子。还，谓人曰："今之行，触目皆琳琅珠玉。"

又曰：王夷甫处众中，如珠玉之在瓦石。

宋玉《风赋》曰：垂珠步摇，来排臣户。

太平御览卷第八百四 珍宝部三

玉上

《尚书·尧典》曰：在璇玑玉衡，以齐七政。孔安国注曰：在，察也。璇，美玉。玑、衡，王者正天之器，可转运者。七政，日月五星各异政。舜察天文，齐七政，审己当天心与否。

又《胤征》曰：火炎昆岗，玉石俱焚。嵴曰岗。崐山出玉。言火逸而害玉。

又《禹贡》曰：华阳黑水，唯梁州，厥贡璆。璆，玉名也。雍州，厥贡唯球琳、琅玕。球、琳，皆玉名。琅玉；玕，石而似珠。

又《顾命》曰：成王被冕服，冯玉几。

又曰：大玉、夷玉、天球，在东序。

《尚书中候》曰：汤沉璧于洛，黑鸟随鱼止，化为黑玉，赤勒文。

《尚书说》曰：有人能起载玉英。郑玄曰：玉，果实，能召载为骨衣也。

《尚书大传》曰：尧致舜天下，赠以昭华之玉。

《周书》曰：武王俘商旧宝玉万四千，佩玉亿有八万。

《周礼·天官下》曰：玉府掌王之金、玉、玩好、兵器，凡良货贿之藏，共王之服玉、佩玉、珠玉、齐则共食玉。玉是阳精之纯者，食之所御水气。

又《春官上·大宗伯》曰：玉作六器，以礼天地四方。以苍璧礼天，以黄琮礼地，以青珪礼东方，以赤璋礼南方，以白琥礼西方，以玄璜礼北方。

《仪礼·聘礼》曰：凡执玉，无籍者袭。郑玄注云：籍言修也。

《大戴礼》曰：玉在山而木润，渊生珠而崖不枯。珠者，阴中之阳也，故胜火。玉者，阳中之阴也，故胜水。

《礼记·月令》曰：孟春之月，天子衣青衣，服苍玉。

又《曲礼上》曰：受珠玉者以掬。

又曰：执玉爵者弗挥。

又曰：执玉不趋。志重玉也。

又《檀弓》曰：石骀仲卒，骀仲，卫大夫，石碏之族。无适子，有庶子六人。卜所以为后者，莫适立也。曰："沐浴佩玉，则兆。"言斋洁则得吉兆也。五人者，则沐浴佩玉。石祁子曰："孰有执亲之丧而沐浴佩玉者乎？"不沐浴佩玉。心正，且知礼。

又《月令》曰：孟春之月，天子衣青，衣服苍玉。

又《玉藻》曰：古之君子必佩玉，右征、角，左宫、羽，玉声所中也。徵、角在右，事也，民也，可以劳；宫、羽在左，君也，物也，宜逸。趋以采齐，路门外之乐节也。门外谓之趋。齐，当为楚茨之茨。行以肆夏，登堂之乐节。周还中规，反行也宜圆。折还中矩，曲行也宜方。进则揖之，退则扬之，然后玉锵鸣也。揖之谓小俛，见于前也。扬之谓小仰，见于后也。锵，声貌。

又曰：君子无故，玉不去身，君子于玉比德焉。故谓丧与灾。天子佩白玉而玄组绶，公侯佩山玄玉而朱组绶，大夫佩水苍玉而纯组绶，世子佩瑜玉而綦组绶，士佩瓀玟而缊组绶。玉有山玄、水苍者，视之文色所似也。绶者，所以贯佩玉相承受者也。

又《学记》曰：玉不琢不成器，人不学不知道。

又《聘义》曰：子贡问于孔子曰："敢问君子贵玉而贱珉，何也？为玉之寡，珉之多与？"孔子曰："非为珉之多，故贱之也，玉之寡，故贵之也。夫昔者，君子比德于玉焉：温润而泽，仁也；缜密而栗，知也；缜，致也。栗，坚貌。廉而不刿，义也；刿犹伤也。义者，不苟伤人也。垂之如坠，礼也；礼尚谦卑。叩之，其声清越以长，其终诎然，乐也；乐作则有声，止则无也。越犹扬也。诎，绝止貌。瑕不掩瑜，瑜不掩瑕，忠也；瑕，玉之病也。瑜，其中间美者。孚尹旁达，信也；气如白虹，天也；精神见于山川，地也；精神，亦精气也。虹，天气也。珪璋特达，德也；特达，谓以朝聘。天下莫不贵者，道也。道者，人无不由。《诗》云：'言念君子，温其如玉。'故君子贵之也。"

《礼含文嘉》曰：玉石得宜，则太白常明。

《礼稽命征》曰：王者得礼制，则泽谷之中有白玉焉。

《礼斗威仪》曰：君乘金而王，则紫玉见于深山。

《左传·桓公》曰：初，虞叔有玉，虞公求旃，不献。既而悔之，曰："周谚有之：'匹夫无罪，怀璧其罪。'吾焉用此以其贾害？"乃献之。

又《庄公》曰：虢公、晋侯朝王，享醴，命之宥，命之以币物。宥，助也。皆玉五珏，非礼也。

又《僖上》曰：天王使邵武公、内史过赐晋侯命，受玉惰。过归，告王曰："晋侯其无后乎！"事具锡命门。

又《僖下》曰：楚子玉自为琼弁、玉缨，未之服也。先战，梦河神谓己曰："畀余，赐汝孟诸之麋。"弗致也。大心与子西使荣黄谏，弗听。荣季曰："死而利国，犹或为之，况琼玉乎？是粪土也，而可以济师，将何爱焉？"弗听。

又《僖下》曰：晋侯执卫侯，归之于京师，使医衍鸩卫侯。宁俞货医，使薄其鸩，不死。公为之纳玉于王与晋侯，皆十珏。王许之，乃释卫侯。

又《文公下》曰：秦伯使西乞术来聘，且言将伐晋。襄仲辞玉。事具奉使门。

又曰：莒太子仆，以其宝玉来奔。

又《成上》曰：晋及齐战于鞍，齐师败。齐侯使宾媚人赂以纪甗、玉磬与地，不可，则听客之所为。

又《襄十五年》曰：宋人或得玉，献诸子罕。子罕弗受。献玉者曰："以示玉人，玉人，能治玉者。玉人以为宝也，故敢献之。"子罕曰："我以不贪为宝，尔以玉为宝。若以与我，皆丧宝也。不若人有其宝。"稽首而告曰："小人怀璧，不可以越乡。言必为盗所害。纳此，以请死也。请免死。"子罕置诸其里，使玉人为之攻之。攻，治也。富而后，使复其所。卖玉得富。

又：《襄公十八年》曰：晋侯伐齐，将济河，献子以朱丝系玉二珏而祷曰：双玉曰珏。"齐环怙恃其险，负其众庶，环，齐灵公名。负，依也。弃好背盟，陵虐神主。神主，民也。谓数伐鲁民人。曾臣彪将率诸侯以讨焉，彪，晋平公名。称臣者，明上有天子，以谦告臣。曾臣，犹未臣。其官臣偃实先后之。守官之臣。偃，献子名。苟捷有功，无作神羞，羞，耻也。官臣偃无敢复济。偃信巫言，故以死自誓。唯尔有神裁之！"沈玉而济。

又《昭七年》曰：燕暨齐平。燕人归燕姬，嫁女于齐侯。赂以瑶瓮、玉椟、斝耳。不克而还。瑶，玉也。椟，匮也。斝耳，玉爵。

又曰：公赐公衍羔裘，使献龙辅于齐侯。龙辅，玉名。遂入羔裘，齐侯喜，与之阳谷。阳谷，齐邑。

又曰：公疾，遍赐大夫，从公者。大夫不受。赐子家子双琥、琥，玉器。一环、一璧、轻服，细好之服，受之。大夫皆受其赐。己未，公薨，子家反赐于府人，曰："吾不敢逆君命也。"大夫皆反其赐。

又《昭十六年》曰：晋韩起聘于郑。宣子有环，其一在郑商。玉环，同工共朴，自共为双。宣子谒诸郑伯，谒，请也。子产弗与，曰："非官府之守器也，寡君不知。"子太叔、子羽谓子产曰："韩子亦无几求，言所求少。晋国亦未可以贰。晋国、韩子不可偷也。偷，薄也。若属有谗人交斗其间，鬼神而助之，以兴其凶怒，悔之何及？吾子何爱于一环，其以取憎于大国也？盍求而与之？"子产曰："吾非偷晋而有二心，将终事之，是以弗与，忠信故也。侨闻：君子非无贿之难，立而无令名之患。侨闻：为国非不能事大字小之难，无礼以定其位之患。夫大国之人令于小国，而皆获其求，将何以给之？一共一否，为罪滋大。大国之求，无礼以斥之，何厌之有？吾且为鄙邑，则失位矣。不复成国。若韩子奉命以使，而求玉焉，贪淫甚矣，独非罪乎？出一玉以起二罪，吾又失位，韩子成贪，将焉用之？且吾以玉贾罪，不亦锐乎？"锐，细小也。韩宣子私觐于子产，以玉与马，曰："子命起舍夫玉，是赐我玉而免吾死也。敢不藉手以拜！"以玉为藉手。拜谢子产。

又《昭十七年》曰：郑裨灶言于子产曰："宋、卫、陈、郑将同日火，若我用瓘斝玉瓒，郑必不火。"子产弗与。以为天灾流行，非礼所息故也。为明年宋、卫、陈灾传。

又《定上》曰：蔡昭侯为两佩与两裘，佩，佩玉也。以如楚，献一佩，一裘于昭王。昭王服之，以享蔡侯。

又曰：蔡侯归，及汉，执玉而沈，曰："余所有济汉而南者，有若大川！"自誓，言若复渡汉，当受祸，明如大川。

又曰：季平子行东野还，未至，丙申卒于房。阳虎将以玙璠敛，玙与璠，美玉，君所赐。仲梁怀弗与，曰："改步改玉。"昭公之出，季孙行君事，佩玙璠祭宗庙。今定公立，复臣位，改君步，亦当去玙璠。阳虎欲逐之，告公山不狃，曰："彼为君也，子何怨焉？"

又《定下》曰：邾隐公来朝，子贡观焉。邾子执玉高，其容仰，公受玉卑，其容俯。玉，朝者之赞。子贡曰："以礼观之，二君者，皆有死亡焉。"

又曰：阳虎脱甲如宫，取宝玉、大弓以出。

又《哀上》曰：卫太子祷曰："大命不敢请，佩玉不敢爱。"

又曰：吴申叔仪乞粮于公孙有山氏，曰："佩玉蕊兮，余无所系之。"

《谷梁传·隐公》曰：赗玉曰含。

《春秋孔演图》曰：孔子论经，有鸟化为书。孔子奉以告天，赤爵集书上，化为玉，刻曰"孔氏命作应法"。

《春秋说题辞》曰：孔子以受黄玉，葬鲁城北。

《毛诗·国风》曰：将翱将翔，佩玉锵锵。锵锵，鸣玉而后行。

又《竹竿》曰：巧笑之瑳，佩玉之那。瑳，巧笑貌。那，行有节度。

又《小雅》曰：它山之石，可以攻玉。攻，错也。

又《大雅》曰：维玉及瑶，鞞琫容刀。

《诗含神雾》曰：孔子曰："诗者，天地之心，刻之玉板，藏之金府。"

《韩诗外传》曰：良玉度尺，虽有千仞之土，不能掩其光。

《周易·鼎卦》曰：上九，鼎玉铉，大吉，无不利。郑玄注曰：鼎，盖象玉，似刚而柔，廉而不刿。《易》曰：乾为金为玉。

《孝经援神契》曰：神灵滋液百宝用，则玉有瑛华。宋均曰：尊卑不失其服，玉有英华也。

《论语·子罕》曰：子贡曰："有美玉于斯，韫椟而藏诸？求善价而沽诸？"子曰："沽之哉！沽之哉！我，待价者也。"宁有自讼卖之道乎？我居而待价者。

又《季氏》曰：孔子曰："求，虎兕出于柙，龟玉毁于椟中，是谁之过与？"

《逸论语》曰：璠玙，鲁之宝玉也。孔子曰："美哉，璠玙！远而望之，焕若也；近而视之，瑟若也。一则理胜，一则孚胜。"

又曰：玉十谓之区，治玉谓之琢，亦谓之雕。双玉为珏，五珏为区。雕，治玎也。珏音角。瑳，玉色鲜白也。莹，玉色也。瑛。玉光也。琼，赤玉也。璇、瑾、瑜，美玉也。璑音舞，三采玉也。玲、玱、琤、琐、瑝音锽，玉声也。璬玉，佩玉也。瑱，充耳也。璪，玉饰以水藻也。

《史记》曰：范蠡事越王勾践二十余年，竟灭吴。范蠡曰："君行令，臣行意。"乃载其轻宝珠玉，乘舟浮海行，终不反。

《汉书》曰：陈平求见汉王，拜平为都尉。绛、灌等或谗平，曰："虽美丈夫，如冠玉耳！"

又曰：文帝始幸雍，新垣平以望气见。平使人持玉杯阙下献之。平言上曰："阙下有宝玉气。"果有献玉杯者。

又《郊祀志》曰：宣帝祀河东之明年，凤凰集投栩，于所集处得宝玉，乃起万寿宫。

又曰：王莽就国，孔休守新都相。休谒见莽，莽进其玉具宝剑，休不肯受。莽因曰："诚见君面有瘢，美玉可以灭，献其瑑耳。"即解其瑑，休复辞。莽遂椎碎之，自裹以进休也。

《后汉书》曰：孝明帝时，汴渠成。故行幸荥阳，巡行河渠。荐嘉玉洁牲，以礼河神。

《续汉书》曰：桓帝时，光禄吏舍下，夜有青气视之，得玉钩，玦各一。钩长七寸三分，玦五寸四分，身中皆雕镂。

又曰：三老五更杖玉杖。民年七十，授之以玉杖。

华峤《后汉书》曰：嘉平中，袁逢为三老，赐玉杖。

范晔《后汉书》曰：梁冀，金玉珠玑，异方珍怪积藏室。

《魏志》曰：汉时，夫馀王葬用玉钾，常豫以付玄菟郡，王死则迎取以葬。公孙渊伏诛，玄菟库犹有玉钾一具。今夫馀库有玉璧、珪、瓒数代之物，传世以为宝。耆老言：先代之所赐也。

《魏略》曰：大秦国出采玉、五色玉，夫馀国出赤玉。

《晋书》曰：中兴东迁，旧章多阙，而冕旒饰以翡翠、珊瑚及杂珠等。顾和奏："旧冕十有二旒，皆用玉、珠。今用杂珠等，非礼。若不能玉，可用白璇。"成帝于是始下太常改之。

沈约《宋书》曰：紫玉，王者不藏金玉，则光见深山。

崔鸿《十六国春秋·南燕录》曰：镇南长史悦寿，谓南海王法曰："向见北海王子，天资弘雅，神爽高迈，始知天族多奇，玉林皆宝。"

又《前凉录》曰：辛攀，字怀远，陇西狄道人。兄鉴旷，弟宝迅，皆以才识知名。秦雍为之语曰："三龙一门，金友玉昆。"

又曰：初，吕光之称王也，遣市六玺于于阗。六月，玉至也。

《燕书》曰：文帝熙平二年，左部民得玉玺、玉鼎。

《赵书》曰：刘聪徙治平阳，于汾水中得白玉，四寸，高二分，龙钮，文曰"有新保之"。

《后魏书》曰：崔挺为光州刺史。掖县有人年逾九十，板舆造州。自称："少曾充使林邑，得一美玉，方尺四寸，甚有光彩，藏之海岛，垂六十岁，忻逢明政，今愿奉之。"挺曰："吾虽德谢古人，未能以玉为宝。"遣船随取，光润果然。迄不肯受，乃表送都。

又曰：李预，字元凯，历征西大将军长史，带冯翊太守。府解罢郡，遂居长安。羡古人餐玉法，乃采访蓝田，躬往，政得若环璧、杂器形者大小百余，颇有粗黑者，亦挟盛以还。至而观之，皆光润可玩。预乃椎七十枚为屑，食之，余多惠人。后预及闻者更求玉于前处，皆无所见。翊公源怀弟得其玉，琢为器、佩，皆鲜明可宝。预服经年，云有效验。而世事寝食，皆不禁节，又加好酒损志。及疾笃，谓妻子曰："吾酒色不绝，自致于死，非药过也。然吾尸体必当异，勿速殡，令后人知餐服之妙。"时七月中旬，长安毒热，预尸四宿而体色不变。其妻常氏以玉、珠二枚含之，口闭。常谓曰："君自云餐玉有神验，何不受含？"言讫，齿启纳珠。因虚其口，都无秽气。举敛棺，坚直不倾委。死时，有遗玉屑数升，囊盛，纳诸棺中。

又曰：高祐为中书侍郎时，有人于零丘得玉印一，以献，诏以示祐。祐曰："印上有籀书二字，文曰：'守寿'。寿者，命也。我获其命，亦是归我之征。"

又曰：穆弼有风格，善自位置。高祖初定代族，欲以弼为国子助教。弼辞曰："先臣以来，蒙恩累世。比校徒流，实用惭屈！"高祖曰："朕欲厉胄子，故屈卿先。白玉投泥，岂能相污？"弼曰："既遇明时，耻沉于泥滓。"

又曰：孝昌中，于广平王第掘得古玉印。敕召祖莹与李琰之，令辩何世之物，莹云："此是于阗国王晋泰康中所献。"乃以墨涂字，观之果如莹言。时人称为博物。

《后周书》曰：武帝保定中，晋公护获玉斗以献。

《北史》曰：于谨平江陵，获大玉，径四尺，围七尺，及诸舆辇法物以献。

又曰：隋文时，王邵上表云："稽览图史。"又云："'政道则阴物变为阳物。'郑玄注云：'葱变为韭，亦是。'谨案，自六年已来，远近山石多变为玉，石为阴，玉为阳。"

太平御览卷第八百五 珍宝部四

玉下

《唐书》曰：太宗尝谓魏征曰："玉虽有美质，在于石间，不值良工琢磨，与瓦砾不别；若遇良工，即为万代之宝。朕虽无美质，为公所切磋，劳公约朕以仁义，弘朕以道德，使朕功业至此。公亦足为良匠耳！"

又曰：高宗朝，封禅太岳，造玉册三枚，皆以金编。每牒长一尺二寸，广一寸二分，厚三分，刻玉填金为字。又为玉匮一，以藏正坐玉册；金匮二，以藏配坐玉册。各一尺三寸，并玉检方五寸。当绳缠处，刻为五道。当玺处，刻深二分，方一寸二分。为黄金绳，以缠金、玉匮各五周。为金泥以泥之。为玉玺一枚，方一寸二分，文同受命玺，以封玉匮。

又天宝中诏曰：礼神以玉者，盖取其精洁，表以温润。合德为器有象，正辞乃信，以达馨香，其在璧。顷来礼神六器，及宗庙奠玉，自冯绍正奏后，有司并皆用珉。礼所谓"君子贵玉而贱珉"，是珉不可用也。朕精禋郊坛，严敬宗庙，奉唯新之祚，庇太平之人，则人力普存，备物以享，安可以珉代玉，惜费事神？况国家之富有，万方之助祭，阙典必修，无文咸秩，岂于天地宗庙，奠王有亏？自今已后，礼神六器，宗庙奠玉，并用真玉，诸祀用珉。如以玉难得大者，宁小其制度，以取其真。

又曰：宪宗时，隰州刺史吴晕献玉杯一，颇珍奇，云先使吐蕃所得。

又曰：宪宗时，庄宅使许远振得玉类斑，以进。上悦，命赐绢三百匹。

又曰：贞元六年，卢群入拜侍御史。有人诬告故尚父子仪嬖人张氏宅中有宝玉者，张氏兄弟又与尚父子孙相告讦。诏促其狱，群上奏言："张氏以子仪在时分财，子弟不合争夺。然张氏宅与亲仁宅，皆子仪家事，子仪有大勋，伏望陛下赦而勿问，使私自引退。”上从之。时人赏其识大体也。

又曰：大和中，文王命中使以白玉带就幽州赐李载义，亦殊恩也。

又曰：开成中，王起议：“今国家郊天报地，祀神之玉常用，守经据古，礼神之玉则无。臣等请诏下有司，精求美玉，创造苍璧等九器，祭讫，具而藏之。其余燎玉，请依常制。”

《管子》曰：夫玉之所以贵者，九德出焉：温润以泽，仁也；邻以理者，智也；坚而不蹙，义也；廉而不刿，行也；鲜而不垢，洁也；折而不挠，勇也；瑕瑜皆见，情也；茂华光泽，并通而不相陵，容也；叩之，其音清专彻远，纯而不杀，辞也。是以人主贵之，藏以为宝，剖以为符瑞。

《文子》曰：郑人谓玉未理者璞，周人谓鼠未腊者璞。周人怀璞，问郑贾曰：“欲之乎？”出其璞，视之，乃鼠璞。

《范子计然》曰：玉英出蓝田。

《列子》曰：穆王征西戎，西戎献昆吾之剑、赤刀，切玉如切泥。

又曰：宋人有为其君以玉为楮叶者，三年而成。锋锻茎叶，毫芒繁泽，乱之楮叶中，不可别也。此人遂以巧食宋国。

《尹文子》曰：魏田父有于野得玉，径尺。弗知其玉也。以告邻人。邻人诈之曰：“此怪石也，畜之弗利！”田父虽疑，犹录置于庑下。其夜，玉明照一室，其家大怖，遽而弃之于野。邻人盗之，以献魏王。魏王召玉工相之。玉工望玉再拜却立，曰：“敢贺大王，得天下之宝，臣所未常见。”王问价，玉工曰：“此无价以当之，五城之都，仅可一观。”王立赐献者千金，长食上大夫禄也。

《鬼谷子》曰：郑人之取玉也，载司南之车，为其不惑也。

《尸子》曰：水方折者有玉，圆折者有珠。

又曰：玉者，色不如雪，泽不知雨，润不如膏，光不如烛。

《邹子》曰：夫珠生于南海，玉出于须弥，无足而至者，人好之也。士有足而不至者，以人不好也。

《韩子》曰：楚人卞和，得玉璞于楚山，献厉王，使玉人相之，曰：

“石也。”王以和为慢，刖右足。及武王即位，又献之，复相曰：“石也。”次刖左足。及文王即位，和乃抱其璞而哭于楚山，三日三夜，泣尽，继之以血。王使玉人治之，得宝玉焉，名曰和氏之璧。

又曰：周有玉版，纣令胶鬲索之，文王不予。费仲来求，因予之。是胶鬲贤而费仲无道也，周恶贤者之得志也，故予费仲。文王举太公于渭滨者，贵之也；而资仲玉版者，爱之也。故曰：不贵其师，不爱其资，虽知大迷。

又曰：堂溪空见昭侯，曰：“今有白玉之危而无当，有瓦危而有当，君渴，将何以饮？”君曰：“以瓦卮。”堂溪空曰：“白玉之卮美，而君不以饮者，以其无当耶？”君曰：“然。”堂溪空曰：“为人主而漏泄其群臣之语，譬犹玉卮之无当也！”堂溪空每见而出，昭侯必独卧，唯恐梦言泄于妻妾。

《淮南子》曰：琬琰之玉，存污泥之中，虽廉者不释也。

又曰：昆仑山，曾城九重，有珠树、玉树。

又曰：钟山之玉，炊以炉炭，三日三夜而色泽不变，得天地之精。

又曰：玉璞不厌厚。

又曰：白玉不雕，美珠不文，质有余也。

又曰：两坚不能相和，两强不能相伏。故梧桐断角，马氂截玉。言柔胜刚。

又曰：玉待滥诸而成器。滥诸，珍玉之名也。言物有待贱而贵。

《随巢子》曰：幽、厉之时，奚禄山坏，天赐玉玦于羿。遂以残其身，以此为福而祸。

《抱朴子》曰：吴时，发广陵大冢。兵人共举死人以倚壁，有一玉长一尺，形似冬瓜，从人怀中颓出堕地。玉可以为珠酒及地榆酒，化之为水。亦可烧以为粉，服一年以上，入水不沾，入火不灼。

又曰：玉脂生玉之山，膏流出万年以上，则凝而成之，鲜明如水精。以无心草木和之，须臾成水。服之一升，得千岁。玉服玄真者，其命不极。玄真，玉别名也。服玉，当得于阗白玉。赤松子以玄虫而渍玉为水，服之，故得乘烟霞上下也。

又曰：中山谚曰："称人字者，金玉也。知其物，则不为害。"

《贾子》曰：德有天理，曰道。性神明命之所生，而能象德者，独玉也。

《符子》曰：荆山不贵玉，鲛人不贵珠。

《穆天子传》曰：天子大朝黄之山，披图视典，用观天子之宝器玉果石似美玉课女果者。璇珠。璇，玉类。

又曰：天子北征，东还，乃循黑水至于群玉之山，先王所谓策府。天子于是取玉板，三乘玉器服物，于是载玉乃反也。

又曰：赤乌氏，美人之地，宝玉之所在也。

《山海经》曰：珏，二玉相合。珏，音角。瑂琉，夷蛮系耳玉也。稷契之山，及鹿台山，其上多白玉。瑜次之山，多婴垣之玉。泰冒之山，洛水出焉，其中多藻玉。密山之上，丹水出焉，其中多玉膏，其源沸汤，黄帝是食。玉膏之所出，五色乃清，五味乃馨；坚栗精密，泽而有光；五色发作，以和柔刚；天地鬼神，是食是飨。君子服之，以御不祥。龙首之山，弱水出焉，其中多美玉。放皋之山，明水出焉，其中多苍玉。平丘在三桑东，爰有遗玉。

《帝王世纪》曰：有燕飞而遗卵，简翟与妹竞取，覆以玉筐。

又曰：周武王伐殷为天子，登台见玉，王曰："谁之玉？"或曰："诸侯之玉。"王不取，反归之。天下闻之，曰："王廉于财矣！"

又曰：纣败绩，登鹿台，蒙宝衣玉席，投于火而死。

《汉武故事》曰：上起神屋，前庭植玉树，以珊瑚为枝，碧玉为叶华，子青赤，以珠玉为之。空其中，如小铃，枪枪有声也。

《汉武内传》曰：西王母云："昌城玉女，夜山火玉。"

又曰：长州，一名青丘。仙草灵药，甘液玉英，美所不有。

《汉书》仪曰：祭天用玉几。

《论衡》曰：玉变为石，珠变为砾，毁谤使然也。采玉者破石拔玉，选士者弃恶取善。

又曰：璆、琳、琅玕。璆，玉也；琳，珠也；琅玕，珠之类也。

《盐铁论》曰：南越以孔雀珥门户。昆山之旁，以玉抵鸟鹊。

桓谭《新论》曰：洛阳季幼宾有小玉检，卫谒者文子伯素好玉器，见而奇之，使予报以三万钱请买焉。幼宾曰："我与好事长者博之，已雇十万，非三万钱主也。"余惊骇，云："我若于路见此，千钱亦不市也。故知之与不知，相去甚远！"

王逸《正部论》曰：或问玉符，曰："赤如鸡冠，黄如蒸栗，白如脂肪，黑如纯漆，玉之符也。"《魏文帝与锺繇书》亦出也。

《矫世论》曰：白玉之肖牙者，唯离娄能察之。

《白虎通》曰：玉者，象君子之德，燥不轻，湿不重，是以人君宝之。

应劭《汉官仪》曰：封禅坛有玉龟。

郭子横《洞冥记》曰：元鼎元年，起招灵阁。有一神女，留一玉钗以与帝，帝以赐赵婕妤。至昭帝元凤中，宫人犹见此钗，共谋欲碎之，明视钗匣，唯见白燕直升天。后宫人常作玉钗，因名玉燕钗，言其吉祥。

《西京杂记》曰：高祖初入咸阳宫，周行库藏，金玉珍宝不可胜言。其尤惊异者，有青玉五枝灯，高七尺五寸，下作蟠螭，以口含灯。然则鳞甲皆动，焕烂盈室焉。

又曰：高祖初入咸阳，周行库藏，见玉笛，长二尺二寸，二十九孔。吹之则见车马山林巘嶙相次，吹息不复见。铭曰"昭华之管"。事具乐部。

《五经通义》曰：玉有五德：温润而泽，有似于智；锐而不害，有似于仁；抑而不桡，有似于义；有瑕于内必见于外，有似于信；垂之如坠，有似如礼。

《瑞应图》曰：玉瓮者，圣人之应也，不汲自盈。王者饮食有节则出。

《雒书》曰：王者不藏金玉，则紫玉见于深山；服饰不逾祭服，则玉英出。

《胡综别传》曰：吴时，掘得铜印，以琉璃为盖，画布云母于其上。开之，得白玉如意。太皇帝以问君，君曰："秦皇以金陵有天子气，处处埋宝物，以当王土之气，此抑是也。"

《文士传》曰：刘桢，字公干，少有才辩。常豫魏文帝座，见甄后不伏，武帝尝怒，配上方。武帝辇至上方，观作署，桢故匡坐正色，磨石不仰。武帝问曰："石何如？"桢因得喻己自理，跪对曰："石出自荆山玄岩之巅，外有五色之章，内有含和之珍，摩之不加莹，雕之不增美，禀气坚贞，受兹自然。顾其理枉屈纡绕，犹不得中。"武帝顾左右大笑，即日还宫，赦桢，复署吏。

《列仙传》曰：赤松子者，神农时雨师也。服水玉，教神农能入火不烧。

《神仙传》曰：沈羲为仙人所迎，见老松公，以金案玉盘赐羲。

《搜神记》曰：孔子作《春秋》，制《孝经》既成，齐戒告天。天降赤虹，化为黄玉，长二尺，上有文。

又曰：羊公雍伯，洛阳人，性笃孝。父母终，葬无终山，遂居焉。山高八十里，上无水。公汲水作义浆于坂头，行者皆饮之。三年，有一人就饮，以石子一斗与之，使至高平好地有石处种之，玉当生其中。羊公未娶，又语："汝后当得好妇。"语毕不见。后种其石，数岁，时时往视。玉子生，人莫知。有徐氏在北平，着姓，女甚有名，时人求，多不许。公乃试求徐氏，徐氏以为狂，乃戏云："以白璧一双来，当听为婚。"公至所种石中，得一双白璧，以贽徐氏。徐氏大惊，遂以女妻公。天子异之，拜为大夫。于种玉处，四角作大石柱，各一丈，中央一顷地，曰玉田。

《续搜神记》曰：乐安高卫，其孙雅之，在厩中云："有神来降，自称白头公，柱杖，光耀照人也。"白头公，白玉也。

《搜神记》曰：吴王夫差女名玉。童子韩重有道术，女悦之，结气死，葬于昌门之外。重至冢前哭祭，女见形，将重入冢。临去，取昆仑玉盂以送重。

《敦煌高纳之郡府纪年》曰：桀伐岷山，岷山王女尼虑反。于桀二女，曰琬曰琰。桀爱二女，无子，刻其名于苕华之玉，苕是琬，华是琰。

《石虎邺中记》曰：后宫别坊中，有小形玉床。

又曰：石虎以宫人为女官，用玉案文书。

《凉州记》曰：盗发张骏陵，得玉樽、玉箫、玉笛。

《法显记》曰：师子国有玉像。

《齐谐记》曰：馀杭县南巷中，有一人姓沈名路，入山得一玉豚。从此以后，所向如意，家遂殷富。

《异苑》曰：晋东瀛王腾，字元迈，以永嘉元年镇邺。天雪，门前方数十步融液不积。腾怪，掘之，得玉马，高一尺许，口齿缺。腾以马者国姓，为吉瑞。或谓马无齿，则不复食。

又曰：弘农杨子阳，太元初，闻土中声，掘得玉豚。

《录异传》曰：江岩常到吴采药，及富春县清泉山南，遥见一美女，紫衣，独踞石而歌，声有碣石之音。岩往，未及数十步，辄去，女处唯见所踞石耳。如此数日。岩乃击破石，遂从石中得一紫玉，广长一尺。后不复见女。

又曰：邴浪者，安乐人。行到松滋县九田山，见一鸟，形如雉，而色正赤，集山岩石上，鸣声如吹笙。浪即射中之，鸟仍入石穴中。浪遂凿石，得一赤玉，状如鸟形。

《十洲记》曰：周穆王时，西胡献玉杯。是白玉之精，光明照夕。置杯于庭中，比明旦，而水汁满于杯中，汁甘而香美。斯灵器也。

又曰：瀛州有玉膏如酒，名曰玉酒，饮之令人长生。

《博物志》曰：得好玉，用合玉浆。

《广志》曰：白玉，美可照面，出交州。青玉，出楼兰国。碧玉，出夫馀。

《梁四公记》曰：扶桑国使使贡观日玉，大如镜，方圆尺余，明澈如琉璃。映日，以观见日中宫殿，皎然分明。

《地镜图》曰：二月中，草木光生下垂者，下有美玉。

又曰：玉，石之精也。其在石中，若山中石润而浸旁有水。其居地气青而浮，其气白而圆光转，其地中常润。

《白玉图》曰：玉之精名曰柔，状如美女，衣青衣。见之以桃戈刺之，而呼其名，则可得也。夜行，见女子戴烛行者，潜从其所，亡则入石，石中有玉。

《世说》曰：长沙王徙封常山。至国，穿井，入地四丈，得白玉，方三四尺。

又曰：温峤取姑女，下玉镜台一枚。是公为刘越石长史，征刘聪所得。

《语林》曰：平子从荆州下王敦，敦欲杀之。平子恒持一玉枕下床去。故不得发。敦后矫平子左右，而借其玉枕，持下床去，遂杀平子。

《本草经》曰：玉泉，一名玉醴。临死服五斤，色不变。

《吴氏本草》曰：白玉体如白头公。

《明皇杂录》曰：天后尝召诸皇孙坐于殿上，观其嬉戏。因出西国所贡玉环、钏、杯、盘，列于前后，纵令争取，以观其志。莫不奔竞，厚有所获；独上端坐，略不为动。后大奇之，抚其背曰："此儿当为太平天子！"因命取玉龙子以赐。玉龙子，太宗于晋阳宫得之，文德皇后常置之衣箱中。及大帝载诞之三日后，以珠络衣褓，并玉龙子赐焉。其后常藏之内府。虽其广不数寸，而温润精巧，非人间所有。及上即位，每京师愆雨，必虔诚祈祷。将有霖霪，逼而视之，若奋鳞鬣。开元中，三辅大旱，上复祈祷，而涉旬无雨。上密投南内之龙池。俄而云物暴起，风雨随作。上幸西蜀，车驾次渭水，将渡，驻跸于水滨。左右侍御，或有临流濯弄者，于沙中得之。上闻，惊喜视之，泫然流涕，曰："此吾昔时所宝玉龙子。"自后每夜中，光彩辉烛一室。上既还京，为小黄门攘窃，以遗李辅国，常置于柜中，有声辅国将败，夜中闻椟中有声，开视，亡其所。

太平御览卷第八百六　珍宝部五

圭

《说文》曰：圭，瑞玉也。上员下方，以封诸侯。楚爵有执圭。

《尚书·禹贡》曰：禹锡玄圭，告厥成功。

又《金縢》曰：既克商二年，王有疾弗豫。二公曰："我其为王穆卜？"公曰："未可以戚我先王。"公乃自以为功，为三坛同墠。为坛于南方，北面。周公立焉，植璧秉圭，乃告大王、王季、文王。

又《顾命》曰：康王即位。太保承介珪，上宗奉同瑁，由阼阶跻。大珪尺二寸，天子守之。同爵名瑁，所以冒诸侯，以齐瑞信，方四寸，邪刻之也。

《尚书大传》曰：古者圭必有冒。故圭冒者，天子与诸侯为瑞，诸侯执所受圭以朝天子。无过者复得以归，有过者留其三年。

《周礼·春官上·大宗伯》曰：以玉作六瑞，以守邦国。王执镇圭，公执桓圭，诸侯执信圭，伯执躬圭，子执谷璧，男执蒲璧。马融曰：瑞，信。镇圭，尺有二寸，王者执以事天地。桓圭九寸，信圭七寸，躬圭七寸，谷圭五寸，蒲谷柔滑。

又《春官上·宗伯》曰：以青圭礼东方。

又《典瑞》曰：王搢大圭，执镇圭，缫籍五采五就以朝日。眺聘四圭有邸，以礼天，旅上帝。四圭相连，皆外向，共一邸，长尺二寸。旅，陈。两圭有邸，以祀地，旅四望。两圭五寸。祼圭有瓒，以肆先王，以祼宾客。灌鬯之圭，尺二寸。肆，陈，陈牲器以祭也。圭璧以祀日月星辰。土圭以致四时日月，封国则以土地。土圭尺有五寸，以求土中，故谓士圭也。镇圭以征守，以恤凶荒。守邦国都鄙者。谷圭以和难，以聘女。谷圭七寸，谷，善。琬圭以治德，以结好。琬圭九寸。琬，顺也。

又《秋官下·小行人》曰：合六币，圭以马。

《仪礼·聘礼》曰：上介受圭屈缫，出受贾人。

《礼记·礼器》曰：诸侯以龟为宝，以圭为瑞。家不宝龟，不藏珪。

又《礼器》曰：礼有以素为贵者，大圭而使，所以申信也。

又《杂记》曰：《赞大行》曰："圭，公九寸，侯、伯七寸，子、男五寸；博三寸，厚三寸，剡上左右各寸半，玉也。藻，三采六等。"《赞大行》者，书说大行人之礼者名也。藻，荐玉者也。三采六等，以朱、白、苍画之，再行也。

《三礼射侯图》曰：信圭七寸，谓圭上琢为人头、身之形，侯所执也。躬圭七寸，谓圭上琢为四体之形，伯所执也。

《左传·昭六》曰：王子朝，用成周之宝圭于河，津人得诸河上。

又《襄三十年》曰：郑伯有之难，游吉如晋还，闻难不入，惧祸并及。复命于介。八月甲子，奔晋。驷带追之，及酸枣，与子上盟，用两圭质于河。子四，驷带也。沈圭于河，为信也。酸枣，陈留县。

又《昭十二年》曰：楚公尹路请曰：君王命剥圭以为鏚秘，鏚，斧也。秘，柄也。玉以饰斧柄。敢请命。请制度之命。

《谷梁传·定公》曰：定公八年，盗窃玉。玉者，制圭也。

《毛诗·生民》曰：颙颙卬卬，如圭如璋。

又《抑》曰：白圭之玷，尚可磨也；斯言之玷，不可为也。

又《韩奕》曰：韩侯入觐，以其介圭，入觐于王。

又《嵩高》曰：王遣申伯，锡尔介圭。圭长尺二寸谓之介。非诸侯之圭，故以为宝。诸侯之瑞圭，自九寸而下。

《论语·乡党》曰：执圭，鞠躬如也，如不胜。

又《雍也》曰：南容三复白圭，孔子以其兄之子妻之。

《墨子》曰：赤乌衔圭，降周之岐社，曰天命周文王伐殷。

《墨子》申徒狄曰：周之灵圭，出于土石。

《庄子》曰：楚昭王延屠羊说以三圭之位。司马彪曰：诸侯三卿皆执圭也。

《山海经》曰：羭山之神，祠以皇圭。

《穆天子传》曰：天子乃执白圭、玄璧，以见西王母也。

《瑞应图》曰：四海会同，则玄圭出。

《白虎通》曰：诸侯薨，使臣归圭于天子，推让之义也。

又曰：东方为圭之制，上小不大，状如梨锋。

《太玄经》曰：破璧毁圭逢不幸。

《楚辞》曰：三璋圭杂于甑室兮。璋、圭，玉石也。室，古携切。

《楚辞》曰：三圭重侯。三圭，谓公、侯、伯。

璧

《说文》曰：璧，瑞玉环也。瑗，大孔璧也。璜，半璧也。

《尔雅》曰：肉倍好谓之璧，好倍肉谓之瑗。

《尚书·金縢》曰：周公植璧秉珪，乃告大王、王季、文王曰："尔不许我，我乃屏璧与珪。"

又《顾命》曰：弘璧、琬琰在西序。

《尚书中候》曰：尧沉璧于河，白云起也。

《毛诗·淇澳》曰：有斐君子，如金如锡，如珪如璧。

又《云汉》曰：靡神不举，靡爱斯牲。珪璧既卒，宁莫我听？

《周礼·春官上·大宗伯》曰：子执谷璧，男执蒲璧，以苍璧礼天。

《礼记·曲礼下》曰：操币珪璧，则尚左手。

又《礼器》曰：束帛加璧，尊德也。

《左传·桓公》曰：郑伯以璧假许田，为周公祊故也。

又曰：匹夫无罪，怀璧其罪。

又《僖上》曰：晋荀息请以屈产之乘与垂棘之璧，假道于虞以伐虢。

又曰：楚子围许，许男面缚衔璧。

又曰：初，申侯有宠于楚文王。文王将死，与之璧使行，曰："唯我知汝，专利而无厌。我死，汝必速行！"

又曰：秦伯纳重耳。及河，子犯以璧受公子，曰："臣负羁绁，从君于天下，臣之罪多矣，臣犹知之，而况君乎？请由此亡。"公子曰："所不与舅氏同心者，有如白水！"投其璧于河。

又《僖中》曰：晋公子重耳及曹。僖负羁之妻馈盘飧，置璧焉。公子受飧反璧。

又《文下》曰：秦伯以璧祈战于河。

又《成公上》曰：丑父寝于轏车，轏，士车。蛇出于其下，以肱击之，伤而匿之，故不能推车而及。为韩厥所及。欲为右，故匿其伤。韩厥执絷马前，絷，马绊也。执之，修臣仆之职。再拜稽首，奉觞加璧以进。进觞、璧，亦以示敬。

又《襄三》曰：诸侯取邾田，自漷水归之于我。晋侯先归，公享晋六卿于蒲圃，贿荀偃束锦加璧。

又《襄六》曰：公薨于楚宫，叔仲带窃其拱璧，以与御人，纳诸其怀，而从取之，由是得罪。

又《襄二十八》曰：齐人求崔杼之尸，将戮之，不得。叔孙穆子曰："必得之！武王有乱臣十人，崔杼其有乎？不十人，不足以葬。"葬必须十人。崔氏不能令十人同心，故必得。既崔氏之臣曰："与我其拱璧，崔杼大璧。吾献其柩。"于是得之。

又《昭四年》曰：楚子以诸侯灭赖，赖子面缚衔璧，士袒舆榇从之，造于中军。中军，王所将。王问诸椒举，对曰："成王克许，在僖六年。许僖公如是，亲释其缚，受其璧，焚其榇。"王从之，从举言。迁赖于鄢。鄢，楚邑。

又曰：楚共王无冢嫡，有宠子五人，无适立焉。乃大有事于群望，而祈曰："请神择于五人者，使主社稷。"乃遍以璧见于群望，曰："当璧而拜者，神所立也。谁敢违之！"既乃与巴姬密埋璧于太室之庭，使五人斋而长入拜。康王跨之，灵王肘加焉，子干、子皙皆远之。平王弱，抱入再拜，皆压纽。

又《哀下》曰：卫人出庄公，入于戎州己氏。初，公自城上见己氏之妻发美，使髡之，以为吕姜髢。既入焉，而视之璧，曰："活我，吾与汝璧。"己氏曰："杀汝，璧将焉往？"遂杀之，而取其璧。

《史记》曰：邹阳上书曰："白珪显于中山，人恶之于魏文侯，文侯赐以夜光之璧。"

又曰：臣闻明月之珠，夜光之璧，以暗投于道，众莫不按剑相眄者，何则？无因而至前也。

又曰：赵惠文王得楚王和氏璧。秦昭王使人遗赵王书，愿以十五城，请易璧。遂遣蔺相如奉璧西入秦。相如见秦王无意偿赵城，乃前曰："璧有瑕，请指示王。"王授璧，相如因持璧却立倚柱，怒发上穿冠，谓秦王曰："赵王斋戒五日，使臣奉璧。今大王得璧，传之美人，以戏弄臣。观王无意偿赵王城邑，臣复取璧。大王必欲急臣，头今与璧俱碎于柱矣！"王恐其破璧，乃辞谢固请。相如使从他道，以璧还赵。

又曰：张仪已学而游诸侯。常从楚相饮，已而楚相亡璧，门下意仪，掠笞数百。不服，释之。

又曰：虞卿蹑履担簦，一见赵王，赐白璧一双，黄金百溢。

又曰：始皇三十年，有使者从关东夜过华阴平舒道。有人持璧遮使者，曰："为吾遗滈池君"，因言曰："今年祖龙死。"使者问其故，因忽不见。使者奉璧，具以闻。始皇使御府视璧，乃二十八年行渡江所沉璧也。

《汉书》曰：乃以白鹿皮为币，王侯朝对，必以皮币荐璧。

又《天文志》曰：日月如合璧，五星如连珠。

又曰：沛公从百余骑，见项羽鸿门。沛公如厕，间道走军。服虔曰：走，音奏。使张良谢，羽问："沛公安在？"良曰："闻将军有意督过，已脱身去，间至军矣。故使献璧。"羽受之。

又曰：文帝赐尉佗书及衣，佗因使者献白璧一双。

又曰：王夫人者，赵人。幸武帝，生子闳。夫人死而帝痛之，使者拜之曰："皇帝谨使使太中大夫明奉璧一，赐夫人为齐王太后。"

又曰：王莽篡位，冠军张永献符命、铜璧，言元后当为宣室丈母。

《后汉书》曰：骠骑将军东平王苍闻朱晖有义行，辟为掾。正月旦，苍将朝，当奉璧贺。故事，少府给璧。是时阴就为少府卿，贵骄傲吏，不奉法。苍坐朝堂，漏且尽，而求璧不可得。顾谓掾属曰：若之何？"晖望见就主簿持璧，即往绐之曰："我数闻璧而未尝见，试借观之。"主簿授晖，晖顾召令使奉之。主簿遽白就，就曰："朱掾义士，勿复求，更取璧。"苍罢朝，谓晖曰："掾自视孰与蔺相如？"

《晋书·载记》曰：燕常山大树自拔，根下得璧七十三，光色精奇，有异常玉。慕容俊以为岳神之命，遣其尚书郎段勤，以太牢祀之。

又曰：石季龙起河桥于灵昌津，采石为中济，石无大小，下辄随流，用功五百余万而不成。季龙遣使致祭，沉璧于河，俄而所沉璧浮于渚上。

《晏子春秋》曰：和氏之璧，井里之朴耳。

《老子》曰：虽有拱璧，以先驷马，不如坐进此道。

《孙卿子》曰：聘人以珪，问士以璧。

《鲁连子》曰：楚成章华之台，酌诸侯酒。鲁君先至，王悦之，与不琢之璧。

《庄子》曰：孔子问子桑雽曰："吾见逐于鲁，伐树于宋，亲而益疏，何也？"对曰："子独不闻假之亡与？假，国名也。林回弃千金之璧，召赤子而趋。彼以利合者，迫穷相弃也。以天属者，迫穷相收也。"

《韩子》曰：楚人和氏得璞玉于荆山，而献之，遂名和氏之璧。

又曰：和氏之璧，不饰以五采；随侯之珠，不饰以黄金。其质至美，物不足以饰之。

《文子》曰：圣人不贵赤璧，而贵寸阴。不布施以求得，不高下以相假。此古人之德也。

《淮南子》曰：禹之趋时，冠挂不顾。故曰：不贵尺璧而重寸阴。

又曰：和氏之璧，夏后之璜，揖让而进以合欣，夜以投人则为恐，时与不时。

又曰：得和氏之璧，不若以事之所适。

又曰：璧瑗成器，礛诸之功。礛治玉石。

《抱朴子》曰：安期先生者，卖药于海边。始皇赐之金璧，可直数千万。

又曰：虞舜之承禅也，捐璧于谷中。

又曰：景帝时，戍将广陵掘冢，有人如生。棺中有云母，厚文许；白璧三十枚，以籍身。

《山海经》曰：招摇之神，祠用一璧。

《穆天子传》曰：天子宾于西王母，乃执珪璧以见之。

《帝王世纪》曰：尧刻璧为书，东次于洛，言当传舜之意。

《战国策》曰：张仪为秦破从连横，说楚王，楚王遣车百乘，献骇鸡之犀、夜光之璧于秦王。

又曰：齐欲伐魏，魏使谓淳于髡曰："弊邑宝璧二双，天马二驷，请致之。"髡入说齐王，曰："魏，齐之与国，今伐之，名丑而实危。"齐王乃不伐。客谓齐王曰："髡受魏璧、马。"王谓髡曰："先生有之乎？"曰："有之。伐之事便，魏虽刺髡，于王何益？若诚不便，魏虽封臣，于王何损？百姓无被兵之患，髡有璧、马之宝，于主何伤？"

又曰：苏秦说赵王，于华屋之下抵掌而谈。赵君封为武安君，受白璧百双，黄金万溢。

《河图天灵》曰：秦王政以白璧沉河者。有一黑公从河出，谓政曰："祖龙来，天宝开。"中有二玉牍也。

《吕氏春秋》曰：后成子为鲁聘于晋。过卫，右宰谷臣觞之，陈乐而不乐，乃送以璧。后成子曰："觞我，与我欢也；陈乐而不乐，告我忧也；送我璧，寄托之也。卫其有乱乎？"背卫行三十里，闻宁喜之难作，右宰谷臣死之。后成子使人迎其妻、子，隔宅居之，分禄食之。其子长，反其璧。

贾谊《新书》曰：梁有疑狱，乃问陶朱公。朱公曰："臣之家有二白璧，其色相如，其径相如，其泽相如。然其价不相如，一者千金，一者五百金，何则？侧而视之，其一者厚倍之，是以千金。"

《汉武帝内传》曰：西王母上药，有赤河绛璧。

《韩诗外传》曰：楚襄王遣使，以金千斤，白璧百双，聘庄子以为相，庄子固辞。

《白虎通》曰：璧者方中员外，象天地。

《列异传》曰：秦召公子无忌。无忌不行，使朱亥奉璧一双。秦王大怒，将朱亥着虎圈中。亥瞋目视虎，眦裂，血出溅虎，虎终不敢动。

《锺离意别传》曰：意为鲁相，省视孔子教授堂。男子张伯铲草，阶下土中得璧七枚，怀藏其一，以六白意。意开瓮中素书，文曰："后世修吾书，董仲舒；摸吾车，拭吾履，发吾笥，会稽锺离意。璧有七，张取一。"意召伯，问："璧有七，何藏一耶？"伯叩头出之。

《物理论》曰：语曰："士非玉璧，谈者为价。"

《晋中兴征祥说》曰：王者不隐过，则玉璧见。不斫自成，光若月明。

《石虎邺中记》曰：石虎太武殿悬大绶于梁柱，缀玉璧于绶。

范亨《燕书》曰：昭文帝时，左部民得紫璧以献。

戴延之《西征记》曰：宋公谘议王智先，停柏谷，遣骑送道人惠义，疏曰："有金璧之瑞，公遣迎取。"军次于崤东，金璧至，修坛拜受之。

又云：冀州博陵郡王次寺，道人法称告弟子普严曰："嵩高皇帝语吾，言江东有刘将军，是汉家苗裔，当受天命。吾以四十二璧、金一饼与之。璧数是刘氏卜世之数也。"惠义以义熙十三年入嵩高山，即得璧、金，献焉。具嵩山门。

《琴操》曰：楚昭王得和氏璧，使大夫明光奉璧于赵。郡中羊申甫知赵无反遗，乃谗之于王："明光常背楚向赵，今使奉璧，何能述楚功德？"及明光还，王怒之。明光乃作歌，曰《楚明光》。

魏文帝《蔡伯喈女赋序》曰：家公与蔡伯喈有管、鲍之好，乃命使者周近，持玄玉璧于匈奴，赎其女还，以妻屯田郡都尉董祀。

张载《拟四愁诗》曰：佳人遗我云中翮，何以赠之？连城璧。

太平御览卷第八百七 珍宝部六

璋

《说文》曰：璋，半圭也。

《尚书·顾命》曰：康王即位，太保秉璋以酢。孔安国注曰：王已祭，太保又祭。报祭曰酢也。

《毛诗·棫朴》曰：济济辟王，左右奉璋。半圭曰璋。

又《斯干》曰：乃生男子，载弄之璋。

又《板》曰：天之诱民，如埙如篪，如璋如圭，如取如携。

《周礼·春官上·大宗伯》曰：以赤璋礼南方。

又《典瑞》曰：牙璋以起军旅，以治兵革。马融注曰：牙璋，若今之军虎符。

又《秋官下·小行人》曰：合六币，璋以皮。

《公羊传·定公八年》曰：阳虎窃宝玉而走晋。宝者何？制璋也。

《尔雅》曰：大璋八寸谓之琡。璋，半圭也。

《山海经》曰：招摇之神，祠用一璋。

《吕氏春秋》曰：成功用璋。

琮

《说文》曰：琮，瑞玉也。八寸，似车釭。

《周礼·春官上·大宗伯》曰：以黄琮礼地。

又《秋官下·小行人职》曰：合六币，琮以锦。

又《冬官下·玉人》曰：璧琮八寸，以眺聘。驵琮五寸，宗后以为权。驵，读为组。大琮十有二寸，射四寸，厚寸，是谓内镇，宗后守之。驵琮七寸，鼻寸有半寸，天子以为权。瑑琮八寸，诸侯以享夫人。

《白虎通》曰：员中方外曰琮。琮起土功，位西方。

《吕氏春秋》曰：大丧用琮。

璜

《说文》曰：璜，半璧也。

《尚书中候》曰：文王由磻溪之水，吕尚钓其涯，王下拜，曰："乃今见光景于斯！"尚曰："望钓得玉璜。"

《周礼·春官上·大宗伯》曰：以玄璜礼北方。

又《秋官下·小行人》曰：合六币，璜以黼。

《左传·文公》曰：周公相王室，以尹天下，于周为睦。分鲁公以大路、大旗、夏后氏之璜。杜预注曰：璜，美玉名。

又《哀下》曰：宋向魋出奔卫，公父文伯攻之。求夏后氏之璜，与之他玉而奔齐。

《白虎通》曰：璜以征召，位在北方。

又曰：何谓五玉？玉谓圭、璧、琮、璜、璋。

又曰：孔子卒、受鲁君璜玉，葬郭之北。

《文子》曰：夏后之璜，不能无纇。

《淮南子》曰：夏后氏之璜，不能无考。考，瑕。

又曰：精神可宝，非直夏后之璜。

《楚辞》曰：璜台十成，谁可极焉？璜，石次玉。

傅玄《歌诗》曰：有所思兮，在天一方；何用赠之？玉佩珠璜。

瓒

《说文》曰：瓒三玉二石也。天子用全，纯玉也；上公用駹，四玉一石；侯用瓒；伯用埒，玉石半相埒也。

《尚书·文侯命》曰：平王锡晋文侯秬鬯圭瓒，作《文侯之命》。

《毛诗·文王·旱麓》曰：瑟彼玉瓒，黄流在中。玉瓒，圭、璜也。黄金，所以流鬯也。圭瓒之状，以圭为柄，黄金为勺，青金为外，朱中央。

《毛诗·大雅·江汉》曰：厘尔珪瓒，秬鬯一卣，告于文人。厘，赐也。

《周礼·春官·小宗伯》曰：凡祭祀、宾客，以时将瓒果。将，送也，犹奉也。祭祀，以时奉而授王；宾客，以时奉而授宗伯。天子圭瓒，诸侯璋瓒。

又《冬官下·玉人》曰：祼珪有瓒以祀庙。

《礼记·王制》曰：诸侯赐圭瓒，然后为鬯；未赐圭瓒，则资鬯于天子。得其器，乃敢为其事。圭瓒，鬯爵也。鬯，秬酒也。

又《明堂位》曰：季夏三月，以禘祀周公于太庙，灌用玉瓒大珪。

又《祭统》曰：君执圭瓒，祼尸。大宗执璋瓒，亚祼，及迎牲。

《左传·昭四》曰：有星孛于大辰，西及汉。郑裨灶言于子产曰："宋、卫、陈、郑将同日火；若我以瓘斝玉瓒，郑必不火。"瓘，圭也，斝，玉爵。瓒，勺也。欲以禳火。子产不与。

《汉书》曰：王莽加九命，秬鬯珪瓒。

《魏志》曰：天子命魏文践祚，锡命孙权秬鬯珪瓒。

《北史》曰：于谨受华州刺史，赐秬鬯一卣，珪瓒副焉。

《白虎通》曰：珪瓒鬯，宗庙之盛礼也。

瑁音冒

《尚书·顾命》曰：乃受同瑁。王受瑁为主，受同以祭。

《周礼·冬官下·玉人》曰：天子执瑁四寸，以朝诸侯。玉以冒之，似梨冠也。

《白虎通》曰：天子执瑁，以朝诸侯。瑁之为言冒也，上有所覆，下有所冒也。

珊瑚

《说文》曰：珊瑚，色赤，生于海中，或生于山也。

《孝经援神契》曰：珊瑚钩，瑞宝也。神灵滋液，百珍宝用则见。

《广雅》曰：珊瑚，珠也。

《晋书》曰：石崇、王恺争豪。武帝每助恺，尝以珊瑚树赐之，高二尺许，枝柯扶疏，世所罕比。恺以示崇，崇便以铁如意击之，应手而碎。恺既惋惜，又以为疾己之宝，声色方厉。崇曰：“不足多恨，今还卿！”乃令左右悉取珊瑚，有三四尺者六七株，条干绝俗，光彩曜日，如恺比者甚众。恺怳然自失矣。

又《四夷传》曰：大秦国，一名犁鞬，在西海之西。其地东西南北，各数千里。有城邑，其地周回百余里，屋宇以珊瑚为棁而琉璃为墙，璧水精为柱础也。

《宋书》曰：刘勔为郁林太守。勔既至，随宜剪定，大致名马，并献珊瑚。

《宋纪》曰：大明六年，郁林郡献珊瑚连理树。

《南史》曰：扶南国，梁天监二年，跋摩复遣使送珊瑚佛像，并献方物。

又曰：波斯国有咸池，生珊瑚树，长一二尺。亦有琥珀、马脑、真珠、玫瑰等，国内不以为珍。

《西京杂记》曰：积草池中，有珊瑚树，高一丈二尺。一本云：三柯，上四百六十二条。是南越国王赵他所献，号为烽火树，至夜，光景昭然。

《汉武故事》曰：武帝起神堂，前庭植玉树，葺珊瑚为枝。

《述异记》曰：郁林郡有珊瑚市，海客市珊瑚处也。珊瑚碧色，生海底，一树数十枝，枝间无叶。大者高五六尺，尤小者尺余。鲛人云：海上有珊瑚宫。

又曰：汉元封二年，郁林郡献瑞珊瑚妇人。帝命植于殿前，谓之女珊瑚。忽一旦柯叶甚茂，至灵帝时，树死，咸以为汉室将亡

征也。

《海中经》曰：珊瑚生海中。欲取之，先作铁网沉水底，珊瑚贯网而生，岁高二三尺，有枝无叶，形如小树。因绞网出之，珊瑚皆摧折在网中。

孙氏《瑞应图》曰：珊瑚钩者，王者恭信则见。一本云：不珍玩弄则出。

《广志》曰：珊瑚，其长者为御车柱，出西海底。

《玄中记》曰：珊瑚出大秦西海中，生水中石上。初生白，一年黄，三年赤，四年虫食败。

司马相如《上林赋》曰：玫瑰碧林，珊瑚丛生。

班固《两都赋》曰：珊瑚之树，上栖碧鸡。

傅玄《紫华赋》曰：炳参差以照耀兮，何光丽之难形！葩艳挺于碧枝兮，焕若珊瑚之翠英。

潘安仁《石榴赋》曰：似长离之栖邓林，若珊瑚之映绿水。

玳瑁

《周书王会》曰：伊尹谓汤曰："请以玳瑁为献。"

《孝经援神契》曰：神明滋液，则玳瑁背。宋均曰：背文也。

《春秋考异邮》曰：承石取铁，玳瑁吸褚。类相致也。褚，芥也。褚音若。

《史记》曰：赵使使于春申君，欲夸楚，为玳瑁簪，剑器悉饰以玳瑁。

又曰：江南出丹沙、犀、象、玳瑁、珠玑。

《汉书·西域传赞》曰：故能睹犀布、玳瑁，则建珠崖七郡；感蒟酱、竹杖，则开牂牁、越巂。

《续汉书·舆服志》曰：贵人助蚕玳瑁钗。

范晔《后汉书·贾琮传》曰：交趾土多珍产，明玑、翠羽、象、犀、玳瑁、异香、美木之属，莫不自出。前后刺史，率多无清行。有司举琮为交趾刺史。

又曰：和熹邓皇后临朝，上方珠玉、犀、象、玳瑁、雕镂之物皆绝。

又曰：天竺国出象、犀、玳瑁也。

《吴录》曰：岭南卢宾县涨海中，玳瑁似龟而大。

《吴录》曰：魏使以马求易珠玑、翡翠、玳瑁。孙权曰："此皆孤所不用，而得马，若何而不听？"

《晋命》曰：士卒百工，不得服犀、玳瑁。

《齐书》曰：少帝夜醉，乘马从西步廊向北驰走，如此，两三将倒。临汝侯坦之谏，不从，执马控，帝运拳击垣之，着，倒地。坦之与曹道刚扶抱，还寿春殿玳瑁床上卧。

《齐书》曰：庐陵王子卿为荆州刺史，在镇营造服饰，多违制度。作玳瑁乘具，诏责之，令速送都。

《唐书》曰：宪宗朝，诃陵国献僧祇女二人，玳瑁榼、生犀物等。

《西京杂记》曰：韩嫣以玳瑁为床。

《南方异物志》曰：玳瑁如龟，生南海。大者如蘧篨，背上有鳞，大如扇。发取鳞，因见其文。欲以作器，则煮之，刀截，任意所为。冷，乃以枭鱼皮籍治之。后以枯木条叶莹之，乃有光辉。

《广志》曰：玳瑁形似龟，出南海巨延州。

司马相如《紫虚赋》曰：网玳瑁，钓紫贝。

张衡《东京赋》曰：翡翠不裂，玳瑁不簇。

孙德施《南榴枕赋》曰：委之玳瑁席，停之象牙床。

刘桢《清虑赋》曰：后布玳瑁之席，前设蠵之筵。

左思《吴都赋》曰：蠵璧玳瑁，金质黑章。

繁钦《寄情诗》曰：何以表别离？取后玳瑁钗。

班固《与窦宪笺书》曰：明将军赐固驳玳瑁簪。

高文惠《与妇书》曰：今致玳瑁梳一枚。

贝

《说文》曰：贝，海介虫也。古者货贝而宝龟，至周而有泉。到秦，废贝行泉。

《尚书·禹贡》曰：淮、海唯扬州，厥篚织贝。

又《顾命》曰：大贝鼖鼓，在西房。孔安国注曰：大贝如车渠，商、周传宝之。

《毛诗》曰：萋兮斐兮，成是贝锦。

又《义疏》曰：内鼊之属。又有紫贝，其白质如玉，而紫点为文，皆行列相当。大者有径一尺六寸，今九真、交趾以为杯盘宝物也。

《尔雅》曰：贝，居陆者赚，在水者蛹；大者魧，小者鰿。鰿音积，今之细贝亦有紫色者，出日南。玄贝，贻贝。黑色贝也。馀蚳，黄白文。蚳音治。黄质白文也。馀泉，白黄文。以白为质，黄为文点。今之紫贝，以紫为质，黑为文点也。蚆博而頯，頯者，中央广，两头锐。蜠大而险，险者谓污薄。蟦小而椭。即上小贝。椭谓狭而长。此皆说贝之形容也。

《春秋运斗枢》曰：瑶光得江吐大贝。

《尚书大传》曰：文王囚于羑里。散宜生之江淮之浦，而得大贝如车渠，以献纣。

《归藏》曰：有人将来，遗我货贝。以至则彻，以求则得，有喜则至。

《汉书》曰：文帝赐南越王尉他书及衣。他因使者献贝五百。

又曰：王莽时，大贝四寸八分已上，二枚为一朋，直二百一十六；壮贝三寸六分已上，一朋直百五十；分贝二寸四分已上，一朋直三十；小贝寸二分已上，一朋直十；不盈寸二分，不得为朋，率枚直钱三，是货。

《南史》曰：南海有婆利国，在广州东南，二月日行。出文螺紫贝。有石，名蚶贝罗。初采之柔软，及刻削为物，暴干之，遂大硬。

《山海经》曰：阴山浊谷之水，注于蕃之泽，中多文贝。

又曰：阴山渔水中多文贝，邽山濛水多黄贝，赤水之东、苍梧之野有文贝。

《太公六韬》曰：商王拘周西伯昌于羑里，太公谓散宜生求物以免君罪，九江得大贝百朋。《诗》作“百明”。

《盐铁论》曰：教与俗改，币与世易，夏后以玄贝，周人紫石也。

《本草经》曰：贝子，一名贝齿，生东海。

《楚辞·九歌》曰：鱼鳞兮龙堂，紫贝阙兮朱宫。河伯以鱼鳞盖画龙文。紫贝作阙者，丹其宫之义也。

《广州志》曰：贝凡有八，紫贝最为美者，出交州。大贝出巨延州，与行贾贸易。

万震《南州异物志》曰：乃有大贝，奇姿难俦。大贝，文贝也。交趾以南海中皆有之。素质紫饰，文若罗朱。不磨不莹，彩辉光浮。思雕莫加，欲琢靡逾。在昔姬伯，用免其拘。

徐衷《南方记》曰：班贝，嬴大者围之，得六十；小者围之，得五十。在于海边，捕鱼人时有得之者。大贝出诸簿巨延州土地，采卖之以易绛青。

刘欣期《交州记》曰：大贝出日南，如酒杯。小贝，贝齿也，善治毒，俱有紫色。

《南州异物志》曰：交趾北南海中，有大文贝，质白，而文紫色，天姿自然，不假雕琢，莹而光色焕烂。

《相贝经》曰：相经，朱仲受之于琴高。琴高乘鱼，浮于河海，水产必究。仲学先于琴高，而得其法，献珠于汉武，云不知所以。严助为会稽太守，仲又云遗助以径尺之贝，并致此文于助，曰："黄帝、唐尧、夏禹，三代之贞瑞，灵奇之秘宝。其有次于此者，贝盈尺，状如赤电黑云，谓之紫贝。素质红黑，谓之珠贝。有青地绿文，谓之绶贝。黑文黄画，谓之霞贝。紫愈疾，珠明目，绶清气郼，霞伏蛆虫。不能延龄增寿，其御害一也。复有下此者，鹰喙蝉脊，以逐温去水，无奇功。贝大者如轮，文王请大秦贝，径半寻。穆王得其壳，悬于昭观，秦穆公以遗燕黾。可以明目，远宜玉宜金。南贝如珠玑，或曰驳，其性寒，其味甘。巴水毒，浮贝，使人寡，无以近妇人，黑白各半是也。濯，使人善惊，无以亲童子，黄唇点齿，有赤驳是也。虽贝使病疟，黑鼻无皮是也。瓓贝使人胎消，勿以示孕妇，赤带通脊是也。慧贝使人善忘，勿以近炽，内壳赤络是也。醬贝使童子愚，女淫，有青唇赤鼻是也。碧贝使人盗，脊上有缕句唇是也，雨则重，霁则轻。委贝使志强，夜行伏迷鬼狼豹百兽，赤中员是也，雨则轻，霁则重。"

太平御览卷第八百八 珍宝部七

琥

《说文》曰：琥，发兵瑞玉，为虎文。

《周礼·春官上·大宗伯》曰：白琥礼西方。

《周礼·秋官下·小行人》曰：合六币，琥以绣。

《左传·昭七》曰：鲁昭公疾，遍赐大夫，大夫不受。赐子家子双琥、一环、一璧，受之。大夫皆受其赐。事见璧门。

《吕氏春秋》曰：战斗用琥。

琥魄

《广志》曰：琥魄，珠也，生地中。其上及旁不生草，浅者五尺，深者八九尺，大如斛。削去皮，成琥魄。初时如桃胶，凝坚乃成。其方人以为枕。出博南县。

《典略》曰：大秦国多琥魄。

《续汉书》曰：哀牢夷出光珠、琥魄。

《吴书》曰：虞翻少好学，有高气。年十二，客有候其兄者，不遇，遇翻。翻追书与曰："仆闻琥珀不取腐芥，慈石不受曲针。过而不存，不亦宜乎？"客得书，奇之。由是见称。

沈约《宋书》曰：武帝时，宁州常献琥珀枕，甚光丽。时将北征，以琥珀治金疮。上大悦，命捣碎，分付诸将。

《西京杂记》曰：宣帝有身毒宝镜一枚，大如八铢钱，常以琥珀笥盛之。

《异物志》曰：琥珀之本成松胶也，或以作杯瓶。

《华阳国志》曰：珠穴出光珠、琥珀，能吸芥。

《西域诸国志》曰：珠穴出麋，卢水边沙中有短腰蜂窠，烧治，以为琥珀。

《玄中记》曰：枫脂沦入地中，千秋为琥珀。

《博物志》曰：松脂沦入地中，千年化为茯苓，茯苓千年化为琥珀。虎珀一名红珠。今太山有茯苓而无虎珀，益州永昌出虎珀而无茯苓。或复云：烧蜂窠所作。未详此二说。

《拾遗记》曰：昔汉武宝鼎元年，西方贡珍怪：青琥珀燕。置之静室，自于室内鸣翔。

又曰：吴主闻潘夫人有色，令进其图。图成，吴主见之，惊喜，以琥珀如意抚案即折，曰："此神女也！"因纳之。

又曰：孙和悦邓夫人月下舞，水精如意误伤其颊，令太医医之，以白獭髓和琥珀末涂之遂差。

《神农本草经》曰：取鸡卵歹叚黄白浑杂者熟煮，及尚软，随意刻作物，以苦酒渍数宿。既坚，内着杓中，佳者乱真矣。此世所常用，作无不成。

左思《蜀都赋》曰：琥珀丹青，珠江瑕英。

潘尼诗曰：驾言游西岳，寓目上华山。金楼琥珀阶，象榻玳瑁筵。中有神秀士，不知几何年！

马脑

《广雅》曰：马脑，石次玉也。

《魏略》曰：大秦国多马脑。

《凉州记》曰：吕纂咸和二年，盗发张骏陵，得马脑钟榼。

《北齐书》曰：武平中，除傅伏为东雍州刺史。会周克并州，遣韦孝宽来招伏，曰："并州已平，故遣公儿来报。便宜急下，授上大将军武乡郡开国公，即给告身。"以金马脑二酒钟为信，伏不受。

《北史》曰：梁主萧詧曾献马脑钟，周文帝执之，顾丞郎曰："能掷樗蒲头卢者，便与钟。"已经数人，不得。顷至薛端，乃执樗蒲头而言曰："非为此钟可贵，但思露其诚耳！"掷之，五子皆黑。文帝大悦，即以赐之。

《古今注》曰：魏武帝以马脑石为马勒。

《拾遗记》曰：帝颛顼时，有丹丘国献马脑瓮，以盛甘露，充于厨。丹丘之地，有夜义驹跋之鬼，能以赤马脑为瓶盂及乐器，皆精妙于中国用者。一云：马脑者，恶鬼之血凝成此物也。黄帝时，有马脑瓮。至尧时，犹有甘露在其中，盈而不竭。

《玄中记》曰：马脑出月氏。

魏文帝《马脑勒赋》曰：玉属也，出自西域。文理交错，有似玛瑙，故其方人因以名之。

陈琳《马脑勒赋》曰：托瑶溪之宝岸，临赤水之珠波。

陆机《灵龟赋》曰：若车渠绕理，马脑缛文，龟甲错，鼋龙鳞。

王粲《马脑勒赋》曰：游大国以广观兮，览希世之伟宝。总众材而课美兮，信莫臧于马脑！

琉璃

《孝经援神契》曰：神灵滋液，则琉璃镜。

《广雅》曰：琉璃，珠也。

《韵集》曰：琉璃，火齐珠也。

《汉书·地理志》曰：武帝使人入海市琉璃。

《续汉书》曰：哀牢夷出火精、琉璃。

《汉武故事》曰：武帝好神仙，起伺神屋，扉悉以白琉璃作之，光照洞彻。

又曰：汉成帝为赵飞燕造服汤殿，绿琉璃为户。

《魏略》曰：大秦国出赤、白、黑、黄、青、绿、绀、缥、红、紫十种琉璃。

《魏书》曰：天竺国人商贩至京，自云能铸石为五色琉璃。于是采砺山石，于京师铸之。既成，光泽美于西方来者。乃诏为行殿，容百余人。光色映彻，观者见之莫不惊骇，以为神明所作。自此国中琉璃遂贱，人不复珍之。

《吴历》曰：黄龙、扶南诸外国来献琉璃。

《晋书》曰：王济豪侈。帝常幸济宅，供馔甚丰，悉贮琉璃器中。帝甚美之。

又曰：汝南王宴公卿，以琉璃钟行酒。酒及崔洪，洪不肯执。问其故，曰："虑有执玉不趋之义。

《洞冥记》曰：东方朔得五色露，以琉璃器盛之献武帝。

《拾遗记》曰：董偃设紫琉璃屏风。

《世说》曰：满奋畏风。在晋帝坐，北窗作琉璃扉，实密似疏。奋有寒色，帝笑，奋答："臣犹吴牛，见月而喘。"吴牛，水牛也。南士多暑，水牛畏热，见月疑是日，所以喘。奋，太尉宠之孙也。

《广志》曰：琉璃出黄支、斯调、大秦、日南诸国。

《南州异物志》曰：琉璃本质是石。欲作器，以自然灰治之。自然灰状如黄灰，生南海滨。亦可浣衣，用之不须淋，但投之水中，滑如苔石。不得此灰，则不可释。

《十洲记》曰：方丈山上有琉璃宫。

杜笃《论都赋》曰：槌蚌蛤，碎琉璃。

《诸葛恢集》曰：诏答恢，今致琉璃枕一。

傅咸《污卮赋》曰：人有遗余琉璃卮者，小儿窃弄堕之，不洁，意既惜之。人有感物之污辱，乃丧其所以为宝，况君子行身而可以有玷乎？

左思《吴都赋》曰：致远琉璃珂�。

孙公达《琵琶赋》曰：回风临乐刻琉璃。

车渠

《广雅》曰：车渠，石次玉也。

《魏略》曰：大秦国多车渠。

《古今注》曰：魏武帝以车渠为酒杯。

《玄中记》曰：车渠出天竺国。

《古车渠碗赋》曰：车渠，玉属，多纤理缛文，出于西国。其俗宝之，小以系颈，大以为器。

王粲《车渠碗赋》曰：杂玄黄以为质，似乾坤之未分。兼五德之上美，超众宝而绝伦。

陈思王《车渠碗赋》曰：唯碗之所生，于凉风之峻湄。光如激电，景若浮星。河神怪之瑰玮，信一览而九惊。

王处道《车渠觯赋》曰：温若腾螭之升天，曜似游鸿之远臻。

颇黎

《梁四公子记》曰：扶南大舶从西天竺国来，卖碧颇黎镜，面广一尺五寸，重四十斤，内外皎洁。置五色物于其上，向明视之，不见其质。问其价，约钱百万贯。文帝令有司算之，倾府库当之不足。其商人言："此色界天王有福乐事，天澍大雨，雨众宝如山。纳之山藏，取之难得。以大兽肉投之藏中，肉烂类宝，一鸟衔出，而得此宝焉。"举国不识，无敢酬其价者。

《唐书》曰：高宗上元二年十二月，拔汗那王献碧颇黎及地黄。龟兹白王素稽献金颇黎。

《天竺记》曰：大雪山中有宝山，诸七宝并生，取可得。唯颇黎宝生高峰，难得。

《玄中记》曰：大秦国有五色颇黎，红色最贵。

《十洲记》曰：昆仑山上有红碧颇黎宫，名"七宝堂"是也。

水精

《广雅》曰：水精谓之石英。

《续汉书》曰：哀牢夷出水精。

《魏略》曰：大秦国，一名黎难。宫室皆水精为柱，食器亦然。

《广志》曰：水精出大秦、黄支国。

《十洲记》曰：昆仑山上有水精阙。

《山海经》曰：堂庭山多水玉。注曰：水玉，今水精也。

《列仙传》曰：赤松子服水玉。

《拾遗记》曰：周灵王二十三年，起昆昭之台，筛水精为泥。

又曰：郁夷国，于山上架楼室，向明，以开户牖，以水精、火藻为阶。

司马相如《上林赋》曰：水玉磊砢。

刘桢《鲁都赋》曰：水精潜光于云穴也。

刘公干《清虑赋》曰：入镣碧之间，出水精之都，上青朦之山，蹈琳珉之涂。

云母

《春秋运斗枢》曰：枢星散为云母。

《汉书》曰：王莽侍中待诏有说莽鸱目虎吻、豺狼声者，莽诛待诏，而封告者。后常翳云母屏风，非亲近莫得见。

范晔《后汉书》曰：郑弘为太尉，弟五伦为司空。初，伦为会稽，召弘署督邮。每朝，弘曲躬自卑。帝听置云母屏风，分隔其间。

《晋阳秋》曰：孙秀降，赐云母车。

《梁书》曰：南岳邓先生名郁，荆州建平人也。少而不仕，隐居衡山极峻之岭，立小板屋两间。足不下山，断谷三十余载，唯以涧水服云母屑，日夜诵《大洞经》。

《唐书》曰：吴王杜伏威，性好左道。因合金丹，求长生之术，常服云母散。

又曰：尉迟敬德遂飞练金石，闲居服云母粉。

《淮南万毕术》曰：云母入地千岁不朽。云母在足，无践棘。注曰：取大云母涂足下，践棘，不能刺。

《淮南子》曰：云母来水。云母石可致水。

《抱朴子》曰：云母五色：其多青者名云英，宜以春服之；多赤者名云珠，宜以夏服之；多白者名云液，宜以秋服之；多黑者名云母，宜以冬服之；但有青、黄二色者名云沙，宜以季夏服之。皎皎纯白者名磷石，可四时长服。

又曰：吴景帝戍将于广陵掘冢，有人如生。棺中云母厚尺许。

《西京杂记》曰：晋幽公冢甚高美，门关皆是石坐。拨除深入，乃得云母，深处见百余尸，纵横相枕籍，皆不朽。唯一男子，余皆女子，或坐，或立，或卧。衣服形色不异生人。

又曰：成帝设云母帐、云幄、云幕于甘泉紫殿，世谓之三云殿。

《晋公卿礼族》曰：赐太牢，安平王治云母辇。

《晋宫阙名》曰：含元池中，有云母船。

《洛阳宫殿记》曰：宫中有林商等观，皆云母置窗里，日照之，炜炜有光。

《列仙传》曰：方回，尧时隐人，练食云母。

《三齐记》曰：东武城有云母山，山有云母，因以为名。安期先生常所游饵。

《东园秘记》曰：以云母壅尸，则亡人不朽。帝冯贵人素国色，亡已十余年，冢为贼所发，形貌如故，但冷耳。盗共奸通之。后捕得之，此贼言贵人棺有数斛云母。

《石虎邺中记》曰：虎作云母五有金薄扇。

裴渊《广州记》曰：增城县有云母，向日出，照之晃曜。

《地理志》曰：琅琊定山出云母。

王建平《典术》曰：云母有五名：其色青黑五色乱文者名曰云母；白百微青名曰云英；如水露，黄白名曰云沙；青赤杂者名曰云珠；黄白而赤重厚名阳起石，云母根也。其中黑文班如钱，名云胆，伤人，不可服。第一磷石，第二云母，第三云珠，第四云英，第五云光。服磷石寿五千年，服云母寿三百年，服云英千年，服云光与天地同保。

瑟瑟

《明皇杂录》曰：上于华清宫置长汤数十间屋。又为银镂漆船，至于楫棹皆饰以珠玉。又于汤中垒瑟瑟及沉香为山，以状瀛洲、方丈。

又曰：虢国夫人夺韦氏宅造中堂。既成，召匠圬墁，授二百万赏其直。而复以金杯二、瑟瑟三斗为赏。后曾有暴风拔树，委其堂上。已而视之，略无所伤。既撤瓦以观之，皆承以木瓦。其传作精至，皆此类也。

玗琪

《说文》曰：玗，石之似玉者也。

《尔雅》曰：东方之美者，医无闾之珣、玗琪。

《山海经》曰：开明北有玗琪树。玗琪，玉属。

太平御览卷第八百九　珍宝部八

琅玕

《孝经援神契》曰：神灵滋则琅玕景。宋均注曰：事神明得理，则琅玉有光。

《尔雅》曰：西北之美者，则昆仑之璆琳、琅玕焉。

《说文》曰：琅玕，石之似玉者。

《魏略》曰：大秦国出琅玕。

《山海经》曰：开明东有琅玕树。槐江之火山多琅玕。

《管子》曰：昆仑墟不朝请，以璆琳、琅玕为币。簪珥而千金，璆琳，琅玕也。然后八千里之昆仑，可令而朝也。

《淮南子》曰：昆仑增城九重，琅玕树在其东。

《拾遗记》曰：昆仑山傍有瑶台，上有琅玕、璆琳之玉，煎可以为脂。

《本草经》曰：青琅玕，一名珠圭。

张衡《南都赋》曰：珍羞琅玕，充溢员方。注曰：饰乐用金银及琅玕。

王延寿《鲁灵光殿赋》曰：骈密石与琅玕，齐玉珰与璧瑛。

卢湛《朝霞赋》曰：想神芝于瀛州，若琅玕于层城。

火齐

《说文》曰：火齐，玫瑰也。

《韵集》曰：琉璃，火齐珠也。

《汉武故事》曰：上起神屋，缀以火齐。

《吴录》曰：南西倦县有火齐，如云母，重沓可开，色黄似金。

《南州异物志》曰：火齐出天竺，状如云母，色如紫金。离别之节如蝉翼，积之如纱縠重沓。

张衡《西京赋》曰：翡翠火齐，络以美玉。

碧

《孝经援神契》曰：神灵滋液则碧出。

《广志》曰：碧有缥碧、绿有碧，出越巂、云南。

《说文》曰：碧，石之美者。

《汉书》曰：宣帝时，或言益州有金马、碧鸡之神，可醮而致之。于是遣王褒持节求焉。如淳曰：金形似马，碧形似鸡。

《纪年》曰：惠成王七年，雨碧于郢。

《汉武故事》曰：帝起神屋，基及户悉以碧石。

《魏略》曰：大秦国出碧。

《晋太康地记》曰：云南青蛉县出碧。

《异苑》曰：越巂会元县元马河畔有祠，河中有碧珠。若不祭祀，取之不祥。

《庄子》曰：苌弘死于蜀，藏其血，三年化为碧。司马彪曰：苌弘忠而流，故其血不朽而化为碧也。

《矫世论》曰：碧似玉，唯猗顿别之。

张衡《羽猎赋》曰：乘瑶碧之雕轩，建辉天之华旗。

左思《吴都赋》曰：紫贝流黄，缥碧素玉。

又《蜀都赋》曰：其中则有青珠黄环，碧弩芒消。

张衡《南都赋》曰：绿碧紫英，青雘丹粟。

刘琨与兄子书曰：单于但欲得碧，汝不可不捡送之。

瑶

《尚书·禹贡》曰：扬州厥贡瑶、琨。孔安国曰：皆美石也。

《毛诗·卫·淇澳·木瓜》曰：投我以木桃，报之以琼瑶。

《周礼·天官下》曰：内宰，以妇职教九御。大祭祀，后裸献则赞。瑶爵亦如之。

《左传·昭二》曰：燕人归燕姬，赂以瑶瓮。

《说文》曰：瑶，石之美者。

《山海经》曰：章义之山，是多瑶。瑶，玉属。

刘公干《清虑赋》曰：凭文瑶之几，对金精之盘。

马融《广成赋》曰：镇以瑶台，纯以金提。

张衡《四愁诗》曰：美人赠我金错刀，何以报之？美琼瑶。

瑊

《广雅》曰：瑊，石次玉也。

《山海经》曰：葛山之下多瑊石。郭璞注曰：瑊玏，似玉之名。

司马相如《子虚赋》曰：其石则瑊玏玄厉。玏音力也。

珉

《礼记·聘义》曰：子贡问于孔子曰："敢问君子贵玉而贱珉者，何也？为玉之寡而珉之多与？"孔子曰："非为珉之多，故贱之也；玉之寡，故贵之也。夫昔者君子比德于玉焉。"

《说文》曰：珉，石之次玉也。

司马相如《子虚赋》曰：其玉则琳珉昆吾。

木难

《玄中记》曰：木难出大秦。

《广志》曰：木难珠，其色黄，生东夷。

《南越志》曰：木难，金翅鸟口结沫所成，碧色珠也。大秦土人珍之。

曹植《乐府诗》曰：珊瑚间木难。

瑌石瑌音，儒兖切

《礼记·玉藻》曰：士佩瑌玫而缊组绶。

《广志》曰：雁门出石，白也如冰，郭璞曰：今雁门出碝石，白也。亦有赤者也。

《山海经》曰：北渚之山，其上多碝石。

司马相如《子虚赋》曰：碝石武夫。

璇瑰

《山海经》曰：沃民之国，爰有璇瑰瑶碧。

玫瑰

《广志》曰：神灵滋液百宝用，则玫瑰出。

《魏略》曰：大秦国出玫瑰。

班彪《上事》曰：吏民葬埋，有马被毛鬣，角蹄玫瑰，宜皆以法禁之。

司马相如《子虚赋》曰：其石则赤玉玫瑰。

武夫

《广雅》曰：武夫，石次玉也。

《战国策》曰：西门豹为邺令。魏文侯曰："夫物多相类而非，白骨疑象，武夫类玉。"

《汉书》曰：董仲舒曰："五伯其北三王，犹武夫之与美玉也。"

《山海经》曰：会稽之山，其上多砆石。郭璞注曰：今武夫石也，似玉，长沙临湘县出之，赤地白文，色葱茏不分也。

《广志》曰：武夫有白、黑，以为枋棋。

杜万年《相风赋》曰：太仆傅侯命余赋之。诚知武夫非荆宝之伦，长庚、启明非曜灵之匹。

金上

《说文》曰：金，五色金也。黄金为之长，久埋不生衣，百淘不轻，从革不违。西方之行也，生于土。从土，左右注，象金在土中形。

《释名》曰：金，禁也，气刚毅能禁制物也。

《尚书·舜典》曰：金作赎刑。孔安国曰：金，黄金。误而入刑，出金以赎刑也。

又《禹贡》曰：淮、海唯扬州，厥贡唯金三品。孔安国曰：金、银、铜也。

又《洪范》曰：五行，四曰金，从革作辛。孔安国曰：金可以改更。

《周礼·考工记》曰：攻金之工，筑氏执下齐，冶氏执上齐，凫氏为声，栗氏为量，段氏为铸器，桃氏为刃。郑玄注曰：多锡为下齐，少锡为上齐。金有六齐，六分其金而锡居一，谓之钟鼎之齐；五分其釜而锡居一，谓之斧斤之齐；四分其金而锡居一，谓之戈戟之齐；三分其金而锡居一，谓之大刃之齐；五分其金而锡居二，谓之制杀之齐；金锡半，谓之鉴燧之齐。郑玄曰：鉴，镜也。金多锡则刃白且明。

《毛诗·鲁颂·泮水》曰：憬彼淮夷，来献其琛，元龟象齿，大赂南金。

《周易·噬嗑卦》曰：六五，噬乾肉，得黄金。

又《鼎卦》曰：六五，鼎，黄耳金铉，利贞。

又《上系》曰：二人同心，其利断金。

又《说卦》曰：乾为金。

《尔雅》曰：黄金谓之璗，其美者谓之镠。鉼金谓之钣。绝泽谓之铣。美金，最有光泽。西南之美者，有华山之金石焉。

《史记·秦本纪》曰：献公十八年，雨金栎阳。公自以得金瑞，故作鄜畤于栎阳，祀白帝。

又曰：秦始皇葬骊山，以黄金为凫、雁。

又曰：卫鞅入秦，孝公以鞅为左庶子长，卒定变法令。乃立三丈之木于国都市南门，募民有能徙置北门者，予五十金。有一人徙之，辄予五十金，以明不欺。

又曰：吕不韦乃使其客，人人着所闻，号《吕氏春秋》。布咸阳市门，悬千金其上。有能增损一字者，予千金。

又曰：项羽以陈平为信武君，击殷而还，拜平为都尉，赐金三十镒。居无何，汉攻下殷，项王怒，将诛定殷者。平惧，乃封其金与印，使归，间行杖剑亡，渡河。

又曰：汉王与陈平金四万斤，以间疏楚君臣，不问其出入也。

又曰：吴、楚反，孝景以窦婴为大将军，赐金千斤。婴陈之廊庑下，军吏过，辄令财取为用。金无入家者。

《汉书》曰：文帝初立，以陈平为丞相，位第二。赐平金千镒，封三千户。

又曰：梁孝王未死时，金以巨万计，不可胜数。及死，藏府余黄金尚三十余万斤。

又曰：季布为任侠有名，楚人谚曰："得黄金百，不如得季布诺。"

又曰：董偃见宠馆陶长公主。安陵袁叔谓偃曰："顾成庙远，无宿宫。何不白主，献长门园于上？"董君入白主，主献之。上大悦，更名为长门宫。公主大喜，使董君以黄金百斤，为袁叔寿。

又曰：武帝即位，栾大曰："臣之师曰：黄金可成，而河决可塞。"

又曰：卫青北伐，将十余万众击胡。斩首虏之士，受赐黄金三十余万斤。

又曰：刘向，字子政，本名更生。宣帝时，更生言黄金可成，上令典尚方铸作事，费甚多，方不验。

又曰：且直不疑为郎，其同舍郎有告归，误持同舍郎金去。主意不疑，不疑买金偿之。而告归者来，归金，亡者大惭。

又曰：韦贤少子玄成，复以明经历任至丞相，故邹鲁谚曰："遗子黄金满籯，不如一经。"如淳曰：籯，竹器，受三升，今陈留俗有此器。蔡谟以为满籯言甚多耳，非器名，谓陈留之俗，则吾陈留人也，不闻有此器。

又曰：尹翁归卒，家无余财。天子贤之，赐翁归子黄金百斤，以奉其祭祠。

又曰：疏广徙为太傅，兄子受为少傅，父子并为师傅。俱乞骸骨，皆许之，加赐黄金二十斤，皇太子赐以五十斤。

又曰：秦币：黄金方寸而重一斤，以溢为名。孟康曰：二十两为溢。臣瓒曰：秦以一溢为一斤，汉以一斤为一金。金为货，夏、殷无闻。周：黄金方寸而重一斤，故货宝于金。武帝时，卫青击匈奴，斩捕首虏，赐黄金二十余万斤。

又曰：王莽败，省中黄金万斤者一匮，尚六十匮。

《续汉书》曰：扶风人士孙奋，居富而性吝。梁冀认奋母为其守藏婢，云盗紫金千斤。

又曰：杨震为东莱太守，道经昌邑。初，震为茂才，王密时为昌邑令。谒见，至夜怀金十斤以遗震。震曰："故人知君，君不知故人，何也？"密曰："暮夜无知者。"震曰："天知，神知，子知，我知，何谓不知？"密愧而出。

又曰：张奂迁安定属国都尉，羌豪帅感奂恩德，上马二十匹，先零酋长遗金渠八枚。奂受之，而召主簿于诸羌前，以酒酹地，曰："使马如羊，不以入厩；使金如粟，不以入怀！"悉以金、马还之。

太平御览卷第八百十　珍宝部九

金中

《东观汉记》曰：郭况迁为大鸿胪，上数幸其第，赏赐金、帛。京师号况家为“金穴”，言其富贵。

谢承《后汉书》曰：豫章张载，字仲宗，为广陵太守。举孝子吴奉为孝廉，奉赍金为礼，载闭门不受。奉以囊盛，投载园中而逝。载追不及，赍金至广陵，还奉。

又曰：雷义，字仲公。常济人死罪者，后以金二斤谢之。义不受金，主候义不在，默投金于承尘上。后葺治屋得金。主已死，义乃以付县曹。

张璠《汉记》曰：永昌太守铸黄金之蛇，献之梁冀。益州刺史种暠发其事。

《后汉书》曰：中兴初，有应妪者，生四子而寡。见神光照社，试探之，乃得黄金。自是诸子宦学并有才名，至玚，七代通显。

又曰：益州，金银之所出。

《魏略》曰：田豫为并州，胡密怀金三十斤，曰：“以此上公。”张袖受之，答其厚意。胡去 之后，皆悉以付外，具状闻。于是诏褒之，曰：“昔魏绛开怀以纳戎，今卿举袖以受狄金，朕甚嘉焉！”

又曰：大秦国出金织成帐也。

《魏志》曰：繁昌县授禅石碑中生金。表送上，群臣尽贺。

《蜀志》曰：先主平蜀，赐诸葛亮等金数百斤。

王隐《晋书》曰：永嘉初，陈国项县贾逵石碑中生金。人盗凿取卖，卖已复生。此江东之瑞也。

又曰：《咸宁三年起居注》载：“敦煌郡上釜铜中生金，百陶不消，可以切玉。”

又曰：鄱阳乐安出黄金。凿土十余丈，披沙之中，所得者大如豆，小者如粱米。南郡象林南有四国，皆称汉人贡金供税。

《晋后略》曰：载贾后以鹿车，诣金墉城，餐金屑而死。

《晋书》曰：清河王覃，初为清河世子，所佩金铃，欻生隐起如麻粟者。祖母本陈大妃，以为不祥，毁而卖之。占者以为金是晋行大兴之祥，覃为皇胤，是其瑞也；毁而卖之，象覃见废不终之验也。

《晋永和起居注》曰：庐江太守路永表言：于谷城北，见水岸边紫赤光，得金一枚，文如印齿。

《宋书》曰：褚彦回为吏部尚书，有人求官，密袖中将一饼金，因求清闲，出金示之曰："人无知者。"彦回曰："卿自应得官，无假此物，若必见与，不得不相启。"此人大惧，收金而去。彦回叙其事而不言其名，时人莫之知也。

《南史》曰：南海扶南国王诸农死，子阳迈立。阳迈初在孕，其母梦生儿，有人以金席藉之，其色光丽。夷人谓金之精者为阳迈，中国云紫磨者，因以为名。宋永初二年，遣使贡献，以阳迈为林邑王。

《宋书》曰：齐武帝常至刘悛宅，昼卧，觉，悛自捧金澡灌，受四升以沃盥，因以与帝。

《齐书》曰：金车，王者至孝则出；金人，王者有盛德则游于后池。林邑有金山，金汁流于浦。

又曰：梁武帝于襄阳起兵，萧颖胄以荆州应焉。时长沙寺僧铸黄金为龙，数千两，埋土中，历相传付，称为下方黄铁。颖胄因取此龙，以充军实。

《梁书》曰：武陵王纪镇蜀，既东下，黄金一斤为一饼，百饼为篋，至百篋，银五倍之，其他锦罽称是。每战，则悬金以示将士，终不赏赐。

又曰：庐陵王续之子应不惠，王薨，至库内阅珍物，见金铤，问左右曰："此可食不？"答曰："不可。"应曰："既不可食，并总乞汝。"

《南史》曰：林邑国有山，皆赤色，其中生金。金夜则出飞，状如萤火。

又曰：甄法崇之孙彬有行业，乡党称善。尝以一束苎就州长沙寺库质钱，后赎苎还，于苎束中得五两金，以手巾裹之，彬得送还。寺库道人大惊，云："近有人以此金质钱，时有事，不得举而失。檀越乃能见还，辄以金半仰酬。"往复十余，彬坚然不受，咏曰："五月披羊裘而负薪，岂拾遗金者耶！"卒还金。梁武帝布衣而闻之，及践祚，以西昌侯藻为益州刺史，乃以彬为府录事参军，带郫县令。将行，同列五人，帝诫以廉慎。至彬，独曰："卿昔有还金之美，故不复以此言相属。"由此名德益彰。

《陈书》曰：欧阳頠在岭南，交州刺史袁昙缓密以金五百两寄頠，令以百两还合浦太守龚为，四百两付儿智矩，余人弗之知。頠寻为萧勃所破，赀财并尽，唯所寄金独存。昙缓亦寻卒。至是，頠并依信还之，时人莫不叹伏之。

崔鸿《十六国春秋·后赵录》曰：建武元年十一月，不雨雪。至二年八月，谷价涌贵，金一斤直米二升。

又《前燕录》曰：汜昭，字嗣先，敦煌人。辟州主簿，志在理枉申滞。人有于夜中报昭黄金者，昭责而遣之。

《后魏书》曰：赵柔，字元顺。尝在路得人所遗金珠一贯，价直百缣。柔呼主还之。

又曰：孙轨，字元庆，为诸军司马。太武平赫连昌，引诸帅入其府藏，各令任意取金玉。诸将取之盈怀，轨独不取。帝把手，亲探金赐之，谓之曰："卿临财廉。朕所以增赐者，欲显廉于众人！"

又曰：段挥自慕容瓒归魏太武，至长安，人告晖欲南奔，云置金于马鞯中。帝密遣视之，果如告者，斩之于市。

又曰：李安世为主客令，每有江南使至，多出藏内珍宝，令都下富室好容服者货之，令使任情交易。时齐刘缵至金玉肆问价，缵曰："北方金玉太贱，当是山川所出？"安世曰："圣朝不贵金玉，所以同于瓦砾。又皇上德通神明，地不爱宝，故川无金，山无玉。"缵初将大市，得安世言，惭而罢。

又曰：副货国，城周匝七十里。国王有黄金殿，殿下有驼七头，高三尺。

又曰：拔豆国出金银，河钩羌国出金珠。

《北史》曰：齐李幼廉少寡欲，为儿童时，初不从家人所求请。故尝以金宝授之，终不取；强付，辄掷之地。后为南青州刺史，主簿徐乾富而暴横，历政不能禁。幼廉初至，因其有犯，收系之。乾密通疏，奉黄金百挺、奴婢二十人，幼廉不受，遂杀之。

《北史》曰：隋献皇后崩山陵后，帝赐杨素金钵一，实以金；银钵一，实以珠。

《隋书》曰：上赐王公已下射，杨素箭为第一。上手以外国所献金精盘，价直钜万，以赐之。

《唐书》曰：太宗谓侍臣曰："水旱不调，皆为人君失德。朕德不修，天当责朕，百姓何罪而尚多穷困？闻有鬻男女者，朕甚悯焉！"于是遣御史大夫杜淹巡关内诸州，出御府金宝赎还父母。

又曰：开元中，杜暹为监察御史，往西覆屯。蕃人赍金以遗暹，因辞不受。左右以不可失蕃人之情，暹受而埋于幕下。既出境，乃移牒令收取之。

又曰：德宗诏曰："朕闻王者不贵远物，所宝唯贤。故尧设茅茨，禹卑宫室，光武舍去宝剑，顺帝封还大珠。朕仰企前王，思齐太素，邕州所奏金坑，诚为润国。语人于利，非朕素怀。方以不贪为宝，唯德其物，岂尚兹难得之货，生其可欲之心耶？其金坑任人采斫，官不得占！"

又曰：贞元元年四月，南诏王异牟寻与其酋长定计，遣使赵莫罗眉，由南安使，凡三辈，致书于韦皋，各赍生金、丹砂为贽。三分前皋所与牟寻者，各持其一为信。岁中三至京师，且曰："牟寻请归大国，永为藩臣。所献生金，以喻向化之意，坚如金也；丹沙，示其赤心耳。"上嘉之，乃赐牟寻诏书。

又曰：韦执谊，时为翰林学士，受财，为人求科第。夏卿不应，执谊乃探怀中，出金以内夏卿袖。夏卿惊曰："吾与若赖先人德致名位，幸各己达，岂可如此自毁坏！”摆袖而去，执谊大惭。

又曰：路随为翰林学士，乃兼金紫。有以金帛谢除制者，必比之曰：“吾以公事，接私贿耶？”终无所纳。

《管子》曰：玉起于禺氏山，金起于汝、汉，珠起于赤野，此宝相去各七千里。汤以杜山之金以赎民之卖子者，禹以历山之金赎卖子者。江阳之珠，天下一美。上有丹砂，下有黄金。上有慈石，下有铜金。上有陵石，下有铅锡。上有赭，下有铁。葛卢山发而出金，蚩尤取以为剑铠。雍狐山发而出金，蚩尤取以为戟。楚有汝、汉之黄金。

《晏子》曰：景公为履，黄金之綦，仅能举之。

《列子》曰：齐人有欲金者，清旦，衣冠之市，适鬻金者之所，因攫其金而去。吏捕得之，问曰：“人皆在焉，子攫人之金，何故？”对曰：“取金之时，不见人，徒见金。”

《鲁连子》曰：秦围赵邯郸，魏使将军新垣衍入邯郸，令赵尊秦为帝。鲁连子说罢之。秦军退，平原君以千金为先生寿，笑曰：“若即有取，商贾之事，连不忍为也！”

《庄子》曰：今大冶铸金，金踊跃曰：“我且必为镆铘！”大冶必以为不祥之金。

又曰：以瓦注者巧，以黄金注者昏。所要重则心矜。

又曰：至仁无亲，至信辟金。金玉，小信之质耳，至信则除矣。

又曰：金石有声，不考不鸣也。

《韩子》曰：荆南丽水之中生金。

又曰：鲁丹三说中山之君而不受也，因散五十金，事其左右。复见，未语而君与之食。鲁丹出，不及舍，遂去中山。其御曰：“交乃始善我，何故去之？”鲁丹曰：“夫以人言善我，必以人言罪我。”未出境，而公子恶之，曰为赵来间中山君，因索而罪之。

又曰：张谴相韩，病将死，公乘无正怀三十金而问之其疾。居一月，公自问张谴曰：“君子死，将谁使代子？”答曰：“无正法而畏上；虽然，不如公子食我之得民也。”张谴死，因相公乘无正。

又曰：荆王弟在秦，秦不出也。中尉之士曰："资臣百金，臣能出之。"因载百金之晋见叔向，曰："荆王弟在秦，秦不出也，请以百金委之。"叔向受金而见平公，曰："可以城壶丘矣。"平公曰："何以？"对曰："荆王弟在秦，秦不出，是秦、荆恶也，必不敢禁我城壶丘。若禁之，我曰：'为我出荆王之弟，吾不城也。'彼如出之，可以得禁；彼不出，是卒恶也，不敢禁我城壶丘矣。"曰："善！"乃城壶丘，谓秦公曰："为出荆王之弟，吾不城也。"秦因出之。荆王大说，以炼金百镒遗之。

《墨子》曰：昔夏使飞廉折金于山，铸昆吾。鼎成而方，不炊自烹，不举自藏，不迁自行。以祭昆吾之墟，其兆繇曰："蓬蓬白云，一南一北，一东一西。九鼎既成，迁于三国，夏失殷受，殷失周受。"

《孟子》曰：齐王以兼金一百遗孟子。兼金，好金也。

《列子》曰：夏华殷谓汤曰："渤海之东，不知几亿万里，有大壑，中有山，一曰岱舆，二曰方壶，三曰员峤，四曰瀛洲，五曰蓬莱。其上高观皆金阙。"

《淮南子》曰：玦五百岁生黄澒，五百岁生黄金，黄金千岁为黄龙。玦，石也。中央数五，故五百岁一化。澒，音胡贡反。澒，黄金水银也。秦以一镒为一金而重一斤。汉以一斤为一金。

又曰：舜藏金千斤于崭岩之山，所以塞贪鄙之心。

又曰：子拯溺者金玉，不若得寻常纆。

《傅子》曰：悬千金于市，人不敢取者，分定矣；委一钱于路，童子争者，分不定矣。

《抱朴子》曰：合金液，用古称黄金一斤，都合用四十万而成一剂，可令八人仙也。其次，饵黄金一斤，可得地仙。

又《内篇》曰：山中亥日称人字者，金玉。知其物则不能为害。

又曰：吴景帝时，戍将于广陵掘一大冢，棺中人面如生，两耳及鼻孔中皆有黄金，大如枣许。此假物不朽之效也。

太平御览卷第八百十一 珍宝部十

金下

《国语》曰：范蠡乘轻舟，以浮于五湖，莫知其所终。王令工以良金写范蠡之状而朝礼之。

《穆天子传》曰：观天子宝：黄金之膏。金膏，亦犹玉膏，皆其精液也。

《春秋后语》曰：尉缭来，说王曰："以秦之强，诸侯譬如郡县，其君臣俱怨。若或合从醮而出不意，醮谓祭，盟誓之义也。此智伯、夫差、湣王所以亡也。愿大王无爱财物，赂其豪臣，以乱其谋。秦不过亡三十万金，则诸侯可尽！"王大善之。

又曰：邯郸既存，平原君欲封鲁仲连。仲连辞谢者三，终不肯受。平原君乃置酒，酒酣，起前以千金为仲连寿。仲连笑曰："所贵于天下之士者，为人排患、释难、解纷，而无取也，即有取者，乃商贾之人，仲连不忍为也！"遂辞平原君而去，终身不复见也。

又曰：邯郸之北有苏人侯，苏秦往说之。苏人侯送以黄金百溢。其家丞谏曰："君侯之与客无故旧，而送之百金，其说可得闻耶？"苏人侯曰："客天下辩士，立谈之间，再夺我地而复归之。吾地虽小，岂其百金？"

《韩诗外传》曰：田子为相，三年归休，以金百镒奉其母。母曰："不义之物，不入于馆。为人臣不忠，是为人子不孝。子其去！"田子惭愧走出，自归于王，还金，请退就狱。王赦田子罪，以金赐其母。

又曰：楚襄王遣使者持金千斤、白璧百双聘庄子，欲以为相。庄子固辞。

又曰：延陵季子游于齐，见遗金于路，呼牧者取之。牧者曰："何子居之高而视之下也！类君子而言野也！有君不臣，有友不友，当暑衣裘，吾岂取金者乎？"延陵季子知其贤者，请问姓字。牧者曰："子乃皮相之士也，何足语姓字哉！”遂去。

《周易参同契》曰：黄土，金之父；流水，珠之母。

《英雄记》曰：董卓坞有金二三万斤。

《汉武故事》曰：帝年数岁，长公主遍指侍者：“与作妇，好否？”皆不用。后指陈后，帝曰：“若得阿娇作妇，当以金屋贮之。”

《汉武内传》曰：帝受西王母《真形经》，盛以黄金之几。

又曰：西王母有丸丹，金液金浆。

《汉东园秘记》曰：亡人以黄金塞九窍，则尸终不朽。

陆贾《新语》曰：舜藏金于崭岩之山，捐珠玉于五湖之渊，杜淫邪，绝觊媚之情也。

东方朔《神异经》曰：北荒中有二金阙，高百丈；金银盘，围五十丈。

又曰：西方白宫之外有金山。上有人，长五丈余，名曰金犀守之。

《蜀王本纪》曰：秦王以金一笥遗蜀王，蜀以礼物答，而尽化为土。秦王怒，君臣拜贺曰：“土者，地也，秦当是蜀矣！”

《说苑》曰：申鸣者，孝闻于楚。王授之相，辞不受。其父曰：“使汝有禄于国，立义于庭，吾无忧矣。”申鸣从父命为楚相。及白公乱，申鸣曰：“今不得为孝子矣。”遂援鼓杀白公，其父亦死。王赐金百斤，申鸣曰：“何面目见天下！”遂自杀。

《新序》曰：齐桓公见麦丘邑人，问之曰：“年几何？”对曰：“八十矣。”曰：“以子之寿，祝寡人乎？”曰：“使主君甚寿，金玉是贱，以人为宝！”

又曰：公孙敖问伯象先生曰：“今先生收天下之术，博观四方之日久矣，未能裨世主之治，明君臣之义，是则未有异于府库之藏金玉，筐箧之囊简书也。”

又曰：郭隗语燕昭王曰：“古之人君，有以千金求千里马，已死，买骨五百金。不能期年，千里马至者三。”

《论衡》曰：卢江民小男曰陈爵、陈挺，相与浴于湖崖。有酒樽，色正黄，没水中。爵以为铜，涉水取之，重不能举。挺往助之，樽更为沉，盘动入深渊中。挺、爵留顾，见如钱等，正黄，数百千枚。即共掇榶，各得满手归。示其家，乃黄金也。

《论衡》曰：众口铄金者，五行二曰火，五事二曰言，言与火直，故云铄金。

《风俗通》曰：众口铄金。俗说有美金于此，众人咸共诋訾，言其不纯。卖金者欲其售，因取煅烧，以见真。此为众口铄金。

又曰：《汉书》说王阳好车马衣服，及迁徙，所载不过囊衣；俗传王阳能作黄金。语曰："金不可作，世不可度。"王阳居食禄，虽为洁白，车马衣服，亦能几何？何足推之，乃传俗语？

《白虎通》曰：金在西方。西方者，阴始起万物禁止。金之为言禁也。

《西京杂记》曰：韩嫣好弹，常以金为丸，一日所失者十余。长安为之语曰："若饥寒，逐金丸。"京师儿僮，每闻嫣出，辄随之，望丸所落而拾之。

《乐说稽熠嘉》曰：君臣之义生于金。

葛洪《神仙传》曰：容成公服三黄得仙。所谓雄黄、雌黄、黄金。

《搜神记》曰：魏郡张巨卖宅与程应，应举家疾。卖何文，文独持大刀，暮入北堂梁上。一更中，有一人丈余，高冠赤帻，呼曰："细腰！"应"诺"。"何以有人气？"答曰："无。"文问曰："高冠者谁？"答曰："金也，在西屋壁下。"文掘得金三百斤。

又曰：汉文微服怀金过鲁少年。少年柱金杖出应门。

王子年《拾遗记》曰：少昊时，金鸣于山，银涌于地，或如龟蛇之类，乍似人鬼之形。

又曰：方丈山有池，泥色金而味辛。以泥为器可作丹矣，百炼可为金矣。金色青，照鬼魅犹照面，不得藏形也。

《异苑》曰：汝南殷陶市同县张南宅，掘地得钱百万、金二斤，即以还南。南曰："君至德感宝，为君出。"终不肯受。陶送付县令河南张标表上尚书。

又曰：新野黄舒，义熙中，耕田，得一船金。卜者云："三年勿用，长守富也！”舒不能从，遂成土壤。

又曰：永康王旷，井上有一洗浣石，时见赤气。后有胡人寄宿，忽求买之。旷怪所以求。及度钱，子妇孙氏睹二黄鸟斗于浣石上，疾往掩取，变成黄金。胡人不知，索市逾急。既得，撞破石，内止有二鸟处。

又曰：即墨有古冢，发之，有金牛塞埏门，不动。犯之则大祸。

《述异记》曰：南康雩都县，沿江西出，去县三里名梦口穴，状如石室。旧传常有神鸡，色如好金，出此穴中，奋翼回翔，长鸣响彻，见人辄飞入穴，因号此石为鸡石。昔有人耕此山侧，望见鸡出游戏。有一长人操弹弹之，鸡遥见，便飞入穴。弹丸正着穴上，丸径六尺许，下垂蔽穴，犹有门隙，不复容人。又有人乘船，从下流还县，未至此崖数里，一人通身黄衣，担两笼黄纸，求寄载。因载之。黄衣人乞食，船主与之。食讫，船适至崖下。船主乞瓜，此人不与，仍唾盘上，径下崖，直入石中。船主初甚忿之，见其入石，始知神异。取食器视之，见盘上唾悉是黄金。

又曰：先儒说，禹时天下雨金三日。古诗曰：“安得天雨金，使金贱如土！”周成王时，咸阳雨金。今咸阳有雨金原。秦二世元年，宫中雨金，既而化为石。汉惠帝二年，宫中雨黄金、黑锡。又，翁仲孺家贫，力作，居渭川，一旦，天雨金十斛于其家，由是与王侯争富。今秦中有雨金翁，世世富。

《录异传》曰：隗炤者，汝南阴鸿寿亭民，善于《易》。临终，书板授其妻，曰：“吾死，当大荒穷。虽尔，慎莫卖宅！后到五年春，当有诏使顿来此亭，姓龚。此人负吾金，卿以此板往责之。”亡后，果大困，欲卖宅者数矣。忆夫言辄止。到期日，有龚使者果至亭。妻遂赍板往责使者，使者执板，不知所言，曰：“我生平不践此处，何缘尔也？”沈吟良久，谓曰：“贤夫何能？”妻曰：“夫善《易》，而未曾为人卜。”使者曰：“可矣！”乃顾命侍者，取蓍而筮之。卦成，谓炤妻曰：“吾不相负金，贤夫自有金！乃知亡后暂穷，故藏金以待太平。所以不告妇儿者，恐金尽而困无已也。知吾善《易》，故书板以寄意耳。金有五百斤，盛以青瓶，覆以铜盘，埋在堂屋东头，去壁一丈，入在九尺。”妻还，掘之，皆如卜焉。

《异物志》曰：狼牖民与汉人交关，尝夜市，以鼻嗅金，知其好恶。

《幽明录》曰：淮牛渚津，水深无可算计。人见一金牛，形甚魁壮，以金锁绊也。

又曰：巴丘县百金岗以上二十里，名黄金潭。上有濑，亦名黄金濑。古有钓于此潭，获一金锁引之，遂满一船；而有金牛出，声貌奔壮。钓人被骇，牛因奋跃还潭。

又云：晋南顿王平，新营一宅。始移，梦见一人，云平舆令黄欲以一器金赂暴胜之，为暴所戮，埋金在吾上，见镇迮甚，若君复筑室，无复出入金。平明旦即凿壁下，入五尺果得金。

又曰：谯县城东，因城为台，方二十丈，高八尺。一曰古之冢也，魏武帝即筑以为台。东面墙崩，金玉流出，取者多死。因筑复之。

又曰：海中有金台，台内有金几，玄记纪金之精为牛。

又曰：长安有张氏者，昼独处室，有鸠自入，止于对床。张恶之，披怀祝曰：“鸠，尔来为我祸耶？止承尘！为福耶？入我怀！”鸠翻飞入怀。以手探之，不知所在，而得一金带钩焉。遂宝之，自是之后，子孙昌盛。

《世说》曰：刘晔谮陈矫。明帝以金五饼授矫，曰：“君明朕心，顾君妻子未知也。”

又曰：管宁、华歆，共园中锄菜。见地有斤金，管挥锄与瓦石不异，华捉而掷去。

《曹操别传》曰：操引兵入岘，发梁孝王冢，破棺，收金宝数万斤。天子闻之立泣。

《益部耆旧传》曰：王忳，字少林。诣京师，于客舍见诸生病甚，因谓忳曰：“腰下有金十斤，愿以相与，乞收藏骸骨。”未问姓名，因绝。忳卖金一斤，以给絜棺；九斤，置在腰下。

《鲁国先贤志》曰：叔孙通草创朝仪，拜通为奉常，赐金五百斤。

通悉以金赐诸生，诸生乃喜曰：“叔孙生，圣人也，知当世务。”

《庐江七贤传》曰：陈翼，字子初。到览乡，见马旁有一人病，呼曰：“我，长安魏少公。闻卿庐江乐来游，今病，不能前。”翼迎归养之，有金十饼，素二十匹。既死，翼卖素，买棺衣衾，以金置棺下，骑马出入。后其兄长公见马，告之吏，捕翼。翼具言，棺下得金。长公叩头谢，以金十饼投其门。翼送长安还之。

《邴原别传》曰：邴原，字根矩。以丧乱方炽，遂往辽东。时同郡刘举亦在辽东。辽东太守公孙度掩捕其家，而举得免，窘逼归原。东莱太守太史子义，素有义，原以举付之。举临去，以其手所杖剑、金三饼与原，原受金，辞剑。还，谓度曰：“将军平日与举无隙，而欲杀之者，但恐其为蜂虿耳。今举以去，若以拘闭其家，毒螫必滋甚矣！”度即出举家，原以金还之。

《茅君内传》曰：汉帝及王莽献金钟之属，今埋在小茅山上。

又曰：取铅十斤，着铁器中，猛火烧之。三沸，投九转之华一铢于铅中，搅之，须臾，立成黄金九斤。

《吴时外国传》曰：斯调国，作金床。

《扶南传》曰：毗骞国，食器皆以金为之。金如此间之石，露出山边，无有限。

《吴越春秋》曰：伍子胥伐楚，还溧阳濑水上，欲报自杀妇人百金。不知其家，投金濑水中而去。须臾，有一姥哭而来，自言是女母，取金而去。

《蜀李书》曰：武帝诸将，进金银或以得官者。杨褒谏曰：“陛下为天下主，何有以官买金耶？”帝谢之。

《列女传》曰：乐羊子出学，其妻贞义，截发供其费。后羊子得遗金一饼以与妻。贞义曰：“君子不以利污行！”羊子惭而去之。

又曰：广汉女妇者，汝敦妻也。敦以所受田地奴婢三百余万，悉让与兄。裁留园地数十亩，起舍耕作。土中得金一器，敦以示妻，妻曰：“本言让先祖所有，此独非其有耶？”敦曰：“固吾意也。”俱担金送与兄嫂。

《郡国志》曰：苏秦宅在洛阳利仁里。后魏高显业，每夜见赤光，于光处掘得金百斤，铭曰“苏家金”。业为之造寺。

《秦州记》曰：金城郡，应劭云：初筑城得金，因名金城。

《临海记》曰：白石山去县邑三十里，望之如雪。上有渊，相传云金鹅之所集。

郑缉之《东陈记》曰：金豚山之康县南三里，故老传云：有人得金豚于此，故名山。

刘欣期《交州记》曰：赵妪者，九真人，乳长数尺。入山聚盗，遂攻郡。常着金擒提屣。

又曰：金有华，出珠崖，谓金华采者也。雪山，在新昌南。人曾于山中得金块如升，迷失道。还置本处，乃得出。

《钱塘记》曰：县东南有岘山，长老相传，采金于此。

《罗浮山记》曰：州南十里有牛潭，渔人见金牛自水出。义熙中，县民张安蹑得金锁，大如指，遂数十寻，寻寻不已。俄有物从水引之，掘不能禁。以刀断得数尺，安遂致富。其后义兴周云甫掩此牛，掣断其锁，得二丈，遂以财雄。

《林邑记》曰：从林邑往金山，三十日至。远望金山，嵯峨如赤城，照耀似天光。涧壑谷中亦有生金，形如虫豸，细者似苍蝇，大者若蜂蝉，夜行耀熠，光如萤火。

《地镜图》曰：黄金之气赤黄，千万斤以上，光大如镜盘。

《白泽图》曰：黄金之精名石塘，状如豚。居人家，使人不宜妻。白鼠以昏时见，于丘陵之间，视所出入，中有金。

《关令内传》曰：老子与尹喜登昆仑，上金台、玉楼、七宝宫殿，昼夜光明，乃天帝四王之所游处，有珠玉七宝之床。

宋躬《孝子传》曰：郭巨，河内温人也。妻生男，谋曰：“养子则不得营业，妨于供养，当杀而埋焉。”锸入地，有黄金一釜，上有铁券，曰：“黄金一釜，赐孝子郭巨。”

《扬雄集》曰：单于上书愿朝。哀帝以问公卿，公卿云："虚费府帑，可且勿许。"单于使辞去，未发，雄上书谏。天子召还匈奴使。者，更报单于书而许之。赐雄黄金十斤。

孔融《圣人优劣论》曰：金之优者名曰紫磨，犹人之有圣也。

陈思王《辩道论》曰：甘陵始其语余曰："本师姓韩，字世雄。始常与师于南流作金，前后四投数万斤金于海。"

《岭表异录》曰：五岭内富州、宾州、澄州江溪间皆产金。侧近居人，以木箕淘金为业，自旦至暮，有不获一星者。郑玘《伤淘者》诗云：披沙辛苦见伤怀，往往分毫望亦乖，力尽半年深水里，难全为一凤凰钗。就中澄州者，最为良金。余顷年使于上国，亲友不欲书其姓字。附澄州金二十两与当时权臣。余讶其单鲜，友人曰："金虽少，贵其夜明，有异于常金耳！"遂留宿验之，信然也。

太平御览卷第八百一十二 珍宝部十一

银

《周礼·夏官下》曰：正南曰荆州，其利丹银。

《尔雅》曰：白金谓之银，其美者谓之镣。郭璞曰：辽音也。

《孝经援神契》曰：神灵滋液，有银瓮，不汲自满。

《史记·封禅书》曰：殷得金德，银山溢。苏林注曰：溢，出。

又曰：蓬莱、方丈、瀛州，此三神山，黄金、白银为宫阙。

又《大宛传》曰：安息国以银为钱，钱如其王面。王死，辄更钱，放王面焉。

又曰：舜为父母淘井，将银钱安罐中，与父母。

《汉书》曰：王莽时，珠堤银重八两，一流直千五百八十。张晏曰：珠堤，县名，属犍为，出银。池银，一流直千。是为银货。

又《西域传》曰：无雷国出银。

司马彪《续汉书》曰：大秦国以金银为钱，十银钱当一金钱。

《魏志》曰：郭修手刃蜀大将军费祎，追加褒宠，谥曰威侯。子龙加爵，拜奉车都尉，赐银千饼。

魏武《上杂物疏》曰：御物：中宫贵人、公主、皇子，纯银漆带镜一枚。西贵人，纯银参带五。皇子，银匣壹；皇子杂用物十六种，纯金参带方严四具。

又曰：御物及贵人、公主、皇子，有纯银香炉也。

《魏志》曰：秽国，男女系银，广数寸，以为饰。

《蜀志》曰：先主平蜀，赐诸葛亮等银千斤。

《吴志》曰：孙皓时，言掘地得银，长一寸，广一分，刻上有年月。于是改年为天策。

又曰：娄生为刘表所围，珪饮食健儿数百人，人赐银一斤，使击表。

《晋故事》曰：成帝咸康元年，有司奏上元给赐众官银，检金部见银一万五千两充给。

《宋起居注》曰：广州刺史韦朗，镂银铭二枚。

《齐书》曰：明帝每存俭约，欲铸坏太官元日上寿银酒枪。尚书令王晏等咸称盛德。萧颖胄曰："朝廷盛礼莫过三元。此一器，既是旧物，不足侈！"帝不悦。后预曲宴，银器满席。颖胄曰："陛下前欲坏酒枪，恐宜移在此器也。"帝甚惭。

《南史》曰：梁陶季直，丹阳和陵人也。祖愍祖，宋广州刺史。父景仁，中散大夫。季直早慧，愍祖甚爱异之。尝以四函银列置于前，令诸孙各取其一。季直时年四岁，独不取，曰："若有赐，当先父伯，不应度及诸孙，故不取。"愍祖益奇之。

《陈书》曰：周文育从南海出，至大庾岭，遇卜者，卜之曰："君北下不过作令长，南临则为公侯，又当暴得银二千两。若不见信，以此为验。"其夕，宿于逆旅，有贾人求与文育博。文育胜之，得银二千两。旦遂却入岭南。

崔鸿《十六国春秋·前赵录》曰：聪引帝入燕语。帝曰："卿为豫章王时，赠朕柘弓、银研，卿颇忆不？"曰："臣安敢忘之，但恨尔日不得早识龙颜。"

又《后赵录》曰：大武殿室皆银楹金柱。

《后魏书》曰：银出始兴阳山县，又出桂阳阳安县。骊山有银矿，二石得银七两。白登山亦有银矿，八石得银七两。宣武帝诏，并置银宫，每令探铸。

又曰：孝明皇帝开恒州银山之禁，与人共之。

又曰：太武皇帝和平二年，诏中尚坊作黄金合盘，镂以白银，钿以玫瑰。

《唐书》曰：武德中，方术人师市奴合金银并成。上异之，以示侍臣。封德彝进曰："汉代方士及刘安等皆学术，唯苦黄白不成，金银为食器可得不死。"

又曰：贞观中，治书侍御史权万纪上言："宣、饶二州诸山大有银坑，采之，极是利益，每岁可得钱百万贯。"上谓曰："朕贵为天子，是事无所少乏。唯须嘉言善事，有益于百姓者。且国家剩得数百万贯钱，何如得一有才行人？不见卿推贤进善之事，又不能按举不法，震肃权豪；唯只言税鬻银坑，以利多为美。昔尧抵璧于山，投珠于谷，由是崇名美号见称千载；后汉桓、灵二帝，好利贱士，为近代庸暗之主。卿遂欲将我比桓、灵耶？"是日放令还第。

又曰：太宗引杜淹为天策府兵曹参军、文学馆学士，常侍宴赋诗。时有八人同作，淹为称首，赐以银钟。

又曰：贞观中，鸿胪奏：高丽莫支离贡白金。黄门侍郎褚遂良进曰："莫支离虐杀其主，九夷所不容。陛下以之兴兵，将事吊伐，为辽山之人报主辱之耻；若受其贡，何所致伐？"太宗纳焉。

又曰：元和十四年，泾原节度使王潜进银三千两、熟线绫三千匹。泾州密迩戎境，其土无百姓，其军皆仰给度支旧矣。至若无名上献，虽吴、蜀沃富，犹谓取诸人以干媚，不免于讥责。今则盗削军实，以充贡献，而求恩泽，盖以时急于财，势使然也。

又曰：太和中，尚书左丞王起，进亡兄播银胡瓶二百枚、玉及通犀带刀剑器杖等。

《管子》曰：上有铅者，下有银。

《列子》曰：周穆王执化人之祛，腾而上天。暨化人之宫，构以金银，络以珠玉。

《淮南子》曰：夫淇卫箘簬，饰以银锡，有薄缟之幨，不能独穿也。

《抱朴子》曰：银但不及金玉，服可地仙。

《穆天子传》曰：天子乃赐曹奴之人戏、黄金之鹿、银麕。今有地中得玉豚、金狗之属，皆古者赂夷狄之奇货。

又曰：披图视观天子之宝器，有烛银。银青精光如烛。

《山海经》曰：杻阳之山，其阳多白银。郭璞曰：即银也。少阳之山，其下多赤银。银之精者。

东方朔《神异经》曰：南方有银山，长五十余里，高百余丈。皆悉白银，不杂土石，不生草木。

东方朔《十洲记》曰：东方外有东明山，有宫焉。左右阙而立，其高百尺。建以五色门，有银榜，以青碧镂题，曰："天地长男之宫"。南方有阊明山，有宫焉。有银榜，题曰："天地中女之宫。"

桓谭《新语》曰：期门郎程伟好黄白事。娶妇，得怪女。伟无衣，为妇致两匹缯。后见夫方扇炭，欲烧筒中水银。钢怂出其中药以投之，立成银。伟就求道，不受，发狂而死。

《白虎通》曰：王者易姓而起，必升封太山何？报告之义。或曰：封金银绳，或曰石涂金银绳，封之以印玺。

《瑞应图》曰：王者宴不及醉，刑罚中人不为非，则银瓮出。

阮谌《三礼科》曰：牛鼎受一斛。天子饰以黄金，错以白银。

《幽明录》曰：徐琦每见一女子，姿色甚美，便解臂上银铃赠之。

《列异记》曰：故司隶校尉上党鲍子都少时，上计掾于道中遇一书生，独行无伴，卒心痛。子都下车为按摩。奄忽亡，不知姓名。有书一卷，银十饼。即卖一饼以殡敛，其银以枕之，素书着腹上。哭之，谓曰："若子魂灵有知，当令子家知子在此！今奉使命，不获久留。"遂辞而去。

《吴越春秋》曰：禹登委山，得五金简，青玉为字，编以白银。

《异物志》曰：金邻国去扶南二千余里，土地出银。

《异苑》曰：弘农杨子，闻土中作声，掘得玉。后三年，有蛇去梁上，落粪皆成碎银。作器卖于市，得者寻以破灭。

《地镜图》曰：银气夜正白，流散在地，拨之随手合。

又曰：银精变白雄鸡。

郦元注《水经》曰：溽水出溽山，水源有金银矿，洗取，火合之，以成金银。

《南越志》曰：遂成县任山，银沙自出。

《外国事》曰：私呵调国王供养道人，食日银三两。

任预《益州记》曰：陶保至益州，人饥，米二合直银一两。

王韶之《始兴记》曰：泠君西北有小首山。宋元嘉元年，夏霖雨，山崩。自颠及麓，崩处有光耀，有若辰焉。居人往观，皆是银铄，铸得银也。

又曰：秋水源山盘石上，罗列十瓮，皆盖以青盆，其中悉是银饼。人有遇之者，但得开观之，不可取，取辄迷闷。晋太元初，林驱家仆窃三饼，有大蛇伤而死。其夜，林驱梦神语曰："君奴不良，盗银三饼，已受显戮。愿以银相备。"驱觉，奴死，银在其旁。有徐道者，自谓能致。乃集祭酒，盛奏章书，击鼓吹，入山。须臾，雷震雨石，倒树折木，道遂惧走。

《湘州记》曰：曲江县有银山，山多素雾。

《广州记》曰：广州市司用银易米。遂成县，任山又有银空，有银砂。

《桂阳记》曰：临贺山有黑银。

黄银

《礼斗威仪》曰：君乘金而王，则黄银见。

《隋书》曰：辛公义为牟州刺史，时山东霖雨，自陈汝至于沧海，皆苦水灾，境内犬牙独无所损。山出黄银，获之以献，诏水部郎娄崱就公义祷，乃闻空中有金石丝竹之响。

《唐书》曰：太宗尝赐房玄龄黄银带，顾谓曰："昔如晦与公同心辅朕，今日所赐，唯独见公！"因泫然流涕。

又曰：朕闻黄银多为鬼神所畏。命取黄金带，遣玄龄亲送于灵所也。

水银

《史记》曰：秦始皇葬，以水银为百川江河大海，机转相轮，终而复始。

《皇览》曰：关东贼发始皇墓，中有水银。

《广雅》曰：水银谓之澒。

《吴越春秋》曰：阖闾葬，墓中澒地，广六丈。

《神仙传》曰：封君达，陇西人。服炼水银，年百余岁。常骑青牛，世号青牛道士。

铅

《尚书·禹贡》曰：海、岱唯青州。岱畎丝、枲、铅、松、怪石。

《史记》曰：高渐离，秦始皇矐其目，使击筑。渐离乃以铅置筑中，举筑扑秦始皇帝。

《汉书》曰：江都王建宫人八子有过者，辄令以铅杵舂，不中程辄掠。广川王去数召姬荣爱与饮。后昭信谮之，销铅灌其口中。

《汉书》曰：或盗靡钱质而取铅。如淳曰：民盗靡漫面而其铅以更铸作钱。

《东观汉记》曰：曹褒寝则枕铅。

《范子计然》曰：黑铅之错，化成黄丹。丹再化之成水粉。

《淮南子》曰：铅不可为刀。

又曰：铅之与丹，异类殊色。而可以为丹者，诚得数也。

《抱朴子》曰：愚民不信黄丹及胡粉是化铅所作。

桓子《新论》曰：淮南王之子娉迎道人，作为金银。

又云：字金与公铅，则金之公。而银者，金之昆弟也。

《茅君内传》曰：取铅十斤，安铁器中，猛火烧之，三沸，投九转之华一铢于铅中，搅之，立成黄金。

《神仙传》曰：尹轨，字公度。有一人遭父丧，当葬，而贫穷汲汲。公度过省之，孝子说甚辛苦。公度怆然，曰："卿假求数十斤铅得否？"孝子言："犹可得耳。"乃具一百斤。公度将入前山中，架小屋下，于炉火中销铅。以其所带管中药如枣大，投沸铅中搅之，皆成好银以与之，告曰："念卿贫困，故以相与。慎勿多言！"

《述异记》曰：河间有雨铅城。汉世，天雨铅。

《地境图》曰：草青茎赤秀，下有铅。

《玄中记》曰：铅锡之精为老婢。

锡

《周礼·夏官中·职方》曰：扬州，其利金、锡。

《尔雅》曰：锡谓之鈏。

《周官·考工记》曰：凡铸金之状，金与锡，黑浊之气竭，黄白次之；黄白之气竭，青气次之，然后可铸。

《史记》曰：江南出楠、梓、姜、桂、锡、连。徐广曰：连，音莲，铅之未练者也。

《淮南子》曰：明镜之始照，未见其容也；及枪之以玄锡，磨之以毡，则须眉见。

《山海经》曰：龙山之下多赤锡，濯山多白锡。

《博物志》曰：积草三年，烧之，津液下流成锡。

《越绝书》曰：赤堇山破而出锡。

《吴越春秋》曰：越王允常聘欧冶子，不能铸铅锡为干将。

《神仙传》曰：尹轨，字公度。尝见一人，本官族子弟，仕郡，遇公事簿书不了，当备官钱百万，卖田宅车牛不售而收系。公度语所富人曰："子可以百万钱借我，我欲以救人，后三十日倍当相还。"富人喜，敬之，即以百万钱与公度。公度以与遇事者，曰："卿能得一百二十斤锡不？"遇事者即具之。公度于鏖中销锡，复以其腰间管中药一方寸匕投沸锡中，搅之，皆成金，即称卖与人，得钱百万。以还富人。近光熙元年，闻公度到南阳太和山中。

《博物志》曰：积艾草三年，烧之，津液下流，成铅锡

太平御览卷第八百一十三 珍宝部十二

铜

《左传·僖中》曰：郑伯朝楚，楚子与之金。既而悔之，与之盟曰："无以铸兵！"故以铸三钟。

《史记》曰：秦使徐福入海还，伪辞曰："臣见海中大神，曰：'汝，秦王之神，薄得观而不得取！'即从臣往蓬莱山，见芝城宫阙，有使者铜色而龙形，光上照天。"

又曰：秦始皇收天下兵，聚之咸阳，为铜铸金人十二，各千石，置庭中。

又曰：张孟谈、董安于之治晋阳也，公室之堂皆以练铜为柱。

又曰：赵襄子使厨人以铜斗击代王，杀之，而取其地。

又曰：上使善相相邓通，当贫饿死。文帝于是赐通蜀严道铜山，得自铸钱。景帝立，有告通盗出徼铸钱，尽没入，一簪不得着，身寄死人家。

又曰：龙门、碣石多铜铁。

《汉书》曰：武帝即位，好鬼神之事。李少君以却老方见上。上有故铜器，问少君，少君曰："此器齐桓公十年陈于伯寝。"已而案其刻，果齐桓公器。

又曰：黄帝采首阳山铜，铸鼎于荆山之下。

又曰：王莽梦长乐宫铜人五枚并起立，莽恶之，使尚方镌灭铜人膺文。

又曰：吴有豫章郡铜山，招致天下人民亡命者盗铸钱。

又曰：凡律度量衡用铜者，所以同天下，齐风俗也。铜为物至精，不为燥湿寒暑变其节，不为风雨暴露改其形，介然有常，似于士君子之行，是以用铜也。

又曰：王莽天凤四年八月，莽亲之南郊，铸作威斗。威斗者，以五色铜为之。

又曰：无雷国有铜。

华峤《后汉书》曰：灵帝时，使掖庭令毕岚铸铜人四，列于苍龙玄武阙外。

又曰：修玉堂殿，铸铜人四，黄钟四及天禄、虾蟆。又铸四出文钱。

范晔《后汉书》曰：马援善别名马。于交阯得骆越铜鼓，乃铸为马式。

又曰：马援征南海，铸铜柱于林邑国，以极汉南界。

又曰：崔烈纳钱为司徒。久之不自安，从容问其子钧曰："吾居三公，于议者何如？"钧曰："大人少有英称，历位卿守，论者不谓当为三公。而今登其位，天下失望。"烈曰："何为然也？"钧曰："论者嫌其铜臭。"烈怒，举杖击之。

又曰：蓟子训遁去，不知所止。后人复于长安东霸城见之，与老翁共磨娑铜人，相谓曰："适见铸此，而已近五百岁矣。"

《魏略》曰：明帝徙长安诸钟虡、骆驼、铜人、承露盘，唯铜人不可致。住霸城，又铸作铜人，列坐于司马门外。

《吴志》曰：朱异口赋弩曰："南岳之干，钟山之铜。应机命中，获隼高墉。"

《晋书》曰：南阳王模督秦雍时，关中饥荒，百姓相啖，加以疾疠，盗贼公行。模力不能制，乃铸铜人钟鼎为釜器以易谷。议者非之。

崔鸿《十六国春秋·后赵录》曰：石勒徙洛阳铜马、翁仲二于襄国，列之永丰门。

《北史》曰：后魏明帝初，尔朱荣与从弟世隆密议废立，乃以铜铸孝文及咸阳王禧等五王子像。成，当奉为主，唯庄帝独就。

《唐书》曰：开元中，许昌县之唐祠，掘地得古铜樽，又隐起双鲤篆书，文曰"宜子孙"。

又曰：开元十三年，宋州献古铜鼎十九，及钟、磬、甑、釜、樽、杓、盘、瓶各数四。时宋城尉晋日休，因板筑，获而献之。

又曰：初，天宝中，天下州郡皆铸铜，为玄宗拟其形容，首冠环焰，足承菡萏，与尊佛之像间列于殿堂，号为真容。及山东陷，率被熔毁，而恒州独存。

又曰：文宗问宰臣曰："币轻钱重，如何？"宰臣杨嗣复曰："此事已久，但且禁铜，不可遽变其法。法变，即必扰人。"李珏曰："今请加炉铸钱，他法不可。先有格令州府禁铜为器，当今以铜为器而不知禁。所病者，制敕一下，曾不经年，而州县因循，所以制令相次，而视之为常。今自淮而南，至于江岭，鼓铸铜器，列而为肆。州县不禁，市井之人逐锥刀之利，以缗范为他器鬻之，售利不啻数倍。是则禁铜之令，必在严切，斯其要也。"

又曰：五台山有金阁寺，铸铜为瓦，涂金其上，照耀山谷，计钱巨亿万。

《淮南子》曰：铜英青。

又曰：铜不可以为弩。

《抱朴子》曰：吴时，发广陵大冢，中有铜为人数十头，皆长五尺。

又曰：《金简记》云："以五月丙子日中时，铸五石，下其铜。五石：雄黄、丹砂、雌黄、矾石、曾青也。皆铸粉之，以金华池漆之，内太一神鼎中，下以桂薪烧之。铜成，以铜炭冶之。取牡铜以为雄剑，取牝铜为雌剑。带之以入河，则蛟龙、巨鱼、水神不敢进也。欲知铜之牝、牡，当令童男童女，俱以水灌铜，以其在火中尚赤时也，则铜自分为两段，有凸起者则牡铜也，凹陷者则牝铜也。"

又曰：山中夜见胡人，铜之精也。

《山海经》曰：昆吾之山，其上多赤铜。此山出金，色赤如火，以切玉如泥。周穆王时，西戎为兵献，汲冢中得铜金剑一枚，长三尺五寸。故通以锡杂为兵器。

《帝王世纪》曰：纣作铜柱，令男女裸形缘之，落则妲已笑。

《国语》：管仲曰："美金以铸戟剑，试诸狗马。恶金以铸锄、夷、斤、欘。"恶，粗。夷，平也，所以削草平地也，形似锄而小。欘，斫也。

《广雅》曰：白铜谓之鋈，赤铜谓之锡。

《汉武内传》曰：上起神屋台，以铜为柱，黄金涂之。

《神异经》曰：入金山下四丈，得丹扬铜。张华曰：此铜与金相似。《典术》曰：陶丹铜以为金也。

《贾谊书》曰：下不得铸钱，则民反耕田矣。

《西京杂记》曰：高祖初入咸阳宫，周行库藏，见铜人十二枚，坐皆高三尺，列在一筵上，琴、筑、笙、竽皆有所执，皆缀花彩。俨然若生人。筵下有铜管，上口高数尺，出筵后。其一管内空，一管有绳，大如指。使一人吹管，一人纽绳，则琴筑笙竽皆作声音，与真乐不异。

虞喜《志林》曰：建武中，南郡男子献铜鼓，背有铭。及吴时，江水中钟上有百余字，人莫有识者。

《地镜图》曰：草茎黄秀，下有铜器。

《士纬》曰：铜出于石，为铃则小，铸钟则大。

《南中八郡志》曰：云南旧有银窟数十。刘禅时，岁常纳贡。亡破以来，时往采取，银化为铜，不复中用。

《世语》曰：元康八年。陵云台上生铜。

贾谊《鵩鸟赋》曰：阴阳为炭，万物为铜。

张莹《汉南记》曰：安帝见铜人，以问侍中张陵，对曰："昔秦始皇时，有大人十二，身长五丈，履六尺，皆夷狄之服，见于临洮，此天将亡秦之证。而始皇误喜以为瑞，乃铸铜人以为像。"上曰："何以知之？"对曰："臣见传载，云其人胸上有铭。"

《林邑记》曰：林邑王范文铸铜为牛，铜屋行宫。

《荆州记》曰：衡阳重安县有砉苦历反塘。故老相传云：此塘中有铜神，今犹时闻铜声。水转变绿，鱼为之死。

《武当山记》曰：山有石室，中有铜杖长七尺。

《越绝书》曰：赤堇之山破而出锡，若耶之谷涸而出铜，欧冶因为纯钧之剑。

《玄中记》曰：铜之精为童奴。

《岭表异录》曰：蛮夷之乐，有铜鼓焉。形如腰鼓，而一头有面。鼓面圆二尺许，面与身连，全用铜铸。其身遍有虫鱼花草之状，通体均匀，厚二分已来，炉铸之妙，实为奇巧。击之响亮，不下鸣鼍。贞元年中，骠国进乐，有玉螺铜鼓。即知南蛮酋首之家，皆有此鼓也。咸通末，幽州张直方贬龚州刺史，到任后，修葺州城缘，掘土得一铜鼓，牵复载以归京。到襄汉，以为无用之物，遂舍于延庆禅院，用代木鱼。

铁

《尚书》曰：华阳、黑水唯梁州，厥贡璆、铁。

《尚书·说命》曰：若金用汝作砺。孔安国曰：铁须砺以成利器。

《礼记·月令》曰：季春之月，命工师令百工审五库之量，金铁及羊无或不良。

《左传·昭七年》曰：晋赵鞅赋晋国，一鼓铁以铸刑鼎，着范宣子刑书。各出功力，共鼓石为铁，一鼓而足之。

《春秋孔演图》曰：八政不中则铁飞。

《春秋繁露》曰：蒸石取铁，非人意也；祸福所从生，亦非人意乎！

《广雅》曰：铁朴谓之砺。

《史记》曰：邯郸郭纵以铁冶成业，与王者埒富也。

又曰：卓氏、宛氏，以铁冶致富。

《汉书·五行志》曰：武帝征和二年，涿郡铁官铸铁，消皆飞去。时刘屈厘为太守，后死象。

《汉书》曰：高祖又与功臣剖符作誓，丹书铁契，藏之宗庙。

又曰：张良以家财求客刺秦王，得力士，为铁椎重一百二十斤。秦始皇至博浪沙中，良与客俱击秦皇帝。

又曰：张敞弟武拜为梁相。武曰："当以柱后惠文冠弹治之耳！"应劭曰：柱，后以铁为柱，本法官冠也。

又曰：成帝河平二年，沛郡铁官治铁，飞。

又曰：李寻说王根曰："政感阴阳，犹铁炭之低仰，见效可信者。"《天文志》曰：悬土炭也，以铁易土耳。先冬夏至，悬铁炭于衡各一端。冬阳气至，炭仰而铁低；夏至，炭低而铁仰。

又曰：婼羌国有铁，自化为兵。

范晔《后汉书》曰：赤眉降，徐宣等曰："自今日得降，犹去虎口归慈母！"世祖曰："卿铁中枪枪，庸中佼佼耳！"

又曰：公孙瓒徙镇易京，虑有非常，乃居于高京，以铁为门。

《魏略》曰：弁辰国出铁，韩、濊皆从市之。诸市买皆用铁，如中国用钱也。

王隐《晋书》曰：石苞，字仲容。初为县吏，买铁邺市。市长沛国赵元儒见苞，异之，便与结交。

《晋阳秋》曰：肃慎土无盐铁。

《晋书》曰：林邑国王范逸死，奴文篡立。文日南西卷县夷帅范雅奴也，尝牧牛涧中，获二鳢鱼，化成铁，用以为刀。刀成，乃对大石障而咒之，曰："鳢鱼变化，冶成双刀。石障破者，是有神灵！"进斫之，石即瓦解。文知其神，乃怀之。

《晋书·载记》曰：赫连勃勃以"铁伐"为氏，曰："使我宗族子孙，刚锐如铁，皆堪伐人也！"

《齐书》曰：高祖素俭约，后宫物器栏槛，以铜为饰者，并改以铁。

《梁书》曰：康绚筑浮山堰，将合，淮水漂没，复决溃。众患之，或谓："江淮多蛟，能乘风雨决坏岸，其性恶铁。"因是引东西二冶铁器，大则釜鬲，小则镬锄，数千万斤，沉于堰所。

《后汉书》曰：崔挺为光州刺史。先是，州内少铁器，用皆求之他境。挺表复铁官，公私有赖。

《庄子》曰：金铁蒙以大绁，载六骥之上，则致千里。

《淮南子》曰：上古之时，未有铁器，磨蜃以耨。

又曰：铁不可以为舟。

又曰：丰水之深十仞，不受尘埃。投金铁焉，则形见于水。

《山海经》曰：克光之山、龙首之山，其阴多铁。

《神异经》曰：南方有兽焉，角足大小形状如水牛，皮毛黑如漆，食铁饮水，其粪可为兵器，其利如钢，名曰"啮铁"。俗云："咋铁"。《玄黄经》曰：南方啮铁，粪利如钢，食铁饮水，腹中不伤。

《河图》曰：赤帝有女，讹铁飞之异。

《新序》曰：公孙敖曰：“夫玉石金铁，犹可琢磨，以为器用，而况于人！”

《论衡》曰：纣力能索铁申钩。

卢綝《四王起事》曰：张方请帝迁都，五千骑皆铁缠稍。

《魏武故事》曰：领长史王必是吾乡，披荆棘时吏，忠而勤事，心如铁石。

《语林》曰：许玄度出都为弟婚。弟少愚，恐人嘲弄，玄度为解而获免。真长笑曰：“许玄度为弟张十重铁步障！”

《异苑》曰：楚王与群臣猎于云梦，纵良犬，逐狡兔，三日而获之。其肠似铁，良工曰：可以为剑。

《十洲记》曰：流沙在西海中，上多山川积石，为昆吾石。治其石成铁，作剑光明洞照如水精状，割玉如切泥土。

《广州记》曰：邓平县有铁石。

《南方草物状》曰：铁出耽兰州，裨夷庄船载铁至扶南卖之。

《华阳国志》曰：公孙述废铜钱，铸铁钱，百姓货卖不行。

金钢

《晋起居注》曰：咸亨三年，敦煌上送金钢，生金中，百淘不消，可以切玉，出天竺。

《玄中记》曰：金钢出天竺大秦国，一名削玉刀，削玉如铁刀削木。大者长尺许，小者如稻米。欲刻玉时，当作大金镮，着手指，开其背如月以割玉，刀内环中以刻玉。

《南州异物志》曰：金钢，石也。其状如珠，坚利无匹。外国人好以饰玦环，服之能辟恶毒。

《南越志》曰：波罗基国出钢珠，朗照幽夜。

《林邑记》曰：林邑王范明达献金钢指环。

《抱朴子》曰: 扶南有金钢，可以刻玉。体似紫石英，外国人名为千延。至于百丈底，着盘以铁槌打之，不能伤。以羖羊角扣之，则漼然冰泮。

服虔《通俗文》曰: 乱金谓之钷。

鍮石

《广志》曰: 鍮石似金，亦有与金杂者，淘之则分。

锺会《刍荛论》曰: 夫莠生似禾，鍮石像金。

齐周舍谓沙门法云曰:“孔子不饮盗泉之水，法师何以捉鍮石香炉?”答曰:“檀越既得戴纛，贫道何为不得执鍮?”

《唐书》曰: 高宗上元元年，诏九品服浅碧，并鍮石带八胯。

王子年《拾遗记》曰: 石虎为四时浴台，皆用鍮石、珷玞为陡岸。

太平御览卷第八百一十四 布帛部一

丝

《尚书·禹贡》曰：济、河唯兖州，厥贡漆、丝。海、岱帷青州，厥篚檿、丝。檿，桑，丝中琴瑟弦。

《周礼·天官下·典丝》曰：典丝，掌丝入，而辨其物，以其贾揭之。掌其藏与其出，以待兴功之时。颁丝于外内，皆以物受之。凡上之赐予，亦如之。

又《冬官·考工记》曰：𢄼氏，湅丝，以涚水沤其丝，七日，去地尺暴之。故书"涚"作"湄"。郑司农云：湄水，温水也。玄谓：涚水，以灰所湅水也。沤，渐也。楚人曰沤，齐人曰涹。昼暴诸日，夜宿诸井，七日七夜，是谓水湅。

《礼记·月令》曰：季春之月，蚕事既登，分茧称丝。

又《内则》曰：子能言，教男"唯"女"俞"，男鞶革，女鞶丝。"鞶，小囊也，男用韦，女用缯，有饰缘也。

又曰：王言如丝，其出如纶。

又《少义》曰：国家靡币，则君子不履丝屦。币，赋税亟也。

《左传·隐公》曰：公问于众仲，曰："卫州吁其济乎？"对曰："臣闻以德和民，不闻以乱。以乱，犹治丝而棼之也。丝见棼缊，益所以乱。

《春秋考异邮》曰：四月，蚕饵丝。

《毛诗·鹊巢·羔羊》曰：羔羊之皮，素丝五紽。羔羊之革，素丝五緎。羔羊之缝，素丝五总。

又《鹊巢·何彼秾矣》曰：其钓唯何？唯丝伊缗。

又《邶·柏舟·绿衣》曰：绿兮丝兮，女所治兮。

又《墉·伯舟·干旄》曰：孑孑干旄，在濬之郊。素丝纰之，良马四之。

又《淇澳·氓》曰：氓之蚩蚩，抱布贸丝。匪来贸丝，来即我谋。

又曰：淑人君子，其带伊丝，其弁伊骐。

又《丝衣》曰：丝衣其紑，芳浮反，载弁俅俅。丝衣，祭服也。俅，音求。

又曰：虽有丝麻，无弃菅蒯。

谢承《后汉书》曰：丹阳方储为郎中。章帝使文郎居左，武郎居右。储正住中，曰："臣文武兼备，在所施用。"上嘉其才，以繁乱丝付储，使理。储拔佩刀三断之，对曰："反经任势，临事宜然！"

袁宏《汉记》曰：《郭泰传》：童子魏照求入其房，供给洒扫。泰曰："当精义讲书，何来相近？"照曰："经师易获，人师难遭。欲以素丝之质，附近朱蓝。"

《魏略》曰：文帝欲受禅，野蚕成丝。

《晋阳秋》曰：武帝时，有司奏以青丝为牛鞙，诏以青麻代之。

《晋书》曰：吕光窃号河右，中书监张资病，光博营救疗。有外国道人罗叉，云能差资病。光喜，给赐甚重。罗休知叉诳诈，告资曰："叉不能为益，徒烦费耳！冥运虽隐，可以事试也。"乃以五色丝作绳结之，烧为灰末投水中。灰若出水还成绳者，病不可愈。须臾，灰聚浮出复为绳。叉疗，果无效。少日资亡。

《宋书》曰：诸葛阐上言："夫岁时有利害之收，而蚕桑有经常之苦，机杼居不变之勤，而民用有奢俭之异。今南至有五丝命缕之服，仲夏北至，比肆连行，纠绳縻无用之工，玄黄侵衣章之费。饰彩虽贵，始无所入，尺绝寸分，终于捐弃，部一邑以推百城，其费博矣！谨率愚管，谓宜禁革。"

《后魏书》曰：幽州刺史张亮。初，有薛琡梦亮出于山上挂丝，觉而告亮，且占之曰："山上丝，'幽'字。君为幽州乎？"未期而受。

《管子》曰：齐桓公伐楚，济汝水，逾方城，使贡丝于周室。墨子见染丝者，叹曰："染于苍则苍，染于黄则黄，五入则为五色。故染不可不慎！非独染丝，治国亦然。"

《淮南子》曰：蚕饵丝则商弦绝。商，金声。春蚕吐丝，金死，故绝也。

《山海经》曰：欧丝之野，有一女子，跪树而欧丝。郭璞注曰：蚕类也。

《吕氏春秋》曰：惠子曰："使女工化为丝，不能治丝；大匠化为木，不能治木。”

《家语》曰：子张问入官，子曰：“修身返道。故夫女工必自择丝麻，良匠完材，贤君选左右。”

《论衡》曰：蚕含丝而商弦绝，桉子生而父气衰。新丝既登，故体者自坏耳。

桓谭《新论》曰：昔神农始削桐为琴，绳丝为弦，以通神明之德，合天地之叙。

《风俗通》曰：五月五日，色续命丝，俗说益人命。

《正部》曰：皎皎练丝，为蓝则青，得丹则赤，得蘖则黄，得泥则黑。

《士纬》曰：丝俱生于蚕，为缯则贱，为锦则贵。

《神仙传》曰：仙人用五色丝作续命幡，幡安五色。

《竹林七贤论》曰：鬲令袁毅，为政贪浊，赂遗朝廷，以营虚誉。遗山涛丝百斤，众人莫不受，涛不欲为异，乃受之，命内阁之梁上而不用也。后毅事露，验吏至涛所。涛于梁上下丝，已数年，尘埃黄黑，封印如初，以付吏。

《西京杂记》曰：公孙弘以元光五年为国所推，上为贤良。国人邹长倩赠以素丝一緵，为书以遗之，曰：“五丝为䍁，倍䍁为升，倍升为緎，倍緎为记，倍记为緵，倍緵为緵。此自少之多，自微之着也。士之立功勋，效名节，亦复如之。勿以小善为不足修而不为也！”

《王子年拾遗记》曰：成王时，因祇国致女工一人，善织新轻素，以五色丝内口中，手引而结之，则成文锦。

《神仙传》曰：园客者，济阴人，貌美而良。邑人多欲以女妻之，客终不娶。常种五色香草，积数十年，服食其实。忽有五色蛾，集香草之上，客收而荐之以布，生华蚕焉。至蚕时，有一女自来，助客养蚕，亦以香草食之。蚕收得茧百二十枚，茧大如瓮。每一茧缫六七日，丝乃尽。缫讫，此女与园客俱去。

《梁四公记》曰：扶桑国使贡方物，有黄丝三百斤，即扶桑蚕所吐，桑灰汁所煮之丝也。帝有金炉，重五十斤，系六丝以悬炉，丝有余力。

《楚辞》曰：茅丝兮同综，冠履兮共处。

宋玉《钓赋》曰：夫玄渊之钓也，以三寻之竿，八丝之纶。

荀卿《蚕赋》曰：食桑而吐丝，前乱而后治。

嵇康《琴赋》曰：弦以园客之丝，徽以钟山之玉。

枚乘《七发》曰：龙门之桐，高百尺而无枝。斩以为琴，野茧之丝以为弦。

《古乐府·歌诗》曰：罗敷善蚕桑，采桑城南隅。青丝为笼绳，桂枝为笼钩。何用识夫婿？白马紫骊驹，青丝系马尾，黄金络马头。

蔡邕《广连珠》曰：参丝之绞以弦琴，缓张则挠，急张则绝。

陆凯《奏事》曰：诸暨、永安出御丝。

素

《释名》曰：素，朴素也。已织则供用，不复加功饰也。

《史记》曰：苏代遗燕王书云："齐紫败素，而贾十部。"败素染以为紫也。

《东观汉记》曰：郑据，建初五年辟司徒府，拜侍御史。上疏，诏书下官府，赐据素六十匹。

《汉书仪》曰：天地鬼神玺，皆以武都紫泥封，都布囊白素裹。

《汉官仪》曰：印绶盛以箧，箧以绿绨表白素裹。

《魏志》曰：学者资于人，犹蓝之染素。

《范子计然》曰：白素出三辅，匹八百。

《孟子》曰：陈相道许行之言。孟子曰："许子必种粟而后食乎？"曰："然。""许子冠乎？"曰："冠。"曰："奚冠？"曰："冠素。"曰："自织之与？"曰："否，以粟易之。"曰："许子奚为不自织？"曰："害于耕也。"

《韩子》曰：齐桓公好衣紫，国人皆好服之，至五素不得一紫。事具彩门。

《盐铁论》曰：缟素不能自分于缁墨，贤圣不能自治于乱世。

班固《与弟书》云：今赍白素三百匹，欲以市月支焉。

宋玉《美人赋》曰：腰如束素。

徐干《团扇赋》曰：唯合欢之奇扇，肇伊、洛之纤素。

《古诗》曰：新人能织缣，故人工织素。织缣日一匹，织素五丈余。以缣特比素，新人不如故。

班婕妤诗曰：新裂齐纨素，鲜洁如霜雪。裁为合欢扇，团团象明月。

扬雄《答刘歆书》曰：天下上计孝廉，及内郡卫卒会者，雄常把三寸弱翰笔，赍油素四尺，以问其异方语。归，即以铅槧次之于铅椠七念反，三十七岁于今矣。

缯

《史记》曰：乌氏倮以缯遗戎王，戎王十倍报之。

《帝王世纪》曰：末喜好闻裂缯之声，桀为发缯裂之。

《汉书》曰：灌婴，睢阳贩缯者。

又曰：广川王去立昭信为后，幸姬陶望卿为修美人，主缯帛。昭信谮望卿曰："与我无礼，衣服常鲜于我，尽取善缯丐诸宫人。"

《献帝纪》曰：是时新迁都，宫人多亡衣服。帝欲发御府缯以作之，李傕不欲，曰："宫中有衣服，胡为复作耶？"诏卖厩马百余匹，御府大司农出杂缯二万匹，与所卖厩马直，赐公卿已下及贫民不能自存者。李傕曰："我邸阁储跱少。"乃悉载置其营。贾诩曰："此上意，不可距也。"傕终不从。

又曰：李傕时合羌胡数千人，先以御物缯彩与之。

《晋书》曰：单道开，敦煌人，常衣粗褐。或赠以缯服，皆不着。

《宋书》曰：朱百阳居山阴，有时出山阴为妻买缯彩三五事。好饮酒，遇醉或失之。

《后周书》曰：梁主萧岿朝于邺，高祖与之宴，大悦，赐杂缯万段、良马数千匹。并赐齐后主妓妾，及常所乘五百里骏马以遗之。

缬

《西河记》曰：西河无蚕桑，妇女着碧缬裙，上加细布裳。且为戎狄性，着紫缬襦裤，以外国色锦为裤褶。

《后魏书》曰：封回为都官尚书、冀州大中正。荥阳郑云，谄事长秋卿刘腾，货紫缬四百匹，得为安州刺史。除书旦出，晚往诣回。坐未定，问安州兴生何事便，回曰："卿荷国宠恩，位至方伯。虽不能拔园葵去织妇，宜思方略，以济百姓。如何见造问兴生乎？封回不为商贾，何以相示？"云惭失色。

彩

《尚书·禹贡》曰：徐州，厥篚玄纤缟，荆州，厥篚玄纁。玄，黑缯。缟，白缯。纤，细也。纤在中，明物皆当细。

《礼记·玉藻》曰：无君者不贰彩，非列彩不入公门。列彩，正服。

《史记》曰：通邑大都，采千匹，比千乘家。

《汉书》曰：孝文六年，遗单于赤绨、绿缯各四十匹。

《东观汉记》曰：光武起，拜朱和建义大将军，赐绛八百匹。

又曰：光武初起义，与诸李市弓弩、绛衣、赤帻。

谢承《后汉书》曰：陈重同舍郎有归宁者，误持邻舍郎绛去。嫌重取，重不申曲直，置绛还之。去郎还，得绛，甚愧于重。

袁山松《后汉书》曰：刘盆子拜竟，复从刘仲卿居。仲卿为盆子制绛单衣。

张璠《汉记》曰："朱俊少孤，母以贩缯彩为事。同郡周起负官债百万，县催责之。俊窃母帛为起解债。

《魏志》曰：景初中，赐倭女王茜绛五十匹，绀青五十匹。

《吴书》曰：陆逊破曹休，当还西陵，上赐逊缯彩、丹漆。

《梁书》曰：张讥幼丧母，有错彩经帕，母之遗制。及有所识，家人具以告之。每岁时，辄对帕哽噎，不能自已。

《唐书》曰：武德中，太宗平并州，悉复故地。上悦，置酒含章殿，宴群臣。极欢，遣入御府，赐缯彩，皆尽重而出。

《韩子》曰：齐桓公好服紫，一国尽服紫，五素不得一紫。公患之，管仲曰：

"君勿衣紫也。谓左右曰:'吾恶紫臭!'"公曰:"诺。"三日,境内莫有衣紫。

《风俗通》曰:夏至,着五彩辟兵,题彩曰游光厉鬼,知其名无温疾。五采,辟五兵也。按,取新断织系户,亦此类也。

《世语》曰:王经彦伟初为江夏太守,大将军曹爽附绛二十匹,令交市于吴。经不纳书,弃官归。

崔寔《四民月令》曰:八月清风戒寒,趣染彩也。

挚虞《决疑》曰:古者,男子皆衣彩,有故乃素服。秦汉以来,服色转变,今唯朝廷五服用彩。

裴玄《亲言》曰:五月五日,集五彩缯,谓之"辟兵"。不解,以问伏君,伏君曰:"青、赤、白、黑,为之四面,黄居中央,名曰:'襞方'。缀之于复,以示妇人养蚕之工也。传声者误以为'辟兵。'"

李陵《与苏武诗》曰:有鸟西南飞,熠熠似苍鹰。朝发天地隅,暮宿日南陵。欲寄一言书,托之笺彩缯。

张载《拟四愁诗》曰:佳人赠我筒中布,何以报之?流黄素。

蔡邕《女诫》曰:礼:女始行,服纁。纁,绛也,上正色也。红紫不以为亵服,缃绿不以为上,缯贵厚而色尚深,为其坚纽也。

毌丘俭《报弟书》曰:令别致绛二百匹,可以供送葬之事。

染

《周礼·天官下》曰:染人,掌染丝帛。凡染,春暴练,夏纁玄;秋染夏,冬献功。

又《地官下》曰:掌染草,掌以春秋敛染草之物。染草,茅蒐、橐芦、豕首、紫茢之属。以权量受之,以待时而颁之。权量,以知轻重多少。时,染夏之时。

又《冬官·考工记》曰:锺氏染羽,以朱湛丹秫,三月而炽之,郑司农云:湛,渍也。丹秫,赤粟。玄谓:湛,读如渐车帷裳之渐。炽,炊也。羽,所以饰旌旌及王后之车。淳而渍之。淳,沃也。以炊下易沃其炽,蒸之以渍羽。渍犹染也。三入为纁,五入为緅,七入为缁。染纁者三入而成,又再染以黑,则为緅。今礼俗文作"爵",言如爵头色也。又复再染以黑,乃成缁矣。

《礼记·月令》曰：季夏，命有司染彩，黼黻文章必以法，故无或差贷。黑黄苍赤，莫不质良，无敢诈伪。以给郊庙祭祀之服，以为旗章，以别贵贱等级之度。质，正也。良，善也。所用染者，当得其真彩正善。

《尔雅》曰：一染谓之縓，取绢反。再染谓之赪，三染谓之纁。青谓之葱，黑谓之黝。

《汉书·王莽传》曰：更始元年，拜置百官。莽闻之愈恐，欲外示自安，乃染其须发。

《吴录》曰：九真移风县有赤絮。胶人规土知蚁穴，垦发，以木枝插其中，则蚁缘而生漆。折漆以染絮，其色正赤。

《宋书》曰：陶季直五岁丧母，哀若成人。初，母未病，令于外染衣。卒后，家人始赎季直，抱之号恸，闻者莫不酸感。

《吕氏春秋》曰：素染于青，染于黄，五入而五色。尧、舜、三王，染于贤圣而治，桀、纣、幽、厉，染于凶佞而亡。

《博物志》曰：芫苏子染法：芫苏子一升，可染一匹，直以水浸之耳。

《释名》曰：缃，桑叶初生色也。

《广志》曰：乌丸与匈奴同俗，丈夫妇人为木帻，朱染之，如杅盆以沓头。

《神仙传》曰：昌容者，商王女也。修道于常山，食逢蘽根，二百余年。能致紫草，卖于染家，得钱以与贫病者。

《环济要略》曰：正色有五，谓青、赤、黄、白、黑也。间色有五，谓绀、红、缥、紫、流黄也。

太平御览卷第八百一十五 布帛部二

锦

《说文》曰：锦，襄邑织文也。

《释名》曰：锦，金也，作之用功重，其价如金。故制字“帛”与“金”也。

《礼记·王制》曰：锦文珠玉成器，不鬻于市。不示民也奢与贪。成犹善也。

《礼记·玉藻》曰：童子之节也缁布衣，锦缘，锦绅并纽，锦束发，皆朱锦。童子，未冠之称。《冠礼》曰：将冠者彩衣紒也。

又《玉藻》曰：君衣狐白裘、锦衣，以裼之。锦衣、狐裘，诸侯之服也。

又曰：居士锦带。居士，道艺处士也。

又《中庸》曰：《诗》云：“衣锦褧衣”，恶其文之着也。故君子之道，暗然而日章；小人之道，的然而日亡。言君子深远难知，小人浅近易知也。所以不知孔子，以其深远也。禅为褧。锦衣以美，而君子以禅表之，为其文章露，似小人也。

《左传·闵公》曰：卫迁于曹，齐桓公归夫人鱼轩重锦三十两。

又《襄三》曰：晋侯先归，公享晋六卿于蒲圃。贿荀偃束锦加璧。

又《襄五》曰：左师见夫人之步马者，步马，习马。问之，对曰：“君夫人氏也。”左师曰：“谁为君夫人？余胡弗知。”圉人归，以告夫人，使馈之锦与马，先之以玉。

又《襄六》曰：子皮欲使尹何为邑，子产曰：“少，未知可否？”子皮曰：“吾爱之。夫往而学焉，亦愈知治。”子产曰：“人之爱人，求利之也；今吾子爱人以政，犹未能操刀而使割也，其伤实多。子之爱人，伤之而已。子有美锦，不使人学制焉；大官大邑，身之所庇，而使学者制焉，其为美锦，不亦多乎？”言官、邑人重，多于美锦也。

又《昭四》曰：晋合诸侯，次于卫地，叔鲋求货于卫，淫刍荛者。淫，放也。欲使卫患之而致货也。卫人使屠伯馈叔向羹与一箧锦，屠伯，卫大夫也。曰："诸侯事晋，未敢携贰。况卫在君之宇下，屋宇之下，喻近。而敢有异志？刍荛者异于他日，敢请之。"叔向受羹反锦。受羹，示不逆其意，且非货也。

又《昭四》曰：平丘之会，公不与盟。晋人执季孙意如，以幕蒙之，使狄人守之。司铎射鲁大夫也。怀锦，奉壶饮冰，以匍匐焉。守者御之，乃与之锦而入。匍匐，窃往饮季孙也。冰箭，箭盖，可以取饮者也。

又《昭六》曰：齐侯将纳公，命无受鲁货。申丰从女贾，丰、贾二人，皆季氏家臣也。以币锦二两，二丈为一端，二端为一两，所谓匹也。二两，二匹。缚一如瑱。瑱，充耳。缚，卷也。急卷使如充耳，易怀藏。适齐师，谓子犹梁丘据之人高齮子犹家臣："能货子犹，为高氏后，粟五千庾。"言若能为我行货于子犹，当为谓；使得为高氏后，又当致粟五千庾。庾，十六斗，凡八千斛。高齮以锦示子犹，子犹欲之。齮曰："鲁人买之，百两一布。以道之不通，先入币财。"言鲁人买此甚多，布陈之，以百两为数。子犹受之。

又《哀上》曰：吴人藩卫侯之舍。藩，篱。子服景伯谓子贡曰："夫诸侯之会，事既毕矣。侯伯致礼，地主归饩，侯伯致礼，以礼宾也。地主，所会主人也。饩，生物。以相辞也。各以礼辞让。今吴不行礼于卫，而藩其君舍以难之，难若用也。子盍见大宰？"乃请束锦以行。以赂吴。

《毛诗·淇澳·硕人》曰：硕人其颀，衣锦褧衣。齐侯之子，卫侯之妻。

又《蟋蟀》曰：角枕粲兮，锦衾烂兮。

又《巷伯》曰：《巷伯》，刺幽王也。寺人伤于谗，而作是诗也。萋兮斐兮，成是贝锦。萋斐，文相错也。彼谮人者，亦以太甚！

《论语》曰：宰我问："三年之丧，期已久矣！君子三年不为礼，礼必坏；三年不为乐，乐必崩。旧谷既没，新谷既升，钻燧改火，期可已矣。"子曰："食夫稻，衣夫锦，于女安乎？"曰："安。""女安则为之。"

《尔雅》曰：素锦绸杠。以白地锦韬旗之竿。

《尚书大传》曰：古之帝王者，必有命民，能敬长怜孤，取舍好让，举事力者，命于其君，然后得乘饰车、骈马，衣文锦。

《汉书》曰：项羽在关中，怀思东归，曰："富贵不归故乡，如衣锦夜行。"

又曰：景帝三年，下诏曰："雕文刻镂伤农事，锦绣纂组害女工，宜禁之！"

又曰：贾人毋得衣锦。

谢承《后汉书》曰：朱宠仲威为太尉，家贫，食脱粟，卧布被。朝廷赐锦被粱肉，皆不敢当。

《汉官仪》曰：虎贲中郎将，古官，衣纱縠单衣，虎文锦裤。余郎亦然。

《汉官典职》曰：尚书郎，直中官，供锦被。

《魏志》曰：景初中，赐倭女王绛地交龙锦五匹、绀地勾文锦三匹。倭献暴文杂锦二十匹。

《魏文帝诏》曰：前后每得蜀锦，殊不相比，适可讶，而鲜卑尚复不爱也。自吾所织如意虎头连璧锦，亦有金薄、蜀薄来至洛邑，皆下恶。是为下土之物，皆有虚名。

《典略》曰：孔子反卫，夫人南子使人谓之曰："四方君子之来者，必见寡小君。"孔子不得已见之。夫人在锦帷中，孔子北面稽首。

《吴志》曰：将钦，字公弈，为右护军。孙权常入其内，母练帐缥被。权叹其在贵守约，敕御府为其母作锦被，改易帷帐。

又曰：甘宁住止常以缯锦维舟，去辄割弃以示奢。

又曰：诸葛融父兄质素，虽在军旅，身无采饰。而融锦罽文绣，独为奢侈。

环氏《吴纪》曰：蜀遣使献重锦千端。

《江表传》曰：陆逊攻刘备于夷陵，备舍船步走，烧皮铠以断道，使兵以锦挽车，走入白帝。

《蜀志》曰：先主入益州，赐诸葛亮、法正、张飞、关羽锦各千匹。

王隐《晋书》曰：袁甫，字公曹，称所知于领军何勖，勖曰："君称其好人，则多所宜，何以为欲使宰民，不可为台阁职乎？”甫曰：“人各有能有不能，此人虽好，好莫过锦，锦不可以为焰！”

王隐《晋书》曰：窦妻苏氏善属文。符坚时，滔为秦州刺史，被徙流沙。苏氏思之，织锦为回文诗以寄滔。循环宛转以读之，词甚凄切。

《晋书》曰：石季龙僭立，迁都于邺，倾心事佛图澄，有重于勒。下书，衣澄以绫锦，乘以雕辇。

《南史》曰：宋元凶劭将作难，赐袁淑等裤褶。又就主衣取锦，裁三尺为一段，又中裂之，分萧斌与淑及左右，使以缚裤褶。

《齐书》曰：江淹为宣城太守，时罢归，始泊禅灵寺渚。夜梦一人，自称张景阳，谓曰：“前以一匹锦相寄，今可见还。”淹探怀中，得数尺与之。此人大恚，曰：“那得割截都尽！”顾见丘迟，谓曰：“余尺既无用，以遗君。”自尔，淹文章踬矣。

《赵书》曰：前石死，调大臣子弟六十人为挽郎，引锦一匹。

《后魏书》曰：甄琛为定州刺史，既至乡，衣锦昼游，政体严细，甚无声誉。

又曰：孝武至彭城，宋江夏王义恭献蜡烛十挺，武陵王骏献锦一匹。

《北史》曰：齐毕义云家有十余机织锦，并造金服器物。

《后周书》曰：太祖曾在同州与郡公宴集，出锦罽及杂绫绢娄段，命诸将樗蒲取之。

《唐书》曰：王方庆，天后初为广州都督，境内清肃。手制褒之，曰：“朕以卿历职有称，故授此官。既美化远闻，实副朝寄。今赐卿杂彩六十段，并瑞锦等物，以彰善政也。”

又曰：大历初，代宗诏许宰臣元载、王缙及左仆射裴冕、户部侍郎判度支第五琦、京兆尹黎干，各出钱三十万，宴郭子仪于子仪私第，内侍鱼朝恩参其会焉。朝恩出锦三十匹、罗五十匹、绫一百匹，为子仪缠头之费。极欢而罢。旧俗，赏歌舞人以锦彩，置之头上，谓之缠头。宴飨加惠，借以为词。

又曰：大历中，代宗敕曰：“《王制》：‘命市纳贾，以观人之好恶。

布帛精粗不中度，广狭不中量，不鬻于市。’汉诏亦云：‘纂组文绣害女工也。’朕思以恭俭克己，敦朴化人，每尚素玄之服，庶齐金土之价。而风俗不一，逾侈相高，浸弊于时，其来自久，耗缣缯之本，资锦绮之奢，异彩奇文，恣其夸竞。今师旅未戢，黎元不康，岂使淫巧之功，更亏恒制！在外所织造大张锦、软锦、瑞锦、透背，及大繝锦、竭凿六硬已上锦，独窠文纱四尺幅，及独窠吴绫、独窠司马绫等，并宜禁断。其长行高丽白锦、杂色锦，及常行小文字绫锦、花文所织盘龙、对凤、麒麟、师子、天马、辟邪、孔鹊、仙鹤、芝草、万字、双胜，及诸织差样文字等，亦宜禁断。”

又曰：张万福为和州刺史。贼许果至楚州大掠，节度使韦元甫命万福追讨。未至淮阴，果为其将康自劝近逐。自劝拥兵继掠，循淮南东，万福倍道追而杀之。代宗发诏以劳之，赐衣一袭、宫锦十双。

又曰：太和中，赐修指南车、记里鼓人，故金忠义男公亮绯衣、牙笏锦三十匹。

《范子计然》曰：锦大丈出陈留。

《列子》曰：范氏之藏火，子华曰：“若能入火取得锦者，从所多少。”商丘开入火往还而身不烧。

《尸子》曰：夫茧舍而弗治，则腐而弃；使工女缲之，以为美锦，人君朝而服之。

《子思子》曰：管仲馈锦也，虽恶而登朝；子产练紫也，虽美而不尊。《孔子家语》

《淮南子》曰：管仲文锦也，虽丑登庙；子产练帛也，美而不尊。管虽不及圣，犹文锦也。子产先恩后去，如练帛，虽温，不堪为宗庙服。

《抱朴子》曰：籍孺董邓，犹锦纨之裹尘埃。

又曰：寸锦足以知巧，刺鼠足以知勇。

又曰：寸裂之锦黻，未若坚完之韦布。

又曰：小文虽巧，犹寸锦细碎之珍。

《太公六韬》曰：夏桀、殷纣之时，妇人锦绣文绮之坐席，衣以绫纨尝三百人。

《穆天子传》曰：吉日甲子，天子乃执白珪玄璧，以见西王母，好献锦组百纯。郭璞注曰：纯，匹，锦名也。组，绫属，音祖也。西王母再拜受之。

又曰：盛姬之丧，天子使嬖人赠用文锦。

《汉武内传》曰：帝见西王母巾器中有一卷小黄书，盛以紫锦之囊。帝问："此书是仙方耶？不审其目，可得瞻盼不？"王母出以示之："此五岳之真形图也，文秘禁，岂汝秽质所宜佩？"王母即命女宋灵宾更取一图，以与武帝。灵宾探怀中得一卷，盛以云锦之囊。王母起立，手以付帝。

《说苑》曰：魏文侯与田子方语，有两童子衣锦而侍于君前。田子曰："此君之宠子乎？"文侯曰："非也。此其父死于战，此其幼孤也，寡人收之。"

《潜夫论》曰：夫攻玉以石，治金以盐，濯锦以鱼，浣布以灰，物故有丑治好者矣。

郭子横《洞冥记》曰：元鼎元年，起招仙灵阁于甘泉宫西。编翠羽麟毫为廉，有走龙锦，有翻鸿锦。

《西京杂记》曰：武帝时，得贰师天马，以玫瑰石为鞍辔，镂以金银，以绿地五色锦为蔽泥。

《王子年拾遗记》曰：员峤之山名环丘，东有云石，广五百里。有蚕，长七寸，黑色，有角、鳞。以霜雪覆之，然后作茧，长一尺，其色五彩。织为文锦，入水不濡。其质轻暖柔滑。

又曰：周成王时，因祇国致工女一人，善织，以五色丝内口中，手引而结之，便成文锦。其国人来献，有云昆锦文，如云霞，有楼堞；有离珠锦文，似贯佩珠也；有篆隶锦文，似大篆字；有列明锦文，罗灯烛七幅，皆广三尺。

又曰：周灵王起昆昭之台，以享群臣。张鸾章锦文，如鸾翔。

又曰：吴赵逵之妹善书画，巧妙无双。能于指间，以彩丝为云龙虬凤之锦，大则盈尺，小则方寸。

《神仙传》曰：淮南王为八公张锦绮之帐，燔百和之香。

又曰：左慈，字元放，庐江人，少有神道。尝在魏武帝坐，帝曰：“恨无蜀中生姜耳。”放曰：“亦可得也。”因曰：“吾前遣人到蜀买锦，可过敕使者，增市二端。”须臾，即得姜还，并获使报。

《华阳国志》曰：阎宪，字孟度，成都人，名知人。为绵竹令，以礼让化民，莫敢犯者。有民杜成夜行，得遗贿一囊，中有锦二十匹，求其主还之，曰：“县有明君，何敢负也！”

《陈留风俗传》曰：襄邑县，南有涣水，北有睢水。传曰：睢、涣之间文章，故有黼、黻、藻、锦、日、月、华、虫，以奉天子宗庙御服焉。

《异物志》曰：锦鸟，文章如丹地锦，而藻缋互交。俗人见其似锦，因谓之锦鸟。

《邺中记》曰：石虎冬月施熟锦流苏斗帐，四角安纯金龙头，衔五色流苏。或用黄地博山文锦，或用紫绨及小明光锦。

又曰：织锦署在中尚方：大登高、小登高、大明光、小明光、大博山、小博山、大茱萸、小茱萸、大交龙、小交龙、蒲桃文锦、班文锦、凤皇锦、朱雀锦、韬文锦、桃核文锦。

《丹阳记》曰：斗场锦署，平关右迁其百工也。江东历代尚未有锦，而成都独称妙。故三国时，魏则市于蜀，而吴亦资西道。

《语林》曰：陈元方遭父丧，骨立。其母悯之，以锦被蒙其上。郭林宗往吊，见而责之，宾客绝百许日。

《世说》曰：石崇，锦步障四十里。

左思《蜀都赋》曰：贝锦斐成，濯色江波。

《古诗》曰：锦衾遗洛浦，同袍与我违。

《夏侯孝若集·羊太常辛夫人传》曰：夫人字宪英，卫尉肃侯毗之女。不好华丽。琇上夫人鞞子帔，缘以锦，不肯服。从外孙胡毋杨上夫人锦被，夫人反卧之。

《诸葛亮集》曰：今民贫国虚，决敌之资，唯仰锦耳。

《张温表》曰：刘禅送臣温孰锦五端。

魏武《与杨彪书》曰：今赠足下锦裘二领。

绣

《尚书·益稷》曰：予欲观古人之象：藻、火、粉、米、黼、黻、絺、绣。

《尚书大传》曰：未命为士，得衣绣。

《毛诗·终南》曰：君子至止，黼衣绣裳。

又《杨之水》曰：素衣朱绣，从子于鹄。鹄，曲沃邑也。鹄音沃。

又《九罭》曰：《九罭》，美周公也。我遘之子，衮衣绣裳。

《周礼·秋官下·小行人》曰：合六币，琮以锦，琥以绣。

又《冬官上·画缋》曰：五采备谓之绣。

《礼记·月令》曰：仲秋之月，命有司文绣有恒，必循其故。

《左传·闵公》曰：狄伐卫，公与石祁子玦、宁庄子矢，曰："以此赞国，择利而为之。"与夫人绣衣，曰："听于二子。"

《春秋潜潭巴》曰：天子文绣布，地必动，绝无嗣。

《释名》曰：绣，修也，文修然也。

《史记》曰：范雎说昭王曰：秦、韩之地形，相错如绣。

又曰：文帝所幸慎夫人，令衣不得曳地，帷不得文绣，以示敦朴。

又曰：楚庄王有爱马，衣以文绣。

《汉书》曰：广川王去后昭信，谮姬荣爱："视瞻意态不善，疑有私。"时爱为王刺方领绣，晋灼注曰：今妇人直领为方领，上刺作黼黻文也。去取烧之。

又曰：齐织作绣。宣帝时，呼韩邪单于来，赐帛绣绮八千匹。

又曰：武帝祠太一，祝宰衣紫及绣。

又曰：江充使匈奴，拜直指绣衣御史，使督三辅。

又曰：暴胜之为直指使者，衣绣持斧，逐辅盗贼，威震州郡。

又曰：阙宾刺文绣。

又曰：刺绣文，不如倚市门。此言末业，贫者之资也。

又曰：霍光薨，赠絮绣被百领。

又《百官表》曰：侍御史有绣衣直指，武帝所制。

《东观汉记》曰：更始遂共谋诛伯升，乃大会诸将，以成其计。更始取伯升宝剑，视之。绣衣御史申屠建，随献玉玦。更始竟不能发。

又曰：李忠独不掠财物，上曰："我欲赐之，诸君无望乎？"取大骊马及绣被以赐忠。

《魏志》曰：张既为尚书，出为雍州刺史。太祖谓既曰："还君本州，可谓衣绣昼行矣。"

《魏略》曰：大秦国有金缕绣色绫，其国利得中国丝素，解以为胡绫。

《晋中兴书》曰：中宗所幸郑夫人衣无文绣。

《后魏书》曰：王宪为并州刺史，还京师。以宪年老，特赐锦绣布帛、珍羞礼膳。

《管子》曰：桀女乐三万人，无不服文绣衣裳也。

《墨子》曰：古之人未知为衣服，衣皮带茭；今则厚敛，百姓以锦绣文彩靡曼衣。

《范子计然》曰：能绣细文，出齐，上价匹二万，中万，下五千也。

《孙卿子》曰：天子尊重无上矣，衣被则五彩，杂间色，重文绣。

《庄子》曰：楚聘庄子，庄子曰："子不见夫牺牛乎？衣以文绣，入于太庙，虽欲为孤犊，其可得乎！"

《淮南子》曰：绣为被则宜，为冠则议。

《国语》曰：齐桓公曰："昔吾先君襄公，陈妾数百，食必粱肉，衣必文绣。"

《帝王世纪》曰：纣不服短褐处于茅屋之下，必将衣绣游于九重之台。

贾谊曰：绣是古天子之服，今富人大贾，嘉会召客，以被墙屋。

《说苑》曰：晋平公使叔向聘吴，吴人饰舟以送之，左百人，右百人，有绣衣而豹裘者，有锦衣而狐裘者。归以告平公，平公曰："吴其亡乎！"

又曰：鄂君乘青翰之舟，张翠盖。越人拥楫而歌曰："心悦君兮，君不知。”于是鄂君举绣被而覆之。

杨子《法言》曰：今之学也，非独为华藻，又从而绣其鞶帨。喻今学繁多也。

《盐铁论》曰：古庶人老耄而后衣丝，其余则麻枲而已，故命曰：“布衣”；今富者绮绣国纨，素绨冰锦。

《论衡》曰：齐郡能刺绣，恒女无不能者。襄邑能织锦，恒妇无不巧者。目见而手狎也。

又曰：刺绣之师能缝帷裳，网缕之工不能织锦。儒生能为文吏，文吏不能为儒生也。文吏一旦在位，则鲜冠利剑；一岁典职，则田宅并集。

又曰：绣之未刺，锦之未织，丝帛何以异哉？反其加五采之功，施针缕之饰，则文章焕耀。学士有文章，其犹丝帛布色之功。

桓谭《新论》曰：阳城子张名衡，蜀郡人王翁与吾，俱为讲乐祭酒。及寝疾，预买棺椁，多下锦绣，立被发冢。

焦赣《易林·离之大过》曰：被绣夜行，不见文章。安坐玉堂，乃无咎殃。

《洞冥记》曰：甘泉有霞光绣、藻龙绣、连烟绣。

《王子年拾遗记》曰：孔子生之夕，有麟吐玉书于阙里人家，乃以绣绂系麟角而去。

又曰：吴主孙权常叹魏、蜀未夷，军旅之隙，思得善画者，使图作山川地形军阵之象。赵夫人曰：“丹素之色易歇灭，不可为久宝，妾能刺绣。”作列国图于方帛上，写五岳河海城邑行阵之形，进于吴王，时人谓之针绝。

《吴越春秋》曰：吴王死，辞曰：“不忍见伍子胥！吾死，必结璧连组，以幕吾目。恐其不蔽，即复重罗绣三幨以为奄。明生不昭我身，死不见我形，吾何言哉！”

《物理论》曰：世传有夫死而妇许以不嫁者，誓以绣衣襚以衣尸，纳诸棺焉。后三年，妇出适，迎有日矣。有行道人，夜求人家宿。向晨，主人语之妇约之辞，寄所誓之衣，曰："子到若干里当逢之，还此衣焉。"或者出门，到所言处，果见迎车，具以事告，还其绣衣。妇遂自经而死。

又曰：夫论事比类，不得其体，虽饰以华辞，文以美言，无异锦绣衣掘株，管弦乐土梗，非其趋也。

《世说》曰：曹植妻衣绣，太祖登台见之，以违制命还家赐死。

《戒经·六禽变》曰：寅为衣裳文绣。

《梦书》曰：锦绣为忧事。有文章，梦得锦绣，忧县官也。

班固诗曰：长安何纷纷，诏葬霍将军。刺绣被百领，县官给衣衾。

张衡《四愁诗》曰：美人赠我锦绣段，何以报之？青玉案。

班固《与窦将军笺》曰：固于张掖县受赐虎头绣鞶囊一双。

慕容晃《与顾和书》曰：今致绣靴一量。

太平御览卷第八百一十六　布帛部三

罗

《释名》曰：罗，文罗疏也。纚，簁也，粗可以簁物也。

《魏文帝诏》曰：江东为葛，宁比罗纨绮縠？

《魏志》曰：自公侯已下，大夫以上，皆服绫、锦、罗、绮、金缕之物。自是以下，杂彩之服，通于贱人也。

《晋书》曰：谢玄好带紫罗香囊，叔父安恶之，不欲伤其意，因赌而焚之，遂绝。

《晋令》曰：第一品已下，不得服罗绡。

《东宫旧事》曰：太子纳妃绛真文罗一、幅帔一，绛杯文绣罗一、幅帔一，绛真衣罗裤一。

《王孙子》曰：随珠曜日，罗衣从风。

《燕丹子》曰：荆轲左手把秦王袖，右手揕其胸，秦王曰："愿听琴声而死。"召姬人鼓琴声，曰："罗縠单衣，可制而绝。"

《淮南子》曰：齐俗有繁绣罗纨。

《汉武内传》曰：帝以七月七日，扫除宫掖之内，设大床于殿上，以紫罗荐地，燔百和香，燃九微灯，以待西王母。

《西京杂记》曰：赵飞燕为皇后，女弟在昭阳殿，遗书曰："今日嘉辰，贵姊懋膺洪册，上禭三十条，以陈踊跃。金花紫罗面衣，织成襦，罗帷、罗幌、罗帐、罗帱。"

《黄庭经》曰：黄庭为不死之道，受者先斋九日，然后受之。结盟立誓，期以勿泄。古者盟以玄云之锦九十尺，金简凤文罗四十尺。

《徐延年别传》曰：道士姓徐，名延年，仙人以新黄罗衣衣之。

《王子年拾遗记》曰：周成王五年，因祇国献女工一人，善于工巧，体貌轻洁，被纤罗新绣之衣。

又曰：吴主孙权居昭阳宫。赵夫人乃织罗縠，累月而成。裁之为幔，内外视之，飘飘如烟气轻动，而房内自凉。

《异苑》曰：张仲舒为司空。广陵城北，元嘉年七月中，辄见门侧有赤气赫然。后空中忽雨绛罗于其庭内，广七八分，长五六寸，皆以笺纸继之，广长亦与罗等，纷纷甚。张恶而焚之。犹有数片，府州多相传示。张经宿暴疾而死。

《世说》曰：武帝常降王武子，供馔悉用琉璃器。婢子百余人，皆绫罗袴，以手擎饮食。

宋玉《风赋》曰：跻于罗帷，经于洞房。

司马相如《美人赋》曰：女以玉钗挂臣冠，罗袖拂臣衣。

张衡《南都赋》曰：罗袜慑慄而容与。

《古诗》曰：明月何皎皎，照我罗床帷。

《古歌诗》曰：大妇织绮罗，中妇织流黄。小妇无所作，挟瑟上高堂。

阮籍诗曰：西方有佳人，皎皎如日光。被服纤罗衣，左右佩双珰。

绮

《广雅》曰：郁金、流黄、綦绮。

《说文》曰：绮，文缯也。

《释名》曰：绮，踦也，其文欹邪，不顺经纬之纵横也。有杯文，形似杯也。有“长命”，其采色相间皆横终辐。言“长命”者，服之使人命长，本造者之意也。有棋文，方文如棋也。

《汉书》曰：班伯侍讲金华殿，在织襦纨袴之间，非其好也。

又曰：贾人不得衣锦绣绮縠。

又曰：孝文六年，遗匈奴书。使者言：“单于服绣袷绮衣。”

《东观汉记》曰：马后袍极粗疏，诸主朝，望见反以为绮。后曰：“此缯染色好，故直用之。”

《汉官仪》曰：祭天用六彩绮席，六重，长一丈。

干宝《晋纪》曰：初，洛中名服有白石绮。织者尤之曰："石非缯彩之称。"

《晋令》曰：第三品已下，得服杂杯之绮；第六品已下，得服七彩绮。

《东宫旧事》曰：太子纳妃，有七彩杯文绮被一、绛石杯文绮被一、七彩杯文绛裤、长命杯文绮裤。

司马相如《长门赋》曰：张罗绮之幔帷，垂楚组之连纲。

班固《西都赋》曰：红罗飒纚，绮组缤纷。

潘岳《秋兴赋序》曰：余兼虎贲中郎将，寓直散骑之省。珥蝉冕袭，绮纨之士，此焉游处。

《古诗》曰：客从远方来，赠我一端绮。文作双鸳鸯，裁为合欢被。

又曰：缃绮为下裳，紫绮为上襦。

曹植诗曰：西北有织妇，绮缟何缤纷！清晨秉机杼，日暮不成文。

织成

《广雅》曰：天竺出细织成。

《续汉书·舆服志》曰：虎贲武骑皆鹖冠，虎文单衣。襄邑岁献织成，虎文。

《魏略》曰：大秦国用水羊毛、木皮、野茧丝作织成，皆好色。

《魏略》曰：大秦国出金织成帐。

《吴时外国传》曰：大秦国、天竺国，皆出金缕织成。

《晋后略》曰：张方兵入洛诸官府，大劫掠御宝，织成、流苏皆分割为马栈矣。

《晋令》曰：织成衣为禁物。

《搜神记》曰：陈节谒诸神，东海君以织成青襦一领遗之。

《西京杂记》曰：宣帝被收系郡邸狱，臂上犹带史良娣合采婉转丝绳系身毒国宝镜一枚，大如八铢钱。及即位，常以琥珀笥盛之，缄以戚里织成，一曰斜文织成。

《西京杂记》曰：赵飞燕为皇后，其女弟昭仪在昭阳殿，遗飞燕书曰："今日嘉辰，贵姊懋膺洪册，上遂三十五条，以陈踊跃之志，内有织成下裾。"

《杜兰香传》曰：兰香降南郡张硕，与硕织成裤形。

《邺中记》曰：石虎冬月施流苏斗帐，悬金薄织成腕囊。

又曰：石虎皇后出女妓二千为卤簿，冬月皆着紫纶巾、熟锦裤，脚着五文织成靴。

又曰：石虎猎，着金缕织成合欢裤。

高柔妇与柔书曰：今奉织成袜一量。

绫

《释名》曰：绫者，其文望之似冰凌之理也。

《汉官典职仪》曰：尚书郎直供青缣白绫被。

《魏略》曰：大秦国有金缕绣杂色绫，其色利，得中国丝素，解以为胡绫。

《魏志》曰：杨阜，字义山，为城门校尉。常见明帝着帽，被缥绫半袖，阜问帝曰："此于礼何法服也？"帝默然。

《晋咸康起居注》曰：诏临邑使主范柳所贡物，多绛绫，是其所珍，可筹量增赐。

《晋安帝纪》曰：桓玄幼时，会于西堂，设伎乐，上施绛绫帔，缕金以为饰。

《晋修复山陵故事》曰：帝改服，着白绫帽。

荀勖《为晋文王与孙皓书》曰：饷杂色绫十端。

《后魏书》曰：辛穆，字叔宗，举茂才，为雍州别驾。初，随父在下邳，与彭城陈敬文友善。敬文弟敬武，少为沙门，从师远学，经久不返。敬文病，临卒，以杂绫二十匹托穆与敬武。穆久不得见，经二十年，始于洛阳见敬武。以物还之，封题如故，世称廉信。

《唐书》曰：太宗初，七品以上服龟甲双具十花绫，其色绿；九品已上服丝布及杂小绫，其色青。

又曰：长庆中，浙西观察使季德裕上表曰："臣当道奉诏，更令织定罗丝袍段及满幅盘绫绫一千匹，况立鹅天马，掬豹盘绛，文彩珍奇，只合圣躬自服。今所织千匹，费用至多。在臣愚诚，亦所未谕。乞酌臣当道物力所宜，更赐节减。即海隅苍生，无不受赐。"诏许罢进盘绛绫一千匹。

《汉武内传》曰：西王母侍女服绀绫之袍。

《西京杂记》曰：霍光妻遗淳于衍散花绫二十五匹。绫出钜鹿，陈宝光妻传其法。霍显召入其弟，使作之，一匹直钱一万。又与绿绫七百端，直钱百万。

符丕《答谢玄书》曰：今往大文罗、大绞绫各五匹。

縠

《三礼图》曰：五彩方山冠，以彩縠为之。

《说文》曰：縠，细缯也。

《释名》曰：縠，粟也，其形戚戚如也。

《战国策》曰：王斗见齐宣王，宣王曰："愿闻先生直言正谏。"斗曰："王之忧国爱民，不如王之爱一尺之縠。王使人为冠，不使左右便僻，而使工者，以为能也；今治齐国，非左右便僻无使也。故王之爱民，不如一尺之縠"

《汉书》曰：江充召见太一宫，自请愿以所常被服衣冠见上。上许之，充衣纱縠单衣。

《东观汉记》曰：建初二年，诏齐相其止勿复送冰纨方空縠。

董巴《舆服志》曰：羽林左右监、左右虎贲皆冠鹖，纱縠单衣。

《魏志》曰：袁术遂僭号，荒侈滋甚。后宫数百，服绮縠，余粱肉。

杨子《法言》曰：或曰："雾縠之组丽。"曰："女工之蠹矣！"

《潜夫论》曰：小民或刻剥绮縠，以成榆叶水波文。

《抱朴子》曰：劲弩之余力，不能洞雾縠。

宋玉《风赋》曰：主人女翳，承日之华，更被丹縠之单衣。

司马相如《子虚赋》曰：杂罗绡，垂雾縠。

刘桢《鲁都赋》曰：其女工则绛绮縠。

荀勗《为晋文王与孙皓书》曰：饷縠三端。

纱

《东观汉记》曰：马融博洽通儒，教养诸生千数。融好侈饰，常施绛纱帐，前授生徒，后列女乐。

《晋书》曰：武帝泰始九年，帝多简良家子女以充内职。自择其美者，以绛纱系臂。

《梁书》曰：王僧孺幼贫，其母鬻纱布以自业。事具卤簿门。

《后魏书》曰：游明根以年逾七十，表求致仕，优诏许之。引入陈谢，悲不自胜。帝言别殷勤，仍为流涕。赐青纱丹衣、委貌冠、被褥、锦袍等物。

《北齐书》曰：琅琊王俨，字威仁，武成第三子。拜京畿大都督、领军大将军、领御史中丞，迁大司徒。初，从北宫出将上中丞，凡京畿步骑领军之官属，中丞之威仪、司徒之卤簿，莫不毕备。帝与后在华林园东门外张幕，隔青纱步障观之。

《北史》曰：齐卢道虔聘妻元氏，甚聪悟。常升高座讲老子，道虔从弟元明隔纱帷以听焉。

《唐书》曰：太宗幸蒲州，刺史赵元楷服黄纱单衣，迎谒路左。

《东宫旧事》曰：皇太子初拜，有绛纱单衣。

《王子年拾遗记》曰：汉武帝思李夫人，不可复得。诏董仲君曰："朕思李氏，其可得乎？"仲君曰："可遥见，而不可同帷幄。有潜英石，色青，轻如毛羽，寒盛则石温，暑盛则石冷。刻之人像，不异真人。使此像往，则夫人至矣。"乃遣人至暗海，经年而还，得此石。命工衣李夫人形刻成，置于轻纱幕里，宛若生时。帝大悦。

又曰：江汉之民，至暮春上巳之日，禊集祠间，或结五色纱囊，盛食沉于波中，以言蛟龙水虫畏之，不侵食也。

《蔡克别传》曰：克字子尼，体貌尊严，莫有媟嫚。高平刘整俊才，白衣居家，车服奢丽，谓人曰："纱縠，吾之常服耳！"遇蔡子在坐，而经日不自安。

《齐谐记》曰：馀杭县有一人姓沈名踪，与父同入山，至夜二更中，忽见一人，着纱帽，披绛绫袍，云是斗山王。

《秦记》曰：符坚以太常韦逞母宋氏传其父业《周官音义》，乃就宋家立讲堂，书生百人，隔绛纱幔而受业焉。

绡

《毛诗义疏》曰：《杨之水》"素衣朱绣"，绣当为绡。绡，绮也。

《礼记·玉藻》曰：君子狐青裘豹袖，玄绡衣以裼之。君子，大夫、士也。绡，绮属也。染之于玄，以狐青裘相宜也。

《广雅》曰：绡谓之缃。

《晋令》曰：第六品已下，不得服罗绡。

《王子年拾遗记》曰：燕昭王二年，广延国来献善舞者二人，昭王处以单绡华幄。

又曰：吴主孙权居昭阳宫，倦暑，乃褰紫绡之帷。

曹植《洛神赋》曰：践远游之文履，曳雾绡之轻裾。

绨

《说文》曰：绨，赤黄色也。

《释名》曰：绨，似蝚虫之色，绿而泽也。

《史记》曰：范睢改名为张禄，相秦。秦伐魏，魏使须贾于秦。睢为微行，弊衣徒步入邸，见须贾。贾惊曰："范叔无恙乎？今叔何事？"睢曰："为人赁。"贾意哀之，留坐饮食，曰："叔寒如此哉！"乃取其绨袍以赐之。后睢见贾，贾顿首言"死罪"。睢曰："公所以得不死者，以绨袍，恋恋有故人之意，故释公。"

《汉书》曰：文帝身衣弋、绨。如淳曰：弋，皂也。

《汉官仪》曰：太宫、汤官奴婢各三千人，大置酒日，皆绨褠蔽膝。

《汉官旧仪》曰：印绶盛以箧，箧以绿绨，白表赤里。

《西京杂记》曰：汉制：天子玉几，冬则加绨、锦其上，谓之绨几。诸侯皆以竹木为之，不得加绨、锦之饰。

《王子年拾遗记》曰：汉成帝于太液池傍起宵游宫，以漆为柱，铺黑绨之幕。又造飞行殿，所幸之宫，咸以毡绨藉地，恶车辙马迹之喧也。

《竹林七贤论》曰：旧俗七月七日，法当晒衣。诸阮庭中，烂然莫非锦绨。阮咸时总角，乃竖长竿，摽大布犊鼻于庭中，曰："未能免俗尔！"

《邺中记》曰：石虎尚方御府中，巧工作锦织成，署皆数百人。有青绨，或白绨，或绯绨，或黄绨，或绿绨，或紫绨。

《范子计然》曰：绨出河东。

《盐铁论》曰：鼲貂貉不益锦绨之宝，是以王者不珍。

张衡《西京赋》曰：木衣绨锦，土被朱紫。

罽

韦辉光《毛诗问》曰：七月之时无褐，《笺》云："褐，毛布也，贱者之所服也。"今罽亦用为之。

《尔雅》曰：氂，罽也。郭璞注曰：氂，毛，所以为罽也。犍为舍人注曰：氂，毛也。罽，胡人绩羊毛作衣。

《吴历》曰：魏文帝赐吴王太子罽二张。

《说文》曰：罽，西胡毳布也。

《吴志》曰：孙坚为董卓军所攻，坚与数十骑溃围而出。坚常着赤罽帻，令亲近将祖茂着之。卓骑争逐茂，故坚从间道得免。

干宝《晋纪》曰：孙皓遣使，诏书赐班罽五十张，绛罽二十张，紫、青罽各十五张。

崔鸿《十六国春秋·西秦录》曰：沮渠蒙逊尚书郎王朽，送戎罽千匹、银三百斤。

《邺中记》曰：石虎御府，罽有巳头文罽、丽子罽、花罽。

《扶南传》曰：妥息国出五色罽。

《盐铁论》曰：今富者黄金马脑勒，罽绣马掩汗。

桓谭《新论》曰：余归沛，道病，蒙絮，被绛罽襜，乘骍马，宿下邑东亭。亭长疑是贼，发卒。余令勿斗，乃问而去。此安静自存也。

曹植《辩道论》曰：甘始谓王曰："诸梁时，西域胡来献罽，悔不取也。"

班固《与弟超书》曰：窦侍中，前寄人钱八十万，市得杂罽十余张。

䌷

《说文》曰：䌷，大丝缯也。

《释名》曰：䌷，抽也，抽引丝端细绪也。又谓之丝挂也，挂于杖端，振举之也。

《北史》曰：袁聿修为太常少卿，出使巡省，仍令考校官人得失。经兖州时，邢劭为刺史，别后，送白䌷为别信。聿修不受，与劭书云："今日仰遇，有异常行。瓜田李下，古人所慎！愿得此心，不贻厚责。"劭亦欣然顿解，报书云："老夫忽忽，意不及此。敬承来旨，吾无间然。弟昔为清郎，今日复作清卿矣！"

太平御览卷第八百一十七 布帛部四

绢

《广雅》曰：繁、总、鲜支、縠，绢也。

《说文》曰：绢，似霜。

《释名》曰：绢，絚也，其丝絚厚而疏也。

《东观汉记》曰：南阳太守杜谓坐遣客为弟报仇，被征，会病卒，丧无所归。诏使持丧郡国邸，赙绢，绢千匹。

谢承《后汉书》曰：陈留夏馥避党事，遁迹黑山。弟靖载绢往饷之。于深阳县客舍见馥，颜色衰毁不复识，闻其声乃觉之。

华峤《后汉书》曰：李傕等大战弘农，百官士卒死者不可胜数。董承密招白波帅李乐等率众来共击傕等，大破之。乘舆乃得进，承夜潜过，曰："先具舟船为应。"帝步出营，临河，岸高不得下。时中官伏德扶中宫，一手持十匹绢，乃取德绢连续挽而下。余人匍匐岸侧，或自投死亡。

又曰：陈寔在乡闾，平心率物。有盗夜入其室，止于梁上。寔见，呼命子孙训之曰："不善之人，未必本不慈，习与性成，如梁上君子是也。"盗惊，自投地。寔徐譬之曰："视君状貌，不似恶人，宜深克己反善。然当由贫，今遗绢二匹。"自是一县无复盗窃。

《魏略》曰：文帝在东宫，尝从曹洪贷绢百匹，洪不称意。及洪犯法，自分必死。后遂得原。

《魏志》曰：赵俨为朗陵长，时袁绍举兵南侵，遣招诱豫州诸郡，多受其命。唯阳安郡不动，而都尉李通急录户调。俨见通曰："方今天下未集，诸郡并叛，怀附者复收其绵绢，小人乐乱，能无遗恨？且远近多虞，不可不详也。"通曰："绍与大军相持甚急，左右郡县皆叛乃尔，若绵绢不调送，观听者必谓我顾望有所须待也。"俨曰："诚亦如君虑，然当权其轻重。小缓调，当为君释此患。”乃书与荀彧。

又曰：孙礼为扬州刺史，吴大将全琮帅数万众来侵寇。时州兵休使，在者无几，礼躬勒御之，战于芍陂。礼犯陷白刃，马被数创，手秉桴鼓，奋不顾身，贼众乃退。诏书慰劳，赐绢七百匹。

《魏略》曰：鲜卑素利等数来客见，多以牛马遗田豫，豫辄送官。胡以为前所与豫物显露，不如持金，乃密怀金三十斤，谓豫曰：“愿辟左右，我欲有所遗。”豫从之，胡因跪曰：“我见公贫，故前后遗公牛马，公辄送官。今密以此上公，可以为家资。”豫张袖受之，答其厚意。胡去后，悉皆付外，具以状闻。于是诏褒之曰：“昔魏绛开怀以纳戎，今卿举袖以受狄，朕甚嘉焉！”乃即赐绢五百匹。豫得赐，分以其半藏小府。后胡复来，以半与之。

又曰：田豫罢官，归居魏县。会汝南遣健步诣征北，感豫宿恩，过拜之。豫为杀鸡炊黍，送诣陌头，谓之曰：“罢老苦汝来过，无能有益，若何？”健步悯其贫羸，涕流而去。还，为故吏民说之，汝南为具资绢数千匹，遣人饷豫。豫一不受。

《魏志》曰：景初中，赐倭士王白绢五十匹。

《魏文帝诏》曰：今与孙骠骑和通商旅，当日月而至。而百贾偷利喜贱，其物平价，又与其绢，故官逆为平准耳。官岂少比物辈耶？

《吴志》曰：丹阳太守李衡，每欲治家，妻辄止之。衡密遣客十人，于武陵龙阳洲上作宅，种甘千株。临死，敕儿曰：“汝母恶吾治家，故穷如是。然吾州城有千头木奴，不责汝衣食，岁上一匹绢，亦足用耳。”衡亡后二十余日，以问母，曰：“此当是种甘也。汝家失十户客七八年，必汝父遣为宅。汝父尝称太史公言：‘江陵千树橘，当封君。’吾答：‘人患无德，贫方好耳，用此何为？’”吴末，衡甘成，岁得绢数千匹，家道殷足。

《吴录》曰：袁博为太守，黄君举为孝廉，为业令，以俸禄市缣绢饷黄君家。黄氏负乡里债，债家到门，辄应云：“待叶令家饷。”

王隐《晋书》曰：王尼见太傅越曰：“公负尼物。”越答：“初不识此事。”尼曰：“昔楚人失布，谓令尹盗者。以令尹执政，不能奉礼率法，至使盗贼公行，是与自盗无异也。尼舍资财，军寇辄略，公为宰辅，未能禁贼，令尼穷困。是亦明公负物也。”越意解，大笑，与尼绢五十匹。

王隐《晋书》曰：刘实为伐蜀人作争功文书，得千匹绢。

又曰：苏节从兄韶亡后，着青黄绢衣，来与节言。

虞预《晋书》曰：武帝论平吴功，唯羊祜、王濬、张华三人各赐绢万匹，其余莫得比此。

干宝《晋纪》曰：华谭依周馥。及琅邪王遣甘卓攻馥，谭先于卓有恩，卓募人入城求谭。入者至舍，问：“华侯在不？吾甘扬威使也。”谭曰：“不知华侯所在。”抽绢二匹，授之。使人还以告，卓曰：“是华侯也。”

《晋阳秋》曰：有司奏：“依旧调编绢。”武帝不许。

又曰：荆州刺史庾冰中子袭，尝贷官曹绢十匹。冰怒挞之，市绢还官。

又曰：胡威，字伯虎，父质之为荆州也，威自京都省之。停中十余日，告归。临辞，质赐其绢一匹、为道路粮。威跪曰：“大人清高，不审于何得此绢？”质曰：“是吾俸之余，故以与汝耳。”

又曰：桓温入蜀，闻有善星人，招致之，独执其手，于星下问国祚修短。星人曰：“太微、紫微、文昌，三宫气候决无忧虞，五十年外不论耳。”温不悦，送绢一匹、钱五千与之。

《晋中兴书》曰：翟汤，字道渊，寻阳人。太守干宝遣船饷之，敕吏曰：“翟公廉让，卿致书讫，便委船还。”汤无人送致，乃更货易绢物，因寄还宝。

《宋书》曰：沈庆之年八十，梦有人以两匹绢与之，谓曰：“此绢足度。”寤而谓人曰：“老子今年不免矣。两匹，八十尺也；足度，无盈余矣。”是岁果卒。

又曰：李安人行南徐州事。参军王回素为安人所亲，盗绢二匹。安人流涕谓曰：“我与卿契阔备尝，今日犯王法，乃卿负我也！”于军门斩之。

又曰：孝武时，齐库上绢年调钜万匹，绵亦称此，期严限峻。人间买绢一匹至二三千，绵一两三四百。贫者卖妻子，甚者或自缢死。沈怀文具陈人困，由是绵绢薄有所减。

又曰：萧赤斧迁给事中、太子詹事，卒于家，贫无绢衾衣。

《齐书》曰：豫章王嶷拜陵还，过延陵季子庙，观沸井有水牛。突部伍，直兵执牛推问，嶷不许。取绢一匹抚系牛角，放归其家。

又曰：萧赤斧迁给事中、太子詹事，卒于家，贫无绢衾衣。

《梁书》曰：吉士瞻少时，尝于南蛮国中掷砖，无裈褰露，为侪辈所侮。及平鲁休烈军，得绢三万匹，乃作百裈，于外并赐军士，不以入室。

又曰：刘孝绰为吏部郎，坐受人绢一束，为饷者所讼，左迁信威临贺王长史。

又曰：任昉为义兴太守，及被代登舟，止有绢七匹、米五石。至都无衣，镇军将军沈约遗裙衫迎之。

又曰：费昶善为《乐府》，尝作《鼓吹曲》，武帝重之，敕曰："才意新拔，有足嘉异！昔邯郸博物，卞兰巧辞，束帛之赐，实唯劝善。可赐绢十匹。"

又曰：周石珍，建康之廨隶也，世以贩绢为业。

又曰：傅昭为临海太守，县令尝饷粟置绢于簿下，昭笑而还之。

又曰：裴邃为北梁、秦二州刺史，复开创屯田数千顷，仓廪盈实，省息边运，人吏获安。乃相率饷绢千余匹，邃从容曰："汝等不应尔，吾又不可逆汝，纳其二匹而已。"

《后魏书》曰：李崇在官和厚，明于决断。然性在财贿，贩肆聚敛。上令王公已下，从者百余人，皆令任负布绢，即以赐之，多者过二百匹，少者百余。唯长乐公手持绢二十匹而出，亦不异众，而当世称其廉俭。尚书令任城王澄疾不起，赐绢百匹。崇与章武王融，以所负过多，颠仆于地，崇乃复腰，融至损脚。时人为之语曰："陈留章武，伤腰折股，贪人败类，秽我明主。"

又曰：尔朱荣之奉庄帝，召百官悉至河阴。素闻元顺数谏诤，惜其谅直，谓朱端曰："可语元仆射，但在省不须来。"顺不达其旨，闻害衣冠，遂便出走马，为鲜于康奴所害。家徒四壁，无物敛尸，令史王才达裂裳覆之。帝敕侍中元祉曰："宗室丧亡非一，不可周赡。元仆射清苦之节，死乃益彰，特赠绢百匹。"

又曰：杨津除歧州刺史，巨细躬亲，孜孜不倦。有武功人，赏绢三匹，去城十里，为贼所劫。时有使者驰驲而至，被劫人因以告之。使者到州，以状白津，津乃下教云："有人着某色衣，乘某色马，在城东十里被杀，不知姓名。若有家人，可速收视。"有一老母，行哭而出，云是己子。于是遣骑追收，并绢具获。自是阖境畏服。

又曰：杨津为华州刺史。先是，受调绢度尺特长，在事因缘，共相进退，百姓苦之。津乃令依公尺，其输物尤好者，赐以杯酒而出；其所输少劣者，为受之，但无酒，以示其耻。于是竞相劝励，官调更胜。

又曰：赵柔。有人遗柔铧数百枚者，柔与子善明鬻之市。有人从柔买，索绢二十匹。有商人知其贱，与柔三十匹。善明欲取之，柔曰："与人交易，一言便定，岂可以利动心？"遂与之。缙绅之流，闻而敬服。

又曰：陆馛为相州刺史，发奸擿伏，事无不验。百姓以为神明，无敢劫盗者。在州七年，家至贫约。征为散骑常侍，百姓乞留馛，千余人献文，不许，谓群臣曰："馛之着政，虽古人何以加之！"赐绢五百匹。

又曰：李元忠去任，归李鱼川。孝庄时，盗贼蜂起。清河有五百人西戍，还经南赵郡，以路梗共投元忠，奉绢千余匹。元忠唯受一匹，杀五牛以食之。遣奴为导，曰："若逢贼，但道李元忠。"遣如言，贼皆舍避。

又曰：韩麒麟为齐州刺史，立性恭慎，恒置律令于坐傍。临终之日，唯有俸绢数十匹，清贫如是。

又曰：阳平王子衍转徐州刺史，至州病重。帝敕徐成伯乘传疗疾，差。成伯还，帝曰："卿定名医，赉绢三千匹。"成伯辞，请受一千。帝曰："《诗》云：人之云亡，邦国殄瘁。以是而言，岂唯三千匹乎？"

又曰：辛穆再转汝阳太守，遇水涝人饥，上表请轻租赋，帝从之。遂敕汝阳一郡，听以小绢为调。

又曰：高允卒，诏给绢一千匹、布二千匹、绵五百斤、锦五十匹、杂彩百匹、谷千斛，以助丧用也。

又曰：王灵，字罗汉，为南兖州刺史。取官绢，因染，遂有割易。御史纠劾，会赦免。

又曰：宋鸿贵为定州北平府参军，送戍兵于荆，坐取兵绢四百匹。兵欲告之，乃斩兵十人。

又曰：公孙轨为武牢镇将。初，太武将北征，发驴以运粮，使轨部调雍州。轨令驴主皆加绢一匹，乃与受之。百姓语曰："驴无强弱，负绢自壮。"众共嗤之。

《北齐书》曰：崔暹迁尚书左仆射仪同三司，时调绢以七尺为丈，暹言之，乃依旧焉。

又曰：孝昭帝赐百官射，王晞中的，当得绢。为不书箭，有司不与。晞陶陶然，曰："我今可谓武有余，文不足矣！"

《隋书》曰：厍狄士文尝入朝，遇上置酒高会，赐公卿入左藏任取多少。人皆极重，士文独口衔绢一匹，两手各持一匹。上问其故，士文曰："臣口手俱满，余无所须。"上异之，别加赏物，劳而遣之。

《唐书》曰：侍御史马周上疏云："往者贞观之初，一匹绢才得一斗米，而天下怗然。百姓知陛下甚忧怜之，故人人自安，曾无怨讟。自五六年来，频岁丰稔，一匹绢得粟十余石，而百姓皆以为陛下不忧怜之，咸有怨言。又今所营为乐，颇多不急之务故也。"

又曰：太宗初即位，风闻诸曹案典受赂，乃遣左右，试以财物遗之。有司闻令史受馈绢一匹，上将杀之，裴矩进谏曰："此人受赂，诚合重诛；但陛下以物试人，则行极法，所谓固入其罪，恐非导德齐礼之义。"上善之。

又曰：高宗朝，诏："自今已后，天下嫁女受财，三品已上之家，不得过绢三百匹，四品不过二百匹，六品、七品不得过百匹，皆充所嫁女之资装等用。其夫家不得受陪门之财。”

又曰：文宗大和六年，赐故卫国公李靖五代孙、前凤翔司录参军晨芳绢二百匹、衣笏一副，并还先奏高祖太宗书诏及官告衣物等。

《后唐史》曰：赐宰相李愚绢百匹、钱百缗、铺陈物一十三件。时愚病，上令中使宣问。愚所居寝室，萧然四壁，卧弊毡而已。中使具言其事，上曰：“嘻！宰相月俸钱几何，而委顿如此？”故有是赐。

《四王起事》曰：张方移惠帝于长安，兵人入殿取物，持调御绢二尺幅。自魏、晋之积，将百余万匹，三日取之，尚不缺角。

《四王起事》曰：惠帝于邺，与成都王还洛阳，出城仓卒，上下无持资食之调。道中有驱羊二百余口者，便勒将至洛，得以为粮。至洛，卢志启以右藏绢倍还羊主。

《搜神记》曰：永嘉中，有天竺胡人能取绢，与人各执一头，剪断之，已而取两段合持之则复还，连绵可练，无异故体也。

又曰：吴先主病，遣人于门观不祥。巫启见一鬼着绢巾，似是大臣将相。其夜，先主梦见鲁肃来入，衣巾如之。

《述异记》曰：清河崔基寓居青州。朱氏女姿容绝伦，崔倾怀招揽，约女为妾。后三更中，忽闻扣门外。崔披衣出迎，女雨泪呜咽，云：“适得暴疾丧亡，忻爱永夺。”悲不自胜。女于怀中抽两匹绢与崔，曰：“近自织此绢，欲为君作裈衫，未得裁缝，今以赠离。”崔以锦八尺答之，女取锦曰：“从此绝矣。”言毕，豁然而灭。至旦，告其家，女父曰：“女昨夜忽心痛，夜亡。”崔曰：“君家绢帛，无零失耶？”答云：“此女旧织余两匹绢，在箱中。女亡之始，妇出绢，欲裁为送终衣，转眄失之。”崔因此具说事状。

《先贤行状》曰：范合，字孝悌。少时会省外家，逢掠者驱其牛取衣物去。郃还车，知贼不得席后三匹绢，乃追呼令取之。贼知长者，悉还所取而辞谢焉。

《三辅决录》曰：平陵士孙奋赀至一亿七十万，富闻京师。而性俭吝，以子瑞辟梁冀掾，奋送绢五匹，食以干鱼。

《邺中记》云：石虎以辰日腊，子日祀祖，于殿庭立五仙人，高数丈，五彩幢盖。大会群臣于太武殿上，使各三探，乃有得绢百匹者，有得数十匹者，有得一二匹者。虎辄大笑以为乐。

孔舒元《在穷记》曰：太安二年六月，贼遂来入门。时家见有绢布三千余匹及衣被器物，皆令婢使辇出着庭中，恣其所取。

《魏武帝令》曰：今清时，但当尽忠于国，效力王事。虽私结好于他人，用千匹绢、万石谷，犹无所益。

又曰：东曹掾田畴言："前以无功，横被封赏之赐，以实自归，教从所执。昨到下车，见绢三千匹、谷五千斛，惊愕怪惧，未敢自宁。乞还藏府，以为军储。"

《世语》曰：王经，字彦律。初为江夏太守，大将军曹爽附绢二十匹，令交市于吴。经不发书，弃官归。母问归状，经以实对。母以经典兵马而擅去，对送吏杖经五十。爽闻，不复罪经。

《世说》曰：范宣年八岁，后园挑菜，误伤指，大啼。人问："痛耶？"答曰："非为痛也，但身体发肤，不敢毁伤，是以啼耳。"宣洁行廉约，韩豫章遗绢百匹，终不肯受，后韩与范同车，就车裂二丈。韩云："宁可使妇无裈也？"范笑而受之。

《孝子传》曰：董永父终，贫不遂葬，以身质钱一万。既葬就役，逢一女子，求与永为妻，云能织绢。永诣主人，主人令织，一旬三百匹。债足，女辞去，曰："我天之织女也，帝见君孝，使我共偿耳。"因遂不见。

太平御览卷第八百一十八 布帛部五

缣

《说文》曰：缣，并丝缯也。

《释名》曰：缣，兼也，其丝细致，数兼于绢。染缣五色，细且致，不漏水也。

《续汉书》曰：张奂少立志节。董卓慕之，使其兄遗缣百匹。奂恶卓为人，绝而不受。

《东观汉记》曰：王丹资性清白，疾恶豪强。时河南太守同郡陈遵，关西之大侠也。其友人丧亲，遵为护丧事，赙助甚丰。丹乃怀缣一匹，陈之于主人前，曰："如丹此缣，出自机杼！遵闻而有惭色。

又曰：王丹子，有同门生丧亲，家在中山，白丹，欲往奔慰。结侣将行，丹怒而挞之，令寄缣以祠焉。或问其故，丹曰："交道之难，未易言也！"

又曰：上大发关东兵，自将上陇讨隗嚣，嚣众溃走，围解。于是置酒高会劳赐，来歙班坐绝席，在诸将之右，赐歙缣千匹。

又曰：马援行亭鄣，到右北平，诏书赐援钜鹿缣三百匹。

又曰：蔡彤为襄贲令。是时，盗贼尚未悉平，而襄贲清静。诏书增秩一等，赐缣百匹，策书勉励。

《后汉书》曰：赵熹避赤眉难，入丹水，遇更始亲属，皆裸跣涂炭，饥困不能前。涂炭者，若陷泥坠火，喻穷困之极也。熹见之悲感，所装缣帛资粮悉以与之，将护归乡里。

《东观汉记》曰：显宗时，诏赐降胡缣。尚书案事，误以十为百。上见司农上簿，大怒，召郎将笞之。钟离意因叩头曰："过误之失，常人所容。若以懈慢为愆，则臣位大罪重，郎位小罪轻。咎皆在臣，臣当先坐。"乃解衣就笞，帝意乃解。

谢承《后汉书》曰：汝南周躬为栎阳令。功曹万良为父报仇，自械诣狱。躬解械放良。后良赍缣五百饷躬，闭门不受。

华峤《后汉书》曰：孝献伏后，兴平二年立为皇后。李傕、郭汜等败乘舆于曹阳，帝乃潜夜渡河走，六宫皆步行出营。后手持缣数匹，董承使孙微以刃胁夺之，杀傍侍者，血溅后衣。

袁山松《后汉书》曰：天凤五年，樊崇起兵于莒，号曰："赤眉"，围莒数月。或说樊崇曰："岂有父母之国而攻之乎？"莒中人出缣数千匹以自赎，乃引去。

范晔《后汉书》曰：永平十五年，幸偃师。诏命自殊死以下赎：死罪缣三十匹，右趾至髡、钳、城旦舂十匹，完城旦至司寇五匹。

又曰：戴封常遇贼，财物悉被略夺，唯余缣七匹。贼不知处，封乃追以与之，曰："知诸君乏，故送相遗。"贼惊曰："此贤人也！"尽还其器物。后举孝廉。

又曰：期门郎程伟妻能通神变化。伟当从出，无衣甚愁。妻即为致两缣，得以为衣。

《汉官典职仪》曰：尚书郎直，供青缣白绫被。

《魏志》曰：汉桓帝末，董卓为军司马，从中郎张奂征并、凉州有功，赐缣九千匹，卓悉以分与吏士。

《南史》曰：孙谦，齐初为钱塘令，御烦以简，狱无系囚。及去官，百姓以谦在职不受饷遗，追载缣帛以送，谦辞不受。

《梁书》曰：何远轻财好义，周人之急，言不虚妄，盖天性也。每戏语人云："卿能得我一妄语，则谢卿以一缣。"众共伺之，不能记也。

《赵书》曰：中书令徐光奏议，以东郊亲耕，改服青缣裤褶。

《后魏书》曰：刘芳初入魏，虽处穷窘之中，而业尚贞固，聪敏过人，笃志坟典。昼则佣书以自资给，夜则诵经不寝，至有易衣并日之弊，而澹然自守，不汲汲于荣利，不戚戚于贫贱，乃着《穷通论》以自慰。常为诸儒佣写经论，笔迹称善，卷直一缣，岁中能入百余匹。如此数年，赖以颇振。

又曰：杨津除侍御中尉。孝文幼冲，文明太后临朝。津曾入侍左右，忽咳逆失声，遂吐血数升，藏之衣袖。太后闻声，阅而不见，问其故，具以实言。遂以敬慎见称，而赐缣百匹，迁符玺郎。

又曰：李元忠尝贡齐文襄王葡萄一盘，文襄报以百缣。其见赏重如此。

又曰：高遵性不廉清。在中书时，每假归山东，必借备骡马，将从百余，屯逼人家，不得丝缣满意，则诟詈不去。旬月之间，缣布千数。郡邑苦之。

又曰：薛琡，字昙珍。正光中，行洛阳令，部内肃然。时以久旱，京师见囚，悉召集都亭理冤滞，洛阳狱有三人。孝明嘉之，赐缣百匹。

《北齐书》曰：贾思伯迁南青州刺史。初，思伯与弟思休师事北海阴凤，授业竟，无资酬之，凤遂质其衣服。时人为之语曰：“阴生读书不免痴，不识双凤脱人衣。”及思伯之部，送缣百匹遗凤，因具车马迎之。凤惭不往，时人称叹焉。

《隋书》曰：田德懋丁父艰，哀毁骨立，庐于墓侧，负土成坟。上闻而嘉之，遣散骑侍郎元志就吊焉。复降玺书，并赐缣二百匹、米百石。复下诏表其门闾。

又曰：文帝幸并州，留高颎居守。及上还京，赐缣五千匹。

《风俗通》曰：临淮有一人持一缣到市卖之遂还。值雨，因共披戴。后有人求庇荫一头之地。雨霁，因共争之，各云“我缣”。丞相薛宣决曰：“缣直数百钱，何足纷纷！”呼骑吏中断缣，各与半。后人曰：“受恩矣。”前撮之，缣主称怨不已。宣考，乃叹服。

《傅子》曰：汉末，魏太祖以天下凶荒，资财乏匮，拟古皮弁裁缣帛以为帢。

何晏《九州论》曰：清河缣总，房子好绵。

荀勖《为晋文王与孙皓书》曰：饷细缣十匹。

帛

《尚书·尧典》曰：舜修五礼，五玉三帛。

《周礼·地官》曰：媒氏，凡嫁子娶妻，入币纯帛无过五两。

又《春官》曰：肆师之职掌立国祀之礼，以佐太宗伯，佐，助也。立大祀用玉帛牲牷。

又《春官·典命》曰：凡诸侯之适子誓于天子，摄其君则下其君之礼一等；未誓则以皮帛继子男。

又《夏官下·职方氏》曰：并州，其利布帛。

又《冬官·考工记》曰：继子男执皮帛。谓公之孤也，见礼次子男，贽用束帛，而以豹皮表之为饰。

又曰：湅帛，以栏为灰，渥淳其帛，实诸泽器，淫之以蜃。渥，读如缯人渥管之渥。以栏木之灰，渐释其帛也。郑司农云：泽器，谓滑泽之器。蜃谓炭也。《士冠礼》曰：素积白屦，以魁柎之。说曰：魁，蛤也。《周官》亦有白盛之蜃。蜃，蛤也。玄谓：淫，薄粉之，令帛白。蛤，今海旁有焉。清其灰而盝之，而挥之；清，澄也，于灰澄而出。盝，晞之，晞而挥去其蜃。而沃之，而盝之。而涂之，而宿之。更渥淳之。明日，沃而盝之。朝更沃，至夕盝之。又更沃，至旦盝之。亦七日，如沤丝也。昼暴诸日，夜宿诸井，七日七夜。是谓水湅。

《礼记·月令》曰：季春之月，开府库，出币帛，周天下，勉诸侯，聘名士，礼贤者。

又《檀弓上》曰：伯高之丧，孔氏之使者未至。冉子摄束帛、乘马而将之。孔子曰："异哉！徒使我不得成礼于伯高。"

又《王制》曰：布帛精粗不中数，广狭不中量，不鬻不市。

又曰：七十非帛不暖。

又《礼运》曰：后圣有作，治其丝麻，以为布帛。

又《内则》曰：国君世子生，三日，卜士负之，告者宿斋，朝服寝门外，保受乃负之。宰礼负子，赐之束帛。

又曰：妇人，或赐之饮食、衣服布帛，则受而献诸舅姑。

又《坊记》曰：子云："礼之先币帛也，欲民之先事而后禄也。"此礼，谓所执之贽以见者也。既相见，乃奉币帛以修好也。或云：礼之先辞，而后币帛。

《左传·襄上》曰：季文子卒，大夫入敛。公在位，宰庀家器为葬备。无衣帛之妾，无粟食之马，无藏金玉，无重器备。

又《哀上》曰：邾茅夷鸿以束帛乘韦，自请救于吴。无君命，故言自。

《毛诗·鹿鸣》曰：《鹿鸣》，燕群臣嘉宾也。既饮食之，又实币帛筐篚，以将其厚意。

《周易·贲卦》曰：贲于丘园，束帛戋戋。

《春秋元命苞》曰：须女四星十二度，主布帛。

《史记》曰：武帝使使束帛加璧，安车驷马迎申公。

又曰：子贡结驷连骑，束帛之币，以聘享诸侯。所至，国君无不界迎与抗礼者。夫使孔子名布扬于天下者，子贡先后之也。

又曰：帛千钧比千乘家。

又曰：陈胜乃丹书帛，言"陈胜王"，置人所罾鱼腹中。卒买鱼得书，怪之。

《汉书》曰：武帝使东方朔射覆，中，上曰："善！"赐帛十匹。郭舍人曰："朔，齐人，多变更。致他物射之，中则臣榜百，不中赐臣帛。"朔又中，乃榜舍人。

又曰：馆陶公主乃命私府曰："董君所发，一日金满百斤，钱满百万，帛满千匹。乃白之。"

又曰：娄护为谏议大夫，使郡国，护假贷，多持币帛，过齐，上书求上先人冢，因会宗族故人，各以亲疏遗以束帛，一日散百金之费。

《东观汉记》曰：耿纯于邯郸见上，遂自结纳，献马及缣帛数百匹。

又曰：长安语云："城中好广袖，四方用匹帛。"

范晔《后汉书》曰：明帝崩，诸贵人当徙居南宫。马太后感析别之怀，赐越帛三千端、杂帛二千匹。

又曰：永平六年，洛山出宝鼎，庐江太守献之于庙，赐三公帛五十匹，九卿、二千石半之。

《续汉书》曰：宋秉，字巨公，拜御史中丞。布被瓦器，居不粟马，出无从车。车驾幸其府舍，叹曰：“虽楚国二龚，不如云阳宣巨公！”赐布帛、帐帷、什器。

《后汉书》曰：公孙述造十层赤楼帛兰船，盖以帛饰其栏槛也。

《魏略》曰：陈留邯郸淳奏《投壶赋》，文帝以为尚书郎，赐帛十匹。

《魏志》曰：张伯英专精于书，凡家之衣帛，必书而后练。

《晋阳秋》曰：董威辇常宿白社地，时乞于市，得残碎缯，结以自覆；金帛桂绵，则不肯受。

沈约《宋书》曰：文帝袁皇后每就上求钱帛赡家。上性节俭，所得不过钱三五万、帛三五十匹。

《南史》曰：宋鲍昭尝谒临川王义庆，未见知，欲贡诗言志，人止之曰：“卿位尚卑，不可轻忤大王。”昭勃然曰：“千载上有英才异士，沉没而不闻者，安可数哉？大丈夫岂可遂蕴智能，使兰艾不辩，终日碌碌与燕雀相随乎！”于是奏诗，义庆奇之，赐帛二十匹。

《齐书》曰：刘显将之寻阳，朝贤毕祖道，显悬帛十匹，约曰：“俭衣来者以赏之。”众人竟改常服，不过长短之间。显曰：“将有甚于此矣！”既而周弘正绿丝布裤绣假种轩昂而至，折标取帛。

《梁书》曰：郭祖深清俭，常服故布襦，素木案，食不过一肉。有姥饷一早青瓜，祖深报以匹帛。后有富人效之以货，鞭而徇众，朝野惮之。

《后魏书》曰：高允拜中书令。帝幸允第，唯草屋数间，布被缊袍，厨中盐菜而已。帝叹息曰：“古人之清贫，岂有此乎！”即赐帛五百匹、粟千斛。

又曰：苇珍，字灵智，累迁显武将军、郢州刺史，所在有声绩。朝廷嘉之，迁龙骑将军，赐骅骝二匹、帛五十匹、谷三百斛。珍乃召集州内孤贫者，谓曰：“天子谓我能抚绥卿等，故赐以谷帛。吾何敢独当？”遂以所赐悉分与之。

《隋书》曰：文帝尝遣高颎大阅于龙台泽。诸军部伍多不齐整，唯阎毗一军法制肃然。颎言之于上，时蒙赐帛。

又曰：张定和初为侍官。会平陈之役，定和当从征，无以自给，其妻有嫁时衣服，定和将鬻之。妻靳固不与，定和于是遂行。以功拜仪同，赐帛千匹。遂弃其妻。

《唐书》曰：高祖倾府藏以赐勋人，而又患国计不足。刘义节进计曰："今义师数十万，并在长安，樵薪贵而布帛贱。若伐街衢及苑中之树为樵，易布帛，岁取数十万，立可致也。又藏内缯绢，匹皆有余，轴之使申，截剩物以供杂费，动盈千余万匹。"高祖并从之，大收其利。

又曰：太宗召太子舍人陆敦信，劳之曰："尔所录古先太子善恶之事，多所规讽，诚有可嘉。"因赐帛五十段。

又曰：贞观中，皇后所生长乐公主将出，降敕资送倍于长公主。魏徵谏以"汉明帝以朕子安得同于先帝子"。后闻之，以为难，可谓正直社稷之臣也。固请遣中使赍帛五百匹赐徵。

又曰：贞观十一年，赐遭水之家帛十五匹，半毁者八匹。

又曰：王君廓少孤贫无行，以剽劫为业，亡命聚徒，以逆鬓竹器笼人头，而夺其缯帛。

又曰：开成中，以谏议大夫萧俶为楚州刺史。俶故相俛之弟。将赴任，延英候辞。上曰："萧俛是先朝贤相，筋力未衰，即须一来京国。朕今赐手诏，及赐帛三百匹，以备山谷所乏。"

《战国策》曰：公子魏牟过赵，赵王坐前有尺帛，且令工以为冠。赵王曰："公子临寡人，愿闻所以为天下。"魏牟曰："王能重王之国若是尺帛，则王之国大治矣！王有此尺帛，何不令郎中以为冠？为冠而败之，奚亏王国？而王必待工乃使之？今社稷为丘墟，先人不血食，王不以与工，乃与幼艾也！"事具冠门。

《河图玉板》曰：昆仑以东得大秦之国，人长十丈，皆衣帛。

《韩诗外传》曰：孔子之齐，遇程丕子于谭、郯之间，倾盖而语终日。孔子曰："取束帛十匹，以赠先生。"

又曰：孔子、颜渊登鲁东山，望吴昌门，渊曰："见一匹练前有生蓝。"子曰："白马芦刍也。"

《东方朔别传》曰：武帝幸甘泉，长平阪道中有虫覆地如赤肝。朔曰：“必秦狱处也。夫愁者，得酒而解。”乃取虫置酒中，立消糜。赐帛百匹。后属车上盛酒，为此故也。

《法言》曰：禽兽食人之食，土木衣人之帛，谷人不足于昼，丝人不足于夜，此谓恶政也。

《风俗通》曰：诸侯相赠，乘马束帛。束为帛，与马相匹。

崔寔《四民月令》曰：八月清风戒寒，趣绢缣帛。

荀卿《礼赋》曰：爰有大物，非丝非帛，文采成章。

邯郸淳《上受命述诏》曰：淳作此甚典雅，斯亦美矣，朕何以堪之哉？其赐帛四十匹。

太平御览卷第八百一十九　布帛部六

绵

《说文》曰：纩，絮缊也。

《礼记·玉藻》曰：纩为茧，缊为袍。衣也，着之异名也。纩，谓今之新绵也。缊，谓今纩及旧絮也。

又《丧大记》曰：属纩以俟绝气。纩，今之新绵，易动摇，置口鼻之上以为候。

又《内则》曰：妇事舅姑，左佩纷帨、右佩箴、管、线、纩，施鞶帙。

《左传·宣下》曰：楚子伐萧，萧溃。申公巫臣曰："师人多寒。"王巡三军，拊而勉之，三军之士皆如挟纩。纩，绵也。言悦以忠寒也。

谢承《后汉书》曰：徐稚不就诸公之辟。及有丧者，万里赴吊。常于家预炙鸡一只，以一两绵絮渍酒中，曝干。至门，以绵絮置水中，候有酒气，以鸡置前。祭毕便去。

范晔《后汉书》曰：张奂遗命曰："吾前后仕进，十腰银艾，不能和光同尘，为谗邪所忌。通塞，命也；始终，常也。但地下冥冥，长无晓期，而复缠以绵纩，牢以钉密，为不喜耳。今幸有前穿，朝殒夕下，横尸露床，幅巾而已。"

《晋阳秋》曰：有司奏，依旧调房子、睢阳绵，武帝不许。

《宋书》曰：郭原平孝行既着，高阳许瑶之罢建安郡丞，还家，以绵一斤遗之，不受。瑶之乃自往曰："今过寒，而建安绵好，以此奉尊上耳。"原平乃拜而受之也。

又曰：朱百年隐居山阴，家室素贫，母以冬月亡衣，并无絮，自此不衣绵帛。尝寒时就孔凯宿，衣悉夹布。饮酒醉眠，凯以卧具覆之，百年不觉，引卧具去体，谓凯曰："绵定奇温。"因流涕悲动，凯亦为之伤感。

《齐书》曰：阮孝绪年十六父丧，不服绵纩；虽蔬食，有味，亦吐之。

《英雄记》曰：吕布为曹公所攻甚急，乃求救于袁术。术先求布女，布恐术为女不至故不遣救也，即以绵缠女身，缚着马上，夜自送女出与术。太祖守兵相触，格射不得过，复还城。

《语林》曰：谢万就人乞裘，云畏寒。答曰："君妄语，正欲以为豪具耳。若畏寒，无复胜绵者。"以三十斤绵与谢。

陆氏《异林》曰：锺繇常数月不朝，或问其故，云："常有好妇来，美丽非凡。"问者曰："必是鬼物，不可不杀之！"妇人后往，不即前止户外。繇问："何以？"曰："公有相杀意。"繇曰："无此。"勤勤呼之乃入。繇有不忍心，然犹斩之，伤脚。妇人即出以新棉拭血，竟路。明日，使人寻迹，至一大冢，木中有好妇人，形体如生人，着白练丹绣两当，伤一脚，以两当中绵拭血。

郦善长《水经注》曰：房子城西出白土，细滑如膏，可用濯绵，霜鲜雪曜，异于常绵。世俗言：房子之纩也，抑亦类蜀郡之锦得江津矣。故岁贡其绵，以充御府。

絮

《史记》曰：人有上书告周勃反，下廷尉薄，太后以为无反事。文帝朝，太后以冒絮提文帝，曰："绛侯绾皇帝玺，将兵北军，此时不反，今居一小县，顾欲反也？"帝乃出之。

又《货殖传》曰：絮千乘家。

《汉书》曰：帝以公主为老上单于阏氏，使宦者燕人中行说傅公主。说既至，因降单于，单于爱幸之。其得汉之缯絮，以驰草棘中，衣裤皆裂弊，以示不如旃裘坚善也。

司马彪《续汉书》曰：光武建武二年，野蚕成茧，民收其絮。

《东观汉记》曰：建初二年，诏齐相其止勿复送冰纨、方空縠、吹纶絮也。

《汉旧仪》曰：皇后亲蚕，还献茧。凡蚕丝絮，织室作祭服，其皇帝得以作缕缝衣，皇后间以作巾絮而已。

《魏志》曰：曹公定邺，临祠袁绍墓，哭之流涕。慰劳绍妻，还其家人宝物，赐杂缯絮，廪食之。

《吴书》曰：顾悌，字子通，父亡，孙权作布衣一袭，皆擘絮着之，强令悌释服。

《晋中兴书》曰：王敦害周顗，籍其家，政见素簏数枚中有故絮也。

《晋书》曰：佛图澄腹傍有一孔，常以絮塞之。每夜读书则披絮，孔中出光，照于一室。

《宋书》曰：颜竣丁父忧。起为丹阳尹，遣中书舍人戴明宝抱竣登车，载之郡舍。赐以布衣一袭，絮以彩纶，遣主衣就衣诸体。

又曰：阮长之，元嘉十一年，除临海太守。在官常拥败絮。

《齐书》曰：江革补国子生。王融、谢朓尝行还过候革，时大寒雪，见革弊絮单席，而耽学不倦。嗟叹久之。

又曰：卞彬《蚤虱赋序》曰："余之多病，起居甚疏。萦寝败絮，不能自释。"

《庄子》曰：宋人有善为不龟手之药者，世世以洴澼絖为事。客闻之，请买其方百金。聚族而谋曰："我世世洴澼絖，不过数金；今一朝鬻技百金，请与之。"

《淮南子》曰：藡苗类絮，而不可以为絮。藡苗，藋秀也，楚人谓藡。又读音敌。

《古今注》曰：元帝永光四年，东莱郡东牟山有野蚕为茧，茧生娥，蛾生卵，卵着石。收得万余石，民人以为丝絮。五年，长安雨絮，垣屋上皆白，民衣之。

《管宁别传》曰：管宁性至孝，恒布裳貉裘，唯祠着单衣絮巾也。

《吴越春秋》曰：吴王将死，曰："吾以不用子胥言，以至于此。死者无知则已，死者有知，何面目见子胥也！"遂蒙絮覆面而自刎。

《博物志》曰：蜀人以絮巾为帽絮。

裴渊《广州记》曰：蛮夷不蚕，采木绵为絮。

卢毓《冀州论》曰：房子好绵，地产不为无珍也。

皇甫规《与马融书》曰：与被絮一双，以通微心。

陆云《与兄机书》曰：一日案行，视曹公器物，见拭目黄絮有垢黑，目泪所沾污。

《孝子传》曰：闵子骞幼时为后母所苦，冬月以芦花衣之以代絮。其父后知之，欲出后母。子骞跪曰："母在一子单，母去三子寒。"父遂止。

《世说》曰：王文度在西州，与林法师讲，韩、孙诸人并在坐。林公理每欲小屈，孙兴公曰："法师今日似着弊絮在荆棘中，触地挂阂。"

牵离

《说文》曰：絓，茧滓絓头也，一曰牵离。

《释名》曰：煮茧曰莫。莫，幕也，贫者着衣，可以幕絮也。或谓之牵离，煮熟烂牵引，使离散如绵也。

纨

《释名》曰：纨，焕也，细泽有光焕然也。

《汉书》曰：齐俗作冰纨。容如冰也。

又曰：齐韩延寿衣黄纨方领。

又曰：白縠衣表，薄纨之里，天子之服也。

《东观汉记》曰：楚王英奉送黄缣三十五匹、白纨五匹入蜀，楚相以闻，诏书还蜀缣纨，以助伊蒲塞桑门之盛馔。

《汉旧仪》曰：乘舆冠，高山冠，飞羽之缨帻，赤丹纨里。

《范子计然》曰：白纨素，出齐、鲁。

《王子年拾遗记》曰：瀛洲有金峦之观，中有瑶几，覆以云纨之素。

繁钦《定情诗》曰：何以合欢欣？纨素三条裙。

组

《说文》曰：组，绶属。其小者以为缨也。

《礼记·檀弓上》曰：有子盖既祥，而丝屦组缨。

《礼记·玉藻》曰：玄冠朱组缨，天子之冠也。玄冠丹组缨，诸侯之冠也。

又曰：弟子缟带，并细约，用组。

又曰：天子佩白玉而玄组绶，公侯佩山玄玉而朱组绶，大夫佩水苍玉而缁组绶，世子佩瑜玉而綦组绶，士佩瓀玟而缊组绶，孔子佩象环五寸而綦绶。

又《少仪》曰：国家靡弊，则车不雕几，甲不组縢。几，附缠为沂鄂也。组，縢以饰。

《左传·襄三年》曰：楚子重伐吴，为简之师。克鸠兹，至于衡山，使邓廖帅组甲三百，被练三千。

《史记》曰：秦王子婴系颈以组，降沛公轵道旁。

《汉书》曰：锦绣纂组害女工。

《穆天子传》曰：天子见西王母，好献锦组百纯。

又曰：盛姬之丧叔娃，赠用茵组。茵，褥也。叔，姓，穆王女。

《墨子》曰：昔楚庄王鲜冠组缨，绛衣博袍，以治其国。

《韩子》曰：吴起示其妻以组，曰："子为我织组，令如是组。"妻织组，果善。吴起曰："非戒也！"使之衣而归。妻兄请之，起曰："起家无虚言。"

《吕氏春秋》曰：邾之为甲，常以帛。公息忌谓邾君曰："凡甲所以为固者，以满窍也。今窍满矣，而任力者半组，则不然，窍满则尽任力矣。"邾君以为然，曰："将何所得组？"公息忌对曰："上用之，则民为之矣。"邾君曰："善。"下令，今官为甲必以组。公息忌知说之行也，令其家皆为组。人有伤之者，曰："公息忌之所以欲用组者，其家多为组也。"邾君不悦，于是乎止官无以组。邾君有所尤也，为甲以组而便，公息忌虽多为组，何损？以组不便，公息忌虽无为组，亦何益？为组与不为组，不足以累公息忌之说。用组之心，不可不察。

刘梁《七举》曰：华组之组，从风纷弦。

应璩《报燕中尉樊彦皇书》曰：登舆北，践燕路，方当化银龟以为黄，变青组以为紫。

又《报平陆长贲玮伯书》曰：从此辞矣，何敢复飞蝉于惠文，鸣玉于缟组哉？

纳

《魏武令》曰：吾衣皆十岁也。岁岁解浣补纳之耳。

《魏志》曰：太祖帏帐坏即补纳。

汲太子妻李氏《与夫书》曰：并致纳一端。

《宋书》曰：徐逵之尚会稽长公主。初，武帝微时，贫过甚，常自新洲伐荻，有纳布衣袄等，皆是敬皇后手自作。武帝既贵，以此衣付主，曰："后世若有骄奢不节者，可以此衣示之。"主子湛之，为大将军彭城王义康所爱，与刘湛之等颇相附。及刘湛之得罪，事连主子。文帝大怒，将致大辟。湛之忧惧无计，以告公主。公主即日入宫，及见文帝，因号哭下床，不复施臣妾之礼，以锦囊盛武帝纳衣掷地，以示上曰："汝家本贫贱，此是我母为汝父作此纳衣。今日有一顿饱食，便欲残害我儿子！"上亦号哭，湛之由此得全。

《南史》曰：齐张欣泰为直阁步兵校尉，领羽林监。欣泰通涉雅俗，交结多是名素，下直辄着鹿皮冠，纳衣锡杖，挟素琴。有以启武帝，帝曰："将家儿何作此举止？"

又曰：沙门宝志在建康，宝亮欲以纳被遗之。未及有言，宝志忽来，牵被而去。

《陈书》曰：大军侵魏，造陕城，魏兵大合，轻骑挑战。侯安都睁目横矛，单骑突阵，四向奋击，左右皆披靡，杀伤不可胜数。于是众并鼓噪俱前。魏多纵突骑，众军患之。安都怒甚，乃脱兜鍪，解所带铠，唯着绛衲两裆衫，马亦去具装，驰入贼阵，猛气咆勃，所向无当其锋者，莫不应刃而倒。

纶

《释名》曰：纶，伦也，作之有伦理也。

《说文》曰：纶，纠青丝绶也。

《礼记》曰：王言如丝，其出如纶。王言如纶，其出如綍。

《后汉书》曰：《仲长统书》曰："井田之变，豪人货殖。馆舍布于州郡，田亩连于方国。身无半通青纶之命，而窃三辰龙章之服。"

《续汉书·舆服志》曰：百石青绀纶一采，宛转缪织长丈二尺。

《东观汉记》曰：建初二年，诏齐相其止勿复送吹纶絮。

郑玄注《礼记》曰：纶，今有秩啬夫所佩也。

《邺中记》曰：石虎皇后出，女骑一千，冬月皆着紫纶巾。

《齐书》曰：徐龙驹常住含章殿，着黄纶帽，被貂裘，南面向案，代帝书敕。

《世说》曰：谢万诣简文，无衣帻可前，简文曰："但前，不须衣帻。"即呼使入，万着白纶布而前。既见，共谈移日。

孟达《与诸葛亮书》曰：贡白纶帽一，以示微意。

缟

《尚书·禹贡》曰：海、岱及淮，唯徐州，厥篚玄、纤缟。玄，黑缯也。缟，白缟也。二物皆当细也。

《毛诗·缁衣》曰：出其东门，有女如云，缟衣綦巾，聊光我云。愿室家得相乐。

《礼记·王制》曰：殷人冔况羽反而祭，缟衣而养老。

又《玉藻》曰：朝服之以缟也，自季康子始也。

《左传·襄六》曰：季札聘于郑，见子产，如旧相识。与之缟带，子产献纻衣焉。

《史记》曰：新城三老董公说汉王以义帝死故。汉王遂发丧，临三日，告诸侯曰："天下共立义帝，北面事之。今项羽攻杀，大逆无道，寡人亲发丧。"诸侯皆缟素归汉。

《韩子》曰：鲁人身善织屦，为履之也，而越人跣；缟欲冠之也，而越人被发。欲无穷可得乎？

《淮南子》曰：钧之缟也，一端以为冠，一端以为絑，冠则戴之，絑则履之。

司马相如《子虚赋》曰：被阿緆，揄纻缟。阿，细缯。緆，细练也。緆音锡，揄音臾。

曹洪《与魏文帝书》云：我军入汉中，若骇鲸之决细网，奔兕之触鲁缟，未足以喻其易也！

絺绤

《说文》曰：绤，粗葛也。絺，细葛也。绉，絺之细者也。

《尚书·禹贡》曰：海、岱唯青州，厥贡盐、絺。

《周礼·地官下》曰：掌葛，掌以时征絺、绤之材于山农。

《礼记·月令》曰：孟夏之月，天子始絺。

又《曲礼上》曰：为天子削瓜者副之，巾以絺。副，折也。既削又四折，乃横断而巾覆之。为国君者华之，巾以绤。华，中列之，不四折也。

又《曲礼下》曰：缜絺绤不入公门。缜，单也。必表而出，为其亵也。

又《玉藻》曰：浴用二巾，上絺下绤也。

又《檀弓》：县子曰："绤衰穗裳，非古也。"非时尚轻凉，慢礼。

《毛诗·关雎·葛覃》曰：葛之覃兮，施于中谷。维叶莫莫，则刈是获。为絺为绤，服之无斁。

又《绿衣》曰：絺兮绤兮，凄其以风。凄，寒风也。《笺》云：絺、绤所以当暑也，以待寒，喻失所。我思古人，实获我心。

又《君子偕老》曰：蒙被绉絺，是绁袢父蕃反也。

《论语·乡党》曰：当暑缜絺绤，必表而出之。缜，单也。暑月，单衣葛，为其形亵也，必有以表之，若今单衣也。

《汉书》曰：江都王建谋反，与闽越通。越遗建荃葛。服虔注曰：细葛也。

《东观汉记》曰：耿纯，字伯山。率宗族宾客二千人，皆缯襜絺巾，迎上于费。上大悦。

又曰：马严为陈留太守。严病，遣功曹史李龚奉章诣阙。上亲召见龚，问疾病形状，以黄金葛絺赐严。

又曰：黄香为郎，召诣安福殿，赐钱三万，黄、白葛各一端。

《魏武封魏王诏》曰：今以君为魏王，青、绛、皂、黄、白葛各二匹，越葛一端往，钦哉！

《吴历》曰：孙策送华歆还洛，并送布越香葛。时多盗贼，歆渡牛渚，悉封还诸物。

《江表传》曰：魏文帝遣使于吴求细葛。君臣以为非礼，欲不与。孙权敕付使。

《梁书》曰：任昉卒后，子西华冬月着葛帔练裙。道逢平原刘孝标，泫然矜之，谓曰："我当为卿作计。"

《后周书》曰：贺兰祥，梁雍州刺史。岳阳王萧詧钦其节俭，乃以竹屏风、絺绤之属及经史赠之。祥虽违其意，取而付诸所司。太祖后闻之，并以赐祥。

《隋书》曰：袁充少警悟。年十余岁，其父党至门，时冬初，充尚衣葛衫。客戏充曰："袁郎子絺兮绤兮，凄其以风。"充应声答曰："唯絺与绤，服之无斁。"以是大见嗟赏。

《穆天子传》曰：天子筮猎苹泽，其卦遇《讼》。逢公占之。赐之骏马十六，絺纻三十箧。

《帝王世纪》曰：尧见舜于二宫，设飨礼，迭为宾主，南面而问政。然后赐以絺衣琴瑟，必筑宫室，封之于虞。

《韩诗外传》曰：孔子南游楚。至阿谷，有处女佩璜而浣。孔子曰："彼妇人可与言矣。"抽絺绤五两，以授子贡，曰："善为之辞，以观其辞。"子贡曰："吾，北鄙之人也，将南适楚。于此有絺绤五两，吾不敢，置之水浦。"妇人对曰："行客之人，嗟然永久，分其资财，弃之野鄙。吾年甚少，何敢取之？子不早去，窃有狂夫守之者矣。"

《说苑》曰：绵绵之蔓，在于旷野。良工得之，以为絺绤；良工不得，枯死于野。

服虔《通俗文》曰：细葛谓之𦈰翃。

稽康《高士传》曰：善卷曰："予立宇宙之中，冬衣皮毛，夏服绤葛。"

刘祯《瓜赋》曰：承之雕盘，幂以纤絺。

夏侯孝若《大暑赋》曰：珠汗沾夫絺葛。

左思《吴都赋》曰：焦葛升越，弱于罗纨。

庾翼《与燕王书》曰：今致细练十端、竹练三端。

王褒《圣主得贤臣颂》曰：服絺绤之凉者，不苦盛暑之郁悒。

段氏《蜀记》曰：邛州镇南蕉葛，上者一匹直十千。

《诸葛恢表》曰：天恩罔极，特赐纤絺、细竹。

《颜测集·大司马江夏王赐绢葛启》曰：冰纨风绤，事膺盛服。

太平御览卷第八百二十　布帛部七

布

《说文》曰：緦布，十五外布也。纑，布缕也。絟，细布也。繐，蜀布也。

《释名》曰：布，布列诸缕。繐，慧也，齐人谓凉为慧，言服之轻细凉慧也。

《周礼·地官下·载师》曰：凡宅不毛者，有里布。

又《夏官下·职方氏》曰：正北曰并州，其浸涞、易，其利布、帛。

《礼记·月令》曰：仲夏之月母暴布。郑玄注曰：不以阴功于太阳事。

《礼记·玉藻》曰：年不顺成，君衣布。为凶年变。

《仪礼·士冠礼》记《冠义》曰：始冠之冠，缁布之冠也。太古冠布，斋则缁之，其緌也。

《左传·闵公》曰：卫文公大布之衣，大帛之冠。

又《襄二》曰：诸侯围逼阳，主人悬布。鲁孟氏之臣秦堇父登之，及堞而绝之，逼阳人悬布以试外之勇者。坠，则又悬之，苏而复上者三。主人辞焉，乃退。主人嘉其勇，故爵谢，不复悬布。带其断布，以徇于军三日。带其断布，以示勇也。

又《襄二十八年》：齐子尾曰："且夫富如布帛之有幅焉，为之制度，使无迁也。迁，移也。夫民生厚而用利，于是乎正德以幅之，言厚利皆人之所欲，唯正德可以为之幅。使无黜嫚，黜犹放也。谓之幅利。利过则为败。吾不敢贪多，所谓幅也。"

《周易·说卦》曰：坤为布。

《论语·乡党》曰：齐必有明衣布。

《史记·张骞传》曰：臣在大夏时，见邛竹杖、蜀布，问安得此，大夏国人曰："吾贾人往市身毒，在大夏东南可数千里。"

又曰：伏灵在菟丝之下，烛之，火灭即记其数，以新布四尺环置之，明即掘取。

《汉书》曰：太山以布为货，广二尺二寸为幅，长四丈为匹。

又曰：高帝曰："吾奋布衣而取天下。"

又曰：文帝徙淮南王长，道死。时民谣曰："一斗粟，尚可舂；一尺布，尚可缝。兄弟二人，不相容！"

又曰：公孙弘为丞相，而卧布被。

又曰：张敞为京兆尹，长安游徼受臧布，罪名已定。其母年八十，守遗腹子，诣敞自陈，愿乞一生之命。敞多其母守节；而出教，更量所受布，狭幅短度中疏，亏二尺，贾直五百，由此得不死。

《东观汉记》曰：廉范年十五，入蜀迎祖母丧。及到葭萌，渡舡没，几死。太守张穆持筒中布数箧与范，范曰："石生坚，兰生香，前后相违，不忍行也！"遂不受。

又曰：建初元年，贾逵入北宫虎观、南宫云台，使出《左氏大义》，书奏，上嘉之，赐布五百匹，衣一袭。

谢承《后汉书》曰：灵帝时，杨綎为零陵太守。时苍梧滑贼相聚，吏民忧恐。綎乃特制马车数十乘，以排囊盛石灰于车上，系布索于马尾，从风鼓灰，贼不得视。因以火烧布燃，马惊，奔突贼阵。

又曰：董卓获山东兵，以猪膏涂布匹，用缠其身，然后烧之，先从足起。

又曰：吴郡要不献越布。陆闳美容仪，常衣越布单衣。明帝好之，因敕郡献越布，由此始也。

华峤《后汉书》曰：哀牢夷知染彩绸布织成，文章如绫绢。有梧木华，绩以为布，幅广五尺，洁白不受垢汗，先以覆亡人，然后服之。《华阳国志》出之，与此同。

又曰：王允与吕布及士孙瑞谋董卓。有人书"回"字于布上，负而行于市，歌曰："布乎！布乎！"有告卓者，卓不悟。

范晔《后汉书》曰：马太后诏曰："吾为天下母，而身服大练，食不求甘，左右但着布，无香薰之饰者，欲身率下也。”

又曰：元和二年，诏令天下大酺五日，赐公卿以下钱帛各有差。及洛阳民当酺者，布户一匹，外三户共一匹。赐博士弟子见在太学者，布人三匹。

《典略》曰：苏秦如赵，逢其邻子于易水之上，从贷布一匹，约价千金，邻子不与。

《魏略》曰：大秦国在安息、条支西，出细布。有织成细布，言用水羊毳，名曰“海西布”。

又曰：大秦国出金涂布、绯持竹布、发隆火浣布、阿罗得布、巴则布、鹿代布、温宿布、五色枕布。

《魏文帝诏》曰：夫珍玩所生，皆中国。及西域他方，物比不如也。代郡黄帝为细，乐浪练为精，江东太末布为白，故不如白叠布鲜洁也。

《魏略》曰：皇甫隆为敦煌太守。敦煌妇人作裙率缩如羊肠，用布一匹。隆禁止之，所省复不訾。

《晋书》曰：王戎性悭。从子将婚，遗一单布衣。婚毕，却收之。

又曰：苏峻平后，帑藏空竭，库中唯练数千端，鬻之不售，而国用不给，导患之，乃与朝贤俱制练布单衣。于是人士翕然竞服之，练遂踊贵。乃令主者出卖，端至一金。

又曰：谢尚为江夏相，府以布四十匹为尚造乌布帐，尚以为军士襦裤。

又曰：顾恺之为殷仲堪荆州参军，尝因假还，仲堪特以布帆借之。至破冢，遭大风。凯之与仲堪笺曰：“地名破冢，直破冢而出。下官平安，布帆无恙。”

《宋书》曰：王玄谟侵魏为前锋，好营货利，一匹布责人八百梨，以此倍失人心。

《梁书》曰：萧恢为郢州刺史，境内大宁。时有进筒中布者，恢以奇货异服，即命焚之，于是百姓仰德。

《陈书》曰：姚察自居显要，一不交通。尝有私门生，不敢厚饷，送南布一端、花练一匹。察谓曰：“吾所衣着，止是麻布薄练，此物于吾无用。既欲相接款，幸不烦尔！”此人逊请，察厉色驱出，自是莫敢馈遗。

《南史》曰：林邑国出古贝。古贝者，树名也，其华盛时如鹅毳，抽其绪纺之以作布，布与纻布不殊。亦染成五色，织为班布。

又曰：东夷扶桑国，其土多扶桑木，故以为名。扶桑如桐，初生如荀，国人食之。实如梨而赤绩，其皮为布，以为衣，亦以为锦。

《燕书》曰：宋该，字宣孔，为右长史。太祖会群僚，以该性贪，故赐布百余匹，令负而归，重不能致，乃至僵顿，以愧辱之。

《后魏书》曰：杨大眼为荆州刺史，常缚藁为人，衣以青布而射之，召诸蛮渠指示之，曰："卿等作贼，吾正如此相杀也！"

又曰：杨椿归老，临行，诫子孙曰："国家初，丈夫好服彩色。吾虽不记上谷翁时事，然记清河翁时服饰。恒见翁着布衣韦带，尝自约敕诸父曰：'汝等后世若富贵于今日者，慎勿积金一斤、彩帛百匹已上用为富也。'"

《北史》曰：齐郑述祖为光州刺史，有人入市盗布，其父怒曰："何恶仁君？"执之以归首，述祖特原之。自是境内无盗。

《唐书》曰：贞观十八年，命将征辽东。安州人彭通请出布五千段以资征人，上喜之，比汉之卜式，拜宣义郎。

《晏子春秋》曰：景公谓晏子曰："东海中有水而赤，中有枣，华而不实，何也？"晏子曰："昔秦缪公乘龙治天下，以黄布裹蒸枣，至海而淬其布于波。黄布，故水赤；蒸枣，故华而不实。"公曰："吾佯问。"晏子对曰："婴闻佯问者，亦佯对之。"

《庄子》曰：鲁君闻颜阖得道之人，使人以弊先焉。颜阖守门，粗布之衣，而自饭牛。使者致币，颜阖对曰："恐听谬而遗使者罪，不若审之。"使者还反。复来求，即不得。

《孙卿子》曰：与人善言，暖若布帛；与人恶言，深于矛戟。

《韩子》曰：卫人有大妻，祷而祝曰："使我无故，得百束布。"其夫曰："何少也？"妻曰："益则子将取妾。"

又曰：齐国好厚葬，布帛尽于衣衾，林木尽于棺椁。桓公患之，以告管仲，曰："布帛尽则无以为币，林木尽则无以为守备，而人厚葬之不休，禁之奈何？”管仲对曰：“凡人之有为也，非名之则利之也。”于是乃下令曰：“棺椁过度者，僇其尸，罪夫当丧者。”夫僇死无名，罪当丧者无利，人何故为之也？

又曰：公仪休相鲁，其妻织布，休曰：“汝岂与世人争利哉？”遂燔其机。

《淮南子》曰：布之新不如纻，纻弊而不如布，或善为新，或善为故。美由宜也。

《抱朴子》曰：寸裂之锦黻，未若坚完之韦布。

《郭子》曰：刘道真尝为徒，扶风王以五百匹布赎之，既而用为从事中郎，当时以为美谈。

《吕氏春秋》曰：戎人见暴布者，问曰：“何以为此莽莽也？”指麻而示之，怒曰：“此权权，何以为莽莽？”权权由养治之。莽莽，长貌也。

《说苑》曰：墨子曰：“古有用无文者，禹是也。土阶三等，衣裳细布，当此时，黼黻无所用，务在完坚。”

王子年《拾遗记》曰：周成王六年，然丘国遣使贡献。使者衣云霞之布，如今之朝霞布也。

《列女传》曰：楚江乙母者，当恭王之时，乙为大夫。有入王宫盗者，令尹以罪乙，请于王而黜之。处家无几，其母亡布八寻，言令尹盗之。王曰：“令尹在上，冠盗在下，令尹不知有何罪焉？”母曰：“昔日妾子为郢大夫，人盗王宫中之物，妾子唑之而黜，令尹独何不以是为过也？”王曰：“善。”令吏偿母之布，因赐金十溢，母让金、布，曰：“妾岂贪货而干王哉？怨令尹之治也。”遂不肯受。王曰：“母智若此，其子必不愚。”乃复召江乙而用之。

《先贤行状》曰：王烈，字彦方，通识达道，人皆慕之，州闾成风，咸竞为善。时国中有盗牛者，牛主得之，盗者曰：“我邂逅迷惑，从今已后将改过，予既已见宥，幸无使王烈闻之。”人有以告烈者，烈以布一端遗之。

《广州先贤传》曰：丁密，苍梧广信人也，清贫为节，非家织布不衣。

《竹林七贤论》曰：王戎为侍中，南郡太守刘肇遗戎筩中布五十端，戎不受，而厚报其书，议者以为讥。世祖患之，为发诏，议者乃息。

《越绝书》曰：葛山者，勾践种葛，使越女织治葛布，献于吴。

《玄中记》曰：玄菟北有山，山有花，人取，纺绩为布。

《南越志》曰：桂州丰水县有古缘藤，俚人以为布。

《南州异物志》曰：五色班布以丝布，古贝木所作。此木熟时状如鹅毳，中有核如珠珣公后切，细过丝绵。人将用之则治，出其核，但纺不绩，在意小抽相牵引，无有断绝。欲为班布，则染之五色，织以为布，弱软厚致，上毳毛。外徼人以班布文最烦缛多巧者名曰：城城，其次小粗者名曰文辱，又次粗者名曰乌驎。

顾微《广州记》曰：阿林县有勾芒木，俚人斫其大树，半断，新条更生，取其皮，绩以为布，软滑甚好。

裴氏《广州记》曰：蛮夷不蚕，采木绵为絮，皮员当竹，剥古缘藤绩以为布。

《笑林》曰：沈珩弟峻，字叔山，有誉而性俭。张温使蜀，辞峻。峻入内，良久出，语温曰："向择一端布，欲以送卿，而无粗者。"温嘉其能显非。

《俗说》曰：桓豹奴善骑乘，亦有极快马。时有一诸葛郎，自云能走与马等。桓车骑以百匹布置埒，令豹奴乘马与诸葛并走，至者得布。便俱走，诸葛恒与马齐，欲至埒，马头去埒布三尺许，诸葛一跃坐布上，遂得之。

杜宝《大业拾遗录》曰：七年十二月，朱宽征留仇国。还，获男女口千余人，并杂物产，与中国多不同。缉木皮为布，甚细白，幅阔三尺二寸；亦有细斑布，幅阔一尺许。

夏侯开国《吴郡赋》曰：金玉星烦，明珰霞聚，纤絺细越，青笺白纻。名练夺乎乐浪，英葛光乎三辅。

张载《拟四愁诗》曰：佳人遗我筒中布，何以报之？流黄素。

扬雄《蜀都赋》曰：细絺弱折，绵茧成袵，筒中黄润，一端数金。

《魏武遗令》曰：铜雀台上安六尺床，施繐帐。月旦、十五日，向帐作妓，汝等时时登铜雀台，望吾西陵墓田。

曹植《表》曰：欲遣人到邺，市上党布五十匹，作车上小帐帷，谒者不听。

陆机《吊魏武文》曰：悼繐帐之冥漠，怨西陵之芒芒。

火浣布

《魏志》曰：青龙三年，西域重译献火浣布。诏大将军、太尉临试，以示百僚。

《吴录》曰：日南北景县有火鼠，取毛为布，烧之而绩，名火浣布。

崔鸿《十六国春秋·前秦录》曰：天竺国献火浣布。

《南史》曰：南海诸簿国东千余里至自然火洲，其上有树生火中。洲左近人剥取其皮，纺绩作布，以为手巾。与蕉麻无异，而色微青黑。若小垢污，则投火中，复更精洁。或作灯炷，用之不知尽。

《列子》曰：周穆王大征西戎，西戎献昆吾剑、火浣布。其剑长尺有咫，炼铜赤刃，用之切玉如泥焉。其布，浣之必投火中，布则火色，出而振之，皓然疑乎雪也。

《抱朴子》曰：海中肃丘有自生火，常以春起而秋灭。丘方十里，当火起满洲，洲上纯生一种木。正暑，此木虽为火所焚而不糜，但小焦黑。人或得为薪者，火之，俱如常薪。但不成灰，炊熟则以水灌灭之。后复更用，如此不穷。夷人取此木华绩以为布。其木皮赤，剥以灰煮治以为布，但粗不及华，俱可以火浣。又有白鼠，毛长三寸许，亦居此洲上空木中，入火中不烧灼也，其毛又可绩以为布。故火浣有三种。

《傅子》曰：长老说：汉桓帝时，大将军梁冀作火浣布单衣，会宾客，行酒公卿朝臣前，佯争酒失杯而污之，伪怒，解衣而烧之。布得火，炜烨赫然而炽，如烧凡布。垢尽火灭，粲然洁白，如水浣之。

东方朔《神异经》曰：南荒之外有火山，长四十里，广五十里，其中皆生不烬之木，昼夜火烧，得暴风猛雨不灭。火中有鼠，重百斤，毛长二尺余，细如丝，可以作布。恒居火中，色洞赤，时时出外而色白。以水逐而沃之，即死，织以为布。

《搜神记》曰：昆仑之墟有炎火之山，山有鸟兽草木，皆生长于炎火之中。故有火浣布，非此山草木之皮枲，则其鸟兽之毛也。汉世，西域旧献此布，中间久绝。至魏初，时人疑其有文无实，文帝以为火性酷烈，无含育之气，着之《典论》，明其不然，曰："不然之事，绝智者之听。"及明帝立，诏三公曰："先帝昔着《典论》，不朽之格言，其利刊石于庙门之外，及太学，与石经并，以为永示后世。"至此西域使至，始献火浣布焉，于是刊灭此论，而天下笑之。臣松之昔从征西洛阳，历观旧物，见《典论》石在太学者尚存，而庙外庑之间诸长老云："晋初受禅，即用魏庙，移此石于太学，非两处立也。"窃谓此言为然。

《王子年拾遗记》曰：晋太康中，有羽山之民献火浣布。其国人称：羽山之上有文石生火，烟色似随四时而见也，名为净火。有不洁之衣，投于石火之中，虽滞污淄涅，如新浣矣。当虞舜时，其国献黄布。汉末献赤布，梁冀制为衣，谓之丹衣。而史家云"单衣"，则今缝掖也。字异声同，未知孰是。

又曰：方丈山东有龙场，地方千里，玉瑶为林。或云龙常斗此处，膏血如水流，着物如淳漆。燕昭王二年，海人乘霞丹，以凋壶盛膏数斗，以献王。坐通云之堂，以火浣布为缠，用龙膏为灯，照耀百里。

《梁四公记》曰：有商人赍火浣布三端，帝以杂布积之，令杰公以他事至于市所。杰公遥识曰："此火浣布也。二是绢木皮所作，一是积鼠毛所作。"以告商人，具如杰公所说。因问木、鼠之异，公曰："木坚毛柔，是可别也。以阳燧火、山阴柘木爇之，木皮改常。"试之果验。

《异物志》曰：斯调国有大洲在南海中。其上有野火，春夏自生，秋冬自死。有木生于其中而不消也，枝皮更滑。秋冬火死，则皆枯瘁。其俗常以冬采其毛以为布，色小青黑。若尘垢污之，便投着火中，则更鲜明也。

纻

《尚书·禹贡》曰：荆、河唯豫州，西南至荆山，北距河。厥贡漆、枲、絺、纻。

《毛诗·宛丘·东门之池》曰：东门之池，可以沤纻。彼美淑姬，可与晤语。

《左传·襄六》曰：季札聘郑，见子产如旧相识。与之缟带，子产献纻衣焉。

《汉书》曰：贾人不得衣锦绣、绮縠、絺纻、纻、罽。

《宋书》曰：戴法兴，会稽之山阴人。家贫，父子以贩纻为业。

《华阳国志》曰：獠人贾言纻为兰。

《朱崖传》曰：朱崖俗：行来出入着布，或细纻布巾，巾四幅，其中内头如领巾象。

《说苑》曰：吴赤市使于智氏，假道于卫。宁文子具纻絺三百制，将以送，大夫悬曰："吴虽大国也，亦不壤交，假之道则亦敬矣，又何礼焉？"文子不听，遂致之。

《古乐府》曰：《白纻歌》盛称舞好，宜及芳时作乐，其辞曰："白纻质如月，轻如云，色如银，制以为袍，余作巾。"本吴舞也。

白叠

《汉书》曰：其帛絮细布千钧、纹彩千匹、荅布白叠也、皮革千石，比千乘之家。

《晋令》曰：士卒百工不得服越叠。

《吴时外国传》曰：诸簿国安子织作白叠花布。

《南史》曰：高昌国有草实如茧，茧中丝如细纑，史为白叠子，国人取织以为布。布甚软白，交布用焉。

吴笃《赵书》曰：石勒建平二年，大宛献珊瑚、琉璃、㲛㲪、白叠。

《广志》曰：白叠布，毛织，出诸薄洲。

太平御览卷第八百二十一 资产部一

田

《释名》曰：土已耕者曰田。田，填也，五稼填满其中心也。

《尚书·禹贡》曰：冀州厥田唯中中，孔安国曰：田之高下肥瘠，九州之中为第五。兖州厥田唯中下，第六。青州厥田唯上下，第三。徐州厥田唯上中，第二。扬州厥田唯下下，第九。荆州厥田唯下中，第八。豫州厥田唯中上，第四。梁州厥田唯下上，第七。雍州厥田唯上上，第一。

《周礼·春官下·籥章》曰：凡国祈年于田祖，歌豳雅，击土鼓，以乐田畯。祈年，祈丰年也。田祖，始耕田者，谓神农也。田畯，古先教田者。《尔雅》曰：畯，农夫也。

又《地官·司徒之职》曰：均土地，以稽其人众而周知其数。上地，家七人。可任者家三人；中地，家六人，可任者家二人；下地，家五人，可任者家一人。郑玄曰：均，平也。周，犹遍也。一家男女七人以上，则授上地，所养者众也。男女五人以下，则授之以下地，所养者寡也。正以七人、六人、五人为率者，有夫有妇然后为家，二人以至于十人，为九等。乃经土地，而井牧其田野。九夫为井，四井为邑，四邑为丘，四丘为甸，四甸为县，四县为都，以任地事而令贡赋，凡税敛之事。此谓造都鄙也。采地制井田，异于乡遂也，重立国。小司徒为经之，立其五沟五途之界。其制似“井”之字，因取名焉。

又曰：载师，掌任土之法，以物地事，授地职，而待其政令。任土者，任其力势所能生育，且以制贡赋也。物，物色之，以知其所宜之事，而授农牧衡虞，使职之也。以廛里任国中之地，以场圃任园地，以宅田、士田、贾田任近郊之地，以官田、牛田、赏田、牧田任远郊之地，以公邑之田任甸地，以家邑之田任稍地，以小都之田任县地，以大都之田任疆地。谓廛里者，若今邑里居之田矣。廛，人居之区域也。里，居也。园，树果蓏之属也。蓏音力果反。季秋，于中为场樊，圃谓之园。宅田者，致仕者家所授之田也。《孟子》曰：

卿以下，必有珪田五十亩。贾田，在市，贾人其家所受田也。官田，庶人在官者其家所受田也。牛田、牧田，蓄牧者之家所受田也。赏田者，赏赐之田也。公邑，谓六遂余地也，天子使大夫治之。自此以外，余地皆然。

《礼记·月令·季夏》后五曰：大雨时行，乃烧剃行水，利以杀草。可以粪田畴，可以美土疆。剃，谓迫地芟草也。此谓欲耕菜田，先剃其草，草干烧之，此月大雨，流水潦蓄其中，则草死不复生，而地美可耕稼也。

又《王制》曰：方一里者，为田九百亩；一里方三百步。方十里者，为方一里者百，为田九万亩；方百里者，为方十里者百，为田九十亿亩；亿，今十万。方千里者，为方百里者百，为田九万亿亩。万亿，今万万也。自恒山至于南河，千里而近；冀州域。自南河至于江，千里而近。豫州域。自江至于衡山，千里而遥；徐州域。自东河至于东海，千里而遥。荆州域。自东河至于西河，千里而近；亦冀州域。自西河至于流沙，千里而遥。雍州域。西不尽流沙，南不尽衡山，东不尽东海，北不尽恒山，凡四海之内，断长补短，方三千里，为田八十万亿一万亿亩；九州之大计。方百里者，为田九十亿亩。山陵、林麓、川泽、沟渎、城郭、宫室、涂巷，三分去一，其余六十亿亩。以一大国为率，其余所以授民也。

又曰：古者公田籍而不税。籍之言借也。借民力治公田，美恶取于此，不税民之所自始也。古者谓殷时。

《左传·僖公三十一年》曰：春，取济西田，分曹地也。二十八年，晋文讨曹，分其地，境界未定。至是，乃以赐诸侯。使臧文仲往，宿于重馆，高平方与县西北有重乡城。重馆人告曰："晋新得诸侯，必亲其共。不速行，将无及也。"从之，分曹地，自洮以南，东傅于济，尽曹地也。文仲不书请田而已，非聘享会同也。襄仲如晋，拜曹田也。

又《宣公下十五年》曰：初税亩，非礼也。谷出不过籍，周法：民耕百亩，公田十亩，借民力而治之，税不过此。以丰财也。

又《襄公六》曰：子产治郑，使田有封洫。封，界。洫，沟。从政一年，舆人诵曰："取我衣冠而褚之，取我田畴而伍之。孰杀子产，吾其与之！"及三年，民又诵之曰："我有子弟，子产诲之；我有田畴，子产辟之。子产而死，谁其嗣之？”

又《哀公上》曰：季孙欲以田赋，兵赋之法，因其田财，通出马一匹，牛三头；今欲别其田及家财，各为一赋，故言田赋。使冉有访诸仲尼。仲尼曰：“丘不识也。”三发，三发问。卒曰：卒，终也。“子为国老，待子而行，若之何子之不言也？”仲尼不对，不公答。而私于冉有曰：“君子之行也，行政事。度于礼，施取其厚，事举其中，敛从其薄，如是，则以丘亦足矣。丘，十六井，出戎马一匹，牛三头，是赋之常法。若不度于礼而贪冒无厌，则虽以田赋，将又不足。且子季孙若欲行而法，则周公之典在；若欲苟而行，又何访焉？”弗听。为明年用田赋传。

又《哀公上》曰：子胥曰：“得志于齐，犹获石田也，无所用之。”石田不可耕。

《谷梁传·宣公五年》曰：初税亩，宣公履亩而税之也。古者田什一而籍。言借民力，十井而为公耕一，谓之什一而税也。初税，非正也。

《毛诗·小雅·白华》曰：滮池北流，浸彼稻田。滮流貌。《笺》云：池泽浸润稻田，使之生殖。

又《甫田》曰：倬彼甫田，岁取十千。倬，明貌。甫田，谓天下田也。十千，言多也。

又《大雅·崧高》曰：王命召伯，彻申伯土田。彻，治也。《笺》云：治者，正其井牧，定其赋税。

《尔雅》曰：田一岁曰灾，今江东呼初耕地反草为灾。二岁曰新田，《诗》曰：于彼新田。三岁曰畬。《易》曰：不灾畬。

《史记》曰：魏文侯使李悝作尽地力之教，悝，苦回反。以为地方百里，提封九万亩，理田勤谨，则亩益三斗；不勤，则损亦如之。地方百里之增减，辄为粟百八十万硕矣。必杂五种以备灾害，力耕数耘，收获如寇盗之至。谓促遽之甚，恐为风雨损也。

又曰：秦孝公任商鞅，鞅以三晋地狭人贫，三晋，谓韩、魏、赵三卿，今河东道之地。秦地广人寡，故草不尽垦，地利不尽出。于是诱三晋之人，利其田宅，复三代无知兵事，而务本于内，而使秦人应敌于外。故废井田，制阡陌，任其所耕，不限多少。数年之间，国富兵强，天下无敌。其后韩闻秦之好兴事，欲疲之，乃使水工郑国间说秦，令凿泾水，自中山西抵瓠口为渠，并北山东注洛三百余里，欲以溉田。中作而觉，秦欲杀国，国曰："始臣为间，然渠成，亦秦之利也。"秦以为然，卒使就渠，用注填阏之水，溉泽卤之地，四万顷收皆亩一钟。于是关中为沃野，无凶年，命曰郑国渠。阏，音于据切。

又曰：王翦将行，请善田宅园池甚众，始皇曰："将行矣，何忧贫乎？"

《战国策》曰：魏叔座为将，攻韩、赵，胜之。魏王赏田百万，座曰："使士卒不崩、直而不倚、挠拣不辟者，此吴起余教也；鼓之不敢怠倦者，臣也。王特为臣右手之倦赏臣，可也；若以有功，臣何力之有焉？"王曰："善"。于是索吴起之后，赏田二十万；以座不掩士之迹，又与田二十万。

《汉书》曰：晁错奏曰："古者税民不过什一，至秦则不然，用商鞅之法，改帝王之制。一岁屯戍万计，力役三十倍于古，田租口赋盐铁之利二十倍于古。如淳曰：秦卖盐铁贵，故下民受其困。或耕豪民之田，税十五。如淳曰：税其五。故贫民常衣马牛衣，而食犬彘之食。"

又曰：董仲舒说上曰："秦用商鞅之法，改帝王之制，除井田，人得卖买，富者田连阡陌，贫无立锥之地。汉兴，循而未改。古井田法虽难猝行，宜少近古，限人占田，以赡不足，塞兼并之路，然后可善治也。"上不能用。

又曰：是时，富豪皆争匿财，唯卜式尤欲助费。于是以式终长者，乃召拜为中郎，赐爵左庶长，田十顷，布告天下，尊显以讽百姓。

又曰：贡禹上书曰："臣禹年老贫穷，家赀不满万钱，妻子糠豆不赡，短褐不完，有田百三十亩。陛下过意征臣，臣卖田十亩，以供车马。"

又曰：杨恽免官，常不得志，乃歌曰："田彼南山，芜秽不治。种一顷豆，落而为萁。人生行乐耳，须富贵何时？"

又曰：张禹为人谦愿，内殖货财，家以田为业。及富贵，多买田至四百顷，皆泾渭溉灌，极膏腴，上价。

又曰：宁成曰："仕不至二千石，贾不至千万，安可比于人乎？"乃贳贷陂田千余顷假贫民，役使数千家，致产数千万。为任侠，持吏长短，从数十骑。其使民，威重于郡守。

又《沟洫志》曰：太始三年，赵中大夫白公复奏穿渠引泾水，首起谷口，尾入栎阳，泾渭中溉四千五百余顷田，名曰白渠。民歌曰："田于河许？池阳谷口。郑国在前，白渠起后，举锸为云，决渠为雨。泾水一石，其泥数斗，且溉且粪，长我稷黍。"

《后汉书》曰：光武时，天下垦田多不以实。又户口年纪，互有增减。十五年，诏下州郡检覆其事，而刺史、太守多不平均，或优饶豪右，侵刻羸弱，百姓嗟愁，遮道号呼。时诸郡各遣使奏事，帝见陈留吏牍上有书，视之，云："颍川、弘农可问，河南、南阳不可问。"帝诘吏由趣，吏不肯服，抵言长寿街上得之。抵，欺也。帝怒。时显宗为东海公，年十二在幄后言曰："吏受郡敕，当欲以垦田相方耳。"帝曰："即如此，何故言河南、南阳不可问？"对曰："河南，帝城，多近臣；南阳，帝乡，多近亲。田宅逾制，不可为准。"帝令虎贲将诘问吏，吏乃实首服如显宗对。于是遣谒者考实，具知奸状。

又曰：樊重开广田土三百余顷，其所起庐舍，皆有重堂高阁，陂渠灌注，赀至巨万，而赈赡宗族，恩加乡闾。外孙何氏兄弟争财，重耻之，以田贰顷解其忿讼。县中称美，推为三老。

又曰：马援辞兄况，欲就边郡田牧。《东观记》曰：援以况出为河南太守，次两兄为吏京师。见家用不足，乃辞况欲就边郡畜牧也。况曰："汝大才，当晚成。良工不示人以朴，且从所好。"后援辞隗嚣归洛阳，居数月而无他职。任援。以三辅，地旷土沃，而所将宾客猥多，乃上书求屯田上林苑中，帝许之。

《东观汉记》曰：司隶校尉梁松奏特进防光廖、廖子豫兄弟父子并受爵土，荣显冠世，多买京师膏腴美田，作大庐、近带城郭，妨困小民。

又曰：郭丹，字少卿，南阳人，累世千石，父稚为丹买田宅居业。丹为司徒，视事五年薨。诏问丹家，时宗正刘匡对曰："郭丹为三公，典牧州郡，田亩不增。"

张璠《汉记》曰：郑泰，字公业，少有才略，多谋。家富于财，有田四百顷，而食常不足，名闻山东。

华峤《后汉书》曰：范迁为司徒，在公辅有宅数亩，田不过一顷，推与兄子。

又曰：周燮专精《礼》《易》，不读非圣之书，不修贺问之好。有先人草庐结于岗畔，下有陂田，常肆力自勤以给。非身所耕渔则不食。

《魏志》曰：夫定国之术，在于强兵足食。秦人以急农兼天下，孝武以屯田定西域，此先世之良式也。是岁乃募民屯田于许，得谷数百万斛。由是州郡例置田官，所在积谷。征伐四方，无军粮之患。遂得以兼灭群凶，克平天下。

又曰：邓艾迁尚书郎。时欲广田畜谷，为灭贼资，使艾行陈、项已东至寿春。艾以为："田良水少，不足以尽地利。宜开河渠，可以大积军粮，又通运漕之道。"乃着《济河论》，以喻其指。又以为："昔破黄巾，因为屯田，积谷许都，以制四方。今三隅已定，事在淮南，每大军征举，运兵过半，功费巨亿，以为大役。陈、蔡之间，土下田良，可省许昌左右诸稻田，并水东下。今淮北二万人，淮南三万人，十二分休，常有四万人，且田且守，水丰常收三倍于西。计除众费，岁完五百万斛，以为军资，六七年间，可积三千万斛于淮上。此则十万之众五年食也。以此乘吴，无不克矣。"宣王善之，事皆施行。正始二年，乃开广漕渠。每东南有事，大军兴众，泛舟而下，达于江、淮，资食有储而无水害，艾所建也。

又曰：司马郎为丞相主簿，以为"宜复井田。往者以民各有累世之业，难中夺之。是以至今承大乱之后，民人分散，土业无主，皆为公田，宜及此时复之。"

又曰：郑浑迁阳平、沛郡太守。郡界下湿，患水涝，百姓饥之。浑于萧、相二县界兴陂堨，开稻田。郡人皆以为不便，浑曰："地势洿下宜溉灌，终有鱼稻经久之利，此丰民之本也。”遂躬率吏民，兴立功夫，一冬间皆成。比年大收，顷亩岁增，租入倍常，民赖其利。刻石颂之，号曰郑陂。

又曰：刘靖都督河北诸军事，又修广戾渠陵，大遏水，溉灌蓟南北三百里，使种稻，边民利之。

《蜀志》曰：初，诸葛亮自来成都，有田十五顷，子弟食自余饶。

《晋要事》曰：安帝义熙九年，右丞张须元议：琅琊及湖熟界有皇后脂泽田四十余顷，参详悉以借食民。

《南史》曰：宋王惠兄鉴颇好聚敛。惠意不同，谓曰：“何用田为？”鉴怒曰：“无田何由得食？”惠又曰：“何用食为？”

《齐书》曰：王骞历黄门郎、司徒右长史，不事产业。有旧田在钟山八十顷，与诸宅及故旧共佃之。常谓人曰：“我不如郑公业，有田四百顷而食常不周。”以此为愧。

《梁书》曰：夏侯夔为豫州刺史，率军人于苍陵立堨溉田千余顷，岁收谷百余万石，以充储备，兼赡贫人，境内赖之也。

又曰：邓元起少时，尝至西沮田舍，有沙门造之乞。元起有稻几二千斛，悉以施之。时人称其有大度。

《后魏书》曰：高允为着作郎，太武引见，因问允：“万机何者为先？”时多禁封良田，又京师游食者众，允因曰：“臣少也贱，所知唯田，请言农事。古人云：地方一里，则为田三顷七十亩；万里则田三万七千顷。若勤之，则亩益三升；不勤，则亩损亦如之。损益之率，为粟二百二十二万斛，况以天下之广乎？若公私有储，虽遇饥年，复何忧哉？”帝善之，除田禁，悉以授百姓。

又曰：裴延俊迁幽州刺史。范阳郡有旧督亢渠，经五十里；渔阳燕郡有故戾陵诸堨，广袤三十里。皆废毁多时，水旱不调。延俊乃表求营造，遂躬自履行，相度形势，随力分督。未几而就，溉田百万余亩，为利十倍，百姓赖之。

《北齐书》曰：帝赐穆提婆晋阳之田，斛律光言于朝曰：“此田，神武帝以来常种禾，饲马数千匹，以拟寇难。今赐提婆，无乃阙军务也？”由是提婆怨光。

《唐书》曰：贞元十六年，卢群为义成军节度、郑滑观察营田使。群先寄寓郑州，典质得良田数顷。及授节度，各以本地契书分付所管令长，令召还本主，时人称美。

又曰：起居郎崔觐隐居城固山，所有良田分给奴婢，令递日供饮食之费。觐与妻家事一不以问，但水石自娱而已。

又曰：温造为河阳节度观察使，复怀州古素渠，三县弃地悉为良田。后造左迁，出为朗州刺史。至则开后乡渠九十七里，溉田二千顷。郡人名其渠曰“右史渠”。

《范子计然》曰：“请问，九田随世盛衰，有水旱贵贱，愿闻其情。”计然曰：“诸田各有名，其从一官始，以终九官，所以设诸田差高下，始进退也。假令一直钱百金、一直钱九百，此略可知。从一亩至百亩直，是大贵之极也。”

《孟子》曰：百亩之田，勿夺其时，数口之家可以无饥矣。

又曰：易其田畴，薄其税敛，民可使富也。

《傅子》曰：陆田者，命悬于天也。人力虽修，水旱不时，则一年功弃矣。田制之由人，人力苟修，则地利可尽。天时不如地利，地利不如人事。

《吕氏春秋》曰：魏襄王与群臣饮酒酣，王为群臣祝，令群臣皆得志。史起对曰：“群臣不肖者得志则不可。”王曰：“如西门豹之为人臣也。”史起对曰：“魏氏之田也，漳水存其傍。西门豹不知用，是过也。”明日，召史起问：“漳水犹可以灌邺田乎？”对曰：“臣为之，民必大怨臣。臣虽死，愿王使他人遂之。”王使之为邺令。史起因往为之，邺民大怨，欲籍史起，史起不敢出，避之，乃使他人遂为之。水已行，民大得其利，相与歌之曰：“邺有圣令，号为史公。决漳水兮灌邺旁，终古斥卤生稻粱。”

《春秋后语》曰：赵列侯谓其相公仲建曰：“寡人所爱，可以贵之乎？”曰：“富可也，贵之则不。”列侯乃命以田万亩赐善歌者二人，公仲建许诺而不与。居一月，列侯之代还，问曰：“与之乎？”曰：“未有可者。”

《家语》曰：虞、芮二国争田而讼，连年不决，乃相谓曰：“西伯仁人，盍往质焉？”入其境，则耕者让畔，行者让路；入其朝，则士让为大夫，大夫让为卿。虞、芮之君曰：“嘻！吾侪小人，不可以入君子之朝。”遂自相与成，以其所争为闲田。

萧广济《孝子传》曰：郭原平墓下有数十亩田，不属原平。每至农月，耕者恒裸袒。原平不欲使慢其坟墓，乃货家资买此田。三农之月，辄束带垂泣，躬自耕垦之。

《氾胜之书》曰：昔汤有旱灾，伊尹为区田，教民粪种，负水浇稼，收至亩百石。胜之试为之，收至亩四十石。

《越绝书》曰：吴北野禺栎东所舍大疁者，吴王田也。

又曰：富中大塘者，勾践治以为义田也。肥饶，谓之富中。

盛弘之《荆州记》曰：桂阳郡界有温泉，其下流有田，恒资以浸灌。常十二月种，至明年三月新谷便登。温液所周，正可数亩。过此，水气辄冷，不复生苗。

《豫章记》曰：郡江之西岸有盘石，下多良田，极膏腴者一亩二十斛。稻米之精者，如玉暎澈于器中。

《续搜神记》曰：阳人姓何，忘其名，隐遁养志。常至田舍，人收获在场上。忽有一人长一丈，黄疏单衣，角巾，来诣之，翩翻举其两手，并儛而来，语何云：“君常见韶舞，不足舞也！”便去。何寻逐，遥向一山，山有一穴，裁容人。其人即入穴，何亦随之。初入甚急，前辄开广，便失人。见良田数十顷，何遂垦作，以为世业。子孙于今赖之。

崔寔《政论》曰：昔者圣王立井田之制，分口耦地，各相副适，使人饥饱不偏，劳逸齐均，富者不足僭差，贫者无所企慕。

王郎《上求赈贷民表》曰：昔在西京，有鄠杜膏腴之饶，池阳谷口之利，泾渭二川之水，郑国、白渠之溉，云雨年成，粪与灌并，亩货一金，号为陆海。

《应璩书》曰：是以忽此，苏子带郭之业，求彼孙叔寝丘之地。故求远田，在关之西，南临洛水，北据芒山。

曹植《表》曰：乞城内田及城边好田，尽所赐百年力者。臣虽生自至尊，然心甘田野，性乐稼穑。

又《籍田论》曰：营畴万亩，厥田上上，经以大陌，带以横阡，奇柳夹路，名里被园，宰农实掌，是谓公田。

《唐明皇杂录》曰：上命宇文融为拓田使。融方恣睢，稍不己附者，必加诬谮。密奏以为："卢从愿广致田园，有地数百顷。上素器重，亦倚为相者数矣；而又族望官婚，鼎盛于一时。"故上亦重言其罪，但目从愿为多田翁。

太平御览卷第八百二十二 资产部二

农

《周礼·地官下》曰：凡任民，任农以耕事，贡九谷。

《礼记·月令·孟春》曰：乃命有司布农事，舍东郊，修封疆，审端径术，善相丘陵、阪险、原隰、土地所宜、五谷所殖，以教导人，必躬亲之。田事既饬，先定准直，农乃不惑。

又《仲春》曰：无作大事，以妨农事。大事，兵役之属。

又《孟夏》曰：无起土功，无发大众，无伐大树。为妨蚕农之事。是月也，命有司巡行田原，劝农勉人，无或失时。劝农人以及时。

又《孟秋》曰：是月也，筑场圃，农乃登谷。天子尝新，先荐寝庙。

又《季秋》曰：乃命有司，农事备，收举五谷之要。

又《孟冬》曰：是月也，劳农以休息之。

又《仲冬》曰：是月也，农有不收藏积聚者，马牛禽兽有放逸者，取之不诘。

又《季冬》曰：冰已入，令告人出五种，命农计耦耕事，修耒耜，具田器。命有司出土牛，以示农耕之早晚。

又《王制》曰：制农田百亩。百亩之分，上农夫食九人，其次食八人，其次食七人，其次食六人；下农夫食五人。庶人在官者，其禄以是为差也。农夫皆受田于公。田肥墝有五等，收入不同也。庶人在官，谓府史之属，官长所除，命于天子国君者。诸侯之下士视上农夫，禄足以代其耕也。

《左传·闵公》曰：卫文公务材训农，通商惠工。

又《昭元》曰：譬如农夫，是穮是蓘，穮，耘也。拥本曰蓘。虽有饥馑，必有丰年。

《春秋元命苞》曰：周先姜原履大人迹，生后稷扶桑。推种生，故稷好农。神始行从道，道必有迹，而姜原履之，意感，遂生后稷于扶桑之所出之野。长而推演种生之法而好农，知为仓神所命明也。

《尚书·盘庚上》曰：若农服田力穑，乃亦有秋，农勤穑，则有秋；下承上，则有福。乃不畏戎毒于远迩；惰农自安，不昏作劳，不服田亩，越其罔有黍稷。

又《洪范》曰：三曰农用八政，农，厚也，厚用之，政乃成。一曰食。劝农业。

又《梓材》曰：唯曰：若稽田，既勤敷灾，唯其陈修，为厥疆畎。言为君监民，唯若农夫之考田，已劳力布发之，唯其陈列修治，为其疆畔畎垄，然后功成，以喻教化。

《论语·子路》曰：樊迟请学稼，子曰："吾不如老农。"

《汉书》曰：谚曰："以贫求富，农不如工，工不如商。"亦出《史记》。

又曰：杨季官至卢江太守，有田一廛、宅一区，世世以农桑为业。

《后汉书》曰：王丹家累千金，隐居养志，好施周急。每岁农时，辄载酒肴于田间，候勤者而劳之；《东观汉记》曰：载酒肴便于田头大树下饮食劝勉之，因留其余酒肴而去。其惰懒者，耻不致。丹皆兼功自厉，邑聚相率以致殷富。其轻黠游荡，废业为患者，辄晓其父兄，使黜责之。没则赙给，亲自将护。其有遭丧忧者，辄待丹为办，乡邻以为常。行之十余年，其化大洽，风俗以笃。

又曰：崔恢，字行逊，迁鄢陵令。每至春农，身到庐陌，劝民耕桑，农无废业。

《东观汉记》曰：樊重，字君云，世善农稼，好货植。

《南史》曰：梁张兴世为方伯。父仲子，由兴世致位给事中，兴世欲将往襄阳，爱乡里，不肯去。尝谓兴世曰："我虽田舍老公，乐闻鼓角，汝可送一部，行田时吹之。"

《管子》曰：一农之事，必有一耜、一镰、一耨、一铫、一铚，然后成为农也。

又曰：北泽烧火照堂下，管子入贺，桓公曰："吾田野辟，农夫必有百倍之利也。"

又曰：善为国者，使农寒耕而热耘，力归于上。

又曰：夫国富多粟生于农，故先王贵之。民事农则田垦，田垦则粟多，粟多则国富，国富则兵强，兵强则战胜，战胜者地广。农夫终岁之作，不足以自食也。故农者，月不足而岁有余也。

又曰：先王者，善为民兴利除害，故天下归之。所谓兴利者，利农事也；所谓除害者，禁害农事也。

又曰：一农之量褒百亩也。

又曰：上农挟五，中农挟四，下农挟三。农有常业，女有常事。一农不耕，民有饥者；一女不织，民有寒者。

《孟子》曰：不违农时，谷不可胜食者也。

《孙卿子》曰：农精于田，不可为农师；贾精于市，不以为市师。

又曰：良农不为水旱不耕。

《韩子》曰：历山农者侵畔，舜往耕，期年让畔。

《国语曰》：管仲曰：昔者，先王处农就田野，令农夫群萃而州处，察其四时，四时树艺各有宜。权节其用，耒耜枷芟。权平之，节其器用小大倨勾之宜。枷，拂也，所以击草。芟，大镰，所以芟草。及寒，击槁除田，寒，季冬大寒之时。槁，枯草也。以待时耕；时耕，立春之后。及耕，深耕而疾櫌之，以待时雨；疾，速。櫌，磨。时雨至，当种。时雨既至，挟其抢刈耨鎛，在掖曰挟。抢，椿也。刈，镰。耨，兹其。鎛，锄也。以旦暮从事于田野。脱衣就功，首载茅蒲，身衣袯襫，脱，解。茅蒲，簦笠也。袯襫，蓑蘘。沾体涂足，沾，濡。暴其发肤，尽其四支之敏，以从事于田野。少而习焉，其心安焉，不见异物而迁焉。是故其父兄之教不肃而成，其子弟之学不劳而能。夫是故农之子恒为农，野处而不昵。昵，近。

《吕氏春秋》曰：匡章谓惠子于魏王之前曰："蝗螟者，农夫得而杀之。奚故？为其害稼也。"

《氾胜之书》曰：农士惰勤，其功力相什倍。

又曰：卫尉前上蚕法，今上农法。民事，人所忽略，卫尉勤之，可谓忠国爱民之至。

《风俗通》曰：古者使人如借，故曰籍田。

孙盛作南昌令教曰：且欲先婚配境内，然后督其农桑。

《梁州记》曰：黑水村有鱼池，池上立美台，下四周有水，左右官良田数十顷，故以美农为名。

耕地

《周礼·天官上》曰：甸师，掌帅其属，而耕耨王籍，以时入之，以共粢盛。其属，府史胥徒也。耨，耘耔也。王以孟春躬耕帝籍，天子三推，三公五推，卿、诸侯九推，庶人终于千亩。庶人，谓徒三百人。籍之言借也。王一耕之，而使庶人耘耔终之。粢盛，祭祀所用谷也。

《礼记·月令》曰：正月，天子率三公、九卿、诸侯、大夫，躬耕帝籍，天子三推，公五推，诸侯九推。郑玄注曰：帝籍，为天伸借人力所治之田也。蔡邕《章句》曰：礼成于三，故天子三推。卑者劳，故三公五推也。

又《王制》曰：三年耕，必有一年之食；九年耕，必有三年之食。以三十年之通，虽有凶旱水溢，民无菜色。

又《少仪》曰：问士之子长幼，长则曰'能耕矣'。

又《表记》曰：天子亲耕粢盛秬鬯，以事上帝，故诸侯勤以辅事于天子。言无事而居位食禄，是不义而富且贵。

《左传·襄公七年》曰：夏四月，三卜郊，不从，乃免牲。孟献子曰："吾乃今而后知有卜筮。夫郊祀后稷，以祈农事也。郊祀后稷以配天。后稷，周始祖，能播植者。是故启蛰而郊，郊而后耕。今就耕而卜郊，宜其不从也。"启蛰，夏正建寅之月。耕谓春分。

又《襄公十四年》曰：吴子诸樊既除丧，诸樊，吴子乘之长子也。乘卒，至此春十七月既葬而除丧。将立季札。札，诸樊少弟。季札辞曰："曹宣公之卒也，诸侯与曹人不义曹君，将立子臧。子臧去之，遂弗为也，以成曹君。君子曰'能守节'。君，义嗣也，谁敢奸君？有国，非吾节。札虽不才，愿附于子臧，以无失节。"固立之，弃其室而耕，乃舍之。传言季札之让，且明吴兄弟相传。

又《昭公五》曰：伍员如吴，言伐楚之利于州于。州于，吴王僚。公子光曰："是宗为戮，而欲反其仇，不可从也。"光，吴公子图阖也。反，复也。员曰："彼将有他志。光欲杀獠，不利员用事，故破其议，而员亦知之。余姑为之求士，而鄙以待之。"计未得用，故进勇士以求入于光，退居边鄙。乃见专诸焉，专诸，勇士。而耕于鄙。

《谷梁传·成公》曰：郄克曰："反鲁卫之侵地，使耕者皆东亩。"欲以利其戎车。

《论语·卫灵公》曰：君子谋道不谋食。耕也，馁在其中矣；学也，禄在其中矣。

又《微子》曰：长沮、桀溺耦而耕。

《论语比考谶》曰：叔孙武叔毁孔子，譬若尧民曰："我耕田而食，穿井而饮，尧何力功？"

《周书》曰：神农之时，天雨粟，神农耕而种之。

《韩诗》曰："三之日于耜，四之日举趾。"至于四月，始可举足而耕。

又曰：齐人青将讨公孙无知，辞其友，其友曰："耕田刈草，农之力也；讨君之贼，大夫职也。"

《史记》曰：赵肃侯游大陵，出于鹿门，大夫扣马曰："耕事方急，一日不作，百日不食。"肃侯下车而谢之。

又曰：伍子胥进专诸于公子光，退而与故太子建之孤子胜耕于野。

又曰：陈涉少时，与人佣耕，辍耕垅上曰："富贵无相忘！"佣者笑而应曰："子为人佣耕，何富贵耶？"涉曰："嗟乎！燕雀安知鸿鹄之志哉？"

又曰：高后立诸吕为王，擅权用事。朱虚侯年二十，有气力，忿刘氏不得势，常入侍高后燕饮，曰："请为太后歌田。"太后曰："试为我言田意。"曰："深耕概种，立苗欲疏。非其种者，锄而去之！"吕后默然。

《战国策》曰：主父欲伐中山，使李疵观之。疵曰："举士，即民务名不好本；朝上贤，即耕者隋而战士懦。若此不亡者，未之有也。"

《汉昭纪》曰：上耕于钩盾，弄田。应劭曰：昭帝九年，未能亲耕帝籍，钩盾有田近署，故往试耕，为戏弄也。

又曰：江南之地，火耕水耨。应劭曰：烧草，下水种稻。

又曰：夏侯胜每授书，谓诸生曰："学经不明，不如归耕。"

《后汉书》曰：王莽末，盗贼起，人皆忧，移徙遁逃，莫事农桑。淳于恭遂独耕，乡人止之曰："世方散乱，死生未分，何空自苦为？"恭曰："正我不得食，他人食之，何伤？奈何不耕？"

《东观汉记》曰：梁鸿乃将妻之霸陵山中，耕耘、织作以供衣食，弹琴、诵书以娱其志。

又曰：承宫将妻之华阴山谷，耕种禾黍。临熟，人就认之，宫悉推与去。由是显名。

又曰：第五伦为会稽太守，免官归田里，身自耕种，不交通人物。

《魏略》曰：常林少单贫，自非手力，不取之于人。性好学，汉末，为诸生，带经耕锄。其妻常自担饷馈之。林虽在田野，其相敬如宾。

《吴录》曰：徵崇，字子知，遭乱，遂隐于会稽，躬耕以求其志。好尚者从学，所教不过数人辄止，欲令其业必有成也。

《吴志》曰：薛综上疏云："任延为九真太守，乃教其耕犁，使之冠履。"

《晋书》曰：朱冲，字巨容，少有志行，闲静寡欲，好学而贫，常以耕艺为事。

又曰：赵至，字景真，代郡人也，寓居洛阳缑氏。令初到官，至年十三，与母同观。母曰："汝先世本非微贱，世乱流离，遂为士伍耳。尔后能如此不？"至感母言，诣师受业。闻父耕叱牛声，投书而泣。师怪问之，至曰："我小，未荣养，使老父不免勤苦。"师甚异之。

《宋书》曰：王韶之家贫好学，尝三日绝粮，而执卷不辍。家人请之曰："困穷如此，何不耕？"答曰："我自耕耳。"

《齐书》曰：戴僧静为北徐州刺史，买牛给贫人，令耕种。

《梁书》曰：孔子祛，会稽山阴人也。少孤贫好学。耕耘樵采，常怀书自随，投闲则诵读。勤苦自励，遂通经术。

《赵书》曰：东耕仪直殿中监，铺席于侍臣之南，北面解匣，出御耒，跽受黄门侍中。侍中释剑，擎跽，以颖授尊。太常赞曰："皇帝亲耕籍田，一推一反，三推三反。"成礼，侍中跽取耒，以授侍郎，以授殿中监，监复韬匣。

《管子》曰：庶人好耕农而恶饮食，于是财用足。

又曰：行其游野，视其耕耘，计其农事，而饥饱之国可以知也。

又曰：耕者，出入不应于父兄，用力不农，农不事贤，行此三者，有罪无赦。

又曰：地大而不耕，非其地也。

《文子》曰：其耕不强者，无以养生。

《晏子春秋》曰：有纳书景公者，云："吾不知晏子之忠臣也。"公以为然。晏子入朝，公色不悦。晏子退而穷处，东耕于海滨。

《墨子》曰：鲁南郑人吴宪者，冬陶夏耕，自比于舜。

又曰：墨子之齐，遇故人，曰："今天下莫为不若已。"墨子曰："今小人，一人耕，九人处，耕者不可以不急。何则？食者众而耕者寡也。今天下莫为义，子宜劝我，何以止我？"

又《非乐》曰：使丈夫为之废丈夫耕稼树艺之时，使妇人为之废妇人纺织之事。

《庄子》曰：尧治天下，伯成子高立为侯。尧授舜，舜授禹，伯成子高辞而耕。禹往见之，则在野。

又曰：尧以天下让许由，许由不受，退而耕于颍水之阳，终身不见。

《尸子》曰：有虞氏身有南亩，妻有桑田。神农耕而王，所以观耕。

《商子》曰：今一人耕而百人食之，此为螟螣蚵胡多切蠋之欲切亦大矣。是有《诗》《书》，犹无益于治。

《孟子》曰：伊尹耕于有华之野，汤躬诣之，伊尹嚣然弗顾。

又曰：耕者助而不税，则天下之农皆悦，而愿耕于其野也。

《孙卿子》曰：子路问孔子曰："有耕耘树艺，手足胼胝，以养其亲，而无孝名，何也？”子曰：“但使入则笃行，出则友贤，何患无孝名也？”

《韩子》曰：宋人有耕者，田中有株，免走触林而死。因释耕而守株，冀更得免，宋人笑之。

《淮南子》曰：夫织者日以进，耕者日以却，事相反，成功一也。

扬子《法言》曰：谷口郑子真，不屈其志，而耕乎岩石之下，名振京都。

《傅子》曰：耕根车，天子亲耕乘之；蹋猪车，畋猎乘之。

《山海经》曰：后稷播百谷，始作耕。

《六韬》曰：昔帝尧之王天下，不以私曲之故留耕绩之时。

《国语》曰：古者天子籍田，后稷监之，监，察。太史赞替王，赞，导。王敬从之。王耕一墢，一墢，耜之墢也。王无耦，以一耜耕也。班三之，班三次也。三之，下各三其上也，王一墢，公三，卿九，大夫二十七。庶人终于千亩。终，尽耕之。

又曰：管仲对齐桓公曰：“深耕而疾耰之，以待时雨。”

《吕氏春秋》曰：匡章谓魏王曰：“今君行多者数百人，皆不耕而食，此害稼亦甚矣！”

又曰：人臣孝则事君忠，临难死；士民孝则耕耘疾，守战固。

又曰：舜耕于历山，昌草生，于是始耕。

《董生书》曰：禹见耕者五耦而轼。

《贾谊书》曰：王者之法：民三年耕，而余一年之食；九年耕，而余三年之食。三十岁，民有十年之蓄。

《说苑》曰：曾子衣弊衣而耕，鲁君使人致邑，曾子不受，曰：“受人者畏人，与人者骄人。”终不受。

《太玄经》曰：神农冬耕，被服纯青。

崔元始《正论》曰：宣帝使蔡登校民耕相，三犁共一牛，一人持之，下种挽搂，皆取备焉，一日种一顷也。

《拾遗录》曰：需支夫善耕，妇人善织。以五色丝稍内口中，两手引而结之，则成文锦。丈夫多力，勤稼，一日锄十顷之地。

《董正别传》曰：刘恭嗣少有异才，闻司马操博物多通，故往见焉。遇其方耕，执耒耜于垅亩之上，于是释耒下袵，相就而言。

《任嘏别传》曰：嘏字昭先，乐安人。有比居者，擅耕嘏地数十亩，种之。人以语嘏，嘏曰："我自以借之也。"耕者闻之，惭谢还地。

《襄阳耆旧传》曰：庞公，襄阳人，居沔水上，至老不入襄阳城。躬自耕耔，其妻相待如宾，休息则整巾端坐，以琴书自娱。睹其貌者，肃如也。

《桓阶别传》曰：阶为赵郡太守，期月之间，增户万余。路有遗一囊，耕者见之，举以系树。数日，其主还取。

《石勒别传》曰：石勒，元康中流宕山东，寄旅平原茌平界，与师欣家佣耕，耳恒闻鼓角鞞铎之音，勒私异之。

《琴操》曰：曾子幼小慈仁，居贫，无业以事父母。躬耕力作，随五土之利，四时唯宜，以进甘脆。尝耕于太山之下，遭雨雪寒冻，旬月不得归，乃作《忧思歌》。

太平御览卷第八百二十三 资产部三

耒

《释名》曰：耒，耜也。

《古史考》曰：神农作耒耜。

《世本》曰：咎繇作耒耜。

《周礼·冬官·考工下》曰：车人为耒，庛长尺有一寸，中直者三尺有三寸，上句者二尺有二寸。郑司农云：耒谓耜耒。庛，读为其颡有庛之，庛谓耒下歧。玄谓：庛，读为棘刺之刺。刺，耒下前曲，接耜。自其庛缘其外以至于首以弦其内六尺有六寸，与步相中也。缘外六尺有六寸，内弦六尺，应一步之尺数。耕者以田器为度。宜耜异材，不在数中。坚地欲直庛，柔地欲句庛。直庛则利推，句庛则利发。倨句磬折，谓之中地。中地之耒，其庛与直者如磬折则调矣。调则弦六尺。

《礼记·月令·季冬》曰：冰已入，令告人出五种，命农计耦耕事，修耒耜，具田器。冰既入，而令有司告人出五谷之种，明大寒气过，农将兴修田器。

《韩诗》曰：三月之时，可预取耒、耜修缮之。至于四月，始可以举足而耕也。

《魏志》曰：段灼上疏理邓艾曰："昔姜维有断陇之志，艾修治备守，积谷强兵。值岁凶旱，又为区种，身被乌衣，手执耒、耜，以率将士。上下相感，莫不尽力。"

《梁书》曰：贺革，字文明。少以家贫，躬耕供养。年二十，始辍耒，就父受业，精力不怠。

《唐书》曰：永徽三年，高宗亲享先农，躬御耒耜。

《淮南子》曰：清英之美，始于耒、耜。清英，酒也。

耜

《释名》曰：耜，齿也，如齿之断物也。

《周礼·地官下·山虞》曰：凡服耜，斩季材，以时入之。季犹稚也。服与耜宜用稚材，尚柔刃也。服，牝服，车之材。

又《秋官下》曰：薙氏掌杀草，春始生而萌之，夏日至而夷之，秋绳而芟之，冬日至而耜之。郑玄谓：萌之者，以兹其斫其生者；夷之，以钩镰迫地芟之也，若今取茭矣；含实曰绳，芟其绳则实不成熟；耜之，以耜测涑土铲之。

《礼记·礼运》曰：治国不以礼，犹无耜而耕也。无以入也。

《毛诗·国风》曰：三之日于耜，四之日举趾。同我妇子，馌彼南亩，田畯至喜。三之日，夏正月也，豳士晚寒。于耜，始修耒耜也。四之日，周四月也，民无不举足而耕矣。

又《小雅·大田》曰：以我覃耜，俶载南亩。覃，利也。时至，民以其利耜炽灾发所之地，趋农已急也。

又《周颂》曰：《良耜》，秋报社稷也。畟畟良耜，俶载南亩。播厥百谷，实函斯活。畟畟，犹测测也。《笺》云：良，善也。农人测测以利善之耜，炽灾是南亩也。种此百谷，其种皆成好含生气，言得其时。

王隐《晋书》曰：徐苗少孤家贫，好学书，昼执耒耜，夜不废读诵。

《后魏书》曰：赵琰遣人买耜刃，得剩利六百，即命送还刃主。刃主高之，义而不受，琰命委之而去。

《唐书》曰：高宗行籍田之礼，躬执耒耜而九推焉。礼官奏："陛下合三推。"上曰："朕以身率下，自当过之，恨不终于千亩耳。"初，将籍田，先止于先农之坛，因阅耒耜，有雕刻文饰者，谓左右曰："田器，农人执之，在于朴素，心岂贵文饰乎？"乃命彻之。

《国语》曰：周制有曰："民无悬耜，言常用。入士曰耜，耜柄曰耒。野无奥草。"皆垦辟与深也。

《吕氏春秋》曰：六尺之耜，所以成亩；其博八寸，所以成甽。高诱注曰：六尺为亩，三尺为甽。

犁

《释名》曰：犁，利也，利则发土，绝草根也。

《魏略》曰：皇甫隆为敦煌太守，民不晓作楼犁，用工甚费。隆乃教作楼犁，省力过半。

又曰：弘农太守刘类，多市犁辖，载所部贸丝。

《管子》曰：距国门以外，穷四竟之内，丈夫二犁，童子五尺一犁，以为三日之功，令农始作服于公田。

《盐铁论》曰：庶人乘马者，足以代劳而已。故行则服轭，止则就犁，下种轭楼，皆取备焉，日种一顷，至今三辅犹赖其利。辽东耕犁，辕长四尺，回转相妨。即用两牛，两人牵之，一人耕，一人种，二人挽楼，凡用两牛六人，一日则种二十五亩，其悬绝如此。

《陈留耆旧传》曰：萧令陈弇，字叔明。躬自握犁，种五谷。有黄雀随犁翔弇上。

崔寔《政论》曰：武帝以赵过为搜粟都尉，教民耕植。其法：三犁共一牛，一人将之。

《唐书》曰：天宝初，开砥柱之险以通流，石中得古铁犁铧，有“平陆县”字，因改河北县名为平陆县。

《后唐史·明宗纪》曰：上顾谓侍臣曰：“朕昨日出城观稼，见百姓父子三人同曳犁耒者。力农如是，深轸予怀。可赐耕牛二头”。

耦

《说文》曰：耦，耕广五寸为伐，二伐为耦。

《周礼·地官下》曰：里宰，以岁时合耦于锄，以治稼穑，趋其耕耨，行其秩叙，以待有司之政令，而征敛其财赋。《考工记》曰：耜广五寸，二耒吕为耦。此言两人相助耦而耕也。郑司农云：锄，读为籍。杜子春云：锄，读为助，谓相佐助。

又《冬官》曰：匠人为沟洫，主通利田间之水道。耜广五寸，二耜为耦。一耦之伐，广尺深尺谓之甽。田首倍之，广二尺，深二尺，谓之遂。

古者耜一金，两人并发之。其垄中曰畎，畎上曰伐。伐之言发也。畎，亩也。今之耜歧头两金，像古之耦也。

《毛诗·周颂》曰：骏发尔私，终三十里。亦服尔耕，十千维耦。私，民田也。言上欲富其民，而让于下，欲民之大发其私田耳。终三十里，言各极其望也。于是民大事耕其私田，万耦同时举也。

《国语》曰：吴王还自伐齐，乃谇申胥谇，告让也。曰："昔吾先王体德圣明，达于上帝。先王，阖庐。上帝，天也。譬如农夫作耦，以刈杀四方之蓬蒿。"为言子胥佐先王，犹耕者之有耦，以成其事。

董仲舒云：禹见耕者五耦而轼，过十室之邑而下；见山仰之，见谷俯之。

种植

《周礼·地官》大司徒之职曰：辨十有二壤之物，而知其种，以教稼穑树艺。

《礼记·月令》曰：孟春行冬令，则水潦为败，首种不入。旧说云：首种谓稷也。

又《仲秋》曰：是月也，劝人种麦，无或失时。

又《礼运》曰：为礼不本于义，犹耕而弗种也。嘉谷无由生也。

《尚书·洪范》曰：五行：土爰稼穑。种曰稼，敛曰穑。土可以耕，可以敛。稼穑作甘。甘味生于百谷。

《尚书·酒诰》曰：妹土，嗣尔股肱，纯其艺黍稷，奔走事厥考厥长。今往当使妹土之人继汝股肱之教，为纯一之行，其当勤种黍稷，奔走事其父兄也。

《尚书考灵耀》曰：春，鸟星昏中以种稷；鸟，朱鸟，谓鹑火。夏，火星昏中以种黍菽。火，大火也。

《孝经援神契》曰：土黄白宜种禾，黑坟宜黍麦，苍赤宜菽，污泉宜稻。

《说文》曰：禾之秀宝曰稼，茎节为禾，从"禾""家"声。一曰稼，家事也；一曰在野曰稼。

《史记》曰：弃为儿时，其游戏好种树麻菽。

《汉书》曰：景帝三年春正月，诏曰："农，天下之本也。黄金珠玉，饥不可食，寒不可衣，以为币用，不识其终始间，岁或不登，意为末者众，农民寡也。其令郡国务劝农桑，益种树，可得衣食物。吏发民，若取庸采黄金珠玉者，坐赃为盗；二千石听者与同罪。"

又曰：王莽篡位二年，兴神仙事。以方士苏乐言，起八风台于宫中。台成万金，作乐其上，顺风作液汤。如淳言：《艺文志》有《液汤经》，其义未闻。又种五梁禾于殿中，或曰五色禾也。先鬻鹤髓、鬻音煮也。玳瑁、犀玉二十余物，渍种，计粟斛成一金，言此黄帝谷仙之术。以乐为黄门郎，令主之。

《东观汉记》曰：范充为桂阳太守。俗不种桑，无蚕织丝麻之利，类皆以麻枲头缊着衣。民堕窳，少粗履，盛冬皆以火燎。充令属县教民益种桑柘，养蚕桑，织履；复令种纻麻。数年之间，人赖其利，衣履温暖。

《吴会分地记》曰：卞山者，勾践于此山铸铜。铜不铄，埋之，生马棰。勾践遣使者取徙于南社种之，饰治以为马棰，献于吴。

《陈书》曰：陈灵洗为重安公，性好播植，躬勤耕稼，至于水陆所宜，刈获早晚，虽老农不能及也。

《淮南子》曰：夫树林者，灌以梁水，畴以肥壤，畴，垄也。梁，或作潦也。一人养之，十人拔之，林必无余梼。

又曰：昏弧中，则务种谷；二月昏时，弧星中于南方，朱鸟之宿也。太火中，则种黍菽；大火，东方苍龙之宿，四月建巳中南方也。菽，豆也。虚中，则种粟麦。北方玄武之宿也，八月建酉中于南方也。

又曰：古者民茹草饮水，食树木之实、蠃蚌之肉，多疹毒伤之患。患，害。于是神农乃始教民播五谷，相土地原隰燥湿肥墝高下，百草之滋味，水泉甘苦，令民知避就。当此之时，一日而七十毒。

又曰：文公种米。

《吕氏春秋》曰：冰冻方固，后稷不种；后稷之种，必待春。

《论衡》曰：后稷为儿，种艺为戏。

《氾胜之书》曰：稗，水旱无不熟之时，又特滋盛，易得芜秽，良田亩得二三十斛，宜种之以备凶年。又，稗中有米，熟时，一可捣取炊之，不减粢米，又可酿作酒。武帝时，令典农种之，一顷收二千斛，斛得米三斗。大俭，可得磨食之。

又曰：三月，榆荚雨时，高地强土可种禾；薄田不能粪者，以原蚕矢杂禾种之，则禾不虫。又取马骨，莝之，一石以水三石煮之，三沸，漉去滓，以汁渍附子五枚，渍三四日，去附子，以汁和蚕矢，挠如粥。先种二十日以溲种曝勿令湿，至种时，以余汁溲而种之，则不蝗虫。无马骨汁，亦可用雪。雪者，五谷之积也，常以冬藏雪汁器盛埋地中。治种如此，则收万倍。

又曰：种伤湿郁热，则生虫。取麦种，候熟可获，择穗大强者，秆束，立场之高燥处，无令有白鱼，取干艾杂藏之。欲知岁所宜，以布囊盛粟诸物种，平量，埋阴垣之下。冬至后五十日，发取量之，息最多者岁所宜。

又曰：凡田，种麦为首。伤于太稠者，锄而稀之。秋以锄，以棘柴曳之，以壅麦根，故曰："子将欲富，黄金覆土。"至春冻解，棘柴曳之，绝其干叶。到榆荚雨时，候土白，复锄。如此收必倍。冬雨雪止，掩雪，勿令从风飞去，后雪复如此，麦能旱多实。春冻解，耕和土种游麦，麦生成茂大，锄如宿麦也。

又曰：黍者，暑也。禾生心，天雨灌其心，必伤无实。初种时，天雾，令两人对持长索，戛去其露，日出乃止。种黍，覆土、锄治如禾法，欲稀于禾。

又曰：大豆保岁易为，宜古之所备凶年也。大豆生，载甲而出。种土不可厚，厚则折项，不能上达，屈于土中而死。

又曰：种稻，春冻解，地气和时耕。冬至后百三十日，种大稻时也。

又曰：种麻，预软和田，二月下旬，三月上旬，傍雨种其秕。

又曰：种枲，春冻解，耕治其土。春草生，布粪田，复耕平摩之。

又曰：种小豆忌卯，稻忌辰，禾忌丙，黍忌丑，麻忌辰，秫忌未、寅，小麦忌戌，大麦忌子，大豆忌甲。凡九谷，忌日不种之。避其忌，不可败伤诸事忌禁日，此非空言也。其道自然，若烧黍穰，则害瓠也。

崔寔《四民月令》曰：正月可种葵，四月可收冬葵子。六月六日可种葵，中伏 之后可种冬葵，八九月可种干葵。

《物理论》曰：稼，借种也。古今之言，云余夫稼，农之本也。

耘

《说文》曰：耘，除田间秽也。

《左传·昭元年》曰：晋赵文子曰："譬如农夫，是穮是蓘。"穮，耘也。壅苗为蓘。

《毛诗·甫田》曰：或耘或耔，黍稷薿薿。

又《周颂》曰：载芟载旅，其耕泽泽。千耦其耘，徂隰徂畛。

《论语》曰：子路从而后，遇丈人，以杖荷蓧。包曰：丈人，老人也。蓧，竹器。子路问曰："子见夫子乎？"丈人曰："四体不勤，五谷不分，孰为夫子？"包曰：夫丈人云："不勤劳四体，不分殖五谷，谁为夫子而索之邪？"植其杖而芸。孔曰：植，倚也。除草曰芸。

《宋书》曰：柳元景、颜师伯尝诣沈庆之，会其游田。元景等鸣笳列卒满道，庆之独与左右一人在田，见之悄然改容曰："夫贫贱不可毕，富贵亦难守。吾与诸公并出贫贱，因时际会，荣贵至此，唯当共思损挹之事。老子八十之年，目见成败者已多，诸君炫此车服，欲何为？"于是插杖而耘，不为之顾。元景等彻侍，褰裳从之。

《管子》曰：万室之都，必有万钟之藏，藏镪千万；千室之都，必有千钟之藏，藏镪百万。春以奉耕，夏以奉耘。

《孟子》曰：人病，舍其田而芸人之田，所求于人者重，而所以自任者轻。

贾谊《书》曰：邹穆公有令，食凫雁必以秕。吏请以粟，公曰："夫百姓呴牛而耕，曝背而芸，勤而不敢惰者，岂为鸟兽哉？粟，养人也，何以其养鸟也？"

耔

《说文》曰：耔，壅禾本也。

《晋书》曰：陶潜《归去来》曰："怀良辰以孤往，或植杖而耘耔。"

耨

《释名》曰：耨，似锄，以耨禾也。

《左传·僖公下》曰：初，臼季使过冀，见冀缺耨，其妻馌之，臼季，胥臣也。冀，晋邑。耨，助也。野馈曰馌。敬相待如宾。与之归，言诸文公曰："敬，德之聚也。能敬，必有德，德以治民。君请用之。"

《尔雅》曰：斪劚谓之定。郭璞曰：锄属也。犍为舍人曰：拘㩉，一名定。《广雅》曰：定，耨。《纂文》曰：养苗之道，锄。耨如铚，柄长三尺，刃广二寸，以封地除草也。

《魏书》曰：公孙渊官属上书曰："七营虎士，五部蛮夷，各怀素饱，不谋同心，奋臂大呼，排门遁出。近郊农民，释其耨鎛。"

《淮南子》曰：古者剡耜而耕，摩蜃而耨。蜃，大蚌也。摩，令利，用耨除草也。

又曰：菿先稻熟，农夫耨之者，不以小利害大获。菿，稗。

又曰：圣人之用兵，若栉发耨苗，所去者少，所利者多。

《吕氏春秋》曰：先生者为米，后生者为秕。是故其耨也，长其兄而去其弟。养大杀小。不知稼者，其耨也，去其兄而养其弟，不收其粟而收其秕。

钃

《释名》曰：钃，诛，也主以诛除物根株也。

《说文》曰：钃，斫也。齐谓兹基，一曰斤柄，性自曲者也。

《管子》曰：美金以铸戈剑矛戟，试诸狗马；恶金以铸斤斧锄夷属钃，试诸木士。夷，锄类也。属钃，镬类。

又曰：匠人有感斤钃，故绳可得断也。

《孟子》曰：齐人有言曰："虽有智慧，不如乘势；虽有鎡基，不如待时”。兹基，田器。

耰

《说文》曰：耰，摩田器也。

《论语》曰：长沮、桀溺耦而耕，孔子过之，使子路问津焉。桀溺曰：“子为谁？”曰：“为仲由。”曰：“是鲁孔丘之徒与？”对曰：“然。”“滔滔者，天下皆是也，谁以易之？且而与其从辟人之士也，岂若从辟世之士哉？”耰而不辍。

《贾谊书》曰：秦民借父耰锄，犹有德色。

铚

《广雅》曰：铚谓之刈。《纂文》曰：江湖以铚为刈也。

《尚书·禹贡》曰：二百里纳铚。铚，刈，谓禾穗也。

《说文》曰：铚，获禾短镰。

《释名》曰：铚，获禾铁也。铚铚，断禾穗声也。

铫

《说文》曰：钱，铫也，古田器也。

《世本》曰：倕作铫。

《管子》曰：一农之事，必有一铫，然后成农。

镈

《释名》曰：镈，亦锄类。迫也，迫地去草也。

《毛诗·周颂·良耜》曰：其馕伊黍，其笠伊纠，其镈斯赵，以薅荼蓼。

又《周颂·臣工》曰：命我众人，庤乃钱镈，奄观铚艾。庤，具。钱，铫。镈，耨。获也。《笺》云：奄，久。观，多也。教我庶民，具女田器，终久必多铚艾。劝之也。

太平御览卷第八百二十四 资产部四

获

《说文》曰：获，刈禾也。

《毛诗·小雅》曰：岁聿云暮，采萧获菽。

又《周颂·良耜》曰：获之桎桎，积之栗栗。桎桎，获声也。栗栗，众多也。

《尚书·金縢》曰：秋大熟，禾未获，天大雷电以风，禾尽偃，大木斯拔，邦人大恐。

又《大诰》曰：厥父灾，厥子乃弗肯播，矧肯获？其父已灾耕其田，其子乃不肯播种，况肯收获乎？

《尔雅》曰：桎桎，获也。郭璞注曰：获，刈禾也。

《南史》曰：齐文惠太子，常幸东田观获稻。范云时从文惠，顾云曰："此刈甚快。"云曰："三时之务，亦甚勤劳。愿殿下知稼穑之艰难，无徇一朝之宴逸也。"文惠改容谢之。

虞喜《志林·说晏子》曰：景公为长府，有风，犹作不已。晏子歌曰："禾有穗兮不得获，秋风至兮尽零落。"歌终而流涕，公乃止之。

穑

《说文》曰：穑，谷可收也。啬，爱涩也。

《尚书·大诰》曰：予永念曰："天唯丧殷，若穑夫，予曷敢不终朕亩？"稼穑之夫，除草养苗。我长念天亡殷恶亦犹是矣。我何敢不顺天终竟我垄亩乎？

又《无逸》曰：周公曰："呜呼！君子所其无逸。先知稼穑之艰难，乃逸，则知小人之依。稼穑农夫之艰难，事先知之，乃谋逸豫，则知小人之所依怙。相小人，厥父母勤劳稼穑，厥子乃不知稼穑之艰难，乃逸乃谚。既诞，否则侮厥父母曰："昔之人无闻知。"小人之子，既不知父母之劳，乃为逸豫游戏，乃叛谚不恭己，欺诞父母；不欺则轻侮其父母曰："古老之人，无所闻知！"

《物理论》曰：穑犹收也，古今之言云尔。稼，农之本；穑，农之末。农本轻而末重，前缓而后急。稼欲少，穑欲多；耨欲缓，收欲速，此良农之务。

捃

《毛诗·大田》曰：彼有不获稚，此有不敛穧。彼有遗秉，此有滞穗，伊寡妇之利。秉，把也。成王之时，百谷既多，种同齐熟，收刈促遽，力皆不足，而有不获不敛，遗秉滞德，故听矜寡取之以为利。

《东观汉记》曰：桓荣遭仓卒，与族人元卿俱捃拾，投闲辄讲。元卿谓曰："卿但尽气耳，当复有施用时乎？"后荣为太常诸子，谓元卿曰："平生笑吾尽气，今何如？"元卿曰："我农家，安能豫知此？"

《魏略》曰：焦先行不践邪径，必循阡陌。及其捃拾，不失大穗。饥不可食，寒不可衣，结草以为蓑裳，被头徒跣。每出，见妇人，则隐翳，须去乃出。

王隐《晋书》曰：庾衮，字叔褒。年饥，捃者犹殷，衮乃引其群子以退，曰："待其间。"既耒君焉，从者以为徒耒君也，捃无傍掇。

《晋书》曰：夏统，字仲御。幼孤贫，养亲以孝闻。每采捃求食，星行夜归，或至海边拘螃蜞以资养。

《宋书》曰：沈道虔居武康北石山下，常以捃拾自资。同捃者或争穟，道虔谏之，不止，悉以其所得与之，争者愧恶。后每事辄云："勿令居士知。"

《庾异行别传》曰：君妻乐氏，生子泽。初，君与妻捃，而产于泽，遂以命之。

架

《释名》曰：架，加也，加杖于柄头，以挝穗而出谷也。或曰罗架，三丈而用之。或曰以杖转于头，故名之也。

《广雅》曰：拂谓之架。

《说文》曰：拂，架也。拂，击禾连架也。

《国语》曰：权节其用，耒、耜、枷、芟。枷，拂也，所以击草。

《方言》曰：佥，宋魏之间谓摄殳，或谓之度。自关而西谓之拂。佥，连架也，所以打谷。

王褒《僮约》曰：刻木为架，屈竹作耙。架，击禾也。

园

《说文》曰：园，所以树果也。

《易·贲卦》曰：贲于丘园，束帛戋戋。

《毛诗·车邻·驷驖》曰：《驷驖》，美襄公也。始命，有田狩之事，园囿之乐焉。始命，命为诸侯也。秦始附庸也。游于北园，四马既闲。闲，习也。

又《国风·将仲子兮》曰：将仲子兮，无逾我园，无折我树檀。园，所以树木也。檀，强刃之木。

又《小雅·鹤鸣》曰：乐彼之园，爰有树檀，其下维萚。何乐于彼园之观乎？萚，落也。上其树檀，下其萚。

《周礼·天官》曰：太宰九职，二曰园圃，毓草木。郑注云：园，蕃也。

《史记》曰：董仲舒，广川人，以治《春秋》，当孝景时为博士。下帷讲诵三年，不观于舍园。

《汉书·梁孝王传》曰：王有罪，入朝，乘布车，从两骑，入匿长公主园。张晏曰：布车，丧人乘之也。

又曰：田蚡召客饮，坐其兄盖侯北向，自坐东向。以为汉相尊，不可以兄私挠。由此滋骄。治宅第田园，极膏腴。市买郡县器物，相属于道。

《后汉书》曰：窦宪恃宫掖声势，遂以贱直请夺沁水公主园田。沁水公主，明帝女。主逼畏，不敢计。后肃宗驾出，过园，指以问宪，宪阴喝不得对。阴喝，犹噎塞也。阴，音于禁反。喝，音一介反。或作呜故反。后发觉，帝大怒，召宪切责曰："深思前过主田园时，何用愈赵高指鹿为马？愈犹差也。久念使人惊怖！昔永平中，常令阴博、邓叠二人更相纠察，以阴、邓皆外戚，恐其逾多，故使更相纠察也。博，阴兴之子也。故诸豪戚莫敢犯法者。而诏书切切，犹以舅氏田宅为言。切切，犹殷勤。今贵主尚见枉夺，何况小人哉？国家弃宪如孤雏腐鼠！"鸟子生而啄者曰雏也。宪大震惧，皇后为毁服深谢，良久乃得解。使以田还主，虽不绳其罪，然亦不授以重任。

《续汉书·百官志》曰：濯龙园，在洛阳西北角。

谢承《后汉书》曰：吴祐迁胶东侯相，时戴宏父为县丞。宏年十六，从在丞舍。祐每行园，常闻讽读之音，奇而候之，亦与为友。宏卒成儒宗，知名东夏，为河间相，因自免归家，不复仕。身灌园蔬，以经书教授，年九十八卒。

又曰：中平二年，造万金堂于西园。

《献帝春秋》曰：吕布问太祖："明公何瘦？"太祖曰："君何以识孤？"布曰："昔在洛会浸氏园。"太祖曰："然，孤忘之矣。所以瘦者，不早相得故也。"

《魏略》曰：颜斐为京兆太守，起菜园，使民投闲灌治之。

《魏志》曰：明帝之幸郭元后也，毛皇后爱宠日衰。景初元年，帝游后园，召才人以上曲宴极乐。元后曰："宜延皇后。"帝弗许，乃禁左右，使不得宣后知之，明日见帝，后曰："昨游宴北园，乐乎？"帝以左右泄之，所杀十余人。

《魏略》曰：青龙十二年，起土山于芳林园西北陬。使公卿群寮皆负土成山，树松竹杂木善草于其上，捕山禽杂兽置其中。

又曰：马钧居京都，城内有地可为园，患无水以灌之，乃作翻车。令童儿转之，而灌水自覆，更入更出，其巧百倍于常。

《晋书》曰：华廙免官后，栖迟家巷。武帝登凌云台，望见廙苜蓿园，阡陌甚整，依然感旧。太康初大赦，乃得袭封。

王隐《晋书》曰：王衍，字夷甫，戎叔父也。终于平北将军，送故甚丰。亲故借衍车马、帷帐、器物者，衍因与不复录。资财尽出洛城西先人旧园田上。

又曰：王戎为荆州刺史，坐遣吏修园宅，应免官，诏以赎论。

又曰：孝宗欲于后园修立池苑，江逌谏以"强贼未灭，宜旌军备，尝存俭约，以率群下"。

又曰：汜腾，字无忌，应孝廉举，除郎中。属天下兵乱，去官，叹曰："生于乱世，贵而能贫，乃可以免。"散家财五十万，以施宗族。柴门灌园，琴书自适。

《南史》曰：臧荣绪幼孤，躬自灌园，以供祭祀。

《宋书》曰：茹法亮于宅为鱼池钓台、土山楼馆，长廊将一里，竹林花药之美，公家园竹不能及。

又曰：沈道虔居武康北石山下。有人窃园中菜，道虔自外还见之，即自逃隐，待窃者去后乃出。

《齐书》曰：会稽孔珪家起园，列植桐柳，多构山泉，殆穷真趣。衡阳王钧往游之，珪曰："殿下处朱门，游紫闼，讵得与山人交耶？"答曰："身处朱门，而情游江海；形入紫闼，而意在青云。"麾大美之。

又曰：豫章王嶷薨后，尝见形于第后园。乘腰舆，指麾处分，呼直兵，直兵无手板，左右授一玉手板与之，谓曰："橘树一株死，可觅补之。"因出后园。

《梁书》曰：徐勉为书式其子嵩曰："中年聊于东田间营小园者，非存播艺以要利，正欲穿池种树，少寄情赏尔。又以郊际闲旷，终可为宅，傥获悬车致事，实欲歌哭于斯。"

又曰：刘慧斐隐居东林寺，又于山北构园一所，号曰离垢园。时人仍谓为离垢先生。

《燕书》曰：慜帝时，有异爵，素质绿首，集于端门东园树，栖翔二旬而去。夏，以异爵故，大赦；名东园曰白爵园。

《后魏书》曰：胡太后亲览万机，手笔断决。幸西林园法流堂，命侍臣射，不能者罚之。

又曰：高聪为中尉所弹，遂废于家，断绝人事，唯修营园果。世称高聪梨，以为珍异。

又曰：元欣好营产业，多所树艺。京师名果，皆出其园。

又曰：景穆贾岁，颇亲近左右。营立田园，以收其利。

《北史》曰：齐卢景裕不营世事，居无二业，唯在注解。其叔父职居显要，而景裕止于园舍，精均郊野，谦恭守道，贞素自得。由是世号居士。

《北齐书》曰：河南康舒王孝瑜。文襄于邺东起山池游观，时俗眩之。孝瑜遂于第作水堂龙舟，植幡矟于舟上，数集诸第宴射为乐。武成幸其第，见而悦之，故盛兴后园之玩。于是贵贱慕教，处处营造。

《后周书》曰：后周文帝在天游园，以金卮置侯上，令公卿射，中者即以赐之。宇文贵一发而中，帝笑曰："由基之妙正当耳！"

《唐书》曰：何潘仁，西域胡人也，家富于财。潘仁厚自奉养，引致宾客。炀帝时尝犯法，惧罪，逐亡入司竹园，鸠集亡命，众至数万。及义兵起，求得平阳公主而奉之，以应义师。

《庄子》曰：汉阴丈人为园畦，凿隧而入井，抱瓮而灌，一日浸百畦。子贡教以为桔槔。

《列子》曰：杨朱见梁王曰："王者治天下如运诸掌。"梁王曰："先生有一妻一妾不能治，三亩之园不能耘，言治天下，何也？"

《韩子》曰：昔弥子瑕宠于卫君，与游于东园，食桃而甘，以其半啖君，君曰："爱我哉！"

《淮南子》曰：夫临江之乡，其人汲水以溉其园，江水弗减也。

又曰：山有猛兽，林木为之不斩；园有螯虫，藜蓼为之不采。言人畏之。

《说苑》曰：吴王欲伐荆，告左右曰："敢谏者死！"舍人有少孺子者，欲谏不敢，怀丸操弹于后园，露沾其衣，如是三旦。王曰："子来何苦，沾衣如此？"对曰："园中有榆，其上有蝉。蝉高居悲鸣饮露，不知螳螂在其后；螳螂委身曲附欲取蝉，而不知黄雀在其傍；黄雀方延颈欲啄螳螂，而不知弹丸在其下也。此三者，皆务得其前利，不顾其后之有患也。”吴王曰：“善哉。”乃罢兵。

《风俗通》曰：园，援也，从囗袁声。四皓园公，亦本园者。

《玄晏春秋》曰：又好桑农种藏之事，且养鸡鹜。园圃之事，勤不舍力焉。

《王子年拾遗记》曰：汉明帝时，常山献巨桃核。此桃霜下结花，隆暑方熟。亦云仙人所食。常使植于霜园，此园皆植寒果也。

又曰：魏明帝起灵禽之园，方国所献异鸟兽，皆畜此园也。

《世说》曰：王子敬入会稽，经吴，闻顾辟强有名园，先不识主人，径往其家。顾方集宾友，酣宴园中。而王游历既毕，指麾好恶，傍若无人。

又曰：简文幸华林园，顾谓左右曰：“会心处不必在远，翳然林水，便自有濠梁间想，觉鸟兽自来亲人。”

又曰：管宁、华歆共园中锄菜。见地片金，管不释锄，与瓦石不异；华拾而掷之。

《向秀别传》曰：向秀常与嵇康偶锻于洛邑，与吕安灌园于山阳，收其余利，以供酒食之费。

《桂阳先贤赞》曰：苏耽常闻夜有众宾来，耽告母曰：“人招耽去，已种药着后园梅树下，治百病，一叶愈一人。卖此药，过足供养。”

《仇池记》曰：城东有苜蓿园，园中有三水碓。

《三秦记》曰：汉武帝名园曰樊川，一名御宿。有大梨如五升，名含消。

又曰：汉武帝果园有大栗，十五枚一升。

《华阳国志》曰：何随家养竹园。人盗其笋，随过行见，恐盗者觉怖走，竹伤其足，挈履徐步归。

《幽明录》曰：武宣程羁偏生未被举，家常使种葱。后连理树生于园圃。

殷仲堪《游园赋》曰：尔乃杖策晨游，以咏以吟。落叶掩蹊，果下成林。

《曹植诗》曰：公子敬爱客，终宴不知疲。清夜游西园，飞盖相追随。

刘謐之天公笺曰：昔申酉之际，遭汤旱流烟；今子岁，值尧水滔天。火延烧其庐，水突坏其园。

谢玄《与姊书》曰：比二日东行，游步园中，已极有任家湖形模也。姊想瞩此，亦小有所散。

圃

《说文》曰：种菜曰圃。

《毛诗·鸡鸣》曰：东方未明，折柳樊圃，狂夫瞿瞿。

又《七月》曰：九月筑场圃，十月纳禾稼。

《周礼·地官下》曰：场人，掌国之场圃，而树之果蓏珍异之物，以时敛而藏之。果，枣李之属。蓏，瓜瓠之属。珍异，葡萄、枇杷之属。

《礼记·射义》曰：孔子射于矍相之圃，观者如堵墙。

《左传·庄公》曰：子颓有宠，蔿国为之师。及惠王即位，取蔿国之圃以为囿。圃，园也。囿，苑也。遂奉子颓以代王。

又《僖公下》曰：秦师袭郑，郑使皇武子辞曰："郑之有原圃，犹秦之有具囿也。"

又《哀公下》曰：卫侯为虎幄于籍圃。于籍田之圃新造幄幕，以虎兽为饰也。

《论语》曰：樊迟请学为圃，子曰："吾不如老圃。"

《庄子》曰：古之人假道于仁，托宿于义，以游逍遥之庐，食于苟简之田，立于不贷之圃。逍遥，无为也；苟简，易养也；不贷，无出也。古谓是采真之游。

《韩子》曰：景公欲移晏子家于豫章之圃，晏子辞。

《孟子》曰：今有场师，舍其梧檟，养其樲棘，则为贱场师也。场师，治场圃者。梧、檟，皆木名。樲棘，酸枣。言此以喻人舍大养小，故曰贱场师也。

《淮南子》曰：昆仑山有疏圃之地，满之潢水三周。

《山海经》曰：淮江之山，实唯帝之平圃。

《风俗通》曰：圃，补也，从口甫声。

《拾遗记》曰：昆仑山第二层下有芝田蕙圃，皆数万顷，群仙种耨焉。

曹植《籍田赋》曰：夫凡人之为圃，各植其所好焉。好甘者植乎荠，好苦者植乎荼，好香者植乎兰，好辛者植乎蓼。至于寡人之圃，无不植也。

太平御览卷第八百二十五 资产部五

蚕

《周礼·天官下·内宰》曰：中春，诏后帅外内命妇，始蚕于北郊，以为祭服。蚕于北郊，妇人以纯阴为尊，郊必有公桑蚕室焉。

又《夏官·马质》曰：马质，掌质马。禁原蚕者。原，再也。天文辰为马，《蚕书》蚕为龙精。月直大火，则浴其种，是蚕与马同气也。物莫能两大，禁再蚕者，为伤马也。

《礼记·月令·季春》曰：是月也，命有司无伐桑柘，爱蚕食。有司，谓主山林之官。乃修蚕器。蚕器，谓簿、槌、筠、筐之类。后妃齐戒，享先蚕而躬桑，以劝蚕事。季春吉祀，皇后享先蚕。先蚕，天驷。享先蚕而后躬桑，示率先天下也。

又《孟夏》：是月也，蚕事既登，后妃献茧。乃收茧税，以桑为均，贵贱长幼如一，以给郊庙之服。后妃献茧，进其成功也。乃收茧税，十而取一。以桑为均者，谓用桑多则茧多，桑少则茧少，贵贱长幼如一，各自以桑为均，不得以人贵贱长幼为差。

又《檀弓》曰：成人有其兄死而不为衰者，闻子皋将为成宰，遂为衰。成人曰："蚕则绩而蟹有匡，范则冠而蝉有緌，兄则死而子皋为之衰。"蚩兄死者，言其襄之不为兄死，如蟹有匡蝉有緌，不为蚕之绩范之冠也。范，蜂也。蝉，蜩也。緌谓蜩喙，长在腹下。

又《祭义》曰：古者，天子诸侯必有公桑蚕室，近川而为之。筑宫仞有三尺，棘墙而外闭之。及大昕之朝，君皮弁素积，卜三宫之夫人、世妇之吉者，使入蚕室，奉种浴于川，桑于公桑，风戾以食之。大昕，季春朔日之朝也。诸侯夫人，三宫半王后也。风戾之者，及早凉脆采之，风戾之，使露气燥，乃以食蚕。蚕性恶湿。岁既单矣，世妇卒蚕奉茧以示于君，遂献茧于夫人。

又《祭统》曰：是故天子亲耕于南郊，以共齐盛；王后蚕于北郊，以共纯音缁服。诸侯耕于东郊，以共齐盛；夫人蚕于北郊，以共冕服。天子、诸侯非莫耕也，王后、夫人非莫蚕也。

《春秋文耀钩》曰：商弦绝，蚕合丝。弦将绝，蚕含丝以待用也。

《春秋考异邮》曰：蚕，阳者，大火，恶水，故食不饮。桑者，土之液，木生火，故蚕以三月食叶，类会精合相食。

《尔雅》曰：蛾，罗。蚕蛾。螝音龟，蛹蚕蛹。蟓，桑茧。食桑叶作茧，即今蚕也。雠由、樗茧食樗叶、棘茧食棘叶、栾茧食栾叶。蚢，萧茧。食萧叶者。皆蚕类。

《史记·天官书》曰：正月上甲，风从东方来，宜蚕。

《续汉书》曰：光武建武二年，野蚕成茧，民收其絮。

又《舆服志》曰：贵人助蚕，玳瑁钗、簪、珥。

《东观汉记》曰：明德马后置织室，蚕于濯龙中，往来观内，以为娱乐。

谢承《后汉书》曰：南阳范充，为吴桂阳太守，教民植桑，絺纻之属，养蚕织履，民得利益。

《吴录》曰：南阳郡，一岁蚕八绩。

《后魏书》曰：世宗正始二年，徐州蚕蛾吃人，尪残者一百一十余人，死者二十二人。时高肇专政，聚敛不息。

《隋书》曰：江湖之南，一年蚕四五熟。

《唐书》曰：武德中，梁州言野蚕成茧，百姓采而用之。

又曰：文德太后率内外命妇，有事于亲蚕。

又曰：开元中，上命宫中食蚕，亲自临视，欲使嫔御已下知女工之事。及蚕罢，获丝甚多，因以赐焉。

又曰：天宝中，益州献三熟蚕，紧厚白净，与常蚕不殊。

又曰：大历中，太原府清河县人韩景晖，养冬蚕成茧，诏给复终身。

《韩子》曰：鳝似蛇，蚕似蠋。人见蛇惊骇，见蠋则毛起；而渔者持鳝，妇人拾蚕，利之所在，皆贲、育也。

《淮南子》曰：季春，后妃斋戒，东乡就桑省妇，使观蚕事。

又曰：蚕食而不饮，三十日而化。

又曰：食桑者有丝而蛾。

又曰：蚕食礜石而不饮。

又曰：蚕饵丝而商弦绝，商弦，金声也。春蚕吐丝，金死，故绝。贖星坠而渤海决。贖星，流星也。勃海，水之勃怒也。

又曰：原蚕一岁再登，非不利也，然王法禁之者，以其残桑。

《淮南万毕术》曰：白芳七结浴蚕。

又曰：僵蚕，使马不食。欲愈之，以桑拭口鼻，即食矣。马喜啮人，亦以僵蚕眉拭唇，即不啮也。

《抱朴子》曰：甘始以药粉桑长蚕，蚕得十月不老。

《金楼子》曰：杨泉《蚕赋序》曰："古人作赋者多矣，而独不赋蚕，乃为《蚕赋》，是何言欤？楚兰陵荀况有《蚕赋》，德渊近不见之，有文不如无述也。"

《东方朔别传》曰：武帝求神仙，朔言能上天取药。上知其谩，欲极其言，即遣方士与朔上天。朔曰："当有神来迎我。"后方士昼卧，朔遽口呼："若极真者，吾从天上还。"方士遽以闻，上以为面欺，下朔狱。朔泣曰："臣几死者再，天公问臣下方何衣，朔曰：'衣蚕。''蚕何若？'曰：'喙呥呥仁廉切类马，色班班类虎。'天公大怒，以臣为谩，系臣司空，使使下问，还报有之，乃出臣。今陛下以臣为诈，愿使使上问之。"上曰："齐人多诈，欲以喻我止方士也。"罢方士。

《东方朔占》曰：正月旦竟日不风，清明宜蚕。

《列仙传》曰：园客，济阳人，姿貌好而良，邑人多欲以女妻之，客终不娶。种五色香草，积数十年，服食其实。一旦五色蛾止其香草末，客收而荐之以布，生桑蚕焉。蚕时，有女夜至，自称客妻，客与俱蚕，得茧大如盆。

郭子横《洞冥记》曰：寒青之国，其国人皆以鸟为衣。其地多霜雪阴翳，忽见日从南方出，则百兽皆鸣，国俗以为祥异。有蚕，色青，长一丈，亦曰青蚕。绩其丝，大如指，一丝可羁绊牛马，国人常以十丈充黄门之厩，以拘马也。巨象、师子，帝令以此一丝系之。

《古今注》曰：元帝永元四年，东莱郡东弁山有野蚕为茧，收得万余石，民人以为丝絮。

《司马徽别传》曰：人有临蚕永徽蔟者，徽便以与之，自弃其蚕。

《搜神记》曰：旧说太古时，有人远征，家唯有一女，并马一匹。女思父，戏马曰："尔能为我迎得父，吾将嫁汝。"马乃绝缰而去，至父所。父疑家中有故，乘之而还。马后见女，辄怒而奋系。父怪之，密问女，女具以答。父乃射杀马，曝皮于庭。女至皮所，足蹙之，曰："尔马，而欲人为妇，自取屠剥，何如？"言未竟，皮蹙然起，卷女而行。父还失女，后大树枝得女及皮。乃尽化为蚕，绩于树上。其茧厚大，异于常蚕，邻妇取养之，其收二倍。今世或谓蚕为女儿，古之遗语也。

《拾遗录》曰：员峤之山名环丘，有冰蚕，长七寸，黑色，有角有鳞。以霜雪覆之，然后作茧，长一尺，其色五彩。织为文锦，入水而不濡，投火则经宿不燎。海人献尧，以为黼黻。

《颜氏家训》曰：胡人见锦，不信有虫食树吐丝所成。昔在江南，不信有千人毡帐。及来河北，不信有万石舟船。皆实验也。

《齐谐记》曰：正月半，有神降陈氏之宅，云："我是蚕神，能见祭，当令蚕百倍。"今人正月半作糕糜，像此也。一云吴郡张诚。

《皇后亲蚕仪注》曰：皇后躬桑，始捋一条，执筐受桑。捋三条，女尚书跪，白曰："可止。"执筐者以桑授蚕母，蚕母以桑适金室也。

《先蚕仪注》曰：亲蚕前三日，太祝令质明以太牢祠先蚕也。

周迁《古今舆服杂事》曰：蚕始生后食之，三洒而止。

《三辅故事》曰：始皇后葬，用金蚕二十箔。

《玄中记》曰：大月支有牛，名为日及。今日割取其肉三四斤，明日疮愈。汉人入此国，以牛示之，以为珍异。汉人曰："吾国有虫，大小如指，名为蚕，食桑叶，为人吐丝。"外国人不复信有蚕也。

又曰：化民食桑，三七年化，能以自裹，如蚕绩，九年生翼，七年而死。去琅邪四万里。《神异经》同。

《林邑记》曰：九真郡，蚕年八熟，茧小轻薄，丝弱绵细。

《永嘉郡记》曰：永嘉有八辈蚕：蚢珍蚕、三月绩。柘蚕、四月初绩。蚢蚕、四月初绩。爱珍、五月绩。爱蚕、六月末绩。寒珍、七月末绩。四出蚕、九月初绩。寒蚕。十月绩。凡蚕再养者，前辈皆谓之珍，少养之。爱蚕者，故蚢蚕种也。蚢珍，三月既绩，出蛾取卵，七月八月便割，蚕生多养之，是为蚢蚕。欲作爱者，取蚢珍之卵，藏内瓮器中，随器大小，亦可十纸、百纸，盖覆器口，安冷水，使冷气折其出势，仅得三七日，然后札生养之，谓为爱珍。亦爱子绩成茧，蛾坐卵，卵七日又剖成蚕，多养之，此则爱蚕也。

顾微《广州记》曰：吴黄武三年，遣交州治中吕瑜发赵婴齐冢，得金蚕明珠各数斛。

《广志》曰：有原蚕，有冬蚕，有野蚕。有柞蚕，食柞叶，可以作绵。

焦赣《易林·兑之坎》曰：饥蚕作室，诸多乱缠，端不可得。

又《震之兑》曰：秋蚕不成，冬种不生。

《龙鱼河图》曰：蚕沙宅亥地，大富；得蚕丝，吉利。

仲长子《昌言》曰：北方寒，其人寿；南方暑，其人夭。此寒暑之方验于人也。约之蚕也，寒而饿之则引日多，温而饱之则用日少，此寒温饥饱之为修短验于物者也。

《物理论》曰：使人主养民，如蚕母之养蚕，则其用岂徒丝蚕而已哉？

《杂五行书》曰：含南种枣九株，辟县官宜蚕桑。

又曰：二月上壬，取土泥屋四角，宜蚕，吉。

《吕氏本草》曰：石蚕，一名沙蜯，神农、雷公咸，无毒。生汉中。治五淋，堕胎肉，解结气，利水道，除热。

孙卿《蚕赋》曰：食桑而吐丝，前乱而后治。夏生而恶暑，疾温而恶雨。蛹以为母，蛾以为父。三俯三起，事乃大已。是谓蚕理。

闵鸿《蚕赋》曰：体龙颈而骥喙，迈皦素于羔羊。

左思《吴都赋》曰：国税再熟之稻，乡贡八蚕之绵。

《古艳歌》曰：日出东方隅，照我秦氏楼。秦氏有好女，自名为罗敷。罗敷善蚕桑，采桑城南隅。

《陆机诗》曰：老蚕晚绩缩，老女晚嫁辱。曾不如老鼠，翻飞成蝙蝠。

《蔡邕书》曰：家祖君常言："客有三当死，夜半蚕时至人室家也。今者一行而犯其两。"

嵇康《养生论》曰：火蚕十八日，寒蚕三十余日。

裴頠《崇有论》曰：鸟无胃肺，蛤无五藏；蛭以空中而生，蚕以无胃而育也。

缫

《礼记·祭义》曰：古之献茧者，其率用此与？问者之辞。及良日，夫人缫，三盆手，遂布于三宫夫人、世妇之吉者，使缫。遂朱绿之，玄黄之，以为黼黻文章。服既成，君服，以祀先王、先公，敬之至也。三盆手者，三淹也。凡缫，每淹大总而手振之，以出丝也。

《说文》曰：缫，绎茧为丝也。

《尸子》曰：夫茧合而弗治，则腐蠹而弃；使女工缫之，以为美锦。

《列仙传》曰：园客蚕得茧大如盆，缫一茧，数十日。缫讫俱去，莫知所如。济阳今有革蚕祠。已备于前，故此小略。

維车

《通俗文》曰：织纤谓之維音碎，受纬曰孚。維车。

《方言》曰：維车，赵、魏之间谓之历鹿车，东齐海岱之间谓之道轨。

孙德施《維车赋》曰：唯工艺之多门，伟英丽乎创形。拟老氏之一毂兮，应天运以回行。秉转屈以成规兮，不辞劳以自倾。故其用同造物，功参天地。轩辕垂衣，因其以济。衮冕龙旗，用康上帝。勋存王室，惠流皂隶。观其微风兴于轮端，雾雨散于輘辐，制以灵木，络以奇竹。危朝日以投员兮，准晕月以造象。若洪轮在之雍兮，似蜘蛛之结网。尔乃才艺妻妾，工巧是嘉。或织绵组，或匠绫罗。舒皓腕于轻轮兮，焕拟景乎镜华。丝成妙于指端兮，号推幽而相和。象蟋蟀之鸣户兮，类寒蝉之吟家。

䈅

《方言》曰：䈅，椶音爰也，兖豫河济之间谓之辕。郭璞注曰：所以络丝。

《说文》曰：䈅，收丝者也。或作觵，从角间声。

络车

《方言》曰：河济之间，络谓之格。郭璞注曰：所以转䈅给事也。

柅

《易·姤卦》曰：系于金柅。金者，坚刚之物。柅者，制动之至。

《通俗文》曰：张丝曰柅也。

《说文》曰：檷，络丝，檷，从木尔声，读若柅。

机杼

《毛诗·谷风·大东》曰：小东大东，杼轴其空。

《字林》曰：㢙女涉切，机下所履。

《史记》曰：公仪休相鲁，见布好，出家妇，燔其机也。

《列女传》曰：河南贞义者，乐羊子之妻也。羊子出学，后得遗金一饼，以与贞义，曰："妾闻君子不以利污行，反裘负薪，古人知其害本。"羊子惭而弃之。学一年，复归，贞义引刀趣机曰："此织生于蚕桑，治于丝茧，加之机杼，一丝而累，以至丈匹。今若断之，损弃成功，稽废日月。夫子积学，当日知所无，中而废归，何异断机哉？"羊子大惭，复出，七年不归。

《列子》曰：纪昌者，学射于飞卫，曰："尔先学不瞬，而后可言射矣。"纪昌归，偃坐其妻之机下，以目承牵挺。二年之后，虽锥末到眦而不瞬也。

《淮南子》曰：伯余之初作衣也，伯余，黄帝臣也。绩麻素缕，手经指挂。后世为之机杼，胜复以便其用。

《傅子》曰：旧机五十综者五十蹑，六十综者六十蹑。马生者，天下之名巧也，患其遗日丧功，乃皆易以十二蹑，其奇文异变，因感而作。

王逸《机赋》曰：舟车栋寓，粗工也，杵臼碓硙，直巧也，匜盘材缕，小用也；至于织机，功用大矣。上自太始，下讫羲皇，帝轩龙跃，庚业是创。俯系圣思，仰揽三光，悟彼织女，终日七襄，爰制布帛，始垂衣裳。于是取衡山之孤桐，南岳之洪樟，胜复回转，刻象乾形。大庭淡泊，拟则川平。先为日月，盖取昭明。三转列布，上法台星。两骥齐首，俨若将征。方圆绮错，极妙穷奇。兔耳跧伏，若安若危。猛犬相守，窜身匿蹄。高楼双峙，以临清池。游鱼衔饵，瀺灂其陂。鹿卢并趋，纤缴俱垂。宛若星图，屈膝推移。尔乃垂轻杼，榄床帷，动摇多容，俯仰生姿。

古诗曰：纤纤擢素手，札札弄机杼。

又曰：皎皎白素丝，织为寒女衣。寒女虽巧妙，不得秉机杼。

梭

《通俗文》曰：梭，织具也，所以行纬之莎苏戈切。

邓粲《晋书》曰：谢鲲邻家有美女，鲲挑之，女以梭投之，折其两齿。

《异苑》曰：陶侃尝捕鱼，得一梭。还，插着壁。有顷雷雨，梭变成赤龙，从屋而跃。

太平御览卷第八百二十六 资产部六

织

《说文》曰：织，作帛总名也。经，织从丝也。纬，织横丝也。纴、综，机缕也。缋，织余也。

《礼记·内则》曰：女子十年不出，执麻枲，治丝茧，织纴组紃，学女事。

《左传·文公上》曰：仲尼曰："臧文仲，妾织蒲，三不仁。"

《毛诗·国风·大东》曰：跂彼织女，终日七襄。

《史记》曰：公仪休相鲁，去织妇，拔园葵。

《战国策》曰：甘茂谓秦武王曰："曾子处屈。人有与曾子同名姓者而杀人，人告曾子之母。母曰：'吾子不杀人也。'织自若。有顷，人又曰：'曾参杀人。'曾子母惧，投杼逾墙而走。"

《魏略》曰：太祖始丁夫人，又刘夫人，生子循，及清河长公主。刘早终，丁养子循。子循亡于穰，丁常言："将我儿杀之，都不复念！"遂哭泣无节。太祖忿之，遣归家，欲其意折。后太祖就见之，夫人方织。外人传公至，夫人踞机如故。公到，抚其背曰："顾我共载归乎？"夫人不顾，又不应。太祖却行，立于户外，复云："得无尚可耶？"遂不应，太祖曰："真决矣。"遂与绝。

《魏志》曰：中山恭王衮徙封濮阳。太和二年就国，尚俭约，敕妃妾纺绩纴织，习为家人之事。

《吴志》曰：陆凯上疏云："自昔先帝时，后宫列女及诸织络数不满百，米有畜积，货财有余。先帝崩后，幼景在位，便改奢侈，不蹈先迹。伏闻织络及诸徒坐，乃有千数。"

又曰：华核上疏云："今吏士之家，少无子女，多者三四，少者一二。通令户有一女，十万家则十万人，人人织绩，一岁一束，则十万束矣。使四疆之内，同心勠力，数年之间，布帛必积，恣民五色，唯所服用，但禁绮绣无益之饰。此救乏之上务，富国之本业也。"

《南史》曰：齐宣孝陈皇后，家贫，少勤织作。家人矜其劳，或止之，后终不改。

《唐书》曰：卢坦为寿安令。时河南尹征赋限穷，而县人诉以机织未就。坦请延十日，府不许。令人就织而输，勿顾限也，违之不过罚令俸耳。既成而输，坦亦坐罚，由是知名。

《墨子·非乐》曰：使妇人为之废纺绩织纴之事。

《庄子》曰：民有常性，织而衣，耕而食，是谓同德。

又曰：叔文相莒，三年归。其母自织，请其母曰："文相莒三年，有马千驷，今犹自绩，文之所得事，皆将弃之？"母曰："妇人不好纺，绩织纴，必有淫泆之心。"

《韩子》曰：吴起示其妻以组，曰："为我织组，令如是组。"已就而效之，其组异善，起曰："非诏也。"使衣而归，其父请往之，起曰："家无虚言。"

又曰：鲁人身善织屦，妻善织缟，而欲徙于越。或谓之曰："子必穷矣！"鲁人曰："何也？"曰："屦为履之也，而越人舟行；缟为冠之也，而越人被发。以子之所长也，游于不用之国，欲使无穷，其可得乎？"

《国语》曰：勾践非其身之所种则不食，非夫人之所织则不衣，十年不收于国。

焦赣《易林·蒙之无妄》曰：织帛未成，纬尽无名。长子逐免，鹿起失路。

《列女传》曰：孟子之少也，既学而归。孟母方织，问曰："学何所至矣？"子曰："自若也。"言未能博。母以刀断其织，子惧而问其故，母曰："子之废学，若吾断斯织也。夫君子，学以立名，问则广知，是以居则安宁，动则远害。今而废之，则是不免于厮役，而无以离于患祸，何以异于织绩而中道废而不为？岂能衣其夫子而长不乏粮食哉？"孟子惧，旦夕勤学不息。

又曰：文伯相鲁，敬姜谓之曰："吾语汝治国之要，尽在经耳。经者，总丝缕以成文采，有经国治民之象。夫幅者，所以正枉也，不可不强，故幅可以为将。枉，曲也。幅强乃能正曲，将强乃能除乱，以幅喻将也。昼者，所以均不服也，故昼可以为正。昼，傍也。正，官长也。缌缕得昼，以喻徒庶得长而后齐。物者，所以治芜与莫莫也，故物可以为都大夫。物谓一文墨也。不知丈尺多少，使意世与芜而莫莫也。都大夫，主治民理众也。持交而不失，出入不绝者，悃也，以为大行人。悃，使缕交错出入不失理也。似大行人，交好邦国不离也。大行人，主使命者。推而往，引而来者，综也，综可以为关内之师。综，唯缕令往，引之令来，似开内师收合人众，使令有节。关内师，主境内之师众。主多少之数者，均也，均可为内史。均谓一齿，受一缕多少有数，犹内史之治民也。服重任，行远道，正直而固者，轴也，可以为相。相当大任，坚固不倦，死而后已，有若轴。舒而无穷者，摘。摘者，可以为三公。"摘谓胜也，舒而不穷。喻三公道德洁备，无匮竭也。"文伯载拜受教。

《孝子传》曰：董永性至孝，而家贫。父死，卖身以备棺敛。既葬，即诣主人，将偿其直。路逢一女子，云能织，愿为永妻。永不得已与同诣主人。问其故，永具以对。主人曰："必尔者，但令尔妇为我织缣百匹。"于是妻为主人织，十日，百匹具焉。主人大惊，即遣永夫妻。妻出门，谓永曰："我，天之织女也，卿笃孝，卖身葬父，故天使我为卿偿债耳！"言终，忽然不见。

《仇池记》曰：仇池县库下，悉安织婢绫罗绢布数十张机。

崔元始《正论》曰：仆前为五原太守，土地不知缉绩，冬至，积草伏卧其中。若见吏，以草缠身，令人酸鼻。吾乃卖储峙，得二十余万，诣雁门广武迎织师，使巧手作机及纺，以教民织。具以上闻。

《古艳歌》曰：孔雀东飞，苦寒无衣。为君作妻，中心恻悲。夜夜织作，不得下机，三日载匹，尚言吾迟。

古歌辞曰：大妇织绮罗，中妇织流黄。小妇无所为，挟琴上高堂。大人且徐徐，调弦遽未央。

古诗曰：迢迢牵牛星，皎皎河汉女。纤纤擢素手，札札弄机杼。

《被徒元书》曰：宜修田农，作园圃，织纴纺绩，为坐作之本利。常令供养之物有兼副。

纺绩

《左传·昭公十九》曰：初，莒有妇人。莒子杀其夫，以为嫠妇。寡妇为嫠。及老，托于纪鄣，纺焉以度而去之。因纺纑连所纺，以度城而藏之，以待外攻者，欲以报仇。及师至，则投诸外。投绳城外，随之而出。

《毛诗·国风·东门之枌》曰：不绩其麻，市也婆娑。《笺》云：绩麻丝，妇人之事也，今也不为。

又曰：八月载绩，载玄载黄，我朱孔阳，为公子裳。载绩丝事毕而麻事起矣。

《汉书》曰：张安世尊为公侯，食邑万户。身衣弋绨，夫人自纺绩。

又曰：冬，民既入，妇人同巷相从夜织。妇女一月得四十五日。必相从者，所以省费燎火，同巧拙，而合习俗也。

《晋书》曰：郑袤妻曹氏，事舅姑甚孝，躬纺绩之勤，以充奉养。

《南史》曰：宋袁粲幼孤，饥寒不足。母琅邪王氏，太尉长史延之女也，躬事绩纺，以供朝夕。

又曰：齐刘楷为交州，与垣昙深同行，昙深未至交州而卒。昙深妻郑字献英，荥阳人，时年二十；子文凝，始生。仍随楷到镇，昼夜纺织。居一年，私装了，乃告楷求还。

又曰：梁武丁贵嫔少时，与邻女月下纺绩，诸女并患蚊蚋，而贵嫔弗之觉也。乡人魏益将聘之，及成，而武帝镇樊城，尝登楼以望，见汉滨五采如龙，下有女子擘绕，则贵嫔也。又，丁氏因人以闻之于帝，帝赠以金环，纳之，时年十四。

又曰：诸暨东洿里屠氏女，父失明痼疾，亲戚相弃，乡里不容。女移父母，远住纻舍，昼采樵，夜纺绩，以供养父母。

《陈书》曰：陈灵洗为公侯，数妾无游手，并督之纺绩。至于散用赀财，亦不俭吝。

《隋书》曰：孝妇覃氏者，上郡锺氏妇也。与其夫相见，未几而夫死。时年十八，事后姑以孝闻。数年之间，姑及伯叔皆相继而死。覃氏躬自节俭，昼夜纺绩，畜财十年而葬八丧，为州里所敬。上闻，而赐米百石，表其门闾。

又曰：郑善果母，清河崔氏，既寡之后，恒自纺绩，每夜分寐。善果曰："儿封侯开国，位居三品，秩俸幸足，母何自勤如是耶？"答曰："呜呼！汝年已长成，吾谓汝知天下之理，今闻此言，故犹未也。至于公事，何由济乎！今此秩俸，乃是天子报尔先人之用命也，当须散赡六姻，为先君之惠，妻子奈何独擅其利，以为富贵哉？又丝枲纺绩，妇人之务，上自王后，下至大夫士妻，各有所制。若堕业者，是为骄逸。吾虽不知礼，其可自败名乎？"

《唐书》曰：永泰二年夏，赐安南节妇金氏两丁侍养。金氏本贼帅陶齐亮之母，以忠义训齐亮，齐亮不受，遂与齐亮绝。自绩而衣，自田而食，州里称之。仍诏本道使每季给银二两，充衣服以终其身。

《国语》曰：鲁公父文伯退朝朝其母，母方绩，文伯曰："以歜之家，而主犹绩，言家有宠，不当绩也。惧忓季孙之怒也。季孙康子位尊，又为大宗。其以歜为不能事主乎？"其母叹曰："鲁其亡乎！使僮子备官，而未之闻耶？"僮蒙不达也。言已居官而未闻道。

《春秋后语》曰：甘茂奔齐，路逢苏代，将为齐使于秦。甘茂曰："臣得罪于秦，逃遁至此，遁，潜也。无所容迹。容迹，犹容足也。吾闻贫人女与富人会绩，贫人女曰：'我无钱以买烛，而子烛幸有光，子可以分我余光，无损子明，而得一斯便焉。'斯，在也。言贫女子此一便也。今臣困，而子方使秦而当路矣。茂之妻子在秦，愿君以余光振之。"振，整也。又赡给之义。苏代许诺。

《列女传》曰：齐女徐吾者，东海上贫妇人也。邻妇李吾之属合烛相从夜绩，徐吾曰："我无以买烛，而子之火光有余，分我余光，无损子明，而我为斯便，不亦可乎？"

《异苑》曰：昔有老姥雨夜纺绩，断，失鏴所在，姥独骂云：“何物鬼担去？”户外即有应，言“暂寄避雨，实不偷鏴。宜自执觅。”姥惊惧，窥外，无所见，鏴亦寻获。

《王子年拾遗记》曰：魏文帝所爱美人薛灵芸，常山人，父业经为郑乡亭长，母陈氏随业舍于亭傍。芸年十七，生居贫贱，至夜每聚邻妇夜绩，以麻蒿自照。

漂

《说文》曰：漂，水中击絮也。

《史记》曰：韩信从下乡城下钓，有漂母，见信饥，饭信，竟漂数十日。

《越绝书》曰：伍子胥至溧阳，见一女子击絮于濑水中，子胥曰：“岂可得餐乎？”女曰：“诺。”即发其箪饭，清其壶浆而与之。子胥谓女子：“毋令之露。”子胥行五步，还顾，女子自投濑水之中。《吴越春秋》同。

《庄子》曰：宋人有善为不龟手之药者，世世以洴澼洸为事。郭象注曰：其药能令手不拘折，故常漂絮于水中也。

浣

《礼记·礼器》曰：晏平仲祀其先人豚肩不掩豆，浣衣濯冠以朝，君子以为隘矣。隘犹狭陋也。祀不以火牢，与无田者同，不盈礼也。大夫、士有田则祀，无田则荐。浣衣濯冠，俭不务新。

又《内则》曰：父母舅姑冠带垢，和灰请漱；衣裳垢，和灰请浣。手曰漱，足曰浣。和，渍也。

又曰：是日也，妻以子见于父，贵人则为衣服。由命士以下，皆漱浣。贵人，大夫以上也。由，自也。

又曰：妾子生，三月之末，漱浣夙齐，见于内寝。

《毛诗·葛覃》曰：薄污我私，薄浣我衣。污，烦也。私，燕服也。妇人有副袆盛饰，以朝事舅姑，接见于宗庙，进见于君子，其余则私也。浣谓濯之耳。

又《柏舟》曰：心之忧矣，如匪浣衣。如衣之不浣矣。《笺》云：衣之不浣，则愦辱无照察。

《汉书》曰：石奋以上大夫禄归老于家，长子建为郎中，令少子庆为内史。建老白首，万石君尚无恙。每五日，洗沐归谒，亲入子舍，窃问侍者，取亲中裙厕腧身自浣洒，师古曰：亲谓父也。中裙，若今言中衣也。厕腧者，近身之小衫，若今小衫也。复与侍者，不敢令万石君知之，以为常。

《晋书》曰：王师败绩于汤阴，百官侍卫莫不溃散。唯嵇绍以身捍卫，遂被害于帝侧，血溅御服，天子深哀叹之。及事定，左右欲浣衣，帝曰："此嵇侍中血，勿去。"

又曰：郑袤妻曹氏食无重味，服浣濯之衣。

《宋书》曰：左仆射谢景仁性严整洁，居宇净丽。每坐，辄唾左右人衣，事毕，即听一日浣濯。每欲唾，左右争来受之。

又曰：江湛为吏部尚书，家甚贫，不营财利，饷馈盈门，无一所受，无兼衣余食。尝为上所召，遇浣衣，称疾，经日衣成，然后起。

《梁书》曰：武帝虽衣浣衣，而左右衣必须洁。尝有侍臣，衣带卷摺，帝怒曰："卿衣带如绳，欲何所缚？"

又曰：昭明太子统欲以己率物，服御朴素，身衣浣衣，膳不兼肉。

《南史》曰：陈王逡之衣裳不浣，几案尘黑。

《唐书》曰：肃宗性俭约，衣服无绮绣。尝出衣袖示韩择木曰："朕已三浣矣。"

《淮南子》曰：楚庄王诛里史，孙叔敖制冠浣衣。

仲长子《昌言》曰：攻玉以石，浣布以灰。

《龙鱼河图》曰：妇人无以夫衣合集浣之，使之不利。

《韩诗外传》曰：孔子南游适楚，至阿谷隧，有处子佩璜而浣者。孔子抽觞以受子贡，曰："以观其辞。"子贡曰："将南之楚，逢天之暑，欲乞一饮。"妇人曰："阿谷之隧，隐曲之泛，其水载清，流而趣海。欲饮则饮，何问婢子？"

《风俗通》曰：东海王景兴议曰："晏平仲以齐君奢，故浣其朝冠，振其鹿裘。"

太平御览卷第八百二十七 资产部七

市

《说文》曰：市，买卖所也。

《周礼·天官下·内宰》曰：凡建国，佐后立市，设其次，置其叙，正其肆，陈其货贿，出其度量淳制，祭之以阴礼。市朝者，君所以建国也。建国者必面朝后市，王立朝而后立市，阴阳相承之义。

又《地官下·司市》曰：司市掌市之治教、政刑、量度、禁令。量，豆区斗斛之属。度，丈尺也。大市，日侧而市，百族为主；朝市，朝时而市，商贾为主；夕市，夕时而市，贩夫贩妇为主。市，杂聚之处。言主者，谓其多。国君过市，则刑人赦；夫人过市，罚一幕；世子过市，罚一帟；命夫过市，罚一盖；命妇过市，罚一帷。

又曰：司虣掌宪市之禁令，禁其斗嚣者与其虣乱者、出入相陵犯者、以属游饮食于市者。嚣，喧也。郑司农云：以属游饮食，群饮食者。若不可禁，则搏而戮之。

又《秋官·掌戮》曰：凡杀人者踣诸市，肆之三日，刑盗于市。踣，僵尸也。肆犹申也，陈也。凡言刑盗，罪恶莫大焉。

《周礼·冬官·匠人》曰：左祖右社，面朝后市。王宫所居也。祖，宗庙。面犹乡也，王宫当中经之途也。

《礼记·月令·仲秋》曰：是月也，易关市，来商旅，纳货贿，以便民事。四方来集，远乡皆至，则财不匮，上无乏用，百事乃遂。易关市，谓轻其税，使民利之。商旅，贾客也。匮亦乏也。遂犹成也。

又《王制》曰：有珪璧金璋，不粥于市；命服命车，不粥于市；宗庙之器，不粥于市；牺牲，不粥于市；戎器，不粥于市；用器不中度，不粥于市；兵车不中度，不粥于市；布帛精粗不中数，幅广狭不中量，不粥于市；奸色乱正色，不粥于市；锦文珠玉成器，不粥于市；衣服饮食，不粥于市；五谷不时，果实未熟，不粥于市；草木不中伐，不粥于市；伐之非时，不中用。禽兽鱼鳖不中杀，不粥于市。杀之非时不中用。

又曰：命市纳贾，以观民之所好恶、志淫好辟。市，典市者。贾，谓物贵贱厚薄也。质则用物贵，淫则侈物贵，民之志淫邪，则其所好者不正。

又曰：爵人于朝，与士共之；刑人于市，与众弃之。必共之者，所以审慎之也。《书》曰：古明德慎罚。

《左传·文公》曰：夫人姜氏归于齐，大归也。恶视之母出姜也。嫌与有罪出者异，故复发传。将行，哭而过市，曰："天乎！仲为不道，杀嫡立庶。"市人皆哭，鲁人谓之哀姜。

又《宣公上》曰：晋人获秦谍，杀诸绛市，六日而苏。

又《宣公下》曰：楚子使申舟聘于齐，不假道于宋，及宋，宋人杀之。楚子闻之，怒，投袂而起，屦及于室皇剑，及于寝门之外，车及蒲胥之市。秋，楚围宋也。

又《昭公三年》曰：齐景公欲更晏子之宅，曰："子之宅近市，湫隘嚣尘，不可以居，湫，下；隘，小也。嚣，声；尘，土也。请更诸爽垲者。"爽，明。垲，燥。辞曰："君之先臣容焉，先臣，晏子之先人。臣不足以嗣之，于臣侈矣。侈，奢也。且小人近市，朝夕得所求，小人之利也。敢烦里旅？"旅，众也。不敢劳众为己宅。公笑曰："子近市，识贵贱乎？"对曰："既利之，敢不识乎？"

又《昭公十九年》曰："楚令尹子瑕言蹶由于楚子曰："彼何罪？谚所谓'室于怒，市于色'者，楚之谓矣！言灵王怨吴子而执其弟，犹人忿于室家而作色于市人。舍前之忿可也。"乃归蹶由。言楚子能用善言。

《毛诗·国风》曰：《东门之枌》，疾乱也。幽公淫荒，风化之所行，男女弃其旧业，亟会于道路，歌舞于市井尔。

又曰：《定之方中》，卫文公徙居楚丘，始建城市，而营宫室。

《论语比考谶》曰：从善绎绎，繦负如归市。爵不失德，故耻无道主，徒归茂德之君。绎绎，相寻及之貌。

《古史考》曰：神农作市。高阳氏衰，市官不修。祝融修市。

《战国策》曰：王孙假年十五，事闵王。王出走，失王之处。其母曰："汝事王，王出走，汝不知其处，汝尚何归？"王孙假乃入市中，曰："淖齿乱齐，杀闵王，欲与我者袒右。"市人从者四百人，与之诛淖齿。

又曰：齐桓公宫中九市，管仲为三归之家，以掩桓公之非也。

《汉书》曰：曹参相齐，使者召参去，属其后相曰："以齐狱市为寄，慎勿扰也。"后相曰："治无大于此者乎？"参曰："夫狱市者，所以并容也。今若扰之，奸人安所容乎？"

又曰：楚王戊与吴通谋，申公、白生二子谏不听，乃胥靡之，应劭曰：《诗》云："若此无罪，沦胥以铺。"靡，刑名也。晋灼曰：胥，相也。亦靡随。衣之赭衣，使杵臼雅舂于市。

又曰：尹翁归，河东平阳人，晓习文法。大将军霍光秉政，诸霍在平阳，奴客持兵入市斗变，吏不能禁。及翁归之为市门吏，莫敢犯者。

又曰：何武兄弟五人，皆为郡吏，郡县敬惮之。武弟显家有市籍，租常不入，县数负其课。市啬夫求商辱捕显家，显怒，欲以吏事中商。武曰："以吾家租赋繇役不众为先，奉公吏，不亦宜乎？"

又曰："刺绣文，不如倚市门。"此言末业，贫者之资也。

又曰：司隶校尉解光奏王根"纵横恣意，大治宫室，第中起土山立两市，殿上赤墀，户下青琐"。

又曰：永平中，王尊为京兆尹，拊循贫弱，不私豪强。长安宿豪大猾东市贾万城、西万章、箭张禁、酒赵放，晋灼曰：箭张禁、酒赵放，此二人作酒、箭之家。尊以正法按诛，皆伏其辜。

又曰：人君不理，则畜贾游市，乘民之不给，百倍其本矣。

《后汉书》曰：寇恂为颍川太守。执金吾贾复在汝南，部将杀人于颍川，部将，谓军部之下小将也。恂捕得系狱。时尚草创，军营犯法，率多相容。恂乃戮之于市，复以为耻。

《东观汉记》曰：樊君重治家产业，起治庐舍高楼阁，陂池灌注，竹木成林，六畜，杂果，檀漆桑麻，门成市。

又曰：江革客东海下邳，佣赁以养父母。下邳知其孝，市买辄与好善者，虽无钱，任贳与之。

又曰：光武以蔡遵为市令，上家人犯法，遵格杀之。

《东观汉记》曰：闵仲叔客居安邑，老病家贫，不能买肉，日买一片猪肝，屠或不肯为断也。安邑令出，敕市令，遂买得。仲叔怪问，其子道状，乃叹曰："闵仲叔岂以口腹累安邑耶？"遂去之沛。

又曰：京兆尹阎兴召第五伦署督铸掾，领长安市，平铨衡，正斗斛。其后小民争讼，辄云："第五掾平市，无奸枉欺诈之巧。"

又曰：更始在长安，官爵多群小，里闾语曰："使儿居市，决作者不能得佣，之市空返。"问何故，曰："今日骑都尉往会日也。"犹是四方不复信向京师。

又曰：王郎起，上在蓟，郎移檄购上。上令王霸至市中募人，将以击郎。市人皆大笑，举手揶揄之，霸惭而去。

又曰：窦融请孔奋置议曹掾，守姑臧长。天下扰乱，唯西河独安，而姑臧称为富邑，通货胡羌，市日四合。每居县者，不盈数日，辄致丰积。

谢承《后汉书》曰：王充家贫无书，常游洛阳市肆，阅所卖书，一见辄能诵忆，遂博通众经。

又曰：张楷，字公超，隐居弘农山中。学者随之，所居成市。后华阴山南遂有公超市。

《典略》曰：荆轲者，其先齐人也，与燕之狗屠及高渐离为友。轲嗜酒，日与狗屠饮于燕市，渐离击筑，荆轲和之而歌，相泣。

《魏略》曰：赵岐逃难，江淮海岱，靡所不历。自匿姓名，卖饼北海市中。安丘孙嵩年二十，游市见岐，察非常人，乃停车问曰："卖饼几？"答曰："卖饼三十。"嵩曰："视子非卖者，当有怨者。"乃载岐归家。

《魏志》曰：辽东送袁尚首，悬在马市，牵招睹之悲感。

又曰：襄邑刘氏与睢阳李永为仇，典韦为报之。永故富春长，备卫甚谨。韦乘车载鸡酒，伪为侯者，门开，怀匕首入，杀永，并杀其妻，徐出，取车上刀戟，步去。永居近市，一市尽骇，追者数百，莫敢近。

又曰：袁绍以董昭领魏郡。时郡界大乱，贼以万数，遣使往来，交易市买，昭厚待之。因以为间，乘虚掩讨，辄大克破之。

又曰：颜斐为京兆太守。青龙中，司马宣王在长安立军市，而军中吏士多侵侮县民。斐以白宣王，宣王乃发怒，召军市候，便于斐前杖一百。时长安典农与斐共坐，以为斐宜谢，乃私推筑斐。斐不肯谢，良久乃曰："斐意观明公受分陕之任，乃欲一齐众庶，必非为不得明公意也。"宣王遂严将吏士。自是 之后，军营、郡县各得其分。

又曰：梁习为并州刺史。鲜卑大人育延常为州所畏，一旦将其部落五十余骑诣习求互市。习念：不听则恐其怨；若听到州下，又恐为所略。于是乃许往与会空城中交市。遂敕郡县，自将治中已下军往就之。市易未毕，而市吏收缚一胡。延骑皆惊，上马弯弓，围习数重，吏民惶怖，不知所施。习乃徐呼市吏，问缚胡意，而胡实侵民。习乃使译呼延，延到，习责延曰："汝胡自犯法，吏不侵汝，汝何为使诸骑惊骇耶？"遂斩之，余胡破胆，不敢动。

《吴志》曰：孙皓爱妾，或使人至市贱夺百姓财物。司市中郎将陈声，素皓幸臣也，恃皓宠遇，绳之以法。妾以诉皓，皓大怒，假他事烧锯断声头，投其身于四望之下。

《晋书》曰：羊祜都督荆州，卒，而州人正市，闻祜卒，皆号恸罢市。

《宋书》曰：申坦坐法，当弃市，群臣为请莫得。将行刑，始兴公沈庆之入市，抱坦恸哭，曰："卿无罪，为朝廷所枉诛；我入市，亦当不久。"市官以白上，乃原生命系尚方，寻被宥。

萧子显《齐书》曰：帝于芳乐苑中立市，太官每旦进酒肉杂肴，使宫人屠酤。贵人潘氏为市令，帝为市魁，执罚，争者就潘氏决判。

《管子》曰：市者，货之准也。是故百货贱则百利得，百利得则百事治，百事治则百事用节矣。

又曰：百乘之国，中而立市，东西南北五十里；千乘之国，中而立市，东西南北百五十余里。

又曰：桀放虎于市，以观其惊。

《司马法》曰：杀戮于市，威不善也；用赏于朝，戮于市，劝君子，惧小人也。

《列子》曰：昔齐有欲金者，清旦，衣冠而之市，适鬻金者之所，因攫其金而去。吏捕问之，对曰："取金之时，不见人，徒见金。"

《孟子》曰：市廛不征，则天下之商皆悦，愿藏于市。廛，市宅也。

又曰：轲少贫，母将在墓间，识葬埋事；又徙在市侧，轲知市井之利；又徙在习学所，遂识书礼之义。

《孙卿子》曰：贾精于市，不可以为市师。

《韩子》曰：郑人有买履者，先自度其足，而置之其坐，至入市，而忘操之。已得履，乃曰："吾忘持度。"反归取之。及反，市罢，遂不得履。

又曰：卫嗣公使人为客，过市关。关市苛难之，因事关市以金，关吏乃舍之。嗣公谓关市曰："某时客过，而予女金，因遣之。"关市乃大恐，而以嗣公为明察。

又曰：商太宰使少庶子之市，顾反，而问之曰："何见于市？"对曰："无见也。"太宰曰："虽然，何见也？"对曰："市南门之外，甚众牛车，仅可以行耳。"太宰因戒使者："无敢告人吾所问于女！"因召市吏，而诮之曰："市门之外，何多牛矢？"市吏甚怪太宰知之疾也，乃耸惧。

又曰：庞敬，县令也。遣市者行，而召公大夫而还之。公大夫亦遣为市。立有间，无以诏之，卒遣行。不命卒遣去，俱不测其由也。市者以为令与公大夫有言，不相信，以至无奸。

又曰：庞恭与太子质于邯郸，谓魏王曰："今一人言市有虎，王信之乎？"王曰："不。""二人言市有虎，王信之乎？"王曰："不。""三人言市有虎，王信之乎？"王曰："寡人信之。"庞恭曰："夫市之无虎也，明矣！然而三人言而成虎。今邯郸之去魏也远于市，议臣者过于三人，愿王察之。"庞恭从邯郸反，竟不得见。

《六韬》曰：武王伐殷，得二丈夫，而问之曰："殷国将亡，亦有妖灾乎？"其一人对曰："殷君善治宫室，大者百里，中有九市。"《周书世纪》同。

《春秋后语》曰：初，廉颇之免于长平归也，失势，故人宾客尽去。及复用，客乃复至，颇谢遣之。客曰："吁，君何见之晚也！天下市道交，君不知之耶？君有势，我即进；君无势，我即去。此固其理，君何怒焉？"

《春秋后语》曰：伍子胥橐载而出昭关，夜行昼伏，至于杜陵。无以糊其口，坐行匍匐，稽首肉袒，而鼓腹吹箫，乞食于吴市。

又曰：秦孝公使公孙鞅定法令。法令既具，恐人不信，乃立三丈之木于国都市南门，募民有能徙置北门者与十金。

又曰：苏秦在齐，齐大夫多与争宠，而使人刺之，不殊而走。殊，绝。齐王求贼不得。苏秦将死，乃谓王曰："臣死之后，王车裂臣，殉于市曰：苏秦为燕作乱于齐。如此，则刺臣之贼必得矣。"齐王如其言，杀苏秦者果自出，齐王因而诛之。

又曰：始皇初立，尊吕不韦为相国。时诸侯多辨士，知荀卿之徒着书布天下，不韦亦使其客着所闻，集论二十余万言，以为备天地万物古今之重，号曰《吕氏春秋》。布咸阳市，悬千金其上，延诸侯游士宾客，有能增损改定一字者与千金。莫能有定者。

桓谭《新论》曰：扶风漆县之郊亭部言，本大王所据。其民会日，相与为夜市；如不为，则有羞。

《风俗通》曰：市井。俗说市井者，言至市有所鬻卖，当于井上洗濯，令其物香洁，然后至市。

又曰：陈留太守泰山吴文章少孤，遭忧衰之世，与兄伯武相失别二十年。后会下邳市，争计共斗，伯武殴文章，欲报击之，心中恻怆，手不能举，大自怪也，因投杖于地。观者咸嗤笑之。还，相问，乃真兄弟也。

《列仙传》曰：阴生者，长安中渭桥下乞儿也。常止于市中乞，市中厌苦，以粪洒之。长吏知之收系，着桎梏而续在市中乞。又欲杀之，乃去，洒者家，室自坏，杀十余人。长安中谣曰："见乞儿，与美酒，可以免破家之咎。"

《神仙传》曰：李阿者，蜀人也。传世见之，不老如故。常乞于成都市，所得随以与贫者。夜去朝还，市人莫知其宿处。

《汉名臣奏》曰：太尉属应劭、司徒属孙嵩、司空掾孔伷议，以鲜卑隔在漠北，犬羊为群，无君长之师，庐落之居，又其天性贪而无信，故自汉兴至于兹，数犯障塞，吏民创楚，不与交关，唯至朝市，反成靡服，非畏威怀德，实玩中国珍异之故耳。

《三辅黄图》曰：元始四年，起明堂、辟雍。长安城南北为会市，但列槐树数百行为队，无墙屋。又为方市阓门，周环列肆，商贾居之。都商亭在其外。

《汉宫殿疏》曰：交门市在渭桥北头也、孝里市在雍门东、交道亭市在便桥东、细柳仓市在细柳仓。

《华阳国志》曰：王长文，字德俊。阳愚，尝绛衣绛帽，牵猪过市乞，人与语伪不闻。常骑牛周游。

陆机《洛阳记》曰：三市：大市名金市，在大城中；马市在城东，阳市在城南。

《卫玠传》曰：少时乘白羊于洛阳市，举市共观，咸曰："谁家璧人？"于是家门州党遂号曰"璧人"。

《赵书》曰：丰国市五日一会。

《三秦记》曰：秦始皇作地市，与生死人交易，令云："生人不得欺死者物。"市吏告始皇云："死者陵生人，生人走入市门，斩断马脊。"故俗云秦地市有断马。

山谦之《丹阳记》曰：京师四市：建康大市，孙权所立；建康东市，同时立；建康北市，永安中立；秣陵斗场市，隆安中发乐营人交易，因成市也。

太平御览卷第八百二十八 资产部八

屠

《周礼·地官下》曰：凡屠，敛其皮角筋骨，入于王府。以当税给作器物也。

《史记》曰：魏公子毋忌，请朱亥夺晋鄙军，亥笑曰："臣乃市井鼓刀屠者，公子亲数存之。所以不报谢者，小礼无所用。今乃臣效命之秋也。"

又曰：淮阴屠中少年有侮韩信者，曰："汝虽长大，好带刀剑，中情怯耳！"

又曰：樊哙，少以屠狗为事。

《东观汉记》曰：闵仲叔客居安邑者，老病家贫，不能买肉，日买一片猪肝，屠者不肯为断。

王隐《晋书》曰：愍怀太子令人屠肉，自己分齐，手揣轻重，斤两不差。公曰："其母本屠家女。"

《齐书》曰：王敬则少时屠狗，商贩遍于三吴。后为吴兴太守，入乌程，从市过，见屠肉枅，叹曰："是我少时在此作也！"召故人饮酒，说平生，不以屑也。

萧子显《齐书》曰：帝于芳乐苑立市，太官每旦进酒肉杂肴，使宫人屠酤。

《周书》曰：太祖常游上党，有市屠壮健，众多畏惮。太祖气凌之，尝醉，命屠进几割肉，小不如意叱之。屠坦其腹，谓太祖曰："尔豪则刺我。"太祖即刲其腹。市人骇观，执之属吏，李继韬惜而逸之。

《孔丛子》曰：子高谓齐王曰："昔臣尝行临淄市，见屠商焉，身修八尺，须髯如戟，市易之男女未有敬之者，无德故也。"

《庄子》曰：楚昭王谓司马子綦曰："屠羊说居处卑贱，陈义甚高，子为我延之以三旌之位。”说曰：“夫三旌之位，吾知其贵于屠羊之肆；万钟之禄，我知其富于屠羊之利。然岂可贪爵禄，使吾君有妄施之名。愿复反吾屠羊之肆。”遂不受也。

又曰：朱泙漫学屠龙于支离益，单千金之家，技成而无所用。

《尉缭子》曰：太公望行年七十，屠牛朝歌。

《尸子》曰：屠者割肉，则知牛长少。

又曰：宋人有公敛皮者，适市反，呼曰：“公敛皮。”屠者遽收其皮。

《燕丹子》曰：荆轲与武阳入秦，过阳翟。轲买肉，争轻重，屠辱轲，武阳欲击，轲止之。

《淮南子》曰：命屠而享其肉，或以酸，或以甘。齐和万方，其本一牛之体也。

又曰：屠牛坦一朝解九牛，而刃可以剃毛；庖丁为刀十九年，刃如新砥砺。庖丁，宋人。砥，磨也。何则？游乎众虚之门。

《贾谊书》曰：屠牛坦朝解十二牛，而芒刃不顿，剥割皆中理。

《盐铁论》曰：骐骥挽盐车，垂头于太行之坂，屠者脱之。

桓谭《新论》曰：关东鄙语曰：“人闻长安乐，出门西向笑。知肉味美，则对屠门而嚼。”魏文帝与吴质书亦云也。

《三辅旧事》曰：太上皇不乐关中，思慕乡里。高祖徙丰沛屠儿、酤酒、卖饼商人，立为新丰县。故一县多小人。

又曰：更始遣将军李松攻王莽。屠儿、卖饼者皆从之。屠儿杜虞手杀莽。

《凉州异物志》曰：大秦之国，断首去躯，操刀屠人。

《杜夷幽求》曰：齐宣王见屠牵羊，哀其无罪，以豕代之。

《傅咸集》曰：屠牛、酤酒，凿钱作锡，皆有损害。

酤

《毛诗·鹿鸣·伐木》曰：有酒湑我，无酒酤我。

《论语·乡党》曰：酤酒市脯不食。

《汉书》曰：武帝天汉三年，初榷酒酤。应劭曰：县官自榷卖酒，小民不复得酤。

《后汉书》曰：琅琊海曲吕母，家素丰，资产数百万。乃益酿醇酒，买刀剑、衣服。少年来酤者，皆赊与之，视其乏者，辄假衣裳，不问多少。

又曰：刘宽尝坐客，遣苍头市酒。迂久，大醉而还。迂久，犹良久也。客不堪之，骂曰："畜产！"宽须臾遣人视奴，疑必自杀，顾左右曰："此人也，骂言畜产，辱孰甚焉？故吾惧其死也。"

又曰：崔寔，初，父卒，剽卖田宅，起冢茔，立碑颂。《广雅》曰：剽，削也。音匹妙反。葬讫，资产竭尽，因穷困，以酤酿贩鬻为业。时人多以此讥之，寔终不改。亦取足而已，不致盈余。

《吴志》曰：潘璋，字文章，性博荡嗜酒。居贫，好赊酤。债家至门，辄言后豪当相还。

《宋书》曰：吏部尚书庾仲文，尚书中令奴酤酃酒，利其百十。

《后魏书》曰：郑羲为西兖州刺史，多所受纳，政以贿成，性又啬吝，人有礼饷者，不与杯酒脔肉。西门受羊、酒，东门酤卖之。

《唐书》曰：建中三年，初榷酒，天下悉令官酿。斛收直三千，米虽贱，不得减二千。委州县综领醇薄，私酿罪有差。以京师王者都，特免其榷。

又曰：元和十四年，湖州刺史李应奏："先是，官酤酒，代百姓纳榷。岁月既久，为弊滋深。伏望许令百姓自酤，取登旧额，仍许入两税，随贯均出，依旧例折纳。轻货送上都。许榷酒钱，旧皆随两税征众户。自贞元已来，有土者竞为进奉。故上言百姓困弊，纳输不充，请置官坊酤酒以代之。既得请，则严设酒法，闾阎之人举手触禁，而官收厚利，以济其私，为害之日久矣。"及李应奏罢，议者谓宰臣能因一州之请，推为天下之法，则其弊革矣。

《韩子》曰：宋有酤酒者，升概甚平，遇客甚谨，为酒甚美，悬旗甚高，然而酒酸不售，怪其故，问所知闾长者杨青。青曰："汝狗猛也。”曰：“狗猛也，何故不售？”曰：“人畏焉。或令孺子怀钱挈壶往酤，而狗迎龁之，酒所以酸而不售。”夫国亦有狗猛，欲道之士，怀其术而往，欲以明万乘之主，臣为狗猛迎而龁之，如此则主所以蔽，贤士所以不用也。

贾谊《新书》曰：邹穆公视民如子，及死，酤家不售酒，童子不讴歌。

《列仙传》曰：酒客者，梁市上酒家客也。作酒常美，日售万钱。有过，主人逐之，主人酒更酸败，遂至贫穷。

又曰：女凡者，陈留酤酒妇也。作酒甚美，遇仙人过饮，以素书五卷为质。久，开书，乃养性交接之术。闭房与诸少年饮酒，与宿止，行文书法，颜色更好，如二十时。仙人后过之，笑曰：“盗道无师，有翅不飞。”遂追仙人去。

曹植《乐府歌》曰：市肉取肥，酤酒取醇。交觞接杯，以致殷勤。

卢

《汉书》曰：司马相如与卓文君驰归成都，家徒四壁立。文君久之不乐，谓长卿曰：“弟俱如临邛，弟，但也。从昆弟假贷，犹足以为生，何至自苦如此？”相如与俱之临邛，尽卖车骑，买酒舍，乃令文君当卢。郭璞曰：卢，酒卢也。师古曰：卖酒之处，累土为卢，以居酒瓮，四边隆起，其一面高，形如锻卢，故名卢耳。

又曰：霍光秉政，赵广汉事光。及薨后，广汉为京兆尹，心知微指，发长安吏，自将与俱至光子禹弟，直突入其门，搜索私屠酤，椎破卢罂。

又曰：鲁匡曰：“今绝天下之酒，则无以行礼相养；放而亡限，费财伤民。请法古，令官作酒，以千五百石为率，开一卢以卖。”如淳曰：酒家开肆得客设酒卢，故以卢名肆。臣瓒案，卢，酒瓮。

《世说》曰：阮公邑家妇有美色，当卢酤酒。阮与王安丰常从妇饮酒，既醉，便眠其妇侧。夫始殊疑之，伺察，终无他意。

又曰：王浚冲为尚书令，着公服，乘轺车，经黄公酒卢，下，回顾谓后车客曰："吾与嵇叔夜、阮嗣宗共酣饮于卢，竹林之游亦预其末。自嵇生、阮公亡以来，便为时所羁绁。今日视此虽近，邈若山河。"

《南史》曰：齐谢几卿性通脱，会意便行，不拘朝宪。尝预乐游苑宴，不得醉而还，因诣道边酒卢，停车褰幔，与车前三驺对饮。时观者如堵，几卿处之自若。

肆

《周·天官·内宰之职》曰：凡建国，佐后立市，设其次，置其叙，正其肆。

又《地官下》曰：肆长，各掌其肆之政令，陈其货贿，名相近者相远也，实相近者相尔也，而平正之。尔亦近也。俱是物也，使恶者远善，善自相近。郑司农云：谓若殊、玉之属，俱各为珠，俱名为玉，而贾或百万，或数万。恐农夫愚民见欺，故别异令相远，使贾人不得杂乱以欺人。

《左传·襄三十年》曰：伯有死于羊肆。羊肆，市列。子产禭之，枕之股而哭之，敛而殡诸伯有之臣在市侧者，既而葬诸斗城。

《论语》曰：百工居肆以成其事，君子学以致其道。包曰：言百工处其肆则事成，犹君子学以致其道。

《续汉书》曰：孝灵皇帝于后宫与人列肆贩卖，使偷盗争斗，上视以为乐。

谢承《后汉书》曰：郭秦拔申屠子龙于漆工之中，嘉许伟康于屠酤之肆。

袁山松《后汉书》曰：世祖怜盆子，赏甚厚，以为赵王郎中。后疾失明，赐荥阳均输官地以为列肆，使食税终其身。

《晋中兴征祥记》曰：烈宗世，会稽王辅政于府内园中穿池筑山，山池之间处处有肆，使婢酤酒卖肉于其中。道子将见幸，乘船至洒肆，辄携入肆，买酒肉，状如市廛，以为笑乐。

《梁书》曰：吕僧珍为南兖州刺史。从父兄子先以贩葱为业，僧珍至，乃弃业求州官。僧珍曰："吾荷国恩重，无以报效。汝等自有常分，岂可妄求叨越？当速反葱肆耳！”

皇甫谧《高士传》曰：许邵名知人。历客舍，则知虞求贤；入帻肆，则拔楚子昭。

《晋令》曰：坐卢肆者，皆不得宿肆上。

《殷氏世传》曰：盖宽，字元祚。河南郑廉始出寒贱，未知名，君见而友之。廉父常居肆，乃就拜其父于市。众皆惊，由是显名，位至司徒。

《楚辞》曰：连蕙若以为佩，过鲍肆而失香。

张衡《西京赋》曰：彼肆人之男女，丽靡奢于许史。

繁钦《嘲应德琏文》曰：应温德云：“昔与季叔才俱到富波，饮于酒肆，日暮留宿。主人有养女，年十五，肥头赤面，形似鲜卑。偶悦之，夜与奸通，便生足下。”

《庄子》曰：曾不如早索我于枯鱼之肆！

杨子《法言》曰：好书不能要诸仲尼书肆也；李轨注曰：卖书市也。书不经，非书也。

《语林》曰：王仲祖少有三达，览镜自玩曰：“王开山那生此儿？”又酷贫，帽败，自以形美，乃入帽肆，就帽妪戏，乃得新帽。

店附

《世说》曰：阮修，字宣子。常步行，以一百钱挂杖头，至酒店上，便独酣畅。

崔豹《古今注》曰：店，置也，以置货鬻之物。

卖买

《周礼·地官下》曰：泉府，掌以市之征布，敛市之不售、货之滞于民用者，以其贾买之，物揭而书之，以待不时而买者。买者各从其抵，都鄙从其主，国人、郊人从其有司，然后予之。

又曰：司市，掌市之治教。以量度成贾而征儥，儥，买也。物有定价，则买者来也。以质剂结信而止讼，质剂，谓两书一札而别之也。以贾民禁伪而除诈，以贾民为之者，知物之情伪与实诈。以刑罚禁虣而去盗，以泉府同货而敛赊。同者，谓民货不售则为敛而买之，民无货则贳而予之。凡会同、师役，市司帅贾师而从，治其市政，掌其卖價之事。價买也。会同师旅必市者，大众所在，来物以备之。质人，掌成市之货贿，人民牛马、兵器、珍异。凡卖價者，质剂焉。大市以质，小市以剂。郑司农曰：质剂，月平贾也。质，大贾；剂，小贾。玄谓：质剂者，为之券书藏之也。

又曰：贾师，凡国之卖买，各帅其属而嗣掌其月。

《礼记·曲礼》曰：君子虽贫，不鬻祭器。

《左传·昭七》曰：公在乾侯。平子每岁贾马，贾，买也。具从者之衣履，而归之于乾侯。公执归马者，卖之，卖其马。乃不归马。

《史记》曰：子贡既学于仲尼，退而仕卫，鬻财于曹、鲁之间。

《战国策》曰：燕昭王见郭隗曰："齐因孤国之乱，而袭破燕。敢问以国报仇者奈何？"对曰："古之人君以千金求千里马者，三年不得。涓人请求之，三月得千里马，马已死，五百金买其首。反，以报君，君大怒，对曰：'死马尚市，况生马乎？'期年，千里马至者三。

《汉书》曰：汉兴，接秦之弊，诸侯并起，民失作业而大饥馑，米石五千，人相食，死者过半。高祖令人无得卖子，就食蜀汉。天下既定，民无盖藏。苏林曰：无物可盖藏。

又曰：卫青比年学击胡，赋税既不足以奉战士，有司请令民得买爵及赎禁锢免罪，请买赏官，名曰："武功爵"，级七十万。

又曰：桑弘羊置平准于京师，当天下委输，工官治车诸器，皆此给大农。大农诸官尽笼天下之货物，贵到卖之，贱则买之。如此富商大贾亡所矣大利。牟，取。

又曰：贡禹上书，欲令近臣自诸曹侍中以上家，无得私贩卖者。

又曰：中平元年，初卖官。自关内侯以下，至虎贲、羽林，入钱各有差，公千万，卿五百万。

《东观汉记》曰：光武尝与朱祐共买蜜合药，上追念之，即赐祐白密一石，问："今忆与朕长安时共买蜜乎？"

又曰：郭舟从师长买繻入函谷关，乃慨然叹曰："丹不乘使者车，终不出关！"

又曰：司空宋弘常受俸，得盐豉千斛，遣诸生迎取上河，令粜之。盐贱，诸生不粜。弘怒使遣。及其贱悉粜卖，不与民争利。

谢承《后汉书》曰：灵帝数游戏于西园，令后宫彩女为客主，身为商贾。

谢承《后汉书》曰：张楷，字公超，治《严氏春秋》。家贫无以为业，尝乘驴车至县卖药，足给食者辄还乡。

王隐《晋书》曰：刘寔，字子真，平原人。少贫苦，糠饭，绳索作牛衣卖，手绳口诵。

《齐书》曰：朱文济，字敬达，吴兴人，自卖以葬母。太守谢瀹命为儒林，不就。

又曰：吴达之，义兴人也。嫂亡，无以葬，自卖为十天客，以营冢椁。从祖弟敬夫妻荒年被略卖江北，达之有田十亩，货以赎之。

《南史》曰：会稽寒人陈氏有三女，无男。祖父母年八九十，老无所知。又笃癃病，每不安其室。遇岁饥，三女相率于西湖采菱莼，更日至市货卖，未尝亏怠，乡里称为义门。

《北史》曰：齐常景耽好经史，爱玩文词，若遇新异之书，殷勤求访，或复货买，不问价之贵贱，必以得为期。

《晏子春秋》曰：灵公好妇人丈夫饰者，国尽服之。公使禁之，曰："女子以男饰者，裂其衣，断其带！"裂衣断带，相望不止。公问晏子，晏子曰："公服之于内，而禁之于外，犹悬牛首于门，鬻马肉于市。"公曰："善。"使内勿服。不环月，而国人莫服。

《韩子》曰：楚人卖珠于郑，为木兰之椟，薰以桂椒，缀以珠玉，饰以玫瑰，缉以翡翠。郑人买其椟，还其珠。可谓善卖椟，不可谓善鬻珠。

又曰：宋之富贾有监止子者，与人争买百金之璞，因佯失而毁之，负其百金，而理其毁，得千溢焉。

又曰：谚所谓“佣自卖哀而不售，士自誉辨而不信”者也。

又曰：田修教其子田章曰：“主卖官爵，臣卖知力，故曰自恃，无恃人。”

《淮南子》曰：郢人有鬻其母者，为请于买者曰：“此母老矣，幸善食之，而无多苦也。”此行大不义，而欲为小义也。

《三辅决录》曰：五门子孙，凡民之五门，今在河南西四十里。马氏兄弟五人，共居此地，作五门客舍，因以为名。主养猪卖猪，故民为之语曰：“苑中三公，钜下二卿，五门藿藿，但闻豚声。”

《三辅黄图》曰：元始四年，起明堂、辟雍，长安城南北为会市，但列槐树数百行为队，无墙屋。诸生朔望会此市，各持其郡所出货物及经书、传记、笙磬、器物相与卖买，雍容揖让，或论议槐下。

《董卓别传》曰：吕布杀卓，百姓相对欣喜抃舞，皆卖家中珠环、衣服、床榻，以买酒食，自相庆贺。长安酒肉为之踊贵。

《汉武内传》曰：帝先有玉板一枝杖，是西胡王所献，帝甚爱之。崩后，故以入椁。其年有人于扶风郡市中买得者，帝时左右侍人识之，以告有司，诘问，云：“见市中一人于巷卖之，责三十匹，即雇交直，实不识卖主姓名。”

皇甫谧《高士传》曰：毛公、薛公，皆赵人也。遭战国之乱，二人俱以处士隐于邯郸市。毛公隐为博徒，薛公隐于卖胶。

又曰：韩康，字伯休，京兆霸陵人。常采药名山，卖于长安市，口不二价，三十余年。时女子从买药，康守价不与，女子怒曰：“是韩伯休耶！乃不二价！”康叹曰：“我本避名，今小女子皆知，有何用药为？”乃遁霸陵山中。

《搜神记》曰：南阳宗定伯，少年夜行，逢鬼。鬼问：“为谁？”定伯欺云：“我亦鬼。”遂共为侣赴宛。行极困，相担。问鬼曰：“畏何物？”曰：“唯不喜人唾。”欲至宛，但担鬼着酒瓮上，径诣宛市，鬼化为羊。恐其变，并唾之。卖得钱千五百。

《晋后记》曰：成都王围京邑，城中鱼肉无出，营巷卖死驴马肉，杂死人肉卖之。

车频《秦书》曰：王猛攻邺，慕容评拒猛，而恒卖水与军人，众思为乱，猛因得败之。

周景式《庐山记》曰：山有康皇庙，庙有铜马一枚，道士丁玄真取掷置涧中，经宿复还。丁乃卖与远村人，买者尽病，即送还，悉愈。

《列仙传》曰：安期生，琅琊阜乡人，卖药海边。秦始皇请见，与语三日三夜，赐金璧数千万。

《风俗通》曰：夜籴。俗说市买者，当清旦而行，日中交易所有，夕时便罢无人也。今乃夜籴谷，明痴骙不足也。凡靳不敏惠者曰夜籴。

《傅子》曰：灵帝榜门卖官，崔烈入钱五百万取司徒。

《语林》曰：苏峻新平，帑藏空，犹余数千端粗练。王公谓诸公曰："国家凋弊，贡御不至。但恐卖练不售，吾当与诸贤各制练服之。"数日间卖遂大售，端至一金。

应璩《新诗》曰：太官有余厨，大小无不卖。岂徒脯与糗？醯醢及盐豉。

刘超《让表》曰：臣家理应用一纯色牛，连市，素不如意。外厩猥牛中，牛色有任用者，臣有正陌三万钱、五匹布，乞以买此牛。诏曰："监此不足卖，与宜便赐之。然义与前后辞让，不妄受一赐，今亦必复不受，可听如所启。"

驵侩

《说文》曰：驵，马侩也。

《汉书》曰：子贷金钱千贯，节驵侩。孟康曰：节，节物贵贱也。谓除估侩，其节利比于千乘之家。师古曰：侩者，会合二家易者。驵者，其首率也。驵，音子即切；侩，音贡外切。

《后汉书》曰：吴汉，字子颜，家贫，给事县为亭长。王莽末，以宾客犯法，乃亡命至渔阳。资用乏，以贩马为业。

《续汉书》曰：平原王君公以明道，深晓阴阳，怀德灭行，和光同尘，不为皎皎之操。王莽世，退身，侩牛自给，有似蜀之严君平。

《搜神记》曰：羊公，字雍伯，洛阳人，本以侩卖为业。性笃孝，父母终，葬无终山，遂字焉。

《晋令》曰：侩卖者，皆当着巾，白帖额，题所侩卖者及姓名，一足着白履，一足着黑履。

《淮南子》曰：段干木，晋国之大驵，许慎注曰：驵，市侩也。而为文侯师。

太平御览卷第八百二十九 资产部九

商贾

《左传·僖公下》曰：秦师及滑，郑商人弦高将市于周，遇之，以乘韦先牛十二犒师，商，行贾也。乘，四。韦先，韦乃入牛。古者将献遣于人，必有先之。曰："寡君闻吾子将步师出于敝邑，敢犒从者。不腆敝邑，为从者之淹，居则具一日之积，腆，厚也。淹，久也。积，刍米菜薪。行则备一夕之卫。"且使遽告于郑。遽，传车。

又《宣公下》曰：荆尸而举，荆，楚也。尸，陈也。楚武王始更为此陈法，遂以为名也。商农工贾不败其业，而卒乘辑睦，步曰卒，车曰乘。事不奸矣。奸，犯也。

又《成公下》曰：荀䓨之在楚，郑贾人有将置诸褚中以出。既谋之，未行，而楚人归之。贾人如晋，荀䓨善视之，如实出己。贾人曰："吾无其功，敢有其实乎？吾小人，不可以厚诬君子。"遂适齐。

《左传·昭元》曰：鲁曾阜曰："贾而欲赢而恶嚣乎？"言譬如商贾求赢利者，不得恶喧嚣之声。

又《昭公》曰：子干归，韩宣子问于叔向曰："子干其济乎？"对曰："难。"宣子曰："同恶相求，如市贾焉，何难？"宣子谓弃疾。亲恃子干，共同好恶，故言如市贾，同利以相求。对曰："无与同好，谁与同恶？"言弃疾本不与子干同好，则亦不得同恶。

又《昭公六》曰：臧会奔郈，郈鲂假使为贾正焉。郈，在东平无盐县东南。鲂假，郈邑大夫。贾正，常货物使有常价，若市吏。

又《昭公十六年》曰：郑子产对韩宣子曰："昔我先君桓公与商人皆出自周，郑本在周畿内，桓公东迁，并与商人俱。庸次比耦，庸，用也。次，更相从。耦，耕。以艾杀此地，斩之蓬蒿藜藋而共处之。世有盟誓，以相信也，曰：'尔无我叛，我无强贾，无强市其物。毋或匄夺。尔有利市宝贿，我勿与知。'恃此质誓，故能相保，以至于今。今吾子以好业辱，而谓敝邑强夺商人，是教敝邑背盟誓也，毋乃不可乎？"

又《定公下》曰：卫王孙贾曰："苟卫国有难，工商未尝不为患，使皆行而后可。"欲以激怒国人。公以告大夫，乃皆将行之。

《史记·吕不韦传》曰：不韦，阳翟大贾人也。往来贩贱卖贵，家累千金。

又曰：白圭，周人也。与僮仆同苦乐，趋时若猛兽、挚鸟之发，故曰"吾治生产，犹伊尹、吕尚之谋，孙吴用兵，商鞅行法是也。其智不足以权变，勇不足以英断，仁不能以取予，强不能有所守，虽欲学吾术，终不告之矣。"盖天下言治生者，祖白圭也。

又曰：齐俗贱奴虏，而刁间独爱贵之；桀黠奴，人之所患也，唯刁间收取，使之逐渔盐商贾之利。或连骑交守相然，愈益任之，终得其力，起富数千万。故曰："宁爵无刁。"孟康曰：刁间能畜豪，故致或有连车骑交守相。奴自谓：宁欲免去作民有爵耶？无将止为刁氏作奴乎？无，发声助也。言其能使豪奴自饶而尽其力也。

《汉书》曰：高祖诏曰："贾人无得衣锦绣绮縠絺罽、操兵骑马。

又曰：陈狶反，上闻狶将皆故贾人，曰："吾知与之。"乃多以金购狶将，狶将多降。

又曰：周人之巧失为趋利，喜为商贾，富人则商贾为利。

又曰：通财鬻货曰商。

又曰：谚曰："以贫求富，农不如工，工不如商。刺绣文，不如倚市门。"此言末业，贫者之资也。贪贾三之，廉贾五之。贪贾，未当卖而卖，未可买而买，故得利少，而十得其三。廉贾，贵乃卖，贱乃买，故十得五也。

《魏志》曰：王烈，字彦方，于时名闻在邴原、管宁之右。辟公孙度长史，以商贾自秽。太祖命为丞相掾，征，未至，卒。

《齐书》曰：范云为始兴内史，入境抚以恩德，罢去亭候，商贾露宿。

《梁书》曰：陆验少而贫若，落拓无行。邑人郁吉卿者，甚富，验倾身事之。吉卿贷以钱米，验借以商贩，遂致千金。因出郡下散赀，以事权贵。

《北史》曰：和士开母丧，托附者咸往丧哭。邺中富商丁周、严兴等并为义孝，有一士人在哭限，封孝琰入吊出，谓人曰："严兴之南，丁周之北，有一朝士，号叫甚哀。"闻者传之，士开知而大怒。

《管子》曰：商人通贾，倍道兼行，以夜续日，千里而不远者，利在前也。

《鲁连子》曰：连却秦军，平原君欲封之，终不肯受。平原君乃置酒，酒酣，起，前以千金为寿。先生笑曰："所贵天下之士者，为人排患释难，解人之缔结；即有取，是商贾之事，连不忍为也。"

《尸子》曰：子贡，卫之贾人也。

《韩子》曰：鄙谚曰："长袂善舞，多资善贾。"此言多资易为工也。

又曰：秦、韩攻魏，昭卯西说罢之；齐、荆攻魏，卯东说罢之。魏襄王养之以五乘将军，养以五乘，使为将军。卯曰："伯夷以将军葬于首山之下，而天下曰："夫以伯夷之贤与其称仁，而以将军葬，是手力不掩也。'今臣罢四国之兵，而王乃与臣五乘，此其称功，犹嬴胜而履屩。"嬴，利也。谓贾也，嬴利倍胜，今以薄赏报大功，犹嬴胜之人履屩也。

《淮南子》曰：贾多端则贫，工多技则穷，心不一也。贾多端，非一。

《国语》曰：晋叔向对韩宣子曰："夫绛之富商，韦藩木楗以过于朝。韦藩，韦蔽前也。木楗，木檐。唯其功庸少也，言无功庸，虽富不得服朝服过于朝。而能金玉其车，文错其服。文，文织缕也。言商人之财，足以金玉其车，文错其服，以无爵位，故不得为其上，为韦藩木楗是。能行诸侯贿而无寻尺之禄，无大绩于民故也。"绩，功也。八尺曰寻。

又曰：齐管仲曰："昔圣王处商就市井。夫商群萃而州处，察其四时，四时所用者豫资之。而监其乡之资，监，亲资财，视其贵贱有无。以知其市之贾；负任檐何，服牛轺马，以周四方；周，遍。以其所有易其所无，市贱鬻贵，市，取；鬻，卖。旦暮从事于此。以饬其子弟，相语以利，相示以赖，赖，嬴。相陈以知。贾少而习焉，其心安焉，不见异物而迁焉。是故其父兄之教不肃而成，其子弟之学不劳而能，夫是故商子恒为商。"

又曰：越大夫种曰："臣闻之：贾人夏则资皮，贾人，买贱卖贵者。冬则资絺；絺，葛精曰絺，粗曰绤。旱则资舟，水则资车以待乏也。"

《白虎通》曰：商贾何谓也？商之为言商其远近，度其有无，通四方之物。贾之为言固也，固有用物，以待民来，以求其利者也。

《论衡》曰：扬子云作《法言》，蜀富贾人赍钱十万，愿载于书，子云不听。夫富无仁义之行，犹园中之鹿，栏中之牛，安得妄载？

《异苑》曰：晋陵曲阿杨晚，资财数千万。三吴人皆取直为商估，治生辄得倍宜。或行长江，卒遇暴风及劫盗者，若捉晚钱，多获免济。晚死后，先所埋金悉移去。邻人陈家尝晨起，见门外忽有百许万镪，封题是杨晚姓字，然后知财物聚散必由天运。

负贩

《礼记·曲礼》曰：夫礼者，自卑而尊人。虽负贩者，必有尊也，而况富贵乎？负贩者尤轻恌志利，宜若无礼然。

《尚书大传》曰：舜贩于须丘。

《汉书》曰：灌婴，睢阳贩缯者。

《说苑》曰：鲍叔身死，管仲举上衽而哭之，泣下如雨。从者曰："非君臣父子也。"管仲曰："非夫子所知也。吾尝与鲍子贫，贩于南阳。吾三辱于市，不以我为怯，知我，故有所明也。"

《魏志》曰：弘农董遇，字季直，性质讷而好学。兴平中，关中扰乱，与兄季忠依将军段煨。耒耜负贩，而常挟持经书，投闲习读，其兄笑之而不改。

《后魏书》曰：景穆季年颇亲近左右，营立田园，以收其利。高允谏曰："夫天下者，殿下之天下，富有四海，何求而不获？而乃与贩夫贩妇竞此尺寸？"

佣赁

《左传·襄公二十七年》曰：崔氏之乱，在二十五年。申鲜虞来奔，仆赁于野，以丧庄公。为齐庄公服丧。冬，楚人召之，遂如楚为右尹。传言楚能用贤。

《史记》曰：倪宽，贫无资用，常为弟子都养，时间行佣赁以给衣食。行常带经，止息则诵习之。

又曰：范睢微行弊衣间步见须贾。须贾见之，惊曰："叔今何事？"范睢曰："臣为佣赁。"贾哀之，留与坐饮食，乃取一绨袍以赐之。

《汉书》曰：栾布，梁人。彭越为家人时，常与布游。穷困，卖佣于齐，为酒家保，数岁别去。而布为人所略卖，为奴。

又曰：匡衡，字稚圭，东海人。父世农夫，至行。衡好学，家贫，佣作以供资用。

《后汉书》曰：郑均好黄老书，兄仲为县游徼，颇受礼遗。均数谏止，不听，即脱身为佣，岁余得钱帛，归以与兄曰："物尽可复得；为吏坐赃，终身捐弃。"兄感其言，遂为廉洁。

谢承《后汉书》曰：施延，字君子，少为诸生，明于五经。家贫母老，周流佣赁。避地于庐江临湖县种瓜，后复到吴郡海盐取卒，月直赁作半路亭下，以养其母。是时，吴会未分，山阴冯敷为督邮到县，延持帚往。敷知其贤者，下车谢，使入亭，请与饭食讫，脱衣与之，饷饯，不受。

华峤《后汉书》曰：范式为荆州刺史，友人南阳孔嵩，家贫亲老，乃变名姓，佣为新野阿里街卒。式行部到新野，而县选嵩为道驺迎式。式见而识之，呼嵩，把臂谓曰："子非孔仲山耶？"对之叹息，语及平生，曰："昔与子俱曳长裾，游集帝学。吾蒙国恩，致位牧伯；而子怀道隐身，处于卒伍，不亦惜乎？"嵩曰："昔侯嬴长守于贱业，晨门肆志于抱关。子居九夷，不患其陋。贫者，士之宜，岂为鄙哉？"式敕县代嵩，嵩以为先佣未竟，不肯去。

《东观汉记》曰：公沙穆来游大学，无资粮，乃变服客佣，为吴祐赁舂。祐与语大惊，遂共定交于杵臼之间。

又曰：初，梁鸿于大家单伯通家佣舂为事。归，其妻具食，不敢于鸿前仰视，举案常齐眉。伯通察而异之，曰："彼佣，能使其妻敬之。"

又曰：班超，字仲升，家贫，恒为官佣写书。尝辍书投笔叹曰："大丈夫当效傅介子、张骞，立功异域，以取封侯。安能久事笔砚乎？"

《吴志》曰：阚泽，字德润，会稽山阴人也。家世农夫，至泽好学。家贫无资，常与人佣书，以供纸笔。所写既毕，诵读亦周。

《齐书》曰：张敬儿之为襄阳府将也，家贫，每休假，辄佣赁自给。尝为城东吴泰家檐水，通泰所爱婢。事发，将被泰杀，逃卖棺材中，以盖加上，乃免。

又曰：王僧孺笃爱坟籍。家贫，常佣书以养。每写毕，讽诵亦了。

又曰：冯道根少孤，家贫，佣赁以养母。行得甘肥，未尝先食，必遽还以遗母。

《南史》曰：吴逵经饥荒，男女死者三十人，唯逵夫妻获全。家徒四壁立，冬无被裤。昼则佣赁，夜则伐木烧砖。妻亦同逵此诚，无有懈倦。

《汉皇德颂》曰：侯瑾，字子瑜，敦煌人。少孤贫，依宗人居。性笃学，恒佣作为资。暮还，辄爇柴读书。

檐

《释名》曰：檐，任也，力所胜任也。

《后汉书》曰：赵孝，字长平。父普，王莽时为田禾将军。任孝为郎。每告归，常白衣步檐。从长安还，欲止邮亭。亭长先时闻孝当过，以有长者客，扫洒待之。孝既至，不自名，长不肯内。问曰："闻田禾将军子当从长安来，何时至乎？"孝曰："寻到矣。"于是遂去。

《东观汉记》曰：马成为郏令。上征河北，成嬴衣步檐，渡河诣上。

《魏志》曰：曹休，年十余岁丧父。独与一客檐丧假葬，携将老母，渡江至吴。

《魏略》曰：吴禧，字子牙，京兆人也。世单家贫，少好学。初平中三辅乱，禧南客荆州，不以荒扰，檐负经书，每以采稆，余日则诵习之。

《晋书》曰：郭文，字文举，少爱山水。尚嘉遁，洛阳陷，乃步担入吴兴馀姚大辟山中。猎者时往寄宿，文夜为担水，而无倦色。

又曰：谯秀，字元彦。在蜀遇范贲、萧敬相继作乱。秀乃避难宕渠。乡里宗族旅凭之者以百数。秀年出八十，众欲代之负檐。秀曰：“各有老弱，当先营护。吾气力犹足自堪，岂以垂朽之年累诸君也？”

又曰：王澄，字平子。兄衍妻郭氏，性贪鄙，欲令婢路上檐粪。澄年十四，谏郭，以为不可。

又曰：董养，字仲道，见洛阳东北步广里地陷，有二鹅出焉，其苍者飞去，白者不能飞。知白者，国家之象，顾谓谢鲲阮孚曰：“《易》称知几其神，君等可深藏矣！”乃与妻荷檐入蜀，莫知所终。

《齐书》曰：桓康随武帝在赣县。泰始初，武帝起义，为郡所絷，众皆散。康装担，一头贮穆后，一头贮文惠太子、竟陵王子良，自负置山中。与门客萧欣祇等四十余人相结，破郡狱，出武帝。

《梁书》曰：司马申，太清之难，父母俱没。因此自檐土，菜食终身。

《后魏书》曰：高允性好文学，檐笈负书，千里就业。

《方言》曰：赢、旅、荷、腾，檐也。齐楚陈宋之间曰赢，燕之外郊，越之东瓯、吴之外鄙谓之旅，南楚谓之赢，自关而西陇冀以往谓之荷。凡以驴马驼载物者，谓之负他音大，亦谓之荷。郭璞注曰：今江东单担两头物为腾。《庄子》：赢粮赴之。檐者用膂力，因以名之。

《先贤行状》曰：平原王烈，字彦方。国中有盗牛者，牛主得而放之，盗者曰：“子既放我，幸无使王烈闻之。”间年，国中行路，老父负担重，有人代檐，行数十里，至家而去，问姓名不语。顷之，老父失剑于路，有人得而守之，至暮，剑主还见之，乃代担人也。老父曰：“子前代吾檐，不得姓名，今复守吾剑，子诚贤人！可语吾姓名，以告王烈。”使人问之，乃昔时盗牛人也。烈使国人表其庐而异焉。

舂

《说文》曰：舂，捣粟也。

《周礼·地官下》曰：舂人，掌供禾物。

《礼记·檀弓上》曰：邻有丧，舂不相。郑玄曰：相，以音声相助。

《谷梁传·文公》曰：礼，宗庙之事，君亲割，夫人亲舂。

《汉书·刑法志》曰：罪人狱已决，充为城旦舂，满三岁，为鬼薪、白粲。

《汉书》曰：吕后囚戚夫人永巷，令舂。

又曰：陈咸为南阳太守，所居以杀伐立威。豪猾吏乃大姓犯法，论输府，为地臼木杵，舂不中程，辄加罪笞。

又曰：江都王建，宫人八子，有过者辄令臝立，或系居树上，或脱钳以铅杵舂，不中程辄掠之。

又曰：楚王戊与吴通谋，申公、白生谏之，不听，乃胥靡之，使杵臼雅舂于市。晋灼曰：胥，相；靡，随右左坐，轻刑名也。雅，正。杵，舂。

《南史》曰：梁武丁贵嫔，德后醋忌，遇贵嫔无道，使臼舂，每中程，若有助者。

《后魏书》曰：高祐为西兖州刺史，镇滑台，令一家之中自立一碓，五家之外共造一井，以给行客，不听妇人寄舂取水。

《庄子》曰：适百里者宿舂粮。

《淮南子》曰：量粟而舂，数米而炊，可以治家，而不可以治国。

《傅子》曰：夷吾为政，士三妻者，逐于境外；女三嫁者，入于舂隶也。

《国语》曰：天子禘郊之事，必自射其牲，牲，牛。王后必自舂粢。诸侯宗庙之事，必自射牛，刲羊，击豕，刲，刺；击，杀。夫人必自舂其盛。自器曰盛。上言粢，下言盛，互其文也。

《世本》曰：雍父作舂。

《吕氏春秋》曰：赤冀作舂。

桓子《新论》曰：宓牺之制杵臼，万民以济。及后人加巧因延力，借身重以践碓，而利十倍杵臼。又复设机关，用驴臝点校者按，当读为骡马之骡。牛马及役水而舂，其利乃且百倍。

焦赣《易林曰·蹇之革》曰：折挺舂稷，君不得食。头养病根，无益于病。

严欣期《交州记》曰：糠头山在合浦海口。传云越王舂米于此，积糠所成。

《石虎邺中记》曰：有舂车，作木人及行碓于车上，动则木人踏碓舂，行十里，成米一斛。

《俗记》曰：王庆孙为襄阳都督。后之镇，尔时沔中蛮盛断道，缚得王去。将还家，语王云："汝是贵人，试作贵人行看。"驱逼不得已，王便行。蛮以其贵人不堪苦，使令与妇女共碓下舂。

王褒《僮约》曰：事讫休息，当舂一石。

《岭表异录》曰：广南有舂堂，以浑木刳为槽，一槽两边，约十杵，男女间立，以舂稻粮。敲磕槽舷皆有遍，拍槽声若鼓，闻于数里。虽思妇之巧弄秋砧，不能比其浏亮也。

太平御览卷第八百三十　资产部十

尺寸

《礼记·王制》曰：古者以周尺八尺为步，今以周尺六尺四寸为步。古者百亩当，今东田百四十六亩三十步。古者百里，当今百二十一里六十步四尺二寸二分。周尺之数未详闻也。案《礼》制，周犹以十寸为尺。盖六国时多变乱法度，或言周尺八寸，则步更为八八六十四寸。以此计之，古者百亩，当今百五十六亩二十五步；古者百里，当今百二十五里。

《汉书》曰：度者，分、寸、尺、丈、引也，所以度长短也。度，音大各反。本起黄钟之长，以子谷秬黍中者，师古曰：秬即黑黍。中者，不大不小也。言取黑黍谷子大小中者，率为分寸也。一黍之广，度之九十分。黄钟之长，一为一分，十分为寸，十寸为尺，十尺为丈，十丈为引，而五度审矣。其法用铜，高一寸，广二寸，长一丈，而分、寸、丈、尺存焉。用竹为引，高一分，广六分，长十丈，其方法矩，高广之数，阴阳之象也。分者，自三微而成着，可分别也。寸者，忖也。尺者，蒦也。师古曰：蒦音约。丈者，张也。引者，信也。师古曰：信读曰伸，言其长。夫度者，引于分忖于寸，蒦于尺，张于丈，信于引。引者，信天下也。职在内官，内官，署名。廷尉掌之。师古曰：法度所起，故属廷尉也。

《魏略》曰：昔长安市侩有刘仲始者，一为市吏所辱，乃感激，踏其尺折之。遂行学问，经明行修，流名海内。后以有道征，不肯就。众人归其高。

《晋书·荀勖别传》曰：魏杜夔制律乖错。勖知汉魏尺渐长于古四分，夔依为律，故不谐，乃令佐着作刘恭依《周礼》制古尺、新律吕以谐音韵。后得古玉律钟磬，与新律相合，诏赐古尺一具。

《隋书》曰：世称有田父于野地中得周时玉尺，便是天下正尺。荀勖试以校尺所造金石丝竹，皆短校一米。

《管子》曰：尺、寸、寻、丈者，所以得短长之情也。故以尺寸量短长，则万举而万不失矣。是故尺寸之度，虽富贵众强，不为益长；虽卑辱贫贱，不为损度。公平而无所偏，故奸诈之人弗能误也。故明法者，不可巧以诈伪；有寻丈之数者，不可欺以长短。

又曰：以规矩为方圆则成，以尺寸量短长则得，以法数治民则安。故事广于理者，其成若神。

《孟子》曰：陈代谓孟子云："枉尺直寻，若宜可为。"枉尺直寻，欲使孟子屈己宗道也。

《尸子》云：孔子曰："诎寸而信尺，小枉而大直，吾为之者也。"

《韩子》曰：释法术而任心治，尧不能正一国；去规矩而妄意度，奚仲不能成轮；废尺寸而差短长，王尔不能半中。使中主守法术，拙匠执规矩尺寸，则万不失。

《孔丛子》曰：跬，一举足也，倍跬谓之步。四尺谓之仞，倍仞谓之寻，寻，舒两肱也，倍寻谓之常。五尺谓之墨，倍墨谓之丈，倍丈谓之端，倍端谓之两，倍两谓之匹，两有五谓之束。

《家语》曰：孔子曰："夫布指知寸，布寸知尺，舒肱知寻，舒身知常，斯不远之则也。"《白虎通》同。

《说苑》曰：度、量、衡，以粟生之。十粟为一分，十分为一寸，十寸为一尺，十尺为一丈。

《梦书》曰：丈尺为人正长短。梦得丈尺，欲正人也。

《魏武上杂物疏》曰：中宫用物，杂画象列尺一枚，贵人、公主有象牙尺三十枚，宫人有象牙尺百五十枚，骨尺五十枚。

量

《周礼·冬官·考工记》曰：栗氏为量。改煎金锡则不耗，消湅之精不复减也。栗，古文或作历。玄谓：量当与钟鼎同齐，工异者大器。不耗然后权之，权谓称分之也。虽异法，用金必齐。权之然后准之，准，故书或作水。杜子春云：当为水，金器有孔者，水入孔中，则当重也。玄谓：准，击平正之，又当齐大小。

准之然后量之。铸之于法中也。量，读如量人之量。量之以为鬴，深尺，内方尺而圜其外，其实一鬴。以其容为之名也。四升曰豆，四豆曰区，四区曰釜，釜六斗四升也，釜十则钟。方尺积千寸。于今粟米法少二升八十一分升之二十二，其数必容釜，此言大方耳。圜其外者，为之唇。其臀一寸，其实一豆；故书臀或作唇。杜子春云：当为臀，谓覆之其底深一寸也。其耳三寸，其实一升；耳在旁，可举也。重一钧。重三十斤。其声中黄钟之宫。应律之首。概而不税。郑司农云：令百姓得以量，而不租税。其铭曰："时文思索，允臻其极。铭，刻之也。时，是也。允，信也。臻，至也。极，中也。言是文德之君，思求可以为民立法者，而作此量，信至于道之中矣。嘉量既成，以观四国。以观示四方，使放象之。永启厥后，兹器维则。"

《左传·昭公三年》云：晏子曰："齐旧四量，豆区釜钟。四升为豆，各自其四，以登于釜，四豆为区，区斗六升。四区为釜，釜六斗四升。登，成也。釜十则钟。六斛四斗。陈氏三量，皆登一焉，钟乃大矣。登，加也。一，谓加旧量之一也。以五升为豆，五豆为区，五区为釜。则区二斗，釜八斗，钟八斛。以家量贷，而以公量收之。贷厚而收薄。

《汉书》曰：量者，龠、合、升、斗、斛也，所以量多少也。本起于黄钟之龠，用度数审其容，师古曰：因度以生量也。其容，谓其中所容受之多少也。以子谷秬黍中者千有二百实其龠，以井水准其概。概欲其直，故以水平之。井水清，清则平也。师古曰：概，所以概平斗斛之上者也。十龠为合，十合为升，十升为斗，十斗为斛，而五量嘉矣。其法用铜，方尺而圆其外，旁有痝焉。师古曰：痝，不满之处也，音吐雕反。其上为斛，其下为斗。其上谓仰斛也，其下谓覆斛之底，受一斗也。左耳为升，右耳为合、龠。其状似爵，以縻爵禄。靡，散也。上三下二，参天两地，圜而函方，左一右二，阴阳之象也。其圜象规，其重二钧，备气物之数，合万有一千五百二十。三十斤为钧，万一千五百二十铢。声中黄钟，始于黄钟而反覆焉，孟康曰：反斛声中黄钟，覆斛亦中黄钟宫，宫为君也。臣瓒曰：仰斛受一斛，覆底受一斗，故曰而反覆焉。君制器之象也。龠者，黄钟律之实也，跃微动气而生物也，合者，合龠之量也；升者，登合之量也；斗也，聚升之量也；斛者，角斗平多平少之量也。夫量者，跃于龠，合于合，登于升，聚于斗，角于斛也。职在太仓，大司农掌之也。

《孔丛子》曰：一手之盛谓之溢，两手谓之掬。掬，四升也。四掬谓之豆，豆四谓之区，区四谓之釜，釜二有半谓之薮；薮谓之缶，缶谓之钟，钟二有半谓之秉。秉，十六斛也。

《曹瞒传》曰：太祖常赋廪谷不足，私谓主者曰："如何？"主者曰："以小斛量之。"太祖曰："善。"后军中言太祖欺众，太祖谓主者曰："当特借汝死以厌众，不然，事不解。"乃取徇曰："行小斛，盗官谷。"斩之军门。

《风俗通》曰：斛者，角也。庾，三斛四斗；秉，二十四斛。

秤

《广雅》曰：秤谓之衡，锤谓之权。

《说文》曰：秤，铨也。

《礼记·月令·仲春》曰：是月也，日夜分，则同度量，平权衡。因春分昼夜平则正之。同亦平也。丈尺曰度，斗斛曰量，称锤曰权，称上曰衡。

又《经解》曰：礼之于正国也，犹衡之于轻重也，绳墨之于曲直也，规矩之于方圜也。故衡诚县，不可欺以轻重；绳墨诚陈，不可欺以曲直；规矩诚设，不可欺以方圆。

《汉书》曰：衡权者，衡，平也；权，重也。衡所以任权而钧物平轻重也，其道如砥，砥，平也。谓以砥石厉物令平齐也。砥音指。以见准之正，绳之直，左旋见规，右折见矩。其在天也，佐助璇机，斟酌建指，以齐七政，故曰玉衡。《论语》云："立则见其参于前也，孟康曰：权、衡、量三等为参。在车则见其倚于衡也。"又曰："齐之以礼。"此衡在前居南方之义也。权者，铢、两、斤、钧、石也，所以称物平施，知轻重也。本起于黄钟之重。一龠，容千二百黍，重十二铢。两之为两，二十四铢为两。十六两为斤，三十斤为钧，四钧为石。忖为十八，《易》十有八变之象。孟康曰：忖，度也，度其义有十八也。黄钟、龠、铢、两、钧、斤、石，凡七，与下十一象为十八也。五权之制，以义立之，以物钧之。其余大小之差，以轻重为宜。圜而环之，令之肉倍好者，孟康曰：谓为钟之形如环也。如淳曰：体为肉，孔为好。周旋无端，终而复始，无穷已也。铢者，物繇忽微，至于成着，可殊异也。两者，两黄钟律之重。李奇曰：黄钟之重，重十二铢，两十二得二十四铢。二十四铢而成两者，二十四气之象也。斤者，明也，三百八十四铢，《易》二篇之爻，阴阳变动之象也。十六两成斤者，四时乘四方之象也。钧者，均也，阳施其气，阴化其物，皆处其成就平均也。权与物均，重万一千五百二十铢，当万物之象也。四百八十两者，六旬行八节之象也。孟康曰：六甲为六旬，一岁有八节，六甲周行成岁，以六乘八节得之也。三十斤成钧者，一月之象也。石者，大也，权之大者也。始于铢，两于两，明于斤，均于钧，终于石，物终石大也。四钧为石者，四时之象也。重百二十斤者，十二月之象也。终于十二辰而复于子，黄钟之象也。孟康曰：稻之数始于铢终于石。石重百二十斤，象十二月。铢之重本取于子律黄钟，一龠容千二百黍为十二铢。故曰复于子，黄钟之象也。千九百二十两者，阴阳之数也。三百八十四爻，五行之象也。四万六千八十铢者，万一千五百二十物，历四时之象也。而岁功成就，五权谨矣。

《魏志》曰：邓哀王冲，字仓舒，少聪察岐嶷。生五六岁，智意所及，有若成人。孙权曾致巨象，太祖欲知其斤重，访之群下，咸莫能出其理。冲曰："置象大船之上，而克其水所至，称物以载之，则立可知矣。"太祖大悦，即施行焉。

《吴志》曰：薛宗上疏云：九真会稽朱符，多以乡人虞褒、刘彦之徒作长吏，侵虐百姓，强赋于民，黄鱼一枚，收稻一称。

《唐书》曰：安禄山晚年益肥，垂肚过膝。自秤得三百五十斤。每朝见，玄宗戏之曰："朕适见卿肚几垂至地。"

《管子》曰：权衡者，所以起轻重之数也。然而人不事者，非心恶利也，权不能为之多少其数，而衡不能为之轻重其量也。知事权衡之无益，故不事也。

又曰：有权衡之称者，不可欺以轻重；有寻丈之数者，不可差以长短。

又曰：四会诸侯，令曰："修道路，偕度量，一称数。"偕，同也。称，斤两也。数，多少也。

《庄子》曰：圣人不死，大盗不止。为权衡以称之，则并与权衡而窃之。虽有轩冕之赏，弗能劝，斧钺之威不能禁。掊斗折衡，而民不争也。

《慎子》曰：厝钧石，使禹察锱铢之重，则不识也，县于权衡，则氂发之微识矣。及其识之于权衡，则不待禹之智，中人之知，莫不足以识之矣。

《慎子》曰：君臣之间，犹权衡也。权左橛则右重，右重则左橛，轻重迭相折，天地之理也。

《孔丛子》曰：二十四铢曰两，两有半曰捷，倍捷曰举，倍举曰锊。锊谓之锾，二锾四两谓之斤，斤十二谓之衡，衡有半谓之倍，倍称谓之钧，钧四谓之石，石四谓之鼓。然则鼓四百八十斤也。

《韩子》曰：人之不事衡石者，非贞廉而远利也，石不能为人多少，衡不能为人轻重，求索不得，故人不事也。明主之国，官不敢枉法，吏不敢为私利，货赂不行，是境内之事，尽如衡石也。

《说苑》曰：度量衡以十粟生之。十粟重一豆，六豆重一铢，二十四铢重一两，十六两重一斤，三十斤重一钧，四钧重一石。

《语林》曰：孟业为幽州，其人甚肥，或以为千斤。武帝欲秤之，难，其大臣乃作大秤挂壁，业入见，帝曰："朕欲试自秤有几斤。"业答曰："陛下正是欲称臣耳，无烦复劳圣躬。"于是遂称业，果得千斤。

《梦书》曰：铨衡，为人正也。梦得衡，为平端也；以铨称量，平财钱也。重者价贵，轻者贱也，铨衡折败，无平人也。

李尤《权衡铭》曰：夫审轻重，莫若权衡；正是非，其唯贤明。

剪刀

《尔雅·释言》曰：剂，剪齐也。郭璞注曰：南方人呼剪刀为剂刀。

《释名》曰：剪刀，剪，进也，所剪稍进。前也。

《齐书》曰：范云幸于竟陵王子良，江祐求云女婚姻，因酣以巾箱中剪刀与云曰："且以为聘。"云笑受之。至是祐贵，云又因酣曰："昔与将军俱为黄雀，今将军化为凤皇，荆布之室，理隔华盛。"因出剪刀还之。

《南史》曰：沙门宝志，不知何许人。齐宋之交，稍显灵迹，被发徒跣，语默不伦。恒以铜镜、剪刀、镊属挂杖负之而趋，预言未兆，识之多验。

《修复山陵故事》曰：后梓宫用剪刀六枚。

《东宫旧事》曰：太子纳妃，有龙头金缕交刀四、银牙鏁彩带副。

《世说》曰：爰综为新安太守。郡南界有刻石，爰至其下燕饮。忽有人得剪刀于石下者，众咸异之。综问主簿，主簿对曰："昔吴长沙桓王尝饮饯孙洲，父老云：'此洲狭而长，君当为长沙乎？'事果应。夫三刀为州，得交刀，君亦当交州。"后果交州。《幽明录》同。

衣轴

《世说》曰：张华将败，有飘风吹衣轴六七倚壁。

管

《礼记·内则》曰：针管线纩。

荀卿《针缕赋》曰：管以为母。

《魏武上杂物疏》曰：中宫杂物，杂画象牙针管一枚。

针

《说文》曰：针，缀衣也。

《礼记·内则》曰：舅姑衣裳绽裂，纫针请补缀。

《左传·成公上》曰：楚伐鲁，赂以执针百人。女工。

《吴书》曰：虞翻年十二，客诣翻兄，不过之，乃与客书曰："虎魄不受腐芥，慈石不受曲针。”

王隐《晋书》曰：东宫旧制，月请五十万以供众用，愍怀太子桓采取三月以供贱妾，舍人杜锡数谏。太子后取针着锡常坐处毡中，锡上床刺足，血流。

《晋书》曰：鸠摩罗什尝讲经于草堂寺，姚兴及朝臣、大德沙门千余人肃然观听。什忽下高坐，谓兴曰：“有二小儿登吾肩，欲障，须妇人。”兴乃召宫女进之，一交而生二子焉。兴尝谓什曰：“天师聪明超悟，天下莫二，何使法种无嗣？”遂以妓女十人，逼令受之。尔后不住僧坊，别立廨舍。诸僧多效之，什乃聚针盈钵，引诸僧谓之曰：“若能见效食此者，乃可畜室尔。”因举匕进针，与常食不别，诸僧愧服乃止。

又曰：顾恺之常悦一邻女，挑之，弗从。乃图其形于壁，以棘针钉其心，女遂患心痛。恺之因致其情，女从之，遂密去针而愈。

《宋书》曰：傅琰为山阴令。卖针、卖糖老姥争团丝，来诣琰。琰树团丝于柱，鞭之，密视有铁屑，乃罚卖糖者。

《南史》曰：齐王奂为雍州刺史加都督，与宁蛮长史刘兴祖不睦。十一年，奂遣军主朱公息征蛮失利，兴祖欲以启闻，奂大怒，收付狱。兴祖于狱以针画漆合盘为书，报家称枉，令启闻。而奂亦驰信启上，诬兴祖扇动荒蛮，上知其枉，敕送兴祖还都。

《后魏书》曰：胡太后临朝，常幸西林园，命侍臣射。不能者，罚之。又自射针，中之，大悦。

《吴楚春秋》曰：勾践与妻入臣吴，妻奉针缕，北面为妾。

《管子》曰：女必有一刀、一针，然后成为女。

《淮南子》曰：先针而后缕，可以成帷；先缕而后针，不可以成衣。针成幕，蔂成城。幕，帷也。缕非针无以通，故宜先。蔂，土笼也。始于一蔂，以成其城也。

《淮南万毕术》曰：首泽浮针。取头中垢涂针，塞其孔，水中则浮针。

《抱朴子》曰：弹鸟，则千金不及丸泥；缝缉，则长剑不及数分之针。

又曰：结巾投地而菟走，针缀丹带而蛇行。

《西京杂记》曰：汉彩女常以七月七日夜穿七针于开襟楼，俱以习之。

《说苑》曰：客因孟尝君寄于齐王而不用，客反见孟尝君曰："不知君之过，臣之罪？"孟尝君曰："夫缕因针而入，不因针而急。"

《典论》曰：刘表子弟好酒，设大针于坐端，有醉伏者辄刺，验其醉醒。

王子年《拾遗记》曰：魏文帝美人薛夜来妙于针巧，虽处于深帷重幕之内，不用灯烛，裁衣制作立成。非夜来所缝制，帝不服也。宫内号曰"针神"。

《诸葛元逊传》曰：昔元逊对南阳韩文晃误呼其父字，晃难之曰："何人子前呼人父字，是礼乎？"诸葛笑答曰："向天穿针而不见天，何者？不轻天意有所在耳。"即罚文晃酒一杯。

王郎《新奏议》曰：至于遗针御衣，惧伤至尊之体，故加之以髡刑，将欲惩戒先伤，以防绝后伤。

《舆地志》曰：齐武起曾城观，七月七夕，宫人登之穿针，世谓之"穿针楼"。

刘义恭《启事》曰：圣恩赐金银针、七色缕并格一，犀栋刷匣，副绵布兆，珍服宝玩，以协嘉辰。

孙卿《针赋》曰：有物于此，生于山阜，处于堂室。不盗不窃，穿窬而行，日夜合离，以成文章。以能合从，又善连横，下覆百姓，上饰帝王。时用则存，不用则亡。臣愚弗识，敢请之王。

曹大家《针赋》曰：镕秋金之刚精，形微妙而直端，性通达而渐进，博庶物而一贯。

医针附

《魏志》曰：樊何从华他学。何善针，凡医咸言背及胸藏之间不可妄针，何针背入一二寸，巨阙入五六寸，疾辄瘳。

《三辅旧事》曰：江充为桐人长尺，以针刺其腹，埋太子宫中。充晓医术，因言其事。

《敦煌实录》曰：张存善针。存有奴，好逃亡，存宿行针缩奴脚，欲使则针解之。

《王浑表》曰：臣有气病，善夜发，服半夏汤，或服汤不解，尚取针。前殿中医赵恭思纂见给事医，在医署。纂能针，有方技，乞以纂名课，称考课医，给臣自疗治。

《梁书》曰：王僧孺多识古事。侍郎金元起欲注《素问》，访以砭石。僧孺答曰："古人当以石为针，必不用铁。《说文》有此'砭'字，许慎云：'以石刺病也。'《东山经》'高氏之山多针石。'郭璞云：'可以为砭针。'《春秋》'美疹不如恶石'，服子慎注云：石，砭石也。季世无复佳石，故以铁代之耶？"

《唐书》曰：贞观中，太宗幸甄权宅。权，颍川人，医术为天下最。孙思邈师之，以授针法。时年一百三岁。

《唐书》曰：太宗征高丽，江夏王道宗在阵损足，上亲为之针。

鐕

《说文》曰：鐕，可以缀着物者也。

《韵集》：鐕，缀衣细竹也。

《晋东宫旧事》曰：太子纳妃，金鐕二枚。

缝

《说文》曰：缝，缀也。缕，线也。

《周礼·春官下》曰：缝人，掌王宫缝线之事，以役女御缝王及后之衣服。

《淮南子》曰：秦代天下，妇不得剡麻、考缕。

《抱朴子》曰：高岩将霣，非细缕所缀；龙门沸腾，非掬壤所遏。

《西京杂记》曰：贾佩兰云："在宫时，七月七日临百子池作于阗乐。乐毕，以五色缕相羁，谓为连爱。”

《邺中记》曰：北方五月五日自作饮食祠神，乃作五色缕花相遗，谓为介子推。

《离骚·大招》曰：秦篝、齐缕、郑线络。

崔骃《缝铭》曰：唯岁之始，承天嘉德，皇灵顾国，丝绥充贽，□以朝迪。

《魏武上杂物疏》：兖州刺史上物，缝帐二，丝缕十斤。

《郑氏婚礼渴文赞》曰：长命之缕，女工所制，缝君子裳，高松为例。

太平御览卷第八百三十一 资产部十一

猎上

《周礼·地官》曰：乡师，凡四时之田，前期，出田法于州里，简其鼓铎、旗物、兵器，修其卒伍。田法，人徒及所当有。及期，以司徒之大旗致众庶，而陈之以旗物；辨乡邑，而治其政令刑禁，巡其前后之屯，而戮其犯命前者，断其争禽之讼。

又曰：迹人，掌邦田之地政，为之厉禁而守之。凡田猎者，受令焉。

又曰：小司徒，凡起徒役，毋过家一人，以其余为羡；唯田与追胥竭作。郑司农云：羡，饶也。田谓猎也。追寇贼也。竭作，尽行。

又《夏官》曰：大司马之职：中春，遂以搜田，有司表貉，誓民；鼓，遂围禁，火弊，献禽以祭社。春田为蒐。有司，大司徒也，掌大田役，治徒庶之政令。表貉，立表而貉祭也。誓民，誓以犯田法之罚也。中夏，遂以苗田，如搜之法，车弊，献禽以享礿。夏田为苗，择取不孕任者，若治苗去不秀实者云。车弊，驱兽之车止。中秋，遂以狝田，如搜田之法，罗弊，致禽以祀祊。秋田为狝。狝，杀也。罗弊，网止也。秋田主用网，中杀者多也。皆杀而网止。中冬，遂以狩田，以旌为左右和之门，群吏各帅其车徒以叙和出，左右陈车徒，有司平之；旗居卒间以分地，前后有屯百步，有司巡其前后；险野人为主，易野车为主。冬田为野，言守取之，无所择也。军门曰和，今谓之垒门，立两旌以为之。叙和出，用次第出和门也。旗，军吏所载。分地，调其部曲疏数。前后有屯百步，车徒异群相去之数也。险野人为主，人居前。易野东为主，车居前。既陈，乃设驱逆之车，有司表貉于陈前。驱，驱出禽兽，使趋田者也。逆，逆要不得令走，设此车者，田仆也。中军以鼙令鼓，鼓人皆三鼓，群司马振铎，车徒皆作。遂鼓行，徒衔枚而进。大兽公之，小禽私之，获者取左耳。

又曰：田仆，掌驭田路，以田以鄙；田路，木路也。田，田猎也。鄙，循行县鄙。掌佐车之政，佐亦副也。设驱逆之车；驱，驱禽使前趋获，递衔还之，使不出围。令获者植旌，以告获也。植，树也。及献比禽。田弊，获者各献其禽。比，种物相从次数之。

《礼记·月令·仲冬》曰：山林薮泽，有能取蔬食、田猎禽兽者，有司教导之。

又《季冬》曰：乃教田猎，以习五戎。

又《曲礼》曰：国君春田不围泽，大夫不掩群，士不取麛卵。生乳之时，重伤其类。

又《王制》曰：天子、诸侯，无事则岁三田，一为干豆，二为宾客，三为充君之庖。三田，夏不用。无事而不田，曰不敬；田不以礼，曰暴天物。天子不合围，诸侯不掩群。天子杀，则下大绥；诸侯杀，则下小绥。绥，当为緌。緌，有虞氏之旌旗也。大夫杀，则止佐车。佐车止，则百姓田猎。佐车，驱逆之车。獭祭鱼，然后虞人入泽梁。豺祭兽，然后田猎。鸠化为鹰，然后设罻罗。草木零落，然后入山林。昆虫未蛰，不以火田，取物必顺时候。不麛卵，不杀胎，不殀夭，不覆窠。覆，败。

《左传·文公上》曰：宋华御事逆楚子，劳且听命，时楚欲诱呼宋共战，御事华元父。遂道以田孟诸。孟诸，宋大薮也，在梁国睢阳县东北。宋公为右盂，郑伯为左盂，盂，田猎陈名。期思公复遂为右司马，复遂，楚期思邑公，今弋阳期思县。子朱及文之元畏为左司马。将猎，张两甄，故置二左司马。然则右司马一人当中央。命夙驾载燧。燧，取火燃者也。

又《襄四年》曰：昔周辛甲之为太史也，命百官，官箴王阙。辛甲，周武王大史。阙，过也。使百官各为箴辞戒王过。于《虞人之箴》虞人，掌田猎。曰："芒芒禹迹，画为九州，芒芒，远貌。画，分也。经启九道。启开九州之道。民有寝庙，兽有茂草，各有攸处，德用不扰。人神各有所归，故得不乱。在帝后羿，冒于原兽，冒，贪也。忘其国恤，而思其麀壮。言但念兽。武不可重，重犹数也。用不恢于夏家。羿好武，虽有家而不能恢大之。兽臣司原，敢告仆夫。"兽臣，虞人。仆夫，不取斥尊。虞箴如是，可不惩乎？于是晋侯好田，故魏绛及之。及后羿事。

又《襄十七年》曰：卫孙蒯田于曹隧，越竟而猎。孙蒯，林父之子。饮马子重丘，重丘，曹邑。毁其瓶，重丘人闭门而诟之，诟，骂也。曰：“亲逐其君，尔父为厉，厉，恶鬼。林父逐君在十四年。是之不忧，而何以田为？”

又《襄三十年》曰：郑丰卷将祭，请田焉，弗许。田，猎也。田唯君用鲜，鲜，野兽。众给而已。众臣祭以刍豢为足。

又《昭公》曰：齐侯田于沛，言疾愈行猎。沛，泽名。招虞人以弓，不进。虞人，掌山泽之官。公使执之，辞曰：“昔我先君之田，旃以招大夫，弓以招士，皮冠以招虞人。臣不见皮冠，故不敢进。”乃舍之。仲尼曰：“守道不如守官，君招当往，道之常也。非物不进，官之制也。君子韪之。”韪，是也。

又《定公上》曰：魏献役于韩简子，及原寿过，而田于大陆，焚焉。《禹贡》大陆在钜鹿地，绛绝远。疑此田在汲郡吴泽荒芜之地，大田并见烧也。《尔雅》：广平曰陆。还，卒于宁。宁，今修武县，近泽。范献子去其柏椁，以其未复命而田也。范献子代魏子为政，去其柏椁，示贬之。

又《哀公下》曰：西狩于大野，叔孙氏之车子锄商获麟，大野，在高平钜野县东北大泽是也。东子微者，锄商之名。以为不祥，以赐虞人。时所未尝见，故怪。虞人，掌山泽之官。仲尼观之，曰：“麟也。”然后取之。言鲁史所以得书获麟之事也。

《谷梁传·昭公》曰：秋，狩于鸿，正也。狩狩以习用戎事，礼之大者也。艾兰以为防，置旃以为辕门。禽虽多，天子取三十焉，其余与士众。射于宫，射而中，田不得禽，则得禽；田得禽而射不中，则不得禽。以是知贵仁义而贱勇力也。

《毛诗·鹊巢》曰：《驺虞》，《鹊巢》之应也。《鹊巢》之化行，人伦既正，朝廷既治，天下纯。被文王之化，则庶类蕃殖，搜田以时，仁如驺虞，则王道成也。彼茁者葭，茁，出也。葭，芦也。记芦始出者，着春田之早晚也。一发五豝，虞人翼五豝，以待公之发。于嗟乎驺虞！驺虞，义兽，有至信之德则应。彼茁者蓬，蓬，草。一发五豵，豕，一岁曰豵。于嗟乎驺虞！

又《缁衣·叔下田》曰：叔于田，巷无居人；不如叔也，洵美且仁。

又《鸡鸣·还》曰：《还》，刺荒也。哀公好田猎，从禽兽而无厌，国人化之，遂成风俗。习于田猎谓之贤，闲于驰逐谓之好焉。子之还兮，遭我乎猺之间兮。并驱从两肩兮，揖我谓我儇兮。从，逐也。兽三岁曰肩。儇，利也。

又《鸡鸣·卢令》曰：《卢令》，刺荒也。襄公好田猎毕弋，不修民事，百姓苦之，故陈古以风焉。卢令令，其人美且仁。

又《嘉鱼》曰：《吉日》，美宣王田也。吉日维戊，既伯既祷。田车既好，四牡孔阜。升彼大阜，从其群丑。吉日庚午，既差我马。兽之所同，麀鹿麌麌，漆沮之从，天子之所。

《周易》曰：《比卦》，王用三驱，失前禽也。

《尚书·五子之歌》曰：太康尸位，以逸豫，灭厥德，黎民咸贰。乃盘游无度，畋于有洛之表，十旬弗反。

《尚书归藏》曰：穆王猎于戈之壄。

《韩诗内传》曰：春曰畋，夏曰狩，秋曰狝，冬曰狩。天子抗大绥，诸侯小绥，群小献禽其下，天子亲射之旂门。夫田猎，因以讲道，习武，简兵也。

《尔雅》曰：春猎为蒐，郭璞注曰：搜，索，取不任者。夏猎为苗，为苗稼除害也。秋猎为狝，鲜少者，从杀气也。冬猎为狩。得兽取之，无所择。宵田为獠，《管子》曰：獠猎毕弋。今江东亦呼猎为獠，音为辽。或曰：即今夜猎，载炉照也。火田为狩。放火烧草猎亦为狩。

《史记》曰：西伯将畋，卜之曰："所获非熊非罴，霸王之辅。"西伯果遇吕望钓于渭滨，遂载归，号太公望。

又曰：任安，字少卿，邑中人。民俱出猎，安常为人分麋鹿雉兔，部署老小剧易，众人皆喜。

又曰：今上为胶东王时，韩嫣与上学书相爱。及上为太子，愈益亲。嫣善骑射，上即位，欲事代匈奴，而嫣先习胡兵，以故益尊贵。嫣常与上卧起。江都王入朝，有诏得从入猎上林中，天子车驾马未行，而先使嫣乘副车，从数十百骑，驰骛视兽。江都王望见，以为天子，避从者伏谒道旁，嫣驱不见。既过，江都王怒，为皇太后泣，请得归国，入宿卫，比韩嫣。太后由此嫌嫣。

《战国策》曰：魏文侯与虞人期猎。是日饮酒乐，天雨，文侯将出，左右曰："今日饮酒乐，天又雨，君焉出？"文侯曰："吾与虞人期猎，虽乐，岂可不壹会期哉？"乃往。

《汉书》曰：李广被黜，与故颍阴侯屏居蓝田，南山中射猎。尝夜从一骑出，从人田间饮，还至亭，霸陵尉醉，呵止广。广骑曰："故李将军也。"尉曰："今将军尚不得夜行，何故也！"宿广亭下。

《魏志》曰：夏侯渊之子称年十六，渊与之畋，见奔虎，执楯驱马逐之，禁之不可，一箭而中，名闻太祖。太祖把其手，喜曰："我得将矣！"

又曰：文帝将出游猎，鲍勋停车上疏曰："五帝三王，靡不明本立教，以孝治天下。奈何在亮暗之中，修驰骋之事乎？"上毁其表而竟行猎。中道顿息，问侍臣："猎之与乐，何如八音也？"侍中刘晔对曰："猎胜于乐。"勋抗辞曰："夫乐上通神明，下和人理。故移风易俗，莫善于乐。况猎暴华盖于原野乎！"因奏刘晔佞谀不忠。

又曰：苏则从文帝猎。蹉踁失鹿，帝大怒，踞胡床拔刀，悉收督吏，将斩之。则稽首曰："臣闻古之圣王，不以禽兽害人。今陛下方隆唐尧之化，而以猎戏多杀群吏，愚臣以为不可，敢以死请。"帝曰："卿直臣也。"遂皆赦之。

又曰：清河令徐季龙使人行猎，令管辂筮其所得。辂曰："当获小兽，复非食禽，虽有爪牙，微而不强；虽有文章，蔚而不明。非虎非雉，其名曰狸。"猎人暮归，果如辂言。

《魏末传》曰：初，帝以母废，未立为嗣。文帝与俱猎，见子母鹿，文帝弯弓射其母，令帝复射其子。帝置弓泣曰："陛下已杀其母，臣不忍杀其子。"帝曰："汝语动人心。"遂定为嗣也。

《吴志》曰：孙权每田猎，常乘马射虎，虎尝突前，攀持马鞍。张昭变色而前曰："将军何有当尔？夫为人君者，谓能驾御英雄，驱使群贤；岂谓驰逐于原野，校勇于猛兽者乎？如有一旦之患，奈天下笑何？"权谢曰："年少虑事不过远，以此惭君。"然犹不能已。

《江表传》曰：曹公与孙权书曰："近者奉辞伐罪，旄麾南指，刘琮束手。今水军八十万众，与将军会猎于吴。"

王隐《晋书》曰：魏舒，字阳元。少工射，着韦衣，入山泽，每猎大获。

《南史》曰：宋衡阳王义季镇荆州，尝大搜于郊。有野老带苫而耕，命左右斥之。老人拥耒对曰："昔楚子盘游，受讥令尹。今阳和扇气，播厥之始，一日不作，人失其时。大王驰骋为乐，驱斥老夫，非劝农之意！"义季止马曰："此贤者也。"命赐之食。

《齐书》曰：王僧达为宣城太守，性好游猎。而山郡无事，僧达肆意驰骋，或三五日不归。受辞辩讼，多在猎所。人或逢，不识，问府君所在，僧达报曰："在近。"

《梁书》曰：曹景宗幼善骑射，好畋猎。常与少年数十人泽中逐獐鹿，每众骑趁，鹿马相乱，景宗于众中射之，人皆惧，中马足，应弦辄毙，以此为乐。后景宗为扬州刺史，出行，常欲褰车帷幔，左右辄谏以位望隆重，人所重瞻，不宜然。景宗谓所亲曰："我昔在乡里，骑快马如龙，与年少辈数十骑拍弓作霹雳声，箭如饿鸱叫。平泽中逐獐，数肋射之，渴饮其血，饥食其胃，甜如甘露浆，觉耳后风生，鼻头出火，此乐使人忘死，不知老之将至。今来扬州作贵人，动转不得路行开车幔，小人辄言不可；闭置车中，如三日新妇，此邑邑使人无气！"

《南史》曰：宋臧熹常与溧阳令阮崇猎。遇猛兽突围，猎徒并散。熹射之，应弦而倒。

崔鸿《十六国春秋·后赵录》曰：石虎遣司农中郎将费霸帅工匠四千，于东平罡山造猎车千乘，辕长三丈，高丈八尺；格虎车四十乘，立级行楼二层于其上。自灵昌津南至荥阳，东极阳都而还。使御史监司，其中禽兽，有犯者罪至大辟。

又曰：石虎命太子宣行祈山川，游猎薮泽，乘大辂，羽葆华盖，建天子旌旗，十有六军，戎卒八万。出金明，驰逐终夕，所在陈列行宫，四面各以百里为度。驱围禽兽，皆暮集行宫。文武跪立，围守重行，烽炬星罗，光烛如昼，劲骑百余，驰射其中。宣与显德美人乘辇观之，嬉娱忘反，兽殚乃止。禽兽奔逸，当之者坐，有爵者夺。

又《秦录》曰：姚兴性好游田，颇损农要。京兆杜延以左仆射齐难无匡辅之益，着《丰草诗》以箴之，难具以闻。冯翊相灵作《德猎赋》以风焉。兴皆览而善之，赐以金帛。然终不能改也。

《后魏书》曰：于栗磾随新安公道武田于白登山，见熊将数子，顾栗磾曰："能搏之乎？"对曰："若搏之不胜，岂不虚毙一壮士？自可驱致御前而制之。"寻皆擒获，帝顾而谢之。

又曰：宿石常从猎。文成亲欲射猛兽，石叩马谏，引帝至高原上。后猛兽腾跃杀人，诏褒美其忠许，后有犯罪，宥而勿坐。

又曰：来大千常从明元校猎，见兽在岩上，持矟直刺之，应手而死。帝嘉其勇壮。

《北史》曰：齐元恒，字集和。自言宁三日不食，不能一日不猎。

又曰：齐崔子植位冀州别驾，走马从禽，发挂木而死。

《后周书》曰：达奚震，武之子也。少骁勇，便骑射。太祖尝于渭北校猎，时兔过太祖前，震与诸将竞射之，马倒而坠，震足不倾踬，因步走射之，矢发中兔，顾马才趋，遂回身腾上。太祖喜曰："非此父，不生此子。"乃赐震杂彩百段。

《唐书》曰：武德七年十二月庚辰腊，上曰："腊者，猎也，膢腊以供宗庙。朕当躬亲其事，以申孝享之诚。"于是出狩于鸣犊泉。

又曰：苏世长拜谏议大夫，尝从幸泾阳校猎，至高陵合围。是日大获，陈禽兽于旌门，上入御营，顾谓朝臣曰："田畋乐乎？"世长进曰："陛下游猎，薄废万机，不满十旬，未为大乐。"上色变，既而笑曰："狂态发也。"对曰："为臣私计则狂，为陛下国计则忠矣。"

又曰：唐俭授民部尚书，从太宗于洛阳苑射猛兽。俭见群豕突出林中，太宗引弓，四发殪四豕。有一雄彘及马镫，俭惧，将搏之。太宗拔剑断豕头，笑曰："天策长史，不见上将击贼耶？何惧之甚！"俭对曰："汉高祖以马上得之，不可以马上理之。陛下以神武定四方，岂复逞雄心于一豕？"太宗纳之，因罢猎。

又曰：贞观十四年，太宗欲亲幸同州游猎，栎阳县丞刘仁轨上疏曰："四时搜狩，前王恒典；事有沿革，未必因循。今年甘雨应时，秋稼甚盛，尽力收获，月半犹未毕功。贫家无力，禾下始拟种麦。直据寻常，料唤田家，以有所妨。今既祇供顿事，兼之修理桥道，纵谓大简，动费一二万工，百姓收敛，实为狼狈。臣愿陛下少留万乘之尊，垂听一介之说。退延旬日，收刈总了，则尽闲暇，家得康宁；鸾驾徐动，公私交泰。"上降玺书劳之。

又曰：太宗谓高昌王麴文泰曰："丈夫在生，乐事有三：天下太平，家给人足，一乐也；草浅兽肥，以礼田狩，弓不虚发，箭不妄中，二乐也；六合大同，万方咸庆，张乐高宴，上下欢洽，三乐也。今日王可从禽，明日当饮燕耳。"

又曰：高宗狩于陆浑县六日，止飞山颠。高宗亲御弧矢，猎四鹿及兔数十头。晚次御营，望见太官烹宰，欲供百官之膳。因问侍中许圉师曰："朕目击彼羊，在于格下，见其无罪就戮，非无悯恻之情，今欲以死兽易之，可乎？"圉师对曰："昔者宋文侯见人欲将牛衅钟，因曰：'吾观此牛觳觫，似无罪而就死也。'乃不衅钟。陛下取已死之鹿代欲刲之羊，则尧舜之用心也。"遂释其羊不杀。九日，又于山南布围。大顺府果毅王万兴以辄先促围集众，欲斩之，上谓侍臣曰："军令有犯，罪在不赦，恐外人谓我玩好畋猎，轻断人命。"又以其从征辽有功，特令放免。

又曰：高宗出猎，在路遇雨，因问谏议大夫谷那律曰："油衣若为不漏"对曰："能瓦为之，必不漏矣。"上大悦，因此不复出猎。

又曰：高宗驾幸自九成宫，还宫仍西狩校习，自麟游西北，绕岐梁，历普润，止雍，为两围。殿中侍御史杜易简、贾言忠监围，山阜悬危，杖策不得蹔停，凡五日而合。劾奏将军刘玄意黄河上等断围，玄意抵罪黄河上。围日：军容齐整，诏特原之。

又曰：吴王恪好畋猎，损居人田苗，侍御史柳范奏弹之。上因谓侍御臣曰："权万纪事我儿，不能匡正，其罪合死。"范进曰："房玄龄事陛下，犹不能谏止畋猎，岂可独非万纪？"

太平御览卷第八百三十二　资产部十二

猎下

《王孙子》曰：赵简子猎于晋阳之山，抚辔而叹。董安于曰："主君叹，敢问何故？"简子曰："汝不知也，吾厩养食谷之马以千数，官养多力之士日数百，欲以猎兽也，恐邻国养贤以猎吾也。"

《庆子》曰：赵简子田，郑龙为右。有一野人，简子曰："龙下射彼，使无惊吾马。"龙曰："昔吾先君伐卫免曹，退为践土之盟，不戮一人；吾子今一朝田，而曰必为我杀人，是虎狼杀人。"故将救之。简子愀焉，曰："不爱其身以活人者，可无从乎？"环车辍田，曰："人之田也得兽，今吾田也得士。"

又曰：梁君出猎，见白雁群，下车，彀弩欲射之。道有行者不止，白雁群骇。梁君怒，欲射行者。其御公孙龙抚辔曰："今主君以因白雁故而欲射杀人，无异于虎狼。"梁君援其手与归，呼万岁曰："乐哉！今日猎也。人皆得兽，吾独得善言。"

《尸子》曰：宓羲氏之世，天下多兽，故教民以猎也。

《韩子》曰：孟孙猎得麑，使秦西巴持之，其母随而呼之。秦西巴不忍，而与其母。孟孙适至，求麑，对曰："予不忍，而与其母。"孟孙大怒，逐之。居三月，复召为其子傅，曰："夫子不忍于麑，且忍吾子乎？"

又曰：魏文侯与虞人期猎。明日，会天疾风，左右止侯，侯不听，曰："不可，疾风失信，吾不为。"遂犯风往，而罢虞人也。

《穆天子传》曰：天子东田于泽，至于重璧之台，盛姬告病。

又曰：天子猎于渗泽，于是得白狐、玄貉焉，以祭于河宗。以将事于河宗，获比，故用。

又曰：天子大飨王公诸侯王，勤七萃之士勤犹劳也于羽陵之上，乃奏广乐，六师之人翔畋于旷原。得获无疆，鸟兽绝群。六师之人大畋九日，乃收皮效物，是载羽车。

《国语》曰：晋赵简子田于蝼，蝼，晋军囿。史黯闻之，以犬侍于门。黯，晋大夫史墨，时为简子史，以田犬门君囿门也。简子见之，曰："何为？"曰："有所得犬，欲试之兹囿。"兹山。简子曰："何为不告？"对曰："君行，臣不从不顺。言从，法臣从君。主将适蝼，而麓不闻，麓，主君苑囿之官。《传》曰：山林之木，衡麓守之。臣敢烦当日？"当日，直日也。宫主将之君囿，不烦麓以告君，臣亦不敢烦主之直日自白也。"简子乃还。

《吕氏春秋》曰：齐有好猎者，久不得兽。所以不得，狗恶故也。欲得良狗，则家贫。乃还耕，还耕则家富，家富则有以求良狗，狗良则数得兽矣。非独猎，事皆然。

《春秋后语》曰：魏信陵君尝与王共博，于是北境举烽火，传言赵寇至。王释博，欲召大臣议之。信陵君曰："赵王猎耳，非为寇也。"复博如故。王恐，心不在博。居有顷，复从北方传言："赵王猎耳，非为寇也。"王大惊，曰："公子何以知之？"对曰："臣之客有能探赵王阴谋者，赵王所为，客辄以报臣。臣以此知之。"

《六韬》曰：文王畋于渭阳，见吕尚坐茅以渔。

《太公金匮》曰：纣常以六月猎于西土，发人逐禽。民谏曰："天务覆施，地务长养。今盛夏发民逐禽，而元元命悬于野，民践之，百日不食。"纣以为妖，杀之。

《新序》曰：晋文公出田逐兽，砀入大泽，迷不知所，为渔者送文公出泽。渔者曰："鸿鹄乃保大海之中，厌而徙之小泽，则必有矢矰之忧。鼋保于深渊，厌而出之浅渚，则必有罗网之忧。今君逐兽，砀入至此，何行之太远也？君归国，臣亦反渔所。"

又曰：晋文逐鹿而失之，问农夫老者曰："吾鹿何在？"老者以足指曰："如是行往。"公曰："寡人问子，子以足指，何也？"老者振衣而起曰："不意人君至此。虎豹之居也，厌闲而得近，故人得之；鱼鳖之居也，厌深而得浅，故人亦得之；诸侯厌众而亡其国，'唯鹊有巢，唯鸠居之。’今君不归，人将居之”。于是文公恐而归。

《新序》曰：晋文公畋于虢。还，见一老，问曰：“虢亡，何也？”对曰：“虢君断，则不能用人也。”文公辍畋而归。赵襄子曰：“其人安在？”公曰：“吾与来。”襄子曰：“君听其言，不用其身。”文公乃召赏之。

《说苑》曰：楚庄王猎，大夫谏之，王曰：“吾就猎，求士也。榛薄刺虎，知其勇也；搏犀获兕，知其劲也；罢畋而分所得，知其仁也。由此道得三士，可乎？”

又曰：晋平公有驰逐之车，错以羽芝，会群臣观焉。田差三过不顾。

《白虎通》曰：王者、诸侯所以田狩者，何也？为田除害，上以供宗庙，下以简集士众也。

蔡邕《月令章句》曰：季秋之月，天子乃教于田猎，闲肆五兵，因以顺时取禽。其礼，将军执晋鼓，师率执提，旅率执鼙，以教坐作进退徐疾之节。

《琐语》曰：范献子卜猎，占之曰：“君子得鼋，小人遗寇。”献子猎，无所得，而遗其冠。

《潜夫论》曰：昔有司原氏猎于中野，鹿东奔，司原从而噪之。西方之众有逐豨者，闻司原之噪，竟举音而和之。司原反覆追之，乃得大豨，喜以为瑞。

《陆子》曰：欲水之清则勿涉，欲草之茂则勿猎。

杜夷《幽求》曰：猎者嗜肉，不多于不猎；及其陵冈峦，赴溪岭，而有遗身之志。

《语林》曰：夏少明在东国，不知名。闻裴逸民知人，乃裹粮寄载，入洛从之。未至家少许，见一人着黄皮裤褶，乘马将猎，问曰：“裴逸民家远近？”答曰：“君何以问？”夏曰：“闻其名知人，故从会稽来投之。”裴曰：“身是逸民，君明可更来。”明往，逸民果知之，用为西明门候，于此遂知名也。

《石勒别传》曰：冬十一月大雪，平地三尺。勒主簿程朗谏，勒不从。出猎坠马，顾左右曰："不从主簿之言，而致坠马。"赐朗绢百匹，以旌忠亮。

《续搜神记》曰：晋中兴后，谯郡周子文家在晋陵。少时喜射猎，尝入山。忽山岫间见一人，长五丈许，提弓箭，箭镝头广二尺许，白如霜雪，忽出唤曰："阿鼠！阿鼠！"子文不觉应曰："诺。"此人牵弓满镝向子文，子文便失魂厌伏。

又曰：吴末，临海人入山射猎，为舍住。夜中有一人长丈，着黄衣白带，来谓射人曰："我有仇克，明日当战，君可见助，当厚相报。"射人曰："自欲助君，何以相别？"答曰："明日食时，君可出溪边，敌从北来，我南往应。白带者我，黄带者彼。"射人许之。明出，果闻岸北有声，状如风雨，草木四靡。视南亦尔。唯见二大蛇，长十余丈，于溪中相遇，白蛇势弱，人即引弩射之，黄蛇即死。日将暮，复见前人来辞谢，云："住此一年猎，明年慎勿复来，来必为祸。"射人曰："善。"遂停一年猎，所获甚多，家致巨富。数年后，忆先山多肉，忘前言，复更往猎。见先白带人语之言："我语君勿复更来，不能见用。仇子已大，今必报君，非我所知。"射人闻之，甚怖，便欲走。乃见三乌衣人，皆长八尺，俱张口向之，射人即死。

《异苑》曰：慕容虢出畋，见一老父，曰："此非猎所，王且还也。"虢明晨复去，值有白兔，驰马射之，坠石而卒。

《世说》曰：孙盛为庾公记室参军，从猎，将其子齐庄行。庾公不知，忽于猎场见齐庄，时七八岁，庾谓曰："若亦复来耶。"应声答曰："所谓无小无大，从公于迈。"

又曰：桓南郡好猎，骋良马，驰击若飞。雯飘所指，行阵不整。麏兔腾逸，参佐无不被击。

《吴地记》曰：长洲在姑苏南，太湖北岸，阖闾所游猎处也。吴主遣徐详至魏，魏太祖谓详曰："孤比老，愿济横江之津，与孙将军游姑苏之上，猎长洲之苑，吾志足矣。"详对曰："若越横江而游姑苏，是踵亡秦而蹑夫差，恐天下之事去矣！"太祖大笑曰："徐生无乃逆诈乎？"

《邺中记》曰：石虎少时好游猎。后体壮大，不复乘马。作猎辇，二十人担之，如今之步辇。上安徘徊曲盖，当坐处安转关床。若射鸟兽，直有所向，关随身而转。虎善射，矢不虚发矣。

《襄阳耆旧记》曰：楚王好游猎之事，扬镳驰逐乎华容之下，射鸿乎夏水之滨。

弋

《说文》曰：矰，弋射矢也。

《毛诗·缁衣·女曰鸡鸣》曰：将翱将翔，弋凫与雁。《诗义问》曰：以缴系矢而射。弋言加之，与子宜之。

又《大雅·桑柔》曰：嗟尔明友，予岂不知而作？如彼飞虫，时亦弋获。

《礼记·月令》曰：季春之月，罼弋无出九门。蔡邕《章句》曰：缴射曰弋。

《左传·襄公上》曰：曹伯阳好田弋，曹鄙人公孙强好弋，获白雁而献之，且言田弋之说。

《论语·述而》曰：子曰："弋不射宿。"

《春秋后语》曰：楚顷襄王时，人有好以弱弓微缴加归雁之上者。王闻之，召而问焉，对曰："外臣之好射鶀雁罗鸗，小矢之发也，何足为大王道哉？且楚国之大，因大王之贤，所弋非直此也！昔者三王以弋道德，五伯以弋战国。夫秦、魏、燕、赵，王之鶀雁也；齐、鲁、郑者，青首也；邹、费、郯、邵者，罗鸗也。其余不足射也。见鸟六双，唯王何取？王若以圣人为弓，勇士为缴，时张而射之，此六双者，可得而囊载也！其乐非特朝夕之乐也。"

《韩诗外传》曰：齐景公出弋昭华之池，使颜涿聚主鸟而亡之。景公怒而欲杀之。晏子曰："夫涿聚有死罪三，臣请以其罪数而诛之。"

《晋中兴书》曰：桓名秀，豁第二子，代叔父冲为江州刺史。虽公门贵盛，不以荣爵婴心，唯以弋钓为事。

《后魏书》曰：刘逖，字长子，聪明，好弋猎骑射，以行乐为事。

《吴越春秋》曰：乐野者，越王所弋猎处也，故曰乐野。

《管子》曰：国子弟之无上事、衣食不节、率子弟不田弋猎者，几何人？既无上事，乃率子弟不田农，但弋猎也。

又曰：恒公弋在廪，管仲朝，公弛弓脱靬而迎之，曰："今天鸿鹄春北而秋南，而不失其时，唯有羽翼，以通其意于天下也。今孤之不得意于天下，皆非二子之忧也？"二子不对。

《列子》曰：蒲且子之弋，弱弓纤缴，乘风振之，连双鸧于青云之际，用心专也。

《韩子》曰：田子方问唐易鞠曰："弋者何慎？"对曰："鸟以数百目视子，子以二目御之，子谨周子廪。"田子方曰："善。子加之弋，我加之国。"郑长者闻之，曰："子方知欲为廪，而未得所以为廪。夫虚无见者，廪也。"一曰：齐宣王问弋于唐易子曰："弋者奚贵？"唐易子曰："在于谨廪。"王曰："何谓谨廪？"对曰："鸟以数十目视人，人以二目视鸟，奈何其不谨廪也？故曰'在于谨廪'。然则为天下，何以为此廪？今人主以二目视一国，一国以万目视人主，将何以自为谨廪乎？"

又曰：卫人有佐弋者，鸟至，因先以卷麾之，鸟惊而不可得也。

又曰：夫弩弱而矰高者，激于风也；身不肖而令行者，得助于众也。

又曰：齐宣王问匡倩曰："儒者弋乎？"匡倩对曰："不。"曰："何也？""弋者从下害于上者也，是从下伤君也，儒者以为害义，故不弋。"

《淮南子》曰：蒲且子连鸟于百仞之上，弓良也。蒲且子，楚人，善射弋。

刘向《别录》曰：有行过江上《弋雁赋》《行弋赋》《弋雌得雄赋》。

《法言》曰：鸿飞冥冥，弋者何篡？篡，取也。

《太玄经》曰：弋彼三飞，终日不归。

嵇康《与山涛书》曰：弋钓草野，而吏卒守之，不得妄动，二不可也。

罗

《周礼·夏官上·罗氏》曰：罗氏，掌乌鸟，乌谓卑居，鹊之属。蜡则作罗襦。襦，细密之罗。襦，读为襦有衣袽之襦也。仲春，罗春鸟，献鸠，以养国老。春鸟，蛰而始出者，若今南郡黄雀之属矣。是时鹰化为鸠，与春变旧为新，宜以养老助生气者耳。

《毛诗·国风》曰：有兔爰爰，雉离于罗。鸟网为罗。

又《小雅》曰：鸳鸯于飞，毕之罗之。

《尔雅》曰：鸟罟音古谓之罗。罗，络也。

《国语》曰：里革谏鲁宣公曰："鸟兽孕，水虫成，兽虞于是乎焚置罗。"

《列仙传》曰：李仲甫夜卧床上，或为鵶鸟，跱架候北风，当飞渡南海。山上有罗得鸥，视之，仲甫也，向罗者笑。

王子年《拾遗记》曰：晋文公焚林以求介之推，有白鸦绕烟而噪，或集介之推之侧，火不能焚。晋嘉之，于山数百里不复设罗网。

《幽明录》曰：有一伧士行反小儿放牛野中，伴辈数人，见一鬼依诸丛草间，处处设网，欲以捕人。设网后未竟，伧小儿窃取前网，仍以罨之，即缚得鬼。

《文子》曰：有鸟将来，张罗而待之。得鸟者，罗之一目。今为一目之罗，无得鸟焉。

《鹖冠子》曰：一目之罗，不可以得雀。

《阙子》曰：任公子冬罗鲤于山阿，众人皆以为惑。既而鹯鹗击黄雀，触公子罗者千万数。

刘桢《鲁都赋》曰：长罼掩壑，大罗被泽。

罝

《毛诗·关雎》曰：《兔罝》后妃之化也。《关雎》之化行，则莫不好德，贤人众多也。肃肃兔罝，椓之丁丁，赳赳武夫，公侯干城。

《尔雅》曰：兔罟谓之罝。

顾谭《新言》曰：设罝于渊，施网于岗，欲民之慎，亦如此也，终无鱼兔矣。

《物理论》曰：夫欲定天下而任小人，犹欲捕麋鹿而张兔罝。兔罝不能击麋鹿，犹小人不能任大事。

罦

《韩诗》曰：有兔爰爰，雉离干罦。

《尔雅》曰：罬谓之罦。罦，覆车也。今之翻车也，有两辕，中施罥以铺鸟。展转相解，广异语。

《说文》曰：罦，覆车也。

罿

《韩诗》曰：有兔爰爰，雉离于罿。薛君注曰：张罗车上曰罿也。

《尔雅》曰：繴谓之罿。罿，罬也。郭璞曰：今翻车也，有两辕，中施罗捕鸟。

罻

《说文》曰：罻，捕鸟也。

《礼记·王制》曰：鸠化为鹰，然后设罻罗。

畢罕

《礼记·月令》曰：季春，畢翳无出九门。郑玄曰：网小长柄谓之畢。翳，射者鸟息隐。

蔡邕《月令章句》曰：奄飞禽曰畢。

《说文》曰：畢，罔也。率，捕鸟畢，象丝网；上下，其革柄也。

罞

《尔雅》曰：麋罟谓之罞。郭璞注曰：冒其头也。犍为舍人曰：麋有难制张畢也。

磻

《纂文》曰：磻，射石也。

缴

《列内传》曰：赤将子者，黄帝时人也，不食五谷而食百草华。至尧时，为木工，能随风雨上下。时市中卖缴，亦谓之缴父。

《淮南子》曰：尧使羿缴大风于青丘之野。大风，鸷鸟也。青丘，东方也。

环济《典略》曰：缴，纶也。纶于前，望飞鸟而射之。

《梦书》曰：梦横缴，欲举荐。

太平御览卷第八百三十三 资产部十三

陶

《礼记·檀弓》曰：有虞氏瓦棺，始不用薪也，有虞氏上陶。夏后氏堲周。火熟曰堲。烧土冶以周于棺也。或谓之土周。

又《丧大记》曰：甸人为垼于西墙下，陶人出重鬲。

《左传·襄公二十五年》曰：郑子产曰："昔虞阏父为周陶正，以服事我先王。阏父，舜之后。当周之兴，阏父为武王陶正。我先王赖其利器用也，与其神明之后也，舜圣，故谓之神明。庸以元女大姬配胡公，庸，用也。元女，武王之长女。胡公，阏父之子满也。而封诸陈，以备三恪。"周得天下，封夏、殷二王后，又封舜后，谓之恪，并二王后为三国。其体转降，示敬而已，故曰三恪。

《毛诗·文王·绵》曰：古公亶甫，陶复陶穴，未有家室。

《续汉书》曰：董卓欲迁都长安，杨彪不从，卓作色曰："杨公欲沮国家计耶？关东方乱，所在贼起，崤函险固，国之重防。又陇右取材，功夫不难；杜陵南山下，有孝武故陶处，作砖瓦一朝可办，宫室官府，盖何足言？"

《吴书》曰：郑泉，字文渊。临卒，谓同类曰："必葬我于陶家之侧，庶百岁之后，化而成土，幸见取为酒壶，实获我心矣！"

《宋书》曰：文帝欲诛徐羡之，羡之乘内人问讯车出郭，步走至新林，入陶灶中，自经而死。

《尸子》曰：昆吾作陶。《吕氏春秋》同。

《淮南子》曰：陶人埏埴也，其取之地而以为盆盎也，无离于地；其已成器，而破碎漫澜，而复归其故也，与其为盆盎无以异矣。

《周书》曰：神农耕而作陶。

《吕氏春秋》曰：夫舜遇尧，天也。舜耕于历山，陶于河滨，钓于雷泽，天下悦之。

《列仙传》曰：宁封子者，黄帝时人，为黄帝陶正。有人过之，为其掌火，能出入五色烟，久则以教封子，积火自烧，而随烟气上下，视其灰烬犹有骨。时人葬之北山中，谓之宁封子焉。

《岭表异录》曰：广州陶家皆作土锅镬，烧熟，以土油之，其洁净则愈于铁器。尤宜煮药。一斗者才直十钱。爱护者或得数日。若迫以巨焰，涸之，则立见破裂。斯亦济贫之物。

冶

《礼记·学记》曰：良冶之子，必学为裘。仍见其家锢补穿凿之器也。补器者，其金柔乃合，有似于为裘。

《史记》曰：邯郸郭纵，以铁冶业，与王者埒富。

又曰：宛孔氏之先，梁人也，用铁冶为业。秦伐魏，迁孔氏南阳。大鼓铸，规陂池，连车骑，游诸侯，因通商贾之利，有游闲公子之名。

又曰：鲁人邴氏，以铸冶起，富至巨万。然家自父兄子弟约，頫有拾，仰有取。师古曰：俛，古俯字也。俯仰必有取拾，无巨细字恶也。

张璠《汉记》曰：杜诗为太守，为冶，作水排，教化大行。

《魏志》曰：韩暨，字公至，辟为丞相士曹属，后迁乐陵太守，徙监冶谒者。旧时冶作马排，每一熟石，用马百匹，更作人排，又费功力。暨乃因长流为水排，计其利益，参倍于前。在职七年，器用充实。诏书褒叹，就加司金都尉。

《晋书》曰：王沉字彦伯，作《释时论》云："融融者，皆趋热之士，得其炉冶之门者，唯挟炭之子。苟非斯人，不如其已。"

《南史》曰：齐袁彖监吴兴郡事。彖到郡，坐逆用禄钱，免官付东冶。彖妹为竟陵王子良妃，子良世子昭胄，时年八岁，见武帝而形容惨悴，帝问其故，昭胄流涕曰："臣舅负罪，今在尚方。臣母悲泣不食已积日，臣所以不宁。"帝曰："特为儿赦之。"既而帝游孙陵，遥望东冶曰："中有一好贵囚。"数日，与朝目幸冶，履行库，因宴饮，赐囚徒酒肉，敕见象，与语。明日释之。

《梁书》曰：侯景据寿阳，怀反计，以台所给仗多不能精，启请冶锻工，欲更营造。敕并给之。

《后魏书》曰：崔鉴为东徐州刺史，于州内铜冶为农具，兵人获利。

《北史》曰：后周薛善为行台郎中。时欲广置屯田，以供军费，乃除善司农少卿，领同州夏阳县二十七监。又于夏阳置铁冶，复令善监之。每月役八千人营造军器，善自督课，兼加慰抚。甲兵稍利，而皆忘其苦焉。

《唐书》曰：侍中魏徵乞解所职，请为散官，陪奉左右，拾遗补阙。太宗曰："朕拔卿于仇虏之中，任卿以枢要之职，见朕之非，未尝不谏。公独不见金之在矿也，何足贵哉？良冶锻而为器，便为人所宝。朕方自比于金，以卿为良匠。卿虽有疾，未为衰老，岂得便尔耶？"征乃止。

《尸子》曰：造冶者，蚩尤也。

《淮南子》曰：夫宋工画吴冶，刻形镂法，其为微妙，尧、舜之圣不能及也。

《列仙传》曰：陶安公者，六安冶师也。数行火。一旦散上，紫色冲天，安公伏冶下求哀。须臾，朱雀至冶上，曰："安公冶，安公冶，与天通。七月七日，迎汝以赤龙。"至时，龙到，安公骑之东南上天。

《武昌记》曰：北济湖，本是新兴冶塘湖。元嘉初，发水冶。水冶者，以水排冶。令颜茂以塘数破坏，难为功力，茂因废水冶，以人鼓排，谓之步冶。湖日因破坏，不复修治，冬月则涸。

《王子年拾遗记》曰：汉太上皇微时，尝佩一刀，长三尺，有铭，其字虽难识，疑是殷高宗伐鬼方时作此物也。上皇游酆沛山中，遇有人冶铸。上皇息其旁，问曰："此铸何物？"工笑曰："为天子铸剑，慎勿泄。"上皇谓为戏辞，无疑色。工曰："今所铸铁刚厉，制器难成。若得公腰间佩刀，杂而治之，即成神器，可以克定天下，皇精为辅佐，以歼三猾。木长火盛，此为兴兆。"上皇曰："余此物名为匕首，其利难俦，水断蛇龙，陆斩虎兕。”工曰：“若不得此匕首，虽欧冶专精，越砥敛锷，终为鄙器。”上皇即解腰间匕首投于炉中，俄而烟炎冲天，日为之晦。及剑成，衅以三牲。工问上皇何时得匕首，上皇曰：“秦昭襄王时余行，逢一野人，于野授余，云是殷时物，世世相传，上有古字，记其年月。”工人视之，其“镆耶”尚在，叶前疑也。工人持剑授上皇，上皇以赐高祖。

又曰：汉郭况，光武皇后之弟也。累金数亿，家僮四百人，黄金为器，功冶之声震于都鄙。时人谓郭氏之室不雨而雷，言铸锻之声盛也。

曹毗《咏冶赋》曰：冶石为器，千炉齐设。

锻《笺》曰：锻石可以为质

《诗》曰：取厉取锻。

《魏略》曰：太祖遣邯郸淳诣临淄侯植。植得淳，喜，延入坐，不与谈，先为五椎锻。

邓粲《晋纪》曰：嵇康曾锻于长林之下，锺会造焉。康坐，坐以鹿皮，嶷然正容，不与之酬对。会恨而去。

《文士传》曰：嵇康性巧，能锻。家有柳树，乃激水以围之，夏月甚清凉，居其下傲戏及自锻。

《祢衡传》曰：衡字正平。十月朝黄祖，在艨冲舟上，宾客皆会，作黍臛。既至，先在衡前，衡得便饱食，初不顾左右。既毕，复抟弄以戏。时江夏有张伯云亦在座，调之曰：“礼教云何而食此？”正平不答，弄黍如故。祖曰：“处士不当答之也？”衡谓祖曰：“君子宁闻车前马屁？”祖呵之，衡熟视祖，骂曰：“死锻锡公！”祖大怒，令五伯将出，欲杖之，而骂不止，遂令绞杀。黄射来救，无所复及，凄怆流涕曰：“此有异才。曹操及刘荆州不杀，大人奈何杀之？”祖曰：“人骂汝父作锻锡公，奈何不杀？”

《向秀别传》曰：秀尝与嵇康偶锻于洛邑，与吕安灌园于山阳，收其余利，以供酒食之费。

《韩子》曰：椎锻者，所以平不夷也；榜檠者，所以矫不直也；圣人之为法也，所以平不夷、矫不直也。

牧

《周礼·地官》曰：牧人，掌牧六牲，而阜蕃其物，以共祭祀之牲牷。六牲，谓牛马羊豕犬鸡。郑司农云：牷，纯也。玄谓：牷，体完具。

又《夏官》曰：牧师，掌牧地，皆有厉禁而颁之。颁马授围者所牧处。孟春焚牧，焚牧地，以除陈，生新草。中春通淫。中春，阴阳交，万物生之时，可以合马之牝牡也。

《礼记·月令·季春》曰：是月也，乃合累牛腾马游牝于牧。累，系地。腾，跃也。其牝欲游，则就牧则合。

又《仲夏》曰：是月也，命有司祭先牧。谓仲夏祭先牧于大泽，用刚日。

《毛诗·小雅》曰：《无羊》，宣王考牧也。厉王之时，牧人之职废，宣王始兴而复之，至此而成，谓复先王牛羊之数。谁谓尔无羊？三百维群；谁谓尔无牛？九十其犉。黄牛黑唇曰犉。《笺》曰：尔，女也。宣王复古之牧法，汲汲于其数，故歌此诗以解之也。尔羊来思，其角濈濈；聚其角而息，濈濈然。云此者，美富产，得其所。尔牛来思，其耳湿湿。动其耳湿湿然。或降于阿，或饮于池，或寝或讹。讹，动也。言此者，美其无所惊畏。尔牧来思，何蓑何笠，或负其餱。何，揭也。蓑，所以备雨。笠，所以御暑。言此者，美牧人寒。暑饮食有备。三十维物，尔牲则具。

又《鲁颂》曰：《駉》，颂僖公也。僖公能遵伯禽之法，俭以足用，宽以爱民，务农重谷，牧于坰野，鲁人尊之。于是季孙行父请命于周，而史克作颂。季孙行父，季文子也。史克，鲁史也。駉駉牧马，在坰之野。

《史记》曰：卜式，河南人。少与弟别居，脱身出分，独取畜羊百余，田宅财物尽与弟。式入山牧羊，十余岁羊致千余。上召之曰："吾有羊上林中，欲令子牧之。"乃布衣牧羊。岁余，羊悉肥。上过，见其羊善之。式曰："非独羊也，治民亦犹是也。以时起居，恶者辄去，无令败群。"上以式为奇，拜为郎。

又曰：卫青，平阳人也。其父为平阳侯家给使，与妾通，生青，为侯家人。少时归其父，父使牧羊，嫡母之子皆奴畜之，不以为兄弟。

又曰：范增说项梁曰："以君代为楚将，必能立楚 之后。"梁乃求怀王孙，在人间为人牧羊，立以为楚怀王后，从人望也。

又曰：公孙弘，淄川人，家贫，牧豕海上。年四十余，乃学《春秋杂记》。

《汉书》曰：苏武使匈奴，欲降之，乃徙武北海上无人处，使牧羝羊，曰："羊乳乃得归。"武仗汉节牧羊，卧起操持，节旄尽落。

又曰：路温舒，字长君，巨鹿人。父为里监门，使温舒牧羊。

又曰：王尊，字子贡，涿郡高阳人。少孤，归诸父，使牧羊泽中。

《后汉书》曰：马援转游陇汉间，常谓宾客曰："丈夫为志，穷当益坚，老当益壮。"因处田牧，至有牛马羊数千头，谷数万斛。既而叹曰："凡殖货财产，贵其能施赈也，否则守钱虏耳！"仍尽散，以班昆弟故旧，身衣羊裘皮裤。

又曰：承宫年八岁，为人牧猪。乡里徐子威明《春秋》，授诸生数百人。宫过其庐下，见诸生诵，好之，因亡其猪。猪主欲笞，诸生禁，乃止之。

谢承《后汉书》曰：孙期，字仲式，事母至孝。牧豕于大泽中，卖之以奉供养。远人从其学者，皆执经追于泽畔。

范晔《后汉书》曰：梁鸿字伯鸾，扶风平陵人也。家贫，牧豕上林苑中。曾误遗失火，延烧及他舍。鸿乃寻访烧者，问所失去，悉以豕偿之，其主者犹以为少。邻家耆老见鸿非常人，乃共责让。主人于是始敬异焉，悉还豕，鸿不受。

《魏志》曰：杨俊，字季才，避地并州。同郡王象，孩少孤特，为人仆隶，年十七八，见使牧羊，而私读书，用获棰楚。俊嘉美其才质，即赎象着家，聘娶立屋，然后与别也。

《晋书》曰：张华，字茂先，少家贫，常以牧羊为事。

《三十国春秋》曰：沮渠蒙逊，其先世为匈奴左沮渠，因以官为氏。少牧羊，卧息田畔，忽见沙门，以手摩其头曰："尔后当王此土，不久苦焉。"言终而灭。

崔鸿《前赵录》曰：李景，字延祐。少贫，见养叔父，常使牧羊。景见其叔子讲诵，羡之。后从博士乞得百余字，牧羊之暇，折草木书之。叔乃悟曰："吾家千里驹也！而令骐驎久蹶盐坂。"乃为娶妻教学。

又曰：姜宇，天水冀北人也。少孤贫，为河北陈不识家牧羊。年十五，身长七尺九寸，聪惠，美风仪。不识奇之，妻之以女。

《后魏书》曰：游明根，字志远。幼年遭乱，为栎阳王氏奴，主使牧羊。明根以浆倩人书字路边，书地学之。长安镇将窦瑾见之，呼问，知其姓名，乃告游雅，使人赎之。

《列子》曰：杨朱见梁惠王，言治天下犹运诸掌。王曰："先生有一妻一妾而不有治，言天下何也？"对曰："君见夫牧羊者乎？百羊为群，使五尺童子荷棰而随之，欲乐而东，欲西而西。使尧牵一羊，舜荷棰而随之，则不能矣。"

《符子》曰：汉王闻宋胜子方牧羊于巨泽，鼓而歌《南风》之诗，使者进，谓宋胜子曰："汉王闻先生之贤，使使者致命于先生，而委国政焉。"宋胜子矍然，而顾谓使者曰："是何言欤？今汉王待四海之士，与十群之羊，其于职司也，奚以异乎？而大王废牧羊之任，委以四海之政，是错乱天位，倒置人伦。胜不愿为也。"乃逃于阴山之阳。

《公孙尼子》曰：舜牧羊于潢阳，还，尧举为天子。

《说文》曰：羌，西戎牧羊人也，字从"羊""人"。

《列仙传》曰：商丘子琚，吹笙牧豕，七十不娶妻而死。

《吴越春秋》曰：娄门外鸡墟者，吴王牧鸡处。

《陈武别传》曰：武休屠，胡人也，常骑驴牧羊。诸家牧竖十数人，或有和歌者，武遂学《太山梁父吟》及《行路难》之属也。

渔

《说文》曰：渔，捕鱼也。

《周礼·天官上》曰：渔人，掌以时渔为梁，《月令》：季冬，命渔师为梁。郑司农云：梁，水偃也，偃水为阔空，以笱承其空。《诗》曰：敝笱在梁。春献王鲔，王鲔，鲔之大者。辨鱼物，为鲜槁，以供王膳羞。鲜，生也；槁，干也。凡祭祀、宾客、丧纪，共其鱼之鲜槁。凡数者，掌其政令。凡渔征，入于王府。郑司农云：渔征，鱼者之租税，渔人主收之，入于王府。

《礼记·月令·季冬》曰：命有司始渔，天子亲往。尝鱼，先荐寝庙。天子亲往，亲鱼非常事，此时鱼洁美。

又《坊记》曰：故君子仕则不稼，田则不渔。

《左传·隐公》曰：公将如棠观渔，臧僖伯谏，公曰："吾将略地焉。"遂往，陈渔而观之。

又《襄公二十五年》曰：崔杼弑其君。申蒯，侍渔者，侍渔，监取鱼之官。退谓其宰曰："免，是反子之义也。"与之皆死。反死君之义。

《周易·下系》曰：庖牺氏之王天下也，结绳而为网罟，以田以渔，盖取诸《离》。

《尚书大传》曰：舜渔雷泽之中。

《后汉书》曰：明帝时，下令禁人二业，而吏下检结多失其实，百姓患之。刘般上言："郡国以官禁二业，至有田者不得渔捕。今滨江湖郡率少蚕桑，人资渔采以助口实；且以冬春闲月不妨农事。夫渔猎之利，为田除害，有助谷食，无关二业也。"

《北史》曰：后周裴侠除河北郡守。此郡旧制有渔、猎夫三十人以供郡守。侠曰："以口腹役人，吾不为也。"乃悉罢之。

《管子》曰：渔人入海，海深百仞，就波逆流，乘危百里，宿夜不出者，利水也。故利之所在，虽千仞之山，无不上焉，深源之下，无不入焉。

《鲁连子》曰：古善渔者宿沙瞿子，使渔于山，则虽十宿沙子，不得一渔焉。宿沙非暗于渔道也，彼山者，非鱼之所生。

《尸子》曰：燧人之世，天下多水，故教人之渔。

《文子》曰：尧使水处者渔，山处者木，事宜其械，械宜其人。

《吕氏春秋》曰：雍季对晋文公曰："竭泽而渔，岂不获得？而明年无鱼矣！"

《家语》曰：宓子贱治单父，三年，孔子使巫马期往观政焉。期阴免衣弊裘，入界，见敂者得鱼辄舍之。期问焉曰："凡渔者为得也，何以得鱼却舍之？"曰："鱼之大者名为鱄鱐，吾大夫爱之：其小者名为鱦，鱄，宜为鱣，《新序》作鲙。鱦者。鱼之怀仁也。吾大夫欲长之。是以得二者辄舍之。"期返，告孔子曰："宓子之德至矣！使民暗行，若严刑之于一方也。敢问：宓子何行而得于此？"子曰："吾尝与之言曰：诚于此者刑于彼。宓子志行此术于单父也。"

又曰：孔子之楚，有渔者献鱼焉。孔子不受，渔者曰："天暑市远，无处鬻焉。思欲弃之粪壤，不若献之君子，故取以进之。"于是夫子再拜受之，使弟子扫地，将以祭享焉。门人曰："彼将弃之矣，而夫子祭之，何也！"子曰："吾闻惜其腐余，以务施者，仁人之偶也。恶有受仁人之馈而无祭者乎？"

刘向《新序》曰：楚人有献余鱼于王者，曰："今日获鱼，食之不尽，卖之不售，弃之可惜，故来献王也。"楚王曰："渔者，仁人也。境内多贫，寡人闻之，未能行。渔者知之，以此喻寡人也！"乃出仓粟；去后宫以妻寡夫。

郭璞《江赋》曰：芦人渔子，傧落江山，衣则羽褐，食唯疏鲜。忽忘夕而宵归，咏采菱以扣舷，傲自足于一区，寻风波以穷年。

太平御览卷第八百三十四 资产部十四

钓

《毛诗·何彼秾矣》曰：其钓维何？维丝伊缗。伊，维。缗，纶也。《笺》云：钓者以此有求于何，彼以为之乎？以丝为之纶，则是善钓也。

又《国风·竹竿》曰：籊籊竹竿，以钓于淇。

又《小雅·采绿》曰：之子于钓，言纶之绳。纶，约缴也。其钓维何？维鲂及鱮。维鲂及鱮，薄言观者。

《论语·述而》曰：子钓而不纲。钢，谓为大索横流属钓。

《尚书大传》曰：周文王至磻溪，见吕望钓。文王拜之，尚父云："望钓得玉璜，刻曰：'周受命，吕佐检，德合于今，昌来提。'"

《战国策》曰：魏王与龙阳君共船而钓，龙阳君得十余鱼而涕下，王曰："何谓也？"对曰："臣之始得鱼也，臣甚喜。后得益大，今欲弃臣前之所得矣。今臣与王拂枕席，爵至人君，走人于庭，避人于涂。四海之内，其美人多矣！闻臣之得幸王也，必裂裳而趋王，臣亦犹曩之所得鱼也，亦将弃矣。臣安能无涕乎！"魏王曰："有是心也，何不相告？"于是布令于四境之内，曰："有敢言美人者，族！"

谢承《后汉书》曰：郑敬隐于蚁陂，钓鱼大泽，折芰为坐，以荷荐肉，瓠瓢盈酒，琴书自娱。

《后汉书》曰：郭玉者，广汉人。初，有老父，不知何所出，常渔钓于涪水，自号涪翁。乞养民间，见有病者，时下针石，有效。玉从受术焉。

又曰：严光，字子陵，会稽馀姚人。少有高名，与光武同游。及光武即位，乃变姓名隐身不见。帝思其贤，令以物色访之。后齐国上言：有一男子，披羊裘，钓泽中。帝疑其光也，备安车玄纁聘之。三反而后至，拜为谏议大夫。不屈，乃耕于富春山。后人名其钓处为严陵濑。

《晋书》曰：翟庄，汤之子也。少以弋钓为事，及长，不复猎。或问:“鱼猎同是害生之事,而先生止去其一,何哉?”庄曰:“猎自我,钓自物,未能顿去,故先节其甚者。夫贪饵吞钩,岂我哉?”时人以为知言。

《宋书》曰:王弘之性好钓。上虞江有一处名石头,弘之常垂纶于此。经过者不识之,或问:“渔师得鱼卖不?”弘之曰:“亦不得,得亦不卖。”日夕,载鱼入上虞郭,经亲故门,各以一两头置门内而去。

又曰:文帝尝与群臣临天泉池,帝垂纶,良久不获。王景文越席曰:“臣以为垂纶者清,故不获贪饵。”众皆称善。

又曰:渔父者,不知姓名,亦不知何许人也。太康孙缅为寻阳太守,落日,逍遥渚际,见一轻舟,凌波隐显。俄而渔父至,神韵萧洒,垂纶长啸。缅甚异之,乃问:“有鱼卖乎?”渔父笑而答曰:“其钓非钓,宁卖鱼者耶?”缅益怪焉,遂褰裳涉水,谓曰:“窃观先生有道者也,终朝鼓枻,良足劳止。吾闻:黄金白璧,重利也;驷马高盖,荣势也。方今王道文明,守在海外,隐沦之士,靡然向风。子胡不赞缉熙之美,何晦用其若是也?”渔父曰:“仆,山海狂人,不达世务,未辩贱贫,无论荣贵!”乃歌曰:“竹竿籊籊,河水悠悠。相忘为乐,贪饵吞钩。非夷非惠,聊以忘忧!”于是悠然鼓棹而去。

《孔丛子》曰:子思居卫,卫人钓于河,得鳏鱼一作鳏鱼焉,其大盈车。子思问之曰:“鳏鱼,鱼之难得者也。子如何得之?”对曰:“吾下钓,垂一鲂之饵,鳏过而弗视也;更以豚之半体,则吞之。”子思喟然曰:“鳏虽难得,贪以死饵;士虽怀道,贪以死禄。”

《文子》曰:鱼不可以无饵钓,兽不可以空器召。

《列子》曰:詹何以独茧丝为纶,芒针为钩,荆条为竿,剖粒为饵,引盈车之鱼于百仞之川、汩流之中,纶不绝,钩不申,竿不挠,因水势而施舍也。

又曰:渤海之东,有大壑焉,实唯无底之谷。其中有五山,常随潮波上下往还,不得暂峙。使巨鳌十五举首而载之,五山始峙而不动。而龙伯国有大民,暨五山之所,一钓而连六鳌,合负而趋,归其国,灼其骨以数焉。

《荀乡子》曰：自上莅下，犹夫钓者焉，隐于手而应于钓，则可以得鱼。

《鬼谷子》曰：古之善摩者，如操钓而临深渊，而投之必得鱼矣。

《阙子》曰：鲁人有好钓者，以桂为饵，黄金之钩，错以银碧，垂翡翠之纶，其持竿处位即是，然其得鱼不几矣。故曰："钓之务，不在芳饰；事之急，不在辩言。"

《庄子》曰：庄子钓于濮水之上，楚王使大夫二人往见焉，曰："愿以境内累夫子。"庄子持竿不顾。

又曰：任公子好钓巨鱼，为大纶巨钩，以犗牛为饵，蹲会稽，投东海，期年不得鱼。已而大鱼食之，牵巨钩，惊扬波而奋鬐，白波若山，海水振荡。任公子得若鱼，离而腊之。浙河以东，苍梧以北，莫不厌若鱼者。

《淮南子》曰：詹公之钓，千岁之鲤不能避。

又曰：圣人以道德为竿纶，以仁义为钩饵，投之天地间，万物孰非其有哉？

又曰：无饵之钓，不可以得鱼；遇士无礼，不可以得贤。

又曰：钓者静之，罛者舟之，罩者抑之，罾者举之，为之异，得鱼一也。

《孙绰子》曰：海人与山客辩其方物，海人曰："横海有渔，额若华山之顶，一吸万顷之波。"山客曰："邓林有木，围三万寻，直上千里，傍荫数国。"有人曰："东极有大人，斩木为策，短不可支；钓鱼为鲜，不足充饥。"

《抱朴子》曰：金钩玉饵，虽珍而不能制九渊之沉鳞；显宠丰禄虽贵，而不能致无欲之幽人。

《符子·方外》曰：太公钓隐溪五十有六年矣，而未尝得一鱼。鲁连闻之，往而观其钓。太公跪石隐崖，且不饵而钓，仰咏俯吟，及暮而释竿。

《傅子》曰：刘晔责杨暨曰："夫钓者，中大鱼则纵而随之，须可制而后牵之，则无不得也。人主之威，岂徒大鱼而已？子诚直臣，然计不足，不可不精思也。"

《穆天子传》曰：天子北征，舍于珠泽，此泽出珠，因名之云。今越携平泽出青珠。以钓于流水。

又曰：辛未，天子北还，钓于渐泽，食鱼于桑野。

又曰：天子乃钓于河，以观姑繇之木。姑繇，大木也。《山海经》曰：寻木长千里，生河边。谓此木之类。

《六韬》曰：吕尚坐茅以渔，文王劳而问焉。吕尚曰："鱼求于饵，乃牵其缗；人食于禄，乃服于君。故以饵取鱼，鱼可杀；以禄取人，人可竭。小钓钓川，而擒其鱼；中钓钓国，而擒其万国诸侯。"

《吕氏春秋》曰：善钓者，出鱼乎千仞之下，饵香也。

又曰：太公钓于兹泉，遭纣之世，文王得之而王。文王，千乘也；纣，天子也。天子失之而千乘得之，知与不知也。

又曰：若钓者，鱼有大小，饵有宜适，羽有动静。羽，钓浮也。

《说苑》曰：宓子贱为单父宰，过于阳书，曰："子亦有以送仆乎？"阳书曰："吾少也贱，不知治民之术。有钓道二焉，请以送子。"子贱曰："钓道奈何？"阳书曰："夫投纶饵，迎而吸之者，阳桥也，其为鱼也，薄而不美；若存若亡，若食不食者，鲂也，其为鱼也，薄而味厚。"宓子贱曰："善。"于是未至单父，冠盖迎之者交接于道，子贱曰："驱驱之夫，阳书之所谓阳桥者至矣。"

焦赣《易林》曰：曳纶江海，钩挂鲂鲤，王孙利得，以飨仲友。

《列仙传》曰：吕尚，冀州人，避纣乱，钓于卞溪，三年不获鱼。比妪闻曰："自可止矣！"公曰："非尔所知矣。"果获大鲤，得兵钤于鱼腹中。后葬无尸，唯玉钤六荐在棺中。

又曰：涓子者，齐人，钓于泽，得符鲤中。

又曰：陵阳子明，铚乡人。钓施溪，得白龙子，解网拜谢放之。后数十年，得白鱼，腹中有书，教子明服食。遂上黄山采五石脂、石肺，服之三年，白宠来迎之。

《神仙传》曰：左慈，字元放，卢江人。少有神通，尝在曹公坐，公从容曰："今日高会，珍羞略备，所少吴松江鲈鱼耳。"元放下坐应曰："此可得也。"因求铜盘贮水，以竹竿饵钓于盘。须臾引大鲈鱼出。公大笑，会者咸惊。

《中论》曰：独思则滞而不通，独为则困而不就。善钓不易坻而得鱼，君子不降席而追道。

又曰：文王遇姜公于渭滨，皤然皓首，秉竿而钓。文王得之，灼若祛云而见日，霍若开雾而观山。

桓范《世论》曰：水则有波，钓则有磨，我欲更之，无如之何。言物动而衅已彰，形行而迹已着。

又曰：钓巨鱼不使婴儿轻预，非不亲，力不堪也。

王子年《拾遗记》曰：汉帝元凤中，季秋之月，泛冲澜灵鹢之舟，穷晷继夜，钓于台下。以香金为钩，霜丝为纶，丹鲤为饵。得白蛟，长三丈，大若蛇，无鳞甲。

又曰：吴主与潘夫人游，钓得大鱼。吴主喜，夫人曰："昔闻泣鱼，今乃为喜。有喜必忧，以为深诫。"至末年，渐相谮毁，稍见离退。时人谓夫人知几，钓台今犹存焉。

《世说》曰：刘道真少时常渔钓草泽，善歌啸，闻者莫不留连。有一老妪识异常人，甚乐歌啸，乃杀豚进之。道真食豚尽，了不谢。妪见不饱，又进一豚，食半还之。后为吏部郎，妪儿为小令史，道真超用之。儿不知由，复白母，母告之，于是赍牛酒诣道真，道真曰："去！去！无可复相报。"

《楚辞》曰：以直针为钓，又何鱼之能得？

宋玉《钓赋》曰：宋玉与登徒子偕受钓于玄渊，退而见于楚襄王。登徒子曰："夫玄渊之钓也，以三寻之竿、八丝之纶，饵以蛆蟟，钩以细针，以出三尺之鱼于数仞之水中。"

卢植《与张然明书》曰：临江而钓，终日不获一鱼，鱼之不食其饵也。是以君子慎其举。

谢玄《与兄书》曰：居家大都无所为，正以垂纶为事，足以永日。此固下大有鲈鱼，一出手，钓得四十七枚。

又与书曰：昨日疏成后钓，出手所获鱼，以为二坩鲊，今奉送。

筌

《周易》曰：筌者，所以在鱼。得鱼而忘筌。

《广雅》曰：篝筌谓之昆。

《庄子》曰：得鱼忘筌。

王朝之《与庾安笺》曰：此间万顷江湖，挠之不浊，澄之不清。而百姓投一纶、下一筌者，皆夺其鱼器，不输十匹则不得放。不知漆园吏何得持竿不顾，渔父鼓枻而歌沧浪也？

罛

《说文》曰：罛，罟也。

《尔雅》曰：鱼罟谓之罛。郭璞注曰：最大网罟也，今江东云。

《毛诗·硕人》曰：河水洋洋，北流活活，施罛秽秽，鳣鲔发发。

《庄子》曰：函车之兽，介而离山，不免乎网罟。

《淮南子》曰：张天下以为笼，因江海以为罟，又何亡鱼失鸟之有乎。

网罟张兽事少，故并见渔部

《广雅》曰：罻罜。鱼网谓之罟。

《说文》曰：网，庖羲所结绳，以田以渔也。

《周礼·天官上》曰：兽人，掌罟田兽，辨其名物。罟，网也。以网搏所当田之兽。冬献狼，夏献麋，春秋献兽物。狼膏聚，麋膏散。聚则温，散则凉。以救时之若也。兽物，凡兽皆可献也。时田则守罟。备兽触攫。

《礼记·中庸》曰：子曰："人皆曰：子知驱而纳诸罟，获陷阱之中，而莫之知辟也。”

《毛诗·国风》曰：九罭之鱼，鳟鲂。兴也。九罭， 罟，小鱼之网也。鳟鲂，大鱼也。

《周易》曰：庖羲氏结绳而为网罟。

《尔雅》曰：緵罟谓之九罭，九罭，鱼网也。今之百囊罟是。亦谓之罶。今江东呼为緵。

《韩诗》曰：“九罭之鱼，鳟鲂。”九罭，取虾芘也。

《史记》曰：泉阳渔人豫且，举网获江东神龟。

《汉书》曰：豺獭未祭，置网不布于野泽焉。

《魏志》曰：邴原在辽东十余年，后乃潜遁还南。行已数日，而公孙度甫觉。度知原之不可复追也，因曰：“邴君所谓云中白鹤，非鹑雉之网可能罗。始吾自遣之，勿复求也。”

《宋书》曰：孙法宗常居墓所，山禽野兽皆悉驯附。每逢鹿触网，必解放之，备以钱物。

《陈书》曰：张昭，字德明，吴郡吴人也。幼有孝性，父熯常患消渴，嗜鲜鱼，昭乃身自结网捕鱼，以供朝夕。

《南史》曰：陈王固尝聘魏，宴昆明池。魏人以南人嗜鱼，大设罟网。固以佛法咒之，遂一鳞不获。

《文子》曰：临河欲鱼，不若退而织网。

《老子》曰：天网恢恢，疏而不漏。

《庄子》曰：鱼不畏网，而畏鹈鹕。网者，公平无私；鹈鹕，有欲得之心，故鱼畏。

又曰：丰狐文豹，不免于网罗之患者，文也。

《韩子》曰：善张网者引其纲，不一一摄万目而后得。一一摄万目而后得，则是劳而难获，引其纲而鱼已慕矣。故吏者，民之本纲也，故圣人治吏不治民。

又曰：靖郭君将城薛，客曰：“君闻大鱼乎？网不能止，缴不能絓也；荡而失水，蝼蚁得意焉！”

《孟子》曰：数罟不入洿池，鱼鳖不可胜食也。

《抱朴子》曰：太昊师蜘蛛而结网。

《国语》曰：鲁宣公夏滥于泗渊，滥，渍也。渍罟于泗水之渊以取鱼。泗在鲁城北。里革断其罟而弃之，罟，网。曰："古者大寒降，土蛰发，降，下也。寒气初下，谓季冬建丑之月，大寒 之后也。土蛰发，谓孟春建寅之月，蛰虫始震，鱼上水，獭祭鱼。水虞于是乎讲罛罶，取名鱼，登川禽，而尝之寝庙，行诸国，助宣气也。今鱼方别孕，不放鱼长，又行罜罟，贪无艺也。"公闻之，曰："吾过而里革匡我，不亦善乎？是良罟也，为我得法。良，善。使有司藏之，使吾无忘谂。"言里此罟，则不忘里革言。谂，告也。师存侍，曰："藏罟不如置里革于侧之不忘也。"

又曰：圣人贵让，且谚曰："兽恶其网，民恶其上。"兽恶其网，为害己；民恶其上，为病己也。

《古史考》曰：庖羲作卦，观像而作网。

《世本》曰：芒作网。宋襄注曰：芒，庖牺臣。

《吕氏春秋》曰：汤见设网者，四面张而祝之，曰："自天下者，自地出者，自四方来者，皆罹我网。"汤曰："嘻！尽之矣。非桀，其孰如此？"

又曰：舜之未遇时也，以其从属掘地财，取水利，编蒲苇，结罟网。

应璩《报东海相梁季然书》曰：足下顿弥天之网，收万仞之鱼，量之以溪谷，数之以陔兆，何其壮乎！观夫任公子之所钓，此为鳅虾，未足为吾子之道！

罶

《毛诗·鹿鸣》曰：鱼丽于罶，鲿鲨。

又《小雅·苕之华》曰：牂羊坟首，三星在罶。牂羊，牝羊也。罶，曲梁寡妇之笱也。

《尔雅》曰：嫠妇之笱谓之罶。郭璞注曰：谓以薄为其鱼笱。

《广雅》曰：曲梁谓之罶。《纂文》曰：扬州取鱼罶也。吴人谓之为笱主。

《说文》曰：罶，曲梁，寡妇笱，鱼所留也。

罺

《尔雅》曰：罺谓之汕。郭璞注曰：今之撩罟也。犍为舍人曰：以箄㯏鱼曰㯏者也。

《纂文》曰：以鱼乘水上为汕。

罩

《尔雅》曰：篧谓之罩。郭璞注曰：捕鱼笼也。

《毛诗·小雅》曰：南有嘉鱼，蒸然罩罩。

《纂文》曰：以铁施棹，因以取鱼。

《符子》曰：天罗廓矣，野人犹有罩翳之勤。

涔

《尔雅》曰：槮谓之涔。郭璞注曰：今作椮者，聚柴于水中，鱼得寒，入其里藏隐，因以箄围捕取之。犍为舍人曰：以米投水中养鱼曰涔也。

《纂文》曰：以铁施竹头取鱼为涔。

罾

《说文》曰：罾，鱼网也。

《史记》曰：陈胜诈为书，置人所罾鱼腹中。

《风土记》曰：罾，树四植而张网于水，车挽，上下之形如蜘蛛之网，方而不圆。

《楚辞》曰：鸟何萃兮苹中？罾何为兮木上？喻失其所。

应璩《新诗》曰：洛水禁罾罟，鱼鳖不为殖。罾罟，网名。空令自相啖，吏民不得食。

笱

《毛诗·鸡鸣·弊笱》曰：弊笱在梁，其鱼唯唯。

又《小雅·小弁》曰：无逝我梁，无发我笱。

《说文》曰：笱，曲竹捕鱼笱也，从"竹""勾"，"勾"亦声。

欚音礼

《广雅》曰：其罶谓之欚。

梁

《毛诗·国风》曰：维鹈在梁，不濡其翼；鹈，洿泽也。梁，水中之梁。鹈在梁，可谓不濡其翼。彼其之子，不称其服。《笺》云：不称者，言德薄而服尊。维鹈在梁，不濡其咮；咮，喙也。彼其之子，不遂其媾。

又《小雅》曰：鸳鸯在梁，戢其左翼。言休息也。《笺》云：梁，石绝水之梁。戢，敛也。鸳鸯休息于梁。

又曰：彼何人斯？其心孔艰！胡逝我梁，不入我门？

《魏志》曰：文帝东征，郭后留谯宫。时后兄表留宿卫，欲遏水取鱼。后曰："水当通运漕，又少材木，奴客不在目前，当复私取官竹木作梁遏水。今奉车所不足者，岂鱼乎？"

《齐地记》曰：高密郡有古断水处，因造鱼梁，岁收亿数，故号曰"万匹梁"。

輷

《广雅》曰：輷谓之輗。

罠

《说文》曰：罠，敀也。

罨

《广雅》曰：罨，綦网也。

《风土记》曰：罨，如罬而小，敛口，从水上掩而取者也。

箄

《纂文》曰：箄，流水中张鱼器也。

籦

《纂文》曰：取蟹者曰籦。

銛

《纂文》曰：铁有钜，施竹头，以擲鱼为銛。

太平御览卷第八百三十五 资产部十五

钱上

《周礼·天官下》曰：外府掌邦布之入出，以共百物，而待邦之用，凡有法者。布，泉也。布，读为宣布之布。其藏曰泉，其行曰布。取名于水泉，其流行无不偏。泉始盖一品。周景王铸大象而有二品。后数变易，不复识本制。至汉，唯有五铢久行。王莽改货，而易作泉布，多至十品。今存于民间多者有货布、大泉、货泉。货布长二寸五分，广寸，首长八分有奇，广八分，其圜好径二分半，足枝长八分，其右文曰货，左文曰布，重二十五铢，直货泉二十五。大泉径一寸二分，重十二铢，文曰大泉，直十五货泉。货泉径一寸，重五铢，右文曰货，左文曰泉，直一也。

《国语》曰：周景王二十一年，将铸大钱。景王，周灵王之子。钱者，金币之名，所以质夹物通财用也。古曰泉，后转曰钱。大钱，大于旧，其价重也。单穆公曰："不可。穆公，王卿士，单靖公曾孙。古者天灾降戾，于是乎量资币，权轻重，以振救民。量，度。资财也。权，称。振，拯也。民患轻，则为之作重币以行之，民患币轻而物贵，则作重币，以行其轻也。于是乎有母权子而行，民皆得焉。重曰母，轻曰子。以子货物，物轻则子独行，物重则以母权而行之也。子母相通，民皆得其欲也。若不堪重，则多作轻而行之，亦不废重，于是乎有子权母而行，小大利之。堪，任也。不任者，币重物轻，则妨其用也。故杂而用之。子权母者，母不足，则以子平而行之。故民皆以为利。今王废轻而作重，民失其资，能无匮乎？废轻而作重，则大竭而未寡，故民失其资。若匮，王用将有所乏。民财匮，无以供上，故王用将乏。乏则将厚取于民，民不给，将有远志，是离民也。给，供也。远志，遁逃也。若民离而财匮，灾至而备亡，王其若之何？病亡无救灾之备也。王其图之！"王弗听，卒铸大钱。

《归藏》曰：有人将来，遗我钱财，日夜望之。

《周书》曰：武王克商，发鹿台之钱，散巨桥之粟。

《韩诗》曰："既诈我德，贾用不售。"一钱之物，举卖百，何时当售乎?

《史记》曰：初，苏秦之燕，贷百钱为资。及得资，以百金偿之。

又曰：高祖以吏繇，咸阳吏，皆送奉钱三，李奇注：或三百，或五百。萧何独以五，后益封二千户。

又曰：单父人吕公善沛令，避仇从之。沛中豪杰吏闻令有客，皆往贺。萧何为主吏，主进，令诸大夫曰："不满千钱，坐堂下。"高祖为亭长，素易诸吏，乃绐为谒曰："贺钱万。"实不持一钱。

又曰：上使善相者相邓通，曰："当贫饿死。"文帝曰："能富通者在我，何谓贫？"于是赐通蜀严道铜山，自铸钱。邓氏钱布天下。

又曰：安息在大月氏西，以银为钱，钱如其王面。王死，转更钱，效王面焉。

又曰：今上即位，武帝。数岁，汉兴七十余年之间，国家无事。京师之钱累百巨万，贯朽而不可校。自孝文造四铢钱，至是岁三十余年。从建元以来，用少，县官往往多即铜山铸钱。民益盗铸，不可胜数。钱益少而贵。

《汉书》曰：秦兼天下，币为二等。黄金以镒为名，孟康曰：二十两为镒。臣瓒按：秦以一镒为一金，汉以一斤为一金。上币；铜钱。汉兴以为秦钱重，难用，更令民铸荚钱。如淳曰：如榆荚。

又曰：凡货，金钱布泉之用，夏、殷以前，其详靡记。太公为周立九府圜法：李奇曰：圜即钱。黄金方寸，而重一斤；钱圆函方，轻重以铢；布泉广二尺二寸为幅，长四丈为匹。故货宝于金，利于刀，流于泉，布于门，行如流泉，布于民间。束于帛束。

又曰：孝惠帝时，天下初定，吴有豫章铜山，即招致天下亡命者盗铸钱。

又曰：高后二年秋七月，行八铢钱。

又曰：文帝五年，除盗铸钱令，应劭曰：听放铸。更造四铢。应劭日文帝以五分钱泰轻小，更作四铢钱，文亦曰半两钱。今民间半两钱最轻小。

又曰：建元元年春，行三铢钱。五年春，罢三铢钱，行半两钱。

又曰：武帝时，郡国铸钱，民多奸，铸钱多轻，而公卿请令京师铸官赤仄。如淳曰：铜为其郭也。今钱见有赤仄者，不知作法云何是。

又曰：宣帝二年春，出水衡钱。应劭曰：水衡与波府，皆天子私钱耳，县当仰给司农。今世水衡钱，言宣帝即位为异政。

又曰：自孝武元狩五年，三官初铸五铢钱，至平帝元始中，成二百八十亿万余。

又曰：韩信为楚王，都下邳。信至国，召下乡亭长，赐钱百，曰："公，小人，为德不竟。"

又曰：东方朔曰："侏儒长三尺余，奉一囊粟，钱二百四十；臣朔长九赤余，亦一囊粟，钱二百四十。侏儒饱欲死，臣朔饥欲死。"

又曰：张安世以父子封侯，在位太盛，乃避不受禄。诏都内别藏张氏无名钱，以百万数。文预曰：都内，主藏官也。张晏曰：安世以选官，官不薄。

又曰：贡禹上书曰："臣禹年老，家贫不满万钱。"

又曰：王嘉奏事云："孝元皇帝奉承大业，温恭少欲，都内钱三十万，水衡钱二十五万，少府钱十八万。尝幸上林，后宫贵人从，上林兽圈猛兽惊出，冯贵人当之。元帝嘉其义，赐钱五万；掖庭见亲，加赐亲属，属其人勿众谢，重失人心，赏赐节约。是时外戚资千万者少，是故少府水衡钱多。"

又曰：王莽居摄，欲防民盗铸，乃禁不得挟铜炭。

又曰：罽宾国，以银为钱，骑马漫为人面。

《楚汉春秋》曰：项梁阴养生士九十人。参木者，所与计谋者也。木佯疾于室中，铸大钱，以具甲兵。

《后汉书》曰：明帝时，馆陶公主光武女。为子求郎，不许，而赐钱千万，谓群臣曰："郎官上应列宿，出宰百里。《史记》曰：太微宫后二十五星，郎位也。有非其人，则民受其殃，是以难之。"

又曰：樊鲦卒，帝遣小黄门张音问所遗言。先是，河南县亡失官钱，典负者典谓主典，负谓欠负。坐死及罪徙者甚众，遂委责于人，以偿其耗，乡部吏司因此为奸。鲦常疾之，欲奏罢之，疾病未及得上。音归，具以闻，帝览之而悲叹，敕郡并从之。

又曰：京兆尹阎兴召第五伦为主簿，时长安铸钱多奸巧，乃署伦为督铸钱掾，领长安市。《东观汉记》曰：时长安市未有秩，又铸钱官轻，奸所集，无能整齐理之者。典署伦督铸钱掾，领长安市。其后小人争颂，皆云第五掾所平，亦无奸枉。

又曰：初，马援在陇西，上书言“宜如旧铸五铢钱”。事下三府，三府奏，以为未可，事遂寝。及援还，从公府求得前奏，难十余条，乃随牒解释，《东观汉记》曰：十三难，援一一解之，条奏其状也。更具表言。帝从之，天下赖其便。

又曰：公孙述废铜钱，用铁官钱。置铁，以铁钱。百姓货币不行。蜀中童谣言：“黄牛白腹，五铢当复。”好事者窃言，王莽称黄，述自号白，五铢钱，汉货也，言天下当并还刘氏。

又曰：江革，建武末年，与母归乡里。每至岁时，县当案比。按验以比之，犹今貌阅也。革以母老，不欲摇动，自在辕中车，不用牛马。由是乡里称之曰：“江巨孝”。临淄令杨音高之，设特席显异巨孝于稠人广众中，亲奉钱，以助供养。

又曰：杨秉免归，雅素清俭，家至贫窭，并日而食。任城故孝廉景虏赍钱百余万以饷秉，秉闭门拒绝不受。

又曰：锺离意荐刘平、王望等，书奏，有诏征平等，特赐辨装钱。至，皆拜议郎。

又曰：崔寔从兄烈，有重名于北州，历位郡守、九卿。灵帝时，开鸿都门，榜卖官爵，公卿、州郡，下至黄绶，各有差。其富者则先入钱，贫者到官而后倍输。是时，段颎、樊陵、张温等虽有功勤名誉，然皆先输货财而后登公位。烈时因傅母入钱五百万，得为司徒。及拜日，天子临轩，百僚皆会。帝顾谓亲幸者曰：“悔不小靳，可至千万。”靳，固惜之也。程夫人于傍应曰：“崔公，冀州名士，岂肯买官？赖我得是，反不知姝邪！”姝，美也。言反不可斯事之美也。姝，或作株。株，根本也。

又曰：董卓坏五铢钱，更铸小钱，悉取洛阳及长安铜人、钟虡、飞廉、铜马之属，以充铸焉。故货贱物贵，谷石数万。又钱无轮郭文章，不便人用。《魏志》曰：卓铸小钱，大五分，无文章，肉好无轮郭，不磨炉也。时人以为：秦始皇见长人于临洮，乃铸铜人。卓，临洮人也，而今毁之。虽成毁不同，凶暴相类焉。

又曰：车驾西巡，乃厚赐韦彪钱、珍羞食物，使归平陵上冢。

又曰：郑弘为阳羡令，都乡部民有弟用兄钱者，为嫂所责。叔未还，嫂诣弘言之，弘卖巾车为叔还钱，兄惭自系妇即去。

又王符《论》曰：夫窃位之人，天夺其鉴。宁见朽贯千万，而不忍赐人一钱。

《续汉书》曰：刘宠，字祖荣。迁会稽太守，正身率下，郡中大治，征入为将作大匠。山阴民去治数拾里，有若那水，在山谷间，五六老翁，年七八十，闻迁，相率共送宠，人赍百钱。宠见劳来，曰："父老何乃自苦远来？"皆对曰："山父鄙老，生未尝到郡县。他时，吏发求不已，民间或夜行不绝，狗吠竟夕，人不得安。自明府下车以来，狗不吠夜，吏希至人间。某年老，遭值圣化，闻当见弃去，故戮力来送。"宠谢之，为选受壹大钱。故宠在会稽号为"取一钱"，其清如是。

又曰：扶风人士孙奋，居富而悭吝。梁冀因以马乘遗之，从赁钱二十万。奋以钱十万与之，冀大怒。

又曰：灵帝中平二年二月己酉，南宫灵台灾；庚戌，乐中城殿门灾，延及北阙，烧嘉德和欢殿。收天下田亩十钱以治宫，加调，刺史二千石迁除皆责治宫钱，大郡至二千万。帝本侯家，居贫，即帝曰："桓帝不能作家，曾无私钱财，故于西园造万金堂以为私藏，复寄小黄门、常侍家私钱至数千万。"

《东观汉记》曰：光禄勋杜林与马援乡里亲厚。援南方还，时林马适死，援遣子持一匹马遗林曰："朋友有车马之馈，可以备乏。"居数日，林遣子奉书曰："将军内施九族，外有宾客，望恩者多。林父子食乡禄，禄常有盈，今奉钱五万。"援谓儿曰："当以此为法。杜伯山所以胜我者也。"

又曰：赵勤，字益卿，刘赐姊子。勤童幼有志操，往来赐家，国租适到，时勤在旁，赐指钱示勤曰："拜，乞汝三十万。"勤曰："拜而得钱，非义所取。"终不肯拜。

又曰：郑均，字仲虞。兄仲为县吏，受礼遗。均数谏止，不听，即脱身出作。岁余，得数万钱，归以与兄曰："钱尽可复得，为吏坐赃，终身捐弃！"兄感其言，遂廉洁，称清吏。

又曰：王阜为益州太守。大将军窦宪贵盛，尝移书益州取六百万。阜疑有奸诈，以状上宪，追奴駒帐下。吏李文迎钱，阜以诏书未报，距不与文。积二十余日，诏书报给文以钱市马。

《献帝春秋》曰：灵帝作钱，犹五铢，而有四道，连于边轮。识者以为妖，窃言："钱有四道，京师将破坏，此钱四出，散于四方乎？"还如其言。范晔《后汉书》云四出钱。

应劭《汉官仪》曰：王莽篡位，以"刘"字"金刀"，罢五铢，更作小钱，文曰："货泉"。其文反"白水真人"，此则世祖中兴之瑞也。

《魏书》曰：刘虞在幽州，清净俭约，以礼义化民。灵帝时，南宫灾，吏迁补州郡者，皆责助治宫钱，或一千万，或三千万。富者以私财辨，或发民钱备之；贫而清慎者，无以充调，或至自杀。灵帝以虞清贫，特不使出一钱也。

又曰：刘类为弘农太守，使人掘地求钱。所在市里，皆有孔穴。

又曰：文帝梦磨钱文，欲令灭而更明。周宣占之曰："陛下家事。"时帝欲治第，植逼太后，但加贬守。

《吴书》曰：嘉禾五年春，铸大钱，一当五百。诏使吏民输铜，计铜卑直。设盗铸之科。

《蜀志》曰：先主攻刘璋，与士众约："若事定，府库百物，孤无豫焉。"及拔成都，士众舍干戈赴库藏，竞取宝物。军用不足，备甚忧之。刘巴曰："易耳！但当铸直百钱，平诸物价，令吏为官市。"备从之。数月之间，府库充实。

《晋阳秋》曰：朝士以牛酒劳齐王冏，平原王干独赍百钱。

《晋书》曰：阮宣子常杖头挂百钱，造市店酣饮而归。

又曰：王衍，疾其妻郭氏之贪鄙，故口未尝言钱。郭氏欲试之，令婢以钱绕床，使不得行。衍晨起见钱，谓婢曰："举阿堵物却！"其措意如此。

又曰：王导子悦，少侍讲东宫，历吴王友中书侍郎。导梦人以百万钱买悦，意甚恶之。后掘地得钱一窖，皆藏闭。而悦果以疾终。

又曰：张轨为凉州参军，索辅言于轨曰："古以金贝皮币为货，息谷帛量度之耗。二汉制五铢钱，通易不滞。太始中，河西荒废，遂不用钱，裂匹以为段数。缣布既坏，市易又难，徒坏女工，不任衣用，弊之甚也！今中州虽乱，此方安全，宜复五铢，以济通变之会。"轨纳之，立制准布用钱。钱遂大行，人赖其利。

《南史》曰：宋文袁皇后家本贫薄，后每就上求钱帛以赡之。上性俭，所得不过钱三五万、帛三五十匹。后潘淑妃有宠，爱倾后宫，咸言所求无不得。后闻之，未知信否，乃因藩求三十万钱与家，以观上意，宿昔便得。因此恚恨成疾，不复见上。

《宋书》曰：刘秀之为南秦州刺史，加都督。汉饥馑，秀之躬自俭约。先是，汉川悉以绢为货，秀之限令用钱，百姓利之。

又曰：始兴王濬，尝送钱三万饷袁淑。一宿复遣追取，谓为使人谬误，欲以戏淑。淑与濬书曰："闻之前志，七年之中，一与一夺，义士犹或非之；况密迩旬次，何其裒益之亟也？窃恐二三诸侯，何以观之？"

又曰：废帝即位，铸二铢钱，形式转细。官钱每出，人间即摸效之，而大小厚薄皆不及也，无郭，不磨铸，如今之剪凿者，谓之耒子钱。景和元年，沈庆之启通私铸钱一千。钱长不盈三寸，大小称此，谓之鹅眼钱；劣于此者，谓之綖环钱。贯之以缕，入水不沉，随手破碎，市井不复料。数十万钱盈一掬，斗米一万，商货不行。明帝初，唯禁鹅眼、綖环，其余皆通用。

又曰：张融解褐为新安王子鸾行参军。王母殷淑仪薨后，四月八日建斋并醮佛。僚佐衬者多至一万，少者不减五千。融独注衬百钱，帝不悦，曰："融贫，当序以佳禄。"出为封溪令。

又曰：郭世通尝与人共于山阴市货物，误得一千钱，当时不觉，分背方悟，追还本主。本主惊叹，以半直与之，世通委之而去。

又曰：蔡廓罢豫章郡还，起二宅，先成东宅，以与兄轨之。廓亡后，轨之罢长沙郡还，送钱五十万以裨宅直。廓子兴宗年十一，白母曰："一家由来丰俭必共，今日宅直不宜受也！"母悦而从焉。轨之深有愧色，谓其子谈曰："我年六十，行事不及十岁小儿。"

又曰：刘凝之隐居荆州。年饥，衡阳王义季虑凝之馁毙，饷钱十万。凝之大喜，将钱至市门，观有饥色者，悉分与之，俄顷而尽。

又曰：山阴人孔祐至行通神，隐于四明山。尝见山谷中有数百斛钱，视之如瓦石不异。

又曰：戴法兴，父硕子。法兴二兄延寿、延兴并修立。延寿善书，延兴好学。山阴有陈戴者，家富，有钱三千万。乡人或云："戴硕子三儿，敌陈戴三千万钱。"

《齐书》曰：曹武为右卫将军，晚节在雍州，致见钱七千万，皆厚轮大郭。

又曰：丘冠先使于蠕蠕，执节不拜，为所杀。武帝以冠先不辱命，赐其子雄钱一万、布三十匹。雄不受。

又曰：范述曾任永嘉太守，励志清白，不受馈遗。明帝下诏褒美，征为游击将军。郡故旧送钱二十余万，一无所受。

又曰：赵僧岩栖迟山谷，常以一壶自随。一旦，谓弟子曰："吾今夕当死，壶中大钱一千，以通九泉之路；蜡烛一梃，以照七尺之尸。"至夜而亡。

《梁书》曰：顾协为舍人，常有门生始来事协，知其廉洁，不敢浩，止送钱二千。协发怒，杖二十。因此事者绝于馈遗。

又曰：庾丹父景休，位御史中丞。丹少有才俊，与伏挺、何子明俱为周舍所狎。初，景休罢巴东郡，颇有资产，丹负钱数百万，责者填门。景休怒，不为之偿。既而朝贤之丹，不之景休。景休悦，乃悉为还之。

《梁书》曰：宋季雅罢南康郡，市宅，居吕僧珍宅侧。僧珍问宅价，曰："千一百万。"怪其贵，季雅曰："一百万买宅，千万买邻。"及僧珍生子，季雅往贺，署函曰："钱一千"。阍人少之，不为通，强之乃进。僧珍疑其故亲，自发，乃金钱。

又曰：江禄为武宁郡，颇有资产，积钱于壁，壁为之倒，迮铜物皆鸣。人戏之曰："所谓铜山西倾，洛钟东应者也。"

又曰：何远为武昌太守。武昌俗皆汲江水。盛夏，远患水温，每以钱买人井寒水。不受钱者，则摙水还之。其他事率多如此。

《南史》曰：萧惠明子聆素，梁天监中位丹阳尹丞。初拜日，武帝赐钱八万，聆素一朝散之亲友。

又曰：谢譓为东阳内史，及还，五官送钱一万，止留一百，答书曰："数多留少，更以为愧。"

又曰：梁谢举兄子侨素贵。尝一朝无食，其子启欲以班史质钱，答曰："宁饿死，岂可以此充食乎！"

太平御览卷第八百三十六 资产部十六

钱下

崔鸿《十六国春秋·后赵录》曰：赵王三年，得一鼎，容四升，中有大钱三十，文曰："当千当万"。鼎铭十三字，篆不可晓，藏之于永丰仓。因此令私行钱，而民不乐，乃重立禁制，官赋至，皆取钱廛肆，故不行也。

《北史》曰：后魏元诞累迁齐州刺史，在州贪暴，大为人患。有沙门为诞采药还，见诞，问外消息，对曰："唯闻王贪，愿王早代。"诞曰："齐州七万家，吾至来，一家未得三斗钱，何得言贪也？"

《后魏书》曰：王昕为汝南王悦骑兵参军。悦数散钱于地，令诸佐争拾之，昕独不拾。悦又散银钱，以目昕，乃取其一。

又曰：高恭之，字道穆。时用钱稍薄，道穆表曰："百姓之业，钱货为本。救币改铸，王政所先。自顷以来，私铸薄滥，官司纠绳，挂网非一。在市铜价，八十一文得铜一斤。私铸薄钱，斤余二百。既示之以深利，又随之以重刑，得罪者虽多，奸铸者弥众。今钱徒有五铢之文，而无二铢之实，薄甚榆叶，上贯便破，置之水上殆欲不沉。此乃因循有渐，科防不切，朝廷失之，彼复何罪？昔汉文帝以五分钱小，改铸四铢，至武帝复改三铢为半两，此皆以大易小，以重代轻也。论今据古，宜改铸大钱，文载年号，以记其始。则一斤所成止七十六文。铜价至贱，五十有余，其中人工、食料、锡、炭、铅、沙，纵复私营，不能自润，直置无利，自应息心，无复严刑广设也。以臣测之，必当钱货永通，公私获允。"后遂用杨侃计，铸永安五铢钱。

《北齐书》曰：王则，元象初除洛州刺史。则性贪婪，在州取受非法，旧京诸像毁以铸钱。于时世号"河阳钱"，皆出其家。

《后周书》曰：大象元年，初铸永通万国钱，以一当十，与五行大布并行。

《北史》曰：隋郑译自隆州征还，帝令内史李德林立作诏书，复爵国公，位上柱国。高颎戏谓曰："笔干。"答曰："出为方岳，杖策言归，不得一钱，何以润笔？"上大笑。

《唐书》曰：武德中，置钱监于洛、并、益等诸州。今上齐王元吉赐三炉铸钱，右仆射裴寂一炉。敢有盗铸者，身死，家口配没。

又曰：高宗时，诏复开元通宝钱，其乾封所铸钱，令所司贮纳。初，开元钱之文，给事中欧阳询制词及书，时称其工。其字合八分及篆、隶三体，其词先上后下、次左后右读之，及上反左回环，其义皆通。议者以乾封不通商贾，米帛翔踊；以开元钱轻重大小近古，最为折衷，百姓便之。

又曰：乾元中，李辅国奏："内飞龙厩铸铜钟，投乾元新钱二文于炉中，而祈曰：'如圣躬万福，国祚无疆，凶孽殄除，四方宁谧，则愿不销不铄，一阴一阳，并见于外。'钟成，一如所祈。"

又曰：崔衍居宣州十年，颇以勤俭，府库盈溢。及穆赞代衍，宣州岁馑。赞遂以钱四十二万代百姓之税，故宣州人不流散。

又曰：元和中，王锷奏请于当管蔚州界加置炉，铸铜钱，渐废锡钱。诏河东道："自用锡钱以来，百姓不堪其弊。其蔚州鼓铸，渐致铜钱，则公私之间，皆得充用。宜委所司子细计料量借钱本，积渐加至五炉。

又曰：李希烈既平，淮西节度使陈仙奇进钱一文，大小如开通之状，文曰："天下太平"。云于希烈庭中得之。命宰臣召百寮遍视之。

《后唐书》曰：朱守殷奏："于积善坊役所，得古文钱四百五十六，文曰'得一元宝'；四百四十，文'顺天元宝'。"守殷进纳。敕曰："凡窥奇异，尽系休明。所获钱文，式昭玄贶。得一者，伫归于一统；顺天者，式契于天心。道焕一时，事光千载。殊休继出，信史必书，宜付史馆。"

又曰：刘仁恭在幽州，以墐土为钱，令部人行使。聚铜钱于山上凿穴藏之，为无穷之计。

《晋书》曰：右骁卫大将军张籛，始在雍州，因春景舒和，出游近郊，憩于大冢之上。忽有黄雀，衔一铜钱，置之而去。未几，复于衙院昼卧，见二燕相斗，皆各衔一钱落于籛首后。所获三钱，尝秘于巾箱，识者以为大富之征。

又曰：天福三年，敕："先许铸钱，仍令每一钱重二铢四絫，十钱重一两者，切虑逐处阙铜，难依先定铢两。宜令天下，无问公私，应有铜欲铸钱者，一任取便，酌量轻重铸造。因兹不得入锡并铁，及令缺漏，不堪久远行用。仍委盐铁司明行晓示诫约。"

《管子》曰：桓公请栈台之钱散诸城阳，鹿台之布散诸济阴。

《商子》曰：今臣之所言，民无一日之繇，官无数钱之费，其弱晋而强秦，有过三战之胜。

《韩子》曰：或令孺子怀钱挈壶瓮往酤，而狗龁之，酒所以酸。

《吕氏春秋》曰：赵宣子见翳桑之下有卧饿人，不能起。赵宣子命食之，拜受而不食。问其故，曰："臣有母，请持以遗之。"宣子更赐之脯二束、钱一百。

《贾谊书》曰：铜不布，下不得采铜，不得铸钱，则民反耕田矣。

《盐铁论》曰：教与俗改，币与世易。夏后以贝，周人以紫石，后世或金钱刀布。物极而衰，终始之运也。

又曰：古者市朝而无刀币，各以所有易所无，抱布贸丝而已。后世则有龟贝金钱。

又曰：夫铄金在炉，盗跖不顾；钱刀在路，匹妇拨之。

《论衡》曰：夫文章，岂徒调墨弄笔为英丽哉？载人行，传人名。杨子《法言》，蜀富贵人赍钱十万，愿载一名，子云不听。夫富人无仁义，正如圈中之鹿、栏中之牛，安得妄载？

又曰：手中无钱，而欲往市决货，货主问钱何在，曰："无钱。"货主必不与也。胸中无学，犹手中无钱也。

又曰：淮阳铸伪钱，吏不能禁。汲黯为太守，不坏一炉，不刑一人，高枕安卧，淮阳政清。

郭子璜《洞冥记》曰：帝升望月台，有三青鸭化为三小童，皆着青绮文襦，各握鲸文大钱五枚，以置帝几前，身止而影动，因名曰轻影钱。

《潜夫论》曰：谚曰："痛不着身，言'忍之'；钱不出家，言'与之'。犹见朝廷有寇，而言'不足忧也。'"

《风俗通》曰：颍川黄子廉，每饮马，辄投钱于水。

又曰：河南平阴宠俭，本魏郡邺人，遭仓卒之世，失亡其父。时俭三四岁，弟在镪鏁。母抱转流客居。庐中凿井，得钱千余万，遂巨富。行求老苍头。堂上作乐，奴在厨中窃言："堂上老母，我妇也。"婢以告母，呼问事实，复为夫妇。时人为之语曰："庐里庞公，凿井得铜，买奴得翁。"

又曰：钱刀，俗说害中有利，利旁有刀。言人治生，卒多得钱财者，必有刀剑之祸也。案，《汉书》曰："王莽造大钱，作契刀，错刀，与五铢钱凡四品并行。"故称钱刀也。

《列仙传》曰：祝鸡公，洛阳人，居尸乡北山下，养鸡百余年。鸡皆有名字，千余头，暮栖树，昼四散，欲取，呼名即至。卖鸡及子得千万，辄置钱去。

《豫章烈士传》曰：施阳，字季儒。为舒令，经江夏，遇贼劫夺阳物。贼去后，车上有五千钱，遣人追与。贼闻知阳，悉还其物。阳以付亭长。

《邴原别传》曰：原字根矩，避地辽东。尝行得遗钱，拾以系树枝。此钱既不见取，而系钱者多。原问其故，答者谓之神树。原恶由己而成淫祀，乃辩之。由是里中遂敛其钱，以为社供。

桓范《世论》曰：灵帝置西园之邸，卖爵，号曰礼钱。钱积如屋，封涂漆书。

杜恕《体论》曰：可以使鬼者，钱也；可以使神者，诚也。

《语林》曰：杜预道："王武子有马癖，和长舆有钱癖。"

《竹林七贤传》曰：王戎女适裴氏，乏用，遣女为贷钱数万文而未还。女归，戎色不悦。女遽还钱，乃怿。

干宝《搜神记》曰：南方有虫，其形若蝉而大，其子着草叶如蚕种。得子以归，则母飞来就之。杀其母以涂钱，以其子涂贯，用钱货市，旋则自还。故《淮南子术》以之还，名曰青凫。

《世说》曰：王武子私第近北邙山。于时人多地贵，济好马射，买地作埒，编钱布地竟埒。时人号为金埒。

又曰：郗公大聚敛，有钱数千万。嘉宾甚不同，常朝旦问讯。郗家法：子弟不坐。因倚语移时，遂及钱货事。郗公曰："汝政当得钱耳！"乃一日开库，任意用。郗公始谓正损数百万许，嘉宾遂一日乞与人，都尽。郗公闻之，大惊，不能已已。

《俗说》曰：王子敬学王夷甫，呼钱为"阿堵物"。后既诏出，赴谢公主簿，过会下，与共掷散。当其夕，手自抱钱戏，竟明日。已后云："何至须阿堵物？"

《葛仙公别传》曰：取十钱，使人一一投井中。公井上以器呼钱，人见从井中一一飞出，入公器中。投人刻识之，所呼皆得是所投者。

《关令内传》曰：关令尹喜，周大夫也，善于天文。登楼四望，见东极有紫气，喜曰："应有圣人经过。"果有老子过。喜设坐，行弟子之礼，老子时贫，谓徐甲曰："雇钱一百。"与约，须达安息国，以黄金顿备钱还。甲既见老子方欲远游，疑遂不还，乃作辞诣关令就老子求直。关令以辞呈老子，老子语甲曰："前与汝约，至安息国顿以黄金相还。云何不能忍辱，便兴辞讼乎？汝随我已三百余岁，汝命早应死，赖我太玄生符在汝身耳！"言毕，见符从甲口出，甲已成一聚白骨矣。尹喜为请，老子以符投之，甲立更生。喜即以见钱二百万与甲，遣之。

《汝南先贤传》曰：平舆阎敞，字子张，为郡五官掾。太守第五尝被征，以奉钱三十万寄敞，敞埋置堂上。后尝举家病死，唯见孤孙九岁。尝未死，语云："吾有钱三十万，寄掾阎敞。"孙长大来求，敞见之悲喜，取钱尽还之。孙曰："祖唯言三十万，今乃百三十，诚不敢当。"敞曰："府君固谬言耳，郎君无疑之。"

《列异传》曰：西河鲜子冀，建武中为清河太守，言出钱六百万作屋，未成而死，赵高代之，计功用钱凡二百万耳。五官黄秉、功曹刘商言是冀所自取，便表没冀田宅，奴婢、妻子送日南。俄而白日冀鬼见，入府与商、秉等共计，校定余钱二百万，皆商等匿。冀乃表自烈付商，上诏还冀田宅。

《异苑》曰：桂阳临武徐孙，太元中，江行，见岸有钱溢出，即辇着船中。须臾，悉变成土。

《异苑》又曰：剡县陈婺妻少寡，与二儿为居。宅中先有古冢，姥母作茗，先以着坟上。息患之，曰："枯墓何知？"欲掘除之，母苦禁乃止。夜即梦见一人，自说："没世以来三百余载。谬蒙惠泽，贤二子恒欲见毁相赖保护。虽潜壤朽骨，敢忘翳桑之报？"姥霄窃述焉，明，负杖晨兴，于外屋得钱十万，似久埋而贯皆新。还告儿，儿并有惭色，自是设馔愈谨。

《幽明录》曰：海陵民黄寻，先居家单贫。尝因大风雨，散钱飞至其家，来触篱援，误落余处，拾而得之。寻后巨富，钱至数千万。遂擅名于江表。

《三辅黄图》曰：金宝一，银宝二，龟宝三，贝宝四，布宝五，泉宝六，凡宝货六种，世八品，烦碎难行。乃罗本货五百枚，为重十二斤，百姓安之。

阚骃《十三州志》曰：青州平原国，和帝延平九年，以封子怀王胜。风俗与旧齐同，然吏奸倍于他。民给卫士，吏赋狐肉，稍从假钱，积至万余。岁竟交代，吏无偿意。卫士恨恚，取狐肉，沃以酒，从而咒之曰："狐肉狐肉，尾斯尾斯，身躯虽小，钱多私之！"吏闻之恐，乃偿之钱。

盛弘之《荆州记》曰：义熙十二年，有童子群浴南阳淯水。忽岸边有钱出如流沙，因竞取之，手满放地，寻复行去。乃以衫衣裹缚，各有所得。

王韶之《始兴记》曰：劳口东岸有石四方，高百余仞，其状如台。父老相传，此石，昔有三人伐木以作桥，于石顶戏，见数瓮钱，共取半瓮还。

刘道真《钱塘记》曰：防海大塘。郡议曹华信象家富，乃议立此塘，以防海水。信始开募，有致土石一斛，即与钱一斗。旬日之间，来者云集。塘未成，而诵云不复取，于是载土者皆弃置而去，塘以之成。既遏绝湖渔，一竟蒙利，县迁治馀姚。王莽时，县名泉亭，于是改为钱塘。百姓怀德，立碑塘所，至今犹在。

《地境图》曰：钱铜之气，望之如有青云。

又曰：望钱，千万以上如车，十万之精如一素木，万钱精盖地如瓮。

江津《上便宜》曰：夫钱之为物，无益饥寒之用，而储之家，利其不朽。古今行之，盖亦由此。又便交宜易，小市之宜，诚胜寸裂尺断，破为大小也。过此以往，无所一用。军国唯谷与帛，钱虽可积，未急宝也。

《殷仲堪集·太子令》曰：朝廷遂为吾营宫室，顾省不才，而大兴役费，深用愧惕。冬气已应，作者殊常寒苦。可使监殿舍人一月赍酒肉称劳赐之。吾蒙月俸，钱上生尘，无所用之，可以供事。

晋鲁褒《钱神论》曰：大矣哉！钱之为体，有乾坤之象。其积如山，其流如川。动静有时，行藏有节。市井便易，不患耗折。故亲如兄弟，字曰“孔方”。失之则贫弱，得之则富昌。无翼而飞，无足而走。解严毅之颜，开难发之口。钱多者居前，钱少者居后。

綦毋氏《论钱》曰：黄铜中方，叩头对曰：“仆自西方庚幸，分土诸国，处处皆有，长沙、越巂，仆之所守。黄金为父，白银为母，铅为长男，锡为少妇。伊我初生，周末时也；景王尹世，大铸兹也。贪人见我，如病得医，饥飨太牢，未之喻也。”

成公绥《钱神论》曰：路中纷纷，行人悠悠，载驰载驱，唯钱是求。朱衣素带，当途之士，爱我家兄，皆无能已。执我之手，托分终始，不计优劣，不论能否。宾客辐凑，门常如市。谚曰：“钱无耳，何可暗使？”岂虚也哉？

赵壹《疾邪赋》曰：文籍虽满腹，不如一囊钱。

曹植《乐府歌》曰：巢、许蔑四海，商贾争一钱。

《郑氏婚礼谒文赞》曰：金钱为质，所历长久。金取和明，钱用不止。

赀财

《周礼·地官下·司关》曰：司关，司货贿之出入。

《后汉书》曰：樊重，字君云，世善农稼，好货殖。重性温厚，有法度。三世共财，子孙朝夕礼敬，常若公家。其营理产业，物无所弃，课役童隶，各得其宜。故能上下戮力，财利岁倍。

《管子》曰：仓廪实，知礼节。国用足，则远者来。衣食足，则知荣辱矣！不务天时，则财不生；不务地利，则仓不盈。

又曰：桀有天下而用不足，汤有土七十里而用有余。天非独为汤雨粟，地非独为汤出财物。

《尸子》曰：农夫比粟，商贾比财，烈士比义。

《列子》曰：端木子贡之世也，籍其先赀，家累万金。放意所好，生民所欲，无不为也。庖厨之下不绝烟火，堂庑之上不绝声乐。行年六十，乃弃其家事，都散库藏；及其死也，无埋瘗之资。

《孙卿子》曰：仁义礼智之于人也，譬若财货粟米之于家也，多有者富，少有者贫，至无有者穷。

《文子》曰：使信士分财，不如探筹；使廉士守财，不如闭户。羽翼美，伤其骨；枝叶茂，害其根，忧河之涸，泣以益也。

《吕氏春秋》曰：白公爱财，若枭之爱子。枭养子，长则食母。白公得荆府库，不分人。

《家语》曰：南宫敬叔以富得罪于定公而奔卫。夫子闻之，曰："若其以货丧，不若速贫之愈也！"丧，亡位也。

又曰：孔子曰："自季孙赐我千钟，而交益亲。自南宫敬叔之乘我以车也，而道加行。"

《说苑》曰：安陵缠得宠于楚恭王，江乙谓缠曰："吾闻以财事人者，财尽而交疏；以色事人者，华落而宠衰。子安得长被幸乎？"

《盐铁论》曰：荆阳南有桂林之饶，内有江湖之利，左陵阳之金，右蜀、汉之材。吴、越之贷，隋、唐之林，不可胜用；江湖之鱼，莱黄之鲐，不可胜食；陇蜀丹沙毛羽，荆阳皮革骨角，江南楠梓竹箭，燕齐鱼盐旃裘，兖豫漆丝絺纻，养生奉终之具也，待商而通。

《潜夫论》曰：富贵，人争附之；贫贱，人争去之。富贵而交者，上有称举之用，下有赀财之益；与贫贱交者，大有赈贷之费，小有假贷之损。故富贵易为交，贫贱难得适。

又曰：炎帝为市，聚天下之货，各得其所。

《孙绰子》曰：命驾而游五都之市，天下之货毕陈矣！

《风俗通》曰：陈留有富老，年九十，无男，娶田家女为妻，一交即气绝。后生得男，其女曰："我父死时年尊，何一夕便有子？"争财数年不决。丞相邴吉出，上殿决狱云："老翁儿无影，亦复畏寒。"于时八月，取同岁小儿，俱解衣裸之，老翁儿独呼寒；复令并行日中，无影。因以财与男。

又曰：沛中有富豪，家訾三千万。小妇子是男，又早失母。其大妇女甚不贤。公病困，恐死后必当争财，男儿判不全得。因呼族人为遗令云："悉以财属女，但以一剑与男，年十五以付之。"儿后大，姊不肯与剑，男乃诣官诉之。司空何武曰："剑，所以断决也；限年十五，有智力足也。女及婿，温饱十五年，已幸矣！"议者皆服，谓武原情度事得其理。

太平御览卷第八百三十七 百谷部一

谷

《周易》曰：日月丽乎天，百谷草木丽乎土。

《尚书》曰：稷降播种，农殖嘉谷。

《毛诗·谷风·信南山》曰：既沾既足，生我百谷。

《毛诗·甫田》曰：播厥百谷，既庭且硕，曾孙是若。

《周礼·天官》曰：太宰，以九职任万民。一曰三农，生九谷。郑司农云：九谷，稷、黍、秫、稻、麻、大小豆、大小麦。凡王之膳食用六谷。郑司农云：稻、黍、稷、粱、麦、菰。菰，雕胡也。药养其病。郑玄注：五谷，麻、黍、稷、麦、豆。

又《夏官》曰：职方氏，掌天下之图，辩其邦国、都鄙，九谷之数。扬州、荆州，其谷宜稻；豫州、并州，其谷宜五稷；郑玄云：黍、稷、麦、稻、菽；青州，其谷宜稻麦；兖州，其谷宜四种；黍、稷、稻、麦。雍州、冀州，其谷宜稷；幽州，其谷宜三种。稷、黍、稻。

《礼记·月令》曰：孟春，天子乃以元日祈谷于上帝；孟夏，驱兽无害五谷；兽，麋鹿之属，食谷苗，驱之，令勿害也。孟秋，农乃登谷，天子尝新，先荐寝庙。黍稷之属于是始熟。

又《王制》曰：五谷不时，不鬻于市。

又《乐记》曰：夫古者，天地顺而四时当，民有德而五谷昌，疾疹不作，而无妖祥，德盛而教尊，五谷时熟，然后赏之以乐。

《大戴礼》曰：黄帝播百谷草木，节用水火，财物生而民得其利百年，民畏其神百年，亡而民用其教百年，故曰三百年。

又曰：食气者神明而寿，食谷者智惠而巧，不食者不死。

《礼斗威仪》曰：君乘木而王，则草木丰茂，嘉谷并生也。

《左传·昭公》曰：秦伯之弟鍼谓赵文子曰："鍼闻之，国无道年谷和熟，天赞之也，鲜不五稔。”

又《襄公》曰：晋范宣子为政，赋《黍苗》。季武子兴，再拜稽首，曰：“小国之仰大国也，如百谷之仰膏雨也。”

《谷梁传·襄公二十四年》曰：京师大饥。五谷不升为大饥。升，成也。一谷不升谓之嗛，嗛，不足貌。二谷不升谓之饥，三谷不升谓之馑，四谷不升谓之康，康，虚也。五谷不升谓之大侵。

《春秋繁露》曰：金干土则五谷伤，土干金则五谷不成。

《春秋佐助期》曰：咸池主五谷。

《尔雅》曰：中有岱岳，与其五谷、鱼、盐生焉。谷不熟为饥，仍饥为荐。郭璞注曰：言泰山有鱼盐之饶也。不熟，五谷不成。荐，连岁不成也。

《周书》曰：凡禾麦居东方，黍居南方，稻居中央，粟居西方，菽居北方。

《史记》曰：黄帝考定星历，立五行，民神易业，敬而不黩，故神降之嘉生。嘉，谷也。

又曰：齐桓公欲封禅，管仲曰：“今凤皇不来，嘉谷不生；而还蓬蒿藜莠茂，鸱枭数至。”

又曰：留侯性多病，即导引不食谷。服辟谷药，而静居行气。

《汉书》曰：晁错曰：“粟米布帛生于地，长于时，聚于力，非可一日成也。数石之重，中人弗胜，不为奸邪所利，一日弗得而饥寒至。是胡明君贵五谷而贱金玉。今海内为一，土地人民之众不减汤、禹，加以亡天灾数年之水旱，而蓄积之未及也，何也？地有遗利，民有余力，生谷之土未尽垦，山泽之利未尽出也，游食之人未尽归农也。”

又曰：宣帝即位，岁数丰穰，谷至石五钱。

《东观汉记》曰：永平十五年，上始欲征匈奴，与窦固等议出兵调度，皆以为塞外草美，可不须谷马。案军出塞无谷马故事。马防言常与谷，上曰：“何以言之？”防对曰：“宣帝时，五将出征，案其奏，言匈奴候骑得汉矢，见其中有粟，知汉兵出，以故引去。以是言之，马当与谷。”上善其用意微致，即下调马谷。防遂见亲也。

又曰：建武初，谷食尚少。赵孝得谷，炊将熟，令弟礼夫妻出北，还，孝夫妻共蔬食茹菜。礼夫妻来辄独饴之，积久，礼心疑吝。后伺掩见，亦不复肯出。兄弟怡怡，乡里归德。

华峤《后汉书》曰：马援在河西，有谷数万斛。乃叹曰："凡殖财者，贵以施也。否则守钱虏耳！"

袁宏《汉纪》曰：赤眉乱后，关中大饥，黄金一斤易五升谷。

《后汉书》曰：董卓筑坞于郿，高原七丈，号曰万岁坞，今案，坞旧基高一丈，周回一里，一百步也。积谷为三十年储。自云：事成雄据天下；不成，守此足以毕老。

又曰：王莽末，天下大饥。建武二年，天下野谷旅生，麻菽尤盛。

《魏志》曰：自遭荒乱，率乏粮谷，曹公曰："夫定国之术，在于强兵足食。秦人以急农兼天下，孝武以屯田定西域，此先世之良式也。"是岁乃募民屯田许下，得谷百万斛。于是郡列置田官，所在积谷。

又曰：袁曜卿为魏国郎中令，及卒，太祖为之流涕，赐谷二千斛：一教以太仓谷千斛赐郎中令家，一教以垣下谷千斛与曜卿家。外不解其意，教曰："以太仓谷者，官法也；以垣下谷者，亲旧也。"

又曰：袁谭以王循为别驾。太祖破邺，藉没审配等家财物，赀以万数。破南皮，阅循家，谷不满十斛。

又曰：高堂隆谏曰："禄赐谷帛，人主之所以惠养吏民，而为之司命。若令有废，是夺其命。"

又曰：甄皇后三岁失父。后天下兵乱饥馑，百姓皆卖金银珠玉宝物。时后家大有储谷，颇以买之。后年十余岁，白母曰："今世乱而多买宝物，匹夫无罪，怀璧为罪。又左右皆饥乏，不如以谷振给亲族邻里，广为恩惠。"举家称善。

《曹瞒传》曰：太祖尝赋廪谷不足，私谓主者如何，主者曰："可以小斛以足之。"后军中言太祖欺众，太祖谓主者曰："借汝一死厌众。"乃殉曰："小斛盗官谷。"即斩之。

《江表传》曰：诸葛亮闻恪代徐详，书与陆逊曰："家兄年老而恪性疏，今使典主粮谷。粮谷，军之要最，仆虽在远，窃用不安，足下特为启至尊转之。”

王隐《晋书》曰：邓攸为吴郡太守。吴人饥荒，攸辄出台仓谷振之。后被劾，攸曰：“善不可为也！”

《三国典略》曰：后梁有何山者，其射之妙，人莫能及。有乌噪于庭树，萧詧恶之，谓山曰：“射中者，赐一车谷。”其乌雏并于枝上，山曰：“脱一箭中两，请赐两车；臣无车牛，愿官为送。”詧许之。于是山射，中其二项。詧甚欣悦，即令载谷送之。

《后魏书》曰：韦珍迁显武将军、郢州刺史，在州有声绩。朝廷嘉之，迁龙骧将军，赐骅骝二匹、帛五十五匹、谷三百斛。珍乃召集州内孤贫者，谓曰：“天子以我能绥抚乡，故赐以谷、帛，吾何敢独当？”遂以所赐悉分与之。

《北史》曰：卢义僖宽和畏慎，不妄交款，性情俭素，不营财利。少时，幽州频遭水旱，先有数万石谷贷人，义僖以年谷不熟，乃燔其契，州闾悦其恩德。虽居显位，每至困乏，麦饭蔬食，忻然甘之。

《唐书》曰：长寿二年元日大雪，其夜质明而晴。上谓侍臣曰：“俗云元日有雪则百谷丰，未知此语有何故实？”文昌左丞姚璹对曰：“《氾胜书》云：‘雪是五谷之精，以其汁和种，则年谷大穰。’又宋孝武帝大明五年元日降雪，以为嘉瑞。”上曰：“朕临御万方，心存百姓，如得年登岁稔，此即可为大瑞。虽获麟凤，亦何用为？”

《墨子》曰：一谷不收谓之馑，二谷不收谓之旱，三谷不收谓之凶，四谷不收谓之馈，五谷不收谓之饥。馑则大夫以下损禄五分之一，旱则二，凶则三，馈则四，饥则尽禄，廪食而已。

《孔丛子》曰：魏王问子慎曰：“寡人闻昔上天神异，后稷而为之下嘉谷，周遂以兴；住中山之地，无故有谷，非人所为，云天雨之。反以亡国，何？”答曰：“天虽至神，自古及今，未闻其下谷与人也。《诗》美后稷，能大教民种善谷，以利天下，所谓‘稷降播种，农殖嘉谷’，其义一也。若中山之谷，妖怪之事，非所谓天祥也。”

《管子》曰：常山之东，河、汝之间，早生而晚杀，五谷之所蕃熟也。

《陈子要言》曰：食谷而鄙田，衣帛而笑蚕，是惑也。

《范子计然》曰：五谷者，万民之命，国之重宝也。是故无道之君及无道之臣，皆不能积其盛有余之时，以待其衰不足。

《星经》曰：八谷八星，在五车北。主黍稷稻粱麻麦乌麻。星明俱熟。

《师旷》曰：杏多实不虫者，来年秋善。五谷之先，欲知五谷，但视五木，择其木盛者，来年益种之。

京房《五星占》曰：五谷俱伤？何君无德也！

京房《易逆刺》曰：天雨谷，岁大熟。

《淮南子》曰：木胜土、土胜水、水胜火、火胜金、金胜木。故禾春生秋死，禾，禾也，木王而生，金王而死也。菽夏生冬死，菽，火也，火王而生，水王而死也。麦秋生夏死，麦，金也，金王而生，火王而死也。荠冬生仲夏死。荠，水也，水王而生，土王而死也。

又曰：稷垦草发甾，粪土树谷，使五谷之五种，各得其宜，因地之势也。

又曰：女夷鼓歌，女夷，天帝之女，下司时，和春阳，喜乐鼓歌也。以司天和，以长百谷、禽兽草木。孟夏之月，以享谷本，雄鸠长鸣，为帝候岁。雄鸠养，长谷之鸟也。

《金楼子》曰：鬻官者，欲民之死；蓄谷者，欲岁之饥。船漏水入，囊洞内虚也。

《说苑》曰：楚、魏会于晋阳，将以伐齐。齐王患之，使人召淳于髡曰："楚、魏谋欲伐齐，愿先生与寡人共之。"淳于髡大笑而不应，三问而不应，王怫然作色曰："先生以寡人国为戏乎？"淳于髡对曰："臣不敢以王国为戏也。臣笑邻之祠田也，以奁饮与一鲋鱼，其祝曰：'下田洿耶，得谷百车，蟹户买反块口对反者宜禾。'臣笑其所以祠者少，而求者多。"王曰："善。"赐之千金、革车百乘，立为上卿。

《山海经》曰：都广之野，百谷自生，冬夏播琴。郭璞注曰：其城方三百里，盖天地之中，素女所出也。播琴，犹播殖，方俗言耳。

杨雄《方言》曰：凡以火干五谷之类，出自山东，齐楚以往曰熬，陇冀以往曰𤒅平力切，秦晋之间曰聚创眇切。

杨泉《物理论》曰：谷气胜元气，其人肥而不寿。养性之术，常使谷气少，则病不生矣。梁者，黍稷之总名也；稻者，溉种之总名；菽者，众豆之总名。三谷各二十种，为六十。疏、果之实助谷，各二十种。为百谷。故《诗》曰："播厥百谷。"谷者，众种之大名也。

《说文》曰：稑音六，疾熟也。谷，续也，百谷总名也。

《贾谊书》曰：至于神农，尝百草之实，察咸苦之味，教民食谷。

《氾胜之书》曰：雪者，五谷之精。

又曰：小豆忌卯，稻、麻忌辰，禾忌丑，秫忌未，小麦忌戌，大麦忌子。

桓谭《新论》曰：世俗咸言：汉文帝泽加黎庶，谷至石数钱。

《论衡》曰：谓天雨谷，从天而下，应变而生，非也。夫云出于山，散而为雨，人见从天坠，谓天雨水也。夏日则雨，冬寒则凝为雪，发于丘山，不从天降，明矣！谷从地起，与疾风俱飘，集于地，人谓之天雨谷也。建武三十一年，陈留雨谷蔽地。视谷形，如米而黑，此夷狄地所生谷也。夷狄不粒食，谷生于草野，成熟，委于地，遭疾风吹扬，与之俱飞，风衰，谷集坠中国。中国见之，谓天雨谷。

《世要论》曰：学不勤，则不知道，耕不力，则不得谷。

又曰：服一彩则念女工劳，御一谷则恤农夫勤。

《兵书》曰：军中地生五谷，将军得天道，大吉。

《梦书》曰：五谷为财饮食物。梦见谷，得财吉；五谷入家，家当盛。

《殷氏世传》曰：殷褭，字伯起。遭世丧乱，埋谷数百石。后褭为贼所执，见掠责，具以谷告之，贼犹嫌其未实，欲刃焉。褭乃詈曰："卿行劫害，当知人心，岂有出财还自杀耶？"则知其诚，遂免。

《羊祜别传》曰：祜周行贼境七百余里，往反四十余日，刈贼谷以为军粮，皆计顷亩送绢还直，使如谷价。

《风俗通》曰：建武之初，旅谷弥望，野茧被山。

盛弘之《荆州记》曰：桂阳郡西北接耒阳县，有温泉，其下流百里，恒资以溉灌。常十二月一日种，至明年三月新谷便登。重种，一年三熟。

《博物志》曰：马食谷，则足重不能行。

又曰：扶海洲上有草焉，名曰蒒。其实食之如大麦。从七月稔熟，民敛获至冬乃讫。名曰自然谷，或曰禹余粮。

又曰：孝元竟宁元年，南阳山都雨谷，小者如黍、粟而青黑，味苦；大者如米、豆而赤黄，味如麦。下三日生根叶，状如大豆初生时。

《幽明录》曰：琅琊诸葛氏，兄弟二人，寓居晋陵。家甚贫耗，常假乞自给。谷在囷中，计日用未应尽，而早以空罄。始者谓是家中相窃盗，复封检题识，而耗如初。后有宿客远来，际夕至巷口，见数人担谷从门出。客借问："诸葛在否？"答云："悉在。"客进内，言语之后因问："卿何得大粜谷？"主人云："告乞少谷，欲充口，云何复得粜之？"客云："吾向来，逢见数人担谷从门出。若不粜者，为何事？"主人兄弟相视，窃自疑怪。试入看封题，俨然如故。试开囷量视，即无十许斛。知前后所失，非人为之。

《异苑》曰：凉州张骏时，天雨五谷，殖之悉生，因名为天麦。

张衡《东京赋》曰：所贵唯贤，所宝唯谷。

曹植《谢赐谷表》曰：诏书念臣经用不足，以船河邸阁谷五千斛赐臣。

《谢玄书·奏》曰：粮谷十斛，是钓池上之所种。

太平御览卷第八百三十八　百谷部二

米

《后汉书》曰：帝因西征隗嚣至漆。漆县，属右扶风。诸将多以王师之重，不宜远入险阻，计犹豫未决。会召马援夜至，帝大喜，引入，具以群议质之。援因说隗嚣将帅有土崩之势，兵进有必破之状。又于帝前聚米为山谷，指画形势，开示众军所从道径往来，分析昭然可晓。帝曰："虏在吾目中矣！"明旦遂进军，嚣众大溃。

又曰：献帝时，三辅大旱，帝避正殿请雨，遣使者洗囚徒，原轻系。洗谓荡涤也。是时，谷一斛五十万、豆麦一斛二十万，人相食啖，白骨委积。帝使御史侯汶出太仓米、豆，为饥人作糜粥，经日而死者无数。帝疑赈恤有虚，乃亲于御坐前量试作糜，乃知非实。袁宏《汉记》曰：时敕侍中刘艾取米豆五升，于御前作糜，得满三盂。于是谓尚书曰："米豆五升，得糜三盂，两人委顿，何也？"使侍中刘艾出让有司。于是尚书令以下，皆诣省阁谢，奏收侯汶考实。诏曰："未忍致汶于理，可杖五十。"自是之后，多得全济。

《宋书》曰：晋平王休祐，素无才能，强梁自用。大明之世，年尚少，未得自专，至是贪淫好财色。在荆州裒刻所在，多营财货。以短钱一百赋民，田登，就求白米一斛，米粒皆令彻白，若有破折者，悉删简不受。民间粜此米一升一百，至时又不受米，评米责钱。凡诸求利，皆悉如此。

又曰：徐齐耕，晋陵人也。元嘉二十一年，大旱人饥。耕诣县陈辞，以米千斛助官振贷。县为言上，当时议以耕比汉卜式。诏书褒美，酬以县令。大明八年东土饥，东海严成、东莞王道益，各以私谷五百余斛助官振恤。

《梁书》曰：任昉为新安太守，为政清省，吏民便之。卒于官，唯有桃花米二十斛，无以为敛。遗言："不许将新安一物还都。"

《南史》曰：孔觊后为司徒左长史，弟道存，代觊为后军长史、江夏内史。时东土大旱，都邑米贵，一升将百钱。道存虑觊甚乏，遣使载五百斛米饷之。觊呼使谓之曰："我在彼三载，去官之日，不办有路粮。卿至彼未几，那能便得此米？即可载还彼。"吏曰："自古已来，无有载米上水者。都下米贵，乞于此货之。"不听，吏乃载米而去。

《梁书》曰：庾诜尝乘舟从湿中山舍还，载米一百五十石，有人寄载四十石。及至宅，寄载者曰："君四十斛，我百五十斛。"诜嘿然不言，恣其取足。邻人有被执为盗见劾，妄疑诜。诜矜之，乃以书质钱二万，令门生诈为其亲，代之酬备。邻人获免，谢诜，曰："矜天下无辜，岂期谢也！"

又曰：张率嗜酒，不事，于家务，尤忘怀。在新安，遣家僮载米三千石还吴宅。及至，耗太多。率问其故，答曰："雀鼠耗。"率笑而言曰："壮哉，雀鼠！"竟不研问。

《南史·隐逸传》曰：陶潜为彭泽令。郡遣督邮至县，吏白应束带见之，潜叹曰："我不能为五斗米，折腰向乡里小人。"即日，解印绶去职，赋《归去来》，以遂其志。

《后魏书》曰：崔浩自撰《食经》序，曰："余备位台铉，与参大谋，赏获丰厚，牛羊盖泽，货累巨万，衣则重锦，食必粱肉。远唯平生，思季路负米之时，可复得乎？故序遣文，垂示来世。"

《北史》曰：齐文宣帝崩，当朝文士各作挽歌十首，择其善者而用之。魏收、阳休之、祖孝徵等，不过得一二首，唯卢思道独有八篇，故时人称为"八美卢郎"。

《唐书》曰：李岘为京兆尹，所在皆着声绩。天宝十三载，连雨六十余日。宰臣杨国忠恶其不附己，以雨灾归咎京兆尹，乃为长沙郡太守。时京师米麦踊贵，百姓谣言曰："欲得米粟贱，无过追李岘。"为其政得人心如此。

又曰：张万福为泗州刺史。魏州饥，父子相卖，饿死者接道。万福曰："魏州，吾乡里也，安可不救？"令其兄子将米百车往餧之。又使人于汴口，求魏人自卖者，给车牛赎而遣之。

又曰：阳城尝约其二弟云："吾所得月俸，汝可度吾家有几口，月食米当几何，买薪菜盐米凡用几钱，先具之，其余悉以付酒媪，无留也！"未尝有所蓄积。

《说苑》曰：子路曰："负重道远者，不择地而休；家贫亲老者，不择禄而仕。昔者由事二亲之时，常食藜藿之实，而为亲负米百里之外。亲没之后，南游于楚，从车百乘，积粟万钟，累茵而坐，列鼎而食。愿食藜藿，为亲负米之时，不可复得也！枯鱼衔索，几何不蠹？二亲之寿，忽如过隙！草木欲长，霜露不停；贤者欲养，二亲不待。故曰家贫亲老，不择禄而仕也！"

《吕氏春秋》曰：孔子穷于陈、蔡之间，藜羹不糁，七日不尝粒。昼寝，颜回索米而而来，爨之几熟，孔子望见颜回攫其甑中而饭之。选间食熟，谒孔子而进食。孔子起曰："今者梦见先君，食洁欲馈。"回曰："不可。向者煤煤入甑中，回以为弃之则不可，置之则不洁，因攫而食之。"孔子叹曰："人所信者目也，而目犹不可信；所恃者心也，而心犹不足恃。弟子记之：知人固不易。"

《水经》曰：会稽有射的山，远望状若射侯，故谓射的。的之西有石室，名之为射堂。年登否，常占射的，以为贵贱之准。的明则米贱，的暗则米贵。故谚云：射的白，斛米百；射的玄，斛米千。

麦

《毛诗·墉·柏舟·桑中》曰：爰采麦矣，沫之北矣。

又《载驰》曰：我行其野，芃芃其麦。

又《思文》曰：思文后稷，克配彼天。立我蒸民，莫匪尔极，贻我来牟。牟，麦也。

《礼记·月令》曰：孟夏之月，天子以彘尝麦。孟春行冬令，则首种不入。蔡邕《章句》曰：首种为宿麦也。

《左传·桓公》曰：夏四月，郑祭足帅师取温之麦。温，周苏氏之地。

又《文下》曰：鲁襄仲如郑，拜谷之盟。复曰："臣闻齐人将食鲁之麦。"

又《成上》曰：晋侯梦大厉，公召桑田巫，巫曰："不食新麦矣！"六月丙午，晋侯欲麦，使甸人献麦，召桑田巫，示而杀之。将食，张，如厕，陷而卒。

《春秋佐助期》曰：麦神，名含福，姓刁。

《春秋说题辞》曰：麦之为言殖也。寝生，触冻而不息，精射刺直。故麦含芒，生且立也。

《尚书大传》曰：秋昏，虚星中，可以种麦。

《孝经援神契》曰：黑坟宜黍、麦。

《周书》曰：四月孟夏，王初祈祷于岱宗，乃尝麦于庙。

《史记》曰：箕子朝周，过故殷墟，咸生禾黍。箕子伤之，欲哭则不可，欲泣为其近妇人。乃作《麦秀》之诗，以歌咏之。其诗曰："麦秀渐渐兮，禾黍油油。"

《汉书》曰：武帝外事四夷，而民去本。董仲舒说上曰："《春秋》他谷不书，至于麦禾不成，则书之。以此见圣人于五谷，最重宿麦。今关中俗不好种麦，愿陛下幸诏大司农，使关中民益种宿麦，无令后时。"

《东观汉记》曰：高凤，字文通，南阳苑人。诵读昼夜不绝。妻尝之田，暴麦于地，以竿授凤，令护鸟雀。凤受竿，诵经如故。天大雷暴雨流潦，凤留意在经，忽不视麦，麦随水漂去。

又曰：第五伦免归田，躬与奴共发株棘田种麦。

又曰：董宣为洛阳令，卒官。诏遣使视，唯见布被覆尸，妻子对哭，有大麦数斛。

又曰：邓禹平三辅，粮乏，王丹上麦二千斛。禹高其节义，表丹领左冯翊。

又曰：张堪为渔阳太守，劝民耕种，以致殷富。百姓歌曰："桑无附枝，麦穗两歧。张君为政，乐不可支。"

《续汉书》曰：羊续为南阳太守。妻与子秘往郡舍，续闭门不纳。妻自将秘行其资藏，唯布衾、弊裯，盐麦数斛。

又曰：桓帝时，童谣曰："小麦青青，大麦枯，谁当获者？妇与姑。丈夫何在？西击胡。"后西羌大至，抽丁以征之。

袁山松《后汉书》曰：范丹，字史云，外黄人。使儿捃麦，得五斛。乡人尹台遗之一斛，属儿莫道。丹后知，即令并送六斛。言麦已杂，遂誓不取。

王隐《晋书》曰：王褒，字伟元。诸生有密为褒刈麦者，褒遂弃之。于是莫敢复佐。

《晋书·载记》曰：京兆杜洪窃据长安，自称晋征北将军，雍州刺史，戎夏多归之。符健密图关中，惧洪知之，乃伪爱石祇宫室，于枋头课所部种麦，示无西意。有知而不耕种者，健杀之以徇。

《晋起居注》曰：咸康三年，河北谣曰："麦入土，杀石虎。"

又曰：太康十年，嘉麦生扶风郿，一茎四穗，收实三倍。

崔鸿《十六国春秋·前凉录》曰：张骏九年，雨五稼谷于武威、敦煌，种之皆生，因名天麦。

又《前秦录》曰：初，符健闻桓温之来伐也，芟麦以待之。故温掠无所得，军人大饥。

又曰：新罗王遣使贡其方物，在百济东，去长安九千八百里，其人食麦。

又《前凉录》曰：永嘉元年，嘉麦一茎九穗，生姑臧。

《三国典略》曰：李岳，字祖仁，官至中散大夫。尝为门客所说，举钱营生，广收大麦，载赴晋阳，候其寒食，以求高价。清明之日，其车方达。又从晋阳载化生向邺城，路逢大雨，并化为泥。息利既少，乃至贫迫。当世人士莫不笑之。

《陈书》曰：侯景乱时，吴明彻有粟麦三千余斛，而邻里饥馁，乃白诸兄曰："今人不图久，奈何不与乡里共此？"于是计口平分，同其丰俭。群盗闻而避焉，赖以存者甚众。

《后周书》曰：大象末，有强练师以无底囊历长安市告乞。市人以米麦遗之，随即漏地。人或问其故，强练曰："但令诸人见盛空耳！"及隋初，迁都龙首山，长安遂空矣。

《隋书》曰：张文诩隐居，尝有人夜中窃刈其麦者，见而避之。盗因感悟，弃麦而谢。慰谕之，自誓不言，固令持去。经数年，盗者向乡人论之，始为远近所悉。邻家筑墙，心有不直，文诩因毁旧堵以应之。

《唐书》曰：开元十三年，河南府寿安县人刘怀家有大麦六亩先熟，与众麦殊色，其中有两歧、三歧、四歧、六歧者。

又曰：元和九年六月三日，宰臣武元衡为盗所害。先是，长安谣曰："打麦麦打，三三三。"既而旋其袖，曰："舞了也。"解者谓：打麦者，打麦时也；麦打者，盖谓暗中突击也；三三三，谓六月三日也。舞了者，谓元衡之卒也。

又曰：西安国，每十月，令巫者赍肴诣山中，散糟麦于空，犬咒呼鸟，俄而鸟如鸡飞入巫者之怀。因割腹而视之，每有一谷，来岁必登；若有霜雪，必有灾异。其俗信之，名为鸟卜。

又曰：吐谷浑，地气大寒，不生秔稻，有麦稞麦、豆、小麦、荞麦。

《庄子》曰：大儒以《诗》《礼》发冢，小儒曰："口中有珠。《诗》曰：青青之麦，生于陵陂。生不布施，死何含珠为？"

《淮南子》曰：济水通和而宜麦。

又曰：三春之月，天子衣青衣，乘青龙，食麦与羊。

《秦子》曰：孔文举为北海相，有人母病差，思食新麦，家无，乃盗邻熟麦而进之。文举闻，特偿之。

《家语》曰：宓子贱为单父宰，百姓化之。齐人攻鲁，道由单父。父老谓曰："麦已熟矣，今齐寇至，不及人人自收其麦，请放民，皆使出获傅郭之麦，可以益粮，且不资寇。"三请而宓子不听。俄而寇逮于麦。季孙闻之，怒，使人让之，密于蹵然曰："今兹无麦，明年可树。若使不耕者得获，是民乐有寇也。且单父一岁之麦，于鲁不加强，丧之不加弱。使民有自取之心，其疮必数世不愈。"季孙闻之，赧然愧曰：

“地若可入，吾岂忍见宓子哉！”

《广雅》曰：大麦，麰也；小麦，麳也。

《吕氏春秋》曰：得时之麦，长秱而颈墨，二七以为行，西服薄穗而赤色，称之重，食之致香以息，使人肥且有力。

《范子计然》曰：东方多麦，南方多稷，西方多麻，北方多菽，中央多禾，五土之所宜也。

《说文》曰：麦，芒谷，秋种厚埋，故谓之麦。麦，金也。金王而生，火王而死。从“来”，有穗者，从“攵”；思惟切。麰周所受来牟也。一麦二缝，象其芒刺之形，天所来也；麧音纥坚麦也；麲音琐小麦屑核也；𪍿，磨麦也；䴭，麦核屑也，十三斤为三斗，从“麦”，“啇”声；麷，煮麦也；麩，麦白煮也；稍，麦茎也。

《广志》曰：虏小麦，其实大麰，似大麦形，有二缝，䅪麦，似大麦，出凉州；旋麦，三月种，八月熟，出西方；赤麦，赤而肥，出郑县。有半夏小麦，有秀芒大麦，有黑穬麦。

《吴氏本草》曰：大麦，一名穬麦，五谷之盛。无毒，治消渴，除热益气，食蜜为使。麦种，一名小麦，无毒，治利而不中。

《泛胜之书》曰：凡田六道，种麦为首。“子欲富，黄金覆”，谓曳柴壅麦根也。夏至后七十日，寒地可种宿麦。

又曰：麦早种穗强而有节，晚种穗小而少实。渍麦种以酢浆，无虫。冬雪止，掩其雪，勿从风飞去，则麦耐旱。

崔寔《四民月令》曰：六月初伏，荐麦、瓜于祖祢。

《陈留耆旧传》曰：高顺，字孝父，敦厚少华。子式，至孝。蝝蝗为灾，不食式麦。

《英雄记》曰：吕布令韩暹、杨奉取刘备地麦，以为军资。

《曹瞒传》曰：太祖曾行麦中，令士卒无败麦，犯者死。骑士皆下马，持麦以相付。太祖马腾入麦中。太祖曰：“孤为军帅，不可杀，请自刑。”因援剑割发以置地。

《诸葛恪别传》曰：孙权尝飨蜀使费祎，祎停食𩞯，索笔作《麦赋》，恪亦请笔作《磨赋》咸称善。

《西域诸国志》曰：天竺以十一月六日为冬至，则麦秀；十二月十六日为腊，则麦熟。

《博物志》曰：啖麦令人多力。

又曰：近世有田夫至巧，削木为麦，入市粜之。籴者无疑，归磨乃觉非麦。

《搜神记》曰：麦之为蛱蝶，由干湿也，尔则万物之变皆有也。农夫止麦之化者，区之以灰；圣人理万物之化者，济之以道。

孔融《教高密令》曰：高密侯国笺言：郑国增门之崇，令容高车结驷之路；出麦五斛，以酬执事者之劳。

太平御览卷第八百三十九　百谷部三

禾

《尚书·微子之命》曰：唐叔得禾，异亩同颖，献诸天子。王命唐叔归周公于东，作《归禾》。

又《金縢》曰：周公居东，秋大熟未获，天大雷电以风，禾则尽偃。王启金縢，得周公代武王之说，王出郊，天乃反风，禾尽起。

《尚书大传》曰：成王时，有苗异茎而生，同为一穗，大几盈车，长充箱，人有上之者。王召周公而问之，公曰："三苗为一穗，抑天下其和为一乎？"果有越裳氏重译而来。

《毛诗·甫田》曰：禾易长亩，终善且有。易，治也。长亩，竟亩也。

《礼记·檀弓下》曰：季子皋葬其妻，犯人之禾。申祥以告，曰："请庚之。"子皋曰："孟氏不以是罪予，朋友不以是弃予，以吾为邑长于斯也。买道而葬，后难继也！"

《左传·隐公》曰：夏四月，郑祭足帅师取温之麦。温，周地，苏氏邑也。秋，又取成周之禾。

《春秋运斗枢》曰：旋星明，则嘉禾液。《春秋感情符》曰：日下论于地，则嘉禾生。

《春秋说题辞》曰：天文以七，列精以五，故嘉禾之滋，茎长五尺。五七三十五，神盛，故连茎三十五穗，以成盛德，禾之极也。

又曰：禾者衔滋液。衔滋液以生，故以和软为名也。

《孝经援神契》曰：德下至地，则嘉禾生。

《春秋繁露》曰：禾实于野，粟缺于仓，皆奇怪，非人所意乎？此可畏也！

《史记·封禅书》曰：管仲说桓公曰："古之封禅，北里禾所以为盛。"苏林注曰：北里，地名。

《汉书》曰：武帝外事四夷，四民去本。董仲舒说上曰："《春秋》他谷不书，至于麦禾不成则书之，以见圣人于五谷最重麦与禾。"

又《郊祀志》曰：王莽篡位，兴神仙事，种五梁禾于殿中，各顺其色置其方面，煮二十余物渍种，计粟斛成一金，言此黄帝谷仙之术。

又曰：莽使中郎平宪诱羌还，云："天下太平，一禾长丈余，故乞内属"。

《续汉书》曰：承宫，字少子，琅琊人。尝在蒙阴山中耕种禾黍，临熟，人认之，宫便推与而去，由是发名也。

《东观汉记》曰：光武以建平元年生于济阳县。是岁，有嘉禾生，一茎九穗，大于凡禾，县界大熟，因名上曰秀。

又曰：淳于恭，字孟孙。有盗刈禾，恭见之，恐其愧，因伏草中，盗去乃起。

《后汉书》曰：王符《论》曰：夫养稂莠者伤禾稼，惠奸宄者贼良人。

又曰：蔡茂，初在广汉，梦坐大殿，殿极上有三穗禾，茂跳取之，得其中穗，辄复失之。屋之大者，古通呼为殿也。极，殿梁也。三辅间谓屋梁为极。以问主簿郭贺，贺离席庆曰："大殿者，官府形象也；极而有禾，人臣之禄也；取中禾，是中台之位也。于字，'失禾'为'秩'，曰失之所以得禄秩也。衮职有阙，君其补之。"旬月，而茂征焉。

《吴志》曰：赤乌七年，宛陵言嘉禾生，会稽始平言嘉禾生，改年为嘉禾。

《晋书》曰：庾衮居贫，禾熟，获者已毕，而采捃尚多。衮乃引其群子以退曰："待其间。"及其耒君也，不曲行、不旁掇，跪而把之，则亦大获。又与邑人入山拾橡，分夷险，序长幼，推易居难，礼无违者。

臧荣绪《晋书》曰：朱冲，字巨容，躬植禾艺蔬。邻牛侵犯，持刍送牛而无恨色。

《晋起居注》曰：武帝世，嘉禾三生，其七茎同穗。

《晋中兴征祥说》曰：王者德盛，则嘉禾生。嘉禾，仁卉也。义熙十三年，巩县民宋曜于田中获嘉禾，九穗同本。九穗，九州。是时羌平，六合宁。

《后魏书》曰：许谦，字元逊，代人也。子洛阳为雁门太守。家田三生嘉禾，皆异垄合颖。世祖善之，进爵北地公也。

《北史》曰：赵肃授原州总管司马。在道夜行，其左右马逸入田中，暴人禾。辄驻马待明，访禾主，酬直而去。

《唐书》曰：朔方节度郭子仪言："宁朔县界，荒地广十五里。有黑禾谷出遍地。每日侧近百姓扫尽，经宿还生，前后可得五六千石。其禾圆实，味甘美。臣以为，天启兴王，先瑞百谷，故汉称雨粟，周颂来粦。岂若瑞禾自出，家给人足，盖陛下富教安人，务农敦本，光复社稷，康济黎元之应也。"

又曰：代宗为皇太子，乾元初，上降诞，豫州奏：百姓李氏有嘉禾生。及是册礼，特诏改名豫。

又曰：永泰元年秋，京兆府上言："鄠县嘉禾生，穗长一尺余，穗上粒重叠如连珠。"

又曰：马燧，大历四年为怀州刺史，乘兵乱后，其夏大旱，人失耕种。燧乃务教化，将吏有父母者，燧辄造之施敬，收瘗暴骨，去其烦苛。至秋，田中生稆禾，稆，音吕，禾再生也。人颇便之。

又曰：元和中，东川观察使潘孟阳上言："龙州武安川中嘉禾生，有麟食之，复生。麟之来，一鹿引之，群鹿随焉，光华不可正视。画工就图之，并嘉禾一函以献。"

《淮南子》曰：后稷辟土垦草，以为百姓力农，然而不能使禾冬生。

又曰：洛水轻利而宜禾。

又曰：夫子见禾之三变，夫子，孔子也。三变，始于粟，粟生于苗，苗成于穗也。滔滔然，曰："狐乡丘而死，我其首禾乎？禾穗。垂而向根，君子不忘本也。"

《吕氏春秋》曰：饭之美也，玄山之禾。

《山海经》曰：昆仑墟上有禾，禾长五寻。郭璞注曰：木禾，谷颖也。

《白虎通》曰：德至于地则嘉禾生。嘉禾者，大禾也。

《说文》曰：禾，嘉谷也。二月始生，八月而熟，得时之中，故谓之禾。禾，木也，木王而生，金王而死。稙，早种也。颖，禾末也。壳，禾皮也。秆，禾茎也。稿，秆也。

《会稽典录》曰：沈勋身自耕耘，以供衣食。人有盗获其禾，勋见而避之。明日更收拾，送致其家，盗者愧惧，赍还不受。

《六韬》曰：人主好田猎，则岁多大风，禾谷不实。

《郑玄别传》曰：玄年十六，号曰神童。民有献嘉禾者，欲表府，文辞鄙略。玄为改作，又着颂一篇。侯相高其才，为修寇礼。

杜宝《大业拾遗录》曰：七年九月，太原郡有献禾，一本三穗，长八尺，穗长三尺五寸，大尺围，芒穗皆紫色，鲜明可爱。自禾已上二尺余，亦紫色。有老人，年八十余，以素木匣盛之。赐物三十段，敕授嘉禾县令。

《续搜神记》曰：卢陵巴丘人文晃者，世以田作为业。秋收以过，获刈都毕，明旦至田，禾悉复满，湛然如生。即更获，所获盈仓而巨富。

《广五行记》曰：东魏孝静帝，天保初四月，禾夜生于帝铜砚中，及明而长数寸，有穗。其年，帝为高洋所幽，遇鸩而崩。

《古今注》曰：和帝元年，嘉禾生济阴城阳，一茎九穗。安帝延光三年，嘉禾生九真，百五十六本，一百六十八穗。

《汜胜之书》曰：种禾无期，因地为时。三月榆荚雨时，高地强土可种禾。薄田不能粪者，以原蚕矢杂禾种之，则禾不虫。

崔寔《四民月令》曰：三月、二月可种稙禾。

《梦书》曰：禾稼为财用之所出。梦见禾稼，吉，财气生。

《广志》曰：渠禾蔓生，实如葵子，米粉白如面，可为饘粥，牛食之肥。六月种，九月熟。感禾，扶疏生，实似大麦。杨禾似藋，粒细也。折右炊停即牙生，此中国巴禾木稷也。火禾高丈余，子如小豆，出粟特国。

稻

《周礼·夏官·职方氏》曰：扬州宜稻，青州宜稻、麦。

《礼记·曲礼下》曰：祭宗庙之礼，稻曰嘉蔬。

又《月令》曰：季秋之月，天子乃以大尝稻，先荐寝庙。

又《内则》曰：饮：重醴，清糟；稻醴，清糟；黍醴，清糟。

又《内则》曰：取稻米，举糔息酒切溲所九切之，小切狼臅昌录切。膏，以与稻米为酏之然切。

《左传·昭五》曰：鄅音禹人藉稻。履行之也。

《春秋说题辞》曰：稻之为言藉也。稻冬含水，盛其德也。故稻，太阴精，含水渐洳，乃能化也。江旁多稻，固其宜也。宋均注曰：稻，苞裹也。稻非水不生，故曰阴精也。

《孝经援神契》曰：污泉宜稻。

《尔雅》曰：稌，稻也。今沛国呼稌也。

《广雅》曰：粢，稻，其穗谓之禾。

《东观汉记》曰：刘敞拜庐江都尉。岁余，遭旱，行县人，持稻皆枯，吏强责租，敞应曰："太守事也。"载枯稻至太守所，酒数行，以语太守。太守曰："无有。"敞以枯稻示之，太守曰："都尉事也。"敞怒叱太守曰："鼠何敢尔也！"

《后汉书》曰：邓晨为汝南太守，兴鸿郄陂数千顷田。鸿郄，陂名，今在豫州汝南县东。成帝时，关东水陂溢为害，翟方进为丞相，奏罢水陂。

《江表传》曰：孙亮五凤元年，交趾稗草为稻。

《吴志》曰：锺离牧，字子干，会稽山阴人。少居永兴，自垦田种稻二十余亩。临熟，而县民认之，牧曰："本自田荒，故垦之耳。"遂以稻与县民。县吏召民系狱，欲绳以法，牧请之。长曰："君自行义事，仆为民主，当以法率下。"牧曰："此是郡界，缘君意顾，来暂住。今以少稻杀此民，何心复留？"

又曰：黄龙三年，由卷县野稻自生，改为禾兴县。

《晋中兴书》曰：孙略，字文度，吴人。少田于野，时年饥，谷贵，人有盗刈其稻者，略见而避之。

《晋书》曰：杜预修邵信臣遗迹，激用滍淯诸水，以浸稻田万余顷，分疆刊石，使有定分，公私同利，众庶赖之，号曰杜父旧水道。

又曰：惠帝征成都王，狼狈，左脚三指折，匍匐人稻苗中，赖侍中嵇绍以身捍之。

又曰：郭翻，字长翔，武昌隐士也。不交世事，唯以渔钓、射猎为娱。贫无业，欲垦荒田，先立表题，经年无主，然后乃作。稻将熟，有认之者，悉与之。县令闻而诘之，以稻还翻，翻遂不受。

又曰：袁甫尝诣何勖，自言能为剧县。勖曰："唯欲宰县，不为台阁职，何也？"甫曰："人各有能有不能，譬缯中之好莫过锦，锦不可以为絛音滔；谷中之美莫过稻，稻不可以为糜。是以圣王使人，必先以器，苟非周材，何能悉长？黄霸驰名于州郡，而息誉于京邑。廷尉之材不为三公，自昔然也。"勖善之，除松滋令。

《宋书》曰：顾欢好学，年六七岁，家贫。父使田中驱雀，欢作《黄雀赋》而归，雀食过半。父怒，欲挞之，见赋乃止。

《齐书》曰：范云尝从文惠太子幸东田观获稻，文惠顾谓云曰："刈此甚快。"云曰：三时之务，亦甚勤劳。愿殿下知稼穑之艰难，无徇一朝之宴逸也。"文惠改容谢之。

《南史》曰：孔琇之有吏能，仕齐为吴令。有小儿，年十岁，偷刈邻家稻一束。琇之付狱案罪。或谏之，琇之曰："十岁便为盗，长大何所不为？"县中皆震肃。

《梁书》曰：邓元起，尝至其西沮田舍。有沙门造之，乞于元起，有稻几二千斛，悉以施之。时人称其有大度。

又曰：陈伯之，济阴睢陵人也。年十三四，好着獭皮冠、带刺刀，候邻里稻熟，辄偷刈之。尝为田主所见，呵之曰："楚子莫动！"伯之曰："君稻幸多，取一担何若？"田主将执之，因拔刀而进曰："楚子定何如？"田主皆反走，徐担稻而归。

《隋书》曰：梁陈五坛祭法，以三牲首，余以骨体荐，粢盛为六饭：粳以敦音堆，稻以牟，黄梁以篚，白粱以篕，黍以瑚，粢以琏。

又曰：齐孝昭皇建中，平州刺史嵇晔建议开幽州督亢旧陂长城左右营屯，岁收稻粟数十万石，比境得以周赡。

《唐书》曰：开元十九年，扬州奏：穞生稻二百一十五顷，再熟稻一千八百顷，其粒与常稻无异。

又曰：孟元阳为曲环军中大将，环使董作西华屯。元阳盛夏芒履立稻田中，须役者退而后就舍。故其田岁无不稔，军中足食。

《淮南子》曰：江水肥而宜稻。

又曰：今稻生于水，而不能生于湍濑之流。

又曰：离先稻熟而农夫耨之，稻米随而生者为离，与稻相似。耨之，为其少实也。不以小利伤大获也。

《战国策》曰：东周欲为稻，西周不下水，东周患之。苏子往见西周之君曰："君之谋过矣！今不下水，所以富东周也。今其民皆种麦，无他种矣。君若欲害之，不若一为下水以病其所种，下水，东周必以种稻，而复夺之。若是则东周之民可令一仰西周，受命于君矣！"

《国语》曰：越败吴，王孙雒请和，范蠡不听。雒曰："范子，先人有言：无助天为虐，助天为虐不祥。今吾稻蟹不遗种，子将助天为虐乎？"

《吕氏春秋》曰：得时之稻，大本而茎葆，长秱疏穖，穗如马尾，大粒无芒，抟米而薄糠，舂之易而食之香，如此者不益益息也。先时者大本，而茎叶格对，对，等。短秱短穗，多秕厚糠，薄米多芒。后是者，纤茎而不滋，厚糠多秕，辟米，不得待忄辟定熟，仰天而死。

又曰：史起为邺令，民大被其利，相与歌之曰："邺有圣令为史公，决漳水兮灌邺旁，终古斥卤兮生稻粱。"

《吴越春秋》曰：越王勾践复兴师伐吴，吴王败，昼夜驰走，三日，饥，顾见生稻，而取食之。

《抱朴子》曰：南海晋安九熟之稻。

《会稽典录》曰：夏香，有盗刈其稻者，香助为收之。盗者惭，送以还香。香不受。

《风土记》曰：穰，稻之紫茎。穛，兼、衔二音。稻之有青穗，米皆青白者也。

《水经》曰：任延为九真太守，教民耕艺，法与华同。名白田种百谷，七月大作，十月登熟；名赤田种赤谷，十二月作，四月登熟。所谓两熟之稻也。

《世说》曰：晋简文见田中稻苗，不识，问人是何草，左右答曰："是稻。"简文归，三日不出，云："宁有得其末，不识其本？"

郭义恭《广志》曰：有虎掌稻、紫芒稻、赤穬稻；南方有蝉鸣稻、七月熟稻；有盖下白，正月种，五月获讫，其茎、根复生，九月复熟。青芋稻，六月熟；累子稻、白汉稻，七月熟。此三稻，大且长，三枚长一寸。益州稻之长者，米长半寸。

《说文》曰：稻，稌也。穬肥尾切，稻紫茎，不黏者也。穬，穛稻，不黏者也。秏，稻属也。

徐畅《祭记》曰：旧稑稻熟，常用九月九日荐稻。

《泛胜之书》曰：种稻，春冻解时，耕反其土。种稻区不欲大，大则水深浅不遍。冬至后百一十日可种稻。地美者用种亩四斗。

俞益期《笺》云：交址稻再熟而草深，耕重，收谷薄。

《异物志》曰：交趾稻，夏冬又熟，农者一岁再种。

《云南记》曰：雅州荣经县，土田岁输稻米亩五斗。其谷精好，每一斗谷近得米一斗，炊之甚香滑，微似糯味。

崔寔《四民月令》曰：三月多种粳稻。

蔡邕《月令》曰：十月获稻。九月熟者，谓之半夏稻。

《博物志》曰：海陵县扶江接海，多麋兽，千千为群，掘食草根，其处成泥，名麋畯。民人随此畯种稻，不耕而获，其收百倍。

任昉《述异记》曰：夏禹时天雨稻。古诗云："安得天雨稻？饲我天下民。"

《物理论》曰：稻者，溉种之总名。

《养生要集》曰：粳，稻属也。稻，亦粳之总名也。道家方药有用稻米、粳米，此则是两物也。稻米，粒白如霜，味苦主温，服之令人多瘦无饥肤；粳米味甘，主利五藏，长饥肤，好颜色。

左思《魏都赋》曰：清流之稻。清流近邺西，出御稻。

又《吴都赋》曰：国税再熟之稻，乡贡八蚕之绵。

卢毓《冀州论》曰：河内好稻。

粳

《说文》曰：粳，稻属也。

《宋书》曰：陶潜为彭泽令，公田令吏种秫。妻子固请种粳，乃使五十亩种粳。

《陈书》曰：徐孝克所生母患疾，欲粳米为粥，不能常办。母亡后，孝克遂常啖麦。有遗粳米者，孝克对而悲泣，终身不复食焉。

《后魏书》曰：安同，辽东胡也。太宗使同与长孙嵩并理人讼。世祖即位，除青、冀二州刺史。同长子居，典太仓事，盗官粳米数石以养同。同大怒，奏求戮居，自劾不能训子，请罪。太宗嘉而恕之，遂诏长给同粳米。

《神仙传》曰：王烈，字长休，邯郸人。与嵇叔夜入山游戏。烈后独入太行山，忽闻山东北如雷声，往视，见山破，石中有孔径尺，中有青泥流出。烈取抟之，随手坚凝，气味如粳米饭。烈自食数丸，因提归以与叔夜，而皆成青石。

杨衒之《洛阳伽蓝记》曰：西方佛沙伏国，有昔尸毗王仓库，为火所烧。其粳米焦燃，于今犹在。若伏一粒，永无虐患。彼国人民须以为药。

《广志》曰：粳有乌粳、黑穬，有幽青、白夏之名。

张衡《南都赋》曰：其厨膳则华乡黑秬音矩，滍皋香粳。

左思《蜀都赋》曰：黍稷油油，粳稻漠漠。

魏文帝《与朝臣书》曰：江表唯长沙名好米，何得比新城粳稻也！上风炊之，五里闻香。

秫

《说文》曰：秫，稷之粘者。

《尔雅》曰：众秫也。孙炎注曰：秫，稷粟也。

《广雅》曰：秫、稷，粳也。

《礼记·月令》曰：仲冬之月，乃命大酋，秫稻必齐。酒熟曰酋。大酋，官之长。齐，熟成也。

又《内则》曰：饘、酏、酒、醴、芼、羹、菽、麦、蕡、稻、黍、粱、秫、唯所欲。

《晋书》曰：陶潜，字元亮，为彭泽令，在县公田悉令种秫谷，曰："令吾常醉于酒，足矣！"妻子固请种粳，乃使二顷五十亩种秫，五十亩种粳。

《管子》曰：黄坟宜黍、秫。

崔豹《古今注》曰：稻之粘者为秫，禾之黏者为黍。

《广志》曰：秫有赤者，有白者。胡秫，早熟及麦。

《养生要集》曰：秫米味酸。

太平御览卷第八百四十　百谷部四

稷

《毛诗·駉颂·閟宫》曰：有稷有黍，有稻有秬。

《礼记·曲礼下》曰：凡祭宗庙，稷曰明粢。

又《内则》曰：豕宜稷。

《国语》曰：稷为稷，不能蕃殖。

《尔雅》曰：粢，稷也。郭璞注曰：今江东呼粟为粢也。孙炎曰：稷，粟也。

《说文》曰：稷，五谷之长也。

《山海经》曰：广都之野，爰有膏稷。

《广志》曰：破减稷、逼麦稷，此二者以四月熟。

《本草》曰：稷米，甘而无毒，益志气，补不足。

《郑氏婚礼谒文赞》曰：稷为天官。

卢毓《冀州论》曰：真定好稷，地产不为无珍也。

粟

《归藏》曰：《剥》，良人得其玉，小人得其粟。

《河图说微》曰：苍帝起，天雨粟也。

《说文》曰：粟，嘉谷实也。粟之为言续也。

《尔雅》曰：虋，赤苗；芑，白苗。虋，赤粱粟也。芑，白粱粟也。虋，音门。芑，音起。

《尚书·仲虺之诰》曰：肇我邦于有夏，若苗之有莠，若粟之有秕。孔安国注曰：始我商家国于夏世，欲见剪除，若莠生苗，秕在粟，恐被锄治伤之也。

《毛诗》曰：握粟出卜，自何能谷？

又《小宛》曰：交交桑扈，率场啄粟。

《周礼·地官下》曰：仓人，掌粟入之藏。郑玄注曰：九谷尽藏，以粟为主。

《礼记·曲礼上》曰：献粟者执右契。契，券要。右，尊也。

《礼记·祭义》曰：父母既殁，必求仁者之粟以祀之，谓礼终。

《左传·僖上》曰：冬，晋荐饥，乞籴于秦。秦输粟于晋，自雍及绛相继，命之曰泛舟之役。

又《襄元》曰：季文子卒，大夫入敛，无衣帛之妾，无食粟之马。

又《襄六》曰：郑子皮即位，于是郑饥，而未及麦，民病。子皮以子展之命，饩国人粟户一钟。

又《昭六》曰：夏，会于黄父，谋王室也。王室有子朝乱，谋定之也。赵简子令诸侯之大夫输王粟。

《春秋佐助期》曰：粟神名许给，姓庆天。

又《说题辞》曰：高而平者为原。平者和，故宜粟。

又曰：粟助阳扶性，粟之为言续也。粟五变：一变而以阳生为苗；二变而秀，为禾；三变而粲然，谓之粟；四变入臼，米出甲；五变而蒸饭可食。宋均注曰：粟受五行气而五变，故乃成可食。阳以一立为法，故粟积大一分，穗长一尺。文以七烈，精以五立，故其字"西米"为"粟"。"西"者，金所立；"米"者，阳精。故"西"字合"米"而为"粟"。宋均注曰：续为续阳生长也。受五行气，故有变。

《春秋潜潭巴》曰：天雨粟，无德者兴，有德者不禄。小人进，大臣辱。

《公羊传·僖上》曰：秋，齐侯、宋公、江人、黄人会于阳谷。桓公曰："无障谷，无贮粟。"何休注曰：有无相通。

《谷梁传·庄公》曰：诸侯无粟，诸侯相归。粟，正也。

《论语·雍也》曰：子华使于齐，冉有为其母请粟。子曰："与之釜。"请益，曰："与之庾。"原思为之宰，与之粟九百，辞。子曰："无以与尔邻里乡党乎？"

《周书》曰：神农之时天雨粟，神农耕而种之，作陶冶斤斧，破木为耜锄耨，以垦草莽。然后五谷兴，以助果蓏之实。

《史记》曰：武王平殷乱，天下宗周。伯夷、叔齐耻之，义不食周粟。

又曰：宣曲任氏之先为督道仓吏。秦之败，豪杰皆争金玉，而任氏独窖仓粟。楚、汉相拒荥阳，民不得耕种，米石至万金，而豪杰金玉尽归任氏，任氏以此起富。

又曰：汉兴七十余年之间，国家无事，非遇水旱之灾，太仓之粟新陈相因，充溢露积于外，至腐败不可食也。

又曰：文帝徙淮南王，道死。民歌曰："一斗粟，尚可舂；一尺帛，尚可缝；兄弟两人，不能相容！"

又《汲黯传》曰：河内失火，上使黯往视之。还报曰："河内人或父子相食。臣谨发河南仓粟以赈贫乏。"上贤而释之。

《史记》曰：大将军青遂至置颜山赵信城，得匈奴积粟食军，军留一月而还，悉烧其城余粟以归。

《汉书》曰：郦食其说齐王曰："汉英豪贤才，皆乐为之用，诸侯之兵四面而至，蜀、汉之粟方船而下。"

又曰：公孙弘起家徒步为丞相，故人高贺从之，食以脱粟米饭，覆以布被。贺怨曰："何用故人富贵为？脱粟布被，我自有之！"乃退。

又曰：主父偃谏伐匈奴，曰："秦皇使天下飞刍挽粟，起于东陲琅琊负海之郡，转致北河，率三十钟而致一石。"

又曰：秦将王离涉河围巨鹿，章邯军其南，筑通道而输之粟。

又曰：神农之教曰："有石城十仞，汤池百步，带甲百万，而亡粟，弗能守。"《泛胜之书》又载。

又《东方朔传》曰：侏儒长三尺，俸一囊粟，钱二百四十；臣长九尺余，亦俸一囊粟，钱二百四十。侏儒饱欲死，臣朔饥欲死。

又曰：贾捐之上书曰："武帝元狩六年，太仓之粟红腐不可食。"

谢承《后汉书》曰：丹阳方储，字圣明，晓风角占候，为章句。长民田还，置余粟二石及刀锄于田陌。明日求之，亡去。疑其邻家，储曰："此人非偷。"自呼县功曹，语曰："君何取粟置家后积茭中？"功曹款服。

《后汉书》王符《潜夫论》曰：富贵则背亲捐旧，丧其本心，朽贯千万，而不忍赐人一钱，积粟腐仓，不忍贷人一升。

《后魏书》曰：任城王云为冀州刺史。云留心政事，甚得下情。于是合城长吏请输绢五尺、粟五升以报云恩，高祖嘉之。

又曰：世祖引高允与论刑政，言甚称旨。因问允曰："万机之务，何者为先？"是时多禁封良田，又京师游食者众，允因言曰："地方一里则为田三顷，若勤之则亩益三升，不勤则亩损三升。方百里损益数率为粟二百二十二万斛，况以天下之广乎？若公私有储，虽遇饥年，复何忧哉？"世祖善之，遂除田禁。

又曰：韦朏，字尊显，少有志业，年十八，辟州主簿。时属岁俭，朏以家粟造粥以饲饥人，所活甚众。

《后周书》曰：王罴为华州刺史。时关中大饥，征税民间谷食以供军费，或隐匿者令递相告，多被篣捶，以是人有逃散。唯罴信着于人，莫有隐者，得粟不少。

《唐书》曰：始平人宗士朓，负粟一石，委于大仓而去，云："愿少益军国。"高祖嘉之，赍物百段。

《晋史》曰：高祖明而难犯，事多亲决。尝有店妇与军士垦诉，无以自明。帝为鞫吏曰："虽属官，吾可市而代之。两讼未分，何以为断？可杀马刳肠而视，其粟有则军士诛，无则妇人死。"遂杀马，马肠无粟，因戮其妇。境内肃然，莫敢以欺。

《汉实录》曰：王周性宽恕，不忤物情。初，刺信都，州城西桥败，覆民租车。周曰："桥梁不饰，予之过也。"乃还其所沉粟，出私财以修之。

《孔丛子》曰：子思居贫，其友馈乏粟者，受二车焉。或献樽酒束修，子思曰："为费而无当也。"或曰："子取人粟而辞酒，是辞少而受多也！于义则无名，于分则不全，行之何也？"子思曰："然伋不幸而贫于财，及至困乏，将绝先人之祀。夫所以受粟，为周乏也。酒醽则所以饮燕也，方乏于食而乃饮燕，非义也。吾岂以为介哉？度义而行之。"

又曰：季桓子以粟十钟饩夫子，夫子受而班门人之无者。子贡曰："季孙以夫子贫，故致粟。今而施人，无乃乖彼意乎？"子曰："吾受而不辞，为季孙之惠；受不为富惠于一人，岂若数百人哉？"

《管子》曰：桓公观于野，曰："何物可比君子之德？"隰朋曰："粟可比君子之德。"管仲曰："苗始出生也，晌晌似孺子，安之则安，不得则危，故命之曰禾，此可比君子。"桓公曰："善"。

《晏子春秋》曰：北郭骚见晏子曰："愿托所以养母。"晏子分仓粟府金以遗之，辞金受粟。晏子见疑，出奔。北郭子遂造公庭曰："晏子，天下贤人。去齐，敌必来侵，臣见国之侵，不若死，请以头白晏子！"因自杀。景公闻大骇，自追晏子。

又曰：寸之管无当，天下不能足粟。今齐国丈夫耕，女子织，夜以接日，不足以奉上；而君侧雕文刻镂之观，此无当之管也！

《曾子》曰：曾子，鲁君馈之粟，辞不受。使者曰："子无求于人，人自致之。"曰："与人者骄人，受人者畏人。纵子不以是骄我，我能无畏乎？与富而畏人，不若贫而无屈。"

《墨子》曰：世俗之君子，视义士不若视负粟者。今有人于此负粟，息于路侧，欲起而不能，君子见之，无长少贵贱，必起之。何重故也。今为义之君子，奉承先王之道以语之，纵不说而行，又从而非毁之。则是世俗之君子，视义士不若视负粟者。

《庄子》曰：周家贫，贷粟于监河侯。侯曰："待我得邑金，将贷子。"周作色曰："周昨来，有呼周者。视辙中，有一鲋鱼，曰：'我，东海之波臣也。君岂有斗升水活我哉？'周曰：'诺。我且南游吴越，激西江之水迎子，可乎？'鲋鱼曰：'不如早索我于枯鱼之肆！'"

《吕氏春秋》曰：伍子胥谏吴王曰："非吴丧越，越必丧吴。今将输之粟，是长吾雠而豢吾仇也。"

又曰：饭之美者，玄山之禾、不周之粟、不周山，在昆仑山北。阳山之穄、南海之秬。昆仑之南，故曰阳山。穄，关西为之縻。秬，黑黍也。

《商君书》曰：金一两生于境内，粟十二石于死境外；粟十二石生于境内，金一两死于境外。国好生金于境内，则金、粟两死，仓、府两虚，国弱；好生粟于境内，金、粟两生，仓、府两实，国强。

《荀卿子》曰：仁、义、礼、智之于人也，譬之若货、财、粟米之于家也，多有之者富，少有之者贫，至无有者穷。

《淮南子》曰：鬻棺者，欲民之疾疫；畜粟者，欲岁之饥荒也。

又曰：黄帝治天下，力牧太山稽辅之，狗彘吐菽粟于道路，而无分争之心。

又曰：昔者苍颉作书，而天雨粟。高诱注曰：苍颉始视鸟迹之文而造书者也。有书契则诈伪萌生，去本走末，弃耕作之业也，务锥刀之利，天知其将饿，故雨粟也。

又曰：量粟而舂，数米而饮，可以治家，而不可以治国。

又曰：马不食脂、桑扈不啄粟，非廉也。

又曰：未尝稼穑，粟满仓，未尝桑蚕，丝满囊。得之不以道，用之横。横，放也。

又曰：粟得水而熟，甑得火而液。水中有火，火中有水。疾雷破石，阴阳相薄。自然之热。

又曰：阖卢伐楚，五战入郢，烧高府之粟。

《六韬》曰：武王入殷，发巨桥之粟以与殷民。

《说苑》曰：十粟为一分，十分为一寸。

又曰：墨子语禽滑厘曰："今凶年，与子隋侯珠，又与子一钟粟，子将何择？"厘曰："粟可耳。"亦具珠部。

又曰：高平王遣使者从魏文侯贷粟，文侯曰："须吾租收邑粟至，乃得也。"使者曰："臣初来时，见渎中有鱼，张口谓臣曰：'吾穷水鱼，命在呼吸，可得灌乎？'臣谓之曰：'待吾南见河堤之君，决江河之水灌汝口。'鱼曰：'谓命在须臾，乃须决江淮之水？比至君还，必求吾于枯鱼肆！'今高平贫穷，故遣从君贷速。乃须租收，大王必求臣于死人之墓。"

《风俗通》曰：燕太子丹仰叹，天为雨粟。

《贾谊书》曰：邹穆公有令："食凫雁者必以秕，无敢以粟！"于是仓无秕，而求易于民，二石粟得一石秕。民请曰："秕食凫雁，为无费也。今求秕于二石粟而易一石秕，食凫雁则费甚矣！请以粟食之。"穆公曰："去！非尔所知也！夫百姓胸牛而耕，暴背而芸，勤而不敢隋者，岂谓鸟兽哉？粟米，人之食也，奈何以其食养鸟？且汝知小计，而不知大害！"

《晁错书》曰：利民欲者，莫如用爵致粟。能以粟拜爵者，皆民之有余者也。

《泛胜之书》曰：欲知岁宜，以布囊盛粟等量埋于阴地。冬至后，取量最多者多种之。

《桓阶别传》曰：阶为赵郡太守。路有遗粟一囊，耕者得之，举以系树。数日，其主闻，还取之。

《桂阳先贤画赞》曰：成子，郴中人，能达鸟鸣。为郡主簿，与众人俱坐，闻雀鸣而笑曰："东市辇粟车覆，雀相呼往食之。"众人遣视，信然。《益部耆旧》又载。

王子年《拾遗记》曰：东极之东，有龙枝之粟。言其枝屈曲若游龙，食之善走。又有凤冠粟，似凤之冠，食者令人多力。有云渠粟，丛生，叶似扶蕖，食之益颜色。粟茎赤黄，皆长二丈，千株丛生。

《博物志》曰：雁食粟，则翼垂不能飞。

《邹子》曰：董仲舒三年不窥园，尝乘马，不觉牝牡。朱买臣贫贱之时孳孳修艺，不知雨之流粟，志在经传也。

京房《易袄占》曰：天雨粟，不肖者食禄，与三公易位。天雨稻黍者亡。天雨稻，大臣当诛。

《古今注》曰：武帝建元四年，天雨粟。宣帝地节三年，长安雨黑粟。元帝竟宁元年，南阳山郡县雨粟，色青黑，味苦，大者如豆，小者如麻，子赤黄，味如麦。建初二年，九江寿春雨粟。光武建武二十年，清河广川雨粟，大如苋实，色黑。

《吴氏本草》曰：陈粟，神农、黄帝苦，无毒，治痹热渴，粟养肾气。

杜宝《大业拾遗录》曰：吏部侍郎杨恭仁欲改葬学士舒绰，曰："此所拟之处，掘深五尺之外，亦有五谷。若得一谷，即是福德之地，公侯世世不绝。"恭仁即将绰向京，令人掘深七尺，得一穴，如五石瓮大，有粟七八斗。此地经为粟田，蚁运粟下于此穴。当时朝野之士以绰为圣。

任昉《述异记》曰：光武兴，洛阳斗粟万钱，人死者相枕。汉末大饥，江淮间童谣曰："大兵如市，人死如林。持金易粟，粟贵于金。"洛中谣云："虽有千黄金，无如我斗粟。斗粟自可饱，千金何所直！"袁绍在冀州时，满市黄金而无斗粟，饿者相食，人为之语："虎豹之口，不如饥人。"刘备在荆州，粟与金同价。永嘉之乱，洛中饥荒，怀帝遣人观市，珠玉金银填委市门而我粟麦。袁宏上表云："田亩由是丘墟，都市化为珠玉。"

又曰：晋末，荆州久雨，粟化为虫，虫害民。《春秋》云"谷之飞为虫"是也。中郎王义兴表曰："臣闻尧生神禾，而晋有虫粟，陛下自以圣德何如也？"帝有惭色。

又曰：宋高祖之初，当晋末饥馑之后，既即位，而江表二千余里野粟生焉。

又曰：淮南诸山石谷生，石上生谷也。袁安公云："石谷，药名，穗之尤小者是也！

《应翊像赞序》曰：赤眉贼攻其所居城，翊尽以私谷数十万赈城中，于时粟斗数万，不称其仁。

太平御览卷第八百四十一 百谷部五

豆

焦赣《易林·渐之乾》曰：旦种菽豆，暮成藿叶。心之所愿，志快意惬。

《毛诗·豳风》曰：七月烹葵及菽。

又《鱼藻·采菽》曰：采菽采菽，筐之筥之。

又《生民》曰：艺之荏菽，荏菽旆旆。

《左传·成公》曰：晋周子有兄无惠，不能辩菽麦。

《春秋佐助期》曰：豆神名灵殖，姓乐。

《春秋说题辞》曰：菽者，属也。春生秋熟，理通体属也。菽赤黑，阴生阳，大体应节。小变赤，象阳色也。宋均注曰：阴阳而春夏也。大体，谓多黑也。小变，谓时之熟也。

《孝经援神契》曰：赤土宜菽。

《尔雅》曰：戎菽，谓之荏菽。郭璞注曰：孙叔然以为大豆。按，《春秋》齐侯献戎捷，《谷传》曰：戎，菽也。《管子》亦云：北伐山戎，出冬葱及戎菽，布之天下。今之胡豆是也。

《龙鱼河图》曰：岁暮夕四更，取二十豆子、二十七麻子、家人头发少，合麻豆，着井中，咒敕井吏，其家竟年不遭伤寒，辟五温鬼。

《史记》曰：张仪说韩王曰："韩地险恶山居，五谷所生非菽而麦，民之食大抵饭菽藿羹，一岁不收，民不餍糟糠。"

又曰：弃为儿时，好种树麻菽，麻菽美。

《东观汉记》曰：闵仲叔，太原人也。与周党相友。党每过仲叔，共含菽饮水，无菜茹。

又曰：赤眉平后，百姓饥饿，人相食。黄金一斤，易豆五升。

又曰：光武二年，寇恂为颍川郡，大生旅豆，收得一万余斛，以应给诸营。

又曰：邓禹攻赤眉，阳败，弃辎重走。车皆载土，以豆覆其上。兵士饥，争取之。

又曰：刘平尝为饿贼所得，平叩头曰："老母饥，少气，待平为命。愿得还饭母，驰来就死。"贼即遣去。母已食，平曰："向与贼期，义不可欺。"乃复往，贼惊怪其信义，曰："不忍食汝。"平既免脱，乃摭荚，得三升豆，以谢贼恩。

又曰：倪萌，字子明，齐国临淄人。兄为赤眉贼所得，贼欲杀啖之，萌诣贼叩头，言兄年老，羸瘠不肥健，愿代兄。贼义而不啖，命归求豆来赎兄。萌归，不能得豆，复自缚诣贼。贼遂放之。

《后汉书》曰：世祖自蓟东南至饶阳芜蒌亭，冯异献豆粥一。

又曰：冯异破延岑，时百姓饥饿，人相食，黄金一斤易豆五斗。道路断隔，委输不至，军士悉以果实为粮。

又曰：献帝在长安，谷贵，豆一斛二十余万。

又曰：汝南有旧鸿郄陂。成帝时，丞相翟方进毁之。时人歌曰："败我陂者翟子威，饴我大豆，烹我芋魁。"方进，字子威。芋魁，芋根也。

《汉名臣奏》曰：丞相薛宣曰："陛下八月酎祠，嘉美上升，皇天报应。茂陵寝庙上食日，玄鸟来至集，吐所含大豆，紫黑色，食物之象也。"

《蜀志》曰：彭羕与诸葛亮书："先民有言：左手据天下之图，右手刎咽喉，愚夫不为，况仆颇别菽麦。"

《魏志》曰：华佗还家，太祖累书呼佗，佗恃能厌事，犹不上道，托妻疾。太祖大怒，使往视，若妻信疾，赐小豆四十斛。

《吴志》曰：孙权北征，使陆逊与诸葛瑾攻襄阳。陆逊遣亲人韩扁赍表报，遇敌于江中，逻得扁。瑾闻之，甚惧，书与逊云："大驾以旋，贼得韩扁，具知吾阔狭，且当急去。"逊未答，方催人种豆，与诸将弈棋射戏如常。

又曰：赵达善算，使人取小豆数升，播之席上，立处其数，验覆，果信。计飞蝗，射隐伏，无不中。

王隐《晋书》曰：时王浚制边陲，潜使人问霍原，原不答，浚既衔之。又有辽东内徙三百余人，依山为贼，意欲劫原为主，亦未能行。时有谣曰："天子在何许？近在豆田中。"浚以为豆者，霍也。浚遂害原，悬其首，诸生悲哭其中。

《宋书》曰：废帝子业。景和初，人种紫花草及豆，皆化为白花。俄而帝见废之应。

《南史》曰："傅琰为山阴令，有二野父争鸡。琰各问鸡所食，一人云粟，一人云豆。乃破得粟，罪言豆者，县内称神明。

《北齐书》曰：厍狄伏连之家，口百数。盛夏之日，料以仓米二升，不给盐菜，常有饥色。冬至之日，亲表称贺，其妻为设豆饼。伏连问："此豆何因而得？"妻对："向于食马豆中分减充用。"伏连大怒，典马、掌食之人并加杖罚。

《唐书》曰：裴谞为河东道租庸等使，时大旱，谞请入计。代宗召见，问榷酤之利一岁几何，谞久之不对。帝复问之，对曰："臣有所思。"帝曰："何思？"对曰："臣目河东来，其间三百里，见农夫愁叹，欲菽未种，诚为陛下忧之。而乃责臣以利，故臣未敢即对。"

又曰：贞元中，李元谅为陇右节度使，开部下荒田数十里，劝军士树艺，岁收菽粟数十万斛。

《山海经》曰：广都之野，爰有膏菽。菽，豆也。

《管子》曰：桓公伐山戎，得戎菽以布天下。

《鹖冠子》曰：两叶蔽目，不见太山；两豆塞耳，不闻雷霆。

《孟子》曰：易其田畴，薄其赋税，民可使富也。民非水火不生，圣人治天下，使菽粟如水火。

《淮南子》曰：河水中调而宜菽。

又曰：孟夏、仲夏，天子衣紫衣，乘赤骝，骝，赤马，黑鬣也。食菽与鸡。

《说苑》曰：齐景公尝赏赐及后宫，文绣被台榭，菽粟食凫雁。出而见殣，谓晏子曰："此何为死？"晏子曰："此馁而死。"公曰："嘻！寡人之无德也，何甚矣！"对曰："君之德着而彰，何为无德也？"景公曰："何为也？"对曰："君之德及后宫与台榭。君之玩物，衣以文绣；君之凫雁，食以菽粟。君之营内自乐，延及后宫之族，何谓其无德也！顷臣愿有请于君之意：自乐之心推而与百姓同之，则何殣之有？君不推此，而苟营内好私，使财货偏有所聚，菽粟币帛腐于囷府，惠不遍加于百姓，公心不周乎万国，则桀、纣之所以亡也。夫士民之所以叛，由偏之也！君如察臣婴之言，推君之盛德，公布之于天下，则汤、武可为也！一殣何足恤哉？"

《吕氏春秋》曰：得时之菽，长茎而短足，其荚二七以为族，多枝数节，竞叶啬实，二七十四实也。大菽则圆，小菽则抟以芳，称之重，食之息以香，如此者不虫。先时者必长以蔓，浮业疏节，小荚不实。后时者，短茎疏节，本虚不实。

《世说》曰：魏文帝使东阿王七步作诗，不成，当行大法。王应声曰："箕在釜下燃，豆在釜中泣。本自同根生，相煎何乃急？"

又曰：石崇为客作豆粥，咄嗟便办；恒冬天得韭，以萍菹。

《氾胜之书》曰：大豆保岁易为宜，古所以备凶年也。种大豆，率人五亩。大豆忌申、卯。三月榆荚时雨，高田可种大豆。夏至后二十日，尚可种小豆，不保岁，难得。宜椹黑时种，亩五升。豆生布叶，锄之；生五六叶，又锄之。治养美田，亩可得十石，一斗大豆有万千粒。

又曰：夏至二十日可种豆，带申而生，不用深耕。豆花憎见日，见日则黄烂而根焦矣。知岁所宜：以囊盛种，平量埋阴地，冬至后五十日以发取量之，最多者种焉。

《说文》曰：小豆，菽也。萁，豆茎也。藿，菽之少也。

《物理论》曰：菽者，众豆之总名。

嵇康《养生论》曰：豆令人重，榆令人瞑。

《杂五行书》曰：常以正月旦，亦用月半，以麻子七枚、赤豆二七枚着井中，辟温病，甚神效。与《龙鱼河图》语小异，故重出。

又曰：正月七日，男吞赤豆七枚，女吞十四枚，竟年无病。

《益部耆旧传》曰：朱仓，字卿云。之蜀，从处士张宁受《春秋》。

粜小豆十斛，屑之为粮，闭户精诵。宁矜之，敛得米二十石，仓不受一粒。

《陈留耆旧传》曰：小黄恒牧为都尉功曹，与郎君共归乡里，为赤眉所得，欲杀啖之，牧求先死。贼义释之，送营豆一斛。

又曰：八月雨为豆花雨。

《广雅》曰：大豆，菽也。小豆，荅都合切也。豍兵迷切豆、豌豆，留豆也。胡豆，䗬义龙切𧄔音双也。豆角谓之荚，其叶谓之藿也。巴菽，巴豆也。

《广雅》曰：重小豆，一岁三熟，味甘；白豆，粗大可食；刺豆，亦可食；稙豆，苗似小豆，紫华，可为面，生朱提、建宁；胡豆，有青有黄者。

《邺中记》曰：石虎讳胡，胡物皆改名，胡豆曰国豆。

《古今注》曰：宣帝元康四年，南阳雨豆。光武建武三年春，缣一匹易一斗豆；夏，野生旅豆，民收取之。明帝永平十八年，下邳雨大豆，似槐实。

王子年《拾遗记》曰：东极之东有顷离豆，见日即倾叶，食者历岁不饥。豆茎皆大若指而缘，一茎烂漫数亩。

《博物志》曰：左元放度荒年法：择大豆，粗细调均，种之。必生者熟挼，令有光，使暖气彻豆心。先一日不食，以冷水顿服三升；服讫，其鱼肉、菜果、酒酱、咸酢、甘苦之物，一不得复经口。渴则饮水，慎不可暖饮。初小困，极数十日后，体力更壮健，不复思食。大较法服三升为剂，亦当随人，先食多少增损之。岁丰欲还食者，煮葵子及脂苏、肥肉羹，渐渐饮之。须豆下乃可食，豆未下尽而食实物，肠塞则杀人。此未试，于理或可尔。

又曰：人食豆三斗则身重，行止动难。恒食小豆，令人肌燥粗理。

《本草经》曰：大豆黄卷，味甘平，生平泽，治湿痺、筋挛、膝痛。生大豆，张骞使外国，得胡麻豆，或曰戎菽。涂痈肿，煮汁饮之，杀鬼毒，止痛。赤小豆，下水，排肿血，生太山。

《吴氏本草》曰：大豆黄卷，神农、黄帝、雷公，无毒。采无时。去面䵟，得前胡、乌喙、杏子、牡厉、天雄、鼠屎，共蜜和，佳；不欲海藻、龙胆。此法，大豆初出土黄牙是也。生大豆，神农、岐伯生熟寒，九月采，杀乌头毒，并不用玄参。赤小豆，神农、黄帝咸，雷公甘，九月采。小豆花，一名应累，一名付月，神农甘，无毒，七月采，阴干四十日，治头痛，止渴。

《魏王花木志》曰：《交州记》“木豆出徐、潼间。子美，似乌头。大叶似柳。一年种，数年采。”

《唐明皇杂录》曰：卢怀慎清贞，素不营产业。常器重宋璟，及卢从愿，见之甚喜，留连永日。命设食，有蒸豆两瓯，菜数俎而已，此外萧然无办。

孔融《教高密令》曰：志士邓子然告困焉，得爱釜庾之问，以惕烈士之心。今与豆三斛，后之复言。

曹子建《鹞雀赋》曰：言雀者但食牛矢中豆、马矢中粟。

《葛龚荐戴昱》曰：兄弟同居二十余年，及为宗老所分，昱持妻子，逃旧业，入虞泽，裙获野豆，以自赈给。

麻

《毛诗·黍离·丘中有麻》曰：丘中有麻，彼留子嗟。

《礼记·月令》曰：仲秋之月，天子乃以犬尝麻，先荐寝庙。郑玄注曰：麻，新黂。

《尔雅》曰：黂，枲实。孙炎注曰：黂，麻子，音汾。

《吕氏春秋》曰：得时之麻，必芒以长，疏节而色阳，小本而茎坚。厚枲以均，后熟多荣，日夜分复生，如此者不蝗蝗虫不食麻节也。

《东观汉记》曰：周党遗闵仲叔生麻，叔叹曰：“我欲省烦耳！”受而不食。

《齐书》曰：宣帝陈皇后生高帝，高帝年二岁，乳人乏乳。后梦人以两瓯麻粥与之，觉而惊，乳因此丰足。

《淮南子》曰：三秋之月，天子衣白衣，乘白辂，食麻与犬。

又曰：汾水濛浊而宜麻。

王子年《拾遗记》曰：有飞明麻，叶黑，实如玉，风吹之如尘，亦名明尘麻。

又曰：东极之东，有紫麻，粒如粟，色紫，迮为油，则汗如清水。食之，目视鬼魅。又有倒叶麻，叶如倒巨，色红紫，亦名红冰麻。言冰乃有实，食之，颜色白洁。

《盐铁论》曰：大夫李斯与鲍丘子俱事孙卿。鲍丘饭麻蓬藜，修道白屋之下；李斯为秦丞相，终致五刑。

《本草经》曰：麻子味甘，无毒，主补中益气，令人肥健。

《养生要集》曰：麻子，味甘无毒，主补中益气，服之令人肥健。麻子一名蕡，一名麻勃。

太平御览卷第八百四十二　百谷部六

黍

《尚书·君陈》曰：我闻曰："至治馨香，感于神明；黍稷非馨，明德唯馨。"

又《盘庚》曰：若农不服田亩，罔有黍稷。

《尚书大传》曰：夏昏火中，可以种黍。

《韩诗外传·黍离》曰：彼黍离离，彼稷之苗。薛君注曰：诗人求己兄不得，忧不识物，视彼黍乃以为稷。

《毛诗》曰：《黍离》，闵宗周也。彼黍离离，彼稷之苗。行迈靡靡，中心摇摇。

又《甫田》曰：今适南亩，或耘或耔，黍稷薿薿。薿薿，盛貌也。

又《鱼藻·黍苗》曰：芃芃黍苗，阴雨膏之。

《仪礼·婚礼》曰：赞设黍于酱东。

又《特牲馈食礼》曰：佐食，抟黍授祝，祝以授尸。

《礼记·月令》曰：仲夏之月，农乃登黍。

又《曲礼》曰：黍曰芗合。

又《内则》曰：羊宜黍，豕宜稷。

《左传·昭公》曰：其藏冰也，黑牡秬黍，以享司寒。杜预注曰：黑牡，秬黍也。司寒，北方玄冥之神也，故物皆用黑。有事于冰，故祭其神以上黍。

《春秋佐助期》曰：黍神名俏俊兰郝。

《春秋说题辞》曰：精移火转生黍，夏出秋改。杜预注曰：云春之夏，故移也。《农书》曰：黍之言暑也，必须暑改，得阴乃成也。黍者，缩也。故其立字，"禾"入"米"为"黍"为酒以扶老。为酒以序尊卑，且禾为柔物，亦宜养老也。

《尔雅》曰：秬，黑黍。秠一稃二米：郭璞注曰：秠亦黑黍，但中兴黍米异耳。汉和帝时，任城生黑黍，或三四实，一黍二米，得黍三斛八斗是也。

《史记·封禅书》曰：管仲说桓公曰："古者封禅鄗上，黍所以为盛。"

《汉书》曰：冀州，民五男三女，畜宜牛、羊，谷宜黍、稷。

《后汉书》曰：承宫，遭天下丧乱，遂将诸生避地汉中。后与妻子之蒙阴山，肆力耕种禾黍。将熟，人有认之者，宫不与计，推之而去。由是显名。

《晋书》曰：刘聪时，河东大蝗，唯不食黍、豆。靳准率部人收而埋之，哭声闻于十余里。后乃钻土飞出，复食黍、豆、平阳饥甚。

崔鸿《十六国春秋·前秦录》曰：符坚宴群臣于钓台，秘书侍郎赵整以坚颇好酒，因为《酒德》之歌，曰："获黍西秦，采菱东齐。春封夏发，鼻纳心迷。"

《隋书》曰：李士谦隐居，有牛犯其田者，士谦牵置凉处饲之。过于本主，望见盗刈其禾黍者，默而避之。其家僮尝执盗粟者，士谦慰谕之曰："穷困所致，义无相责。"遽令放之。

又曰：李士谦自以少孤，未尝饮酒食肉，口无杀害之言。至于亲宾来萃，辄陈樽俎，对之危坐，终日不倦。李氏宗党豪盛，每至春、秋二社，必高会极欢，无不沉醉喧乱。尝集士谦所，盛馔盈前，而先为设黍。谓群从曰："孔子称黍为五谷之长，荀卿亦云食先黍稷。古人所尚，容可违乎？"少长肃然，不敢弛惰。退而相谓曰："既见君子，方觉吾徒之不德也！"士谦闻而自责曰："何乃为人所疏，顿至于此？"

《唐书》曰：德宗以中和节，令文武百辟进农书，献穜稑种。及是，百寮始进《兆人本业》三卷，司农献粟及黍各一斗。

《韩子》曰：韩昭侯之时，黍种尝贵甚。昭侯令人覆廪，廪使果窃黍种而粜之。

《山海经》曰：广都之野，后稷葬焉，爰有膏黍、膏稷。

又曰：鱼山，有人一目，是少昊子孙，食黍。

《韩子》曰：吴起攻秦小亭。倚一车辕北门外，令曰："能徙此于南门外者，赐上田上宅。"及有徙者，赐如令。俄又置一石赤黍车门外，令曰："能徙此于西门外者，赐如初。"民争徙之。乃下令曰："攻亭，能先登者，仕之大夫，赐之上田、上宅。"于是攻之，一朝而拔。

《淮南子》曰：冬三月，天子衣黑衣，乘玄骆，食黍与彘。黍、彘，水类，时宜也。

又曰：三代积德而王，齐桓继绝而霸。故树黍者无不获稷，树恩者无不报德。

又曰：渭水多力而宜黍。

《淮南万毕术》曰：取麦门冬、赤黍渍以狐血，阴干之。欲饮酒，取一丸置舌下。酒吞之，令人不醉。麦门冬、赤黍、薏苡为丸，令妇人不妒。

《白虎通》曰：清明风至，则黍、稷滋。阊阖风至，则种宿麦、黍。

《抱朴子》曰：张子和丹法：用铅、朱砂、曾青水合封之，蒸之于赤黍米中也。

《纪年书》曰：惠成王八年，雨黍。

《国语》曰：子馀使公子赋《黍苗》。《黍苗》，《小雅》，其诗曰：芃芃黍苗，阴雨膏之。子馀曰："重耳之仰君也，若黍苗之仰阴雨也。若君实庇痲膏泽之，使能成嘉谷，荐在宗庙，君之力也。"在宗庙为祭主。

《家语》曰：孔子侍坐于哀公，赐之桃与黍焉。哀公请用之，孔子先食黍而后食桃，左右皆掩口而笑之。公曰："黍者，所以雪桃，非为食也。"孔子对曰："丘知之矣。然黍者，五谷之长，郊社宗庙以为上盛；果属有六，而桃为下，祭祀不用，不登郊庙。丘闻之：君子以贱雪贵，不以贵雪贱也。今以五谷之长，雪五果之下者，从上雪下也。臣以为妨于教，害于义，故不敢。"公曰："善"。

《吕氏春秋》曰：得时之黍，芒茎而徽下，穗芒以长，抟采而薄糠，舂之易，而食之不噮北县切而香，如此者不餲音遏。先时者，大本而华，茎杀而不遂，遂，长。叶高短穗；后时者，小茎而麻长，短穗而厚糠小米，令而不香。令，新也。

又曰：今以百金与抟黍以示儿子，儿子必取抟黍也；以和氏之璧与百金以示鄙人，鄙人必取百金矣。

又曰：饭之美者，南海之秬。秬，黑黍。

杨泉《物理论》曰：梁者，黍稷之总名。

崔寔《四民月令》曰：四月可种黍，谓之上时。

《氾胜之书》曰：黍者，暑也，种必待暑。先夏至二十日，此时有雨。强土可种黍，亩三升。黍心未生，雨灌其心，心伤无实。强土可种黍，亩三升。凡种黍者，皆如禾，欲疏于禾。

《祢衡别传》曰：十月，朝黄祖，在艨冲舟上，会设黍臛。衡年少在坐，黍臛至，先自饱食，毕，抟以弄戏，其轻慢如此。

刘向《别录》曰：传言邹衍在燕，有谷地，美而寒，不生五谷。邹子居之，吹律而温至，生黍，到今名黍谷焉。

《列女后传》曰：东平衡农师太尉蘉，农欲奔赴，无粮自致。妻愿从行，行止纺绩，庶以自资。行到聚亭，遇天霖雨，留独孤母舍。母舍后有空园，农曰："此园可以种黍。"从求分种之。独孤母曰："此久废园，唯恐生力劣收不多耳，何分之有乎？"农遂与妻斩荆棘种之。黍将熟，独孤母乃更曰："黍当分。"农欲委去，妻曰："不如收敛以遗之，安其意然后乃去。"农遂从之。后还，独孤母以昔黍归农，遂不肯取。

《说文》曰：秬，黑黍也。一稃二米，所以酿鬯也。黍，禾属黏者，以大暑而种，故谓之黍。孔子曰："黍可以为酒"。

《广雅》曰：粢，黍也。黍穰谓之䄩音例。

崔豹《古今注》曰：宣帝元康四年，长安雨黑黍，粟如禾。和帝元兴元年，黑黍穗一禾二实，或三四实，生任城，得粟三斛八斗，以荐宗庙。

《广志》曰：有牛黍，有稻尾秀成赤黍，有马革大黑黍，或云秬黍；有温屯黄黍，有妪亡、燕颔之名。

《吴氏本草》曰：黍，神农甘，无毒。七月取，阴干。益中补气。

京房《易妖占》曰：天雨黍粟，大人出走。

《荆楚岁时记》曰：十月一日黍臛，俗谓之秦之岁首。未祥黍之义。今北人此日设麻羹豆饭，当为其始熟，尝新耳。

《博物志》曰：地三年种蜀黍，其后七年多蛇。

穄

范晔《后汉书》曰：乌丸国，其地宜穄。

《穆天子传》曰：天子至赤乌，赤乌献穄，麦百载。

《广志》曰：有赤穄，有白、黑、青、黄、燕颔凡五种。

《吕氏春秋》曰：饭之美者，有阳山之穄。

《说文》曰：穄，糜音糜也。

崔豹《古今注》曰：糜，穄也。

粱

《礼记·曲礼》曰：祭宗庙之礼，粱曰芗萁。

又《郊特牲》曰：饭黍稷稻粱，白黍、黄粱。

《尔雅》曰：虋，赤苗；芑，白苗。郭璞注曰：衅，赤粱粟；艺，白粱粟，皆好谷也。犍，为舍人曰：别味赤、白苗也。又曰：是伯夷所食首阳草也。

《广雅》曰：藋粱，木稷也。

《续汉志》曰：桓帝之初，京都童谣曰："城上乌，尾毕逋。公为吏，子为徒。一徒死，百乘车。车班班，入河间。河间姹女工数钱，以钱为室金为堂，石上慊慊舂黄粱。下有悬鼓，我欲击之，丞相卿怒。""城上乌"者，处高独食，不与下共，谓人主多聚敛也。"公为吏，子为徒"者，言蛮夷叛逆，父既为军吏，子弟又为卒徒往击之也。"一徒死，百乘车"者，言前一人讨胡既死矣，后又遣百乘车往也。"车班班"者，言乘舆班班，入河间迎灵帝也。"姹女工数钱"，言帝既立，其母永乐太后好聚金钱，以为堂室也。"石上慊慊"者，言太后虽积金钱，犹慊慊常苦不足，使人舂黄粱而食之也。"我欲击之"者，言太后教帝使卖官授钱，天下忠笃之士怨望，欲击鼓求见卿。"悬鼓"者，复怒而止我也。

《唐书》曰：凉州都督计钦明尝出按部。有吐蕃数万奄至城下，钦明拒战，久之，力屈被执。贼将钦明至灵州成下，钦明大呼曰：“贼中都无饮，城内有美酱。乞二升粱米，乞二升墨，乞一挺。”是时贼营中四面阻泥河，唯有一路得入。钦明诈乞此物，以喻城中，冀有简兵练将，候夜掩袭。城中无晤其旨者，寻遇害。

《淮南子》曰：不能耕而欲黍粱，不能织而憙衣裳，无事而求其功，难矣！

又曰：珍怪奇味，人之所美也，而尧粝粱之饭、藜藿之羹；粝，粗也。文绣狐白，人所好也，而尧布衣掩形、鹿裘御寒。

《国语》曰：栾伯请公族大夫。公曰：“夫膏粱之性难正。”

《吕氏春秋》曰：吴起为邺令，民歌之曰：“终古斥卤生稻粱。”

杨泉《物理论》曰：粱者，黍稷之总名也。

《神仙传》曰：吴孙权时，有一人种粱在山中，患猿猴食之，闻介象有道，聊从乞辟猿猴法。象告之：“无他法也。汝明日往粱所，望见群猴方往时，便大唤，语之言：‘以白介象君，使猿猴莫复来食粱。”此人仓卒，直谓象欺弄之。明日视粱，遇群猴适欲下树，试承象语语猴，即各还山去，遂便绝迹。

《广志》曰：有具粱、解粱、辽东赤粱，魏武帝以为粥。

《本草》曰：白粱，味甘微寒，无毒，主除热益气。有襄阳竹根者最佳。黄粱，出青、冀。

《楚辞·招魂》曰：稻粱穱麦挐黄粱。挐，糅也。以黄粱和而糅，且香滑。

傅休弈《雉赋》曰：饮以华泉之水，食以玄山之粱。

左思《魏都赋》曰：雍丘之粱。

东蔷

《魏书》曰：乌丸，地宜东蔷。东蔷似蓬草，实如葵子，十二月熟也。

《广志》曰：东蔷色青黑，粒如葵子，幽、凉、并皆有之。

《西河语》曰：贷我东蔷，偿我田粱。

《上林赋》曰：东蔷雕胡。

太平御览卷第八百四十三 饮食部一

酒上

《世本》曰：仪狄始作酒醪，变五味。少康作秫酒。

《战国策》曰：帝女仪狄作酒，而进于禹。

《春秋纬命》曰：凡黍为酒，阳据阴乃能动，故以麴酿黍为酒。麦，阴也。是先渍麴，黍后入，故曰阳相感皆据阴也。相得而沸，是其动也。凡物阴阳相感，非唯作酒。

《释名》曰：酒，酉也，酿之米麴酉泽，久而味美也。亦言踧也，能否皆强相踧持也；又入口咽之，皆踧其面也。

《说文》曰：酒，就也，所以就人性之善恶也。一曰造也，吉凶所起造也。

又曰：酴音途，酒母也。醴，酒一宿熟也。醪，汁滓酒也。酎，三重之酒也。醨，薄酒也。醑，茜酒也。

《酒经》曰：空乘秽饭，酝以稷麦，以成醇醪，酒之始也。乌梅、女𪌉胡板反、甜醹音乳、九投，澄清百品，酒之终也。

《周礼·天官下》曰：酒正，掌酒之政令，以式法授酒材。辨五齐之名：一曰泛齐，二曰醴齐，三曰盎齐，四曰醍齐，五曰沉齐。以节度作之，故以齐为名。泛者，成而滓浮泛泛然，如今宜成醪矣。醴犹体也，成而汁滓相将，如今甜酒矣。盎犹翁也，成而色翁翁然，葱白色，如今酇白矣。醍者，成而红赤，如今下酒矣。沉者，成而滓沉，如今造清酒矣。辨三酒之物，一曰事酒，二曰昔酒，三曰清酒。事酒，如今之醳酒也。昔酒，久酒，今之旧醳也。清酒，今之冬酿夏成者也。

《礼记·月令·仲冬》曰：是月也，乃命有司：秫稻必齐，麴蘖必时，湛炽必洁，水泉必香，陶器必良，火齐必得。兼用六物，酒官监之，无有差貣。有司，谓煮酒之官。六物者，一曰秫稻，二曰麴蘖，三曰湛炽，四曰水泉，五曰陶器，六曰火齐。命酒官监之，无有差貣，谓失误善恶。

又《曲礼》曰：侍饮于长者，酒进则起，拜受于尊所。降席拜受，敬也。长者辞，少者反席而饮。长者举未釂，少者不敢饮。

又《檀弓》曰：知悼子卒，未葬。悼子，晋大夫荀盈。平公饮酒，师旷、李调侍，鼓钟。乐作也。杜蒉自外来，闻钟声，曰："安在？"曰："在寝。"燕于寝。杜蒉入寝，历阶而升，酌，曰："旷饮斯！"又酌，曰："调饮斯！"又酌，堂上北面坐，饮之，降，趋而出。三酌皆罚。平公呼而进之，曰："蒉，曩者尔心或开予，是以不与尔言。谓始来入时。开，谓谏争有所发。尔饮旷，何也？"曰："子卯不乐，纣以甲子死，桀以乙卯亡，王者谓之疾日。不以举乐为吉事，所以自戒惧。知悼子在堂，斯其为子卯也大矣！言大臣丧重于疾日也。旷也，大师也，不以诏，是以饮之也。诏，告也。师，典奏乐。乐饮调，何也？"曰："调也，君之亵臣也。为一饮一食，忘君之疾，是以饮之也。言调贪酒食。亵，嬖也。近臣亦当规君疾忧。尔饮，何也？曰："蒉也，宰夫也，非刀匕是共，又敢与知防？是以饮之也。"防，禁放溢。

又《玉藻》曰：君子之饮酒也，受一爵而色洒如也，洒如，肃敬貌。二爵而言言斯；言言，和敬貌。礼已三爵而油油油油，说敬貌。以退。礼：饮过三爵，则敬杀，可以去矣。

又《乐记》曰：夫豢豕为酒，非以为祸也，而狱讼益繁，则酒之流生祸也。以谷食犬豕曰豢。为，作也。言豢豕作酒，本以飨祀养贤，而小人饮之善醉以致狱讼。是故先王因为酒礼。壹献之礼，宾主百拜，终日饮酒而不得醉焉。此先王之所以备酒祸也。壹献，士饮酒之百拜，以喻多礼。

又《坊记》曰：子云："觞酒豆肉，让而受恶，民犹犯齿。"

《左传·庄公二十二年》曰：陈公子完奔齐，桓公使为正卿，辞，使为工正。饮桓公酒，乐，公曰："以火继之！"辞曰："臣卜其昼，未卜其夜，不敢！"君子曰："酒以成礼，不继以淫，义也；夜饮为淫乐也。以君成礼，弗纳于淫，仁也。"

又《宣公上》曰：晋侯饮赵盾酒，伏甲，将攻之。其右提弥明知之，右，车右。趋曰："臣侍君宴，过三爵非礼也。"遂扶以下。

又《成公下》曰：鄢陵之战，楚王召子反谋。谷阳竖献饮于子反，子反醉而不能见。谷阳，子反内竖。王曰："天败楚也夫！余不可以待。"乃宵遁。

又《襄公二十三年》曰：季武子无适子。公弥长，而爱悼子，欲立之。访于臧纥，曰："饮我酒，吾为之立之。"季氏饮大夫酒，臧纥为客。为上宾。既献，已献酒。臧孙命北面重席，新樽洁之。酒樽既新复洁。召悼子，降，逆之。大夫皆起。臧孙下，迎悼子。及旅，而召公钼，献酬礼毕而通行为旅。使与之齿。季孙失色。

又《昭公十二年》曰：晋侯以齐侯宴，中行穆子相。穆子，荀吴。投壶，晋侯先。穆子曰："有酒如淮，有肉如坻。淮，水名。坻，山名。寡君中此，为诸侯师。"中之。齐侯举矢，曰："有酒如渑，有肉如陵。寡人中此，与君代兴。代，更也。"亦中之。

又《哀公下》曰：齐子多夕，夕视事。陈逆杀人，逢之，遂执以入。陈氏方睦，使疾而遗之潘沐，备酒肉焉。使诈病内潘沐，并得酒肉。潘沐，可以沐头。飨守囚者，醉而杀之，而逃。

又曰：卫侯占梦，嬖人以能占梦见爱。求酒于大叔僖子。僖子，大叔遗。不得，与卜人比而告曰："君有大臣在西南隅，弗去，惧害。"托占卜梦而言。乃逐大叔遗，遗奔晋。

《毛诗·国风》曰：十月获稻，为此春酒，以介眉寿。

又《小雅·鱼藻》曰：王在在镐，岂乐饮酒。《笺》云：岂亦乐而天下平安，万物得其性，武王向所处乎？处于镐京，乐八音之乐，与群臣饮酒而已。

又《小雅》曰：伐木许许，酾酒有藇。以筐曰酾，以数曰湑。藇，美貌。

又曰：有酒湑我，无酒酤我。湑，茜之也。酤，一宿酒也。《笺》云：酤，买也。此族人东王之思也。王有酒则沛茜之，无酒酤买之，要欲厚于族人。

《尚书·酒诰》曰：乃穆考文王，肇国在西土。厥诰毖庶邦、庶士越少正、御事，朝夕曰："祀兹酒。文王告众国众士，朝夕敕之，唯祭祀用此酒，不常饮。唯天降命，肇我民，唯元祀。天降威，我民用大乱丧德，亦罔非酒唯行；越小大邦用丧，亦罔非酒唯辜。文王诰教小子、有正、有事：无彝酒。越庶国，饮唯祀，德将无醉。自成汤咸至于帝乙，成王畏相，唯御事，厥棐有恭，不敢自暇自逸，矧曰其敢崇饮。崇，聚也。自暇自逸犹不敢，况敢聚会饮酒乎？明无。厥或诰曰：群饮，汝勿佚！尽执拘以归于周，予其杀！”尽执拘群饮酒者，以归于京师，我其择罪重者而杀之。

《论语》曰：唯酒无量，不及乱。沽酒市脯，不食。

《礼记外传》曰：五齐、三酒，皆供祭祀之用。五齐尊而三酒卑。所以明齐者，酒人和合之，分剂之名也。一曰泛齐，酒之初成，滓有泛者，泛泛然，俗为白醪。二曰醴齐，醴，体也。汁滓未相同一体也。今之甜酒也。三曰盎齐，一名盏酒，状如葱白色，今之白醝酒色。四曰醍齐，色在白赤之间。五曰沉齐，一名澄齐。醍之与沉三酒，与上君夫人及宾长，庙中酌献尸及相酬酢之用。三酒者，列于堂下，臣下相酌，酬酢之用。一曰事酒，一名醳酒，新成者酌饮有事，谓庙中助祭亲事者也。庙中有事者为荣。二曰昔酒；久成而色白，谓旧醳之酒，无事饮之。三曰清酒。冬酿夏成，味醇厚。

《史记》曰：秦缪公亡善马，岐下野人共得而食之者三百余人。逐得，欲法之。公曰：“君子不以畜害人。”乃赦之。

又曰：高帝除秦苛法，为简易。群臣饮酒争功，高帝患之。叔孙通知上益厌也，说上，愿与诸弟子共起朝仪。汉七年，长乐宫成，群臣皆朝。十月，复置法酒。诸臣侍坐殿上，皆伏，以尊卑次起上寿。觞九行，谒者言罢酒。御史执法，举不如仪者，辄引去。竟朝置酒，无敢失礼者。高帝乃曰：“吾今日知为皇帝之贵也！”

又曰：沛公先入关，屯霸上。项羽至，沛公左司马曹无伤使人言于羽曰：“沛公欲王关中。”羽大怒，欲击之。沛公因项伯见羽，羽留沛公饮。项王、项伯东向坐，亚父南向坐——亚父者，范增也；沛公北向坐，张良西向侍。增数目项王，举所佩玉玦，示之者三。项王默然。项庄入，以剑舞，欲因击沛公。张良至军门，见樊哙，曰：“甚急！今项庄拔剑舞，其意常在沛公也。”哙曰：“此迫矣。臣请入，与之同命！”哙即带剑拥盾入军门。交戟之卫士欲止不内，哙则其盾以撞，卫士仆地。哙遂披帷西向而立，瞋目视项王。项王按剑而跽，曰：“客何为者？”良曰：

“沛公参乘樊哙也。”王曰:“壮士!赐之卮酒。”则与斗卮酒,樊哙饮之。王曰:“赐之彘肩。”则与一生彘肩,哙覆盾于地,拔剑切而啖之。王曰:“壮士!能复饮乎?”曰:“臣死且不避,卮酒安足辞!”

又曰:“曹参代萧何为相,一遵何约束,日夜饮淳酒。卿大夫及宾客见参不事事,皆欲言。至者,参辄饮醉之,终莫得言。丞相舍后园近吏舍,吏舍日饮歌呼,从吏恶之,无如之何。乃请参游园中,闻吏醉歌呼,从吏请按之。参乃取酒,张坐饮,亦歌呼与相参。

又曰:高祖过沛,置酒,自击筑为歌,使沛子弟佐酒。

又曰:高后与诸吕、刘氏大臣宴饮,令朱虚侯章为酒吏。章曰:“臣,将种也,请以军法行酒。”后可之。酒酣,诸吕有一人醉,亡酒,章追斩之。后与左右皆大惊也。

《汉书》曰:酒者,天之美禄,帝王所以颐养,天下享祀祈福,扶衰养病,百福之会。

又曰:百末旨酒百华之末酒也布兰生。芬芳布列,若兰之生也。

又曰:于定国饮酒至石不乱,益精明。

又曰:陈遵,守孟公。每大饮宾客,闭门,取车辖投井中。虽有急,终不得去。

又曰:张让专权,孟他以葡萄酒一斗遗让,拜他为凉州刺史。

《后汉书》曰:光武诏冯异归家上冢,使太中大夫赍牛酒,令二百里内太守、都尉已下及宗族会焉。

又曰:寇恂数与邓禹谋议,禹奇之,因奉牛酒交欢。

又曰:鲁恭兄弟俱为诸儒所称,学士争归之。太尉赵熹慕其志,每岁时,遣子问以酒粮,皆辞不受。问,遗也。

又曰:汝南太守欧阳歙,请郅恽为功曹。汝南旧俗:十月飨会,百里内县皆赍牛酒到府宴饮。时临飨,礼讫,歙教曰:“西部督邮繇延,天资忠贞,禀性公方,摧破奸凶,不严而理。今与众儒共论延功,显之于朝。太守敬嘉厥休,牛酒养德。”主簿读书教,户曹引延受赐。恽于下坐,愀然前曰:“司正举觥,愀,变色貌也。司正,主礼仪者。觥,罚爵也。

以君之罪，告谢于天。案延资性贪邪，外方内圆，言延外示方直，而实柔弱也。朋党构奸，罔上害人，所在荒乱，怨慝并在。明府以恶为善，股肱以直从曲，此既无君，又复无臣，恽敢再拜奉觥！”歙色惭动，不知所言。门下掾郑敬进曰：“君明臣直，功曹言切，明府德也！可无受觥哉？”歙意少解，曰：“实歙罪也，敬奉觥。”

又曰：张酺虽在公位，而父常居田里。酺每有迁职，辄一诣京师。尝来候酺，适会岁节，公卿罢朝，俱诣府奉酒上寿，极欢醉，众人皆庆羡之。及父卒，既葬，诏遣使赍牛酒，为释服。

又曰：大将军袁绍总兵冀州，遣使要郑玄。大会宾客，玄最后至，乃延升上坐。身长八尺，饮酒一斛，秀眉明目，容仪温伟。

《魏志》曰：徐晃破关羽，振旅还摩陂。太祖迎晃七里，置酒大会。太祖举卮酒劝晃，且劳之曰：“全樊、襄阳，将军之功也！”

又曰：吕布骑将侯成，遣客收马十五匹。客悉驱马去，向沛城，欲归刘备。成自将骑逐之，悉得马还。诸将合礼贺，酿五六斛酒，猎得十余猪。未饮食，先持半猪、五斗酒自入诣布前，跪言：“蒙将军恩，逐得所失马。将来相贺，自酿少酒，猎得猪，未敢饮食，先奉上微意。”

又曰：邴原初辞家求学。原旧性能饮酒，自行之后，八九年间酒不向口。单步负笈，苦身持刀。至陈，则师韩子助；颍川则宗陈仲弓；汝南则交范孟博；涿郡则亲卢士干。临别，师友以原不饮酒，会米肉送原。原曰：“本能饮酒，但以荒思废业，故断之耳。今当远别，因见贶饯，可以饮宴。”于是安坐饮酒，终日不醉。

太平御览卷第八百四十四 饮食部二

酒中

《魏略》曰：太祖时禁酒，而人窃饮之。故难言酒，以白酒为贤人，清酒为圣人。

又曰：王陵表满宠年过耽酒，不可居方任。帝将召宠，给事中郭谋曰："宠为汝南太守、豫州刺史二十余年，有勋方岳；及镇淮南，吴人惮之。若不如所表，将为所斗。可令还朝，问以方事以察之。"帝从之。宠既至，进见，饮酒，至一石不乱。帝慰劳遣还。

又曰：华歆能剧饮，至石余不乱。众人微察，常以其整衣冠为异。

又曰：乌桓东胡俗能作白酒，而不知作麴糵，常仰中国。

《九州春秋》曰：曹公制酒禁，而孔融书嘲之，曰："夫天有酒旗之星，地列酒泉之郡，人有旨酒之德。故尧不先千钟无以成其圣；且桀、纣以色亡国，今令不禁婚姻也。"太祖外虽宽容之，内不能平。御史大夫郗宪知旨，以免融官。

《吴志》曰：孙权于武昌临钓台，饮酒大醉，令人以水洒群臣，曰："今日酣饮，唯醉堕台中，乃当止耳！"张昭正色不言，出外，车中坐。权遣人呼昭还，谓曰："为共作乐耳，公亦何为怒乎？"昭对曰："昔纣为糟丘酒池，长夜之饮，当时亦不以为恶也！"权默然，有惭色。

又曰：孙权常令中书郎诣顾雍，有所咨访，若合雍意，事可施行，即与相反复，究而论之，为设酒食；如不合意，雍即正色改容，默然不言，无所施。郎退，造权，曰："顾公欢悦，是事合宜也；其不言者，是事未平也，孤当重思之。"其见敬信如此。

又曰：孙权尝命诸葛恪行酒，至张昭前，昭先有酒色，不肯饮，曰："此非养老之礼也。"权曰："卿其能令张公辞屈，乃当饮之耳。"恪难昭曰："昔师尚父九十，拥旄仗钺，犹未告老也。今军旅之事，将军在后；酒食之事，将军在先。何谓不养老也？”昭卒无辞，遂为尽爵。

又曰：曹公出濡须，甘宁为前部督，受敕斫敌前营。权特赐米酒、众肴，宁乃特赐手下百余人，食之毕。宁先以银碗酌酒，自饮两碗，乃酌与其都督，不时肯持。宁引刀置膝上，呵谓之曰：“卿见知于至尊，熟与甘宁？宁尚不惜死，卿何以独惜死？都督见宁色厉，即起拜持酒。及通酌，兵各一两碗。至二更时，衔枚出斫敌。敌惊动，遂退。宁益贵重。

又曰：孙皓每飨宴，无不竟日。坐席无能不，率以七升为限。虽不悉入口，皆浇灌取尽。韦曜素饮酒不过二升，初见礼异时，常为裁减，或密赐茶茗以当酒。至于宠衰，更见逼强，辄以为罪。又于酒后使侍臣难折公卿，以嘲弄侵克，发擿私短，以为欢笑焉。

又曰：笮融督广陵运漕，大起浮图祠。每浴佛，多设酒饭，布席于路，经数十里，民人来观及就食且万人，费以巨万计。

《蜀志》曰：简雍拜昭德将军。时天旱，禁酒酿者。有刑吏于人家索得酿具，论者欲令与作酒者同罚。雍从先主游观，见一男子行于道，谓先主曰：“彼欲淫，何以不缚？”先主曰：“卿何以知之？”对曰：“彼有其具，与欲酿者同。”先主大笑而原欲酿者。

《晋书》曰：王戎尝如阮籍饮，时兖州刺史刘昶字公荣在坐。籍以酒少，酌不及昶，昶无恨色。戎异之，他日问籍曰：“彼何如人？”答曰：“胜公荣，不可不与饮；若减公荣，则不敢不共饮。唯公荣，可不与饮。”

《晋书》曰：山涛饮酒，至八斗方醉。帝欲试之，以酒八斗饮之，密益其酒，涛极本量而止。

又曰：陆抗与羊祜推侨札之好。抗尝遗祜酒，祜饮之不疑；抗有疾，祜馈之药，抗亦推心服之。于时以为华元、子反复见于今。

又曰：阮孚为散骑常侍，以金貂换酒，为有司所弹。

又曰：谢弈为桓温司马，谓之方外司马。因以酒逼温走入南康王门避之，主曰：“君无狂司马，何由得相见？”弈遂引温一兵卒于厅事共饮，曰：“失一老兵，得一老兵，亦何所怪？”

又曰：陆纳，字祖言，为吴兴太守。将之郡，先至姑熟辞桓温。因问温曰："公致酒可饮几升？食肉多少？"温曰："年大来，饮三升便醉，白肉不过十脔。卿复云何？"曰："素不能饮，正可二升。肉亦不足言。"后伺温闲，曰："外有微礼，方守远郡，欲与公一醉，以展下情。"温欣然纳之。时王坦之、刁协在座，及受礼，唯有酒一斗，鹿肉一拌，座客警愕，纳徐曰："明公近云饮酒三升，纳正可二升，今有一斗，以备酌余沥。"温及宾客并叹其真率。温更敕中厨设精馔，酣宴极欢而罢。

又曰：何充，字次道。能饮酒，雅为刘恢所贵。恢每云："见次道饮，令人欲倾家酿。"言其能温克也。

又曰：陶侃每饮酒有常限。欢有余而限已竭。殷浩更劝少进，侃凄然曰："年少时，尝诫之。"乃已。

《宋书》曰：王弘为江州刺史，欲识陶潜，不能致也。潜尝往庐山，弘令潜故人庞通之遗酒于半道栗里要之。潜有脚疾，使一门生二儿举篮舆。及至，欣然便共饮酌。俄顷弘至，亦无忤也。先是，颜延之为刘柳后车功曹，在寻阳与潜情款。后为始安郡，经过潜，每往必酣饮致醉。延之临去，留二万钱与潜。潜悉送酒家，稍就取酒。尝九月九日无酒，出宅边菊丛中坐，久之，逢弘送酒至，即便就酌，醉而后归。潜不解音声，而畜素琴一张，每有酒，适辄抚弄，以寄其意。贵贱造者，有酒辄设。潜若先醉，便语客："我醉欲眠，卿可去。"其真率如此。郡将候潜，逢其酒熟，取头上葛巾漉酒，毕，还复着之。

又曰：顾宪之为建康令，清俭强力，为政甚得人和。故都下饮酒者，醇旨辄号为"顾建康"，谓其清且美焉。

又曰：孔觊为江夏内史，性便酒。每醉，辄弥日不醒。居常贫罄，无有丰约，未尝关怀。为府长史，典签咨事，不呼前不敢前，不令去不敢去。虽醉日居多，而晓明政事，醒时判决，未尝有拥。众咸云："孔公一月二十九日醉，胜世人二十九日醒也。"

又曰：颜延之好骑马遨游。里巷遇旧知，辄据鞍索酒。得必倾尽，欣然自得。

又曰：沈文季出为吴兴太守。文季饮酒至五斗，妻王氏饮亦至三斗。常对食竟日，而视事不废。

又曰：袁粲为丹阳尹，尝步屧白扬郊野间，道遇一士大夫，便呼与饮，酣。明日，此人谓被知顾，到门求进。粲曰："昨饮酒无偶，聊相要耳！"竟不与相见。

又曰：肖思话尝从文帝登钟山北岭，中道有盘石清泉，上使于石上弹琴，因赐以银钟酒，谓曰："相赏有松石间意！"

又：《彭城王义康传》曰：会稽长公主，于兄弟为长，文帝所亲敬。上尝就主宴集，甚欢。主起再拜顿首，悲不自胜。上不晓其意，起自扶之。主曰："车子岁暮必不见客，特乞其命。"因恸哭。上亦流涕，指蒋山曰："必无此虑，若违今誓，便是负初宁陵！"即封所余酒，赐义康，曰："会稽姊饮，忆弟，所余今封送。"车子，义康小字也。

《齐书》曰：高帝幸东宫，召诸王宴饮，因游玄圃园。长沙王晃捉华盖，临川王暎执雉尾扇，闻喜公子良持酒枪，南郡王行酒，武帝与豫章王嶷及王敬则自捧肴馔。高帝大饮，赐武帝已下酒，并大醉，尽欢，日暮乃去。

又曰：谢朓为吴兴太守，与弟瀹于征虏渚送别。朓指瀹口曰："此中唯宜饮酒！"瀹建武之朝专以长酣为事。与刘瑱、沈昭略交饮，各至数斗。朓既至郡，致瀹数斛酒，遗上曰："力饮此物，勿豫人事。"瀹尝与刘悛饮，推辞久之。悛曰："谢庄儿不可云不能饮！"瀹曰："苟得其人，自可沉湎千日！"悛甚惭无言。

又曰：王琨俭于财用，酒不过两爵，辄云："取酒难遇之。"

《梁书》曰：初，梁武帝总延后进二十余人，置酒赋诗。臧盾以诗不成，罚酒一斗，饮尽，颜色不变，言笑自若。萧介染翰便成，文无加点。帝两美之，曰："臧盾之饮，萧介之文，即席之美也！"

又曰：阴铿尝与宾友饮宴，见行觞者，因回酒炙以授之。众生皆笑，铿曰："吾侪终日酣饮，而执爵者不知其味，非人情也。"及侯景之乱，铿尝为贼擒，或救之获免。铿问之，乃前所行觞者。

又曰：张缵为湘州刺史。初，吴兴吴规颇有才学，邵陵王纶引为宾客，深相礼遇。及纶作牧郢藩，规随从江夏。遇缵出之湘镇，路经郢服，纶饯之南浦。缵见规在坐，意不能平，忽举杯曰：“吴规饮此酒，庆汝得陪今宴！”规寻起，还。其子翁孺见父不悦，问而知之。翁孺因气结，尔夜便卒。规恨缵，悲恸而愤哭兼至，信次之间又殒。规妻深痛夫、子，翌日又亡。时人为：“张缵一杯酒，杀吴氏三人。”

《南史》曰：南海有顿逊国，在海崎上，有酒树，似安石榴。采其花汁停瓮中，数日而成酒。

《后魏书》曰：太宗引崔浩论事，语至中夜。太宗大悦，赐浩缥醪酒十斛，水精戎盐一两，曰：“朕味卿言若盐、酒，故与卿同其味也。”

又曰：高允被敕，论集往世酒之败德以为《酒训》，孝文览而悦之。

又曰：胡叟少孤，每言及父母则泪下，若孺子之号。春秋常祭之前，则先求旨酒。时敦煌氾潜家善酿酒，每节送一壶与叟。论者以潜为君子。

又曰：李元忠拜南赵郡太守，好酒，无政绩。及庄帝崩，弃官，潜图义举。会齐神武东出，元忠便乘露车，载浊酒以奉迎。神武闻其酒客，未即见之。元忠下车，独坐酌酒擘脯食之，谓门者曰：“本言公招延豪杰，今闻国士到门，不能吐哺辍洗，其人可知！还吾刺，勿复通也。”门者以告，神武遽见之。

又曰：齐神武自太原来朝，见朱游道，曰：“此人是游道邪？常闻其名，今日始识其面！”迁游道别驾。后日，神武之司州，飨朝士，举觞属游道曰：“饮高欢手中酒者，大丈夫！卿之为人，合饮此酒。”

又曰：魏帝宴华林园，谓神武曰：“自顷所在，百司多有贪暴，朝廷中有能公平直言、弹劾不避亲戚者，王可劝酒。”神武降阶跪言：“唯御史中尉崔暹一人，谨奉明旨，敢以酒劝。并臣所射赐物千段，乞以回赐。”帝又褒美之。

又曰：刘藻，字彦先。父宗之，庐江太守。涉猎群籍，美谈笑，善与人交，饮酒至一石不乱。藻为平东别将，辞于洛水之南，孝文曰：“与卿石头相见。”藻对曰：“臣虽才非古人，度亦不留贼虏！而陛下辄当酾曲阿之酒，以待百姓。”帝大笑曰：“今未至曲阿，且以河东数石赐卿。”

又《裴粲传》曰：元颢入洛，以粲为西兖州刺史。寻为濮阳太守崔巨伦所逐，弃州入嵩高山。节闵帝初，复为中书令。后正月晦，帝出临洛滨。粲起御前，再拜上寿酒。帝曰：“昔北海入朝，暂窃神器，尔日卿诫之以酒；今欲我饮，何异于往情？”粲曰：“北海志在沈湎，故谏其所失；陛下齐圣温克，臣敢献微诚。”帝曰：“甚愧来誉！”仍为命酌。

又曰：齐郡王简性好酒，不能理公私之事。妻常氏，燕郡公喜女也。文明太后以赐简，干综家事，颇节简酒。乃至盗窃求乞婢侍，卒不能禁。

又曰：阮孚性机辩，好酒，貌短而秃。周文帝偏所眷雇，常于室内置酒十瓶，余一斛，上皆加帽，欲戏孚。孚适入室，见即警喜曰：“吾兄弟辈甚无礼，何为窃入王家，匡坐相对？宜早还宅也！”因持酒归，周文抚手大笑。

《北齐书》曰：段韶尤啬于财，虽亲戚故旧，略无施与。其子孙尚公主，并省丞郎，在家佐事十余日，事毕辞还，人唯赐一杯酒。

又曰：高季式豪率好酒，又恃举家勋功，不拘俭节。与光州刺史李元忠生平游款。在济州夜饮，忆元忠，开城门，令左右乘驿马，持一壶酒往光州劝元忠。朝廷知而容之。

又曰：刘河南王孝瑜，武成礼遇特隆。帝在晋阳，手敕之曰：“吾饮汾清二杯，劝汝邺酌两碗。”其亲爱如此也。

又曰：齐皇甫亮性质朴纯厚，终无片言娇饰。属有敕下司各列勤堕，亮三日不上省。文宣王亲诘其故，亮曰：“一日雨，一日醉，一日病酒。”文宣以其实，优容之。

又曰：周文帝闻韦夐养高不仕，辟之不能屈。明帝即位，礼敬逾重。乃为诗，愿时朝谒。帝大悦，敕有司给河东酒一斗，号之曰：“逍遥公”。

《唐书》曰：定州总管李玄通，性刚烈，无所屈挠。初，城陷，为刘黑闼所囚。其故吏有以酒食馈之者，玄通谓之曰：“诸君哀吾困辱，故以酒食来相宽慰耳。吾要当为诸君一醉，可乎？”遂与乐饮，因请剑起舞。舞毕，以剑溃腹而死。

又曰：葡萄酒，西域有之，前代或有贡献。及破高昌，收马乳葡萄实，于苑中种之，并得其酒法。上自损益造酒。酒成，凡有八色，芳春酷列，味兼醍盎。既颁赐群臣，京师识其味。

又曰：麟德元年九月，壁州刺史邓弘庆制酒令“平索者精”四序。

又曰：张镇州拜舒州都督。舒州，即其本邑。镇州乃多市酒肴，就望江旧宅，尽召故人亲戚，与之酣宴，散发箕踞，敦畴昔之欢十日，赠以钱帛。既而垂泣，谓亲宾曰：“比者张镇州与故人为欢，今日以后，舒州都督治百姓耳。君民礼隔，不得交游。”因与之诀。自是，亲戚有犯法，一无所纵，州境因兹肃然。

又曰：李景伯景龙中为谏议大夫。中宗尝与宰臣贵戚内宴，酒酣，递唱《回波乐》，甚喧杂失礼。次至景伯，歌曰：“《回波》尔时酒卮，微臣职在箴规，礼饮只合三爵，君臣杂混非宜！”席为之散，时人称之。

又曰：李适之，雅好宾友，饮酒一斗不乱。夜则宴赏，昼决公务，廷无留事。

《管子》曰：桓公饮管仲酒，仲弃其半。公问其故，对曰：“臣闻酒入舌出，舌出言失，言失身弃。臣弃身不知弃酒。”桓公笑焉。

《晏子》曰：景公饮酒，移于晏子之家。晏子立于门，曰：“国德无有故乎？君今何为非时而夜辱？”公曰：“酒醴之味，金石之声，愿与夫子乐之。”晏子曰：“臣不敢与焉。”公乃移于司马穰苴之家，穰苴答如晏子。公复移于梁丘据，据左执琴，右拥竽，行歌而至。公曰：“乐哉！无彼二子，何以持国？无此一臣，何以乐身？”

《孙卿子》曰：醉者越百步沟，以为跬步也，俯而出城门，以为万丈之门，酒乱其神也。

太平御览卷第八百四十五 饮食部三

酒下

《孟子》曰：禹恶旨酒而好善言。

《孔丛子》曰：平原君与子高饮，强子高酒，曰："有谚云：'尧、舜千钟，孔子饮百觚，子路嗑嗑，尚饮百榼。'古之贤圣，无不能饮，子何辞焉？"子高曰："以予所闻，圣贤以道德兼人，未闻饮酒。"

《列子》曰：夫醉者之坠于车也，虽疾不死。骨节与人同，犯害与人异，其神全也。乘亦不知也，坠亦不知也，死生惊惧不入乎其胸，是故遻物而不慑。彼得全于酒而犹若是，况得全于天乎？

《韩子》曰：晋平公与群臣饮。饮酣，乃喟然而叹曰："莫乐为人君，唯其言而莫之违！"师旷侍坐于前，援琴撞之。公披衽而避，琴伤于壁。公曰："大师谁撞？"师旷曰："今者有小人言于侧者，故撞之！"公曰："寡人也。"师旷曰："嘻！是非君人者之言也！"左右请除之，公曰："释之，以为寡人戒。"

又曰：齐桓公饮酒醉，遗其冠，耻之，三日不朝。管仲曰："此非有国之耻也，公胡不雪之以政？"公曰："善！"因发仓赐贫穷，论囹圄出薄罪。处三日而民歌之，曰："公胡不复遗冠乎？"

又曰：宋人有少者欲效善。见长者饮无余，亦自饮而尽之。

王孙子《新书》曰：楚庄王攻宋，厨有臭肉，樽有败酒。将军子重谏曰："今君厨肉臭而不可食，樽酒败而不可饮；而三军之士，皆有饥色。欲以胜敌，不亦难乎？"庄王曰："请有酒投之士，有食馈之贤。"

《淮南子》曰：楚会诸侯，鲁、赵皆献酒于楚王。主酒吏求酒于赵，赵不与。吏怒，乃以赵厚酒易鲁薄者奏之。楚王以赵酒薄，遂围邯郸。

《抱朴子》曰：郑君酿酒，酒成，因以附子、甘草屑内酒中，暴令干，如鸡子大。一丸投一斗水，立成美酒。

又曰：葛仙公每饮酒醉，常入门前陂中，竟日乃出。曾从吴主到列州，还大风，仙公船没。吴主谓其已死。须臾从水上来，衣履不湿，而有酒色，云："昨为伍子胥召，设酒，不能便归，以淹留也。"

《吕氏春秋》曰：肥肉厚酒，务以自强，命曰烂肠之食。

《韩诗外传》曰：夫饮食之礼，不脱屦而即序者，谓之礼；跣而上坐者，谓之宴。能饮者饮之，不能饮者已，谓之醧；齐颜色，均众寡谓之沉；闭门不出者谓之湎。故君子可以宴，可以醧；不可以沉，不可以湎。

《黄石公记》曰：昔者良将用兵，人有馈一单醪者。使投之于河，令将士迎流而饮之。夫一单醪不能味一河水，三军思为之死，非滋味及之也。

贾谊《新书》曰：晋师伐虢，虢公出奔至泽中，曰："吾饥渴甚！"其御者进清酒腶脯，问御曰："汝何故谄谀？"曰："恐君必亡，所以储也。"虢公作色怒，御者曰："臣言误也。君所以亡者，天下皆不肖，疾公贤也。"虢公喜，据轼而笑。饥倦，乃枕御者膝而卧。御以块代其膝而去，虢公因饿死。

《神异经》曰：西北海外有人长二千里，两脚中间相去千里，腹围一千六百里。但日饮天酒五升，不食五谷鱼肉，唯饮天酒。忽有饥时，向天仍饮。好游出海间，不犯百姓，不干万物，与天地同生。

又曰：西北荒中有酒泉，此酒美如肉，清如镜。其上有玉樽，取一樽，复一樽，与天地同休，无干时。饮此酒，人不死不生。

《东方朔别传》曰：武帝幸甘泉，长平阪道中有虫，赤如肝，头目口齿悉具。先驱驰还以报，上使视之，莫知也。时朔在属车中，令往视焉。朔曰："此谓怪气，是必秦狱处也。"使案地图，果秦狱地。上问朔："何以去之？"朔曰："夫积忧者，得酒而解。"乃取虫置酒中，立消。赐朔帛百匹。后属车上盛酒，为此故也。

《说苑》曰：魏文侯与大夫饮，使公乘不仁为觞政，曰："饮若不尽，浮之大白。"文侯不尽，公乘不仁举白浮君也。

又曰：吴王从民饮酒，子胥谏曰："昔白龙下清冷之渊，化为鱼，渔者射中其目，白龙上告天。王舍万乘，从布衣，恐有射目之患也。”

《论衡》曰：东风至，酒湛溢。按，酒味酸，从东方木也。味酸，故酒湛溢也。

又曰：文王饮酒千钟，孔子百觚。圣人胸腹小大与人均等，若饮千钟，宜食百牛；能饮百觚，则能食十羊。使文王身如防风，孔子身如长狄。文王、孔子，率礼之人，垂誉后世，岂千钟百觚耶？纣车行酒，骑行炙，二十日为一夜。按，纣以酒为池，因谓车行酒；以肉为林，因为骑行炙耳。或是覆酒滂沲于地，因以为池；酿酒积糟，因以为丘；悬肉似林，因言肉林耳。

《西京杂记》曰：司马相如还成都，以所服鹔鹴裘，就市阳昌贳酒，与卓文君为欢。

《典论》曰：孝灵末，百司湎酒，酒千文一斗。常侍张让子奉为太医令，与人饮，辄去衣露形，为戏乐也。

又曰：洛阳令郭珍，家有巨亿。每暑，召客侍婢数十，盛装饰，罗縠披之，袒裸其中，使进酒。

又曰：刘表有酒爵三：大曰伯雅，次曰仲雅，小曰季雅。伯雅容七升，仲雅六升，季雅五升。又设大针于杖端，客有酒，辄以劚之，验醉醒也。

《博物志》曰：刘玄石曾于中山酒家沽酒，酒家与千日酒。饮之，至家大醉。其家不知，以为死，葬之。后酒家计向千日，往视之，云已葬。于是开棺，醉始醒。俗云：“玄石饮酒，一醉千日。”

又曰：西域有葡萄酒，积年不败。彼俗传云：可至十年。欲饮之，醉弥日乃解。

《古今记》曰：乌孙国有青田核，得水则有酒味，甚淳美如好酒。饮尽随更注水随成。不可久，久则苦不可饮。名曰青田酒。

《世说》曰：锺毓、锺会少有令誉。其父昼寝，因共偷服散酒。父时觉，且托寐以观之。毓拜而后饮，会饮而不拜。父问其故，毓曰：“酒以成礼，不敢不拜。”问会，会曰：“偷酒乃非礼，所以不拜。”

又曰：阮籍遭母忧，在晋文王座进酒肉。司隶何曾亦在座，曰："明公方以孝理天下，而阮籍以重哀显于公座，饮酒食肉。宜流之海外，以正风教！"文王曰："嗣宗毁顿如此，君不能共忧之。宜且有疾，而饮酒食肉，固丧礼也。"籍饮啖不辍，神色自若。步兵校尉尉，厨中有贮酒数百斛，阮籍乃求为步兵。或云：籍与刘灵饮步兵厨中，酒未尽，并醉而物故。皆好事者为之。籍景元年卒，太始中灵犹存焉。

又曰：刘灵纵酒放达，或脱衣裸形在室中。人见讥之。灵曰："我以天地为栋宇，室屋为裈衫，诸君何以和我裈中？"

又曰：张季鹰纵任不拘，时人号为江东步兵。或谓之曰："卿乃纵适一时，独不为身后名也？"张答曰："使我有身后名，不如即时一杯酒！"

又曰：阮宣子尝步行，以百钱挂杖头。至酒店便独酣畅。虽当世贵盛不肯诣也。

又曰：山季伦为荆州，时出酣畅。人为歌曰："山公时一醉，径造高阳池，日暮倒载归，酩酊无所知。时复乘骏马，倒着白接篱，举手语葛强，何如并州儿？"高阳池在襄阳，强是其爱将，并州人也。《襄阳记》曰：汉侍中习郁于岘山南依范蠡养鱼法作鱼池，池边有高堤，皆种竹及长楸，芙蓉覆水，是游宴名处也。季伦游此池，未尝不大醉而还，恒曰："此是我高阳池也！"

又曰：鸿胪孔群好饮酒，王丞相语云："卿恒饮酒，不见酒家复瓶布？日月久则糜烂。"群曰："公不见糟中肉，乃更堪久！"群常与亲旧书云："今年田得七百斛秫米，不了麹糵事。"

又曰：周顗，字伯仁，风德雅重深远。危乱，还江东。积年恒大饮酒，尝经三日不醒，人谓之三日仆射。

又曰：诸阮能饮酒。仲容至宗人间共集，不复用常杯酌，以瓮盛酒。宾坐相向，大酌更饮。时有群猪来饮酒，去上便共饮之。

又曰：桓公有主簿善别酒，辄令先尝，好者谓"青州从事"，恶者谓"平原督邮"。青州有齐郡，平原有鬲县。从事言至齐，督邮言至鬲上住。

又曰：王孝伯问王大："阮籍何如司马相如？"王大曰："阮籍胸中垒隗，故须浇之。"言同相如，唯有酒异。大，悦小字。王大叹曰："三日不饮酒，觉形神不复相亲。"宋明帝《文章志》曰：洸嗜酒，一饮或连日不醒，自号上顿也。谚以大饮为上顿，起于忱也。王孝伯云："名士不须奇才，但使常得无事痛饮酒，读《离骚》，便可称名士也。"

《神仙传》曰：孔元方者，专修道术。元方为人，恶衣疏食，饮酒不过一斗，年百七十余岁。道成，人或请元方同会。人人作酒令，次至元方作令，元方无所说，直以一杖柱地。因把杖倒竖，头在下，足在上，以一手持酒，倒饮之。人莫能为也。

《列仙传》曰：酒客者，梁市上酒家客也。作酒常美，日售万钱。有过逐之，主人酒便酸败。

《异苑》曰：有虹食薛愿釜中水尽。愿辇酒饮之，虹吐金满釜，因置丰富也。

《益部耆旧传》曰：杨子拒妻，刘臣公之女，字奉汉。有四男二女。拒早亡，教道闺门，动有法则。长子元珍，尝出饮酒，自舆而归。母不见，十日，诸弟谢过，乃见。数责曰："夫饮酒有节，不至沉湎者，礼也。汝乃沉荒，慢而无礼，自为败首，何以帅先诸弟！"

郭仲产《湘州记》云：衡阳县东南有酃湖，土人取此水以酿酒，其味醇美，所谓酃酒。每年尝献之。晋平吴，始荐酃酒于太庙是也。

《时镜新书》曰：晋海西令问董勋云："正旦饮酒，先饮小者，何也？"勋曰："俗以小者得岁，故先以酒贺之；老者失时，故后饮酒。"

《十洲记》曰：瀛州有玉膏，如酒味，名曰玉酒，饮数斗辄醉，令人长生。

《南岳夫人传》曰：夫人设王子乔琼苏绿酒。

《孝子传》曰：蔡顺，字君仲。母饮酒，吐呕颠倒。恐母中毒，尝母吐验之。

《楚辞》曰：蕙肴设兮兰籍，奠桂酒兮椒浆。

又曰：屈原曰："众人皆醉，唯我独醒。"渔父曰："众人皆醉，何不餔其糟而啜其醨？"

《梁四公记》曰：高昌遣使献干葡萄冻酒。帝命杰公迓之，谓其使曰："葡萄七是洿林，三是无半。冻酒非八风谷所冻者，又无高宁酒和之。"使者曰："其年风灾，葡萄不熟，故驳杂冻酒。奉王急命，故非时耳。"帝问杰公群物之异，对曰："葡萄，洿林者，皮薄味美；无半者，皮厚味苦。酒是八风谷冻成者，终年不坏。今臭其气酸，洿林酒滑而色浅，故云然。"

《岭表录异》曰：南中酿酒，即先用诸药别淘漉，粳米漉干，旋入药，和米捣熟，即绿粉矣。热水溲而团之，形如餢飳，以指中心刺作一窍。布于簟席上，以荷杞构叶罨之，其体候好弱，一如造曲法。既而以藤篾贯之，悬于烟火之上。每酝一年用几个饼子，固有恒准矣。南中地暖，春、冬七日熟，秋、夏五日熟。既熟，贮以瓦瓮，用粪扫火烧之。亦有不烧者，为清酒也。大抵广州人多好酒，晚市散，男儿女人倒载者，日有三二十辈。坐酒行，即两面罗列，皆是女人。招呼鄙夫，先令尝酒。盎上白瓷瓯，谓之瓿刮，一瓿三文，不持一钱。来去尝酒，致醉者当垆，妪但笑弄而已。盖酒贱之故也。

太平御览卷第八百四十六 饮食部四

嗜酒

《左传》曰：齐庆封好田而嗜酒，与舍政，舍，封子。庆封当国，不自为政，以付舍。则以其内实迁于卢蒲嫳氏，易内而饮酒。内实，宝物妻妾也。

《传》又曰：郑伯有嗜酒，为窟室，窟室，地室。而夜饮酒，击钟焉，朝至未已。朝者曰："公焉在？"家臣，故谓伯有为公。其人曰："吾公壑谷。"壑谷，窟室。皆自朝布路而罢。布路，分散。既而朝，伯有朝郑君。则又将使子皙如楚，归而饮酒。庚子，子皙以驷氏之甲伐而焚之。伯有奔雍梁。雍梁，郑地。醒而后知之，遂奔许。

《传》又曰：齐惠栾、高氏皆嗜酒，栾、高二族皆出惠公。信内多怨，说妇人言，政多怨。强于陈、鲍氏而恶之。恶陈、鲍。夏，有告陈桓子曰："子旗、子良将攻陈、鲍氏。"亦告鲍氏。桓子授甲而如鲍氏，遭子良醉而骋。欲及子良醉，故驱告鲍文子。遂见文子，文子，鲍国。则亦授甲矣。使视二子，二子，子旗、子良也。则皆将饮酒。桓子曰："彼虽不信，彼，传言者。闻我授甲，则必逐我。及其饮酒也，先伐诸？"陈、鲍方睦，遂伐栾、高氏。

《后汉书》曰：更始韩夫人尤嗜酒，每侍饮，见常侍奏事辄怒，曰："帝方对我饮，正用此时持事来乎？"起，抵破书案。

又曰：马氏为人嗜酒，阔达敢言。阔达，大度也。敢言，谓言果言敢，无所隐也。时醉，在御前面折同列，言其短长，无所避忌。帝故纵之，以为笑乐。

《魏志》曰：徐邈，字景山，魏国初为尚书郎。时科禁酒，而邈私饮，至于沉醉。校尉赵达问以曹事。邈曰："中圣人。"达白太祖，太祖甚怒。度辽将军鲜于辅进曰："平日醉客谓酒清者为圣人，浊者为贤人，邈性慎，偶醉言耳。"坐刑。后车驾幸许昌，问邈曰："颇复中圣人不？"邈对曰："昔子反毙于谷阳，御叔罚于饮酒。臣嗜酒，二子不能自惩，时复中之。然宿瘤以丑见传，而臣以醉见识。”帝大笑，顾左右曰：“名不虚立！”

又曰：时苗，字德胄，钜鹿人也。少清白，为人疾恶。建安中，入丞相府，出为寿春令，令行风靡。扬州治在其县，时蒋济为治中，苗以初至，欲往谒。济素嗜酒，适会其醉，不能见。苗恚恨还，刻木为人，署曰“酒徒蒋济”，竖之于墙下，旦夕射之。州郡虽知其所为不恪，然以其履行过人，无若之何。

《吴书》曰：郑泉，字文渊，陈郡人，博学有奇志，而性嗜酒。其闲居，每曰：“愿得美酒，满五百斛舡，以四时甘脆置两头，反复以饮之，惫即住，而啖肴膳，酒有斗升，减即随益之，不亦快乎！”

《晋书》曰：光逸，字孟祖。遇乱避难，渡江依胡毋辅之。初至，属辅之与谢鲲、阮放、毕卓、羊曼、桓彝、阮孚，散发裸衣，闭室酣饮，已累日。逸将排户入，守者不听。逸便于户外脱衣露头，于狗窦中窥之而大叫。辅之惊曰：“他人决不能尔，必我孟祖也！”遽呼入，遂与饮，不舍昼夜。人谓之八达。

又曰：孟嘉为桓温参军。嘉好酣饮，愈多不乱。温问嘉：“酒有何好，而卿嗜之也？”嘉曰：“未得酒中趣耳！”

又曰：孝武末年嗜酒好肉。而会稽王道子，昏蕾尤甚，唯狎昵谄邪。于是国宝谗谀之计，稍行于主相之间。

《宋书》曰：衡阳王义季，素嗜酒。自彭城王义康废后，遂为长夜饮，略少醒日。文帝诘责曰：“此非唯伤事业，亦自损性。皆汝所谙，近长沙兄弟皆缘此，致故将军苏徽耽酒成疾，旦夕待尽。一门无此酣法，汝于何得之？”义季虽奉旨，酣纵不改，成疾，以至于终。

又曰：范泰初为太学博士，外弟荆州刺史王忱请为天门太守。忱嗜酒，醉辄累旬。及醒则俨然端肃。泰陈：“酒既伤生，所宜深诫！”其言甚切，忱嗟叹久之，曰：“见规者众，未有若此者也！”

又曰：刘邕，穆之之子。河东王歆之与邕俱尝为南康相，素轻邕。后歆之与俱豫元会，并坐。邕嗜酒，谓歆之曰：“卿昔见臣，今能见劝一杯酒不?”歆之因教孙皓歌答曰:“昔为汝作臣,今为汝比肩。既不劝汝酒,亦不愿汝年!”

《梁书》曰:王瞻为吏部尚书,性率亮。居选所举,其意多行。颇嗜酒,每饮或弥日,而精神朗赡,不废簿领。武帝每称赡有三术:射、棋、酒也。

《南史》曰:陈暄,文才俊逸,尤嗜酒,无节操。遍历王公室,沉湎过差非度。其兄子秀常忧之,致书于暄友人何胥,冀其讽谏。暄闻之,与秀书曰:“且见汝书与孝典,陈吾饮酒过差。吾有此好五十余年。昔吴国张公,亦称耽嗜。吾见张公时,伊已六十,自言引满大胜少年时。吾今所进,亦胜于往日,老而弥笃,唯吾与张季舒耳!吾方与此子交欢于地下,汝欲夭吾此志耶?昔阮咸、阮籍同游竹林,宣子不闻斯言。王湛能玄言巧骑,武子呼为痴叔。何陈留之风不嗣,大原之气岿然,翻成可怪。吾既寂寥当世,朽病残年,产不异于颜、原,名未动于卿相。若不日饮醇酒,复欲安归?女以饮酒为非,吾以不饮为过。昔周伯仁渡江,唯三日醒,吾不以为少;郑康成一日三百杯,吾不以为多。然洪醉 之后,有得失。成厮养之志,是其得也;使次公之狂,是其失也。吾常譬酒犹水也,可以济舟,亦可以覆舟。故江议有言:‘酒犹兵也,兵可千日而不用,不可一日而不备;酒可千日而不饮,不可一饮而不醉。’美哉江公,可与共论酒矣!汝惊吾堕车侍中之门,陷池武陵之地,遍布朝野,自言憔悴。‘丘也幸,苟有过,人必知之。’吾平生所愿,身没 之后,题吾墓云:‘陈故酒徒陈君之神道。’若斯志意,岂避南征之不复,贾谊之恸哭者哉?何水曹眼不识杯铛,吾口不离瓢杓。汝宁与何同日醒,与吾同日而醉乎?政言‘其醒可及,其醉不可及也’。速营糟丘,吾将老焉!”

《后魏书》曰:夏侯道迁长子史,字元廷,历镇远将军、南兖州大中正。史性好酒,居丧不戚,醇醪肥鲜不离口。沽买饮啖,多所费用。父时田园货卖略尽,人间债犹数千余匹,谷食至常不足,弟妹不免饥寒,于是昏酣而卒。初,史与南人辛谌、庾遵、江文遥等终日游聚。酣饮之际，恒相谓曰："人生局促，何殊朝露？坐上相看，先后间耳！脱有先亡者，于良辰美景，灵前饮宴，傥或有知，庶共歆飨。"及史亡，后三月上巳，诸人相率至史灵前，仍共酌饮。时日晚天阴，室中微暗，咸见史在坐，衣服形容不异平昔，时执杯酒，似若献酬，但无语耳。

《后魏书》曰：李元忠征拜侍中，虽处要任，初不以物务干怀，唯以声酒自娱。大率常醉，家事大小了不关心。园庭罗种果药，亲朋导诣，必留连宴赏。每挟弹携壶，游遨里闬。每言："宁无食，不可使我无酒！阮步兵，吾师也；孔少府岂欺我哉？"后自中书令，复求为太常，以其有音乐而多美酒。故神武欲用为仆射，文襄言其放达常醉，不可任以台阁。其子搔闻之，请节酒，元忠曰："我言作仆射，不胜饮酒乐；尔爱仆射，时宜勿饮酒。"

《北齐书》曰：黄门郎司马消难，左仆射子知之子，是高祖之婿，势盛当时。因退食之暇，寻高季式，与之酣饮，留宿，旦日，重门并闭，关钥不通。消难固请云："我是黄门郎，天子侍臣，岂有不参朝之理？且一宿不归，家君必当大怪。今若又留我狂饮，我得罪无辞，恐君亦不免谴责。"季式曰："君自称黄门郎，又言畏家君怪，欲以地势胁我邪？高季式死自有处，初不畏此！"消难拜谢请出，终不见许。酒至，不肯饮，季式云："我留君尽兴，君是何人，不为我饮？"命左右，赍车轮括消难颈。又赍一轮，自括颈。仍命酒，引满相劝。消难不得已，欣笑而从之。方仍俱脱车轮，更留一宿。是时失消难两宿，莫知所在，内外惊异。及消难出，方具言之。世宗在京辅政，白魏帝，赐消难美酒数石、珍羞十舆。并令朝士与季式亲狎者，就季式燕集。其被优遇如此。

《唐书》曰：王源中为户部侍郎、翰林丞旨学士，性颇嗜酒。尝召对，源中方沉醉不能起。及醉醒，同列告之，源中但怀忧，殊无悔恨。他日，又以醉不任赴召。遂终不得大任，以眼病求免所职。

《列子》曰：子产之兄公孙朝聚酒千钟，积曲成封。望门百步，糟浆之气逆于人鼻。方其荒于酒也，不知正道之安危，人理之悔吝，室内之有无，九族之亲疏；虽水火兵刃交于前，不知也。

《王子年拾遗记》曰：晋有美人姚馥，字世芬。充厩马圉，每醉中，好言王者兴亡之事。常云："九河之水，不足以渍曲蘖；八薮之木，不足以为蒸薪；七泽之麋，不足以充庖俎。"恒言"渴于醇酒"，君辈呼为"渴羌"。后武帝受以朝歌守，馥辞，愿且为马圉，时赐美酒，以乐余年。帝曰："朝歌，纣之旧都，地有酒池，故使老羌不复呼渴。"固辞，迁酒泉太守，地有清池，其味若酒，馥乘醉而拜受之。

《世说》曰：刘灵病酒，渴甚，从妇求酒，持器泣谏曰："君饮酒太过，非摄生之道，必宜断之！"灵曰："甚善！我不能自禁，唯当祝鬼自誓断之耳。便可具酒肉。"妇从之。灵跪而咒曰："天生刘灵，以酒为名。一饮一斛，五斗解酲。妇人之言，慎不可听！"便引酒进肉，隗然已醉。

又曰：毕茂世云："一手持蟹螯，一手持酒杯。拍浮酒池中，便足了一生！"

使酒

《史记》曰：季布为河东守。孝文时，人有言其贤者。孝文召，欲以为御史大夫。复有言其勇，使酒难近。至留邸一月，见罢。布因进曰："臣无功窃宠，待罪河东，陛下无故召臣，此人必有以臣欺陛下者。今臣至，无所事罢去，此人必有毁臣者。夫陛下以一人之誉而召臣，以一人之毁而去臣，臣恐天下有识闻之，有以窥陛下也！"上嘿然，惭，良久曰："河东，吾股肱郡，故特召君耳。"布辞之官。

又曰：孝武建元元年，灌夫入为太仆。二年，夫与长乐卫尉窦甫饮，轻重不得，饮酒轻重不得其平。夫醉搏甫。甫，窦太后昆弟也。上恐太后诛夫，徙为燕相。数岁，坐法去官，家居长安。灌夫为人刚直使酒，不好面谀。贵戚诸有势在己之右，不欲加礼，必陵之；诸士在己之左，愈贫贱尤益敬。灌夫家居虽富，然失势，宾客益衰。及魏其侯失势，亦欲倚夫引绳排根生平慕 之后弃之者，夫亦倚魏其而通列侯宗室为名高。两人相为引重，其游如父子然，相得欢甚，恨相知晚也。夫有服，过丞相，丞相从容曰："吾欲与仲孺过魏其侯，会仲孺有服。"

夫曰："将军乃肯幸临况魏其侯，夫安敢以服为解！请语魏其侯帐具，将军旦日早临。"武安许诺。夫具语魏其侯，如所谓武安侯。魏其与其夫人益市牛酒，夜洒扫，早帐具，至旦平明，令门下侯伺。至日中，丞相不来。魏其谓夫曰："丞相岂忘之哉？"夫不怿，曰："夫以服请，宜往！"乃驾自往迎丞相。丞相特前戏许灌夫，殊无意往。及夫至门，丞相尚卧。于是夫入见，曰："将军昨日幸许过魏其，魏其夫妻治具，自旦至今，未敢尝食。"武安愕谢曰："吾昨日醉，忽忘与仲孺言。"乃驾往。及饮酒酣，夫起舞属丞相。丞相不起，夫从坐上语侵之。魏其扶灌夫去，谢丞相。丞相卒饮至夜，极欢而去。丞相尝使籍福请魏其城南田，不得，由此怨灌夫、魏其。后丞相娶燕王女为夫人，有太后诏，召列侯宗室皆往贺。魏其侯过灌夫，与俱。夫谢曰："夫数以酒失，得过丞相。丞相今者又与夫有郄。"魏其曰："事已解。"强与俱。饮酒酣，武安起为寿，皆避席伏。已，魏侯为寿，独故人避席耳，余半膝席。夫不悦，起，行酒。至武安，武安膝席，曰："不能满觞。"夫怒，因嘻笑曰："将军贵人也！"属之，时武安不肯。行酒次至临汝侯，灌婴孙，名贤。临汝侯方与程不识耳语，又不避席。夫无所发怒，乃骂临汝侯曰："生平毁程不识不直一钱，今日长者为寿，乃效女儿呫嗫耳语！"武安谓灌夫曰："程、李俱东、西宫卫尉，今众辱程将军，仲孺独不为李将军地乎？"灌夫曰："今日斩头陷胸，何知程、李乎！"坐乃起更衣稍稍去。

《续汉书》曰：时圣公聚客，家有酒，请游徼饮。宾客醉，歌言："朝烹两都尉！游徼后来，用调羹味！"游徼大怒，缚捶数百。

《魏志》曰：吴质黄初五年朝京师，诏大将军及特进以下皆会质所，太官给供具。酒酣，质欲尽欢。时上将军曹真性肥，中领军朱铄性瘦，质召优使说肥瘦。真负其贵耻见贱，怒谓质曰："卿欲以部曲将遇我耶？"骠骑将军曹洪、轻车将军王忠言："将军必欲使上将军肥，即自宜为瘦。"真愈恚，拔刀睁目，言："俳敢轻说，吾斩尔！"遂骂坐。质案剑曰："曹子丹，汝非屠机上肉？吴质吞尔不嗞喉，咀汝不嗞牙！何敢恃势骄耶！”铄因起，曰：“陛下使吾等来乐卿耳。乃至此耶？”质顾叱之曰：“朱铄，敢坏坐！”诸将军皆还坐。铄愈恚，还拔剑斩地。遂使罢也。

《吴志》曰：权既为吴王，欢宴之末，自起行酒。虞翻伏地，佯醉不起。权去，翻起坐。权于是大怒，手拔剑欲击之，侍坐者莫不惶遽。唯大司农刘基起抱权，谏曰：“大王以三爵后，手杀善士，虽翻有罪，天下孰知之？且大王以能容贤畜众，故海内望风；今一朝弃之可乎？”权曰：“曹孟德杀孔文举，孤于虞翻何有哉！”基曰：“孟德轻言士人，天下非之；大王躬行德义，欲与尧、舜比隆，曾何自喻于彼乎？”翻由是得免。权因敕左右：“自今酒后言杀，皆不得杀也。”

又曰：胡综性爱酒，酒后欢呼极意，或推引杯觞，搏击左右。权爱其才，不备责也。

又曰：凌统当击贼围，先期，统与督将陈勤会饮酒。勤刚勇任气，因督酒际，陵轹一坐，举罚不以其道。统疾其侮慢，面折不为具酒。勤怒，詈统及其父操。统流涕不答，众因罢坐。勤乘酒凶悖，又于道路辱统。统不忍，引刀斫勤，数日死。及当攻屯，统曰：“非死无以谢罪！”乃率厉士卒，身当矢石，所攻一面，应时破坏。诸将乘胜，遂大破之。还，自拘于军正。权壮其果毅，许以功赎罪。

《晋书》曰：庾纯为河南尹，以贾充奸佞，与任恺共举充西镇关中。充由是不平。充尝宴朝士，而纯后至。充谓曰：“尹行尝居人前，今何以在后？”纯曰：“且有小市，事不了，是以来后。”世言纯之先尝有五百者，充之先有市魁者，故充、纯以此相讥焉。充自以功隆望重，意殊不平，及纯行酒，充不时饮。纯曰：“长者为寿，何敢尔乎！”充曰：“父老不归供养，将何言也？”纯因发怒曰：“贾充，天下凶凶，由尔一人！”充曰：“辅佐二世，荡平巴、蜀，有何罪而天下谓之凶凶？”纯曰：“高贵乡公何在？”众坐因罢，充左右欲执纯，中护军羊琇，侍中王济佑之，因得出。充惭怒，上表解职。纯惧，上河南尹、关中侯印绶，上表自劾。

《晋书·裴楷传》曰：石崇以功臣子，有才气，与裴楷志趣各异，不与之交。长水校尉孙季舒常酣燕，慢傲过度，欲表免之。楷闻之，谓崇曰："足下饮人狂药，责人正礼，不亦乖乎？"乃止。

又曰：裴遐尝在平东将军周馥坐与人围棋。馥司马行酒，遐不即饮。司马醉，怒，因曳遐堕地。遐徐起，还坐，颜色不变，复棋如故。其性和如是。

《宋书》曰：谢超宗为人恃才使酒，多所陵忽。在直省常醉。上召见，语及北方事，超宗曰："虏动来二十年矣，佛出亦无如之何！"以失仪，出为南郡王中军司马。

《梁书》曰：肖颖达出为豫章内史，意甚愤愤。未发前，预华林宴。酒后，于座辞气不悦。沈约因劝酒，欲以观之，颖达大骂约曰："我今日形容，正是汝老鼠所为，何忽复劝我酒！"举坐惊愕。帝谓之曰："汝是我家阿五，沈公宿望，何意轻脱？若以法绳汝，汝复何理？"达竟无一言，唯大涕泣，心愧之。

又曰：谢善勋饮酒数升，醉后则张眼大骂，虽复贵贱亲疏，无所择也。时谓之谢方眼。

《陈书》曰：柳盼为散骑常侍，性愚戆，使酒。因醉乘马入殿门，为有司劾免于家。

《风俗通》曰：陈国有赵祐者，酒后自相署，或称亭长督邮。祐复于外骑马，将绛幡，云："我，使者也！"司徒鲍昱决狱，云："骑马将幡，起于戏耳，无他恶意。

又曰：汝南张妙酒后相戏，遂缚捶二十下；又县足指，遂至死。鲍昱决事云："原其本意，无贼心，宜减死。"

《风俗通》曰：巴郡宋迁母名静，往阿奴家饮酒，迁母坐上失气。奴谓迁曰："汝母在坐上，何无仪适？"迁曰："肠痛误耳。人各有气，岂止我？"迁骂，奴乃持木枕击迁，遂死。

太平御览卷第八百四十七　饮食部五

食上

《周礼·天官·膳夫》曰：膳夫掌王之食、饮、膳、羞，以养王及后、世子。羞有滋味。凡王之馈，食用六谷，膳用六牲，饮用六清，羞用百二十品，珍用八物，酱用百有二十瓮。王日一举，鼎十有二，物皆有俎。以乐侑食。膳夫授祭，品尝食，王乃食。

又曰：王齐，则玉府供玉食。郑玄注曰：玉，阳之精，御水气也。郑司农云：食玉屑也。

又《天官·食医》曰：掌和王之六膳、百羞、百酱、八珍之齐。凡食齐视春时，饮宜温。羹齐视夏时，羹宜热。酱齐视秋时，酱宜凉。饮齐视冬时。饮宜寒。凡和，春多酸，夏多苦，秋多辛，冬多咸，调以滑甘。凡会膳食之宜，牛宜稌，羊宜黍，豕宜稷，犬宜粱，雁宜麦，鱼宜苽。凡君子之食，恒放焉。

又曰：内饔，掌王及后、世子膳羞之割亨煎和之事，辨体名肉物，辨百品味之物。割，肆解肉也。亨，煮也。煎和齐以五味。选百羞、酱物、珍物以俟馈，先进其中御者。共后及世子之膳羞。膳夫掌之。

又曰：小宰，凡朝觐、会同、宾客，以牢礼之法，掌其牢礼、委积、膳献、饮食、宾赐之飧牵与其陈数。

又曰：大宗伯，以饮食之礼，亲宗族兄弟。

《大戴礼》曰：食谷者必智惠而巧。

《礼记·曲礼上》曰：侍食于长者，主人亲馈，则拜而食；主人不亲馈，则不拜而食。共食不饱，无流啜，郑玄注曰：流啜，有似贪也。无咤食，咤，陟嫁切。毋啮骨，毋反鱼肉，毋投与狗骨，毋固获，饮自得曰固，争自取曰获。毋刺齿。

又曰：凡进食之礼，左肴右胾，食居人之左，羹居人之右，皆便食也。肴，骨体也。胾，切肉也。食，饭属也。居之左右，明其近也。肴在俎，胾在豆。脍炙处外，醯酱处内。肴胾之外内也。近醯酱者食之主。脍炙皆在豆也。葱处末，烝葱也。处醯酱之左，言末者殊加也，在豆。酒酱处右。处羹之右，此言若酒若浆耳。两有之，则左酒右浆也。以脯修置者，左朐右末。亦便食也。屈中曰朐，其俱切。

又曰：齐大饥，黔敖为食于路，以待饿者而食之。有饿者蒙袂辑屦贸，贸然来。黔敖左奉食，右执饮，曰："嗟！来食！"扬其目而视，曰："予唯不食'嗟来'之食，以至于斯也。"从而谢之。终不食而死。《风俗通》曰：齐人不食而死也。

又曰：食于有丧者之侧，未尝饱也。助哀戚也。

又曰：庶人春荐韭，夏荐麦，秋荐黍，冬荐稻。韭以卵，麦以鱼，黍以豚，稻以雁。庶人无常牲，取与新物相宜而已。

又曰：文王之为太子，朝于王季。日三食上，必在视寒暖之节。在，察也。食下，问所膳。问所食者。命上宰曰："末有原。"应曰："诺"，然后退。末犹勿也。原，再也。勿有所再进，为其失饪臭味恶也。退，反其寝也。

又曰：朝夕之食上，世子必在视寒暖之节。食下，问所膳。羞必知所进，以命膳宰，然后退。羞必知所进，必知亲所食也。若内竖言疾，则世子亲齐玄而养。亲犹自也。养疾者齐，玄冠玄端也。膳宰之馔，必敬视之。疾者之食，齐和所欲或异。疾之药，必亲尝之。试毒也。尝馔善，则世子亦能食；善谓多于前。尝馔寡，世子亦不能饱。又不及武王一饭再饭。

又曰：古者未有火化，食草木之实、乌兽之肉，饮其血，茹其毛。后圣有作，然后修火之利，以炮以燔，以烹以炙，以为醴酪。

又曰：夫礼之初，始诸饮食。其燔黍捭豚，捭，卜麦切。污尊而抔饮，污，骅切。抔，步侯切。蒉桴而土鼓，蒉，苦对切。犹若可以致其敬于鬼神。言其物虽质略，有齐敬之心，则可以荐羞于鬼神。鬼飨德，不飨味也。

又曰：天子一食，诸侯再，大夫三。

又曰：不食雏鳖。狼去肠，狗去肾，狸去正脊，兔去尻，狐去首，豚去脑，鱼去乙，鳖去丑。皆为不利人也。

又曰：膳目诸膳也、臐、臐、膮、肜，音香。臐，许云切。膮，许尧切，牛炙；醢、牛胾；醢、牛脍；羊炙、羊胾、醢，豕炙、醢；豕胾、芥酱、鱼脍；雉、兔、鹑、鴽。此上大夫之礼，庶羞二十豆也。以公食大夫榔涚校之，则膮、牛炙间不得有醢。醢，衍字也。又以鴽为鷟也。

《玉藻》曰：侍食于先生，异爵者后，祭先饭。谦也。客祭，主人辞曰："不足祭也。"祭者盛王人之馔也。客餐，主人辞以疏。飧者，美主人之食也。疏之言粗也。

又曰：父命呼，唯而不诺，手执业则投之，食在口则吐之。

又曰：若赐之食，而君客之，则命之祭，然后祭。虽见宾客，犹不敢备礼也。侍食则正不祭。先饭，辨尝羞，饮而俟。侯君食而后食之，患也。将食，臣先尝，孝也。若有尝羞者，则俟君之食，然后食，饭饮而俟。不祭侍食，不敢备礼也。不尝羞膳，宰存也。饭饮，利将食也。君命之羞，羞近者。辟贪味也。命之品尝之，然后唯所欲。必先遍尝之。凡尝远食，必顺近食。从近如也。君未覆手，不敢飧。覆手，已循咡，已食也。飧，劝食也。君既食，又饭飧。不敢先君饱。饭飧者，三饭也。臣劝君食，如是可也。君既彻，执饭与酱乃出授从者。食于尊前，亲彻也。凡侑食，不尽食，食于人不饱。谦也。

又《学记》曰：虽有嘉肴，弗食，不知其旨也；虽有至道，弗学，不知其善也。旨，美也。

又《杂记》曰：孔子曰："吾食于少施氏而饱，少施氏食我以礼。言贵其以礼待己而为之饱也。时人倨慢，若季氏，则不以礼矣。少施氏，鲁惠公子施父 之后。吾祭，作而辞曰：'疏食，不足祭也。'吾飧，作而辞曰：'疏食也，不敢以伤吾子。'纳币一束，束五两，两五寻。"

又《坊记》曰：故食礼，主人亲馈，则客祭；主人不亲馈，则客不祭。故君子苟无礼，虽美不食焉。

《左传》曰：晋公子重耳过卫，卫文公不礼焉。出于五鹿，五鹿，郑地。乞食于野人，与之块。公子怒，欲鞭之。子犯曰："天赐也！"得土，有天赐。稽首受而载之。

又曰：楚伐庸，出师旬有五日，百濮乃罢。濮夷无屯聚，见难则散归。

自庐以往，振廪同食。往，往伐庸也。振，发也。廪，仓也。同食，上下无异馔也。

又曰：初，宣子田于首山，舍于翳桑。田，猎也。翳桑，桑之多荫翳者。首山，在河东蒲板县东南。见灵辄饿，问其病，曰："不食三日矣。"食之，舍其半。问之，曰："宦三年矣，宦，学也。未知母之存否。今近焉，去家近。请以遗之。"使尽之，而为之箪食与肉，箪，笥也。置诸橐以与之。既而与为公介，灵辄为公甲士。倒戟以御公徒而免之。问其故，对曰："翳桑之饿人也。"问其名居，问所居。不告而退。不望报也。遂自亡也。辄亦去。

又曰：诸侯之师次于郑西，我师次于督杨，不敢过郑。督杨，郑地。子叔声伯使叔孙豹请逆于晋师，为食于郑郊，师逆以至。声伯戒叔孙以必须所递晋师至乃食。声伯四日不食以待之。食使者，使者，豹之介。而后食。言其忠也。

又曰：晋侯合诸侯，杨干乱行，魏绛戮其仆。晋侯以绛为能以刑佐民矣，反役，与之礼食，使佐新军。群臣族会礼食也。

又曰：卫献公戒孙文子、宁惠子食。劝戒二子欲共燕食。皆服而朝，日旰不召，而射鸿于囿。二子从之，不释皮冠而与之言，二子怒。

又曰：魏献子为政，以魏戊为梗杨大夫。梗杨人有狱，魏戊不能断，以狱上。上魏子也。其大宗赂以女乐，讼者之大宗。魏子将受之。戊谓阎没、汝宽二人魏子大夫曰："主以不贿闻于诸侯。若受梗杨人，贿莫甚焉！吾子必谏！"皆许诺。退朝，待于廷。魏子朝君退，而待于魏子之庭。馈入，召之。召大夫食。比置，三叹。既食，使坐。魏子曰："吾闻诸伯叔，谚曰：唯食忘忧。吾子置食之间三叹，何也？"同辞而对曰："或赐二小人酒，不夕食。或，他人也。言饥甚也。馈之始至，恐其不足，是以叹。中置，自咎曰：岂将军食之而有不足？是以再叹。及馈之毕，愿以小人之腹为君子之心，属厌而已。"属，足。小人腹饱知足也。言君子之心厌宜亦然。献子辞梗杨人。

又曰：叔孙穆子食庆封，庆封泛祭。有余，示有所先也。泛祭，远散所祭不共。穆子不说，使工为之诵《茅鸱》。工，乐师。《芧鸱》，逸师，刺不敬。亦不知。

又曰：晋悼夫人食舆人之城杞者。与，众也。城杞在往年。绛县人或年长矣，无子而往与于食。

又曰：华亥与其妻，必盥而食所质公子者，后食公与夫人。每日必适华氏食公子而后归。

又曰：昔阖庐在国，天有灾厉，亲巡孤寡，而共其乏困。在军熟食者，分而后敢食。必须军士皆分熟食，不敢先食。分犹遍也。其所尝者，卒乘与焉。所尝，甘珍，非常食。

又曰：卫侯为虎幄于藉圃，于藉田之圃新造幄幕，以虎兽为饰。成，求令名者而与之始食焉。太子请使良夫，以良夫应为令名。良夫乘衷甸两牡，衷甸，一辕，卿车。紫衣狐裘，紫衣，君服。至袒裘不释剑而食。食而热，故偏袒，亦不敬。太子使牵以退，数之以三罪，而杀之。

又曰：左师每食击钟。闻钟声，公曰："夫子将食。"

《诗》曰：民之失德，干糇以愆。糇，食也。《笺》云：德言过乎。

又曰：民之质矣，日用饮食。质，成。

又《生民》曰：克岐克嶷，以就口食。

《韩诗外传》曰：子夏过曾子，食之。子夏曰："不为公费乎？"曾子曰："有三费，饮食不在其中。少而学，长而忘之，一费；事君而轻负，二费；久交中绝，三费。"

《舜典》曰：咨十有二牧，曰食哉唯时。王肃注曰：食哉者，所以重之也。

又《洪范》曰：八政：一曰食。

又曰：帷辟玉食。孔安国曰：玉食，美食。

《周书》曰：甘食美，使长贫。

《尚书大传》曰：八政何以先食？食者，万物之始，人之所本者也。

《易》曰：云上于天，需，君子以饮食宴乐。需，饮食之道也。九五，需于酒食，贞吉。

又曰："噬嗑"，食也。颐中有物，曰："噬嗑"。

又曰：山下有雷，颐，君子慎言语，节饮食。

《论语》曰：一箪食，一瓢饮，人不堪其忧，回也不改其乐。

又曰：齐必变食，居必迁坐。食不厌精，脍不厌细。肉虽多，不使胜食气。食不语，寝不言。虽蔬食菜羹，瓜祭必斋如也。

《史记》曰：张苍尝被刑，王陵救免之。苍常德陵。后为丞相，洗沐常先朝陵，夫人上食，然后敢归家。

又曰：韩信从下乡南昌亭长寄食，数月，亭长患之，乃晨炊蓐食，时信往，不为具食。信亦知其意，怒，竟绝去。乃钓城下，一漂母饭信，竟漂数十日。信喜，谓漂母曰："吾必有以重报母！"母怒曰："丈夫不能自食，吾哀王孙而进食，岂望报乎！"

又曰：景帝居禁中，召条侯周亚夫赐食，独置大胾，无切肉，又不置箸。条侯心不平，顾谓尚席取着。景帝视而笑曰："此不足君所食乎？"条侯免冠谢。

又曰：东方朔，诏赐之食于前。饭已，尽怀其余肉持去，衣尽污。

《古史考》曰：始有燔炙人，裹肉烧之，曰炮，故食取名焉。及神农时，民食谷，释米加于烧石之上而食。及黄帝，始有釜甑，火食之道成。

《战国策》曰：苏秦之楚，三月乃得见王。谈卒，辞行。楚王曰："先生不远千里而临寡人，曾弗肯留，愿闻其说。"对曰："楚国食贵于玉，薪贵于桂，谒者难见于鬼，王难见于帝。今令臣食玉炊桂，因鬼见帝，其可得乎？"

《汉书》曰：陆贾劝陈平与太尉绛侯和，以谋诸吕。平乃以奴婢百人，车马五千乘，钱五百万，遗贾为饮食资。

又曰：万石君，时赐侯食于家，必稽首俯伏而食，如在上前。子孙有过，对案不食。

又曰：有司劾窦婴矫先帝诏，弃市。婴阳病不食，欲死。或闻上无意杀婴，复食也。

又曰：昌邑王在丧，诏太官上乘舆，食如故。食监奏："未释服，未可御故食也。"

又曰：鲍宣上书曰："陛下擢臣岩穴，诚冀有益毫毛，岂徒欲臣美食大官，重高门之地哉？”晋灼曰：高门，殿名也。

又曰：太师孔光，圣人之后，先师之子，德行纯淑，赐飧十七物。服虔曰：食具十七动物也。

《续汉书》曰：灵帝数游于西园，令后宫采女为客舍主。身为商贾，行至客舍，采女下酒，因共饮食。

《东观汉记》曰：光武过邓禹营，禹进炙鱼，上大飧啖。百姓聚观，皆言：“刘公真天人也！”

又曰：汝郁，字叔异，陈国人。年五岁，母疾，不能饮食，郁亦不肯食。宗亲共奇之，因名曰异。

又曰：赵孝，字长平。建武初，天下新定，谷食尚少。孝得谷，炊熟，令弟礼夫妻使出。比还，孝夫妻共茹蔬菜，礼夫妻来归，告言已食，辄独饭之。积久，礼心怪疑，后掩伺见之，亦不肯后出，遂共蔬食。兄弟怡怡，乡里归德。

又曰：梁鸿少孤，以幼童诣太学受业，治《诗》《礼》《春秋》。常独止，不与人同食。

又曰：明德皇后既处椒房，太官上饭，累肴膳备副，重加幕覆，辄撤去，谴敕，令与诸舍相望也。

谢承《后汉书》曰：茅容，字季伟，陈留人。与等辈避西树下，众皆箕踞相对，容危坐愈恭。郭林宗见而奇之，共与言，因请寓宿。旦日，容杀鸡为黍，林宗谓为己设。既而以供其母，自以菜蔬与林宗同饭。林宗起拜之，曰：“卿贤乎哉！”因劝令学，卒以成德也。

《后列》曰：董宣为洛阳令，杀胡阳公主奴。帝怒，欲杀宣，后原之。敕令诣太官赐食。宣受诏出，饭尽，覆杯食按上。太官以状闻，上问宣，宣对曰：“臣食不敢遗余，如奉职不敢遗力。”

又曰：帝悯窦融年衰，遣中常侍中谒者，即其卧内，强进酒食。

又曰：赵咨，躬率子孙，耕农为养。盗尝夜往劫之，咨恐母惊惧，乃先至门迎盗，因请为设食，谢曰：“老母八十，疾病须养，居贫，朝夕无储，乞少置衣粮。妻子物余一无请。”盗皆惭叹，跪而辞曰：“所犯无状，干暴贤者。”言毕奔出。咨追，以物与之。由此益知名。

又曰：郅元义父伯考，为尚书仆射。元义还乡里，妻留事姑甚谨。姑憎之，幽闭空室，节其饮食，羸困。妻终无怨言。后伯考怪而问之，时义子朗年数岁，言：“母不病，但苦饥耳。”

又曰：韩卓，字子助。腊日，奴窃食祭其先，卓义而免之。

又曰：延熹末，党事将作。袁闳遂散发绝代，欲投迹深林。以母老不宜远遁，乃筑土室，四周于庭，不为户，自牖纳饮食而已。

《魏志》曰：典韦好酒食，饮啖兼人。每赐食于前，大饮长啜，左右相属，人益乃供，太祖壮之。

又曰：汉末，中常侍唐衡弟为京兆虎牙都尉，入谒尹。尹欲修主人，敕外为市买。功曹赵息启云：“衡、悺子弟来为虎牙，非德选！不足为特酤买，宜随中舍菜食而已。”

《魏志》曰：文帝为太后弟康起第，成，太后至第，请诸家外亲，设下厨无异膳，太后左右菜食粟饭无鱼肉，其俭约如此也。

又曰：扈累者，嘉平中，年八十九岁，若六七十者。县官以孤老，日给廪五升。五升不足食，颇行佣作以裨之，粮尽复出，人与不取，食不求美，衣弊缊故。后一二年病亡。

又曰：诸葛亮出斜谷，与司马宣王对垒。宣王见亮使，唯问其寝食，及其事之繁简戎事。使对曰：“诸葛公夙兴夜寐，二十罚已上，皆亲览焉。所啖食不至数升。”宣王曰：“亮体毙矣，其能久乎！”

又曰：沐并，字德信，河间人也。少孤苦。袁绍父子时始为吏，名有志介。尝过姊，为杀鸡炊黍，而不留也。正始中，为三府长史。时吴使朱然、诸葛瑾攻围樊城，遣舡兵于岘山东斫材。牂牁人兵作食，有先熟者呼后熟者，言“其食来”，后熟者答言“不也”。呼者曰：“欲作沐德信耶？”其名流布播于异域如此。虽自华夏，不知者以为前世人。

《江表传》曰：南阳樊伷为武昌部从事，诱导诸夷叛属刘备。孙权召问潘浚，浚曰：“以五千兵往，足擒矣！”权曰：“卿何以轻之？”浚曰：“伷昔为州人设馔，比至日中，食不可得，而十余自起。此亦侏儒观一节之验！”权即遣将五千兵往，果平武昌。

《吴志》曰：步骘，字子出。世乱，避难江东，单身穷困。与广陵卫旌同年相善，俱以种瓜自给，昼勤四体，夜诵经传。会稽焦征羌，郡之豪族，人客放纵。骘与旌寄食其地，惧为所侵，乃共修刺奉瓜以奏征羌。方内卧，驻之移时。旌欲去，骘止之，曰：“本所以来，畏其强也。今舍去，欲以为高，祇怨耳。”良久，征羌开牖见之，身隐几，坐帐中，设席致地，坐骘、旌于牖外。旌愈耻之，骘辞色自若。征羌身自亨大案，肴膳重沓，而小盘饭与骘、旌，唯菜茹而已。旌不能食，骘极饭致饱乃辞出。旌怒骘曰：“能忍此乎！”骘曰：“吾等贫贱，是以主人以贫贱遇之，固其宜也，当何所耻？”

《蜀志》曰：汉献帝舅车骑将军董承，辞帝，受帝衣带中密诏当诛曹公。先主是时与曹公从容，曹公谓先主曰：“天下英雄，唯使君与操耳？本初之徒，不足数也！”先主食失匕箸。

又曰：关羽尝为流矢所中，贯其左臂。后疮虽愈，每阴雨痛。医曰：“矢镞有毒，毒入于骨。当破臂作疮，刮骨去毒，然后此患乃除耳。”关羽便伸臂，令医凿之。时羽适请诸将，饮食相对，臂血流离，盈于盘器。而羽割炙引酒，言笑自若。

太平御览卷第八百四十八 饮食部六

食中

王隐《晋书》曰：何曾食日近万钱，犹曰无下箸处。子劭骄奢简贵有父风，衣裘服玩新故巨积，食必尽四方珍异。一日之供，以二万为限。时论以为，太常御膳无以加之。

又曰：皇甫谧姑子梁柳，为城阳太守。或劝谧送，谧曰："柳为布衣过吾，送迎不出门，食不过盐菜，贫不以酒肉为礼也；今作郡而送，岂古人之道哉？"

《晋书》曰：王导子悦疾笃，导忧念特至，不食积日。忽见一人，形状甚伟，被甲持刀。导问："君是何人？"曰："仆是蒋侯也。公儿不佳，欲为请命，故来耳。公勿复忧！"因求食，遂啖数斗。食毕，勃然谓导曰："中书患非可救者！"言讫不见，悦亦殒绝。

又曰：卫将军谢安欲诣陆纳，纳兄子俶怪纳无办，乃密作数十人馔安至，纳设菜果，而俶下精饮食。纳怒，客去，杖俶四十。

又曰：郗鉴，字道征。永嘉乱，在乡里穷馁。乡人以鉴名德，传共饷之。时兄子迈、外甥周翼并小，常携之就食。乡人曰：'恐不兼有所存。'鉴乃独往，食讫，饭着两颊边，含还与二儿。后并得存。同过江，迈位至护军，翼为剡令。鉴薨，追抚育之恩，解职而归，席苫，心丧三年。

又曰：庾衮父亡，作笤卖以养母。母见其勤，曰："我无所食。"对曰："母食不甘，衮将何居？"母感而安之。

《宋书》曰：谢景仁为桓玄骁骑将军。时宋武帝为桓循抚事军，中兵参军，尝诣景仁咨事。景仁与语悦，因留帝食。食未办，而景仁为玄所召。玄累促，俄顷间骑诏续至。帝屡求去，景仁不许，曰："主上见待，要应有方。我欲与客食，岂不得待竟？安饱食然后应召。"帝甚感之。

又曰：谢景仁爱弟超音酣，而憎弟述。尝设馔，请宋武帝，希帝命走甘预坐。而帝召述，述知非景仁夙意，又虑非帝命之请，急不从。帝驰遣呼述，须至，乃食。其见重如此。及景仁疾，述尽心视汤药，饮食必尝而后进，衣不解带，不盥栉者累旬。景仁深感愧焉。

又曰：刘穆之少时家贫，诞节嗜酒食，不修拘捡。好往妻兄弟乞食，多见辱，不以为耻。其妻江嗣女，甚明识，每禁不令往。红氏后有庆会，嘱勿来，穆之犹往。食毕，求槟榔，江氏兄弟戏之曰："槟榔消食，君乃常饥，何忽须此？"妻复截发市肴馔，为其兄弟以饷穆之。自此不对穆之梳沐。后穆之宦达，而性更奢豪，食必方丈。且辄为十人馔，未尝独食。每至食时，客止十人已还，帐下依常下食，以此为常。常白帝曰："穆之家本贫贱，赡生多阙。叨忝已来，虽每存约损，而朝夕所须，征为过丰。此外无一毫负公。"

又曰：王仲德与兄睿同起义兵，与慕容垂战，败。仲德被重创，走，与家属相失。路经大泽，困，未能去，卧林中。有一小儿，青衣，年可七八岁，骑牛。行见仲德，惊曰："汉已食未？"仲德言饥。小儿去须臾复来，得饭与之食。

又曰：庐陵王义真居武帝忧，使帐下备膳。刘湛禁之，义真乃使左右人买鱼肉珍羞，于齐内别立厨帐。会湛入，因命暖酒炙车螯。湛正色曰："公当今日，不宜有此设！"义真曰："寒甚，杯酒亦何伤？长史事同一家，望不为异。"湛起曰："既不能以礼自处，又不能以礼处人！"

又曰：江夏王义恭，幼为武帝特所钟爱。帝性俭，诸子饮食，不过五盏盘。义恭须求果食，日中无算，得未尝啖，悉以与傍人。诸王未尝敢求，求亦不得。

又曰：文帝宴于武帐堂上，将行，敕诸子且勿食，至会所赐馔。日旰食不至，有饥色。上诫之曰："汝曹少，长丰佚，不见百姓艰难，今使尔识饥苦。"

又曰：文帝以谢弘微能膳羞，每就求食。弘微与亲旧经营乃进之，后亲人问上所御，弘微不答，别以余语酬之。时人比之汉世孔光。

又曰：谢弘微兄曜卒，弘微哀戚过礼。服虽除犹不啖鱼肉。沙门释惠琳尝与之食，见其犹蔬素，谓曰："檀越素既多疾，即吉犹未复膳，若以无益伤生，岂所望于得理？"弘微曰："衣冠之变，礼不可逾；在心之哀，实未能已。"遂废食，歔欷不自胜。

又曰：前废帝常以木槽盛饭，内诸杂食，搅令和合，掘地为坑阱，实之以泥水，以糟食置前，令以口就槽中食之，用为欢笑。

又曰：宗悫累迁豫州刺史，监五州诸军事。先是，乡人庾业家富豪侈，侯服玉食，与宾客相对，膳必方丈；而为悫设粟饭菜俎，谓客曰："宗上军串古患切啖粗食。"悫致饱而退，初无异辞。至是，业为悫长史，带梁郡，悫待之甚厚，不以昔事为嫌。

又曰：沈攸之战败，与第二子文和至华容之鲋头村，投州吏家。此吏尝为攸之所鞭，待攸之甚厚，不以往罚为怨，杀豚荐食。既而村人欲取攸之，于栎林与文和俱自经死。

又曰：袁愍孙为吏部郎。孝建元年，文帝诏曰："群臣并于中兴寺八关齐中食。"竟，愍孙别与黄门郎张淹更进鱼肉食。尚书令何尚之奉法素谨密，以白孝武。孝武使御史中丞王谦之纠奏，并免官。

又曰：阮佃夫奢侈，中书舍人刘休尝诣之，遇佃夫出行，中路相逢，要休同返。就席，便命施设，一时珍肴莫不毕备。凡诸火齐，并皆始熟，肴胾数十种。佃夫常作数十人馔，以待宾客，故造次便办，类皆如此。虽晋世王、石，不能过也。

又曰：郭原平养亲必以己力，佣赁以给供养。主人设食，原平以家贫，父母不办，有肴味唯餐盐饭而已。若家或无食，则虚中竟日，义不独饱。须日暮作毕，受直归家，于里籴买，然后举爨。

《齐书》曰：陈显达，高帝即位拜护将军。后御膳不宰牲，显达上熊蒸一盘，上即以充饭。

又曰：武帝收沙门宝志在狱中，语狱吏曰："门外有两舆食，金钵盛饭，当可取之。"果是文惠太子及竟陵王子良所供养。

又曰：王俭尝诣武陵王晔，晔留俭设食，盘中松菜、鲍鱼而已。俭重其率真，为饱食，尽欢而去。

又曰：周颙隐居钟山，卫将军王俭谓颙曰："卿山中何所食？"颙曰："赤米、白盐、绿葵、紫蓼。"文惠太子问颙："菜食何味最胜？"颙曰："春初早韭，秋末晚菘。"

又曰：张绪口不言利，有财辄散之。清谈端坐，或竟日无食。门生见绪饥，为之办食，然未尝求也。

《梁书》曰：沈顗逢齐末兵荒，与家人并日而食。或有馈其粱肉者，闭门不受。唯采莼荇根供食，以樵采自资。怡怡然，恒不改其乐。

又曰：孔休源到都，寓于宗人少府孔登。会以祠事入庙，侍中范云一与相遇，深加褒赏，曰："不期忽觌清风，顿祛鄙吝，观天披雾，验之今日。"后云命驾到少府，登便拂筵整席，谓当诣己，备水陆之品。云驻箸，命休源，及至，取其常膳，正有赤仓米饭、蒸鲍音腌鱼。云食休源食，不尝主人之馔，高谈尽日，同载还家。登深以为愧。

又曰：临川王萧宏所幸江无敌，服玩侔于齐。东昏、潘妃宝屧音燮直千万。好食鲼音鲫鱼头，常日进三百。他珍膳盈溢，后房食之不尽，弃诸道路。

又曰：何远为武昌太守。江左水族甚贱，远每食不过干鱼数片而已。

又曰：何裔侈于味，食必方丈。后稍去其甚者，犹食白鱼䱇脯、糖蟹，以为非见生物。疑食甘蛎，使门人议之，学生锺玩曰："䱇之就脯，但骤于屈申；蟹之将糖，躁扰弥甚。仁人用意，深怀如怛。至于车螯蚶蛎，眉目内阙，慚浑沌之寄；犷壳外缄，非金人之慎，不悴不荣，曾草木之不若；无香无臭，屯瓦砾其何等？故宜长充庖厨，永为口实。"

《陈书》曰：徐孝克为国子祭酒，每侍宴，无所食啖。至席散，当其前膳羞损减。帝密记，以问中书舍人管斌。斌自是伺之，见孝克取珍果内绅带中。斌当时莫识其意，后寻访，方知其以遗母。斌以启，宣帝嗟叹良久，乃敕：'自今宴享，孝克前馔并遣将之，以饷其母。"时论美之。

崔鸿《后赵录》曰：石虎召姚弋仲，弋仲轻骑至邺，引入领军省，赐以御食。仲怒曰："国家有贼，召我击之，官当见我，问方略以破贼；而食我，我来觅食耶？”乃引见。

又《后燕录》曰：王凤，字道翔，宜都王桓之子也。桓好修宫室。凤年八岁，左右抱之，随桓周行殿观。桓问之曰：“此第好不？”笑曰：“此本石家诸王故第，今王修之，室无常人，何烦过好？”桓大奇之，每食必与之同案。凤辞曰：“今王之饍，兼肴百品，而外有糟糠之民，非是小儿所可同大王之味也。”桓弥加叹赏。

又曰《南燕录》曰：济南尹鸾，身长九尺，腰带十围，贯甲跨马，不据鞍由蹬。慕容德见而奇其魁伟，赐之以食，一进斛余。德惊曰：“所啖如此，非耕能饱，且才貌不凡，堪为贵人，可以一县试之。”于是拜逢陵长，政理修明，大收民誉。

《燕书》曰：少帝建熙六年，上谷人公孙几久隐昌黎之域。冬衣单布，寝土床上。夏则并餐茹于一器，停使蛆臭，然后乃食。人咸异之，莫能测也。

《后魏书》曰：裴安祖年八九岁就师讲《诗》至《鹿鸣》篇，语诸兄云：“鹿得食相呼，而况人乎？”自此未曾独食。

又曰：高闾，尝造胡叟家。遇叟短褐曳柴，从田归舍，为闾设酒食，皆自手办索。其馆宇卑陋，园畴褊局，而饭菜精洁，醯酱调羹。见其妾，并衰跛眇，衣布穿弊。闾见其贫，以衣物直十余匹赠之，亦无辞愧。

又曰：卢彪为太子詹事，魏收常来诣之，访以洛京旧事。不待食而起，云：“难为子费。”叔彪留之良久。食至，但有粟餐葵菜，木碗盛之，片脯而已。所侍仆从，亦尽设食，一与己同。

又曰：杨愔幼时，为季父暐大嗟异，顾谓宾客曰：“此儿恬裕，有我家风。”宅内有茂林，遂为愔于林边别葺一室，命独处其中。常同盘具盛馔以饭之，因此督励诸子曰：“汝辈但如遵彦谨慎，自得竹林别室，同盘重肉之食。”后椿诫子孙曰：“吾兄弟若在家，必同盘而食。若有近行不至，必待其还。亦有过中不食，忍饥相待。吾兄弟八人，今存者有三，是故不忍别食也。又愿毕吾兄弟不异居异财，汝等眼见，非为虚假如闻。汝等兄弟，时有别斋独食，此人又不如吾等一世也！”

又曰：元钦曾托青州人高僧寿为子求师。师至，未几逃去。钦以让僧寿，僧寿性滑稽，乃谓钦曰：“凡人绝粒七日乃死。始终五朝，便尔逃遁，去食就信，实有所阙。”钦乃大惭，于是待客稍厚。

又曰：崔敬友恭宽接下，循身励节。自景明已降，频岁不登。饥寒请丐者，取足而去。又置逆旅于萧然山南大路之北，设食以供行者。

又曰：刁少雍，字季仲，少聪颖，有孝行，尤为祖父绍先所爱。绍先性嗜羊肝，常呼少雍共食。及绍先卒，少雍终身不食肝。

《北齐书》曰：崔瞻在御史台，恒于宅中送食，备尽珍羞，别室独餐，处之自若。有一河东人士姓裴，亦为御史。伺瞻便往造焉，瞻不与交言，又不命匕箸。裴坐观瞻食罢而退。明日，裴自携匕箸，恣情饮啖。瞻方谓裴云：“我初不唤君食，亦不共君语，君遂能不拘小节。昔刘毅在京口，冒请鹅炙，岂亦异于是乎？君定名士！”于是每与之同食。

又曰：赵郡王睿十岁丧母，高祖亲送睿至领军府发丧。举声殒绝，哀感左右，三日水浆不入口。高祖与武明娄皇后殷勤敦譬，方渐顺旨。由是高祖食，必唤睿同案。其见悯惜如此。

又曰：文宣昏逸，常山王演固谏，大被欧挞，闭口不食。太后极忧之，常谓左右曰：“傥小儿死，奈我老母何？”于是每问王疾，谓曰：“努力强食，当以王晞还汝。”乃释晞令往。王抱晞曰：“吾气息惙然，恐不能相见。”晞流涕曰：“天道神明，岂令殿下遂毙此舍？至尊亲为人兄，尊为人主，安可与计？殿下不食，太后亦不食，殿下纵不自惜，不惜太后乎？”言未卒，王强坐而饭。晞由是得免，遂还，为王友。

又曰：杨休之除中山太守。先是，韦道建、宋钦道代为定州长史，带中山太守，并立制礼之官，出行不得过百姓饮食，有者即数钱酬之。休之常以为非，及至郡，复相因循。或问其故，休之曰：“吾昔非之者，为其失仁义；今日行之者，自欲避嫌疑。岂是夙心？直是处世难耳！”

《后周书》曰：柳虬脱略人间，不拘小节，弊衣疏食，未尝改操。人或讥之，虬曰：“衣不过适体，食不过充饥。孜孜营求，徒劳思虑耳。”

又曰：长孙澄雅好宾客，接引忘疲。虽不饮酒，而好观人酣兴。常恐座客请归，每勤中厨，别进异馔留之。

《隋书》曰：田翼，不知何许人也。性至孝，养母以孝闻。其母卧疾岁余，翼亲易燥湿。母食则食，母不食则不食。

《唐书》曰：高祖师次于古堆，去绛郡二十余里。有紫云如华盖楼阙之形，正临高祖之上。时隋绛郡通守陈叔达坚守不下，高祖谓厨人曰："吾明日下城然后朝膳。"辛卯，引兵攻城，自旦及辰而破，高祖乃食。

又曰：太宗谓侍臣曰："夫仁义之道，当思之在心，常令相继。若斯须懈怠，则去之已远。犹如饮食资身，恒令腹饱，乃可存其性命。"

又曰：高宗朝，诸宰臣以政事堂供馔珍美，议减其料。东台侍郎张文瓘曰：'此食，天子所以重机务，待贤才也。吾辈若不任其职，当自陈乞，以避贤路。不可减削公膳，以邀求名誉也。国家之所费，不在此！苟有益于公道，斯亦不为多也。"众乃止。

又曰：高宗朝，文武官献食，贺破高丽。上御玄武门之观德殿，奏九部乐，极欢而罢。

又曰：高宗朝，皇太子久在内不出，稀与官臣接见。典膳丞邢文伟减膳，上启曰："窃见《大戴记》曰：太子既冠成人，免保傅之严，则有司过之史、亏膳之宰。史之义不得书过，不书则死之；宰之义不得撤膳，不撤则死之。近者已来，未甚延纳，谈议不接，谒见尚稀，三朝之后，但与内人独居，何由发挥圣智，使睿哲文明者乎？今史虽阙，官宰当奉职，忝备所司，不敢逃死，谨守礼经，遽申减膳。"其年右史员阙，宰臣进拟数人，上曰："文伟嫌我儿不读书，不肯与肉吃。此人甚正直，可用为右史。"遂拜焉。

又曰：卢怀慎为黄门监，兼吏部尚书。卧病既久，宋璟、卢从愿常相与访焉。怀慎卧于敝箦单席，门无帘箔。每风雨至，即以席蔽焉。常器重璟，及从愿，见之甚喜，留连永日。命设食，有蒸豆两瓯，菜数俎而已，此外修然无办。

又曰：韦陟性尚奢侈，于馔羞尤为精洁。植谷麦仍以鸟羽择米。每食毕，视厨中民委弃，不啻万钱之直。

又曰：裴冕性本侈靡，尚车服，及营珍膳。每会宾客，有昧于品味之名者。

又曰：顺宗时，宰臣郑珣瑜、韦执谊，方与诸宰相会食于中书。故事：丞相方食，百寮无敢通见者。王叔文是日至中书，欲与执谊计事，令直省通执谊。直省以旧事告叔文，叔文怒叱直省。直省惧，入白执谊。执谊逡巡惭赧，竟起迎叔文，就其阁语良久。宰相杜祐、高郢、珣瑜，皆停箸以待。报者云："叔文索饭，韦相公已与之同食阁中矣。"祐、郢等心知其不可，畏惧叔文，莫敢出言。珣瑜独叹曰："吾岂可复处此乎？"顾左右，取马径归，遂不起。

又曰：永泰中，军容使鱼朝恩加内侍监、判国子监事。丁未，诏鱼朝恩赴国子监视事，将令宰相大臣及常参并六军将军于国子监送。上仍令京兆府造食，出教坊乐以宠之。是日，文武大臣已下，子弟二百余人，皆以本官备章服，充附学生，列于学馆廊下待诏，给钱一万贯充食本，以为附学生厨食之资。朝思自是数诣国学，从者常数百人。京兆率钱以备膳羞，一费或至数十万。

又曰：杨炎与门下侍郎卢杞同执大政。杞形神诡陋，夙为人所亵；而炎器岸高峻，罕防细故。方病，饮膳无节，或为糜飧，别食阁中。每登堂会食，辞不能偶。谗者乘之，谓杞曰："杨公鄙不欲同食。"杞衔之。

又曰：常衮为相，将固让堂厨，同列以为不可而止。议者以为厚禄重赐，所以优贤崇国政也，不能当辞位，不宜辞禄食。

太平御览卷第八百四十九 饮食部七

食下

《鬻子》曰：禹尝据一馈而七起，日中不暇饱食，曰："吾不畏士留道路，吾恐其留吾门庭，四海民不至也。"

《晏子》曰：晏子相景公，食脱粟之饭，炙三弋，五卵菜耳。公曰："嘻！夫子家如此甚贫乎？而寡人之罪。"对曰："脱粟之食饱，士之一足也；炙三弋，士之二足也；菜五卵，士之三足也。婴无倍人之行，而有三士之食，君之赐厚矣！婴之家不贫。"再拜而辞。

又曰：晏子相齐，三年政平民悦。中食而肉不足，景公曰："封晏子以都。"晏子辞不受。

又曰：寡妇树兰，生而不芳；继子得食，肥而不泽。

《墨子》曰：圣王制饮食，足以充虚继气，强股肱，使耳目聪明，不极五味之调、芬之和，不致远国珍怪异物。

又曰：不可衣短褐，不可食糟糠。饮食不美，面目颜色不足视也；衣服不美，身体从容不足观也。是以食必粱肉，衣必文绣。

《庄子》曰：巧者劳而智者忧，无能而无所求，饮食而遨游，泛若不系之舟。

又曰：秋禽之肥，易牙和之，非不美也；彭祖以为伤寿，故不食之。

又曰：廉者不食不义之食，不啖不义之水。

又曰：孔子病，子贡出卜。孔子曰："汝待也。吾坐席不敢先，居处若齐，食饮若祭，吾卜之久矣。"

《慎子》曰：小人食于力，君子食于道。

又曰：饮过度者生水，食过度者生贪。

《燕丹子》曰：太子常与荆轲同案而食，同床而寝。

《公孙尼子》曰：食甘者益于肉，而骨不利也。

又曰：太古之人饮露，食草木实。圣人为火食，号“燧人”，饮食以通血气。

《阙子》曰：义渠之人，烹鼋鳖不熟，臊秽腥臭，中国之民，虽饥饿三日不启口，至死弗食也。吴章、庄吉受而和之，病人食之，为之轻体；万乘饮之，为之解怒。故鼋鳖至腥臊，不可加，然而病人为之轻体，万乘为之解怒，何也？吴章、庄吉之调存也。

《韩子》曰：尧之王天下也，粝粢之食，藜藿之羹。虽监门之养，不厌于此矣。

又曰：吴起出，遇故人而止之食。故人有他故，期反而食，至暮不来。起不食而待之，明日使人求得，乃与之食。

又曰：孙叔敖相楚，粝饭菜羹，枯鱼之膳。

又曰：管仲束缚，自鲁之齐，路饥而泣。过绮邑，乞食，封人跪餐之，因窃谓仲曰：“若用齐，将何报我？”曰：“如子之言，我且贤之用，能之使，劳之伦我何报子？”封人怨之。

又曰：季孙相鲁，子路为都令。鲁以五月起众为长沟。当此时，子路以其私秩粟为浆，饮要沟者，于五衢而餐之。孔子闻之，使子贡往，覆其饮，击毁其器，曰：“鲁君有民，子奚为乃餐之？”子路怒，攘肱而入，请曰：“夫子疾由之为仁义乎？所学于夫子者，仁义也。仁义者，与天下共而同其利者也。今以由之秩粟而餐民，其不可何也？”孔子曰：“由之野也！吾以女知之，女徒未及也！女故如是之不知礼也？女之餐之，为爱之也？夫礼，天子爱天下，诸侯爱境内，大夫爱官职，士爱其家。过其所爱曰侵。今鲁君有民，而子擅爱之，是子侵也，不亦诬乎？”言未毕，而季孙使者至，让曰：“肥也起民而使之，先生令弟子从役，止而餐之，将夺肥民耶？”孔子驾而去鲁。

又曰：凡人上不属天，下而不着地，以筋骨为根本，不食则不能活，是以不免于欲利之心。欲利之心不除，其身之忧也。故圣人衣可犯寒，食足以充虚，则不忧矣。

又曰：婴儿共戏，以尘为饭，以涂为黍，以木为胾。薄暮，必资饷食者，尘不可食也。

又曰：饿岁之春，从弟不馕；穰岁之秋，疏客必食。非疏骨肉，少多之心异也。

《孟子》曰：饥者甘食，渴者甘饮，是未得饮食之正也，饥渴害之也。岂唯口腹为有饥渴之害？人心亦皆有害也。

《孙子》曰：铄金洪炉，盗隶不探；鸩肉在俎，饿徒不食。

《淮南子》曰：煎熬焚炙，调齐和之，适以穷荆、吴甘酸之变。

《符子》曰：颜子有疾，三日不食。问之，曰：“吾师也，食非丹不餐，茹非芝不食，故七百岁。子何不吮瑶以延生，咀蕊以养龄也？”

《礼含文嘉》曰：燧人始钻火，炮生为熟，使人无腹疾。

《山海经》曰：有参青马，为西王母取食。

《吕氏春秋》曰：有城氏有二佚女，为之九成之台，成，犹重也。饮食必以鼓。

又曰：汤得伊尹，设朝见之，说汤以至味。汤曰：“可得为之乎？”对曰：“君之国小，不足以具之。为天下，然后可具。三郡之虫，水居者腥，肉攫者臊，草食者膻。臭恶犹美，皆有所以。九味之本，水最为始。五味三材，九沸九变，火为之纪。时其疾徐，减腥去臊，鼎中之变，精妙微纤，口不能言，志不能论，若射御之微，阴阳之化，四时之数。故久而不弊”。

又曰：赵襄子攻翟，胜左人、中人。使者来谒之，下左人、中人城也。襄子方食抟饭，有忧色。左右曰：“一朝而下两城，此人之所喜。今君有忧色，何也？”襄子曰：“江河之大也，不过三日；猋风暴雨，日中不须臾。今赵氏之德行无所积，一朝而下两城，亡其及我乎？”

《白虎通》曰：王者四食何？明有四方之物，食四时之功也。四方不平，四方不顺，有彻膳之法焉。所以明至尊，着法戒也。唯王者居中央，制御四方。平旦食，少阳之始；食时，大阳之始。晡时食，少阴之始，食时，大阴之始。

《说文》曰：饔，饷熟食也。糇，干食也。篹，具食也。篹，士眷切。

馋，中食也。馋，式丈切。餔，日加申时食也。饛，盛器满貌。饛，音蒙。糊，寄食也。饫，皞食也。饯，送去食也。饪大熟也。

《释名》曰：食，殖也，所以自生殖也。

《盐铁论》曰：古者燔黍而食，捭豚相享，宾婚相召，豆羹白饭。今则燔炙满案，臑豚、包鳖、脍鲤。

《说苑》曰：晏子所与同衣食者百人，而天下之士至也。

又曰：晏子侍景公，曰："朝寒，请子进暖食于寡人。"对曰："臣非厨养之臣，社稷之臣也。"

又曰：子思居于卫，缊袍无里，二旬九食。

又曰：鲁有俭者，煮瓯中之食，瓯，必眠切。小盆。食而美，以遗孔子。子受之，如受犬马之遗。弟子曰："先生何为受之，喜如此？"曰："非以煮瓯瓦之薄也，食之美，故念吾，亲也。"

杨子《法言》曰：或曰："食如蚁，衣如华，金朱煌煌，无已泰乎？"曰："由其德，舜、禹受天下不为太；不由其德，亦太矣。"李轨注曰：蚁言精细。或曰："北夷被我纯缋，带我金犀，珍膳曼糊，不亦厚乎？"曰："社稷灵也，不可不厚也。"

《论衡》曰：王子乔不食谷，寿百岁。按，人生禀饮食之性，故形上有口齿，下有孔窍，以注写，口龄以进食。王子乔形体与人同，何以独能度世耶？夫衣以温肤，食以充腹。衣温食饱，则精神明盛。人之生也，以食为气；草木以土为气。闭口不食，拔草离土，必不寿矣！

桓谭《新论》曰：太原郡，隆冬不火食五日，虽病不敢触犯，王者宜应改易。

《潜夫论》曰：何知国之将乱也？以其不嗜贤也。故病家之厨，非无馔也，乃其人弗之能食，故遂至于死也；乱国之官，非无贤也，乃其君弗能存，故遂亡矣。

又曰：欲知人且疾，不嗜食；欲知国将亡，不嗜贤。

《风俗通》曰：俗说驒马啖宾客。宴食已阕，主意未尽，欲复饮，酒余无施，更出脯鲊椒姜盐豉，言其速疾，如驒马之传命。驒，音填。

又曰：俗说临日月薄食而饮，令人蚀口。谨案，日，太阳之精，君之像也。日有蚀之，天子不举乐。里语："不救蚀者，出行遇雨。"恐有安坐饮食，重惧也。

又曰：堪舆书云："上朔会客，必斗争。"按，刘君阳为南阳牧，尝上朔设盛馔，了无斗者。

蔡邕《月令论》曰：问者曰："春食麦、羊，夏食菽、鸡、鱼之属，但以为时味之宜，不合之于五行。《月令》服饰、所令器械之制，皆从五行者说，所食独不以五行，已略乎？"曰："亦尝思之矣。凡十二辰之会，五时所食者，必家人所畜：丑牛、未羊、戌犬、酉鸡、亥豕而已；其余虎以下，非食也。"

《汝南先贤传》曰：周举，字宣光，为并州刺史。太原旧俗，以介子推烧死，至其亡时，民为绝火食；老少多死举作书，置子推庙中。说民不宜寒食，因勒使炊食如故。

《益部耆旧传》曰：何祇，字君肃，为人宽厚通济，体甚壮大，能食饮，好声色，不治节俭，时人少贵之者。

曹毗《杜兰香传》曰：兰香戒张硕，不露头食。

《永昌郡传》曰：獠民口嚼食，并以鼻饮水。

《异苑》曰：新野苏卷与妇佃于野舍，每至饮时，辄有一物来。其形似蛇，长七尺五寸，光采。卷异而饴之。遂经数载，产业加焉。妇后密打杀，即得能食病，日进三斛饭犹不饱，少时而死。

《幽明录》曰：海中有金台，出水百丈，结构巧丽，穷尽神工。台内有金机，雕文备制。上有百味之食，四丈力神常立守护。有一五通仙人，来欲甘膳，四神排击，迁延而退。

又曰：河南赵良与其乡人诸生到长安界，遇霖雨，粮乏。相谓曰："饥正尔当，那得食耶？"应时美饭备在前，两人惊愕，不敢食。有人声曰："但食无嫌也！"明日早两人复曰："那复得美食？"即复在前。遂至长安，无他祸福。

祖台之《志怪》曰：建康小吏曹著，见庐山夫人。夫人为设酒，啖余，金鸟啄罂，其中镂刻奇饰异形，非人所名。下七子合盘，盘中亦无俗中肴。

《秦记》曰：符朗甚别味。会稽王道子，为朗设盛馔，问曰："关中之食孰若此？"答曰："皆好，唯盐味少生。"

《嵩高山记》曰：山下岩中有一石屋，亦有自然经书、自然饮食。

《博物志》曰：魏明帝时，京邑有一人食啖兼十人，遂肥不能动。其父尝为远方长吏，送彼往县，令故义传食之。一二年间，一乡为俭。

《齐谐记》曰：江夏郡安陆县有人姓郭名坦，兄弟三人。其大儿忽得时行病，病后，遂大能食，一日食斛余米。其家供给五年，乃至罄贫，语曰："汝当自觅食。"后至一家，门前已得筥饭，后门乞。此家出语之："汝已就前门得，那复后门乞？"其人答曰："实不知君有两门。"腹大饥，不可忍，后门有三畦韭，一畦大蒜，因啖两畦。便大闷极，卧地。须臾大吐，吐一物似笼，出地渐渐大。及主人持饭出，不复能食。遂撮饭内着向所吐物上，即消成水。此人于此病遂得差。

袁准《正书》曰：方丈之食，不过一饱；绨袍之绣，不过一暖。

裴玄《新言》曰：管仲夺伯氏骈邑三百，使之饭蔬食，没齿无怨言。若管氏取以营私，则一邑不可夺也。

又曰：孝子欲亲之食，云"我已食"；欲亲之衾，云"我不寒"：此漫孝也。

《神仙传》曰：焦先者，字孝然，河东太阳人。乡里累世云："百七十岁。"常煮白石以与人，熟如大芋者。日日入山伐薪以布施，先从村头一家起，周而复始，担薪以置人门外。人见之时，即铺席与坐，为设食。先便就坐食，亦不与人语。若人不见其担薪往时，乃置薪于人门间便去。连年如此。结草庵于河渚，或数日一食。欲食，则为人赁作，人以衣衣之，乃使限功受直，足得一食辄去。人欲多与，终不肯取。亦有数日不食时。

束皙《发蒙记》曰：廉颇毕老，日啖肉百斤。

曹植《与吴季重书》曰：食若填沟壑，饭若灌漏卮，其人固难量，岂非大丈夫之乐哉!

《世说》曰:陈太丘诣荀朗陵,贫俭无仆从,乃使元方将车,季方持杖从后,长文尚小,载着车中。既至,荀使叔慈应门,慈明行酒,余六龙下食。

又曰:桓公坐有参军掎,蒸薤不得解,共食者又不助,而掎终不放,举坐皆笑。桓公曰:"同盘尚不相助,况复危难?"敕令免官。

又曰:刘真长、王仲祖共行,百旰未食。有相识小人贻其餐者,肴案甚盛。真长辞焉,仲祖曰:"聊以充虚,何若?"真曰:"小人都不可作缘。"

又曰:羊曼拜丹阳尹,客早者并得佳设,日晏则渐罄,不复及精。随客早晚,不问贵贱。羊固拜临海,饮食皆美,虽晚至者,犹获其盛馔。时论以固之丰腆,乃不如曼之真率也。

又曰:王东亭尝之吴郡就汰公道人,宿别脯许府家,往瓦官寺设幔屋,竟一寺。东亭将夕至,夜后,汰公设豆藿糜。汰公自啖一大瓯,东亭难,汰公遂强进半瓯。须臾,东亭行帐设名饮食,果炙毕备,汰公都无所啖。

《俗说》曰:桓珹音域性啖嗛犬,大司马每瞑,珹时使从兄索食。

《黄帝八十一问》曰:人不食七日而死者,何也?然人胃中常有留谷三斗五升,水三升。故平人一日再至,清一行二升半,日中五胜,七日七五三斗五胜,而水谷尽矣。故平人不食饮七日而死者,水谷津液俱尽故也。

弘君举《食檄》曰:又取滠湖独穴之鳢,滠,音摄。赤山后陂之莼,伺漉泠豉,及热应分。食毕作躁,酒炙宜传。酒便清香,肉则豆不牸獐,朏若披繙,急火中炙,脂不得薰。闻香者踯躅,干咽者塞门。罗奠碗子五十有余。牛牒捣、炙鸭、肃鱼、熊白、獐脯、糖蟹、濡台,车螯生甜,滋味远来。百醉之后,谈闷不除,应有蔗姜、木瓜、元李、阳梅、五味橄揽、石榴、玄拘、葵虀脱煮,各下一杯。

《明皇杂录》曰：天宝中，诸公主相效进食。上命中官袁思艺为检校进食使。水陆珍羞，数千盘之费，盖中人十家之产。中书舍人窦华，尝因退朝，遇公主进食，方列于通衢，乃传呵按辔，行于其间，宫苑小儿数百人，奋挺而前，华仅以身免。

《岭表录异》曰：康州悦城县北百余里，山中有樵石穴。每岁乡人琢为烧食器，虔州亦有，乃食牢也。但烧食热彻，以物衬阁，置之盘中，旋下生鱼肉，及葱、韭、齑、俎、鮀之类，顷克即熟，而终席煎沸。南中有亲朋聚会，多烧樵石，亦极热。疑石中有火毒。

太平御览卷第八百五十 饮食部八

饭

《周礼》曰：黄帝始蒸谷为饭。

又《天官·食医》曰：食齐视春时。饭宜温也。

《礼记》曰：饭：目诸饭也。黍、稷、稻、粱、白黍、黄粱、稰、穛。熟获曰稰，生获曰穛。黍，黄黍也。

又曰：文王有疾，武王不脱冠带而养，言常在侧。文王一饭亦一饭，文王再饭亦再饭。欲知气力箴药所胜。

又曰：燕，侍食于君子，则先饭而后已。所以劝也。毋放饭，毋流啜。小饭而亟之，亟，疾也。备哕噎若见问也。数噍毋为口容。口容，弄口。

《论语》曰：子曰："饭蔬食，饮水，曲肱而枕之，乐亦在其中矣。"

《尔雅》曰：餴、馏、稔也。今呼修食饭为餴，熟为馏。稔，或作饪也。餴，音甫云切。馏，力又切。修食，音修。食餴谓之餲，饭秽臭。博者谓之烂。烂，饭相着也。米者谓之糪。饭中有未熟者。

《春秋运斗枢》曰：粟五变而以阳化，生为苗，秀为禾，三变而祭谓之粟，四变入臼，米出甲，五变而蒸饭可食。

《说文》曰：餴，饙饭也。馏，饭气蒸也。饡音赞，以羹浇饭也。餀一月切，饭伤熟也。饘一煎切，饭伤湿也。

《释名》曰：饭，分也，使其粒各自分也。干饭而暴干之也。

《史记》曰：廉颇之奔魏也，魏不能用。而赵数困于秦，赵人思复得廉颇，廉颇亦思复为赵用。赵王因使使魏，视颇尚可用不。郭开怨颇，不欲令还，多与使者金，令毁之。使者视颇，为之一饭一斗米，十斤肉，被甲上马，以示可用。使者还报曰："廉将军虽老，尚善饭，然与臣少顷，三遗屎矣。"王以为老，遂不召。

又曰：孟尝君待客夜食，有人蔽火光。客怒，以为饭不等，辍食辞去。孟尝君起，自持其饭比之，客惭自刎。

《汉书》曰：公孙弘为丞相，食脱粟之饭。

又曰：王莽使中黄门王叶领长安。莽闻城中饥馑，以问叶，叶取市所卖粱饭肉羹持入，视莽曰："民食咸如此。"莽信之。

《续汉书》曰：羊陟拜河南尹，常食干饭。

《后汉书》曰：王郎起，光武至南宫，遇大风雨，引车入道傍空舍。冯异抱薪，邓禹爇火，光武对灶燎衣，异进麦饭兔肩。

谢丞《后汉书》曰：左雄为冀州刺史，长食干饭。司马苞为太尉，常食漉饭。李固为太尉，常食麦饭。王畅为南阳太守，作饭盐豉菜茹。羊茂为东郡太守，常食干饭。胡劭为淮南太守，使铃下阁外炊曝，作干饭。

《汉旧仪》曰：齐法：二人施案，陈三十六肉，食九谷饭。

《魏书》曰：卞太后左右食菜粟饭。

《魏略》曰：王朗会稽败，太祖盛会啁之，曰："不能效君昔在会稽折粳米饭。"朗曰："宜适难值，如朗者未可折而折，明公今日可折而不折也。"

《吴书》曰：袁术在寿春，百姓饥穷，以桑椹、蝗虫为干饭。

又曰：是仪服不精细，食不重膳，家无储蓄。孙权闻之，幸仪舍，求视蔬饭，亲尝之，叹息，即增俸赐。

《晋书》曰：石崇家稻米饭在地，经宿皆化为螺，时人以为族灭之应。

又曰：卫瓘家人炊饭，堕地尽化为螺，岁余而及祸也。

又曰：殷仲堪自在荆州，连年水旱，百姓饥馑。仲堪食常五碗，盘余肴饭粒落席间，辄拾以啖之。虽欲率物，亦缘其性真素也。

《宋书》曰：衡阳王义季都督荆州，尝大蒐于郊。有野老带苫而耕，命左右斥之。老人拥耒，对曰："昔有楚子盘游，受讥令尹。今阳和扇气，播厥之始，一日不作，人失其时。大王驰骋为乐，驱斥老夫，非劝农之意！"义季止马曰："此贤者也。"命赐之食，老人曰："吁！愿大王均其赐也。苟不夺人时，则一时皆享王赐，老人不偏其私矣。斯饭也，弗敢当。"问其名，不言而退。

《南史》曰：宋初，吴郡人陈遗少为郡吏，母好食铛底饭。遗在役，恒带一囊，每煮食，辄录其焦以饴母。后孙息乱，聚得数斗，恒带自随。及败逃窜，多有饿死，遗因此得活母。昼夜泣涕，目为失明，耳无所闻。遗还入户，再拜号咽，母豁然即明。

《梁书》曰：谢兰五岁时父亡，未食。乳媪欲令饭，兰终不进。舅阮孝绪闻之，叹曰："此儿在家则曾子之流，事君则蔺生之匹。"因名曰蔺。稍授以经史，过目便能讽诵。孝绪每曰："吾家阳元也！"袁淑，字阳元。

又曰：齐荀儿之役，临汝侯嘲罗研之曰："卿蜀人，乐祸贪乱，一至于此。"对曰："蜀中积弊，实非一朝。百家为村，不过数家有食，穷迫之人，十有八九，缚束之使，旬有二三。贪乱乐祸，无足多怪。若令家畜五母之鸡、一母之豕，床上有百钱布被，甑中有数升麦饭，虽苏、张巧说于前，韩、白按剑于后，将不能使一夫为盗，况贪乱乎？"

又曰：鱼弘为湘东王镇西司马，述职西上，道中乏食，缘路采麦米饭给所部。弘度之所，后人觅一麦不得。又于穷洲之上，捕得数百猕猴以为脯，以供酒食。

又曰：傅翽代刘玄明为山阴令，问玄明曰："愿以旧政告新令尹。"答曰："我有奇术，卿家谱所不载，临别当相示。"既而曰："作县唯日食一升饭，而莫饮酒，此第一策也。"

又曰：裴元礼为西豫州刺史，母忧居丧，唯食麦饭。

又曰：沈众，永定二年兼兵部尚书，监起太极殿，恒衣布袍芒屩，以麻绳为带，又囊麦饭饼以啖之。朝士咸共诮其所为。

《陈书》曰：孔奂为武康令。武帝克日决战，乃令奂多营麦饭，以荷叶裹之。一宿之间，得数万裹，军人食讫，尽弃其余。

崔鸿《前秦录》曰：符坚以乞活夏点为左镇郎，胡人护磨那为右镇郎，奄人申香为拂盖郎。点等身长一丈八尺，并多力善射，三人每食饭一石、肉三十斤。

《后魏书》曰：杨播兄弟雍睦。播每出，或日斜不至，不先饭。待还然后食。

又曰：卢义僖为都官尚书，性清俭，不营财利。虽居显位，每至困乏，麦饭蔬食，然亦甘之也。

又曰：阚因甚贫弊，不免饥寒。性能多食，一饭至三斗乃饱。卒无后。

《唐书》曰：太宗谓侍臣曰："朕自皇太子立也，遇物必诲。见其将饭，告稼穑艰难，不夺农时，乃可常有。"

又曰：蒋沇，乾元后授陆浑、盩厔、咸阳、高陵四令。当军旋之后，疮痍未平，沇竭心抚劳，所至安辑。副元帅郭子仪每统兵由其县，必戒吏曰："蒋令清严，干办供亿，固当有素，士众得蔬饭见馈则已，无挠清政！"其为时人所知如此。

《墨子·守备》曰：干饭，人二升，以备阴雨。

《晏子春秋》曰：晏子相齐，食脱粟之饭。

《尹文子》曰：晋国俗奢，文公俭以矫之，因食脱粟之饭。

《庄子》曰：子舆与子桑友，而霖雨十日，子舆曰："子桑殆病矣。"裹饭而往食之。

又曰：宋钘、尹文，其为人太多，其自为太少，日请置五升之饭足矣。斯明自为之大少也。

《列子》曰：楚灵王好细腰，宫中皆以三饭为节。期年有黎黑之色。

《孟子》曰：齐人有一妻一妾，其良人出行，则厌酒肉而后返，欺其妻云："富贵人共饮食也。"其后妻向其所之，乃就郊外乞人祭饭。

《韩子》曰：尧食粝蒸之饭。

又曰：孙叔敖为令尹，粝饭菜羹，枯鱼之膳。

又曰：婴儿之相与戏，以尘为饭，以水为饮，以泥为羹，以木为胾。

《淮南子》曰：为客治饭，而自食藜藿，名尊于实。仁义之名重于治饭之实也。

《六韬》曰：尧王天下，滋味重累弗食；温饭暖羹，不酸馁不易。

《家语》曰：孔子厄于陈、蔡，从者七日不食饭。子贡以所赍货窃犯围出，告籴于野人，得米一石焉。颜回、仲由炊之于坏屋之下，有尘埃堕饭中，颜回取而食之。

《吕氏春秋》曰：饭之美者，玄山之禾、不周之粟、阳山之穄、南海之稻。

《吴越春秋》曰：勾践载饭与羹，以游国中。行子戏之遇孤，孤即餔而啜之。

《神异经》曰：东南有人名黄父，以鬼为饭，以雾为浆。

《说苑》曰：吕望行年五十，卖饭棘津。

《论衡》曰：鼠涉饭中，捐而不食。

《风俗通》曰：俗说："不大饿，不在车饭。"谓正得一车饭，不复活也。或曰："辅车上饭，小小不足济也。"案，吴郡名酒杯为盦音一章，言大饿人得一盦饭，无所益也。"宁相六，不守熟。"案，蒸饭更泥谓之馏，音与"六"相似也。

《潜夫论》曰：夫粱饭食肉，有好于面目，不若粝粢藜蒸之可食于口也。

《物理论》曰：忿爨之未熟，复甑而弃之，所害亦多矣。

《西京杂记》曰：公孙弘起家徒步为丞相，故人齐贺从之，弘食以脱粟，复以布被。贺怨曰："何用故人富贵乎？脱粟布被，我自有之！"弘大惭。贺乃告人曰："公孙弘内服貂蝉，外衣麻枲，内厨五鼎，外膳二肴，岂可以示天下哉？"于是朝廷自此疑矫焉。弘闻之，叹曰："宁逢恶宾，不逢故人。"

《风土记》曰：精淅米，十取七八，淅使青，蒸而饭色乃紫绀，于东流水饭食，而洗除不祥。

《通俗文》曰：饭臭曰馊，沙入饭曰糁。

《录异传》曰：袁公路年十八，常饭乳食蜜饭。

《异苑》曰：卫士度，苦行居士也。其母常诵经，曾出自斋，空中下大钵，满中香饭。母分赋齐人，皆七日不饥。

《祢衡别传》曰：刘表尝作上事，极以为快。衡见之，便灭败投地，曰："作此笔者，为食饭不？"

《孟宗别传》曰：宗为光禄勋，大会，醉，吐麦饭。察者以闻，诏问食麦饭意，宗答："臣家足，有米麦饭，直愚臣所安，是以食之。"

孔衍《在穷记》曰：彭城王送橡饭十斛。

《安成记》曰：安成郡毛亭二十里，田畴膏腴，厥稻馨香，饭若疑脂。

《四王起事》曰：惠帝还洛阳，路中作饮食，宫人有持升余米饭者，浇以供至尊。

《世说》曰：荀公曾在武帝坐上食笋，进饭曰："此是劳薪炊也。"帝密遣问外，云实是故车脚。

《时镜新书》曰：岁暮，家家具有肴蔌，谓为宿岁之储，以入新年也。相聚酣歌，名为送岁。留宿饭，至新年十二，则弃于街衢，以为去故取新，除贫取富，陶朱公、倚顿，此事无辍。又留此饭，须惊蛰雷鸣，掷之屋上，令雷声远。

焦赣《易林》曰：南箕无舌，饭多沙糖。

《离骚》曰：精琼靡以为饭。精凿玉屑以为饭也。

宋玉《风赋》曰：主人之女，为臣炊雕胡之饭。

潘尼《钓赋》曰：红曲之饭，糅以菰粱。五味道洽，余气芬芳。

枚乘《七发》曰：楚苗之食，安胡之饭，抟之不解，一啜而散。

桓麟《七说》曰：香萁为饭，杂以粳菰，散如细蚳，抟似凝肤。

应璩《薪诗》曰：灶下炊牛矢，甑中庄豆饭。

孙子楚《祀介子推祝文》曰：枣饭一盘。

王粲《七释》曰：西旅游梁，御宿素祭。瓜州红曲，参糅相半。软滑膏润，入口流散。

傅选《七诲》曰：孟冬香杭，上秋膏粱，雕胡菰子，丹贝东墙，濡润细滑，流泽芬芳。

飧

《释名》曰：飧，散也。投饭于水中，各散也。《通俗文》曰：水浇饭曰飧。音孙。

《春秋左氏传》曰：晋公子重耳及曹，曹共公闻其骈胁，欲观其裸，薄而观之。薄，迫也。骈胁，合干。僖负羁之妻曰："吾观晋公子之从者，皆足以相国。若以相若遂以为傅相。夫子必反其国。反其国，必得志于诸侯。得志于诸侯，而诛无礼，曹其首也。子盍早自贰焉？"自贰，自别异于曹。乃馈盘飧，置璧焉。臣无境外之交，故用盘载璧飧中，不欲令人见也。公子受飧反璧。

又曰：晋侯问原守于寺人勃鞮，对曰："昔赵衰以壶飧，从径，馁而不食，遂使处原。"

《韩子》曰：晋文出亡，箕郑挈壶飧而从。迷失道，与公相失，饥而道泣，弗敢食。及公反国克原，而使为原之守，曰："夫经饥馁之患，而必全壶飧，是将不以原畔也。"浑轩闻而非之曰："以不动壶飧之故，怙其不以原畔，不亦无术乎？"夫明主不恃其不我畔，恃吾不可畔也，不恃其不我欺，恃吾不可欺也。"

《战国策》曰：中山吾走，有二人随其后，曰："臣父尝戏，君下壶飧哺臣父，故来死君也。"

《国语》曰：越王召范蠡而问焉，曰："谚有之谚，俗之善语。曰：觥饭不及壶飧。"觥，大也。大饭，盛馔也。盛馔未具，不徙以虚待之，不及壶飧之救饥疾也。己欲灭吴，取快意得之而已，不能待有余力。

又曰：敌国宾至，关尹以告，膳宰致飧，熟食曰飧。廪人献饩。

沈约《宋书》曰：文帝为王玄谟作四时诗，曰：粟飧充夏餐。

顾和《与蔡谟书》曰：夏侯家言："食浆酪飧，犹胜于羹饭耳。"

黍

《释名》曰：黍，汝也，相黏汝也。

《礼记·曲礼上》曰：饭黍无以箸。

又《曲礼下》曰：祭宗庙，黍曰芗合。

《论语·微子》曰：文人止子路宿，杀鸡为黍而食之。

《家语》曰：孔子侍坐于哀公，赐之桃与黍。孔子先食黍，而后食桃，左右皆掩口而笑。公曰："黍者所以雪桃，非为食之也。"孔子对曰："丘知之矣。夫黍者，五谷之长也，郊祀宗庙以为上盛；果属有六，而桃为其下，祭祀，不登郊庙。丘闻之也，君子以贱雪贵，不闻以贵雪贱。今以五谷之长雪果之下者，是从上雪下也，臣以为妨于教，害于义，故不敢。"公曰："善。"

谢承《后汉书》曰：范式与张元伯为友，春别京师，以秋为期。至九月十五，杀鸡为黍，言未绝，而巨卿至。

《魏略》曰：沐并，字德信，名有志介。尝过姊，姊为杀鸡为黍而不留。

《北齐书》曰：李士谦，自以少孤，未尝饮酒食肉，口无杀害之言。亲宾至，辄陈樽俎，对之危坐，终日不倦。李氏宗族豪盛，每春秋二社，必高会极宴，无不沉醉喧乱。尝集士谦所，盛馔盈前，而先为设黍，谓群从曰："孔子称黍为五谷之长，荀卿亦云食先黍稷。古人所尚，宁可违乎？"少长肃然，无敢弛惰，退而相谓曰："既见君子，方觉吾徒之不德也。"

又曰：卢道虔为尚书，会同僚于草屋下，设鸡黍之膳，谈者以为高。

《幽明录》曰：汉武帝与近臣宴于未央殿，啖黍臛也。

《襄阳记》曰：司马德操尝造庞德公，值其渡沔上先人墓，径入上堂，呼德公妻子使速作黍。

《祢衡别传》曰：黄祖在蒙冲舟宾客，作黍臛，衡得便自饱食，不顾左右，复抟弄以戏。

《竹林七贤论》曰：阮咸兄子简亦旷达，自居大丧，行遇大雪寒冻，遂诣浚仪令，令为他宾设黍臛，简又食之，以致清议，废顿三十年。

《孟子》曰：葛伯率其民，要其有酒肉黍稻者而夺之。有一童子，以黍肉饷，又杀而夺之。

《淮南万毕术》曰：取冢墓黍啖儿，不思母。取新冢前祠黍用啖儿，则不思母也。

《风俗通》曰：今宴饮大会，皆先黍臛。

卢谌《祭法》曰：祠用白黍、黄黍。

太平御览卷第八百五十一 饮食部九

粽

《晋书》曰：广州刺史卢循，遣使遗刘裕益智粽子，裕答以续命汤。

《宋书》曰：后魏太武至彭城永酒及甘橘，张畅宣孝武帝旨，致螺杯杂粽，南土所珍。

《齐书》曰：范云，永明十年使魏，魏人李彪宣命，至云所，甚见称美。彪为设甘蔗、黄粽，随尽复益。彪谓曰："范散骑小俭之，一尽不可复得。"

《梁书》曰：张缵初往雍州，资产悉留江陵。性既贪婪，南中赀贿填积。及死，湘东王皆使收之。书二万卷，并揵音辇还齐，珍宝财货悉付库，以粽、蜜之属还其家。

《风土记》曰：俗以菰叶裹黍米，以淳浓灰汁煮之，令烂熟，于五月五日及夏至啖之。一名粽，一名角黍，盖取阴阳尚相裹未分散之时像也。

《续齐谐记》曰：屈原以五月五日投汨罗而死，楚人哀之，每至此日，取竹筒贮米，投水以祭之。

建武中，长沙区回白日忽见士人自称三闾大夫，谓回曰："君常见祭甚诚，但常年所遗，俱为蛟龙所窃。今君惠可以练树叶塞其上，以彩丝缠缚之，此二物蛟龙所惮也。"回谨依旨。今世人五日作粽，并带练叶及五彩丝，皆汨罗之遗风。《异苑》云：粽，屈原妇所作也。

饼

《宋书》曰：文帝崩，郭原平号恸，日食麦饼一枚，如此五日。人曰："谁非王臣，何独如此？"原平泣而答曰："吾家见异先朝，蒙褒赞之赏，不能报恩，私心感恸耳。"

《齐书》曰：衡阳王钧年五岁，所生妪贵人病，便知惨悴。左右依常以五色饼饴之，不肯食，曰："须待姨差。"

又曰：虞悰少以孝闻。父病，不欲见人，虽子弟亦不得前。时悰年十二三，昼夜伏户外，问内竖消息，未知辄呜咽流涕，如此者百余日。及亡，终丧唯日食麦饼二枚。

《南史》曰：沈众，陈武帝时兼兵部尚书，监起太极殿，恒衣布袍芒履，以麻绳为带，又囊麦饼以啖。

范汪《祠制》曰：仲夏荐角黍饼。

《夏统别传注》曰：蔹初生，合米捣作饼。

䭔

《埤苍》曰：䭔，膏䭔也。

《笑林》曰：南方人至京师者，人戒之曰："汝得物唯食，慎勿问主人。"入门内见马屎，便食之，觉臰，乃止。后诣贵官，为设䭔，因视曰："戒故昔，且当勿食。"

《时镜新书》曰：粔籹蜜饵，即糖䭔。龙山食有糖䭔、菊酒。

太平御览卷第八百五十二 饮食部十

䴺䴵

束皙《饼赋》曰：䴺䴵髓烛。

甘脆

范汪《祠制》曰：孟夏祭，下甘脆。

安干特

束皙《饼赋》曰：安干、粔敉之伦。

卢谌《祭法》曰：四时祠皆用安干特。

饧

《礼记·内则》曰：枣、栗、饴、蜜以甘之。

《方言》曰：饧谓之张皇，即干饴也。饴谓之饺音该，饧谓之糖。江东皆言糖也。凡饴谓之饧，自关而东，陈魏宋楚卫之间通语。

《说文》曰：饴，米蘖煎也。饧，饴和馓也。

《释名》曰：饧，洋也，煮米消烂洋洋然也。饴，小弱于饧，形怡怡然也。哺，餔也，如饧而浊可哺也。

《后汉书》曰：明德马皇后报章帝曰："吾但当含饴弄孙，不能复关政矣。"

《东观汉记》曰：野王献甘胶膏饧，每作，大发吏，以为饶利。樊闳知之，临薨，奏焉。

《四王起事》曰：惠帝到华阴，河间王遣使上甘果餔二百幡。

《幽明录》曰：王胤、祖安国、张显等以太元中乘船，见仙人赐糖饴三饼，大如比轮钱，厚二分。

《淮南子》曰：柳下惠见饴曰："可以养老。"盗跖见饴曰："可以粘牡。"见物同而用之异也。

《盐铁论》曰：洗爵以盛水，升降而进糖，礼虽备，然非其贵也。

《世说》曰：王君夫饴餔澳釜。

《楚辞·招魂》曰：粔籹蜜饵有张皇。张皇，饧也。

张衡《七辨》曰：沙饴石蜜，远国贡储。

崔寔《四民月令》曰：十月，先水冻作煮饧，煮暴饴。

卢谌《祭法》曰：冬祠用荆饧。

太平御览卷第八百五十三 饮食部十一

䬪于月切

《方言》曰：腕，谓之肴。以豆屑杂饧也。

《苍颉解诂》曰：䬪，饴中着豆屑也。

《说文》曰：䬪，豆饴也。

馓先但切

《广雅》曰：浮糏，粡也。糏，音流。

《说文》曰：馓，熬稻张餭也。

《急就篇》曰：馓饴饧。

卢谌《祭法》曰：四时皆用馓。

麴糵

《书》曰：若作酒醴，尔唯麴糵。

《记》曰：仲冬之月，乃命有司：秫稻必齐，麴糵必时。

《左传》曰：楚子伐箫。还无社与司马卯言，号申叔展。还无社，萧人也。司马卯、申叔展，皆楚大夫。叔展曰："有麦麴乎？"曰："无。"麦麴，所以御湿也。"有山芎藭乎？"曰："无。"

《方言》曰：𪍿音器、𪎊、音才𪎾于八切、𪎉音牟，大麴也、𪎈音脾，细面麴也、𪎭音蒙，有衣麴、䴷、麴小麦为麴，䴷即麴耳。自关而西秦豳之间曰𪍿，晋之旧都曰𪎊，今河东人呼麴为才。齐右河济曰𪎾，北燕曰䴷，麴，其通语也。

《说文》曰：曲，酒母也。䴾，生衣也。䴷，熟曲也。糵，牙米也。

《通俗文》曰：䵃麦曲曰䴽。

《释名》曰：麴，朽也，郁之使生衣朽败也。糵，缺也，渍麦覆之，使生牙开缺也。

《史记》曰：文帝遗匈奴秫蘗。

又曰：通邑大都，蘗麴盐豉千答也。

《东观汉记》曰：顺帝诏禁民，无得酤卖酒麴。

《汉晋阳春秋》曰：愍帝在长安，为刘粲所攻，粮尽，太仓有麴数十饼，屑之为粥以供奉帝。麴屑尽，遂降。

《列子》曰：子产有兄公孙朝，聚酒千钟，积麴成封。

刘伶《酒德颂》曰：枕麴藉糟。

崔寔《四民月令》曰：七月七日作麴。

麸

《苍颉解诂》曰：面，细麸也。

《说文》曰：麸，小麦皮屑也。

《史记》曰：陈平为人长大美色。或谓陈平贫，何食而肥若是？其嫂疾平之不视家产，曰："亦食糠核。"孟康曰：麦糠中之不破者。晋灼曰：京师谓粗屑为纥头。

《吴书》曰：袁术既为雷薄等所距，留住三日，士众绝粮乃还。至江亭，去寿春八十里，问厨下，尚有麦屑三十斛。

刘谦之《晋记》曰：王莽诛，童谣曰："昔年食麦屑，今年食萤豆。萤豆不可食，使我枯咙喉。"

崔寔《四民月令》曰：五月五日至后可籴麸，至冬以养马。

太平御览卷第八百五十四 饮食部十二

糟

《说文》曰：糟，酒滓也。糠，谷皮也。

《春秋后语》曰：张仪说韩惠王曰："韩地多厄恶山居，五谷所生，非菽而麦。民之食，大板、菽饭、藿羹。一岁不收，民不厌糟糠。"

又曰：秦急围邯郸，邯郸且欲降。传舍吏子李同说平原君曰："今邯郸之民析骨而炊，易子而食，可谓急矣。而君 之后宫以百数，婢妾被绮縠，余粱肉，而民弊衣不完，糟糠不厌，君器物钟鼓自若。使秦破赵，安得而有此哉？"

《后汉书》曰：明帝姊湖阳公主新寡，帝与共论朝臣，微观其意。主曰："宋公威容德器，群臣莫及。"帝曰："方且图之。"后弘被引见帝，令主坐屏风后，因谓弘曰："谚言：'贵易交，富易妻。'人情乎？"弘曰："臣闻：贫贱之知不可忘，糟糠之妻不下堂。"帝顾谓主曰："事不谐矣。"

华峤《后汉书》曰：药崧家贫，为郎，无被食糟。自此诏给大官食。

《魏志》曰：李通禽黄巾大帅吴霸，而降其属。遭岁大饥，通倾家振施，与士分糟糠，皆争为用。由是盗不敢犯。

《六韬》曰：太公曰："古之乱君夏桀、殷纣，积糟为丘，以酒为池，饮者常三千人。"

糠

《尔雅》曰：糠，谓之蛊。米皮。

《广志》曰：糠，谓之䅌。

《通俗文》曰：碎糠曰䊪牟皮切。

《史记》曰：吴中大夫应高说胶西王母曰："舐糠及米。"

《汉魏春秋》曰：甄后之诛，由郭后之宠。及殡，令以糠塞口。后明帝逼杀郭后，使殡如甄后。

《晋书》曰：王戎子万有美名而太肥。戎令食糠，而肥愈甚。

又曰：孙绰性通率，好讥调。尝与习凿齿共行，绰在前，顾谓凿齿曰："沙之汰之，瓦石在后。"凿齿曰："簸之扬之，糠秕在前。"

《齐书》曰：顾欢所居乡中有学舍，欢贫，无以受业，于舍壁后倚听，无遗忘者。夕则燃松节读书，或然糠自照。

《墨子》曰：备城，皆收藏灰糠马矢。

又曰：人衣短褐，食糠糟。

《庄子》曰：播糠眯目，则天地四方易位矣。

《韩子》曰：糟糠不厌者，不待粱肉而饱；短褐不完者，不须文绣而好。

《潜夫论》曰：不命大将以讨叛羌，州郡稍兴兵，若排糠障风，掬沙壅河。

《抱朴子》曰：上世玄水结而不寒，肴糠绝而不饱。

刘欣期《交州记》曰：合浦海口有糠头山，传云：越王舂米于此，积糠而成。

太平御览卷第八百五十五 饮食部十三

豉

《释名》曰：豉，嗜也。五味调和，须之而成，乃可甘嗜也。故齐人谓“豉”声如“嗜”。

《史记》曰：蘖面盐豉千答。徐广曰：或作“合”，器名。

谢承《后汉书》曰：羊续为南阳太守，盐豉共壶。

袁宏《汉纪》曰：李傕数设酒请郭汜，或留汜。汜妻惧与傕婢妾私而夺己爱，思有以离间之。傕送馈，汜妻乃以鼓为药，汜将食，妻曰：“食从外来，傥或有故。”遂摘药示之，曰：“一栖不两雄，我固疑将军之信李公也。”明日，傕请汜，大醉，汜疑傕药之，绞粪汁饮之，乃解。于是遂相疑猜也。

《三辅决录》曰：南阳旧语曰：“前队丈夫范仲公，盐鼓蒜果共一筒。”言其廉俭也。

《豫章列士传》曰：羊茂为东郡太守，出界买盐鼓。

《博物志》曰：外国有豉法：以苦酒溲豆，暴令极燥，以油麻蒸讫，复暴三过乃止，然后细捣椒屑，筛下，随多少合投之。

《金楼子》曰：五色茄，一名金盐；地榆，一名玉鼓。唯此二物，可以煮石。

《广志》曰：苦，秦豉也。

《楚辞·招魂》曰：大苦酸咸大苦谓豉辛甘行。言取豉调和以椒姜，咸酢和以饴蜜，则辛甘之味皆发而行。

《古歌》曰：美豉出鲁门。

齑

《周礼》曰：醢人掌共五齐。昌本、脾析、蜃、豚拍、深蒲也。

《记》曰：卒食客，自前跪。彻饭齑，以授相者。

《释名》曰：蟹齑，去其匡，熟捣，合如齑也。

《通俗文》曰：淹韭曰齑，淹薤曰鍪。

《东观汉记》曰：王莽将败北海，逢萌载齑器于市，曰："辛乎！"因潜藏不见。

《魏志》曰：华佗尝见病咽塞者，语之曰："向来道隅有卖饼人，萍齑甚酸，可取三升饮之。"如言，立吐一蛇。

王隐《晋书》曰：袁甫曰："美莫过稻，不可以为齑。"

《语林》曰：石崇尝冬月得韭齑，王恺货崇帐下督，云："是捣韭根，杂以麦苗耳。"

《楚辞》曰：惩于羹者而吹齑。

又曰：吴酸毛蒌不沾薄。毛，菜也。言吴人善为致美，其菜若蒌，味无沾薄，言有调也。又曰蒿也。蒌不沾薄，繁草也。蒌，香沾多汗也。薄，无味也。言吴人工调咸酸，使偷蒿蒌以为齑味酸，又不薄，适甘美人也。

崔寔《四民月令》曰：八月收韭菁，作捣齑。

《弘君举食檄》曰：大市覆罂之蒜，东里独姥之醯、大盐杂以姜、椒，叛奴使之舂齑。

《岭表异录》曰：容南土风，好食水牛肉，言其脆美，则柔毛肥彘不足比也。每军衙有局筵，必先此物，或炮或炙，尽此一牛。既饱，即以圣齑销之。圣齑，如有菸，云是牛肠胃中已化草。既至，即以盐、酪、姜、桂调而啜之，腹遂不胀。北客到彼，多赴此筵，但能食肉，罔有啜齑者。

太平御览卷第八百五十六 饮食部十四

茹

《史民》曰：公仪休食茹而美，拔其园葵。

《后汉书》曰：孔奋为姑臧长。时每居县者，不盈数月，辄致丰积。奋在职四年，财产无所增。事母孝谨，虽自俭约，而奉养极求珍膳。躬率妻子，同甘菜茹。

沈约《宋书》曰：文帝为王玄谟作四时茹诗云："堇茹供春膳，粟飧充夏餐。"

《傅玄诗》曰：厨人进藿茹，有酒不盈杯。

枚乘《七发》曰：白露之茹。

菹

《周礼》曰：朝事之豆，其实韭菹、昌本、菁菹、茆菹。昌本，昌蒲根也，切之四寸为之。菁菹，韭菹。郑大夫读茆为茅。或曰茆水草。杜子春读茆为卯。玄谓：菁，蔓菁也；茆，凫葵也。馈食之豆，其实葵菹。加豆之实，芹菹、深蒲、菭菹、笋菹。芹，楚葵也。郑司农云：深蒲，弱入水深，故曰深蒲；或曰：深蒲，桑耳。菭，水中鱼衣也。玄谓：深蒲，蒲始生水中子也。菭，箭萌、笋竹萌。王举则共七菹。韭、菁、茆、葵、芹、菭、笋菹。凡醯醢所和，细切为齑，全物若月枼为菹。齑菹之称，菜肉通称矣。

《记》曰：麋鹿为菹，野豕为轩，皆腝而不切。麇为辟鸡，菟为宛脾，皆月聂而切之。切葱若薤实之，醯以柔之。此轩、辟鸡、宛脾、皆菹类也。其作之状，以醯与薰菜淹之，杀肉及腥气也。

又曰：水草之菹，陆产之醢，小物备矣；三牲之俎，八簋之实，美物备矣；昆虫之异，草木之实，阴阳之物备矣。水草之菹，芹、茆属。陆产之醢，蚳、虫蝝之属。天子之祭，八簋。昆虫，谓温生寒死之虫也。《内则》：可食之物有蜩范。草木之实，菱芡榛栗之属。

《传》曰：王使周公阅来聘，飨有昌歜昌菹。

《毛诗》曰：中田有庐，疆场有瓜，是剥是菹。剥瓜为菹也。《笺》云：中田，土也，农人作庐焉，以便其田事。于畔上种瓜，瓜成又入其税，天子剥削淹渍以为菹。贵四时之异物。

《毛诗义疏》曰：蒲，周礼以为菹。谓蒲始生，取其中心入地蒻，大如指，白，生啖之甘脆。又煮以苦酒受之，如食笋法，大美。今吴人以为菹。

《广雅》曰：蘫、䪥、蘸、䔧、菹也。䪥大内切䔧口故切。

《苍颉解诂》曰：䔧，酢菹也。

《说文》曰：菹，菜酢也。蘫，瓜菹也。蘫，力甘切。

《释名》曰：菹，阻也。生酿之，遂使阻于寒温之间，不得烂也。

《吕氏春秋》曰：文王好菹。孔子闻之，蹙頞而食之三年，然后美之。

贾谊《新书》曰：楚惠王食寒菹而得蛭，因遂吞之，腹有病，而不能食之。令尹入，问曰："王安得此疾？"王曰："我食寒菹而得蛭，念谴之而不得其罪乎，是法废而威不立，非所以使国闻也；谴而行其诛乎，则庖宰监者皆当死，心又弗忍也。故吾恐蛭之见也，因遂吞之。"令尹避席再拜而贺曰："臣闻：天道无亲，唯德是辅。王有仁德，天之所奉也。"是昔也，惠王之后而蛭出，其夕，病心腹之积皆愈。

《晋书》曰：吴隐之年十余岁，丁父母忧，食咸菹，以其味甘，掇而弃之。

卢谌《祭法》曰：秋祠有菹消。《食经》有此法也。

范汪《祠制》曰：孟冬不咸菹。

瓮

《释名》曰：生瀹、葱、薤曰瓮，言柔滑兑兑然也。

太平御览卷第八百五十七　饮食部十五

蜜

张璠《易注序》曰：蜜蜂以兼采为味。

《韵集》曰：蜜，蜂百草华所作也。

《汉武帝故事》曰：西王母曰："太上之药，有中华紫蜜、云山朱蜜。"

《续汉书》曰：天竺国出石蜜。

《东观汉记》曰：世祖尝与朱祐共买蜜合药。后上追念之，即赐祐白蜜一石，问："何如在长安时共买蜜乎。"

《吴书》曰：袁术为雷薄等所距，士众绝粮。时盛暑，欲得蜜浆，又无蜜，坐床叹息良久，乃大咤曰："袁术至于此乎！"

《吴历》曰：孙亮使黄门至中藏取蜜渍梅，蜜中有鼠矢。召问藏吏曰："黄门从汝求蜜耶？"吏曰："向求蜜，实不敢与。"黄门不服，亮曰："此易知耳。"令破鼠矢，矢里燥。亮曰："若久在蜜中，中外当俱湿；里燥，必是黄门所为。"黄门首服。

《晋令》曰：蜜工收蜜十斛，有能增煎二升者，赏谷十斛。

《晋太康起居注》曰：尚书令荀勖羸毁，赐石蜜伍斤。

《齐书》曰：明帝元好蝘蛦，以银钵盛蜜渍之，一食数钵。

又曰：陶弘景，永明十年，脱朝服挂神武门，上表辞禄。诏许之，赐以束帛，敕所在月给茯苓伍斤、白蜜贰斤，以供服饵。

《梁书》曰：任昉为新安太守。郡有蜜岭及杨梅，旧为太守所采。昉以冒险多物，故即时停绝。

又曰：傅昭为临海太守。郡有蜜岩，前后太守皆自封固，专收其利。昭以周文之囿与百姓共之，大可喻小，乃教勿封。

《梁四公记》曰：高昌国遣使贡刺蜜，帝命杰公迓之，谓其使曰：

“刺蜜是盐城所生，非南平城者。”使者曰：“其年风灾，刺蜜不熟，故尔。”帝问杰公何得知，对曰：“南城羊刺无叶，其蜜色明白而味甘；盐城羊刺叶大，其蜜色青而味薄。以是知蜜之伪耳。”

《唐书》曰：蕃胡国出石蜜，中国贵之。上遣使往摩伽池国取其法，令扬州煎诸蔗之汁，于中厨自造焉，色味逾于西域所出。

《神仙传》曰：飞黄子服中岳石蜜及紫粱，得仙。

王孚《安成记》曰：郡东有山，百姓呼曰蜜岗，产蜜焉。《仙经》云：蜜为众口芝。

《荆州图记》曰：赤马山有蜜房二百所，罗缀相望，因名曰百房。

《异物志》曰：交址草，滋大者数寸，煎之凝如冰，破如博棋，谓之石蜜。

《凉州异物志》曰：石蜜之兹，甜于浮萍。非石之类，假石之名。实出甘柘，变而凝轻。甘柘似竹，味甘。煮而曝之，则凝如石而甚轻。

《范子》曰：白密出陇西天水。

《本草经》曰：石蜜，一名饴。

《吴氏本草》曰：食蜜生武都谷。

刘根《墨子枕中记钞》曰：百花醴蜜。

《楚辞·招魂》曰：瑶浆蜜勺，勺，沾也。实羽觞。

左思《蜀都赋》曰：蜜防郁毓被其阜。汉昌县多野蜂蜜蜡。

郭珍《蜜赋》曰：繁布金房，叠称王室。咀爵滋液，酿以为蜜。散似甘露，凝如割肪。冰鲜玉润，髓滑兰香。

魏文帝《与孙权书》曰：今因赵咨奉石蜜五饼。

又《与朝臣诏》曰：南方龙眼、荔支，宁比西国葡萄、石蜜？

又曰：新城孟太守道：蜀睹肫鸡鹜，味皆淡，故蜀人作食喜着饴蜜。

沙饧

张衡《七辩》曰：沙饧、饴、石蜜，远国贡储。

盛翁子《与刘颂书》曰：沙饧，西垂之产。

太平御览卷第八百五十八 饮食部十六

酪酥附䬴糊䬴音低

《通俗文》曰：煴羊乳曰酪，酥曰䬴糊。

《释名》曰：酪，泽、乳汁所作，使人肥泽。

《汉书》曰：武帝太初元年，更名家马为挏马。应劭曰：主乳马，取其汁挏治之，味酢可饮，因以为官。如淳曰：挏音筒，主乳马，以韦革为夹兜，受数斗咸马乳，挏取其上肥，因名曰挏马。今梁州亦名马酪为马酒。晋灼曰：挏，音捷挏之挏。

又曰：丞相孔光奏：省乐官七十二人，给太官挏马酒。李奇曰：以马乳为酒也，撞挏乃成。

又曰：乌孙公主歌曰："以肉为食兮，酪为浆。"

又曰：王莽时饥，教民煮木为酪，不可食，重为烦扰。受日木实为酪也。或曰：如今饵木属。

《后魏书》曰：神瑞二年秋，谷不登。太史令王亮等言谶书云：国家当都邺，大乐五十年，劝帝迁都，可救今年之饥。帝以问崔浩，浩曰："非长久之策也。今留守旧都，分家南从，不便水土，疾疫死伤，情见事露，则百姓意阻，四方闻之，有轻侮之意。今居北方，至春草生，乳酪将出，兼有菜果，足接来秋。可不迁都也。"

又曰：临淮王潭孙孚持白武幡，劳河那瑰于柔玄、怀荒二镇间。河那瑰众号三十万，阴有异意。遂拘留孚，载以辒车，日给酪一升、肉一段。

《唐书》曰：高宗朝，太仆以患疥马乳造酪，供进署承，罪当死。上特免之。

《晋太康起居注》曰：尚书令荀勖羸毁，赐乳酪，太官随日给之。

《汉武内传》曰：西王母曰："次药有太玄之酪。"

《西河旧事》曰：祁连山宜牧牛羊，羊肥乳酪好，不用器物，刈草着其上，不解散，一斛酪升余酥。

《邺中记》曰：并州之俗，以冬至后百五日，为介子推断火冷食。作醴酪，煮粳米或大麦作之。又投大麦于其中，捣杏子仁煮作之。亦投大麦中。

《郭子》曰：王武子有数斛羊酪，指示陆机曰："卿东吴何以敌此？"机曰："千里莼羹，未下盐豉。"

《世说》曰：杨德祖为主簿，侍坐。人有饷酪者，魏武啖少许，乃题上作"合"字，致坐中人，并不解。修即啖之，云："公教令'人一口'，复何疑？"

又曰：陆太尉诣王丞相，公食之以酪，陆还遂病。明日，有笺与王，曰："昨食酪过，通夜委顿。民虽吴人，几为伧鬼！"

《笑林》曰：吴人至京师，为设食者有酪酥，未知是何物也，强而食之。归吐，遂至困，顾谓其子曰："与伧人同死，亦无所恨，汝故宜慎之。"

《魏文帝集》载锺繇书曰：属赐甘酷及樱桃。

孙楚《祠介子推祝文》曰：枣饭一盘、醴酪二盂，清泉甘水，充君之厨。

《傅咸集·杨济与咸书》曰：酥治疮上急。

范汪《祠制》曰：仲夏荐杏酪。

慕容晃《与顾和书》曰：今致餀糊十斤。

《唐书》曰：武德二年，凉州刺史安修仁献百年酥，云饵之可延寿。

太平御览卷第八百五十九 饮食部十七

糜粥

《周书》曰：黄帝始烹谷为粥。

《记》曰：仲秋养衰老，授几杖，行糜粥饮食。行，犹赐也。

又曰：公叔文子卒，其子请谥于君，君曰："昔者卫国凶饥，夫子为粥与国之饿者，是不亦惠乎？"

又曰：悼公之丧，季昭子问于孟敬子曰："为君何食？"悼公，鲁哀公之子。昭子，康子之曾孙，名强。敬子，武伯之子，名捷。敬子曰："食粥，天下之达礼也。"

又曰：穆公之母卒，穆公，鲁哀公之曾孙。使人问于曾子曰："如之何？"问居丧之礼。曾子，曾参之子，名申。对曰："申也闻诸申之父曰：'哭泣之哀，齐斩之情，饘粥之食，自天子达。'"子丧父母，尊卑同。

又曰：亲始死，三日不举火，故邻里为之糜粥以饮食之。

又曰：君之丧，子大夫、公子、众士皆三日不食。子大夫、公子食粥纳财，朝一溢米，莫一溢米，食之无算。

又曰：大夫之丧，主人、室老、子姓皆食粥。

《左传》曰：晋人执卫侯，归之于京师，置诸深室，宁子纳橐饘焉。饘，粥饼也。

又曰：齐晏桓子卒，晏婴粗縗斩，苴绖、带、杖，菅屦，食粥，居倚庐，寝苫枕草。其老曰："非大夫之礼也。"

又曰：正考父鼎铭云："饘于是，粥于是，以糊余口。"饘，饩也。

《尔雅》曰：鬻，糜也。薄糜。糊，饘也。糜也。

《释名》曰：糜，煮米使糜烂也。粥，濯于糜，粥粥然也。寒粥，米投寒水中也。

《史记》曰：左师触龙见赵太后曰："食得无衰乎？"太后曰："恃

粥耳。”

又曰：阳卢侯赵章病，淳于意诊其脉，曰：“迵音洞风”。迵风者，五日而死。后七日乃死，曰：“其人嗜粥，故中藏实。实故过期。”

《后汉书》曰：光武为王郎所追，至无蒌亭，冯异上豆粥一碗。明日，上谓诸将曰：“昨得公孙豆粥，饥寒俱解。”

又曰：樊儵事后母至孝。及母卒，哀思过礼，毁病不自支，世祖常遣中黄门朝暮送饘粥。

《东观汉记》曰：曹褒迁将作大匠。上闻褒病，使致医药、糜粥。

谢承《后汉书》曰：南阳陆续仕郡户曹史。时饥荒，太守尹兴使续于都亭赋民饘粥。续悉令简阅其人，讯以名氏。事毕，兴问所食几何，续因口说六百余人，皆分别姓字无有差谬，兴异之。

《汉献帝传》曰：帝在长安，谷一斛五十余万。帝使侍御史侯汶出太仓米豆为饥民作糜粥，死者不绝。帝疑廪赋不实，敕取米豆五升，于御前作糜，得满两盆。杖汶五十。

《九州春秋》曰：臧洪为青州刺史，为袁绍所围，粮食已尽。初尚掘鼠，煮筋角，后无可复食。厨有米三升，主簿启进内，稍以为糜粥。洪叹曰：“吾独食此何为？”命作薄粥，与众共啜之。

《魏末传》曰：曹爽等令李胜辞司马宣王，并伺察焉。宣王见胜，自陈“无他劳效，横蒙圣恩，当为本州，诣阁拜辞，不悟加恩，得蒙引见。宣王令两婢侍衣，衣落；复上指口言渴，主饮婢进粥，宣王持杯饮粥，粥皆流出沾胸。胜悯然者久之。

《吴录》曰：李寿作糜以食饥者，而不自名。

又曰：朱桓除馀姚长，遇疫疠，谷食荒贵。桓分部良吏，隐亲医药，食粥相继。士民感戴之。

王隐《晋书》曰：贼杜弢下蜀。蜀人饥，陶侃多作粥以待之，于是悉降。

《晋安帝纪》曰：桓玄败走，左右进以粗粥，咽不能下。

《郭林宗传》曰：林宗尝止陈国文学，见童子魏德公，知其有异。

德公求近其房止，供给洒扫。林宗尝不佳，夜中命作粥，德公为之进焉。林宗一啜，怒而呵之曰："高明为长者作粥，不如意，使沙不可食！"以杯掷地。德公更为粥，三进三呵。德公姿无变容，颜色殊悦。林宗乃曰："始见子之面，今乃知卿心。"遂友善之，卒为妙士。

《宋书》曰：戴颙与兄勃并隐遁有名。中书令王绥尝携客之勃等，方进豆粥，绥曰："闻卿善琴，试欲一听。"不答。绥恨而去。

又曰：何子平，大明末，东土饥荒，继以师旅。家有大丧，八年不得营葬，昼夜号哭，常如袒括之日。冬不衣絮，暑避清凉，一日以数合米为粥，不进盐、菜。

《齐书》曰：宣考陈皇后生高帝。高帝年二岁，乳人乏乳，后梦人以两瓯麻粥与之，觉而乳惊，因此丰足。

《梁书》曰：昭明太子统母丁贵嫔薨，水浆不入口，每哭恸绝。武帝命中书舍人顾协宣旨曰："毁不灭性。圣人之制，不胜丧，比于不孝。有我在，那得自毁如此耶？"即强进饮粥。太子奉敕，乃进数合。自是至葬日，进麦粥一升。武帝又敕曰："闻汝所进食过少，转羸瘦，我比更无病，正为汝胸中亦圮塞成疾，故应加饘粥，不使我恒悬心。"虽屡奉敕劝逼，终丧日止一溢米，不尝菜果之味。

又曰：张弘策，幼以孝闻，母尝有疾，五日不食，弘策亦不食。母强为进粥，弘策乃食母所余。

又曰：肖景为南兖州刺史。会年荒，计口振恤，又为饘粥，于路以赋之。

又曰：任昉为义兴太守，岁荒，散私俸米豆为粥，活三千余人。

又曰：王志，天监初为丹阳尹。时年饥，每旦为粥于郡门以赋百姓，众悉称惠。

又曰：刘览，字孝智。十六通《老》《易》。位中书郎，以所生母忧，庐于墓，再期，不尝盐酪，食麦粥而已。

又曰：有河南孝廉秦绵，遭母丧，送葬，不忍复还。乡人为作庵，仍止其中。若遇有米食粥，无米食菜而已。

又曰：庾沙弥母刘氏亡，水浆不入口累日。初进大麦薄饮，经十旬方为薄粥。终丧不食盐酢。

《陈书》曰：张昭弟乾，字玄明，聪敏好学，亦有至性。父卒，兄弟日唯食一升麦屑粥。

《后魏书》曰：崔浩，道武贾岁，威风严峻，官省左右以微过得罪，莫不逃避隐匿。自下皆变，浩独恭勤不怠，或终日不归。帝知之，辄命赐以御粥。

又曰：薛真度为豫州刺史。景明初，豫州大饥，真度辄表曰："别出仓米五十斛为粥，救其甚者。"诏曰："真度所表，甚有忧济百姓之意，宜在极恤也。"

又曰：文明太后崩，孝文五日不食。杨椿谏曰："圣人之礼，毁不灭性。纵陛下欲自贤于万代，其若宗庙何？"帝感其言，乃一进粥。

又曰：杨逸为光州刺史。时灾俭连岁，逸欲以仓粟赈给，而所司惧罪不敢。逸曰："国以人为本，人以食为命，假令以此获戾，吾所甘心！"遂出粟，然后申表。右仆射元罗已下谓公储难阙，并执不许。尚书令、临淮王彧以为宜贷二万，诏听贷五万。既出粟之后，其老小残疾不能自存活者，又于州门造粥饲之，将死而得济者以万数。帝闻而善逸。

又曰：韦朏，字遵显。少有志业，年十八，辟州主簿。时属岁俭，朏以家粟造粥，以饲饥人，所活者甚众。

又曰：房景远，字升遐，重然诺，好施与。岁俭，分赡宗亲。又于通衢，以粥食饿者，存济甚众。平原刘郁行造兖境，忽遇劫贼，已杀十余人，次至郁，郁曰："与君乡近，何忍见杀？"贼曰："若言乡里亲，亲是谁？"郁曰："齐州主簿房阳是我姨兄。"阳是远小字，贼曰："我食其粥得活，何得杀其亲？"遂还衣服，蒙活者二十余人。

又曰：李搔妹曰法行，幼出家为尼，后遭时大俭，施糜粥于路。

《北齐书》曰：李士谦，遇年饥，多有死者。士谦罄家资为之糜粥，赖以全活者万计。

《后周书》曰：皇甫遐，字永贤，河东汾阴人。性至孝，遭母丧，乃庐于墓侧，食粥枕苫，栉风沐雨，形容枯悴，家人不识。

《隋书》曰：陆让母者，上党冯氏女也，性仁爱，有母仪，让即其孽子也。仁寿中，为番州刺史，赃货狼籍，为司马所奏。上遣使按之，皆验，乃命公卿百僚议之。咸曰："让罪当死。"诏可其奏。让将就刑，冯氏蓬头垢面，诣朝堂数曰："无汗马之劳，致位刺史，不能尽诚奉国，以答鸿恩，而返违犯宪章，赃货狼籍！若言司马诬汝，百姓、百官不应亦皆诬汝；言至尊不怜愍汝，百姓何故治书覆汝？汝岂诚臣？岂孝子？不诚不孝，何以为人！"于是流涕呜咽，亲持盂粥劝让令食。既而上表求哀，词情甚切，上悯然为之改容。献皇右甚奇其意，致请于上，遂下诏可减死为民。

《太公金匮》曰：武王伐纣，都洛邑，而雪深丈余。不知何五大夫，乘马车，从两骑，止王门外。师尚父使人持一器粥，出，开门而进曰："先生大夫在内，方对天子，未有出时。天寒，故进热粥以御寒。"

《庄子》曰：颜回有负郭之田五十亩，足以供饘粥。

《七略》曰：宣帝诏征被公见诵《楚辞》，被公年衰母老，每一诵，辄与粥。

《风俗通》曰：范滂父字叔矩，遭母忧，既葬之后，饘粥不赡。司徒召滂，滂曰："老父年尊，绝意世仕，遂不得避也。"

《魏武遗令》曰：吾夜半觉小不佳，至明日，饮粥，汗出，服当归汤。

《谯子法训》曰：或曰："母有疾，使其妻为粥者，妻不可，以刀击之，夷其面，可以为孝乎？"曰："以刀刃妻，其亲必骇，而有忧及之，何有于孝？"

《郭子》曰：许允为吏部郎，多用其乡里。帝遣虎贲收之，妇云："无忧！"寻还，作粟粥待之。

《语林》曰：石崇为客作豆粥，咄嗟便办。王恺乃密货崇帐中都督，曰："豆难煮，唯豫作熟豆，以白粥投之。"

《续搜神记》曰：刘池苟家在夏口，忽有鬼来，喜偷食。刘即于他家煮治葛，取二升汁蜜赍还家。向夜，令举家糜食，余一瓯，因写治葛汁着中，于几上，以瓮复之。至人定后，闻鬼发瓮啖糜，须臾，在屋头吐，至四更中，寂然。于此遂绝也。

徐广《晋记》曰：愍帝建兴四年，京城粮尽，屑麹为粥，以供帝食。

《录异传》曰：周时，尹氏贵盛，五世不别，会食数千人。遭饥荒，罗鼎作糜，啜之声闻数十里。

《邺中记》曰：并州之俗，以冬至后百五日，为介子推断火冷食，三日干粥。中国为寒食。

《凉州异物志》曰：高昌僻土，有异于华，寒服冷水，暑啜罗阇。阇，受车切。北郡人作糜粥啜之，俗号阇也。

《南越志》曰：陵庐城中有井，半清半黄。黄者甜滑，宜作粥，色如金，似灰汁，甚芬馨。

《世说》曰：郄嘉宾三伏之月诣谢公，炎暑重赫，虽当风交扇，犹沾汗流离。谢着故练衣，食热白粥。郄谓谢曰："自非君体，几不堪此。"

又曰：宾客诣陈大丘宿，使元方、季方炊。太丘问："炊何迟留？"元方长跪曰："君与客语，乃俱窃听，炊忘着米，今皆成糜。"太丘曰："尔颇有识不？"二子长跪俱说，言无遗失。太丘曰："如此，俱成糜自可，何必饭耶？"

《俗说》曰：王东亭尝之吴郡就汰公宿，汰公设豆藿糜，自啖一大瓯。东亭有难色，汰公强进半瓯。

《王荟别传》曰：荟为吴郡内史。其年大饥，荟出私财为百姓饘粥。

《风土记》曰：天正日南，黄钟践长，粥饘追萌，微纳休昌。是以阳始牙动，为饘粥以养幼扶微。俗尚以赤豆为糜，所以象色也。

《广志》曰：辽东赤梁，魏武帝以为御粥。

《天文要集》曰：玉井主粥厨。

《殷康集》曰：康为武康县，教曰："郭邑居民有死丧者，可令送两坩粥。"

《时镜新书》曰：齐魏收当寒食饷王元景粥，元景与收书曰："始知令节，须御麦粥，加之以糖，弥觉香冷。”

《荆楚岁时记》曰：正月十五日，豆糜加油骨其上，以祠门户。

魏武帝《苦寒行》曰：行行日已远，人马同时饥。担橐以取薪，斧冰持作糜。

《唐新语》曰：李勣既贵，其姊病，必亲为煮粥，火爇其须。姊曰：“仆妾多，何自苦若是？”勣对曰：“岂为无人耶？顾姊年老，勣亦年老，虽欲久为姊煮粥，其可得乎？”

膏糜

《国语》曰：勾践载稻与脂于舟以行。稻有膏糜。国之孺子之游者，无不餔也，无不啜也，必问其名。为后将用之。

《续齐谐记》曰：吴县张成夜起，忽见一妇人立于宅东南角，举手招成，成便往就之。妇人曰：“此地是君家蚕室，我即是此地之神。明日是正月半，宜作白粥泛膏于上以祭也，当令君蚕桑百倍。”言绝，失所。成如言，为作膏白粥。自此已后，年年大得蚕。今世人正月半作膏糜，像此。

糁

《周易》曰：鼎折足，覆公餗。郑玄曰：糁谓之餗。《震》又为竹。竹萌曰荀。荀者，餗之米也。《诗》云：其餗唯何？

《周礼》曰：醢人掌羞豆之实，酏食、糁食。

《记》曰：犬羹、菟羹，和糁不蓼。凡羹齐，宜以五味调和米屑谓之糁，蓼则不也。

又曰：糁：取牛、羊、豕之肉，三如一，小切之，与稻米，稻米二，肉一，合以为饵煎之。此周礼糁食也。

《说文》曰：糂，以米和羹也。糂与糁同。

宗躬《孝子传》曰：桑虞丧父，十四日食百粒糁藜藿。

《墨子》曰：孔子穷陈、蔡之间，藜蒸不糂。

糒所戟切

《通俗文》曰：煮米糒。

《食经》曰：作糒法，近水则涩。

麷蕡

《周礼》曰：笾人，掌朝事之笾，其实麷，蕡、白、黑、形盐。蕡，蕡枲实也。郑司农云：麷，麻曰蕡，稻曰白，黍曰黑，郑玄曰：今河间以北，煮穜煮麦卖之名曰逢。

《仪礼》曰：麷、蕡坐，设于豆西，当外列，麷在东方，妇赞者执白、黑以授主妇。

又曰：主妇荐韭菹醢坐，奠于筵前，醢在南方，妇替者执二笾麷、麦贲，以授主妇。主妇不兴，受之，奠麷于醢南，蕡在麷东。

《礼》曰：芼、羹、菽、麦、蕡、稻、黍、粱。

麮丘与切

《苍颉解诂》曰：麮，煮麦也。

《说文》曰：麮，麦甘粥也。

《释名》曰：煮麦曰麮，麮亦齲也，熟煮之，齲坏也。

《急就》曰：甘麮殊美奏诸君。

肺腝苏本切

《说文》曰：腝，切熟肉，内于血中和也。

《释名》曰：肺腝，饡也。全米糁之，如膏钻也。

卢湛《祭法》曰：四时祠皆用肺腝。

血衉苦滥切

《说文》曰：羊血白衉。

《释名》曰：血䘀，以血作之，增其酸豉之味，使甚苦，以消膏；而加菹其中，亦以消酒也。

卢湛《祭法》曰：春夏秋祠，皆用䘀血。

热洛河

《唐书》曰：安禄山、思顺翰并来朝，玄宗使骠骑太将军、内侍高力士及中贵人供奉官于京城东驸马崔惠童池亭宴会，使射生官射鲜鹿，取血煮其肠，谓之热洛河，以赐之，为翰好故也。

羌煮

《搜神记》曰：羌煮，貊炙翟之食也。自太始以来，中国尚之，戎翟侵中国之前兆也。

胡饭

《续汉书·五行志》曰：灵帝好胡服、胡饭，京师贵戚皆竞为之。

太平御览卷第八百六十　饮食部十八

饼

《释名》曰：饼，并也，溲麦使合并也。胡饼，作之大漫汗，亦言以胡麻着上也。蒸饼、汤饼、体饼之属，皆随形而名之也。

《汉书》曰：宣帝微时，每买饼，所从买家辄大售，亦以自怪。

《续汉书》曰：灵帝好胡饼，京师皆食胡饼，后董卓拥胡兵破京师之应。

《东观汉记》曰：光武问弟五伦曰："闻卿为市掾人，有遗卿母一笥饼，卿从外来见之，夺母笥，探口中饼出，有之乎？"伦对曰："实无此。众人以臣愚蔽，故为出此言耳。"

《英雄记》曰：李叔节与弟进先共在乘氏城中，吕布诣乘氏城下。叔节从城中出诣布，进先不肯出。为叔节杀数头肥牛，提数十石酒，作万枚胡饼，先持劳客。

《魏志》曰：汉末，赵岐避难逃之河间，不知姓字。又转诣北海，着絮巾裤，常于市中贩胡饼。孙宾硕时年二十余，乘犊车将骑入市，观见岐，疑其非常人也，因问之："自有饼耶？"岐曰："贩之。"宾硕曰："买几钱？卖几钱？"岐曰："买三十，卖亦三十。"宾硕曰："视处士之望，非买饼者，殆有故。"乃开车后户，顾所将两骑，令下马扶上之。时岐以为是唐氏耳目也，甚怖，面失色。宾硕闭后户，下前檐，谓之曰："视处士状貌，既非贩饼者，如今面色变动，即不有重怨，则当亡命。我，北海孙宾硕，阖门百口，又有百岁老母在堂，势能相度者也，终不相负，必语我以实。"岐乃具告之。宾硕遂载岐以驱归。

又曰：严翰，字公仲，学问特善《春秋公羊》。司隶锺繇不好《公羊》而好《左氏》，谓"左氏"为太官。而谓"公羊"为卖饼家。

又曰：卢毓为吏部尚书。时举中书郎，诏曰："得其人与不，在卢生耳。选举莫取有名，名如画地作饼，不可啖也。”

《魏略》曰：丁斐封列侯，坐免官。后太祖啁曰：“斐，文侯印绶何在？”斐对曰：“以易饼。”太祖大笑。

《晋书》曰：何曾性奢豪，务在华侈。帏帐车服，穷极绮丽；厨膳滋味，过于王者。每燕见，不食太官所设，帝辄命取。其食蒸饼，上不坼作十字不食。

王隐《晋书》曰：王长文，州辟别驾，阳狂不诣。举州追求，乃于成都市，见蹲地啮胡饼。

又曰：王羲之幼有风操。郗虞卿闻王氏诸子皆俊，令使选婿。诸子皆饰容以待客，羲之独坦腹东床，啮胡饼，神色自若。使具以告，虞卿曰：“此真吾子婿也。”问谁，果是逸少，乃妻之。

《晋阳秋》曰：惠帝崩，由食饼也。

又曰：王欢耽学贫窭，或人惠蒸饼一轴，以充一日。妻子常有菜色。

《宋书》曰：王悦之为吏部郎。邻省有会同者，遗悦之饼一瓯，辞不受，曰：“此费诚小，然少来，不愿当之。”

肖子显《齐书》曰：永明九年正月，诏太庙四时祭荐宣皇帝面起饼。

又曰：何戢为司徒左长史。太祖为领事，与戢来往，数置欢宴，上好水引饼。戢令妇女躬自执事，以设上焉。

《梁书》曰：武帝尝设大臣饼，蔡樽在坐，帝频呼其姓名，樽竟不答，食饼如故。帝觉其负气，乃改唤蔡尚书，樽始放箸执笏曰：“唯。”帝曰：“卿向聋，今何聪？”对曰：“臣预为右武，且职在纳言，陛下不应以名垂唤。”帝有惭色。

《赵录》曰：石勒讳胡，胡物皆改名。胡饼曰抟炉，石虎改曰麻饼。

又曰：石虎好食蒸饼，常以干枣、胡桃瓤为心，蒸之使坼裂方食。及为冉闵所篡幽废，思不裂者不可得。

《后魏书》曰：胡叟不治产业，常苦饥贫，能不以为耻。养子字螟蛉，以自结。常作布囊，容三、四斛，饮啖醉饱，便盛肉饼以付螟蛉。见车马荣华者，视之蔑如也。

《北齐书》曰：厍狄连，冬至日亲表称贺。其妻为设豆饼，连问："此豆饼何处得来？"妻对曰："于食中减。"连大怒。

《后周书》曰：樊深以父遇害，因避难，坠岩伤足，绝食再宿，后遇得一箪饼，饮食之。然念继母年老患痺，咸免虏掠，乃弗食。夜中，匍匐寻觅。母过，得相见，因以馈母。还，复遁去。改易姓名，游学于汾、晋之间。

《唐书》曰：僧万回，阌乡人也。恢谐以狂，发言屡中。其兄戍边五载，母思之。万回年幼，请诣兄所，策竹马去。经归而返，白母曰："兄还，请办饼，更往迎之。"数日，持襆而至，母发襆，乃戍子衣也。寻而子至，母大惊。

《范子》曰：饼出三辅。

《墨子》曰：鲁阳文君云："有人于此牧羊，刍豢不可胜食也。见人作饼，即还然窃之；楚四境之田，芜广不可胜辟，见宋、郑之门邑，则还然窃之。与彼异乎？"

《抱朴子》曰：莽之世，卖饼小人皆得等级，斗筲之徒兼金累紫；杨子云确然忠贞之节形矣。

《三辅旧事》曰：太上皇不乐关中，高祖徙丰沛屠儿、沽酒、卖饼、商人，立为新丰县。故一县多小人。

《李固别传》曰：质帝暴得疾，云食煮饼腹中闷，遂崩。

蔡质《汉官仪》曰：尚书郎直，太官供饼饵五熟。

《玄晏春秋》曰：卫伦过予而燕，论及于味。伦称侍中刘子杨食饼知盐生，精味之至也，予曰："昔师旷识劳薪、易牙别淄渑，子杨之妙，抑末乎？"伦曰："晋旷、齐牙，古之精也；魏之子杨，今之妙也。子何间焉？"

《语林》曰：何平叔面绝白，魏文帝疑其着粉。正夏月唤来，与热汤饼，大汗出，随以朱衣自拭，色转皎然。

《幽明录》曰：姚泓叔父大将军绍总司戎政，召胡僧，问以休咎。僧乃以面为大胡饼形，径一丈，僧坐其上，先食正西，次食正北，次食正南，所余卷而吞之，讫便起去，了无所言。是岁五月，杨盛大破姚军于清水。九月，晋师北讨，扫定颍、洛。明年，遂席卷酆镐，生禽泓焉。

葛洪《神仙传》曰：壶公者，从远方来卖药，常悬一壶于坐上，每日入后，跳入壶中。市掾费长房于楼上见之，知非常人也，身为扫除，并进饼。公令长房共跳入壶，但见楼观五色，重门阁道，侍者数十人。

《京兆旧事》曰：萧彪为巴郡守。父老，归供养。父嗜饼，从至市，立车，下自进之。

《廷尉决事》曰：廷尉上士张柱私卖饼，为兰台令史所见。

《方言》曰：饼谓之饨徒昆切，或谓之餦音张，或谓之馄音混。

《说文》曰：饼，面糍也。

《杂五行书》曰：十月亥日食饼，令人无病。《食经》有髓饼法，以髓脂合和面。

崔寔《四民月令》曰：五月距立秋，无食煮饼及水溲饼。夏月饮水时，此二饼得水即冷坚不消，不幸便为食作伤寒矣。以饼置水中则渗；唯酒溲之，入则门东也。

王郎《上刘纂等樗蒲》曰：左中郎乐林得纂面肉，共啖汤饼。

缪袭《祭仪》曰：夏祀以蒸饼。

卢谌《祭法》曰：四时祠用曼头、餲饼、体牢。凡夏祠别用乳饼。冬祠用白环饼。荀氏《四时列馔注》曰：夏祠以薄液代曼头。

徐畅《祭记》曰：旧五月麦熟，荐新麦，作起溲白饼。

《明皇杂录》曰：武惠妃生日，上与诸公主按舞于万岁楼下。上乘步辇，从复道窥见卫士食毕以饼饵弃水窦中。上大怒，命高力士杖杀之。上方震怒，左右莫敢言者。宁王从容谓上曰："从复道窥见获卫士之过而杀之，恐人臣不能自安，又失大体。陛下志在勤俭爱物，恶物弃于地；奈何性命至重，重于残飧者乎？"上蹶然大悟，遽命赦之。

《荆楚岁时记》曰：六月伏日，并作汤饼，名为辟恶。

《时镜新书》曰：四月八日，长沙市肆之人无子者供寺阁下羊肉薄饼，结愿以乞儿，往往有验。

束皙《饼赋》曰：《礼》仲春之月，天子食麦，而朝事之笾，煮麦为面。《内则》诸馔不说饼。然则虽云食麦，而未有饼。饼之作也，其来近矣。若夫安乾、粔籹之伦，纠耳、狗后之属，钮带、案成，餢飳、髓烛，或名生于里巷，或法出乎殊俗。三春之初，阴阳交际，寒气既消，温不至热。于时享宴，则曼头宜设。吴回司方，纯阳布畅，服饰饮冰，随阴而凉，此时为饼，莫若薄壮。商风既厉，大火西移，鸟兽氄毛，树木疏枝，肴馔尚温，则起溲可施。玄冬猛寒，清晨之会，涕冻鼻中，霜成口外，充虚解战，汤饼为最。尔乃重罗之麲丘与切，尘飞雪白，胶粘刱筋，膏溔柔泽。肉则羊膀豕胁，脂肤相半，脔若蝇首，珠连砾散，姜株葱本，苇音封缕切判，锉末椒兰，是洒是畔。和盐漉鼓，搅合樛乱。于是火盛汤涌，猛气蒸作，攘衣服，振掌握搦拊搏，面弥离于指端，手萦回而交错，纷纷駇駇，星分雹落。笼无逆肉，饼无流面，姝媮咧敕，薄而不绽。巂巂和和，䏖色外见，柔如春绵，白若秋练，气勃郁以扬布，香飞散而远遍。行人失涎于下风，童仆空爵而斜盼，擎器者舐唇，立侍者干咽。尔乃换增，濯以玄醢，钞以象着，曳要虎丈，叩膝遍据，盘案财投而辄尽，庖人参潭而促遽。手未及换，增礼复至，唇齿既调，口习咽利，三笼之后，转更有次。

庾阐《恶饼赋序》曰：范子常者造余宿，臛鸡为饼，迟御之情甚虚，奇嘉之味不实，聊作《恶饼赋》以释之。

弘君举《食檄》曰：催厨人作茶饼，熬油煎葱，例茶以绢，当用轻羽，拂取飞面，刚软中适，然后水引。细如委綖，白如秋练，羹杯半在，财得一咽，十杯之后，颜解体润。

梁吴均《饼说》曰：宋公至长安，得姚泓。时故太官承程季者，了了人也。公曰："今日之食，何者最先？"季曰："仲秋御景，离蝉欲静，变变晓风，凄凄夜冷。臣当此时，唯能说饼。"公曰："善。"季乃称曰："安定噎鸠之麦，雒阳董德之磨，河东长若之葱，陇西舐背之犊，枹音夫罕赤耻之羊，张掖北门之鼓。燃以银屑，煎以银铫，洞庭负霜之橘，仇池车带之椒，调以济北之盐，锉以新丰之鸡，细如华山玉屑，白如梁甫银渥，既闻香而口闷，亦见色而心迷。”公曰：“善！”

糗糒

《书》曰：峙乃糗粮，亡敢弗逐。峙，具。糗，熬稻也。

《仪礼》曰：四笾：枣、糗、栗、脯。

《左传》曰：陈辕颇，赋封田以嫁公女，以为己大器。公逐之，出奔郑。道渴，其族辕咺进稻醴、粱糗、腶脯焉。曰：“何其给也？”曰：“器成而具。”

《公羊》曰：公出奔齐，国子执壶浆曰：“敢致糗从者。”公稽首以衽受。

《说文》曰：糒平祕切，干食也。糗去九切，熬米也。

《释名》曰：糗，龋也，饭而磨散之，使龋碎也。糇，候也，候人饥者以餐之。

《汉书》曰：李陵击匈奴，兵败，令军士人持二升糒、一片冰相待。

《东观汉记》曰：严尤击江贼，世祖奉糗一斛、脯三十朐。

又曰：隗嚣且病，饿，出城餐糗糒，腹张，悉愤而死也。

又曰：张禹巡行守，舍止大树下，食糒、干饭屑，饮水而已。后年贫，人来归者千余户。

又曰：贺玄，字文弘，为九江太守。行县赍持干糒，但就温汤而已。

谢承《后汉书》曰：沈景为河间相，恒食干糒。

《后汉书》曰：赵孝兄礼，为饿贼所得。孝闻之，即自缚诣贼曰：“礼久饿羸瘦，不如孝肥饱。”贼大惊，并放之，谓曰：“可且归，更持米糒来。”孝求不能得，复往报贼，愿就亨。众异之，遂不害。乡党服其义。

《魏略》曰：寒贫者本姓石。后还长安，车骑将军郭淮以意气呼之，问其所欲，亦不肯言。淮因与脯糒及衣，财取脯一朐、糒一升而止。

《唐书》曰：黄巢将逼三辅，僖宗出幸，途无供顿，卫军不得食。张浚谓汉阴令李康曰：“公可为糗饵，以供行在。”康乃鸠集骡乘，分道进饔糗。

《列女传》曰：勾践伐吴，有献一囊糒者。王以赐军士，甘不逾嗌，而战自十倍。

《孟子》：舜之饭糗茹草也，若将终身焉。

《玄晏春秋》曰：卫伦过予而燕，论及于味，命仆取糗以进予。予尝之，曰："吾知之矣。麦，其主者也；有李、柰、杏味。三果不同，予焉得兼之？"伦曰："吾之将来，家实多果。杏时将发，故糅之以杏汁；李、柰时发，又糅之以李、柰汁。故有三果之味也。"

《物理论》曰：吕子义，清贤之士也。思之宜往存省，怀干糒而往。主人盛为馔食，乃出怀中糒，求冷水一杯而食之。

《楚辞·九章》曰：播江离与滋菊兮，愿春日以为糗芳。

崔寔《四民月令》曰：四月可作枣糒。

饵粢

《周礼》曰：羞笾之实，糗饵、粉粢。郑玄曰：二物皆粉稻米、黍米所为也。合蒸曰饵，饼之曰糍。糗者，捣粉，熬大豆为饵，糍之粘着以粉之也。饵言糗，糍言粉，互相明也。

《广雅》曰：铎、饹，饵也。

《方言》曰：饵谓之餻音羔，或谓之粢，或谓之饸音铃，或谓之餣乌业切，或谓之饨音原。

《说文》曰：饵，粉饼也。糍，稻饼也。

《释名》曰：饵，而也，相黏则也。兖豫曰溏浃或作洟，就形之名也。糍，渍也，蒸糁屑，使相润渍饼之也。

《韵集》曰：糖、饼，饵也。

《东观汉记》曰：樊毕，字仲华。世祖尝于新野坐文书见拘，时毕为市吏，馈饵一笥，上德之。建武初，拜河东都尉，引见云台，上嘱毕曰："一笥饵，得都尉，何如？"

《风俗通》曰：汝阳彭氏，墓近大道，有一石人。田家老母到市买数片饵以归，过荫墓树下，以饵着石人头，忽去而忘之。行道人见饵，怪问之，或人调云："此石人有神，能治病。病愈者以饵来谢之。"转以相语云："头痛者，磨石人头；腹痛者，磨石人腹。"遂千里来就，号曰贤君，如此数年。前饵母闻之，为人说之，乃无复往者。

《梁书》曰：朱异好饮食滋味声色之娱，子鹅炮鳅不辍于口。虽朝谒，从车中必赍饴饵。

粔敉上巨下汝

《通俗文》曰：于绛者，谓之粔敉。

《杂字解诂》曰：粔敉，膏环也。

《异苑》曰：张骥，永初中于都丧亡。司马茂往哭之，见骥凭几而坐，以箸刺粔敉食之。

《楚辞·招魂》曰：粔敉、蜜饵。言以蜜和米面，熬作粔敉，捣黍作饵。

寒具

《周礼》曰：朝事之笾。郑司农云：朝事，谓清朝未食，先进寒具口实之笾。

《通俗文》曰：寒具谓之餲音曷。

桓谭《新论》曰：孔子，匹夫耳，而晫然名著。至其冢墓，高者牛羊鸡豚而祭之，下及酒脯、寒具，致敬而去。

《张逸遗令》曰：闭口寒具不得入。

太平御览卷第八百六十一 饮食部十九

羹

《周礼·天官·亨人》曰：祭祀共大羹、铏羹，宾客亦如之。大羹，肉湆者。郑司农云：大羹，不致五味也。铏羹，加盐菜也。湆，音泣。

《礼》曰：食居人之左，羹居人之右。毋嚃羹，亦嫌欲疾。嚃，不嚼菜也，音敕答切。毋絮羹。为其详于味。絮犹调也。絮，敕处切。客絮羹，主人辞不能亨。羹之有菜者用挟，无菜者不用挟。

又曰：雉羹、鸡羹、兔羹、芼羹，食自诸侯已下，至于庶人，无等。羹，食之主。

又曰：子卯稷食菜羹，忌日贬也。夫人与君同庖。不时杀也。

又曰：不能食粥，羹之以菜可也。谓性不能者，可食饭菜羹。

又曰：大飨之礼尚玄酒，而俎腥鱼，大羹不和，有遗味者矣。

《左传》曰：颍考叔有献于郑庄公。公赐之食，食而舍肉。公问其故，对曰："小人有母，皆尝小人之食矣，未尝君之羹，请以遗之。"肉有汁曰羹。

又曰：臧哀伯谏曰："大羹不致。"大羹，肉汁也，不致五味，不忘本也。

又曰：郑伐宋，将战，华元杀羊食士，其御羊斟不与。及郑师与宋师战，曰："畴昔之羊子为政，今日之事我为政！"畴昔，犹前日也。与入郑师，故败。君子谓羊斟非人也，以其私憾败国殄民，憾，恨也。殄，尽也。于是刑孰大焉？诗所谓"人之无良"者，诗义取不良之人相怨以亡。其羊斟之谓乎？

又曰：楚献鼋于郑灵公。宋子公与子家将见。宋，子公也。子家，归生。子公之食指动，第二指也。以示子家曰："他日我如此，必尝异味。"及入，宰夫将解鼋，相视而笑。公问之，问所笑。子家以告。及食大夫鼋，召子公而弗与也。欲使指动无效也。子公怒，染指于鼎，尝之而去。

又曰：叔鲋求货于卫，淫刍荛者。卫人使屠伯馈叔向羹，与一箧锦，叔向受羹反锦。

又曰：和如羹焉，水火醯醢盐梅以烹鱼肉，燀之以薪。燀，炊也。宰夫和之，齐之以味，济其不及，以泄其过。君子食之，以平其心。君臣亦然，以水济水，谁能食之？

《书》曰：若作和羹，尔唯盐梅。盐，咸。梅，鲊。羹须盐鲊以和之。

《诗义疏》曰：鸮肉甚美，可以为羹臛。

《语》曰：虽蔬食菜羹，瓜祭，必齐如也。

《尔雅》曰：肉谓之羹。郭璞注曰：肉，臛也。旧说肉有汁曰羹。孙氏以为，肉，作羹之物，因以名云。

《广雅》曰：羹谓之湆。

《说文》曰：羹，五味和粥也。

《释名》曰：羹，汪也，汁汪郎也。

《史记》曰：古者，天子常以春秋解祠黄帝，用一枭破镜。如淳曰：汉史东郡送枭，五日作枭羹，以赐百官也。

又曰：项王为高祖置太公于机上，告汉王，汉王曰："吾与羽俱北面受命怀王，约为弟兄，吾翁即若翁。必欲烹而翁，幸分我一杯羹。"

又曰：高祖少时，与宾客过丘嫂，食，嫂厌叔与客来，佯为羹尽，栎釜边，客以故去。已而视釜中，尚有羹。由此怨其嫂，封其子颉羹侯。

《战国策》曰：乐羊为魏将，而攻中山。其子在中山。中山君烹其子而遗之羹，乐羊啜之尽一杯。文侯谓褚师赞曰："乐羊以我故食其子肉。"对曰："其子食之，其谁不食？"羊下中山，文侯赏其功而疑其心。

又曰：中山君飨大司马，子期在焉。羊羹不遍，子期怒，走楚，说王伐中山。中山君亡，有二人挈子随后，问之，曰："臣父尝饿且死，君下壶飧哺臣之父，故来死君也。"中山君叹曰："吾以一碗羊羹亡国，以一壶飧得二士死。"

《后汉书》曰：太尉刘宽性仁恕，不妄喜怒。尝服朝服，侍婢奉肉羹，翻污其衣，婢遽收之。宽神色不异，徐言："羹烂汝手乎？"

《东观汉记》曰：王涣为洛阳令。马帝正数从卖羹饭家乞贷，不得，辄欧骂之，至忿，煞正。捕得，涣问知事实，便讽吏解遣。

谢承《后汉书》曰：陆续诣诏狱，其母至京师饷食。续对饷泣曰："续母来。"使者问其故，答曰："续母作羹，截肉未尝不方，断葱寸寸无不同，是以知母来。"

又曰：陶硕，字公超，啖芜菁羹，无盐。

《帝王世纪》曰：文王长子曰伯邑考，纣烹以为羹，以赐文王，曰："圣人不食其子羹。"文王得而食之。纣曰："谁谓西伯圣者与？食其子羹而不知！"

《晋书》曰：桓温表王浚之孙曰："浚今有三孙，年出六十，室如悬磬，糊口江滨，四节蒸尝，菜羹不给。"

《宋书》曰：湘州刺史王僧虔引乐颐之为主簿，以同僚非人，弃官去。吏部郎庾杲之尝往候，颐之为设食，唯枯鱼菜菹。杲之曰："我不能食之。"母闻之，自出尝膳，鱼羹数种。杲之曰："卿过于茅季伟，我非郭林宗。"

又曰：殷淳子孚，有父风。尝与侍中何勖共食，孚羹尽。勖云："益殷莼羹。"勖，司空无忌子也。孚徐辍箸曰："何无忌讳！"

又曰：朱修之为荆州刺史。姊在乡里，饥寒不立。修之贵为刺史，未曾供赡。往姊家姊为设菜羹粗饭以激之。

又曰：毛修之被禽入魏，敬事嵩山道士冠谦之。谦之在魏，太武帝信敬，营护之，故不死。修之尝为羊羹，荐魏尚书，以为绝味，献之武帝，大悦，以为太官令。被宠，遂为尚书，封南郡公，太官令如故。

又曰：宋末，齐高帝辅政。刘彦节知运祚将迁，密怀异图。及沈攸之举兵，齐高入屯朝堂，袁粲镇石头，潜与彦节及诸大将黄回等谋，夜会石头，诘旦乃发。彦节素怯，搔扰不自安，晡后便自丹阳郡车载妇女尽室奔石头。临去，妇萧氏强劝令食。彦节啜羹，写胸中，手振不自禁。

《齐书》曰：高祖既为齐王，置酒为乐。羹脍既至，崔祖思曰："此味故为南北所推。"侍中沈文季曰："羹脍吴食，非祖思所解。"祖思曰："'炮鳖脍鲤'，似非勾吴之诗。"文季曰："千里莼羹，岂关鲁卫之说？"帝甚悦曰："莼羹故应还沈。"

又曰：朱绪无行。母病积年，忽思菰羹。绪妻到市买菰为羹，欲奉母。绪曰："病复安能食？先尝之。"遂并食尽。母怒曰："我病欲此羹，汝何心并啖尽？天若有知，当令汝哽死！"绪闻，心中介介然，即吐血，明日而死。

《梁书》曰：萧励为广州刺史，征为太子左卫率。励性啬俭，而器度宽裕。左右尝将羹，正胸前翻之，颜色不异，徐呼更衣。

《后魏书》曰：赵琰，字叔起。尝送子冀州聘室，过路旁主人设羊羹，琰访知盗杀，卒辞不食。

又曰：彭城王浟为沧州刺史。有湿沃县主簿张达，尝诣州投人舍食鸡羹，浟察知之。守令毕集，浟对众谓达曰："食羹何不还价直也？"达即伏罪，合境号为神明。

《唐书》曰：魏元忠前后三坐弃市，偶得不死。武后尝问之，对曰："臣犹鹿耳，罗织之徒，苟须臣肉作羹耳。"

《荀卿子》曰：孔子厄于陈、蔡，藜羹不糁。

《韩子》曰：尧有天下，粝粱之食、藜藿之羹。

又曰：昭僖侯之时，宰人上食，而羹中有生肝焉。昭侯召宰人，以次而诮之曰："汝何为置生肝羹中？"众宰人曰："窃以为有欲去上食宰也。"

《淮南子》曰：鼓造辟兵，寿尽五月。高诱曰：鼓造谓枭。今世人五月作枭羹，亦作虾蟆羹。

又曰：楚人有烹猴者，而召其邻人，以为狗羹也，而甘之。后闻其猴也，据地而呕之。此不知味也。

又曰：太宰子朱侍食于令尹子国，子国伏羹而热，援浆以泛。明日，子朱辞官，曰："令尹轻行而简礼，其辱人不难。"明日，伏节尹，怒而笞之三百。

《秦子》曰：五味者，各称一族之名，合和一鼎名曰羹。犹威重廉平，恩合而为信也。

《郭子》曰：陆士衡诣王武子，武子有数斛羊酪，指以示陆曰："卿东吴何以敌此？"陆云："千里莼羹，未下盐鼓。"

刘向《新序》曰：纣王天下，熊羹不熟，而杀庖人。

又曰：平公问叔向曰："齐桓公九合诸侯，一匡天下。如是，君不知臣力，何也？"师旷侍，曰："臣请以喻五味：管仲善断割之，隰朋善煎熬之，宾须无善齐和之，羹已熟矣而进之。"

又曰：魏文侯见箕季子，日晏，进粝飧瓜瓠之羹，曰："岂不能具五味？教我无敛于百姓，以省饮食之养也。"

《风俗通》曰：昭帝时，大官上食，羹中有发，切中有土，令承坐不谨敬，皆论。

刘祯《毛诗义问》曰：鉶羹有菜、盐、鼓。其中菜为其形象可食，因以鉶为名。

陆机《毛诗草木疏》曰：梅，杏类也。其子赤而酢，不可生啖。煮而曝干为苏，可着羹臛中。

《广志》曰：大渡蜂，取其子得数升为羹，亦可蒸食。

《临海水物志》曰：民皆好啖猴头羹，虽五肉臛不能及之。其俗言："宁负千石之粟，不愿负猴头羹臛。"

《笑林》曰：人有和羹者，以杓尝之，少盐，便益之。后复尝之向杓中者，故云盐不足。如此数益升许盐，故不咸，因以为怪。

《食经》曰：有猪蹄酸羹法、胡羹法、鸡羹法、篋笥鸭羹法。

《楚辞·天问》曰：缘鹄饰玉，后帝食飨。后帝，殷汤也。言伊尹始仕，缘因烹鹄鸟之羹，修饰玉鼎，以事于汤，汤贤之，遂相也。彭铿斟雉，尧帝何飨？彭铿，彭祖也。好和滋味斟羹事，事尧，尧而飨食之。受寿永多，夫何久长？言彭祖进雉羹于尧，尧飨之，以寿之也。

又《九章》曰：惩于羹者而吹齑。言人有啜而热中，惩艾之，见齑则吹之。

又《招魂》曰：和酸若苦陈吴羹。吴人攻作。

又《大招》曰：鲜蠵甘鸡和楚酪。酪，酢截也。言取生大鳖，烹之作羹，调以饴蜜，复有肥鸡肉，和以酢酪，其味清也。

又曰：内鸧鸽鹄味豺羹。鸧，鸧鸹，鹤似鸠而青。鹄，黄鹄也。豺，似狗。言宰夫巧于调和，先甘酸鸧鹄肉，故羹美也。

《唐明皇薹杂录》曰：李林甫子婿郑平为户部员外，尝与林甫同处。一日，林甫就院省其女，遇平栉发，见林甫至，遽欲退藏。林甫固邀之，见其须发皆白，谓平曰："上当赐甘露羹，郎其食之，纵当华皓，必当鬒黑！"明日，果有中使至，赐林甫食中有甘露羹，遂以与平。平食讫，一旦发毛如鬒。

《岭表异录》曰：交址之人重不禄羹。羹以羊、鹿、鸡、猪肉和骨同一釜煮之，令极肥浓，漉去肉，进之葱姜，调以五味，贮以盆器，置之盘中。羹中有觜银银杓，可受一升。即更相揖让，多自主人先举，即满斟一杓，内觜入鼻，仰首，徐倾之。饮尽，传杓，如酒巡行之。吃羹了然，续以诸馔，谓之不录会。亦呼为先脑也。交址之人，或经营事务，弥缝推要，但备此会，无不谐者。《安南录异图》凿穿心，飞头鼻饮者，皆遗风也。

张翰《豆羹赋》曰：乃有孟秋嘉菽，垂枝挺荚。是刈是获，充箪盈筐。香铄和调，同疾赴急。

桓鳞《七说》曰：河鼋之羹，齐以兰梅。芬芳甘旨，未咽先滋。

卫洪《七开》曰：馨羹芬臛，凝色生华。

《皇象书》曰：想必醉令作醴，梅羹相待。

缪袭《祭仪》曰：夏祀，调和羹芼以葵；秋祀，羹以葱；春祀，和羹芼以韭。

臛

《苍颉解诂》曰：膗少年汁，臛也。膹，臛多泽。膹，房文切。

《说文》曰：臛，肉羹。

《释名》曰：臛，白蒿也，香气蒿高也。

《齐书曰：虞悰家富于财，而善为滋味。豫章王嶷盛馔享宾，谓悰曰："肴羞有所遗否？"悰曰："何曾《食疏》有黄颔臛，恨无之。"

《广志》曰：晨凫肥而耐寒，宜为臛。

刘欣期《交州记》曰：九真太守陶璜立郡筑城，于土穴中得一物，白色，形似蚕蛹，无头，长数十丈，大十余围，软软动，莫能名。剖腹有肉，如猪肪。遂以为臛，甚香美。璜啖一杯，三军尽食。

《齐谐记》曰：江北华本者，为人好鳖臛。

《食经》曰：有芋子酢臛法。

《楚辞·招魂》曰：臛鳖炮羔有柘浆些。言以饴蜜胹鳖炮羔。或曰臑鳖炰羹，和牛五脏为羹臛也。鹄酸臇凫，臇，小臛也。煎鸿鸧，鸿，鸣鹄。鸧，鹄也。言复以酸酢烹鹄为羹，小臇凫煎熬鸿鸧，令羹肥美也。露鸡臛臇，厉而不爽。厉，烈也。爽，败也。楚人名败曰爽。言乃复烹露栖之肥鸡，鸡臛鳖肉，其味清烈而不败也。

又《大招》曰：煎鲫臛爵。言煎鲋鱼臛黄雀也。

崔骃《博徒论》曰：鹜臛羊残。

陈思王《七启》曰：臛江界之潜鼋。

王粲《七释》曰：鼋羹蠙臛。

饮

《周礼·天官·膳夫》曰：饮用六清。六清：水、浆、醴、醇、医、酏也。医，于美切。酏，以支切。

又《食医》曰：饮齐视冬时。饮宜寒也。

又《酒正》曰：酒正辨四饮之物：一曰清，二曰醷，三曰浆，四曰酏。清，谓醴之泲者也。醷，《内则》所谓或以酏为醴者。凡醴浊酿，酏为之则少清矣。醴者，酏粥清也。

又《浆人》曰：浆人掌共王之六饮：水、浆、醴、凉、醷、酏，入于酒府。醴者，清也。郑司农云：凉，以水和酒也。玄谓：凉，今寒粥，若糗饭杂水。

《礼记·玉藻》曰：天子五饮：上水、酱、酒、醴、酏。上，以水为上。

又《郊特牲》曰：饮养阳气，故有乐。

又《内则》曰：饮：目诸饮也。重醴、稻醴，清糟；黍醴，清糟；粱醴，清糟。重，陪也。糟，醇也。清，泲也。致饮有醇者，有泲者，陪设之也。或以酏为醴，酿粥为醴。黍酏。酏，粥。

又《外传》曰：共王及后与世子食后所进之六饮，水居其上。其次曰浆，三曰醴，酿粥为之，净而清。四曰凉，暑月以杂糗为和水者。五曰醴，以干梅、干木瓜相和水。一名滥凉。六曰酏。以黍为粥之薄者。

《左传》曰：丑父使公下，如华泉取饮，郑周父御佐车，宛茷为右，载齐侯以免。佐车，副车。

又曰：鄢陵之战，栾针见子重之旌，请曰："楚人谓'夫旌，子重之麾也'。彼其子重也，日臣之使于楚也，子重问晋国之勇，臣对曰：'好以众整。'曰：'又何如'？又问其余。臣对曰：'好以暇'。暇，闲暇。今两国治戎，行人不使，不可谓整；临事而食言，不可谓暇'。食好整之言。请摄饮焉。摄，持也。持饮，往饮子重也。公许之。使行人执榼承饮，承，奉也。造于子重，曰："寡君乏使，使针御持矛，是以不得犒从者，使某摄饮。"子重曰："夫子尝与吾言于楚，必是故也，不亦识乎？"知其以往言好暇故致饮。受而饮之，免使者而复鼓。免，脱也。

又曰：郑师入陈，子展执絷而见，见陈侯。再拜稽首，承饮而进献。承饮，奉觞，示不失臣敬。子美入，数俘而出。子美，子产也。但数其所获人数，不将以归也。

又曰：吴入楚，申包胥乞师于秦，立依于庭墙而哭，日夜不绝声，勺饮不入口七日。

《论语》曰：一箪食，一瓢饮。

《穆天子传》曰：天子渴于中，求饮未至，七萃之士曰高奔戎，割其左骖之颈，取其清血，以饮天子。今西方之羌故刺马咽取血饮之，创亦寻愈也。天子美之，赐佩玉一只。

《神仙传》曰：蔡经尸解去，十余年忽还家，言七月七日王君当来过，到其日可多作数百斛饮以供从官，乃去。到期，假借瓮器，作饮数百斛，罗列覆置庭中。其日，方平果来。

《语林》曰：陆士衡在洛，夏月忽思竹篠饮，语刘实云："吾乡曲之思转深，今来东归，恐无复相见理。”言此，已复之生感。

浆

《诗》曰：或以其酒，不以其浆。或醉其酒者，或不得浆者。

《礼记·曲礼》曰：酒浆处右。

又《檀弓》曰：曾子谓子思曰：“伋，吾执亲之丧也，水浆不入于口者七日。”

又《内则》曰：浆、酢也。水、清新。醷，梅浆。滥。以诸和水也。以《周礼》六饮校之，则滥，凉也。纪莒之间名诸为滥。

汉《释名》曰：桃滥水也，水渍而藏之，其味滥滥然酢也。

《史记》曰：浆千儋，儋，罂。此亦比千乘之家。

又曰：薛公藏于卖浆家。

《汉书·郊祀歌》曰：奉尊柘浆析朝酲。应劭曰：取甘柘汁以为饮也。析，解。酲，病酒。言柘浆可以解朝酲也。

《吴书》曰：袁术去寿春，时方盛夏，欲得蜜浆，又无蜜，遂欧血死。

《后魏书》曰：游明根幼年遭乱，为栎阳王氏奴。主使牧羊，明根以浆倩人书字路边，书地学之。

又曰：咸阳王禧谋逆被禽，送华林都亭，着千斤钱格锁格，羽林掌卫之。时热甚，禧渴闷垂死，敕断水浆。侍中崔光令左右送酪浆升余，禧一饮而尽。

《管子》曰：左酒右浆。蔡邕注曰：事尚书，左酒，近体也；右浆，上远。

《列子》曰：列子之齐，中道而返，遇伯昏瞀人。瞀人曰：“奚方而反？”曰：“吾惊焉。”“恶乎惊？”曰：“吾食于十浆，而五浆先馈。”馈，遗也。伯昏瞀人曰：“若是，则汝何为已惊？”遗汝之浆，何故惊也？曰：“夫内诚不解，内无诚实，外无解然。形谍成光，谍饰其形，身之光也。以外镇人心，外以谍形镇人，则其内不足也。使人轻乎贵老重少轻老，由乎形谍。而察其所患。形饰则心乱，乱必患生，故当察也。夫浆人持为食羹之货，多余之赢，浆人之馈我者，非贵我赢也，盖货我以自盈耳。其为利也薄，其为权也轻，而犹若是，食羹之利薄，所利之权轻，相犹谋我，况有国者效我以功事乎？故我道中而反。而况万乘之主，身劳于国，而智尽乎事？彼将任我以事，而效我以功，吾是以惊也。”

《孟子》曰：《书》曰："徯我后，后来无罚！"其君子实玄黄于篚，以迎其君子；其小人箪食壶浆，以迎其小人。

《袁子正书》曰：岁在申酉，乞浆得酒；岁在辰巳，嫁妻卖子。

《顾子》曰：非其道，壶浆不可受；是其道，虽天下不可让。

《山海经》曰：高前之山，上有水焉，甚寒而清，帝台之浆也，饮者不心痛。

《汉武故事》曰：西王母曰："太上之药，有玉津金浆，其次药有五云之浆。"

《神异经》曰：东南有人，名黄父，以雾露为浆。

《广志》曰：醶，酨浆也。醶，初槛切。

《穆天子传》曰：盛姬病，求饮，天子命取浆而给。得之遂。是曰壶輲。壶，器名。輲，速也，音遄。

焦赣《易林》曰：登上桥堂，饮万岁浆。

《华山记》曰：华山上有明星玉女，持玉浆。

《孝子传》曰：洛阳阳公犨义浆以给过客。

《世说》曰：嵩山北有大穴。晋初有一人误堕穴中。缘行十许日，有草屋一区，中有二人，对坐围棋。扃下有一杯白饮，堕者告以饥渴，棋者曰："可饮此。"堕者饮之，气力十倍。归问张华，华曰："所饮者玉浆。"

《典术》曰：饵桃胶，五十日后饮玉浆。

《楚辞·九歌》曰：奠桂酒兮椒浆。以椒置浆中也。

又曰：援北斗兮酌桂浆。

《西京杂记》曰：枚乘《柳赋》曰："樽盈缥玉之酒，爵献金浆之醪。"梁人作诸柘酒，名曰金浆。

张衡《思玄赋》曰：斟白水以为浆。

太平御览卷第八百六十二　饮食部二十

脍

《周礼·天官·笾人》曰：朝事之笾，其实膴鲍。郑玄曰：膴，牒，生鱼为大脔也。鲍者，于楅室中糗干之，出于江淮也。燕人脍鱼，方寸切，其腴，以啖所贵也。

《礼·内则》曰：牛脍、羊炙、鱼脍、芥酱。

又曰：大夫燕会，有脍无脯，有脯无脍，士不贰羹胾，庶人耆老不徒食。尊卑差也。脍，春用葱，秋用芥；豚，春用韭，秋用蓼。芥，芥酱也。肉腥细者为脍，大者为轩。脍者，先轩之，所谓摄而切之。

又《少仪》曰：与羊、鱼之腥，聂而切之为脍。聂之言牒也。先藿叶切之，复报切之，则成脍也。

《诗》曰：来归自镐，我行永久。饮御诸友，炰鳖脍鲤。鲤，鱼。御，进也。《笺》云：御，侍也。王以告甫远从镐地来，又日月长久，今饮之酒，使其诸友恩旧者侍之，又加珍美之馔，所以极劝之也。

《论语·乡党》曰：脍不厌细。

《春秋佐助期》曰：八月雨后，苽菜生于洿下地中，作羹臛甚美。吴中以鲈鱼作脍，苽菜为羹。鱼白如玉，菜黄若金。称为金羹玉鲈，一时珍食。

《说文》曰：脍，细切肉也。

《释名》曰：脍，会也。细切肉散，分其赤白异切之，乃会和之也。

《东观汉记》曰：章帝与舅马光诏曰："朝送鹿脍，宁用饭也。"

《魏志》曰：陈登得胸中烦满，面赤不食。华佗为脉曰："府君胃中有虫数升，欲成肉疽，腥物所为也。"即作汤二升，先服一升，斯须尽服之。食顷，吐出三升许虫，赤头，皆动，半身犹是生鱼脍也。

沈约《宋书》曰：张收为猘犬所伤，人云宜食虾蟆脍。收难之，兄畅含笑先尝，收乃食，疮即愈。

又曰：沈攸之举兵围郢城，获范云，令送书入城，饷柳世隆脍鱼二十头。

《梁书》曰：肖颖胄素能饮酒，啖白肉脍至三升。

葛洪《神仙传》曰：仙人介象，字元则，会稽人，有诸方术。吴主闻之，征象到武昌，甚敬贵之，称为介君。与吴主共论脍鱼何者最美，象曰："鲻鱼为上。"吴主曰："论近鱼耳，此海中出，安可得耶？"象曰："可得耳。"乃令人于殿庭中作方坎，汲水满之，并求钓。象起饵之，垂纶于坎中，不食顷，果得鲻鱼。吴主惊喜，问象曰："可食否？"象曰："故为陛下取以作生，安敢取不可食之物？"乃使厨下切之。吴主曰："闻蜀使来，有蜀姜作齑甚好，恨时无此。"象曰："蜀姜岂不易得？愿羌所使者并付直。"吴主指左右一人，以钱五十付之。象书一符，以着青竹杖中，使行人闭目骑竹，竹止便买姜，讫，复闭目。此人承其言，骑竹，须臾已至成都，不知是何处，问人，人言蜀市，乃买姜。于时吴使张温先在蜀，既于市中相识，甚惊，便作书寄其家。此人买姜毕，投书负姜，骑杖闭目，须臾已还到吴，厨下切脍亦适了。

《搜神记》曰：左慈，字元放，在曹操坐，操谓众宾曰："高会所少，吴浙江鲈鱼耳。"放曰："此可得也。"因求铜藻盘贮水，以竿饵钓于盘中，须臾引一鲈出。操拊手笑曰："可更得不？"放乃更引饵沉之，须臾复引出，皆长二尺余，生鲜可爱。操令目前切脍。

《孝子传》曰：曾参食生鱼甚美，因吐之。人问其故，参曰："母在之日，不知生鱼味；今我美，吐之，终身不食。"

《异物记》曰：鲫鱼作脍，味珍无辈。

《列女传》曰：姜诗妻事姑嗜鱼脍，又不能独味，妻与诗常力作供脍，呼邻母共食。其舍侧忽有泉，常出鲤鱼一双，以供二母之膳。

《吴越春秋》曰：伍子胥伐楚，未还。阖闾治鱼作脍，作脍过时不至，鱼臭，犹须子胥之至也。三师到，阖闾脍而食之，不知其臭。后王重作之，其味如故。人作鱼须脍者，阖闾之时造也。

《博物志》曰：吴王江行，食鲙有余，弃之于中流，化而为异鱼。今呼王余鱼，长数寸，大如箸，犹有脍形。

《齐谐记》曰：江南有麻姑治者，为人好啖脍。江北岸有。华本者，得一大蛇，唤麻为脍，得食甚美，苦索鱼名。华本因醉，唤取蛇及余肉出，麻治见之，大吐，欧血死。

又曰：周子有女，啖脍不知足，家为之贫。至长桥南，见罛者挫鱼作鲊，以钱一千求一饱。食五斛，便大吐，有蟾蜍从吐中出。婢以鱼置口中即成水，女遂不复啖脍。

《世说》曰：张季膺辟齐王东曹掾，在洛，见秋风起，因思吴中莼羹、鲈鱼脍，曰："人生贵得适意，何羁官千里，以要名爵？"遂命驾便归。俄而齐王败，时人谓为见机。

又曰：桓车骑冲在荆州，张玄为侍中，使至江陵，路经阳歧。俄见一人持小笼生鱼迳来船，云有鱼欲寄作脍。张乃维舟而纳之，问其姓字，云是刘遗民。刘麟之，字遗民。张素闻其名，大相欣待。既知张衔命，问谢安、王文度并佳不。张甚欲语言，刘子无意。既进脍便去，云："向得此鱼，观君船上当有脍具，是故来耳。"于是便去。

杜宝《大业拾遗录》曰：六年，吴郡献海鮸音免干脍四瓶，瓶容一斗。浸一斗，可得径尺面盘。并奏作干脍法。帝以示群臣云："昔术人介象于殿庭钓得海鱼，此幻化耳，亦何足珍异！今日之脍，乃是海真鱼所作，求自数千里，亦是一时奇味。"即出数盘，以赐近臣。作干脍法：当五六月，盛热之日，于海取得鮸鱼。其鱼大者长四、五尺，鳞细紫色，无细骨，不腥。捕得之，即去其皮骨，取其精肉，缕切随成，晒三四日，须极干。以新白瓷瓶未经水者盛之，蜜封泥，勿令风入。经五六十日，不异新者。后取啖时，以新布裹，于水中渍三刻久，取出，洒却水，则皎然矣。

《广五行记》曰：唐咸亨四年，洛州司户唐望之各集计至五品，进止未出。间有僧来觅，初不相识，延之共坐。少顷，曰："贫道出家人，得饮食亦以少。公名人，故暗相托，能设一顿脍否？"司户欣然，即处分买鱼。此僧云:“看有蒜否?”家人云:“蒜尽也。”僧即起。司户留之,曰:“蒜尽,遣买即得。”僧云:“蒜尽,不可更住。”苦留不止,望之果无疾暴卒。

《明皇杂录》曰:邢州人和璞,尝谓房管曰:“君歿之时,必因食鱼脍。既歿 之后,当以梓木为棺。然不得歿于君之私第,不处公馆,不处玄坛佛寺,不处亲友之家。”其后谴于阆州,寄居州之紫极宫。卧疾数日,刺史忽具脍,邀房于郡斋,房亦欣然命驾。既归,暴卒。州主命攒椟于宫中,棺得梓木为之。

脯

《释名》曰:脯,搏也,干燥相抟着也。脩,缩也,干燥缩也。

《说文》曰:脯,干肉也。脩脯也。补莫切。薄,膊之屋上也。腕,胃脯也。朐,脯挺也。

《周礼》曰:腊人掌干肉,凡田兽腊、膴,胖之事,大物解肆干之谓之乾肉。薄切曰脯。棰之而施姜桂曰锻修。腊,小物而全干者。祭祀共豆脯、膴、胖。

又曰:膳夫,凡王之稍事,设荐脯醢。郑司农云:稍事,谓非日中大举时而间食谓之稍事。膳夫主设荐脯醢。玄谓:稍事,有小而事而饮酒也。

《仪礼》曰:乡饮酒,主人立于西阶,东,荐脯。使出,祖,释軷,祭脯。士冠,宾东面,荐脯。

《礼》曰:以脯脩置者,左朐右末。

又曰:妇人之贽脯,脩大夫燕礼,有脍无脯。

又《礼·郊特牲》曰:大飨尚腶脩而已矣。

《谷梁传》曰:束脩之肉不行境中,有至尊者不贰。

《公羊传》曰:鲁昭公出奔,齐侯使高子执箪食四脡脯献公,稽首以衽受。

《易》曰:噬干胏,得金矢。王肃注曰:“四体离,阴卦,骨之象。骨在干肉,脯之象。金象所以获野禽,故食之。反得金矢,君子于味必思其毒,于利必备其难。”

《论语》曰：子曰："自行束脩已上，吾未尝无诲焉。"孔曰：言人奉礼，自行束脩以上，则皆教诲之也。

又曰：沽酒市脯不食。

《尚书大传》曰：散宜生、闳夭、南宫适三子者，学乎太公，见三子，知三子之为贤人，遂酌酒、切脯，约为朋友。

《汉书》曰：浊氏以卖胃脯而连骑。

《东观汉记》曰：光武初起兵，叔父良搏手大呼曰："我欲诣纳言严将军！"叱上起去，出阁，令人视之，还白：方坐啖脯。

《晋书》曰：桑虞尝行，宿寄逆旅，同舍客失脯，疑虞为盗。虞默然无言，便解衣偿之。主人曰："此舍数失鱼、肉、鸡、鸭，多是狐狸偷，君何以疑人？"乃将脯往山冢间寻求，果得之。客求还衣，虞投之不顾。

《北齐书》曰：彭城王攸为沧州刺史。有一人从幽州来，驴驮鹿脯。至沧州界，脚痛行迟，偶会一人为伴，遂盗驴及脯去。明旦告州，乃令左右及府僚吏分市鹿脯不限，其至，主见识之，推获盗者。

《唐书》曰：太宗狩于济源之凌山，上曰："古者三先驱，以供宗庙。今所获鹿，宜令所司造脯醢，以充荐享。"

《国语》曰：楚成王闻子文之朝不及夕也，成王，楚文王之子成王頵。于是乎每朝设脯一束、糗一筐，以羞子文。至于今，令尹秩之。

《吕氏春秋》曰：赵宣子将之绛，见翳桑之下有饿人。宣孟与脯二朐，拜受，不敢食。问其故，曰："臣有母，持以遗之。"宣孟更赐之二束，遂去。

东方朔《神异经》曰：北方有增冰万里，厚百丈。有鼠炎鼠在冰下土中，食冰下草木，肉重万斤，可以作脯。

又曰：西北荒有遗酒追复脯焉，其味如獐，食一片复一片。

葛洪《神仙传》曰：王远至蔡经家，与麻姑共设肴膳，擘脯而行，云是麒麟脯。

又曰：左慈诣刘表，请犒军，有酒一器、脯一盘。百人捷，酒赐兵，人三杯酒、一片脯。万人皆同，而酒器如故，脯亦不减。

《世语》曰：初，太祖乏食，程昱掠其本县供三旬粮，颇杂以人脯。由是失朝望，故位不至公也。

《续齐谐记》曰：刘晨、阮肇入天台山，有女仙人为设胡麻饭、山羊脯，因留连之。

《楚词》曰：折琼枝以为羞。王逸注曰：羞，脯也。

卢谌《祭法》曰：春祠用脯，夏用煏。凭逼反。

杜育《菽赋》曰：脯则正膂通干，粗鹿肥麋。

梁刘孝威《谢东宫赉鹿脯等启》曰：上林绝胡人之搏，禁地无张京之犯，而犹有班超之游猎，李广之驰射，远归于厨使，入贡于脯人，形图三事之车，影入九仙之镜。

鲭

《西京杂记》曰：五侯不相能，宾客不得往来。娄护傅会五侯间，各得其意，竞致奇膳。护乃合以为鲭，世称五侯鲭，以为奇味焉。

《齐书》曰：武帝就虞悰求诸饮食方，悰秘不出。上醉后，体不快，悰乃献醒酒鲭鲊一方而已。

鲊

《释名》曰：鲊，菹也，以盐米酿之，如菹熟而食之也。

《吴志》曰：孟仁为盐池司马，自能结网，手以捕鱼，作鲊寄母，母还之曰："汝为鱼官，而以鲊寄我，非避嫌也。"

《宋书》曰：王莹代谢超宗为义兴太守，与谢交恶。超宗到都后，莹父懋往超宗处，超宗设精白鲍美鲊獐巴，懋问："那得佳味？"超宗诡言莹始见饷，佯惊曰："大人岂应不得耶？"懋大忿，言于朝廷，称莹供养不足，坐失废弃久之。

《博物志》曰：仲秋月，取折头鲤子，去鳞破腹，使膂割为渐米烂藻之，以赤秫米饭、盐酒令糁之，镇不苦，重逾月乃熟，是谓秋鲭。

王子年《拾遗记》曰：汉元凤二年，于淋池之南，起桂台以望远。帝常以季秋之月，沉冲澜云鹢之舟，穷晷系夜，钓于台下。以香金为钓，霜丝为纶，丹鲤为饵，得白蛟长三丈，若大蛇，无鳞甲。帝曰："非瑞也。"命太官为鲊，肉紫骨青，味绝香美，班赐群臣。帝后思其美，渔者不复得，知为神异也。

《列异传》曰：费长房又能缩地脉，坐客在家，至市买鲊，一日之间，人见之千里外者数处。

《世说》曰：有人遗张华鲊，见之，谓客云："此龙肉也，肉鲊中则有五色光。"试之，果如言。后问其主，云于茅积下得白鱼所作也。

又曰：陶侃少时作鱼梁吏，常以一坩苦甘切鲊饷母。母封鲊付反书责侃曰："汝为吏，以官物见饷，非唯不能益吾，乃以增吾忧也！"

谢玄《与妇书》曰：昨出钓，获鱼，作一坩鲊，今奉送。

《大业拾遗》曰：十二年六月，吴郡献太湖鲤鱼腴鳝四十坩，纯以鲤腴为之。计一坩鲢，用鲤鱼三百头，肥美之极，冠于鳣鲔。

八珍

《周礼·天官》曰：食医掌王之八珍。

《礼》曰：淳熬：煎醢加于六稻上，沃之以膏，曰淳熬。沃煎成之以为名。淳母：煎醢加于黍食之上，沃之以膏，曰淳母。母，读曰模。模，象也。作此象淳熬也。炮：取豚若将，刲之、刳之，实枣于其腹中，编萑以苴之，涂之以谨音堇，涂，炮之，涂皆干，擘之。濯手以摩之，去其皽章善反，为稻粉糔溲之，以为酏，以付豚；煎诸膏，膏必灭之；钜镬汤，以小鼎芗脯于其中，使其汤毋灭鼎。三日三夜，无绝火，而后调之。以醯醢炮者，以为涂烧之为名。将，当为牂。牂，羊也捣珍，取牛羊麋麇之肉，必胨，音媒。每物与牛若一；捶，反侧之。去其饵，熟出之。去其皽，柔其肉胨，脊侧肉也渍：取牛肉必新杀者，薄切之。必绝其理。湛音尖诸美酒，期朝而食之以醢若醯臆湛亦渍也为熬：捶之，去其皽，编萑布牛肉焉。屑桂与姜，以洒诸上，而盐之，干而食之。施羊亦如之。施麋、施鹿、施麋皆如牛羊。欲濡肉，则睾而煎之以醢。欲干肉，则捶而食之。熬，取火上为之，今火脯似之。此七者，《周礼》八珍，其一肝膋是也。肝膋：取狗肝一，蒙之以其濡炙之，举焦其膋，不蓼。膋，肠间脂也。

太平御览卷第八百六十三 饮食部二十一

肉

《礼》曰：毋反鱼肉。为已历口人可秽也。濡肉齿决，干肉不齿决。

又曰：六十宿肉，六十非肉不饱。

又曰：觞酒豆肉，让而受恶。

《传》曰：公将如棠观鱼，臧僖伯谏曰："乌兽之肉不登于俎，则公不射，古之制也。"

又曰：齐师伐我，曹刿请见，其乡人曰："肉食者谋之。"肉食者，谓朝大夫。刿曰："肉食者鄙，未能远谋。"

又曰：公膳日双鸡，卿大夫之膳食。饔人窃更之以鹜。御者知之，则去其肉而以其洎馈。御者，进食者。饔人、御者欲使诸大夫怨庆氏，减其膳，盖卢蒲癸王何之谋也。

又曰：有酒如淮，有肉如坻。有酒如渑，有肉如陵。亦具酒门。

《谷梁传》曰：公曰："天王使石尚来归脤。脤也者，何也？俎实也，祭肉也。生曰脤，熟曰俎。"

《论语》曰：子在齐，闻《韶》，三月不知肉味。

又《乡党》曰：鱼馁而肉败，不食。肉虽多，不使胜食气。祭于君，不宿肉。助祭于君，所得牲体，归即以班赐，不留神惠也。祭肉不出三日；出三日，不食之矣。自其家祭肉也，过三日不食，是亵鬼神之余。

《尔雅》曰：肉谓之败。臭坏。

又曰：肉曰脱之。剥其皮也。今江东呼麋鹿之属通为肉。

又曰：鲍宣上书：奈何独私养外亲与幸臣董贤，使奴从宾为肉。

《家语》曰：夫食肉者勇悍。

《战国策》曰：晚食以当肉，安步以当车。

《史记》曰：廉颇奔魏，赵王使使者视颇尚可得用不。赵使见颇，颇为之一饭斗米、肉十斤。

又曰：公孙弘为丞相，食一肉。

《帝王世纪》曰：夏桀为肉山、脯林。

《汉书》曰：黄霸为颍川太守，使吏出，不敢舍邮亭，食于道旁，乌攫其肉。民有欲诣府口言事者，适见霸，与语道此。后日，吏谒见，霸迎劳之，曰："甚苦，食于道旁，乃为乌所盗肉。"吏大惊。

又曰：武帝为酒池肉林，令外国客遍观。

又曰：陈平为里社分肉甚均，父老曰："善！陈孺子之为宰。"平曰："嗟乎！使平宰天下，亦当如此肉矣。"

又曰：张汤父为长安丞，出，汤为儿守舍。父还，鼠盗肉。父怒笞汤，汤掘室得鼠及余肉，劾鼠掠治。

又曰：伏日，赐从官肉。大官丞日晏不来，东方朔独拔剑切肉，即怀肉归。太官奏之，朔入免冠谢。上曰："先生起，自责也。"朔再拜曰："朔来受赐，不待诏，何无礼也！拔剑割肉，一何壮也！割之不多，一何廉也！归遗细君，又何仁也！"上笑曰："使先生自责，乃反自誉？"赐酒一石、肉百斤，归遗细君。视酒如浆，视肉如霍。

又曰：鲍宣上书："奈何独私养外亲与幸臣董贤，使奴从宾客浆酒霍肉！"视酒如浆，视肉如霍。

又曰：成帝许后上疏曰："故时酒肉有所赐外家，辄上表乃决。"

《东观汉记》曰：太尉赵喜闻鲁恭志行，每岁时遣子送米肉，辞让不敢当。

又曰：卓茂为密令，民有言亭长受其米肉者。茂问之："亭长从汝求乎？有事与之，自以恩意遗人乎？"民曰："自遗之。"茂曰："人异于禽兽者，以有仁爱也。亭长素为善吏，岁时遗之，礼也。"

又曰：贼经姜诗墓，不敢惊孝子。致米肉，诗埋之。后吏谴诗，掘出示之。

又曰：闵仲叔客居安邑。老病家贫，不能买肉，日买猪肝一片。

谢承《后汉书》曰：李苌家昼则躬耕，夜则读书，日为母市斤肉粱米作食。

《后汉书》曰：桓任，字仪辽。后母生时，不食猪羊肉，故终身不以猪羊肉入口。

又曰：李充。延平年中，诏公卿中二千石各举隐士大儒，务取高行，以劝后进。特征充为博士。侍中大将军邓骘贵戚倾时，无所下借。下音假，借音子夜反。以充高节，每卑敬之。尝置酒请宾客，满堂酒酣，骘跪曰："幸托椒房，位列上将，幕府初开，欲辟天下奇伟，以匡不逮，唯诸君博求其器。"充乃为陈海内隐居怀道之士，颇有不合，骘欲绝其论，以肉啖之，充抵肉于地，曰："说士犹甘于肉！"遂出径去，骘甚望之。

《汉旧仪》曰：齐法，食肉三十六两。

《英雄记》曰：冀州刺史韩馥问诸从事曰："收有何长何短？"治中刘子曰："前劳赐，有余肉百斤，卖之，一州调度，奢俭不复在。是犹可劳赐，勤劳吏士，卖之，可示俭。"

《吴志》曰：赵达尝过故知，取盘中只箸再纵横之，乃言："卿东壁下有美酒一斛，又有鹿肉三斤，何以辞无？"

王隐《晋书》曰：愍怀太子令人屠肉，已自分齐，手揣轻重，斤两不差，云其母本屠家之女也。

《太康起居注》曰：尚书郭弈有疾，日赐酒米各伍升，猪羊肉各一斤。石崇，崔亮母疾，日赐清酒、粳米各伍升、猪羊肉各一斤半。

臧荣绪《晋书》曰：赵高为丞相，指鹿为马，持蒲作肉。

《晋中兴书》曰：陆纳为吴兴太守，辞大司马桓温，因问桓公："醉可饮几酒？肉食多少？"温曰："温酒不过三升便醉，白肉不过十脔。"纳后伺间求入，自言外有征礼，温敕而受，正有酒一斗、鹿肉一盘。一坐愕然，纳曰："公近云饮三升，民正可二升，今有一斗，以备余沥。"温叹服。

《晋书》曰：周访乡人盗访牛，于家间杀之。访得之，密埋其肉，不使人知。

《宋书》曰：衡阳王仪季镇荆州，队主续丰母老家贫，无以充养，遂不食肉。仪季哀其志，以钱米给丰母，并制丰啖肉。

《齐书》曰：高帝虽从官，而家业本贫。为建康令时，明帝等冬月犹无缣纩，而奉赡甚厚。后母撤去兼肉，曰："于我过足矣。"

《梁书》曰：傅昭性尤笃慎。子妇尝得家饷牛肉，以进昭。昭召其子曰："食之则犯法，告之则不可，取而埋之。"

《隋书》曰：王邵笃好经史，遗落世事，用思既专，性颇恍忽。至对食闭目疑思，盘中之肉，辄为仆从所食。邵弗之觉，唯责肉少，数罚厨人。厨人以情白，依前闭目伺候而获之，厨人方免笞辱。

《墨子》曰：孔子厄于陈、蔡，子路烹豚，孔子不问肉所由来，食之。

《晏子春秋》曰：梁丘据见晏子中食而肉不足。

《王孙子》曰：楚庄伐宋，厨有臭肉，将军子重谏王以肉馈于贤公孙。

《尼子》曰：殷纣为肉圃。

《孟子》曰：孔子为鲁司寇，从而祭，膰肉不至，不税冕而行。不知者以为肉也，其知者以无礼也。

又曰：庖有肥肉，厩有肥马，民有饥色，野有饿殍，此率兽而食人也。

又曰：鸡豚狗彘之畜，无失其时，七十者可以食肉矣。

《韩子》曰：夫百日不食，以待粱肉，饿者不育。令待尧、舜之贤，乃治当世之民，是犹待粱肉而救饿之说也。

又曰：晏子对景公曰："田成子杀一牛，取一豆肉，余以食士。"

《燕丹子》曰：荆轲入秦，过阳翟，买肉争轻重，屠辱轲。武阳欲击，轲止之。

《淮南子》曰：今屠牛而烹其肉，或以酸，或以甘，煎熬燔炙，和有万方，其本一牛之体。

《吕氏春秋》曰：肉之美者，猩猩之唇、獾獾之炙，俊燕之翠、述荡之挈、音牵，兽名。旄象之约。旄、象，牛、兽也。旄、象肉美，贵之也。

又曰：尝一脔而知一镬之味、一鼎之调。

又曰：肥肉厚酒，务以相强，命之曰烂肠之食。

刘向《新序》曰：赵简子使使聘孔子于鲁，以胖牛肉迎于河上。使者谓船人曰："孔子即上船，中河安流而杀之。"孔子至，使者致命，进胖牛之肉。孔子仰天而叹曰："美哉水乎，洋洋也！使丘不济此水者，命也夫？"

桓谭《新论》曰：九江太守庞真，案县令高真曾受社祭鳌，有生牛肉二十斤，劾以主守盗，上请逮捕。诏鳌不赃天下，缘是诸府县社腊祠祭灶，不但进熟食，皆复多肉米酒脯腊，诸奇珍益盛，是故诸郡府至杀牛数十头。

又曰：关东鄙语："世人闻长安乐，出门西向笑；知肉味美，则对屠门而大嚼。"

《风俗通》曰：陈伯敬目有所见，不食其肉。

王充《论衡》曰：仲子兄禄万钟，以兄之禄为不义，而不食之，避兄离母，处于陵。他日归，有馈其兄生鹅者，曰："恶用是鶃鶃者？"他日，其母杀是鹅，与之食。其兄自外来至，曰："鶃鶃之肉！"而仲子耻负前言，即吐而出之。

《典略》曰：凡宗庙，三岁大祫。每大牢，分之左辩上帝，右辩上后；俎余委肉，积于前数千斤，名堆俎。

《博物志》曰：食燕肉不可入水，为蛟所吞。龙肉以醢渍，则文章生。

《方言》曰：燕之北郊，朝鲜洌水间，凡异肉及披牛羊五脏，谓之膊音博。

《说文》曰：肴，杂肉也。腌一劫反渍肉也，胺之奭反，切肉也。

《广志》曰：北方有牧草，便于其畜，故北方出美肉。

《异苑》曰：山阴有人尝食牛肉，便作牛鸣，菜食乃止。

《广州先贤传》曰：丁密不食有目之肉。

《桂阳先贤画赞》曰：程曾子孝孙七岁亡母，号慕毁悴。王母哀怜，嚼食哺之。知有肉味，遂吐不食。

《华阳国志》曰：孝子郎偶，二亲病时不能食肉，遂终身不食肉。

《董卓别传》曰：吕布杀卓，百姓欣庆相贺，长安酒肉为暴贵。

《江氏家传》曰：蕤年七岁，葬父，有酒肉食之，左右或戏曰："郎为孝，何肉食？"蕤瞿然敛容，遂不食。

《十洲记》曰：昆仑铜柱下有回屋焉，壁方丈。上有鸟，名曰希，有左翼覆东王公，右翼覆西王母。其肉若醢，仙人甘之。

《笑林》曰：甲买肉，过入都厕，挂肉着外。乙偷之，未得去。甲出觅肉。因诈，便口衔肉曰："挂着外门，何得不失？若如我衔肉着口，岂有失理？"

《世说》曰：罗友作荆州从事，桓宣武为王车骑集别。友求集，坐良久，辞出。宣武曰："卿向以谘事，今何以去？"答曰："友闻白羊白肉美，一生未尝得，故来求食。食了无事可谘。"

《魏文帝与吴质书》曰：举太山以为肉，竭东海以为酒。

陆凯《表》曰：吕蒙、凌统早亡，先帝痛悼不已。子并幼稚，皆内省中，称肉食之客。

炙

《释名》曰：炙，炙也，炙于火上也。脯炙，以饧、蜜、豉汁淹之脯然也。釜炙，于釜中汁和熟之也。衔炙，细𢭏肉，和以姜、椒、盐、豉，已乃以肉衔裹其表而炙之。豹炙，全体炙之。各自方割，出于胡貊之为也。

《礼》曰：脍炙处外。毋嘬炙。嘬，音初夬切。

《诗》曰：执爨踖踖，为俎孔硕，或燔或炙。

又曰：有兔斯首，炮之燔之。君子有酒，酌言献之。毛曰炮，加火曰燔。

《传》曰：栾宁将饮酒，炙未熟。闻乱，使告季子。季子，子路也，为孔氏宰邑也。召获驾乘车，召获，卫大夫。驾乘车，言不欲战也。行爵食炙，奉卫侯辄来奔。

《韩子》曰：晋平公时，进炙而发绕之。平公使杀庖人，庖人呼天曰："嗟乎！臣有三罪而死不自知乎？"平公曰："何谓也？"对曰："臣刀之利，风靡骨断，而发不截，是臣之一死；桑灰炙之，肉红白而发不烧，是臣之二死也；炙熟，又重睫而视之，发绕炙而目不见，是臣三死也。意者堂下有憎臣乎？杀臣不亦枉乎？”

谢承《后汉书》曰：陈正，字叔方，为太官令，与黄门侍郎有隙。因进御食，以发内炙中。光武见之，怒将斩正，正曰：“臣当万死者三：山炭增冶吐炎，焦肤烂肉，而发不销，臣罪一也；匣出佩刀匠也砥砺，而亏肌截骨，曾不能断发，臣罪二也；臣少事眼目，书奏章表，犹读表五经，具供御食，与承及庖人六目齐视，岂不如黄门两目？臣罪三也。”制赦之。

《晋书》曰：王羲之年十三，谒周凯，凯异之。时重牛心炙，座客未啖，凯割啖羲之，于是始知名。

《齐书》曰：桂阳之役，诏檄久之未就。齐高帝引江淹入中书省，先赐酒食。淹素能饮啖，食鹅炙垂尽，进酒数升讫，文诰亦办。

《隋书》曰：炀帝初在藩，鱼俱罗弟赞以左右从，累迁大都督。及帝嗣位，拜车骑将军。赞性凶暴，虐其部下。令左右炙肉，遇不中意，以签刺瞎其眼；有温酒不适者，立断其舌。

《孟子》曰：嗜秦人之炙，无以异于嗜吾炙。夫物则亦有然者也，然则嗜炙亦有外与？

又曰：曾皙嗜羊枣，而曾子不忍食羊枣。公孙丑问曰：“脍炙与羊枣孰美？”孟子曰：“脍炙哉。”公孙丑曰：“然则何为食脍炙，而不食羊枣乎？”曰：“脍炙所同也，羊枣所独也。”

《孝子传》曰：王祥后母病，欲黄雀炙。乃有黄雀数枚飞入其幕，因以供母。

《说苑》曰：智伯以庖人忘炙，而不知韩、魏炙，知小而不忘知大也。

《世说》曰：顾荣，字彦先。辍已炙，啖行炙者，曰：“岂有终日执之，而不知其味也耶？”

《明皇杂录》曰：杜甫后漂寓湘、潭间，羁旅鸲悴于衡州耒阳县，颇为令长所厌。甫投诗于宰，宰遂致牛炙、白酒以遗甫。甫饮过多，一夕而卒。集中犹有《赠聂耒阳诗》也。

太平御览卷第八百六十四 饮食部二十二

脂膏

《周礼·庖人》曰：凡用禽献，春行羔豚膳膏香，夏行腒鱐音搜膳膏臊，秋行犊麛膳膏腥，冬行鲜羽膳膏膻。用禽献，谓煎和之以献王也。郑司农云：膏香，牛脂也。膏臊，豕膏也。杜子春云：膏臊，犬膏。膏腥，豕膏也。鲜，鱼也。羽，雁也。膏膻，羊脂也。玄谓：膏腥，鸡膏也。八物者，得四时之气尤盛，为人食之弗胜，是以用休废之脂膏煎和膳之。

又《冬官·梓人》曰：天下之兽五：脂者、膏者、裸者、羽者、鳞者。脂，牛羊之属。膏，豕之属也。宗庙之事，脂者、膏者以为牲。致美味也。

《礼》曰：脂用葱，膏用薤。脂，肥凝者。泽者曰膏。煎诸膏，膏必灭之。肝膋，取狗肝一，幪之以其膋。膋，肠间脂。幪音蒙。小切狼臅膏，以与稻米为酏。狼臅膏，臆中膏也。酏，之然反。

《尔雅》曰：冰，脂也。《庄子》云：肌肤若冰雪。冰雪，脂膏也。

《说文》曰：膫，牛肠脂。膫，音力雕反。

《通俗文》曰：脂在脊曰肪，在骨曰髍音珊，兽脂聚曰䐈音窘。

《史记》曰：败脂辱处也，而公伯千金。

《后汉书》曰：孔奋为姑臧长，力行清洁，为众人所笑，以为身处脂膏，不能自润，徒益苦辛耳。

《淮南子》曰：无角者膏而无前，有角者脂而无后。

油

《魏志》曰：孙权至合肥新城，满宠驰往赴，募壮士数十人，折松为炬，灌以麻油，从上风放火，烧贼攻具。

又曰：黄初三年，车驾幸宛，使夏侯尚率诸军与曹真共围江陵。权将诸葛瑾与尚军对江。瑾度入江中渚，而分水军于江中。尚夜多持油船，将步骑万余人，于下流潜渡攻瑾，诸军夹江烧其舟船，水陆并攻，破之。

王隐《晋书》曰：元康三年，武库火。检校，是工匠盗库中，恐罪，乃投烛着麻膏中火燃。

又曰：齐王冏起义，孙秀多敛苇炬，益储麻油于殿省，为纵火具。

《东宫旧事》曰：月给油六升。

《宋书》曰：朱脩之为荆州刺史，去镇之日，秋毫无犯。计在州已来，然油及私牛马食官谷草，以私钱六十万偿之。

《梁书》曰：沈约年十三而遭家难，潜窜，会赦乃免，既而流寓。孤贫，笃志好学，昼夜不释卷。母恐其以劳生疾，常遣减油灭火。

又曰：张缵为湘州刺史，州境大宁。晚好积聚，多写书数万卷。有油二百斛、米四千石，他物称是。

又曰：侯景攻台城，为曲项木驴攻城，矢石不能制。羊侃作雉尾炬，施铁镞，以油灌之，掷驴上，焚之俄尽。

又曰：初，侯景既南奔，魏相高澄命先剥景妻子面皮，悉以油煎杀之。

《后周书》曰：卫剌王真作乱，率其党袭肃章门，不得入，乃纵火烧之。尉迟运惧火尽真党得进，乃取油灌木以益火，火势转盛，真不得进，乃退。

《博物志》曰：煎油，水气尽，无烟，不复沸则还冷，可内手搅之。得水而焰起飞散。

《释名》曰：柰油，捣柰实和之，以涂缯上，燥而发之，形似油也。杏油亦如之。

太平御览卷第八百六十五 饮食部二十三

盐

《书》曰：青州，厥贡盐、絺。

《周礼·天官·笾人》曰：朝事之笾，其实形盐。案，盐谓为虎形，谓之形盐。

又曰：掌盐之政令，以共百事之盐。祭祀，共其苦盐、散盐。杜子春读苦为盬，谓出盐直用，不湅治也。郑司农云：散盐，湅治者。玄谓：散盐，煮水为盐也。宾客，共其形盐、散盐。王之膳羞，共饴盐。饴盐，盐之甜者，今戎盐有也。几齐事，鬻盐以待戒令。齐事，和五味之事。鬻盐，湅治之。鬻音煮也。

《记》曰：祭宗庙，盐曰咸鹾。大咸曰鹾。

又曰：醯醢之美，而煎盐之尚，贵天产也。

又曰：桃诸卵盐。大盐。

又曰：功衰，食菜果，饮水浆。无盐酪不能食，食盐酪可也。功衰，齐斩之末也。酪，酢。

《左传》曰：王使周公阅来聘，飨有昌歜、白黑形盐。辞曰："国君文足昭也，武可畏也，则有备物之飨，以象其德。荐五味，羞嘉谷，盐虎形，盐，五味之将，故刻为虎形，以象其武。以献其功。吾何以堪之？"

又曰：晋人谋去故绛，诸大夫皆曰："必居郇、瑕氏之地，沃饶而近盬。"盬，盐也。猗氏县有盐池是也。

又曰：齐晏子曰：山木如市，弗加于山；鱼、盐、蜃、蛤，弗加于海。

《说文》曰：盐，咸也。盬，河东盐池，袤五十里，广六里，周一百十四里。戴延之《西京记》曰：盐生水中，夕取朝复，千车万驴，适意多少。卤，西方碱也。东方谓之斥，西方谓之卤。鹾，碱也，河内谓之碱。

《广雅》曰：䱽音消、𪉖七豆切、𪉺、音温。𪉵步典切，盐也。

《史记》曰：募民月给费用官器作煮盐，宫与牢、盆。

《汉书》曰：王莽诏曰："盐，食者之将。"

又曰：吴东海水为盐，国用饶足。《吴录·地理志》曰：吴王煮海水为盐。今海盐县是也。

《续汉书》曰：虞翊为武都太守，始到郡，谷石千五百，盐石八千。视事三岁，谷石八千，盐百。

又曰：天竺国出黑盐。

《东观汉记》曰：贾复为县掾，迎盐河东，会盗贼起，等辈放散，其盐复独完，还致县中。

《后汉书》曰：第五伦自以久为官不达，遂将家属客河东，变名姓，自称王伯齐，载盐往来。又太原、上党所过，辄为粪除而去。

又《王符论》曰：且攻玉以石，洗金以盐。《诗·小雅》曰：他山之石，可以攻玉。今之金工发金色者，皆淬之盐水也。

《魏志》曰：卫觊与荀彧书曰："夫盐，国之大宝也。自乱以来放散，宜如旧置使者监卖，以其直益市犁牛，若有归民，以供给之。"

又曰：邓艾平蜀后，言于司马文王，留陇右兵二万人、蜀兵二万人，煮盐兴冶，为军农要用。

《魏略》曰：汉令哀牢民家出盐一斛以为赋。

《吴志》曰：朱桓卒，家无余财。孙权赐盐五千斛，以周丧事。

《蜀志》曰：先主定益州，置盐府校尉，较盐、铁之利。

《晋书》曰：肃慎国无盐、铁，烧木作灰，取汁而食之。

又曰：郭文，字文举，隐居吴兴馀杭大辟山中。恒着鹿裘葛巾，不饮酒食肉，区种菽麦，采草叶木实贸盐以自供。人或酬下价者，亦即与之。

《宋书》曰：豫章王大会宾僚，张融食炙始毕，行炙人便去，融欲求盐，蒜，口终不言，方摇食指，半日乃息。

又曰：张融作《海赋》，文辞诡激，独与众异。后以示镇军将军顾凯之，曰："卿作此赋，实超玄虚，但恨不道盐耳。"融即求笔注曰："漉沙构白，熬波出素，积雪中春，飞霜暑路。"

《齐书》曰：崔慰祖父丧，不食盐。母曰："汝既无兄弟，又未有子息，毁不灭性，故当不进肴羞耳，如何绝盐？吾今亦不食矣！”慰祖不得已从之。

《梁书》曰：侯景陷台城，宴集其党，又召僧通。僧通取肉揾盐，以进景，问曰：“好不？”景答：“所恨太咸。”僧通曰：“大咸则烂。”及景死，王僧辨截其二手送齐宣，又传首往江陵，果以盐五斛置腹中，送于建康，暴之于市。百姓争取屠脍羹，食皆尽。

《后魏书》曰：世祖南伐，遣李孝伯赐刘义恭等盐各九种，并胡鼓。孝伯曰：“有后诏：凡此盐各有所宜。白盐、食盐，主上自所食；黑盐，治腹胀气满，末之六铢，以酒下；胡盐，治目痛；戎盐，治诸疮；赤盐、驳盐、臭盐、马齿盐四种，并非食盐。”

又曰：忽吉国水气咸，凝盐生树上。

又曰：沮渠蒙逊平酒泉，于宋繇室得书数千卷，盐、米数十斛而已。蒙逊叹曰：“孤不喜克李氏，欣得宋繇耳。”

《北齐书》曰：房景伯母亡，居丧不食盐菜，因此遂为水病，积年不愈。

又曰：崔暹奏请海沂煮盐，有利军国。文襄以问崔昂，昂曰：“亦既官煮，须断之灶。官力虽多，不及人广。请准开市，薄为灶税，私馆给，彼此有宜。”朝廷从之。

《唐书》曰：武德中，长安古城盐渠水生盐，色红白，味甘，状如方印。

又曰：左右神策、盐州行营节度使胡坚昌皆表奏：“初城盐州卤中获壤土，又置烽堡，水路回远，即时有雨，废盐并悉生盐。事扶圣德，可谓天赞，请宣付史馆。”制可。

又曰：代宗时，河中府盐池生瑞盐。韩滉奏曰：“土德之瑞。”

又曰：李晟薨后，德宗以初城盐州复盐池，上赐宰相新盐，恻然思之，命置盐于灵座。

又曰：流鬼国去京师万五千里，边于北海，多沮泽，有鱼、盐之利。

又曰：初，榷盐起于第五琦。及刘晏代其任，法术精密，官无遗利。初，岁入钱六十万贯，季岁十倍，而人无厌苦。大历末，通计一岁征赋所入，而盐醝当天下太半之赋。

《管子》曰：齐有渠之盐，燕有辽东之煮。十口之家，十人舐盐；百口之家，百人舐盐。凡食盐之数，一月，丈夫五升少半、妇人三升少、半婴儿二升少半。盐之重，升加分耗而釜百，升加什耗而斧千。君伐沮薪，煮浦水为盐正而积之三万钟。至阳春农事方作，令民无得筑垣墙，毋得缮冢墓，大夫无得治宫室台榭，北海之众无得聚庸而煮盐，然盐之价必四什倍。君以四什之贾，循河、济之流，南输梁、赵、宋、卫、濮阳。恶食无盐则肿，守圉之本，其用盐独重。君伐菹薪，煮沛水以籍于天下，然则天下不减矣。

又曰：桓公成盐三万六千钟，令吏籴之，得成金万一千余斤。

《尸子》曰：南海之荤，北海之盐。

《鲁连子》曰：连宿沙瞿子善煮盐；使煮溃沙，虽十宿不能得也。

《抱朴子》曰：作赤盐法：用寒盐一斤，雨泥一斤，内铁器中，以水烧，皆消而赤也。

《金楼子》曰：白盐，小小有峰洞，皎如水精。及其映日光，似琥珀。胡人和之以供国厨，名为君王盐，亦名玉华盐。

又曰：有清池盐，正四方，广半寸，其形扶疏。似有人耕池旁地，取池水波种之，去勿回顾，即生此盐。

《国语》曰：桓公通齐国之鱼盐于东莱

《山海经》曰：景山南望盐皈或无皈字败之池，北望少泽，其草多藷萸、秦菽，其阴多赭，其阳多玉。郭景纯云，盐败泽即解县盐池也。

《吕氏春秋》曰：和之美者，大夏之盐。高诱曰：大夏，泽名，或山名。

《春秋后语》曰：张仪说赵王曰："今日楚与秦为兄弟之国，而韩、魏称为藩臣，齐献鱼、盐之地，断赵之右臂。"齐负海，有鱼盐之利。今云献鱼盐之地，矫辞以胁赵也。

《淮南万毕术》曰：盐能累卵。取戎盐涂卵，取他卵置其上，即累也。

《盐铁论》曰：古者豪强大家得煮海为盐，民皆依为奸之业也。

《世说》曰：秦缪公使贾人载盐，百里奚使将车。

《风俗通》曰：咸如炭，俗说：咸亦与热正等，炭火不可以入口，人食得太咸，亦吐之。谨案，东海畇人晓知盐法者云：搅盐木水多日，每焦黑如炭，非谓灶中火炭也。

《吴时外国传》曰：涨海州有湾，湾中常出自然白盐，峄峄如细石子。天竺国有新淘水，水甘美，下有石盐，白如水精。《南州异物志》云：盐如石英。

《晋令》曰：凡民不得私煮盐，犯者四岁刑，主吏二岁刑。

《蜀王本纪》曰：宣帝地节中，始穿盐井数十所。

《世本》曰：宿沙作煮盐。《宋志》曰：宿沙卫，齐灵公臣。齐滨海，故卫为煮盐之利。

《晋太康地记》曰：梓潼县出伞子盐。

《广志》曰：盐体因于水故，或水且生于水故，或与土杂产于地，多侧于海滨，但未必千里相比耳。煮盐与海同。河东有印成盐，西方有石子盐，皆生于水。北海湖中有青盐，五原有紫盐，波斯国有白盐，如细石子。

《玄晏春秋》曰：故侍中刘子杨食饼，知盐生精味之至。《秦记》曰：会稽王道子为符郎设盛馔，郎云："盐味小生。"

《博物志》曰：临邛火并，诸葛亮往视 之后，火益盛。以盆贮水，煮之则盐。后人以火投井中，火即灭，至今不然。

《梁四公子记》曰：高昌国遣使贡盐二颗，颗大如斗状，白似玉。帝以其自万里绝域而来献，数年方达，命杰音竭公迎之，谓其使曰："盐一颗是南烧羊山月望收之者，一是北烧羊山非月望收之者。"使者具陈："盐，奉王急命，故非时尔。"因问紫盐、碧珀，云"中路遭北凉所夺，不敢言之。"帝问杰曰公群物之异，对曰："南烧羊山盐文理粗，北烧羊山盐文理密。月望收之者，明彻如冰，以毡橐煮之可验。交河之间，平碛中，掘深数尺，有末盐，如红如紫，色鲜味甘，食之止痛。更深一丈，下有碧珀，黑逾纯漆，或大如车轮，末而食之，攻妇小人腹症瘕诸疾。彼国珍异，必当致贡，是以知之。”

《凉州异物志》曰：姜赖之墟，今称龙城。恒溪无道，以感天庭。上帝赫怒，溢海荡倾。姜赖，胡国名也。恒溪，其王字也，矜贪无厌。上帝化为沙门，游于观其政，遂从溪乞之，以盐与帝，帝乃震怒，使蒲昌溢以荡覆也。刚卤千里，蒺藜之形，其下有盐，累棋而生。其地化为卤而刚坚，嶷如蒺藜，恔发其底，盐方大如棋，以次相累也。坐以盐乞天帝，故使此地化生盐也。

又曰：盐山二岳，三色为质，赤者如丹，黑者如漆。小大从意，镂之写物，赤与黑者皆小，唯白大。或如篋相，从人所为形也。作兽辟恶，佩之为吉。或治为鸟兽以佩之。戎盐可以疗疾。四方皆用白者作散，以除头风。以其出胡国，故言戎盐也。

《凉州记》曰：有青盐池，出盐正方半寸，其形似石，甚甜美。

《益州记》曰：汶山、越巂煮盐法各异。汶山有咸石，先以水渍，既而煎之；越巂先烧炭，以盐井水沃炭，刮取盐。

《荆州记》曰：盐水自凝，生伞子盐，方寸，中央隆起，形如张伞。

《本草经》曰：卤盐，一名寒石，味苦。戎盐，主明目。大盐，一名胡盐。《吕氏春秋》曰：《本草》云：“戎盐一名胡盐。”

崔骃《博徒论》曰：江阳六盐。

《笑林》曰：姚彪至武昌，遇风，与沈浙江渚守风。粮用尽，遣人从彪贷盐百斛。彪得书不答，敕左右倒盐百斛着江水中，曰：“明吾不惜，惜所与耳！”

《岭表异录》曰：野煎盐，广南煮海其无限，商人纳榷，计价极微。数内有恩州场、石桥场，俯迩沧溟，去府最远商人。于所司给一百石榷，课止销杂货三、二千，及往本场盐，并无官者给，遣商人。但将人九收聚咸沙，掘地为坑，坑口稀布竹木，铺蓬簟于其上，堆沙，潮来投沙，咸卤淋在坑内。伺候潮退，以火炬照之，气冲火灭，则取卤计，用竹盘煎之，顷克而就。竹盘者，以篾细织竹镬，表里以牡砺灰泥之。自收海水煎盐，谓之野煎，易得如此也。江淮试卤浓淡，即置饭粒于卤中，粒浮者，即是纯卤也。

酱

《礼记》曰：脍炙处外，醓酱处内。

又曰：献熟食者操酱齐。

又曰：濡鸡，醢酱，实蓼；濡鱼，卵酱，实蓼；濡鳖，醢酱，实蓼；鱼脍，芥酱；麋腥，醢酱。

《论语》曰：不得其酱，不食。

《汉书》曰：刘歆谓扬雄云："今学有禄利，然尚不能明《易》，又如玄何？吾恐后人覆酱瓿也！"瓿，音部，罂名也。

《风俗通》曰：酱成于盐而咸于盐，夫物之变有时而重。

又曰：雷不作酱，俗说令人腹内雷声。按子路感雷精而生，尚刚好勇。死，卫人醢之。孔子覆醢，每闻雷，心恻怛耳。

桓谭《新论》曰：鄙人得鯅音羶酱而美，与人共食，少唾其中，因弃之，俱不得食。

《论衡》曰：作豆酱恶闻雷，此欲使人急作，不欲积久。

《世说》曰：陆机入洛，欲为《三都赋》。闻左思作之，抚掌而笑，与弟云书云："此间有伧父欲作《三都赋》，须其成，当以覆酱瓮耳！"

《宋书》曰：孝武尝为王玄谟作四时诗云：匏酱调秋菜，白醝解冬寒。

又曰：孝绪外兄王晏贵显，屡至其门。孝绪度之，必至颠覆。闻其笳管，穿篱逃匿，不与相见。曾食酱美，问之，云是王家所得，便吐餐覆酱。及晏诛，亲戚咸为之惧，孝绪曰："亲而不党，谁坐之？"后竟获免。

梁刘孝仪《谢智安王赍虾酱启》曰：龙酱传甘，退诚可陋。蚳醢称贵，追觉失言。上圣闻雷，未之能覆。嘉宾流啜，羞以无辞。

太平御览卷第八百六十六 饮食部二十四

醯

《释名》曰：苦酒，淳毒甚者酢且苦也。

《周礼》曰：醯人，掌共五齐、七菹，凡醯物；以共祭祀之齐菹，凡醯酱之物。宾客，亦如之。齐菹，酱属。醯人者，皆须醯成味。王举，则共齐菹，醯物六十瓮；共后及世子之酱、齐菹。宾客之礼，共醯五十瓮。凡事共醯。

《仪礼》曰：醯、醢百瓮夹碑，十以为列。

《礼》曰：宋襄公葬其夫人，醯醢百瓮。

又曰：大功之丧，不食醯酱。父母之丧，又期而大祥，有醯酱。

《论语》曰：子曰："孰谓微生高直？或乞醯焉，乞诸其邻而与之。"

《史记》曰：通邑大都，酤一岁千酿，醯酱千瓨。

《汉武内传》曰：西王母仙上药，有凤林鸣酢。

《魏中臣奏》曰：刘放奏云："今官贩苦酒，与百姓争锥刀之末，宜其息绝。"

《吴录·地理志》曰：吴王筑城以贮醯醢，今俗人呼苦酒城。

《晏子春秋》曰：兰本三年而成，湛之苦酒，则君子不近，庶人不佩。

《风俗通》曰：酢如蓂荚。按，蓂味酸，工者取以调味。

《博物志》曰：酒暴熟者易酢，醢酸者易臭。

又曰：龙肉以醯渍，则文章生。

葛洪《肘后方》曰：治齿痛，用三年酽酢。

《唐书》曰：初，薛仁果拔秦州，召富人，磔于猛火之上，或以醯灌鼻，求其金宝。

又曰：任迪简，万年人，举进士，初为天德军使李景略判官，性重厚。常有宴，行酒误以醯进。迪简知误，以景略性严，虑坐主酒者，乃勉强饮尽之，而为容其过。以酒薄白景略，请换之。于是军中感悦。

醢

《周礼》曰：醢人，掌四豆之实。朝事之豆，其实韭菹、醓醢，昌菹、麋臡，菁菹、鹿臡；馈食之豆，其实葵菹、蠃醢，脾析、蜱醢，蜃、蚳醢，豚拍、鱼醢；加豆之实，芹菹、兔醢，深蒲、醓醢，箈菹，雁醢，笋菹、鱼醢。

又曰：醢人，为王及后、世子共其内羞。王举，则共醢六十瓮，以五齐、七醢、七菹、三臡实之。齐当为齑，五齑：昌本、脾析、蜃、豚拍、深蒲也。七醢：醓、蠃、蠯、蚳、鱼、兔、雁醢。七菹：韭、菁、茆、葵、芹、箈、笋、菹。三臡、麋、鹿、麇臡也。凡醢酱所和，细切为齑，全物若腝为菹也。宾客之礼，共醢五十瓮。致饔饩时。凡事共醢。

《礼》曰：孔子哭子路于中庭。寝中庭也。与哭师同，亲之。有人吊者，夫子拜之。为之主也。既哭，进使者而问故，使者，自卫来讣者。故，谓死之意状。使者曰："醢之矣。"时卫世子蒯聩篡辄而立，子路死之。醢之者，示欲啖食，以怖众。遂命覆醢。覆弃之，不忍食。

《礼记外传》曰：祭祀宾客菹醢之用。醢，肉酱之通名。醢，汁也，湆，亦汁也。此等皆在豆，以其湿故也。笾，竹器。何盛干也。豆，木器，皆趺足。取其去地高洁。醢有陆产，畜之所生，在陆者。有水物，天地阴阳之气所生。水草之品，非人力所种，自然洁。臡者，骨肉相杂为之，有麋鹿麇之臡。麇，大獐也。字或作麏。兔醢，蚳醢，皆陆产也。蚳，蚁卵也。有鱼雁蠃蜱之醢。蜃蛤之类也。蜃似蚌而长也。五者水物。

崔寔《四民月令》曰：五月一日可作醢。

弘《君举食檄》曰：东里独姥之醢。

太平御览卷第八百六十七 饮食部二十五

茗

《尔雅》曰：槚，苦荼。矮小者似栀子，冬至生叶，可煮作羹饭。今早采者为荼，晚采者为茗。一名荈，蜀人名为苦荼。

《吴志》曰：孙皓每宴，坐席无不能酒，率以七升为限，虽不悉入口，浇灌取尽。韦曜饮酒不过二升，初见礼异，密赐荼荈以当酒。

《晋中兴书》曰：陆纳为吴兴太守，时卫将军谢安尝欲诣纳，纳兄子俶怪纳无所备，不敢问之，乃私蓄十数人馔。安既至，纳所设唯荼果而已。俶遂陈盛馔，珍羞必具。及安去，纳杖俶四十，云："汝既不能光益叔父，奈何秽吾素业！"

《晋书》曰：夏侯恺亡后形见，就家人求茶。

又曰：桓温为扬州牧，性俭素，每宴，唯下漆樏扑茶果而已。

《宋录》曰：新安王子鸾、豫章王子尚诣昙济道人于八公山。道人设茶茗，尚味之曰："此甘露也，何言茶茗焉？"

《南齐书》曰：武帝遗诏："灵坐勿以牲为祭，唯设饼果茶饭酒脯而已。"

《唐史》曰：风俗贵茶，茶之名品益众。剑南有蒙顶石花，或散牙，号为第一。湖州顾渚之紫笋，东川有神泉昌明、硖州有碧涧、明月房、茱萸寮，福州有方山之生牙，夔州有香山，江陵有南木，湖南有衡山，岳州有滗湖之含膏，常州有义兴之紫笋，婺州有东白，睦州有鸠坑，洪州有西山之白露，寿州有霍山之黄芽。蕲门团，而浮梁之商货不在焉。

又曰：竟陵僧有于水滨得婴儿者，育为弟子。稍长，自筮，遇《蹇》之《渐》，繇曰："鸿渐于陆，羽可用为仪。"乃姓陆氏，字鸿渐，名羽。羽有文学，多意思，耻一物不尽其妙。茶术最着。巩县为瓷偶人，号陆鸿渐，买十器得一鸿渐。市人沽茗，不利辄灌之。羽于江湖称竟陵人，于南越称桑苎翁贞元末卒。

又曰：韩滉闻奉天之难，以采练囊缄茶末，健步以进上。

又曰：贞元九年春，初税茶。先是，诸道盐铁使张滂奏曰："伏以去秋水灾，诏令减税。今之国用须有供备。伏请出茶州县及茶山外商人，要略委所由定二等，时估每十税一，价钱充所放两税。其明年已后，所得税外收贮。若诸州遭水旱，赋税不办，以此代之。"诏曰："可。"仍委张滂具处置条奏。自是每岁得钱四十万贯。茶之有税，自此始也。然税茶无虚岁，遭水旱处，未尝以茶税钱拯赡。

又曰：大和七年正月，吴、蜀贡新茶，皆于冬中作法为之。上务恭俭，不欲逆其物性，诏所贡新茶宜于立春后造。

又曰：大和九年十月，王涯献茶，以涯为榷茶使。茶之有税，自涯始。

又曰：大和九直十二月，诸道盐铁转运榷茶使令狐楚奏："榷茶不便于民，请停。"从之。

又曰：元和十四年，归光州茶园于百姓，从刺史房克让之请。

又曰：初，常鲁使西蕃，烹茶帐中。蕃人问曰："何为者？"鲁曰："涤烦疗浊，所谓茶也。"蕃人曰："我此亦有。"命取以出，指曰："此寿州者，此顾渚者，此蕲门者。"

《晏子春秋》曰：婴相齐景公时，食脱粟之饭，炙三弋五卵，茗茶而已。

《广雅》曰：荆、巴间采茶作饼成，以米膏出之。若饮先炙，令色赤，捣末置瓷器中，以汤浇覆之，用葱、姜芼之。其饮醒酒，令人不眠。

《博物志》曰：饮真茶，令少眠睡。

《神农食经》曰：茶茗宜久服，令人有力悦志。

又曰：茗，苦茶，味甘苦，微寒，无毒，主瘘疮，利小便，少睡，去痰渴，消宿食。冬生益州川谷山陵道傍，凌冬不死。三月二日采干。

华佗《食论》曰：苦茶，久食益意思。

壶居士《食志》曰：苦茶，久食羽化。与韭同食，令人身重。

陶弘景《新录》曰：茗茶轻身换骨，丹丘子、黄山君服之。

王浮《神异记》曰：馀姚人虞洪入山采茗，遇一道士牵三青牛，引洪至瀑布山，曰："吾，丹丘子也。闻子善具饭，常思见惠。山中有大茗，可以相给，祈子他日有瓯蚁之余，不相遗也。"因立奠祀。后令家人入山，获大茗焉。

《广陵耆老传》曰：晋元帝时，有老姥每旦擎一器茗，往市鬻之，市人竞买。自旦至暮，其器不减茗。所得钱，散路傍孤贫乞人。或异之，执而系之于狱。夜擎所卖茗器，自牖飞去。

《广志》曰：茶，丛生。直煮饮为茗茶；茱萸、檄子之属，膏煎之，或以茱萸煮脯，冒汁为之曰茶；有赤色者，亦米和膏煎，曰无酒茶。

《晋书·艺术传》曰：敦煌人单道开不畏寒暑，常服小石子。所服者有桂花气。兼服茶酥而已。

《续搜神记》曰：晋孝武世，宣城人秦精入武昌山中采茗。忽见一人，身长一丈，通体皆毛。精见之大怖，自谓必死。毛人牵其臂，将至山中大丛茗处，放之便去。精因留采，须臾复来，乃探怀中橘与精。精甚怖，负茗而归。

又曰：桓宣武有一督将，因时行病后虚热，更能饮复茗，必一斛二斗乃饱，裁减升合便以为大不足。非复一日，家贫。后有客造之，正遇其饮复茗。亦先闻世有此病，仍令更进五升，乃大吐，有一物出，如升大，有口，形质缩绉，状似牛肚。客乃令置之于盆中，以一斛二斗复茗浇之，此物噏之都尽而止。觉小腹又增五升，便悉混然从口中涌出。既吐此物，病遂差。苦问之："此何病？"答云："此病名斛茗瘕。"

《异苑》曰：剡县陈矜妻少寡，与二子同居，好饮茶。家有古冢，每饮辄先祠之。二子欲掘之，母止之。夜梦人云："吾止此冢三百余年，今二子恒欲见毁，赖相保护，又享吾佳茗。虽潜朽壤，岂忘翳桑之报？"及晓，于庭中获钱十万，似久埋者，唯贯新。母告二子，祷祠愈切。

《世说》曰：任瞻少时有令名。自过江失志，既不饮茗。问人云："此为茶？为茗？"觉人有怪色，乃自申明之，曰："向问饮为热为冷？"

又曰：晋司徒长史王濛好饮茶。人至，辄命饮之。士大夫皆患之，每欲往候，必云“今日有水厄”。

《江氏传》曰：统迁愍怀太子洗马，尝上疏谏云：“今西园卖醯、面、茶、菜、蓝子之属，亏败国体。”

《晋四王起事》曰：惠帝蒙尘洛阳，黄门以瓦盂盛茶上至尊。

晋刘琨《与兄子南兖州刺史演书》曰：前得安州干茶二斤，姜一斤、桂一斤，皆所须也。吾体中烦闷，恒假茶。汝可信信致之。

傅咸《司隶教》曰：闻南方有蜀妪，作茶粥卖，廉事欧其器具。无为，又卖饼于市。而禁茶粥，以困蜀姥，何哉？

《坤元录》曰：辰州溆浦县，山上多茶树。

《括地图》曰：临城县东北一百四十里，有茶山、茶溪。

《天台记》曰：丹丘出大茗，服之生羽翼。

《夷陵图经》曰：黄木女观望州等山，茶茗出焉。

杨衒之《洛阳伽篮记》曰：彭城王勰戏谓王肃曰：“卿不重齐、鲁大邦，而爱邾、莒小国。”肃对曰：“乡曲所美，不得不好。”勰复谓曰：“卿明日顾我，为卿设邾、莒之餐，亦有酪奴。”因此复号茗取饮为酪奴。时给事中刘缟慕肃之风，专习茗饮。彭城王谓缟曰：“卿不慕王侯八珍，而好苍头水厄！海上有逐臭之夫，里内有学颦之妇，以卿言之是也。”其彭城王家有吴妪，以此言戏之。自是朝贵宴会，虽设茗饮，皆耻不复食，虽江表残民远来降者，侍中元义欲为之设茗，先问：“卿于水厄多少？”肖正德不晓人意，答曰：“下官虽生水乡，立身已来，不遭阳侯之难。”举坐笑焉。

《桐君录》曰：西阳、武昌、晋陵皆出好茗。巴东别有真香荀，煎饮，令人不眠。

又曰：茶花状如栀子，其色稍白。

《永嘉图经》曰：县东有白茶山。

《吴兴记》曰：乌程县西有温山，出御荈。

《淮阴图经》曰：山阳县南二十里有茶坡。

《茶陵县图经》曰：茶陵者，谓陵吞生茶茗。

《本草拾遗》曰：皋卢茗，苦平，作饮止渴，除疫，不睡，利水道，明目。生南海诸山中。南人极重之。

《广州记》曰：西平县出皋卢，茗之别名，叶大而涩，南人以为饮。

《南越志》曰：茗，苦涩，亦谓之过罗。

陆羽《茶经》曰：茶者，南方嘉木，自尺、二尺至数十尺，其巴川峡山有两合抱者，伐而掇之。其树如瓜芦，叶如栀子，花如白蔷薇，实如栟榈，蒂如丁香，根如胡桃。其名一曰"茶"，二曰"槚"。三曰"蔎"，四曰"茗"，五曰"荈"。周公云：槚，苦茶。杨执戟云：蜀西南人谓茶曰蔎。郭弘农云：早取为茶，晚取为茗，一曰荈。蔎，音设。荈，昌兖切。其上者生烂石，中者生栎壤，下者生黄土。凡艺而不茂。法如种苽。三岁可采。阳岸阴林，紫者上，绿者次；笋者上，牙者次；叶卷者上，叶舒者次。凡采茶在二月、三月、四月之间。茶之笋者生烂石沃土，长四、五寸，若薇蕨，始抽，陵露采焉。茶之牙，发于藂薄之上，有三枚、四枚、五枚者，选中枝颖枝者采焉。其日雨不采，晴有云不采。蒸、拍、焙、穿、封、干矣，有千类万状。卤莽而言之，如胡人靴者蹙缩然，犎牛臆者廉襜然，浮云出山者轮囷然，轻飚拂水者涵澹然。有如陶家之子罗膏土，以水澄泚之；又如新治田者，过暴雨流潦之。经此，皆茶之精腴也。有如竹箨者，枝干坚实，难于蒸捣，故其形箭簏𥯨。上音离，下音帅。如霜荷者，茎叶凋超，易其状貌，故其状萎萃然。此皆茶之瘠老也。自采至于封曰七经，自胡人至于霜荷八等。

《唐新语》曰：石补阙綦毋景博学，有著述才。性不饮茶，着《代茶饮序》，其略曰："释滞消拥，一日之利渐佳；瘠气侵精，终身之累斯大。获益则归功茶力，贻患则不谓茶灾，岂非福近易知，祸远难见者乎？"

《云南记》曰：名山县出茶，有山曰蒙山，联延数十里，在县西南。按《拾道志》尚书所谓蔡蒙旅平者，蒙山也，在雅州，凡蜀茶尽出此。

《魏王花木志》曰：茶叶似栀子，可煮为饮。其老叶谓之荈，细叶谓之茗。

杜育《荈赋》曰：调神和内，倦懈康除。

张孟阳《登成都楼》诗云：芳茶冠六清，溢味播九区。人生苟安乐，兹土聊可娱。

左思《娇女》诗曰：吾家有好女，皎皎常白皙。小字为纨素，口齿自清历。其姊字蕙芳，眉目灿如画。驰骛翔园林，草木皆生摘。贪走风雨中，倏忽数百适。心为茶荈剧，吹嘘对鼎䥶。

孙楚《出歌》曰：茱萸出芳树颠，鲤鱼出洛水泉。白盐出河东，美豉出鲁川。姜桂茶荈出巴蜀，椒橘木兰出高山。蓼苏出沟渠，秔稗出中田。

太平御览卷第八百六十八　火部一

火上

《释名》曰：火，化物也。亦言毁也，物入即皆毁坏也。

《易》曰：水流湿，火就燥。

又曰：风自火出，家人。由内以相成炽也。

又曰：天与火，同人，君子以类族辨物。君子小人各得所同。

又曰：火在天上，大有君子，以遏恶扬善，顺天休命。大有，包容之象也。故遇恶扬善，成物之美，顺夫天德休物之命。

又曰：燥万物者，莫熯呼旱切乎火。

《书》曰：火炎昆岗，玉石俱焚。

又曰：唯女含德，不惕予一人，予若观火。惕，惧也。观，视也。我观火者，喻刑罚可畏之也。

又曰：若火之燎于原，弗可向迩。火之燎于原，其炎炽之明，不可响近也。

又曰：五行：二曰火。火曰炎上。炎上作苦。

《诗》曰：叔在薮，火烈具举。

《礼》曰：孟夏之月，盛德在火。

又曰：季春出火为焚也。谓焚菜也。凡出火，以火出。建辰之月，火始出。

又曰：火之于民也，尊而不亲。

《左传》曰：人火曰火，天火曰灾。

又曰：兵犹火也，不戢，将自焚也。

又曰：火龙黼黻。

又曰：古之火正，或食于心，或食于味，以出内火。是故味为鹑火，心为大火。谓火正之官，配食于火星也。建辰之月，鹑火星昏在南方，则令民放火。建戌之月，大火星伏在日下，夜不得见，则令民内火，禁放火也。陶唐氏之火正阏伯居商丘，阏伯，高辛氏之子也。《传》曰：迁阏伯于商丘，主辰大火也，今为宋星。然则商丘在宋地也。祀大火而火纪时焉。谓出内火时也。相土因之，故商主大火。相土，契孙，商之祖也。始代阏伯之后，居商丘，祀大火也。

又曰：郯子云："炎帝以火纪，故为火师而火名。"

又曰：昭公十七年，冬，有星孛于大辰，西及汉。夏之八月，辰星见，在天汉西。今孛星出辰西，光芒东及天汉。申须曰："彗，所以除旧布新也。申须，鲁大夫。天事恒象，天道恒以象颖告示人。今除于火，火出必布焉。诸侯其有火灾乎！"今火向伏，故知当须火乃布散为灾也。

《周礼》曰：春秋以木铎修火禁。火星以春出，以秋入，因天时而以戒。

又曰：亨人，掌供鼎镬，以给水火之齐。镬，所以煮肉及鱼湆之器。既熟，乃脀于鼎。齐，多少之量。齐，音剂。

又曰：卜师，掌开龟之四兆，……扬火以作龟，致其墨。扬火犹炽也。致其墨者，熟灼之，明其兆。

又曰：司爟掌行火之政令，四时变国火，以救时疾。行犹用也。变犹易也。郑司农说以鄹子曰：春取榆柳之火，夏取枣杏之火，季夏取桑柘之火，秋取柞楢之火，冬取槐檀之火。季春出火，民咸从之。季秋内火，民亦如之。郑司农云：以三月本时昏，心星见于辰上，使民出火。九月本黄昏，心星伏在戌上，使民内火。故《春秋传》曰：以出内火。时则施火令。焚莱之时。凡祭祀，则祭爟。报其为明之切，礼如祭爨。凡国失火，野焚莱，则有刑罚焉。野焚莱，民擅放火。

又曰：穴氏掌攻蛰兽，各以其物火之。蛰兽，熊罴之属，冬藏者也。将攻之，必先烧其所食之物，放其穴，诱出之，乃可得之。以时献其珍异皮革。

又曰：柞氏掌攻草木及林麓。林人所养者。山足曰麓。夏日至，令刊阳木而火之；冬日至，令剥阴木而水之。刊、剥，互言耳，皆谓所去。次地之皮生南为阳，木生北为阴。木，火之水之，则使其肄不生。若欲其化也，则春秋变其水火。化犹生也，谓时以种谷也。变其水火者，乃所火则水之，所水则火之，则其土和美。

又曰：秋官。司烜氏掌以夫燧取明火于日。夫燧，阳燧也。

《史记》曰：燕攻即墨，田单乃收城中牛千头，为绛缯衣，画以五彩龙文，束兵于角，结火于尾，穿城而出，壮士衔枚随其后。牛所触辄死，壮士击之，城上大噪，燕师大骇。

又曰：庞涓追，孙膑量其行，暮当至马陵。乃斫大树白而书之曰：“庞涓死此下。”于是令齐军万弩夹道而伏，期曰：“暮见火举而俱发。”庞涓夜至斫木下，见白书，乃钻火烛之，读其书未毕，齐军万弩俱发，庞涓大败。

又曰：苏代谓魏王曰：“夫以地事秦，犹抱薪救火，薪不尽，火不灭也。”

又曰：颜叔子独居一室，夜雨，比舍屋崩，有女子投之。叔子令秉烛，烛尽，乃彻屋草续之。至明不乱。

又曰：武王既渡河，有火自上复于王屋，流为乌，其色赤。

《汉书》曰：项羽西屠咸阳，烧其宫室，火三月不灭。

又曰：孝平后，王莽女，有节操。及汉兵诛莽，燔烧未央宫，后曰：“何面目见汉家。”因自投火而死。

又曰：汉兵围王莽，城中少年房朱、张鱼等恐见虏掠，私烧作室门，呼曰：“反虏王莽，何不出降！”火及掖庭，莽避火宣室前殿，火辄随之。

又曰：陈胜、吴广夜篝火狐鸣，呼曰：“大楚兴，陈胜王。”

《郡国志》曰：连浑府遥火山而有火井，深不可见底。炎气上升，常若微电。以草爨之，则烟腾火发。其山似火，从地而发，故名荧台。

《东观汉记》曰：梁鸿牧豖长安上林苑中。失火，延及人家。问所烧财物，悉推豖偿之。其主言少，鸿愿以身佣作，躬执其勤。

又曰：长沙有义士古初，遭父丧未葬。邻人火起，及初舍，棺不可移，冒火伏棺上，火乃灭。

又曰：廉范字叔度，为蜀郡太守。成都地迫屋狭，百姓夜作，以供衣食。又禁火，民覆蔽之，失火者日属。范乃令夜作，但使储水，百姓皆悦。歌曰：“廉叔度，来何暮，不禁火，民安作，昔日无襦今五袴。

《魏略》曰：秦伯出猎，至于咸阳。有火流下，化为白雀，衔绿丹书，集于公车。

《吴志》曰：张昭，字子布。孙权以公孙渊称藩，遣张珍、许晏至辽东，拜渊为燕王。昭谏权，权不从。昭忿称疾不朝，权恨之，土塞其门，昭又于内以土封之。渊果杀珍、晏，权数慰谢昭，昭固不起。权因出，过其门呼昭，昭辞病笃。权烧其门，欲以恐之，昭更闭户。权使人灭火，往问良久，昭诸子扶昭起，权载以还宫。

《晋书》曰：愍怀太子遹字熙祖，惠帝长子也。宫中尝夜失火，武帝登楼望之，太子时年五岁，牵帝裾入暗中。帝问其故，太子曰："暮夜仓卒，宜备非常，不宜令昭见人主也。"由是奇之。

又曰：张华字茂先，武库火，华惧因此变，作列兵，固守，然后救之。果累代之宝及汉高斩蛇剑、王莽头、孔子履等尽焚焉。

又曰：韩康伯家贫窭。伯年数岁，至大寒，母方为作襦，令伯捉熨斗，而谓之曰："且着襦，寻当作复裈。"伯曰："不复须。"母问其故，对曰："火在斗中，而柄尚热，今既着襦，下亦当暖。"母甚异之。

又曰：王献之常与兄徽之共在一室，忽然火发，徽之遽走出，不遑取履。献之神色恬然，徐呼左右扶出。

又曰：郭璞，字景纯。门人赵载，尝窃青囊书，未及读，而为火所焚。

又曰：庾亮镇武昌，夜半望见城内有数炬火从城上出，如大车状，白布幔覆，与火俱出城东，北行至江乃灭。

又曰：佛图澄尝与石季龙升中台，澄忽惊曰："幽州当火灾。"仍取酒噀之，久而笑曰："救已得矣。"季龙遣验，幽州云："是日火从四门起，西南有黑云来，骤雨灭之。雨亦颇有酒气。"

又曰：嵇康从孙登游，三年，康问其所终，不答，康每叹息。将别，谓曰："先生竟无言乎？"登乃曰："子识火乎？生而有光，不用其光，而果在于用光；人而有才，不用其才，而果在于用才。故用光在乎得薪，所以保其耀；用才在于识真，所以全其年。今子才多识寡，难乎免于今之世矣。子无求乎！"康不能用，果遭非命。

邓粲《晋纪》曰：胡毋辅之过河南尹门下，将饮酒，使门卒王子博取火，子博曰："卒也！唯不乏吾事，安能为人使！"辅之与语，叹曰：

“吾不及也！”因言于河南尹，以为功曹。

《晋中兴书》曰：殷浩北伐，江逌为长史。逌取数百鸡，以长绳连脚，皆系火，一时驱放，飞过堑，集羌营，皆燃焉。

《宋书》曰：周朗为庐陵内史，郡后荒芜，颇多野兽。母薛氏欲见猎，朗乃合围纵火，令母观之。火逸烧郡廨，朗悉以秩米起屋，偿所烧之限。

《梁书》曰：阮孝绪家贫无以爨，僮妾窃邻人樵以继火。孝绪知之，乃不食，更令撤屋而炊。

《后魏书》曰：祖莹好学，以夜继昼。父母恐其成疾，禁之。后燃火读书，以衣被蔽塞窗户，恐为家人所觉。

又曰：萧鸾遣鲁康祚侵太仓口。傅永以贼若夜来，必应于渡淮之所，以火记其浅处。永既设伏，乃密令人以瓠盛火，渡淮南岸当深处置之。教之云：“若有火起，即亦燃之。”其夜康祚等果亲率领来斫永营，东西二伏夹击之。康祚等奔趣淮水，火既竞起，不能记其本济之处，遂望永所置之火而争渡焉。水深溺死、斩首者数千级。

《北齐书》曰：神武西征，登凤陵，命中外府司马李义深、相府城局李士略共作檄文，皆辞，请以孙搴代。神武乃引搴入帐，自为吹火，催促之。搴神色安然，援笔立就。

又曰：文宣曾近出，令张曜居守。帝夜还，曜不时开门，勒兵严备。驻跸门外，久之，催迫甚急。曜以夜深，须火至面识，门乃可开。于是独出见帝，帝笑曰：“卿欲效郅君章也。”帝使曜前开门，然后入。

又曰：张亮守河阳，周文帝于上流放火船，欲烧河桥。亮乃备小艇百余，皆载长锁，锁头施钉。火船将至，即驰小艇以钉钉之，引锁向岸。火船不得及，桥全，亮之功也。

《尚书大传》曰：燧人为燧皇，以火纪物。火阳，尊，故托燧皇于天。

《春秋元命苞》曰：火之为言委随也，故其字，人散二者为火也。

《韩诗外传》曰：晋平公藏宝之台烧，救火三日三夜乃胜之。公子晏束帛而贺曰：“臣闻王者藏于天下，诸侯藏于百姓，农夫藏于囷庾，商贾藏于箧匮。今百姓乏于外而赋敛无已，昔桀、纣残贼为天下戮，今皇天降灾于皇台，是君之福也。"

《战国策》曰：楚王游云梦，野火之起也，若云霓。

《吴越春秋》曰：越王思报吴，冬则抱冰，夏则握火。

《后赵录》曰：石勒禁火。百鼓之后燃火者，鞭之一百；延火烧一家，斩五部都督。

《汝南先贤传》曰：郭宪从南郊，含酒东北三噀，云："齐失火，以厌之。"后齐果上火事。

又曰：蔡君仲有至孝之心。母终，棺在堂，西舍失火，火将至，君仲伏尸号哭，火越向东家。

《陈留耆旧传》曰：刘昆为江陵令。民有火灾，昆向火叩头，即沛然下雨。诏问"反风灭火，虎北渡河，何以致此？"昆曰："偶然耳。"帝曰："此长者之言耳。"

《郑玄别传》曰：玄年十七，在家见大风起，诣县曰："某时当有火灾，宜祭爟禳，广设禁备。"时火果起，而不为害。

《樊英别传》曰：英隐于苑山，尝有黑风从西方起，英谓学者曰："成都市火甚盛。"因含水西向漱之，乃令记其日。后有客从蜀来者，云是日有大火，有黑云平旦从东起，须臾大雨，火遂得灭。

《葛仙公别传》曰：公与客谈话，时天寒，公谓客曰："居贫不能得炉火，请作一大火。"公遂吐气，火赫然从口而出。须臾，火满室，坐客皆热而脱衣也。

《列仙传》曰：陶安公，六安冶师也。数行火，火一旦散上，紫色冲天。须臾，朱雀止冶上，曰："安公安公，冶与天通。七月七日，迎汝以赤龙。"龙至，安公骑之东南而上。

又曰：栾巴为尚书，王会得酒，西向嗽，云："成都失火，嗽而作雨。"驿至，果如其言。

又曰：宁封子，黄帝陶正，掌火，能作五色烟。

《列女传》曰：梁节姑，其室失火，兄子与己子在内，欲取兄子，辄得己子，火盛不复得入。妇人曰："梁国岂可户告人晓耶！被不义之名，何面目以见兄弟家人哉！"遂赴火而死。

《搜神记》曰：麋竺尝从洛归，未至家数十里，见路次有好新妇从求寄载。行二十余里，新妇谢竺曰："我天使也，当往烧东海麋家。感君见载，故以相语。"竺因请之，曰："不得不烧，君快去，我缓行，日中必火发。"竺乃急行达家，使出财物。日中，而火大发。

《玄中记》曰：南方有炎山焉，在扶南国之东，加营国之北，诸薄国之西。从四月而火生，十二月火灭。正月、二月、三月火不燃，山上但出云气，而草木生叶枝条。至四月火燃，草木叶落，如中国寒时草木叶落也。行人以正月、二月、三月行过此山下，取此木为薪，燃之无尽时；取其皮，绩之为火浣布。

《十洲记》曰：炎洲在南海中，地方二千里，去岸九万里。上有风生兽，似豹，青色，大如狸。张网取之，积薪数车以烧之，薪尽而此兽在火中不燃。以铁椎锻其头十数下乃死，以其口向风，须臾便活而起，以石上菖蒲塞其鼻即死。取脑以菊花服之，尽十斤，得寿五百岁。又有火林山，山中有火兽，大始鼠，毛长三四寸，或赤或白。山可二百许里，晦夜见山林，乃此兽光火照人。乃取其兽毛，绩以为布，名曰火浣布，国人服之。此布垢污，唯以火烧布两食许，出振之，其垢即去，洁白如雪。

《述征记》曰：北征有张母墓。旧说张母是王氏妻，王家葬经数百载后开墓，而香火犹燃。其家奉之，称清火道。

《英雄记》曰：周瑜镇江夏，曹操欲从赤壁渡江南。无船乘簰，沿汉水下至浦口，未即渡。瑜夜密使轻船走舸百余艘，艘有五十人施棹，人持炬火，持火者数千人，立于船上，以萃于排。至乃放火，火燃即回船走去。须臾，烧数千簰火起，火光照天，操乃夜去。

《齐地记》曰：东武有火生木，烧之不死，亦不损也。

太平御览卷第八百六十九　火部二

火下

《西京杂记》曰：惠帝七年夏，雷震南山，大木数千株，皆火燃至末。其下数十亩地，草皆焦黄。其后百许日，家人就其间得龙骨一具，鲛骨二具。

又曰：樊将军哙问陆贾曰："自古人君皆云受命于天，云有瑞应，岂有是乎？"贾曰："有之。夫目瞤则得酒食，火华则得钱财，故目瞤则祝之，火华则拜之。况天下大宝、人君重位，非天命何以得之哉！"

王子年《拾遗记》曰：岱山东有员渊千里，孟夏之月，水腾沸，以金石投之，则烂如土矣。孟冬之月，稍焦涸，中有黄色烟从地出，起数丈，烟色万变。山人掘之，入地数尺，得焦石如炭，或有碎火，如俗闻之火。有草名莽煌，叶圆如荷，去之十步，炙人衣服则焦，鸟兽不敢近也。刈以为席，冬弥温，以枝相历磨，则火出。

又曰：昔伯禹随山浚川，起自积石，凿龙门，至窒穴。初入窒穴之时，孔八尺，稍入，幽暗不可复行。禹乃负火而入，有黑蛇长十丈，头有角，衔夜明之珠，以导于禹。

又曰：员峤之山，一名环丘。有云石，广五百里，或四五十里。扣之片片，则蓊然云出，俄而遍润天下。有木名曰倚桑，煎椹以为蜜。亦有冰蚕，长七寸，黑色，角有鳞。以霜雪覆之，然后作茧，长一尺，其色五彩，织为文锦，入水而不濡，其质轻软柔滑，以之投火，则经宿不燎。唐尧之世海人献之。

又曰：始皇好神仙之事，求天下异术。有宛渠之民，乘蠡舟，泛黑水，而至于雍部。始皇与之语及天初开之时，了如亲见。始皇问曰："闻子明于见远，愿闻其术。"对曰："臣之国，去咸池日没之所九万里焉，日月之所不照。以万岁为夜，其昼则天豁然中开，阔数百丈，万岁还合，则为一日也。及其为夜，琢燃石以代日光。此石出于然山，其土石皆自光明，钻斩皆火出，大如栗，则辉曜一室。昔炎帝时火食国人献此石也。”

又曰：申弥国去都万里，有燧明国不识四时昼夜。其人不死，厌世而升天。国有火树，名燧木，屈盘万丈，云雾出于中间，折枝相钻，则火出矣。后世圣人，变腥臊之味，游日月之外，以食救万物，乃至南垂，目此树表，有鸟若鸮，以口啄树，粲然火出。圣人感焉，因取小枝以钻火，号燧人氏，在庖羲之前，则火食起乎兹矣。

又曰：郅寄字君珍，丧亲尽礼。去墓一百里，每夜行，常有鸟衔火以夹之。

《六韬》曰：军不举火，将亦不食。

《庄子》曰：木与木相摩则燃，金与火相守则流。阴阳错行，则天地大骇，于是乎有雷有霆。水中有火，乃焚大槐。

又曰：利害相摩，生火甚多，内热也。众人焚和。众人遗利则和，若利害存怀，则其和焚矣。

又曰：曾子居卫，缊袍无表，三日不举火，十年不制衣。

又曰：孔子穷于陈、蔡之间，七日不火食。

又曰：指穷于为薪，火传，穷，尽也。为薪，犹前薪也。前薪以指，指尽前薪，故火传而不灭。不知其尽也。前火非后火，故为薪而火传，火传而命续，由夫养得其极也，世岂知其尽而更生哉？

又曰：以火救火，以水救水，名之曰益多。适不能救，乃更足以成彼之威。

又曰：山木自寇也，膏火自煎也。

又曰：马血为磷，人血为野火。

又曰：尧让天下于许由。许由曰：“日月出矣，而爝火不息，其于光也，不亦难乎！”

《列子》曰：赵襄子率徒十万，狩于中山，籍芿音仍燔林，扇赫百里。有一人从石壁中出，从烬上下，众谓鬼物。火过徐行而出，若无所经涉。襄子怪而留之，徐而察之：形色七窍，人也；气息音声，人也。问奚道而入火，其人曰："奚物而谓石？奚物而谓火？"襄子曰："向之来所出者，石也；而向之所涉者，火也。"其人曰："不知也。"

《管子》曰：黄帝作钻燧，出火以熟荤臊。

《韩子》曰：鲁烧积泽，天北风，火南倚。恐烧国，哀公惧，自将众趣而救火。左右无人，尽逐兽而不救火。乃召问仲尼，仲尼曰："夫逐兽者乐而无罚；救火者苦而无赏，此火所以不救也。事急不及以罚，救火者尽赏之，则举国不足以赏，于民请徒行罚。"乃下令曰："不救火者，比降北之罪。"令下未遍，火已灭矣。

《淮南子》曰：火上寻，水下流。

又曰：南方，火也。其帝祝融，其佐朱明，执衡而治夏。其神为荧惑，其兽为朱鸟，其音征，其日丙丁。

又曰：十一月水正而阴胜阳。阳气为火，阴气为水。水胜故夏至湿通合反，火胜故冬至燥。燥故炭轻，湿故炭重。

又曰：练土生木，练，治也。练木生火，练火生云，云，金气也。练云生水，练水生土。

又曰：夫火熯则水灭之，金坚则火消之。

又曰：失火而遇雨，失火则不幸，遇雨则幸也，故祸中有福也。

又曰：槁竹有火，弗钻不熏；土中有水，弗掘无泉。掘犹穷也。熏音然。

又曰：被蓑而救火，毁渎而止水，乃愈益多。

又曰：畜火井中，操钓上山，揭斧入渊，欲得所求，难也。

又曰：甑得火而液，水中有火，火中有水。疾雷破石，阴阳相薄，自然之势。

又曰：夫救火者汲水而趋之，或以瓮瓴，或以盆盂，其方圆锐椭敕果反不同，盛水各异，其于灭火均也。

又曰：顺风从火，紫芝与萧艾俱死。萧，蒿也。

又曰：今人放烧，或操火往益之，或雨者。皆未有功，而相去亦远矣。

又曰：圣王之养民也，非求用之也，性不能已。若火之自热，水之自寒，夫有何修焉？及恃其力、赖其功者，若救火舟中。言舟中之人同心救火，其用为易。

又曰：夫狂者之不能避水火之难而越沟渎之险者，岂无形神气志哉？然而用之异也。与人异也。

又曰：夫寒之与暖相反，大寒地坼水凝，火弗为衰其暑；大热砾石流金，火弗为益其烈，寒暑之变，无损益于己，质有之也。

又曰：未尝灼也，而不敢握火者，见其有所烧也；未尝伤也，而不敢擢刃者，见其有所害也。

又曰：老槐生火，久血为磷，人弗怪也。血精在也，暴露百日则为磷，遥望若野火也。

又曰：炎帝纪火，死而为灶。炎帝，神农，以火帝王天下，死托祀于灶神。

《抱朴子》曰：案河洛之文，皆云水火者，阴阳之余气也。夫言气，则其不能生日月可知也。若水火是日月所生，亦何必尽如日月之方圆乎？今火出于阳燧而火不圆也，水出于方诸而水不方也。又阳燧可以取火于日而无取日于火之理，则日精之生火明矣；方诸可以取水于月而无取月于水之道，则月精之生水可知矣。

又曰：南海之中，萧丘之上，有自生之火，火常以春起而秋灭。丘方千里，当火起之时，满此丘上，纯生一种木，火起正着此木。木虽为火，所着但小焦黑。人或得以为薪者，火着如常薪，但不成炭。炊熟则灌灭之，后复更用，如此无穷。又夷人取木华，绩以为火浣布，木皮亦剥以灰煮为布，但不及华细好耳。白鼠大者重数斤，毛长三寸，居空木中，其毛亦可绩为布。故火浣布有三种焉。

又曰：暗非火积，水非鱼属，然暗竭则火灭，水涸则鱼死。伐木而寄生死，芟草而菟丝萎。

又曰：立夏日，服六壬六癸之符，或服飞霜之散，则不热。幼伯子、王仲都，此二人衣之以重裘，曝之于夏日之中，周以十炉之火，口不称热，身不流汗，盖用此方也。

《傅子》曰：管宁之辽东而归，海中遇暴风，余船皆破，唯宁船自若。夜晦，船人尽惑，莫知泊所。忽望见火光，趣之，得岛，一无居人，又无火烬，行人咸异焉，以为神光之祐。皇甫谧曰：“积善之应也。”

《尸子》曰：燧人上观星辰，下察五木，以为火也。

《阴符经》曰：火生于木，祸发必克。

《孙子兵法》曰：凡火攻有五：一曰火人，二曰火积，三曰火辎，四曰火库，五曰火燧。

《吕氏春秋》曰：齐桓公使人告鲁曰：“管夷吾，寡人之仇也，愿生得之。”鲁君许诺，乃使转其拳，胶其目，置之匣中。至齐境，桓公使以朝车迎之，祓以爟火。爟火，所以祓除不祥也。爟，读曰灌。

又曰：燕雀处一屋之下，自以为安。灶突决火，栋宇将焚，燕雀不知祸将至矣。

又曰：伊尹说汤五味，九沸九变，火为之纪。

《博物志》曰：燧人钻木而造火。

又曰：临邛有火并一所，纵广五尺，深二三丈，在县南百里。昔人以竹木投之以取火。诸葛丞相往观视后，火转盛。以盆着井上，煮盐得盐。后人以家烛火投井中，火即灭，迄今不复然也。

又曰：临邛有火井，深六十余丈，火光上出。人以筒盛火，行百余里，犹可燃也。《蜀王本纪》亦同。

又曰：魏明帝世，河东有焦光者，裸而不衣，处火不焦，处寒不冻。

又曰：积油万石，则自然生火。晋泰始中，武库火，积油所致。

《南越志》曰：广州有大树，可以御火，山北谓之慎火，多种屋上以防火。南无霜雪，故成树也。

《风俗通》曰：城门失火，殃及池鱼。案百家书：宋城门失火，汲取池中水以沃之，鱼悉露见，但就取之。说云：司门尉姓池，名鱼，城门火，救之，烧死，故云然耳。

又曰：臧仲英家欲炊而失釜，火从箧中起，衣服尽烧而箧不损。

《山海经》曰：符愚之山，其鸟名鴖音旻，其状如翠而赤喙，翠似燕而绀色。可以卫火。畜之避灾。

又曰：翠山之上，其鸟多鸓音垒，其状如鹊，赤黑而两首，可以卫火。

又曰：崦嵫之山，上多丹木，其叶如谷，其实如瓜，赤符而黑理，食之可以卫火。

又曰：带山之上有兽焉，其状如马而一角，其名曰月䑏音欢疏，可以卫火。

又曰：令丘之山，无草木，其上多火。

又曰：崌音居山之上有鸟焉，其状如鸮而赤身白首，名曰窃脂，可以卫火。

又曰：西海之南，流沙之滨，赤水后，黑水前，有山名曰昆仑之丘，其外有炎火之山，投物即然。今扶南东万里有耆蒲国，东复五千里有火山国，其虽霖雨，火常燃。火中有白鼠，常出山边求食人。捕之，以毛作布。而今之火浣布，此类也。

又曰：厌火国人兽身黑色，火出其口中。言能吐火。

《神异经》曰：南荒外有火山焉，长四十里，广四五里，其中生木，昼夜火燃，得暴风雨，火不灭，火中有鼠，重百斤，毛长七尺余，细如丝，可以作布。

《新论》曰：汉元帝广求方术之士。汉中道人王仲都云："但能忍寒暑耳。"以隆冬单衣于上林昆明池上，无变色；至夏大暑，使暴坐，环以十炉火，不汗出。

《三辅黄图》曰：秦始皇葬骊山，六年之间，为项籍所发。放羊儿坠羊冢中，然火求羊，烧其椁藏。

魏武帝《明罚令》曰：闻太原、上党、西河、雁门，冬至之后百五日皆绝火寒食，云为介子推。子胥沉江，吴人未有绝水之事，至于子推，独为寒食，岂不偏乎？

《河图挺佐辅》曰：伏羲禅于伯牛，错木作火。

《春秋潜潭巴》曰：火从井出，有贤士从民间起。宋均注曰：火明，贤者，象贤者屈渊从井出。

《礼含文嘉》曰：燧人始钻木取火，炮生为熟，令人无腹疾，遂天之意，故为燧人也。

陆景《典语》曰：冲风之摧枯枝，烈火之炎寒草，武王伐纣，势然也。

《古今注》曰：宣帝地节元年，上郡沙中夜中有火如粟出，不热。

又曰：阳燧，以铜为之，形如镜，向日则火生，以艾炷承之得火也。

《琐语》曰：智伯既败，将出走，梦火见于西方。及夫出奔秦，又梦见于南方，遂奔楚也。

张衡《灵宪》曰：日匹火，月匹水，火则外光，水则含影。

《河图·汴光篇》曰：阳精散而分布为火。

《括地图》曰：神丘有火穴，光照千里。

《笑林》曰：某甲夜暴疾，门人钻火，其夜阴暗，未得火，催之急。门人忿然曰："君责人亦大无道理，今暗如漆，何以不把火照我，当得觅钻火具。"

潘尼《箴》曰：夫水火者，所以佐理天地，清成大化也。在天则日月丽焉，在地则水火存焉。

太平御览卷第八百七十 火部三

灯

《汉书》曰：王莽好变改制度，政令烦多。莽常御灯火至明。

《东观汉记》曰：上从长安东归，过汧，幸祭遵营，士众作黄门武乐，至夜御灯火。

《晋书》曰：温峤往武昌，至牛渚矶，水深不可测。世云其下多怪物。峤遂毁犀灯而照之。须臾，见水中奇形异状，或乘车马、着赤衣者。峤其夜梦人谓曰："与君幽明道隔，何故相照？"意甚恶之，至镇，逾旬而卒。

《唐书》曰：皇甫无逸为益州长史。尝夜宿人家，遇灯炷尽，主人将续之，无逸抽佩刀断衣带以为炷。其廉介如此。

又曰：睿宗好乐，听之忘倦。玄宗又善音律。先天二年正月望日，胡僧娑陀婆请夜开门，燃百千灯，睿宗御延喜门观乐，凡经四日。从大酺，睿宗御安福门楼观百司酺宴，以夜继昼，经月余日。

《汉武内传》曰：西王母遣使谓帝曰："七月七日，当暂来。"帝至日，扫除宫内，然九光之灯。

《荀采传》曰：采，荀爽女，为阴瑜妻，而夫早亡，爽逼嫁与太原郭弈。采入郭氏室，暮乃去帷帐，建四灯，敛衽正坐，郭氏不敢逼。

《三秦记》曰：始皇墓中，燃鲸鱼膏为灯。

《邺中记》曰：石虎正平声会，于殿前设百二十枝灯，以铁为之。

《西京杂记》曰：长安巧人丁缓者，为恒满灯，七龙五凤，杂以芙蓉莲藕之奇。

又曰：高祖初入咸阳宫，周行府库，金玉珍宝，不可称言。其尤异者，有青玉枝灯，高七尺五寸，下作蟠螭，以口衔灯，灯燃则鳞甲皆动，炳烂若列星而盈室焉。

《洞冥记》曰：汉武帝燃芳苡灯于阁上，有白凤黑龙足来戏于阁上。芳苡草出奔卢国。

又曰：丹豹髓、白凤膏，磨青锡为屑，以淳苏油和之，照于神坛，夜暴雨灯光不灭。

《羊头山记》曰：汉有常满灯，不添常满，光明不绝也。

《法显山记》曰：舍卫国精舍道东有外道天寺，名曰影覆，与佛论议处，精舍夹道相对，亦高六丈许。所以名影覆者，日在西时，佛精舍影则照外道天寺，日在东时，外道天寺影北映，不得照佛精舍也。外道常遣人守天寺，洒扫烧香，燃灯供养，至明旦，其灯辄移在佛精舍中。娑罗门恚言诸沙门取我灯自供养佛。婆罗门于夜自伺候，见其所有天神持灯绕佛精舍三匝，供养佛已，忽然不见。婆罗门乃知佛神，即舍家入道。

王子年《拾遗记》曰：董偃常卧于室中，以画石为榻，高三尺，广六尺，石体甚轻，郅支国所献也。上设紫琉璃屏风，列金麻油烛，如屈龙形，杂采为之。侍人唯见灯明，以言无碍，乃于屏风外扇之。偃曰："玉石岂扇而后消凉！"侍者乃以手摸之，知有屏风之碍。

又曰：穆王东至大樴音奇之谷，起春霄之宫，集诸方士问佛道法。时已将夜，闻殷然雷声，伏蛰皆动，俄而有流光照于宫内。王更设常生之灯，一名恒明。亦有凤脑之灯，缀水莲冰谷之花，上去灯七八尺，不欲使烟光远照也。西王母来，乘翠凤之辇，共王饮会。

又曰：燕昭王时，海人乘霞舟，以雕壶盛龙膏以献昭王。王坐通云之堂，亦曰通霞台，以龙膏为灯，照耀百里，烟色丹紫。国人望之，咸言瑞光，遥加拜之。以火浣布为缠炷，光满于宫内。

《孙子》曰：火光明于天者，灯烛何施焉。

《符子》曰：不安其昧而乐其明也，是犹夕蛾去暗赴灯而死。

《秦子》曰：智惠多则引血气，如灯火消脂膏，炷大而朗，朗则膏消；炷小而暗，暗则息膏至久也。

《说苑》曰：楚庄王赐群臣酒，日暮，灯烛既灭，乃有人引美人者，美人挽绝其冠缨。

桓谭《新论》曰：余与刘伯师夜坐，灯中脂炷焦秃将灭，余谓伯师曰："人衰老亦如彼秃炷矣！"伯师曰："人衰老应自续。"余曰："益性可使白发更生黑，至寿极亦死耳。"

王朗《秦故事》曰：五华灯树，正月朔，朝贺设于下三阶之前，月照星明，虽夜犹昼。

《淮南万毕术》曰：取蚢脂为灯，置火中，即见诸物。

《语林》曰：嵇中散灯下弹琴，忽有一人面甚小，斯须转大，遂长丈余，单衣革带。嵇视之既熟，吹其灯灭曰："吾耻与鬼魅争光。"

烛

《记》曰：侍坐于所尊敬，烛至，起。异昼夜。

又曰：烛不见跋。跋，本。烛昼则去之，嫌若烬多有厌倦也。

又曰：曾子寝疾，童子隅坐而执烛。隅坐，不与成人并也。

又曰：孔子曰："嫁女之家，三夜不息烛，思亲离也。"亲，骨肉也。

又曰：祭之日，泛扫反道，乡为田烛。反道，铲合新士在上。田烛，田首为烛。

又曰：凡饮酒为献主者，执烛抱燋，主人亲执烛敬宾，示不倦也。执烛不让，不辞不歌。以烛继昼，礼杀。

又曰：礼者何也？即事之治也。君子有其事，必有其礼。治国而无礼，譬如终夜有求于幽室之中，非烛何见？

又曰：女子夜行以烛，无烛则止。

《周礼》曰：司几筵掌吉凶之事，祖庙之中，沃盥执烛。吉事，四时祭也。凶事，后王丧，朝于祖庙之奠。

又曰：凡邦之大事，共坟烛庭燎。故书坟为蕡。郑司农云：蕡烛，麻烛也。玄谓：坟，大也。树于门外曰大烛，于门内曰庭燎，皆所以照众为明也。

《仪礼》曰：主人爵弁纁裳，从车二乘，执烛前马。大夫已上亲迎，执烛前马。

又曰：宵则庶子执烛于阼阶上，司宫执烛于西阶上，甸人执烛于庭中，阍人执烛于门外。

《尚书大传》曰：后、夫人将侍君，前息烛，后举烛。

《战国策》曰：甘茂去秦之齐，出门遇苏子，曰："君闻夫江上夜女乎？夫江上夜女，有家贫无烛者，夜女相与欲去之。无烛者曰：'妾以无烛之故，常先至扫室布席，何爱东壁之余光照西壁者？幸以赐妾，何为去我？'诸女以为然而留之。今臣弃逐于秦而出关，为足下扫室布席，幸无我逐也。"苏子曰："善"。

《史记》曰：始皇冢中，以人膏为烛。

谢承《后汉书》曰：巴祗为扬州刺史，与客坐暗冥之中，不燃官烛。

《晋书》曰：周顗弟嵩，尝因酒瞑目，谓顗曰："君才不及弟，何乃横得重名？"以所执蜡烛投之。顗神色无忤，徐曰："阿奴火攻，固出下策耳。"

《齐书》曰：竟陵王子良常集学士刻烛为诗，四韵者具刻一寸，以此为奇。萧文琛曰："烧一寸烛为四韵诗，何难之有！"乃与丘楷、江洪共打铜钵为五韵诗，响灭，皆可观览。

《后魏书》曰：高祖尝幸清徽堂，命黄门郎崔光邺、郭雅、邢峦、崔休等赋诗言志。烛至，公卿辞退。高祖曰："烛至辞退，无同姓之礼，在夜载考宗族之义，卿等且还，朕与诸王宗室欲成此夜饮。"

《北齐书》曰：郎茂年十五，师事国子博士河间权会，受《诗》《易》、《三礼》、玄象、刑名之学，至忘寝食。家人恐成病，恒节其烛。

《唐书》曰：刘沔为忠武小校，从李光颜讨淮西，为捉生将，前后与贼血战，锋刃所伤几死者数四。尝伤重卧草中，月黑不知归路，昏然而睡，梦人授之双烛曰："子方大贵，此行无患，可持而还。"既行，然有双光在前。自后破虏危难，每行尝有此光。及罢镇后，双光遂息。

又曰：柳公权充翰林侍书学士，每居堂召对，继烛见跋，语犹未尽，不欲取外宫人，以蜡泪揉纸继之。

《会稽典录》曰：盛吉拜廷尉，吉性多仁恕，务在宽矜。每至冬月罪囚当断，其妻执烛，吉手持丹笔，夫妻相对垂泣。

又曰：陈修字奉迁，乌伤人也，为豫章太守。修性清洁，履约恭俭，十日一炊，不然官烛。

《神仙传》曰：汉章帝问刘冯曰："殿下有怪，常着朱衣，被发持烛，相随而走，为可劾否？"冯曰："可。"帝因使人伪为之，冯以符掷之，数人顿地。帝惊曰："以相试耳。"乃解之。

《列女传》曰：齐女徐吾者，东海上贫妇人，与其邻妇李吾之属合烛夜绩。徐吾最贫而无烛，李吾曰："徐吾烛数不属，请无与夜作。"徐吾曰："妾以贫故，起常先，洒扫陈席，以待来者。今一室之中，益一人，烛不为益暗，去一人，烛不为益明，何爱余光？"莫之能应，遂复与夜绩。

《西京杂记》曰：闽越王献高帝石蜜五斛，蜜烛二百枝。

又曰：匡衡勤学而无烛，邻舍有烛，乃穿壁引其光，以书映光而读矣。

王子年《拾遗记》曰：融鼻西有销明之草，丛生千叶，阴覆地，夜视之如列烛，昼则灭矣。

又曰：昆仑者，西方曰须弥山，对七星之下，出碧海之中，有五色玉树，夜望水上，光焰如烛。

《抱朴子》曰：慕恶者，犹宵虫之赴明烛焉。

又曰：夫明烛宵举，则飞虫群起。

又曰：有自无而生焉，形须神而立焉。有者无之宫，形者神之宅。故譬之于堤，堤坏则水不留；方之于烛，烛尽则火不居也。

《文子》曰：鸣铎以声自毁，膏烛以明自销。

《韩子》曰：郑人有遗燕相国书者，夜书，火不明，因谓持烛者曰："举烛。"而误书"举烛"，非书意也。燕相国受书而说之，曰："举烛者，高明；高明者，举贤而任之。"国以治也。

《淮南子》曰：天下时有盲妄自失之患，此高烛之类也，火愈燃而消愈亟。愈，益也。亟，疾也。

《说苑》曰：晋平公问于师旷曰："吾年七十，欲学恐已暮矣。"师旷曰："臣闻少而学者如日出之阳，壮而学者如日中之光，老而学者如秉烛之明。老而不学，昧昧如夜行焉。秉烛之明，孰与昧行？"公曰："善。"

《世说》曰：君夫王恺字，以饴糖澳釜，石季伦以蜡烛灼炊。

《玄晏春秋》曰：予读《汉书·匈奴传》不识撑黎孤涂之字，有故奴执烛，顾而问之，奴曰："撑黎，天子也。盖匈奴之号单于，犹汉人有天子也。"予于是乎旷然发悟。

《潜夫论》曰：偶烛之施明于幽室也，前烛则尽照之，后烛而益明，二者相因而成大火。

《论衡》曰：《太公阴谋书》称武王伐纣，兵至牧野，晨举脂烛，权掩不备。

《地镜图》曰：相玉者见美女子载烛行坛，阴从其所出入处寻之，石中有玉矣。

蔡氏《化清论》曰：伏龙非我马，白日非我烛，藏之默之，保此小朴。

《楚辞》曰：室中之观多珍怪，兰膏明烛华容备。

古诗曰：人生不满百，常怀千载忧，昼短苦夜长，何不秉烛游？

魏明帝乐府诗曰：昼作不辍手，猛烛继望舒。

刘桢诗曰：天地无期竟，民生甚局促。为称百年寿，谁能应此录？低昂倏忽去，炯若风中烛。

傅玄《烛铭》曰：煌煌丹烛，焰焰飞光。取则龙景，拟象扶桑。照彼玄夜，炳若朝阳。焚形监世，无隐不彰。

炬

《东观汉记》曰：光武平河北，任光伯卿暮入堂阳县，骑皆持炬火，天地赫然尽赤。堂阳惊怖，即夜降。

《魏志》曰：满宠字伯宁，以前将军都督扬州诸军事。孙权自将号十万至合淝新城。宠驰往赴募壮士十数人，折松为炬，灌以麻油，从上风放火烧贼。攻具射杀权弟子泰，贼于是引退。

《宋书》曰：王懿字仲德，太原人也。符氏之败，仲德年十七，与兄叡同起义兵。与慕容垂战，败，仲德被疮退走。至滑台，复为翟辽所留，使为将帅。仲德志欲南归，乃弃辽奔太山。辽追骑甚急，夜行忽见前有猛炬导之，乘火夜行百里许，得以免难。

《六韬》曰：三军有行，临领士众，旦则有云梯远望，夜则设云火万炬。

《淮南子》曰：亡者不敢夜揭炬。为人见也。

又曰：宁戚欲干齐桓公，困穷无以自达。于是为商任车，任，载也。商于齐。暮至于郭门外，桓公郊迎客，爝火甚盛，爝火，炬火。戚饭牛车下，望见桓公，击牛角而疾商歌。

《汝南先贤传》曰：许嘉字德珍，事郡功曹为小吏，常持剑侍功曹，日朝暮并令持炬。嘉于是忿然曰："男儿为吏，不免贱役！"投火于池，以剑带槐树，趋诣府门。主者问其故，对曰："本去刍牧，来入天朝观庠序之化，今右手持剑，左手把炬，此等之事，乞得受罚而归。"

《神仙传》曰：王遥字伯辽，夜大雨晦冥，遥出行不沾雨，有炬火常在于前。

《英雄记》曰：公孙瓒与破虏校尉邹靖俱追胡，靖为所围。瓒回师奔救，胡即破散，解靖之围。乘胜穷追，日入之后，把炬逐北。

又曰：周瑜败曹操于赤壁。密使轻船走舸百余艘，艘有五十人施棹，人持炬火。

太平御览卷第八百七十一　火部四

庭燎

《说文》曰：庭燎，火烛也。

《礼》曰：庭燎之百，由齐桓公始也。僭天子也。庭燎之差，公盖五十，子、男皆三十。

《诗》曰：《庭燎》，美宣王，因以箴也。夜如何其？夜未央，庭燎之光。君子至止，鸾声锵锵。

《周礼》曰：阍人掌守王宫之中门之禁。中门，于内为中，若今宫阁门。大祭祀、丧纪之事，设门燎，跸宫门庙门。燎，地烛也。跸，止行者。庙在中门之外。凡宾客亦如之。

又曰：凡邦之大事，共坟烛庭燎。故书坟为蕡。郑司农云：蕡烛，麻烛也。玄谓：坟，大也。树于门外曰大烛，于门内曰庭燎，皆所以照众为明。中春以木铎修火禁于国中。为季春将出火也。火禁，谓水火之处及备风燥。

《晋中兴书》曰：哀帝兴宁元年，诏庭燎树端门内。

《晋起居注》曰：成帝咸和八年十二月，有司奏：庭燎在公车门外，今更集议旧在端门内，依旧门内施。诏曰："尚书奏九年庭燎当在端门内，明帝时在公车门外，可依旧安。"

《赵书》曰：石勒造燎高十丈，上盘置燎，下盘安人，以燎緪缴上下。

《石虎邺中记》曰：石虎正会，殿庭中、端门外及阊阖门前设庭燎各二，合六处，皆六丈。

《说苑》曰：齐桓公设庭燎，为士之欲造见者，期年而士不至。东野鄙人有以九九之术见者，桓公曰："九九足以见乎？"对曰："臣非以九九为足以见也，臣闻主君设庭燎以待士，期年而不至。夫士所以不至者，以君天下贤君也，四方之士，皆自论不及君，故不至也。夫九九薄能耳，而君犹礼之，况贤于九九者乎？"桓公曰："善！"礼之，期月而士至。

烟

《说文》曰：烟，火气也，焆焆然也。

《汉书》曰：元帝时有童谣曰："井水溢，灭灶烟，灌玉堂，流金门。"

谢承《后汉书》曰：吴郡徐相为长沙太守，常食干饭，不发烟爨。

沈约《宋书》曰：桓玄使桓谦屯东陵口，卞范之屯覆舟山西。高祖躬先士卒以奔之。东北风急，因命纵火，烟焰张天。

《许迈别传》曰：迈少名暎，高平阎庆等皆就暎受学，暎曰："阎君可服气以断谷，彭君宜饵药以益气。"庆等将去，暎为烧香，有五色烟出，暎亦自去，莫知所在。

《列仙传》曰：宁封子，黄帝时人也，为帝陶正。有神人遇之，为其掌火，能出五色烟。

《三秦记》曰：秦始皇葬骊山，牧羊童失火烧之，三月烟不绝。

《广古今五行记》曰：前凉御史宋诩房壁中烟出，掘而视之，别柱焦然。诩谓弟澄曰："'柱'之为字，左'木'右'主'，'宋'字含'木'，木焦，'宋'破而'主'存，此灾之大者也，宜思防之。"其后张邕诛宋混诸党。

王子年《拾遗记》曰：员峤之山四百里，有池周一千里，色随四时变。中有神龟，八足六眼，背负七星日月八方之图。复有四烛，时出烂石上，望之煌煌如列星矣。于冥昧当雨之时，而光色弥明。此石常浮于水边，方数百里，其色多红，烧之有烟，数百里外升天则成香云，香云遍润则成香雨。

又曰：晋文公焚林以求介推，有白鸦绕绕而噪，或集介子之侧，火不能焚。晋人嘉之，为立台，号曰思烟。

《列子》曰：秦之西有义渠之国者，其亲戚死，聚柴积而焚之，烟上，谓之登遐，然后成为孝子。

《抱朴子》曰：伯喈识弦音于烟烬之余也。

《淮南子》曰：冬至甲子受制，木用事，火烟青；七十二日丙子受制，火用事，火烟赤；七十二日戊子受制，土用事，火烟黄；七十二日庚子受制，金用事，火烟白；七十二日壬子受制，水用事，火烟黑。

《西域诸国志》曰：屈茨国有山，夜则有光火，昼则恒烟焉。

《风俗通》曰：乱如俗谓缊者，粪除不洁，草芥集，众火就烧之，谓之缊，言其烟气缊缊，取其希有不淆乱。

锺会《刍荛论》曰：焚林成烟，其状如云。

颜延之《廷诰》曰：火含烟而妨火，桂怀蠹而残桂，然烟胜则火灭，蠹壮则桂折。

焦赣《易林·夬之小过》曰：千里望烟，散烟日分，形体灭亡，终不见君。

炭

《说文》曰：炭，烧木也。

《记》曰：季秋草木黄落，乃伐薪为炭。

《左传》曰：邾子在门台，门上有台。临庭，阍以瓶水沃庭，邾子望见之，怒，阍曰："夷射姑旋焉。"旋，小便也。命执之，见其不洁，执射姑也。弗得。滋怒，自投于床，废于炉炭，废，堕也。烂，遂卒。

又曰：宋文公卒，始厚葬，用蜃炭。烧蛤为炭，以塞黄。

又曰：宋元公恶寺人柳，欲杀之。及丧，柳炽炭于位，以温地。将至，则去之。使公坐其处。比葬，又有宠。言元公好恶无常。

《周礼》曰：宫人共王之沐浴，沐浴，所以自洁清。凡寝中之事，扫除、执烛、共炉炭。

又曰：掌炭掌灰物炭物之征令，以时入之，灰，炭，皆山泽之农所出也。灰给浣练。炭之所共多。以权量受之，以共邦之用。凡炭灰之事。

又曰：赤友氏掌除墙屋，以蜃炭攻，以灰洒毒之。洒，洒也。除墙屋者，除虫豸藏逃其中者。蜃，大蛤也。捣其炭以坋之则走，淳之以洒之则死。

《史记》曰：窦皇后弟少君为人所略，卖为主人入山作炭。暮卧岸下，崩，百余人皆压死，少君独不死。

《汉书》曰：先冬夏至，悬铁、炭于衡各一端，令适亭，冬阳气至，炭仰而铁低；夏阴气至，炭低而铁仰。以候二至焉。

《晋书》曰：王沉为豫州刺史，下教求直言之士。主簿褚入告曰："尧、舜、周公所以能致忠谏者，以其忱诚之心着也；冰炭不言而冷热之质自明者，以其有实也。若好忠直如冰炭之自然，则谔谔之臣将济济而盈庭，逆耳之言不求而自至矣。"

又曰：孙登住宜阳山，自作炭。人见之，知非常人，与语，登不应。

《后魏书》曰：高聪卒，有妓十余人，有子无子皆令烧指吞炭，出家为尼。

《邵氏家传》曰：邵贞字德方，山阴人，性详审。赴张氏葬，或落生炭于贞履中，坐人谓贞不见，疾呼贞，因不为回顾。

《神仙传》曰：严青，会稽人也。于山中作炭，忽有人与青一卷素书，曰："汝骨应得道长生，故授神书也。"

《齐地记》曰：东南卢水水侧有胜火木，方人俗音曰："挺木"，经野火烧之不死，炭亦不灭。东方有不灰之木。

《豫章记》曰：丰城县葛乡有石炭二百顷，可燃以炊爨。

《交州记》曰：灶头山，越人炊爨之处，掘而得炭。

《淮南子》曰：譬犹冰、炭，钩、绳也，何时而可合？冰寒炭热，钩曲绳直，无时得合。

又曰：悬羽与炭，而知燥湿之气。燥，故炭轻。湿，故炭重。

又曰：夫湿之至也，莫见其形，而炭已重矣；风之至也，莫见其象，而木已动矣。

又曰：天下莫相憎于胶、膝，胶漆相持不解，故曰憎。一曰、胶于漆中则败漆，漆入胶中亦败胶，以多少推之，故曰相憎也。而莫相爱于冰、炭。冰得炭则解，解归水复其性，炭得冰则保其炭，故曰相爱也。胶、漆相贼，冰、炭相息也。

《抱朴子》曰：柳乃速朽者也，而燔之为炭，则亿载而不败。

《吕氏春秋》曰：豫让欲报襄子，灭鬓去眉，变其形容，作乞人，往乞于其妻。曰："状貌无似吾夫者，其音何类吾夫之甚？"让乃吞炭而变其声。

《异苑》曰：信安郑徽，年少时登前桥彷徉，见一老翁，以小囊与徽云："此是君命，慎勿零落。若有破碎，便为凶兆。"言讫，失所在。徽密开看，是一挺炭，意乃秘之，虽家人不之知也。永初三年，年六十，病笃，语弟子云："吾齿尽矣，可试启此囊。"见炭碎析，于是遂亡。

桓谭《新论》曰：举火夜作，燃炭干墙。

王况《释时论》曰：融融者，皆趋热之士；得炉冶之门者，唯挟炭之子。

《盐铁论》曰：冰炭不可以同器。

《语林》曰：洛下少林木炭，止如粟状。羊琇骄豪，乃捣小炭为屑，以物和之，作兽形。后何召之徒共集，乃以温酒。火热既猛，兽皆开口向人赫赫然。诸豪相矜，皆服而效之。

贾谊《鵩鸟赋》曰：天地为炉兮，造化为工；阴阳为炭兮，万物为铜。

灰

《周礼》曰：蝈氏掌去蛙黾，焚牡蘜，以灰洒之则死。牡蘜，蘜不华者。齐鲁之间谓蛙为黾，耿黾也。蝈与耿黾尤怒鸣，为聒人耳，去之。其烟被之，则凡水虫无声。杜子春云：假令风从东方来，则于水东面为烟，令烟西行，彼之水上。

又曰：㡆氏。湅力见切帛以栏为灰，渥淳其帛，实诸泽器，淫之以蜃，渥，读如缯人渥管之渥。以栏木之灰，渐释其帛也。杜子春云：淫当为涅，书亦或为湛。郑司农云：泽器，谓滑泽之器。蜃谓炭也。清其灰而盝力渎切之，而挥之。清，澄也。于灰澄而盝晞之，晞而挥去其蜃。

《史记》曰：秦商鞅作苛法，有弃灰于道者，刑之。

《汉书》曰：韩安国坐抵罪，狱吏田甲辱之，安国曰："死灰独不复燃乎？"甲曰："燃即溺之。"

又曰：武帝穿昆明池，得黑灰，有外国胡云："此是天地劫灰之余也。”问东方朔，信然。

《后汉书》曰：杨琁为零陵太守。时苍梧群贼攻劫，琁制车数十乘，置灰车中，从风散灰，贼不得视，因以败之。

《魏略》曰：文钦为庐江太守，为都督王陵所奏，钦诉曹爽，爽谓曰：“陵责卿载灰两船，何为乎？”曰：“闻足下起染舍，故烧此灰耳。”

《吴录》曰：张举字子清，为句章令。有妇杀夫者，因焚屋，言烧死，其弟疑而讼之。举按尸，开口视之，无灰。令人取猪两头，一杀一生而俱焚之。开视其口，所杀者无灰，生者有灰。乃明夫先死，妇后烧之。妇遂首服焉。

《晋书》曰：鸠摩罗什，天竺人也。中书监张资病，骁骑将军吕光博营救疗。有外国道人罗叉云能差资病，光喜，给赐甚厚。罗什以其诳诈，告资曰：“叉不能为益，徒烦费耳。冥运虽隐，可以事试也。”乃以五色丝作绳，结之，烧为灰末，投水中，灰若出水还成绳者，病不可愈。须臾，灰聚浮出，复为绳。叉疗果无效，少日，资亡。少日，犹无几时。

《隋书》曰：齐神武霸府田曹参军信都芳，深有巧思，能以管候气，仰观云色。尝与人对语，即指天曰：“孟春之气至矣。人往验管，而飞灰已应。每月所候，言皆无爽。又为轮扇二十四，埋地中，以测二十四气。每一气感，则一扇自动，他扇并住，与管灰相应，若符契焉。”

又曰：开皇九年平陈后，高祖遣毛爽及蔡子元、于普明等以候节气。依古于三重密室之内，以木为案十有二具，每取律吕之管，随十二辰位置于案上，而以土埋之，上平于地，中实葭莩之灰，以轻缇素覆律口。每其月气至，与律冥符，则灰飞冲素，散灰出外。而气应有早晚，灰飞有多少。或初入月，其气即应；或至中下旬间气始应者；或灰飞出，三五夜而尽；或终一月而上未。高祖异之，以问牛弘，弘对曰：“灰飞半出为和气吹，灰全出为猛气吹，灰不能出为衰气。和气应者其政平，猛气应者其臣纵，衰气应者其君暴。”高祖驳之曰：“臣纵君暴，其政不平，非月别而有异也。今十二月律于一岁内应并不同，安得暴君纵臣若斯之甚也？”弘不能对。

《庄子》曰：郑有巫曰季咸，知人之死生存亡、祸福寿夭，期以岁月旬日若神。郑人见之，皆弃而走。不喜自闻死日。列子见之而心醉，归以告壶子，曰："尝试与来，以吾示之。"明日，列子与之见壶子，出而咸谓列子曰："嘻！子之先生死矣，不活矣，不可以旬数矣。吾见怪焉，见湿灰焉。"湿灰，均其寂魄化，此乃至人无感之时也。

又曰：南郭子綦隐几而坐，仰天而嘘，嗒焉若失其偶。嗒焉，解体。若失其配匹也。颜子成游立侍乎前，曰："何居乎？形固可使如槁木，而心固可使如死灰乎？"死灰，槁木，取其寂寞无情耳。夫任自然而忘是非者，其体中独任天真而已，又何所有哉？

《淮南子》曰：月晕，以芦灰环之，缺一面，则晕亦阙一面焉。

又曰：烂灰生蝇。

又曰：仲夏之月无烧灰，草木尽成。无暴布。无烂之也。

又曰：夫吹灰而欲无眯，涉水而欲无濡，不可得也。

又曰：女娲杀黑龙以济冀州，黑龙为冀州害。积卢灰以止淫水。卢，黑也。一曰苇灰也。

又曰：伐薪而为炭，燔草而为灰。

《抱朴子》曰：吴世姚光者，有火术。吴主试之，积荻数千束裹之，因猛火而燔荻了尽，谓光当已化为烟烬。而光端坐灰巾，振衣而起，把一卷书。吴主取其书视之，不能解也。

又曰：外国作水精碗，实是合五百种灰以作之，今交、广多有其法。

《六韬》曰：武王伐殷，得二大夫，而问之曰："殷国将亡，亦有妖乎？"其一人对曰："殷国常雨血、雨灰、雨石。"武王曰："大灾妖也。"其一人曰："是非大妖也。殷国大妖三十七章，雨血、雨灰、雨石，臣不为妖灾。"武王蹴然而问三十七章之妖，对曰："殷君好射人、喜以人喂虎、喜割人心、喜杀孕妇、喜杀人父孤人之子。"

《吴越春秋》曰：吴王欲杀王子庆忌而莫之能。要离谓吴王曰："臣请杀之。"乃伪加罪焉，执其妻，焚而扬其灰。

《述异记》曰：蜀郡成都张伯儿年十余岁，作道士，通灵有逆鉴。

时饮醇灰汁数升，云以洗肠疗疾。

《从征记》曰：自燃灰，状如黄灰，生海滨。投水中浣衣，不须淋水。

《太玄经》曰：泠竹为管，窒灰为候，以揆百度。虞翻注曰：以冷空竹为管也。窒，塞也。

《物理论》曰：宜阳县金门山竹为律管，河内葭莩以为灰，可以候气焉。

《春秋感精符》曰：画遗灰则月晕。

太平御览卷第八百七十二 休征部一

叙休征

《书》曰：休征叙美行之验：曰肃，时雨若；君行敬则时雨顺之。曰乂，时旸若；君行政治，则时旸顺之。曰哲，时燠若；君能照哲，则时暖顺之。曰谋，时寒若；君能谋，则时寒顺之。曰圣，时风若。君能通理，则时风顺之。

《礼》曰：国家将兴，必有祯祥。

又曰：用民必顺，不夺农时。故无水旱昆虫之灾，民无凶饥妖孽之疾。言大顺之时，阴阳和也。

又曰：四灵以为畜，故饮食有由也。何谓四灵？麟、凤、龟、龙谓之四灵。

又曰：天降膏露，地出醴泉，山出器车，河出马图，凤凰麒麟皆在郊棷，典薮同也。龟龙在宫沼，其余鸟兽之卵胎，皆可俯而窥也，则是无故。非有他事使之然也。先王能修礼以达义，体信以达顺，故此顺之实也。

又曰：升中于天而凤皇降，龟龙假。功成而太平，阴阳气和而致象物。假音格。

又曰：享帝于郊而风雨节，寒暑时。五行木为雨，金为阳，火为燠，水为寒，土为风。

《黄帝太阶六符经》曰：三阶平则阴阳和、风雨时，社稷咸获其宜，天下大安，是谓太平。

《韩诗外传》曰：成王之时，有三苗贯桑而生为一秀，大几满车，长几充箱。成王问周公曰："此何物也？"周公曰："三苗同为一秀，意者天下殆同一也。"比期三年，果有越裳氏重九译而至，献白雉于周公曰："道路悠远，山川幽深，恐使人之未达也，故重译而来。"周公辞曰："吾何以见赐也？"译曰："吾受命国之黄发日久矣。天下之不迅风疾雨也，海之不波溢也，三年于兹矣。意者中国殆有圣人，盖往朝之？”于是周公乃敬其所来。故《小雅》云：“有黯凄凄，兴云祁祁。”以是知太平无飘风暴雨亦明矣。

又曰：祥者，福之先见者也。《风角占》曰：福先见曰祥。

《春秋繁露》曰：王者，人之始也。王正则元气和顺，风雨时，景星见，黄龙下。

又曰：五帝三王之理天下，不敢有君民之心，什一而税；教以爱，使以忠，敬长老，亲亲而尊尊；不夺民时，使民不过岁三日；民家给人足，无怨望忿怒之患。故天为下甘露，朱草生，醴泉出，风雨时，嘉禾兴，凤凰骐麟游于郊。

日

《孙氏瑞应图》曰：君贤，得土地，则日有黄抱。

又曰：扬光者，人君不假臣之权，则日扬光。

又曰：王者动不失，日扬光也。

《符瑞图》曰：日，二黄人守者，外国八方自来降也。

又曰：少皞氏邑于穷桑，日五色互照穷桑。

《易说》曰：日者，至阳之精，象君德。玄黄照耀，五色无主。

《春秋潜潭巴》曰：君德应阳，君臣得道叶度，则日含王字。含王字者，曰中有王字也。王者德象日光，所照无不及也。

《春秋考异邮》曰：黄帝将兴，有黄雀赤头，立于日傍。黄帝曰：“黄者土精，赤者火荣，爵者赏也，余当立大功乎？”黄雀者，桑也。

《礼斗威仪》曰：君承土而王，其政太平，则日五色无主。宋均曰：“五行之色，不王于一也。”

又曰：君乘木而王，其政升平，则黄中而青晕；乘火而王，则黄中而赤晕；乘金而王，则黄中而白晕；乘水而王，则黄中而玄晕。

《孝经援神契》曰：黄气抱日，辅臣纳忠，德至于天曰抱载。在上曰载，在旁曰抱。

月

《汉书》曰：元后生成帝，梦月入怀。《吴志》云：孙弟生。

京房《易飞候》曰：正月有偃月，国必有喜。

《礼斗威仪》曰：君乘土而王，其政太平，则月黄而多辉。

《礼瑞应图》曰：昔太清之治世也，昭明于日月。

《礼含文嘉》曰：人君政尊，则日月贞明。

《春秋潜潭巴》曰：君臣和，得道叶度，则日月大光明，天下和平，上下俱昌，延年益寿。

星

《孙氏瑞应图》曰：景星者，大星也。状如半月，生于晦朔，助月为明。王者不私于人则见。

又曰：王者德至幽微，则景星见。

又曰：景星者，星之精也，先后月出于西方。王者不私人以官，使贤者在位则见，佐月为明。

又曰：王者孝行之溢，则斗霣精。北斗七星光明若将霣也。

又曰：王者承天得理，则老人星临国。

《符瑞图》曰：镇星合房者，年谷丰熟。

《易坤灵图》曰：至德之萌，五星若连珠。

《尚书中候》曰：帝尧即政七十载，景星出翼。景，大也。翼，朱鸟宿也。

《礼稽命征》曰：出号施令叶民心，制礼作乐得天意，则景星见。

又曰：外内之制，各得其宜，四方之事，无有留滞，则天苑有德星见。

《礼斗威仪》曰：君承土而王者，其政太平，则镇星黄而多晕。

又曰：宫星黄大，其余六星耀光四起。宫星，北斗魁星也。

又曰：君乘水而王，其政太平，则辰扬光；乘金而王，则太白扬光。

《礼含文嘉》曰：天子崇有德、彰有道、显有功、褒有行，则太微七星明，少微、处士有德星应。宋均云："太微，正教之宫也；七星，衣裳正礼。今施教布化，仪服应礼，故星明；今少微、处士有德星应，则星皆有威仪矣。"

《春秋合诚图》曰：天子精耀，心愤务德，则景星见。宋均曰：愤犹盛也。

《春秋感精符》曰：王者上感皇天，则景星见。

《春秋佐助期》曰：虞舜之时，景星出房。

《春秋孔演图》曰：天子举贤，则景星放于天。

又曰：王者德政，海内富昌，则镇星入阙。阙，华阙之门，当帝坐。

《春秋元命苞》曰：老人星者，治平则见，见则主寿。帝以秋分，候之南郊。

又曰：帝位明，即毕星光大也。

《春秋文耀钩》曰：老人星见则主安下，不见则兵起。

又曰：王者安静，则老人星见。

《春秋运斗枢》曰：王政和平，则老人星临国，万民以歌。

《孝经援神契》曰：德至天，则斗极明。

又曰：天子刑于四海，德洞沦冥，八方神化，则斗ភ精。

又曰：神灵滋液，百珍宝用，有景星。

又曰：镇星舍房，符明道兴。宋均曰：符验明而道兴年丰也。

又曰：太白合表，四夷从服之象。宋均曰：合表，从中道也。太白进退主侯兵。合从中道，无进退。

《孝经内事》曰：天子行孝德，则景星见。

又曰：王者动得天度，止得地意，从容中道，阴阳合度，则太微五帝座星明以光也。

又曰：王者得礼之制，不伤财，不害民，君臣和，草木昆虫各象正性，则三台为齐明，不阔不狭，如其度。宋均云："君臣制度，宫室、车旗多少各有科品，则应也。"

又曰：王者敬诸父有差，则斗角光明以扬。宋均云："诸父，伯仲叔季也。斗为帝车，帝所乘也。角坚刚而居帝前，帝敬诸父，感天应之也。"

又曰：王者远嫌别微，殊贵贱，抑骄臣，息乱子，则屏星为之明以润，帝座章而光。宋均云："屏星、五帝座为之明以润，章大也。"

又曰：天子得云台之礼，则五车均明，河行不离其常。宋均云："天子考察天气若梓慎，见星之祲者也，所以获福禳灾。五车主五谷，君禳灾得福，民无饥寒之困，五谷星明以应之。河若离常，则有决溢之忧，则九谷失所殖矣。"

又曰：昆弟有亲亲之思，则钩钤不离房。宋均云："钩钤远房则疏阔，今昆弟相亲，故天相近，明其友也。

又曰：王者厚长幼，各得其正，则房、心有德星应之。宋均云："房心为天子明堂，布政之宫，长幼厚则政教着，明房心应之而时也。"

风

《史记》曰：黄帝行德，天为之起风，从西北东北，必以庚辛。一秋中五至，大赦；三至，小赦也。

《唐书》曰：肃宗在平凉，未知所适，会朔方留后杜鸿渐奉笺迎上，又河西行军司马裴冕劝上治兵于灵武，以图进取。上发平凉，至丰宁南，见黄河天堑之固，欲整军北渡以保丰宁。忽大风飞沙，跬步之间，不辨人物。及回军趋灵武，风沙顿止，天地廓清。

《尚书大传》曰：王者德及皇天，则祥风起。

又曰：舜将禅禹，于时八风修通。

《礼斗威仪》曰：王者乘火而王，其政升平，则祥风至。宋均云：即景风，其来，长养万物。

《符瑞图》曰：翔风者，瑞风也，一名景风。春为发生，夏为长盈，秋为收藏，冬为安宁。

《春秋繁露》曰：王者恩及金石，则凉风出。

《孝经援神契》曰：王者德被八方，则祥风至。

王充《论衡》曰：王者太平，则五日一风，风不鸣条。

《风角占》曰：风清明，高不及地二三尺，此下有圣人；或清明，其来久长，而不动摇树木枝叶，此龙德在其下。

《晋阳春秋》曰：刘裕平慕容超，将镇下邳，闻卢循反、何无忌败，乃还次山阳。造扬子江，问行人曰："朝廷如何？"对曰："刘公尚未至，刘公若还，无所忧也。"裕将济而风急，众咸难之。裕曰："吾有天命，风当自息，如天不助，覆溺何足可怯？"即命登舟，舟移而风止。

雨

《礼斗威仪》曰：君乘金而王，其政平，则嘉雨时至。

《春秋说题辞》曰：大节二十四，小节十二，功德分也，故一岁三十六雨。

《盐铁论》曰：太平之世，则雨不破块，旬日一雨，雨必以夜。

《符瑞图》曰：周公时天下太平。当此之时，旬而一雨，雨必以夜。

又曰：灵雨者，遇岁亢旱，责躬引咎，理察冤枉，退去贪残，侧身修政，则降以灵雨。非诚感瑞应，则非灵也。

又曰：昔殷汤之世，天下大旱。以六条自责，于是大雨。

《淮南子》曰：神农之世，甘雨以时，五谷蕃殖。

《尸子》曰：神农氏治天下，欲雨则雨。五日为谷雨，旬五日为行雨，万物咸利，故谓之神。

云

《史记》曰：若烟非烟，若云非云，郁郁纷纷，萧索轮囷，是谓庆云，嘉气也。

《汉书》曰：武帝封禅，夜有白云封中出。

《魏书》曰：文帝生时，有云气青色而圆如车盖，当其上终日。望气者以为至贵之证。

《宋书》曰：世祖在江州起义，建牙军门，有紫云二段落于牙上。

《唐书》曰：玄宗尝出畋，有紫云在其上，从者望而得之。

又曰：萧宗自奉天而北，夕次永寿，有白云起西北，长数丈，如楼阁之状。识者以为天子之气。

《尚书中候》曰：尧德清平，乃沉璧于河，白云起。

《礼斗威仪》曰：景云，景，明也，言云气光明也。

又曰：周成王治平，观于河，青云浮。

《春秋孔演图》曰：黄帝将兴，黄云升于堂。

《孝经援神契》曰：王者德至山陵，则景云出。

又曰：天子孝则景云出。

孙氏《瑞应图》曰：景云见者，太平之应也。

《符瑞图》曰：矞，庆云也，内赤外黄，一曰矞云。矞，音橘也。

《帝王世纪》曰：黄帝有景云之瑞，以云纪官。

又曰：尧母庆都，生而神异，有黄云覆上。

《汉武故事》曰：帝幸梁父祀地，山上有白云如盖。

又曰：宣帝祀甘泉，有紫云从西北来，散于殿前。

《归藏》曰：大昊之盛，有白云出自苍梧，入于大梁。

徐爰《宋书》曰：高祖北征至洛阳，常有紫云见于军上。

雾

《史记》曰：高祖至平城，匈奴围上七日，大雾，汉人往来，故不觉。

《帝王世纪》曰：黄帝五十年秋七月庚申，天大雾三日。帝之洛水上，见大鱼负图书。

露

《后汉书》曰：光武建武十二年，甘露降南行唐。

又曰：明帝永平十七年春正月，甘露降于甘陵。

又曰：明帝永平十七年，甘露降泉陵、洮阳二县。二县属零陵。泉陵城，在今永州零陵县北。洮阳故城在湘原县西北。

《东观汉记》曰：光武时，甘露降四十五日。

《宋书》曰：文帝元嘉中，甘露频降，状如细雪。

《唐书》曰：武德九年四月二十三日，甘露降于中华殿之桐树，泫如冰雪，以示群臣。

又曰：贞元十年正月，西川奏当管甘露降松柏、竹丛等二千四百四十二处。

《尚书中候》曰：尧时甘露降。

《孝经援神契》曰：王者德至天，则降甘露。

《礼斗威仪》曰：君政治，则轩辕之精散为甘露降。

又曰：人君乘土王，其政太平，则甘露降。

《春秋运斗枢》曰：天枢得则甘露降。

孙氏《瑞应图》曰：耆老得敬，则松柏受甘露；尊贤老不失细微，则竹苇受甘露。

又曰：甘露者，味清而甘，降则草木畅茂，食之令人寿。

又曰：王者德至于天，和气感，则甘露降于松柏。

《白虎通》曰：甘露者，美露也。降则物无不盛。

《论衡》曰：甘露味如饴，王者太平之应。

《鹖冠子》曰：圣德上及太清，下及万灵，则膏露下。

《晋中兴征祥记》曰：甘露，仁泽也。凝如脂，甘如饴，王者德至于天则降。

《吕氏春秋》曰：阴阳之和，不长一类，甘露时雨，不私一物。

《山海经》曰：轩丘凤卵，民食之；甘露，民饮之。所欲自存。

魏明帝《与东河王诏》曰：昔先帝时，甘露屡降仁寿殿前。自吾建承露盘以来，甘露复降芳林园。

雷

《史记》曰：高祖母刘媪尝游大泽之陂，梦与神遇，时雷电冥晦，见蛟龙于其上。已而有妊，遂产高祖。

《河图》曰：黄帝以雷精起。

《尚书中候》曰：秦穆公出狩，天震大雷，下有火化为白雀，衔丹书集公车，曰："秦伯霸也。"

气

《史记》曰：秦始皇曰："东南有天子气。"于是东游以厌当之。

又曰：高祖隐于芒砀山泽间，吕后与人俱求，常得之。高祖怪问后，后曰："季所居，上常有云气，故从往常得。"

《汉书》曰：宣帝系狱，望气者言长安狱有天子气，诏系者杀之。内谒者令郭穰夜至郡邸狱，邴吉拒，使者不得入。

《后汉书》曰：望气者苏伯河为王莽使，至南阳，遥见望春亭，郭唶音子夜切曰："气佳哉！郁郁葱葱然。"

《东观汉记》曰：和帝时十一月夜，白气长三丈，起国东北。军市西域象奇、疏勒二国归义。

《魏书》曰：武宣卞皇后，琅琊开阳人，文帝母也。以汉延熹二年十二月乙巳生齐郡白亭，有黄气满室移日。父敬侯怪之，以问卜者王旦，曰："此吉祥也。"

《晋书》曰：天子气森森然，或如华盖，或如龙如马。

《宋书》曰：明帝太始二年六月，日入后，有黄白气东西竟天，光明润泽也。

《楚汉春秋》曰：项王在鸿门，亚父谏曰："吾使人望沛公，其气冲天，五彩相缪，或似人。此非人臣之气，不若杀之。"

应劭《汉官仪》曰：世祖封禅，夜有白气一丈，东南极望，正直坛所；有青气上与天属，遥望不见颠。瑞命之符也。

光

《汉书·郊祀志》曰：武帝祀汾阴，汾阴傍有光如绛，上遂立后土祠于汾阴。

又曰：郊太一祠，上有光。

又曰：宣帝祠世宗，神光兴于殿旁。神光又兴于房中，如烛状。

《东观汉记》曰：李轶等闻谶言："刘氏当复起，李氏为辅。"遂市兵弩，绛衣赤帻。归旧庐，望见庐南有若火光，以为人持火，呼之，光遂盛，曈曈上属天，有顷不见。上异之。

《后魏书》曰：太祖武皇帝母曰献明贺皇后，梦日出室内，寤而光明属天，歘然有感。及生于参合之北，其夜复有光明。

又曰：高祖孝文皇帝母曰李夫人，皇兴元年八月生平城紫宫，神光照室，天地氤氲，和气充塞。

《尚书中候》曰：尧沉璧于河，荣光出。

《符瑞图》曰：玉烛者，瑞光也，见则四时之色洞如烛也。

又曰：景者，光也。亦曰象也，光而可象，应行而臻。故茂德内彰，则瑞光外烛。

又曰：昌光者，瑞光也，见于天。汉高受命，昌光出轸。

又曰：荣光者，瑞光也。其光五彩焉，出于水上。

又曰：五彩光者，天见五色、三光重辉于地也。

《春秋合诚图》曰：五光垂彩，天下大嘉。

人

《尚书中候·洛师谋》曰：吕尚出游于戊，午有赤人雄出，赤人，水神。授吾青简丹书，曰："命由吕。"吾，我也。由，用也。

《礼含文嘉》曰：禹卑宫室，尽力乎沟洫，百馨用成，神龙灵龟驯伏，玉女降。

《魏志》曰：咸熙二年，晋太子袭位。襄武县言有大人见，长丈余，迹长三尺一寸，白发，着黄单衣黄巾，柱杖呼民三，始语云："今当太平。"

《瑞应图》曰：真人者，黄帝时游于池。王者有茂德，不贪货利，则金人乘船游王后池。

神

《龙鱼河图》曰：黄帝摄政，蚩尤兄弟八十一人，并兽身人语，铜头铁额，食沙石，造兵杖，威震天下，诛杀无道，不仁不慈。黄帝行天下事，仰天而叹。天遣玄女下授黄帝兵信神符，而令制伏蚩尤。蚩尤归臣，因使镇兵以制八方。

《尚书中候》曰：尧使禹治水，禹辞天地重功，帝钦择人，帝曰："出，尔命图，尔乃天。"言天使汝治水，非我。禹临河观，有白面长人，鱼身，出曰："吾河精也。表曰：文命治淫水。"河图，谓括地象。授禹河图，去入渊。

《汉书》曰：武帝太始四年三月，幸不其，如淳曰：其音基。不其，山名，因以为县。祠神人于交门宫，应劭曰：神人，蓬莱仙人之属也。晋灼曰：琅琊县有交门，汉武帝所造。若有向坐，拜者作交门之歌。

《山海经》曰：有人首蛇身，长如辕，左右有首，衣紫衣，冠旃冠，名曰延维。人主得而食之，伯天下。即于蛇也。

《瑞应图》曰：黄帝时，西王母使乘白鹿来献白环。一本云：帝舜时，西王母遣使献玉环。

又曰：二美母者，盖神女也，周穆王时持酒来酌之。

《管子》曰：桓公北征孤竹，未至卑耳溪十里，援弓将射，未能发，见人物具焉，右祛衣，走马前疾。管仲曰："臣闻登山之神有俞儿者，长尺，人物具焉。霸王之君兴，走马前导也祛衣，其前水；右祛，示从右涉。"至溪，如所言，公拜焉，曰："仲父之圣若此。"

《庄子》曰：齐桓公游于泽，管仲御。公见鬼，仲曰："泽有委蛇，其大如毂，其长如辕，紫衣朱冠，见人则举其首而立，见之者殆乎霸。"公曰："此寡人之所见也。"

《墨子》曰：郑缪公昼日处庙，有神入门而左，鸟身素服，面状正方。缪公乃惧，神曰："无奔，帝享汝明德，使锡汝寿十年，使君国昌。"公问神，神曰："予为勾芒。"

太平御览卷第八百七十三 休征部二

地

地

《礼》曰：地不爱其宝。

《符瑞图》曰：地得其性，不震摇也。

《祥瑞图》曰：王者益土地，则社稷及市中地长。

山

《管子》曰：霸王之主兴，则升山之神见。

《休子》曰：少皞生于稚华之渚，渚一旦化为山，郁郁葱葱焉。

湖

《吴志》曰：孙皓天玺中，吴郡言临平湖自汉来草秽壅塞，今更开通。长老传言：此湖塞，天下大乱；此湖开，天下宁。

河

《北齐书》曰：武帝大宁二年，齐州黄河清，改河清元年。

《隋书》曰：炀帝大业三年，武阳言河水清。

《唐书》曰：贞观十四年，陕州奏：界内二百余里正月元日河水变清，四日乃止。

又曰：高宗永徽五年六月，济州黄河清十六里。

又曰：肃宗乾元二年，岚州言：黄河三十里清如井水。十月，李光弼破史思明众五万。

《易乾凿度》曰：圣人受命，瑞应先见于河，河水清。

又曰：孔子云："天之将降嘉应，河水清变为白，白变为赤，赤变为黑，黑变为黄，各三日。"郑玄曰：圣王为政治之所致。

《礼斗威仪》曰：君乘土而王，其政太平，则河溓。宋均曰：溓，不决不溢也，谓溓然不盛也。溓，勒兼切。

《符瑞图》曰：河滭者，河水清也。

孙氏《瑞应图》曰：王者循天命而行，天道四通，则河出龙图。

《东观汉记》曰：光武从邯郸避王郎兵，南至下曲阳滹沲河，道吏还言："河水流澌，无船不可渡。"左右皆惶，畏为王郎所及。上命王霸前往视之，实然。霸念还言惊众，虽不可渡，且临水止尚阻，即白"冰坚可渡"。士众大喜，上大笑曰："果妄言也。"比至河，流澌冰合可履，马欲僵，以囊盛沙布冰上。既度未数里，冰陷也。

海

孙氏《瑞应图》曰：王者出而王道通移，则海不扬鸿波。

《礼斗威仪》曰：君乘水而王，其政和平，则江海着其神象。宋均曰：神不见，但着象而已，青黄赤白玄，水具有此色焉。

《春秋运斗枢》曰：摇光则海出明珠。

洛

谢承《后汉书》曰：沛国陈宣，字子建。建武十年，洛水出造津城门，或欲筑塞之，宣谏曰："昔王尊正身，金堤水退，况圣主耶？"言未绝而水去。

《尚书中候》曰：尧沉璧于洛，赤光起。

又曰：武王沉璧，青云浮洛。

《易乾凿度》曰：帝德之盛，应于洛水先温，九日乃寒，五日变为五色玄黄。

水

《陈书》曰：高祖至南康破蔡路养、李迁仕。赣石旧有二十四滩，多巨石，行旅者以为难。高祖之发也，水暴起，三百里石皆没。

《唐书》曰：武德元年七月，新丰鹦鹉谷水清。世传此水清，天下平。

《礼斗威仪》曰：君乘土而王，其政太平，则蒙水出于山。宋均曰：蒙，小水也。出可溉灌，生无不植也。

《异苑》曰：临淄牛山下有女水。齐人谚曰："世治则女水流，世乱则女水竭。"慕容超时干涸弥载，暨宋武薄伐而激洪波。

醴泉

《礼》曰：地出醴泉。

《东观汉记》曰：光武中元元年祠长陵还，醴泉出。京师饮之者，痼疾皆差也。

《唐书》曰：贞观二十三年，肃州醴泉出，有文石五彩盖泉。

《尚书中候》曰：醴，甘也，取名醴酒。

又曰：尧秪德匪懈，醴泉出。

又曰：文命盛德，俊乂在官，醴泉出山。

《礼斗威仪》曰：醴泉味甘，王政和可贵，故水甘也。

《礼稽命征》曰：王者刑杀当罪，赏赐当功，得礼之仪，则醴泉出。阙庭也。

又曰：王者得礼之制，则泽谷之中白泉出，饮之使寿长。

《礼含文嘉》曰：神农修德，作耒耨，地应以醴泉。

《春秋潜潭巴》曰：君德应阳，则醴泉出焉。

《春秋运斗枢》曰：旋星得则醴泉出。

《春秋感精符》曰：德沦于地则醴泉出焉。

《孝经援神契》曰：王者德至渊泉，则醴泉出。

孙氏《瑞应图》曰：醴泉者，水之精也，味甘如醴。泉出流所及，草木皆茂，饮之令人寿也。

又曰：理讼得所，醴泉出于京师，有仙人以爵酌之。

《白虎通》曰：德至渊泉则醴泉涌。醴泉者，美泉也，状如醴酒，可以养老也。

《鹖冠子》曰：圣人德上及太宁，中及万灵，则醴泉出。

徐整《正历》曰：黄帝上时，以醴泉为浆。

井

孙氏《瑞应图》曰：王者清净则浪井出，有仙人主之。

《典略》曰：浪井者，不凿自成之井。

池

《唐书》曰：大历八年，解州安邑两池生乳盐，后赐号宝应灵庆池。

土

《左传》曰：晋文公过卫，卫文公不礼。出于五鹿，乞食于野，野人与之块。公子欲鞭之，子犯曰："天赐也。"稽首受而载之。

《史记》曰：黄帝时有土瑞，故以土德。

王庚温《瑞应图》曰：王者德温远方，则物化为土。

《蜀王本纪》曰：蜀王猎于褒谷，秦王以金一笥遗蜀。报以礼物，尽化为土，秦王大怒。臣下拜贺曰："土者，地也，今秦当有蜀矣。"

社

《汉书》曰：昌邑王门社有枯树复生枝叶，后宣帝立。

《晋书》曰：武帝时，洛阳太社中有青气，占者以为东莞后当有天子。东莞王改封琅琊王，江东之应也。

《春秋潜潭巴》曰：里社鸣，此里有圣人。其呴，百姓归之。呴，鸣之怒者。汤起放桀时有此祥。呴，呼后切。

石

《汉书》曰：昭帝时，太山莱芜山匈匈有数千声。民视之，有大石自立，高一丈五尺，大三十八围，入地深八尺，三石为足立。后有白鸟数千集其旁。宣帝中兴之瑞也。

《唐书》曰：贞观十九年，陕州有石理成文，曰："李君王"，三字甚明。

又曰：永徵二年，蓝田县令田仁注献瑞石，文理成字，曰："天安永得立。"

《祥瑞图》曰：张掖之柳谷有石，始见于建安，成形于黄初，文备于太和。建安、黄初、太和，皆年号。其石状像龟，嶷然盘峙，广一丈六尺，长一丈七尺，周围五丈余，苍质。麟凤龙马，炳焕成形，文字粲然。斯盖大晋受终，圣德兼该之应也。

《魏氏春秋》曰：明帝青龙三年，张掖删丹县金山玄川溢涌，宝石负图，状象灵龟，立于川西。有石马七，其一仙人骑之，其一羁绊，其五有形而不善成。有玉匣关阖于前，上有玉字，玉玦二，玉璜一。又有麒麟在东，凤凰在南，白虎在西，牺牛在北，马自中布列。南方有字，曰“大讨曹金但取之”。此司马氏革运之征。

《瑞应图》曰：碧石玉者，玩弄之物不用则出。

《礼稽命征》曰：王者得礼之制，则泽谷之中乃生白石。

又曰：王者君臣、父子、夫妻、尊卑有别，则石生于泽也。

《礼含文嘉》曰：内外之制，各得其宜，则山泽出龟宝石。

草

萐莆

孙氏《瑞应图》曰：萐莆，王者不征滋味，庖厨不逾深盛，则生于厨。一名倚扇，一名实间，一名倚。生如莲萐，枝多叶少，根如丝，转而生风，主于饮食清凉，驱杀虫蝇。舜时生于厨。又尧时冬死夏生。又舜时生于厨及阶左。

《春秋潜潭巴》曰：君臣和，得道叶度中，则萐莆生于庖厨。

《孝经援神契》曰：王者德至山陵，则阜出萐莆。宋均注曰：文典备则莆应也。

华苹

《祥瑞图》曰：双莲为苹。

又曰：华苹者，其枝正平，王者德刚则仰，弱则低。

又曰：王者政令均，则华苹生。

《孝比援神契》曰：王者德至于地，则华苹感而生。

朱草

孙氏《瑞应图》曰：朱草，草之精也，圣人之德无所不至则生。

又曰：朱草者，百草之精也，王者德无所不通、四方有歌咏之声则生。

《大戴礼》曰：朱草日生一叶，至十六日落一叶，周而复始。

《尚书大传》曰：王者德下究地之厚，则朱草生。

又曰：帝命周公践祚，朱草畅生。

《尚书中候》曰：文命咸得俊乂在官，则朱草在郊。

又曰：尧德清平，比隆伏羲，故朱草生郊。

《礼斗威仪》曰：君乘火而王，其政颂平，则地生朱草。

《春秋感精符》曰：王者德洽于地，则朱草生，食之令人不老。

《春秋运斗枢》曰：枢星则朱草生。

《春秋繁露》曰：君劝农事，无夺民时，使之岁不过三日，行十一之税，进经术之士，开閶闔，通障塞，恩及草木，则朱草生。

《孝经援神契》曰：王者德至草木，则朱草生。

《后汉书》曰：光武时，朱草生于水涯。

《晋书》曰：武帝时朱草生。

《白虎通》曰：朱草，赤色也，可以染绛，别成黼黻之服，列为尊卑之差。

《淮南子》曰：太清之世，四时不失其序，日月扬光，五星循轨，则朱草生。

《抱朴子》曰：朱草，状似小桑，栽长三四尺，枝叶皆赤，茎如珊瑚，生名山岭石之下。刻之汁流如血，以玉及八石金银投其中，立可丸为泥。以金投中，名曰金浆。以玉投之，名曰玉醴，服之皆长生也。

《鹖冠子》曰：圣王德上及太清，下及太宁，中及万灵，则朱草生。

《魏略》曰：文帝欲受禅，朱草生于文昌殿侧。

蓂荚

孙氏《瑞应图》曰：蓂荚者，叶圆而五色，一名历荚。十五叶，日生一叶，从朔至望毕；从十六日毁一叶，至晦而尽。月小则一叶卷而不落。圣明之瑞也，人君德合乾坤则生。

《祥瑞图》曰：蓂荚，尧时生。

《尚书大传》曰：周公辅幼主，不矜功，则蓂荚生。

《尚书中候》曰：周公作乐而治，蓂荚生。

《春秋运斗枢》曰：老人星临国，则蓂荚生。

又曰：箕星得则蓂荚生。

《孝经援神契》曰：王者德至于地，则蓂荚生。

《风俗通》曰：按《孝经》说，古太平，蓂荚生阶。其味酸，王者取以调味，后以醯醢代之。

徐整《正历》曰：黄帝之时，以蓂荚者，瑞草也，盖神灵之嘉应也。

《白虎通》曰：王者考历得其分度，则蓂生于阶。荚者，树名也。

嘉谷

孙氏《瑞应图》曰：嘉禾，五谷之长，盛德之精也。文者则二本而同秀，质者则同本而异秀。此夏、殷时嘉禾也。

又曰：周时嘉禾，三年本同穗异，贯桑而生，其穗盈箱。生于唐叔之国，以献，周公曰："此嘉禾也，太和气之所生焉，此文王之德。"乃献文王之庙。

《书》曰：唐叔得禾，异亩同颖，各一陇合为一穗。献之天子，王命周公作《嘉禾》篇。

《尚书中候》曰：嘉禾，茎长五尺，三十五穗。

《礼含文嘉》曰：神农作耒耨，天应以嘉禾。

又曰：绥五车，明五礼，则五禾应以大丰。

《礼斗威仪》曰：人君乘土而王，其政升平，则嘉谷并生。

《诗含神雾》曰：尧时嘉禾七茎，连三十五穗。

《春秋运斗枢》曰：旋星得，嘉禾液。

《孝经援神契》曰：王者德至于地，则嘉禾生。

《周书》曰：神农时，天雨粟，神农耕而种之，然后五谷兴，以助果实。

《汉书》曰：宣帝时，嘉谷降于郡国。

《后汉书》曰：安帝时，九真嘉禾生，五百六十本，七百六十八穗。

《东观汉记》曰：光武以建平元年生于济阳县舍，时有嘉禾，一茎九穗，县境大熟，因名曰秀。

又曰：章帝时，嘉禾、嘉麦日月不绝。

《魏志》曰：文帝欲受禅，郡国三嘉禾生。

王隐《晋书》曰：元帝初藉，蒿草悉成禾。

沈约《宋书》曰：文帝时，醴湖生嘉粟，一茎九穗。

又曰：宋文帝元嘉二十五年，嘉禾生华林园，十株七百穗。

又曰：孝武帝大明元年，嘉禾生清暑殿鸱尾中，一株六穗。

《齐书》曰：武帝时，固始县嘉禾一茎五穗。新蔡又获一茎九穗、一茎七穗。

《梁起居注》曰：大同六年九月，始平献嘉禾，一茎十七穗。

《白虎通》曰：嘉禾者，太和之为美瑞者也。

《晋征祥说》曰：王者盛德则嘉禾生。嘉禾者，仁卉也，其大盈箱，一稃二米。国政质则同本而异颖，国政文则同颖而异本。

《唐书》曰：开元十九年，扬州奏穞生稻二百一十五顷，再熟稻一千八百顷，其粒与常稻无异。穞，音旅。

又曰：大中二年，福建进瑞粟十五茎，茎有五六穗。

又曰：大中六年，淮南节度使杜悰奏：海陵、高邮两县百姓于官河中漉得异米，煮食，呼为圣米。

秬鬯

孙氏《瑞应图》曰：秬鬯者，三隅之黍，一稃三米，王者宗庙修则生。

又曰：昭穆序，祭祠，宰人咸有敬谨礼容之节、威仪之美，则秬鬯生。

又曰：王者节敬依礼度，亲疏有别，则秬鬯生。

又曰：黄帝时，南夷乘白鹿来献秬鬯。

《孝经援神契》曰：王者德至于地，则秬鬯生。

福草

孙氏《瑞应图》曰：王者宗庙至敬，则福草生于庙。一云礼草。

《礼斗威仪》曰：君乘木而王，其政升平，则福草生庙中。宋均曰：庙中生草，盖福草也。即朱草之别名。可以染祭服，故应仁孝而生庙中。

福并

孙氏《瑞应图》曰：福并，瑞草生。王者有德则福并生。

威蕤

孙氏《瑞应图》曰：王者礼备则威蕤生。

又曰：王者爱人伦，则威蕤生于殿前。

屈轶

孙氏《瑞应图》曰：屈轶者，太平之代生于庭，有佞人则草指之。

延嘉

孙氏《瑞应图》曰：延嘉，王者有德则见。

又曰：王孝道行则延嘉生。

《孝经援神契》曰：天子至德属于四海，则延嘉生。

紫达

孙氏《瑞应图》曰：紫达者，王者仁义行则常见。

《礼斗威仪》曰：君乘土而王，其政太平，则紫达常生。

芝

孙氏《瑞应图》曰：王者慈仁则芝草生，食之令人延年。

又曰：王者宠近耆老，养有道，则芝荚生。

《春秋运斗枢》曰：摇光得则陵出玄芝。

《孝经援神契》曰：王者德至于草木，则芝草生。

《汉书》曰：武帝元封六年，甘泉宫内产芝草，九茎连叶。宣帝神雀元年，金芝九茎，产于涵德殿铜池中。如淳曰：铜池，承溜也。晋灼曰：以铜作池。韦昭曰：以铜饰池边也。

《后汉书》曰：明帝时，郡国上芝英。

又曰：章帝建初三年，零陵献芝草。

《东观汉记》曰：桓帝时，芝草生中黄藏府。

《宋书》曰：顺帝时，临城县生紫芝。

《齐书》曰：武帝时，襄阳获紫芝。

《隋书》曰：开皇十九年，朱雀等十六门生芝草。

《唐书》曰：贞观十七年，安礼门御榻产灵芝五茎。又皇太子寝室中产素芝十四茎，悉为龙凤之状。

又曰：贞观十七年，滁州言：所部川源遍生芝草，百寮及雍州父老上表，固请封禅。

《唐春秋》曰：贞观十九年，雍州李树生芝英，赤盖紫光，色鲜丽。司徒长孙无忌与官方岳上表请封禅，不许。

又曰：天宝七载三月，大同殿柱础产玉芝两茎。

又曰：肃宗上元二年甲辰，延英殿御座梁上玉芝生，一茎三花。御制《灵芝诗》，以示群下。

又曰：上元二年九月壬午朔，皇后奏含晖院生金芝。

《大同起居注》曰：九年，金芝二十八茎生于殿庭，少府卿萧介以闻。

《古今注》曰：汉武时，甘泉殿房内产芝，九茎连叶。作《芝房》之歌。

《白虎通》曰：王者德至于山则芝实茂。

孙整《长历》曰：黄帝以五芝为房名。

《瑞令记》曰：食芝延年不终，与真人同。

《论衡》曰：建初三年，零陵泉陵县女子博宁宅内生芝草五本，茎叶紫色。太守沈酆遣门下掾奉献，皇帝悦怿。

又曰：芝草一年三华，食之令人眉寿庆世，盖仙人之所食。

又曰：紫芝者，其栽如豆。

缪袭《神芝赞》曰：青龙元年，神芝产于长平之习阳，许昌典农中郎蒋充奉表以闻。其色丹紫，其质光耀。上别为三干，分为九枝，散为三十六茎。委绥连属，有似珊瑚之状。考图按谱，盖美乎前代矣。

兰

《礼斗威仪》曰：君乘金而王，其政和平，则兰常生。宋均曰：兰生，主给和调也。

茅

《史记》曰：齐桓公欲封禅，管仲曰："古之封禅，鄗上之黍，北里之禾，所以为盛；江淮之间，有一茅三脊，所以为藉。"

《周书》曰：成王时，奇干献茅，其头若雄雉，佩之不昧。

《宋书》曰：孝武时，三脊茅生石头西岸，江夏王义恭表劝封禅。

《唐书》曰：麟德元年，亳州奏：老君庙侧生三脊茅。

蒿

《大戴礼》曰：周时德泽洽和，蒿大可以为宫柱，曰蒿宫。此天子之路寝也。

木

《礼稽命征》曰：王者得礼之制，则泽谷之中生赤木。

又曰：王者得礼之宜，则宗庙生祥木。

《地镜图》曰：国治益地，则木生水上。

又曰：国理君喜，则树木忽自大。

京房《易传》曰：君有德生圣子，则木生屋上及朝庭。

又曰：君德强且高昌，则木生城胁，一尺围已上，长数丈，此谓城强。

孙氏《瑞应图》曰：王者德化洽，八方合为一家，则木连理。

又曰：王者不失民心则木连理。

《汉书》曰：武帝幸雍，得奇木，枝旁出复合，上异之。终军曰：“众枝内附，示无外也，殆将有削左衽而蒙化者。”

《后汉书》曰：明帝永安十七年，甘露仍降，树枝内附，仍，频也。内附，谓木连理也。西南夷哀牢、儋耳、僬侥、盘木、白狼、动黏诸种前后慕义贡献，西域诸国遣子入侍。

《宋书》曰：文帝元嘉中，有谷、栎二树连理。

《隋书》曰：盩厔县献连理树，植之宫庭。

《唐书》曰：贞观十八年，山南献木连理，交错玲珑，有同罗日，一丈之干并枝者二十余所。

又曰：二十一年，玉华宫李树连理，隔涧合枝。

《白虎通》曰：王者德至草木，则木连理也。

《晋中兴征祥说》曰：王者德泽纯洽，八方同一，则木连理。连理者，或枝还合，或两树合共。

曹植《魏德论》曰：皇树嘉德，风靡云披。有木连理，别干同枝。将承大同，应天之规。

《唐书》曰：兴元元年八月，亳州真源县大空寺李树，植来十四年，长一丈八尺，今秋忽上耸高六尺，周回似盖，九十余尺。

宾连阔达

孙氏《瑞应图》曰：王者庶嫡有序，男女有别，则宾连阅生于房。一名宾连达，一名宾连阔。生于房室，象御妃有节也。

《白虎通》曰：宾连阔达者，树名也，其状连累相承。

平露

孙氏《瑞应图》曰：平露者，如盖，生于庭，以知四方之政。王者不私人以官则生。若东方政不平则西低，北方政不平则南低，西方政不平则东低，南方政不平则北低，四方政不出，其根若丝。一曰平两。

又曰：平两者，如盖，以知四方。王者政平则生。

《白虎通》曰：王者使贤不肖位不逾，则平露生庭。平露者，树名也。

太平御览卷第八百七十四 咎征部一

叙咎征

《易》曰：履霜坚冰至。《文言》曰：积善之家，必有余庆；积不善之家，必有余殃。

又曰：吉凶悔吝，生乎动者也。

《尚书·洪范》曰：咎征：曰狂，恒雨若；僭，恒阳若；豫，恒燠若；急，恒寒若；蒙，恒风若。

《左传》曰：初，内蛇与外蛇斗于郑南门之中，内蛇死。六年而厉公入。公闻之，问于申繻曰："犹有妖乎？"对曰："人之所忌，其气焰以取之，妖由人兴也。人无爨焉，妖不自作。人弃常，则妖兴，故有妖。"

《易是类谋》曰：斗机绝纲，玉衡拨，摄提亡。郑玄注曰：斗机绝纲，斗者，天中之精；天失其平，故斗机绝纲，玉衡拨也。摄提者，斗前之星，为斗施政教，布之八野。今斗失其政，故摄提亦为之亡不见。五星合，狼弧张，昼视无日，虹霓煌煌；夜视无月，彗孛蒋蒋。此皆属乾。乾多为天，天失其主，故着天者皆失其正也。当藏者出，当出者消，危处易期。当藏者出，解昼视无日，虹拈峦煌也。当出者消，解夜视无月也。是为危处易期。太山失金鸡，西岳亡玉羊。太山失金鸡者，箕星亡也。箕者为风，风动鸡鸣。今期候者亡，故鸡亦亡。西岳亡玉羊者，狼星亡。狼在于未为羊也。天卑地高，雷讙公行，天下雷同，讙公行，无所畏也。星昼奔，霓夜光，上无乾，下无常。天昧昧，履践冰。上无乾，乾气不正，故下无常。天昧昧，喻不明也。昼视无日，夜视无月，何明之有乎？履践冰者，峻急之法行，被其刑也。民衣雾，主吸霜。民衣雾，佞政行，被其毒也。主吸霜，被阴毒，将害躬也。间可倚杵于何藏。解上天卑地高。天地相去，其间才可倚一杵耳。或言枚，其意同。不知夏，不知冬，不见父，不见兄。所以然者，以天卑地高，尊卑失列，故卑为父兄，尊为子弟也。望之漠漠，视之茫茫，群党假威，出坐玉床。小人群党假王者威权。坐于玉床者，王之床也。

《尚书大传》曰：田猎不兽，饮食不享，出入不节，夺民农时，及有奸谋，则木不曲直。弃法律，逐功臣，杀太子，以妾为妻，则火不炎上。好治宫室，饰台榭，内淫乱，犯亲戚，侮父兄，则稼穑不成。好攻战，轻百姓，饰城郭，侵边境，则金不从革。简宗庙，不祷祠，废祭祀，逆天时，则水不润下。

又曰：爰用五事，建用皇极。一曰貌，貌之不恭，是谓不肃。厥咎狂，厥罚常雨，厥极恶。时则有龟孽，时则有鸡祸。次二曰言，言之不从，是谓不乂。厥咎僭，厥罚常阳，厥极忧。时则有诗妖妖，时则有介虫之孽，时则有犬祸。次三曰视，视之不明，是谓不哲。厥咎豫，厥罚常燠，厥极疾。时则有草妖，时则有倮虫之孽。次四曰听，听之不聪，是谓不谋。厥咎急，厥罚常寒，厥极贫。时则有鼓妖，时则有豕祸。次五曰始，思之不容，是谓不圣。厥咎雾，厥罚常风，厥极凶、短折。时则有脂夜之妖，时则有华孽，时则有牛祸。王之不极，是谓不建。厥咎雾，厥罚常阴，厥极弱。时则有射妖，时则有龙蛇之孽，时则有马祸，时则有日月乱行、星辰逆行。

《洪范五行传》曰：凡有所害谓之灾。无所害而异于常谓之异。故灾为已至，异为方来。

《家语》曰：孔子曰："天灾地妖，所以儆人主也；寤梦征怪，所以儆人臣也。灾妖不胜善政，怪梦不胜善行。"

《六韬》曰：武王伐殷，得二丈夫，而问之曰："殷国之将亡，亦有妖灾乎？"其一人对曰："有。殷国常雨血雨石，大者如瓮，小者如箕。常六月雨雪，深尺余。"其一人对曰："是非殷国之大妖也。殷国之大妖四十七章：殷君喜时人，喜以人饴虎，喜割人心，喜杀孕妇，喜杀人之父、孤人之子；喜刑祸；喜以信为欺，欺者为忠，忠谏者不赏；以君子为下，小人为上，以佞辩为相，为政急令暴取，万民愁苦；好田猎毕弋、走狗饰马；喜修池台；宫七十有三所，大宫百里；善为酒池糟丘，而牛饮者三千人；喜听谗用誉，无功者赏；无尺丈、无锱铢、无秤衡、无功赏、无罪诛。此殷国之妖也。”

《白虎通》曰：灾异者何也？灾之为言伤也，随事而诛；异之为言怪也，先发感动。何以言？灾者，有所害也。

《说苑》曰：赵简子问于翟封余曰：“吾闻翟雨虻谷三日，雨血三日，马生牛，牛生马，信乎？”曰：“信。”简子曰：“灾足亡国乎？”封曰：“雨虻谷三日，虻风之所飘也；雨血三日，鸷鸟击于上也；马生牛，牛生马，杂收也。此非翟之灾也。”简子曰：“然则翟之妖奚也？”对曰：“其君幼弱，其大臣比党以求禄，其百官肆断而无常，其政令不竞而数改，此其妖也。”

京氏《别对灾异》曰：五谷无实何？君无仁德，臣怀叛戾，华饰虚举，荐贤实不相副，内为苏秦之行，外以夷、齐之语，故致五谷多无实。朝无贤，害气伤穑不收，国大饥。其救也，选明经，举茂才，改往修来，退去贪狠，施恩行惠，赏赐劳臣，此灾及销矣。

天

《左传·宣下》曰：天反时为灾。

又曰：定公玄年，诸侯之大夫城成周，三旬而毕，乃归诸侯之戍。齐高张后，不从诸侯。晋女叔宽曰：“周苌弘、齐高张皆将不免。”苌弘违天，天既厌周德，苌弘欲迁都以延其祚，故曰貪屿。高子违人。天之所坏，不可支也；众之所为，不可奸也“。为哀三年周人杀苌弘，六年高张来鲁。

天裂

京氏《易妖占》曰：天裂，阳不足，下害上之象。天裂见人，兵起国亡；天开槛避，流血滂滂。

《晋书》曰：惠帝元康中，天西北裂。时人主昏暗，贾后专政。

又曰：太安中，天裂为二，声如雷。是时长沙王奉帝出拒成都王颖，河间王颙迭威专命，僭乱之象。

又曰：成帝咸和四年冬，天裂西北。时苏峻之子以万人入吴兴，天下有兵，关中转乱。明年，石勒僭位。

又曰：穆帝升平五年，天裂，广数丈，声如雷。

又曰：哀帝初即位，天中裂，广三四丈，声如雷，野雉皆雊。时帝荒疾，不识万机，太后临朝，桓温专政。

崔鸿《十六国春秋》曰：前赵刘曜建元初，天裂，广一丈，长五十余丈。时四方交战。

《隋书》曰：梁武帝太清中，天裂西北，长十丈，阔二丈，光出如电，声如雷。明年，侯景陷台城。

天开

《汉志》曰：惠帝二年，天开东北，长二十余丈，广十丈。后有吕后废二少帝，诸吕作乱。

萧子显《齐书》曰：齐东昏侯永元中，夜天开，黄色明照。顷有物，绛色，如小瓮，渐大如仓廪，声如雷，坠太湖，野雉皆雊。其年东昏见废。

《隋书》曰：陈后主至德初，天开西北至东南，其内有黄杂色，声如雷。后年章大宝举兵反陈，竟国亡。

天光

《竹书纪年》曰：周昭王末年，夜有五色光贯紫微。其年，王南巡不返。

《汉书》曰：成帝元延元年四月，无云有雷，声光四下，至昏乃止。

《晋书》曰：穆帝永和十年，前凉张祚之玄年正月，夜，天有光如车盖。明年，祚被杀。

《宋书》曰：文帝元嘉十八年七月，天有黄光洞烛。至二十二年，太子詹事范晔反，伏诛。

天崩

崔鸿《十六国春秋》曰：后凉麟嘉五年，天崩，有声若雷，久之乃止。

又曰：前赵刘聪麟嘉三年，天崩，声若雷，久乃止。是岁聪死。

天鸣

京氏《易妖占》曰：天有悬车之声，人主忧。

又曰：《易传》曰："万民劳，厥妖天鸣。"

《晋书》曰：武帝末，天东有声如雷。

又曰：元帝太兴玄年，天鸣东南，有声如风水相薄。三年，天又鸣。其后王敦入石头，王师败绩。元帝屈辱，制于强臣。

《陈书》曰：梁武帝天监时，有声如雷，二。是岁交州刺史李凯举兵薮。后年，又西北隆隆有声如雷，赤气至地。是岁盗杀东莞、琅琊太守。中大通年，西南有声如雷，其年北凉州刺史简钦反。

崔鸿《十六国春秋》曰：前凉张骏时，晋建兴十七年八月，天有大声，下震地。孟池县人夜怪室如昼，时起视，见西北开有门，光明照地。至二十二年，逊于重华。

又曰：南燕六年，天鸣。是年桓玄废其主自立，称大楚。

又曰：前秦符坚建元十四年，天鼓鸣。至二十年，坚为姚苌所杀。

《隋书》曰：北齐文宣天保年中，天西南有声如雷。时帝不恤国政，大兴师旅。

又曰：后主武平末年，后主东遁至青州。是日西方有声如雷。是月为周师所擒。

又曰：周宣帝建德年，天西北有声如雷。未几，吐谷浑大寇边。

又曰：陈宣帝太建十二年，天有声如风水相击，三夜乃止。

又曰：后主初即位，八月，天有声如风水相击。俄又如之。九月夜，天东北有声如虫飞，渐移西北。至德元年正月，天东南有声如虫飞，后降于隋。

《隋书》曰：开皇二十年四月，天有声如泻水，自南而北。六月，秦王俊薨。

《河图稽命征》曰：帝刘即位百七十年，太阴在庚辰，江充诡其变，天鸣地坼。

四时

《礼记·月令》曰：孟春行夏令，则雨水不时，草木早落，国时有恐；行秋令，则民有大疫，猋风暴雨总至，藜莠蓬蒿并兴；行冬令，则水潦为败，雪霜大挚，首种不入。仲春行秋令，则其国大冰，寒气总至，寇戎来征；行冬令，则阳气不胜，麦乃不熟，民多相掠；行夏令，则国乃大旱，暖气早来，虫螟为害。季春行冬令，则寒气时发，草木皆肃，国有大恐；行夏令，则人多疾疫，时雨不降，山陵不收；行秋令，则天多沉阴，淫雨早降，兵革并起。孟夏行秋令，则苦雨数来，五谷不滋，四鄙入保；行冬令，则草木早枯，后乃大水，败其城郭；行春令，则蝗虫为灾，暴风来格，秀草不实。仲夏行冬令，则雹冻伤谷，道路不通，暴兵来至；行春令，则五谷晚熟，百螣时起，其国乃饥；行秋令，则草木零落，果实早成，民殃于疫。季夏行春令，则谷实鲜落，国多风咳，民乃迁徙；行秋令，则丘隰水潦，禾稼不熟，乃多女灾；行冬令，则风气不时，鹰隼早鸷，四鄙入保。孟秋行冬令，则阴气大胜，介虫败谷，戎兵乃来；行春令，则其国乃旱，阳气复还，五谷无实；行夏令，则其国多火灾，寒热不节，民多疟疾。仲秋行春令，则秋雨不降，草木生荣，国乃有恐；行夏令，则其国大旱，蛰虫不藏，五谷复生；行冬令，则风灾数起，收雷先行，草木死。季秋行夏令，则其国大水，冬藏殃败，民多鼽嚏；行冬令，则国多盗贼，边境不宁，土地分裂；行春令，则暖风来至，民气懈惰，师兴不居。孟冬行春令，则冻闭不密，地气上泄，民多流亡；行夏令，则国多暴风，方冬不寒，蛰虫复出；行秋令，则霜雪不时，小兵时起，土地侵削。仲冬行夏令，则其国乃旱，氛雾冥冥，雷乃发声；行秋令，则天时雨汁，瓜瓠不成，国有大兵；行春令，则虫蝗为败，水泉咸竭，民多疥疠。季冬行秋令，则白露早降，介虫为妖，四鄙入保；行春令，则胎夭多伤，国多固疾，命之曰逆；行夏令，则水潦败国，时雪不降，冰冻消释。

太平御览卷第八百七十五 咎征部二

五星

京氏《易五星占》曰：岁星失度何？人君不仁，春杀无辜，则岁星失度；其救也，慈仁敬让，广恩惠施，无犯四时，则岁星承度。荧惑失度何？人君内无礼法，轻薄房室，外行慢易，敛夺民财，则荧惑失度；其救也，爵贤位德，养幼廪孤，命乐师，趣鞉鼓，合欢欣，荧惑还度，天心得矣。太白失度何？人君薄恩无义，懦弱不胜任，则太白失度；其救也，举有义，任威用武，则太白复，兵气消矣。镇星失度何？人君内无仁义，外多华饰，则镇星失度；其救也，治社稷，修明堂，近方直之人，此灾自消也。辰星失度何？人君内无仁义，外多华饰，则辰星失度；其救也，明刑慎罚，审法必中。

《尚书考灵耀》曰：白经天，水决江。白，太白也。金为水宗，故多水也。

《春秋元命苞》曰：昴、毕间为天街，日月星以出入。荧惑守之，道不通，天下危。

又曰：卷舌主口语，荧惑临之，下多乱谋。国君以口舌之害起寇。

又曰：荧惑守轩辕，贵妾争。

又曰：荧惑守宫室，群妃斗。

《汉书·天文志》曰：五星所行，合散犯守、历陵斗蚀、彗孛飞流，皆阴之精，本于地而发于天也。孟康曰：合，同居也。散，谓五星有变，则其精散为妖星也。犯，七寸之内，光芒相及。陵，相冒过也。蚀，星月相陵，不见者旁，日食也。韦昭曰：白自下往触之曰犯。居其旁曰守。经之为历。相击为斗。张晏曰：彗，所以除旧布新也。孛气似彗。飞流，谓飞星流星也。孟康曰：飞，绝迹而去之。流，光迹相连也。

又曰：孝昭始元中，太白入太微，西藩第一星北出，东藩第一星北东下去。太微者，天庭也。太白行其中，宫门当闭，大将被甲兵，邪臣伏诛。后有流星，下燕万载宫极，东去。李奇曰：极，屋梁也。三辅名为极也。法曰："国恐有诛。"其后左将军上官桀、骠骑将军安与长公主、燕刺王谋主乱，咸伏诛。

又曰：建始四年七月，荧惑逾岁星，居其东北半寸所，如连李。时岁星在关星西四尺所，荧惑初从毕口大星东北往，数日至，往疾去迟。占曰："荧惑与岁星斗，有病君、饥岁。"其后旱伤麦，民食榆皮。诃平二年十月壬申，太皇太后避时昆明东观。

又曰：绥和二年春，荧惑守心。丞相翟方进欲塞灾异自杀。

客星

《左传》曰：昭十年，春，王正月，有星出于婺女。客星也。郑裨灶言于子产曰："七月戊子，晋侯将死。今兹岁在颛顼之虚，岁，岁星也。颛顼之虚，谓玄枵。姜氏、任氏实守其地，居其维首，而有妖星焉，告邑姜也。客星居玄枵之维首。邑姜，齐太公女，晋唐叔之母。星占：婺女为既嫁之女，织女为处女。邑姜，齐之既嫁女。妖星在婺女，齐得岁，故知祸归邑姜。邑姜，晋之妣也。天以七纪，二十八宿面七。戊子，逢公以登，星斯于是乎出，逢公，殷诸侯居齐地者。逢公将死，妖星出婺女，时非岁星所在，故齐自当祸，而以戊子日卒。吾是以讥之。"至时，晋平公卒。

《汉书》曰：元帝初元元年四月，客星大如瓜，色青白，在南斗第二星东可四尺。占曰："为水饥。"其月渤海水大溢；六月关东大饥，民多饥死；琅邪人相食。二年五月，客星见昴分，居卷舌东可五尺，青白色，炎长三寸。占曰："天下有妄言者。"其十二月，钜鹿都尉谢君男诈为神人，论死。

《后汉书·天文志》曰：孝安永初四年六月甲子，客星大如李，苍白，芒气长二尺，西南指上阶。星，上阶为三公。后太尉张、禹、司空张敏免官。

又曰：中平五年六月丁卯，客星如三升碗，出贯索，西南行入天市，至尾而消。占曰："客星入天市，为贵人丧。"

谢承《后汉书》曰：吴郡周敞，师事京房。为赵显所谮，谓敞曰：“吾死后三十日，客星必出天市，即吾无辜也。”死后果如言。

孛

《左传》曰：文十四年，有星孛入于北斗。周内史叔服曰：“不出七年，宋、齐、晋之君皆将死乱。”

又曰：昭十七年冬，有星孛于大辰，西及汉。申须曰：“彗，所以除旧布新也。天事恒像，今除于火，火出必布焉，诸侯其有火灾乎？”梓慎曰：“往年吾见之，是其征也，火出而见。今兹火出而章，必火入而伏。其居火也久矣，其与不然乎！火出，于夏为三月，于商为四月，于周为五月。夏数得天，若火作，其四国当之，六物之占，在宋卫郑陈乎？宋，大辰之虚也；陈，大皞之虚也；郑，祝融之虚也。皆火房也。星孛及汉，汉，水祥也。卫，颛顼之虚也，故为帝丘，其星为大水。水，火之牡也，其以丙子若壬午作乎？水火所以合也。若火入而伏，必以壬午，不过其见之月。”郑裨灶言于子产曰：“宋卫陈郑，将同日火，若我用瓘斝玉瓒，郑必不火。”子产弗与。后四国皆火。

《春秋孔演图》曰：海精死，彗星出；宋均注曰：海精，鲸鱼。彗星出则国枢檿。

《春秋考异邮》曰：鲸鱼死，彗星合。宋均注曰：鲸鱼阴物，生于水。今出而死，是时有兵相杀之祥也，故天应之以妖彗也。

《春秋合诚图》曰：赤彗，火精，如火，曜长七尺。

《孝经钩免撖》曰：周襄王不能事其母弟，彗入斗，亡其度。

《孝经内记》曰：彗星入北斗，祸大起；在三台，臣害君；在太微，君害臣；在天狱，诸侯作祸。彗行所指，其国大恶。彗在月中者，君有德，天下欣心，大丰盛。

《尔雅》曰：彗星为欃楚缄切枪楚庚切。

《河图帝通纪》曰：彗星者，天之旗。

《河图稽耀钩》曰：五星散为五色之彗。

《战国策》曰：唐雎谓秦王曰："专诸刺王僚，彗星袭月。"

《史记》曰：秦始皇十五年，彗星四见，大者八十日，长或竟天。其后秦遂灭六王，并中国，外攘四夷，死人如麻。

《汉书》曰：建元六年，彗星见。淮南王心怪之，以为上无太子，天下有变，诸侯并争，愈益治攻战具，遂谋反。

又曰：哀帝建平二年二月，彗星出牵牛，日月五星所从起。历数之玄，三正之始，彗而出之，改更之象也。其后卒有王莽篡国之祸。

《后汉书》曰：献帝建安二十三年正月，孛星晨见东方二十余日，夕出西方。纪历五车、东井、五诸侯、文昌、轩辕，入太微，指帝坐。占曰除旧布新之象。

《后汉书·天文志》曰：王莽地皇三年十一月，有孛星于张，东南行，五日不见。孛星者，恶气所生，为乱兵；又参然孛焉，兵之类也，故名之曰孛。孛之为名，犹有所伤害，有所妨蔽。或谓之彗星，所以除秽而布新也。张为周地，星孛于张，东南行，即翼、轸之分，翼为楚，楚地将有兵乱。后一年正月，光武起兵舂陵，都雒，居周地，除秽布新之象也。

又曰：孝明永平三年，六月丁卯，彗星出天舡北，长二尺所，稍北行，百三十五日。去天舡为水，彗星出之为大水。是岁伊雒水溢，到津城门，坏伊桥，郡七、县三十二皆大水。

又曰：永和六年，二月丁巳，彗星见东方，长六七尺，色青白，西南指营室，及坟墓。营室者，天子常宫，坟墓主死。彗星起而向营室，至坟墓，不出五六年，天下有大丧。

又曰：光和元年八月，彗星出亢池，入天市中，长数尺，稍长至五六丈，赤色，经历十余宿，八十余日，乃消于天苑中，彗除天市，将徙帝，将易都。至初平元年，献帝迁都长安。

又曰：孝献建安九年十月，有星孛于东井舆鬼魁，入轩辕太微。十一年正月，有孛于斗，首在斗中，尾贯紫宫，及北辰。占曰："彗扫太微、紫宫，人主易位。"其后魏文帝受禅。十二月辛卯，有星孛于鹑尾，荆州分也。时荆州牧刘表专据荆州，从事周群以为荆州牧将死而失士。明年秋，表卒，以小子琮自代。曹公将攻荆州，琮惧，举军诣公降。

《晏子春秋》曰：景公谓晏子曰："彗星向吾国，我是以悲。"晏子曰："君穿池欲深广，为台欲高大，诛戮如仇雠，孛又将至，彗星容可拒乎？"惧，缓刑罚。三十七日彗去。

《尉缭子》曰：昔楚将军子心与齐人战，未合，夜彗星出，柄在齐，所在胜，不可击。子心曰："彗星何知！"明日与齐人战，大破之。

《淮南子》曰：鲸鱼死而彗星出。

天狗

《占》曰：狗者，守御之类；天狗所降，以戒守御也。出入无时，下则有伏尸流血。其流星坠地有声，野雉皆鸣，或群狗皆吠，或流散化为云。一曰：流星有声如雷，下地中，一曰：无云而雷。一曰：星赤白有光，下地为狗，狗无足。一曰：如火光炎冲天，其上瓮下地如数顷田。一曰：大流星，其有光，见人而坠，无音有足。一曰：星状如奔星，有声，望之如火。一曰：其色白，其荧荧如遗火状。皆曰天狗。天狗所下之处，万人伏尸，狗食血；戍下之邑，大兵起，国易攻，人相食，千里流血，四方相射，破军杀将，兵丧并起，国破灭已。

《河图稽耀钩》曰：太白散为天狗，主候兵。

《洪范五行传》曰：七国之兵战于梁地，故天狗先降梁垒，见以其象也。狗者，守御之类也，所降以戒守御也。

《史记》曰：秦孝公十二年，星昼坠有声。至十七年，秦、韩大战，擒晋惠王。

又《天官书》曰：天狗，状大如奔星，有声。其止地类狗，地望之如火光，炎炎冲天，其下圆如数顷田，处上瓮见则有黄色。千里破军杀将。《洪范五行传》同。

《汉书·天文志》曰：孝昭元年二月乙酉，祥云如狗，赤色，长尾，三枚，夹汉西行。

《汉书星行占》曰：太白散为天狗，为卒起。卒起，见祸无时。四月，昌邑王贺行淫僻，大将军霍光白皇太后废贺。

又曰：成帝绥和元年四月，日晡时，天有星，殷如雷声，有流星如缶，长十余丈，皎然赤白，从日下东南去，或如盂，或如鸡子，熠熠如雨，下至地止。郡国皆言星陨为王者失势、诸侯起伯之异。其后王莽专政篡位。

又曰：哀帝建平元年正月，日出时，有物着天，白，广如一匹布，长四丈余，西南行，声如雷，一刻止，名曰天狗。

《后汉书》曰：光武建武十一年春，有流星大如日，从太微出，入北斗魁中第六星，色白，旁有小星射者十余枚，后有声如雷，顷止。斗魁主杀伐，是年吴汉、臧宫破公孙述于成都。十二年春，有大星如缶，出柳，西南行入弧。将灭时分为十余段，如遗火状。须臾，有声殷殷如雷。柳为周，弧为秦蜀。是年，使大司马吴汉从洛阳发南阳卒，溯江而上，击蜀白帝，杀公孙述数万人。

又曰：中元元年冬，有大流星从西南向东北行，有声如雷。其年中郎将窦固将西征。

又曰：顺帝永和三年，有流星大如斗，从西北东行，长八九尺，赤黄，有声隆隆如雷。是时，大将军梁商与常侍张逵、曹腾、孟贲等争权，矫制收腾。顺帝寤，逵等奔走，或自刺，或解貂蝉投草中。逃亡之应。

《汉献帝春秋》曰：初平四年六月，流星起织女，东南行天市中。蛇行有尾，长七八丈，色赤照地。又流星如斛，长六七丈，小者六七枚随之，光照地。又流星西北行，有声如雷，望之如火，照地。是曰天狗。

《晋书》曰：惠帝永兴元年七月，流星，有声。二年，又有星陨，有声。后二年，怀帝、愍帝蒙尘，刘元海、石勒攻掠，遂亡中夏。

又曰：怀帝永嘉元年，有大流星如日，自南流于东北，小者如斗相随。天尽赤，有声如雷。是年汲桑煞东燕王腾。明年，刘元海僭号。

又曰：穆帝永和十年，流星大如斗，色赤黄，出织女，没造父，有声如雷。其年慕容儁据临漳，诸将奔散。

又曰：海西公大和四年十月，有大流星西下，有声如雷。明年，广汉妖贼李弘反，自称圣王。又慕容暐克邺，尽有其地。明年，桓温废帝。

又曰：孝武太元十三年，天狗东北下，有声。占曰：此交战流血。是后慕容垂、翟辽、姚苌、符登、慕容永并阻兵争强。

《宋书》曰：后废帝元徽五年四月，星陨于东南，有声如雷。

崔鸿《十六国春秋》曰：后赵石勒建平四年，有流星大如尾，足形，自北极西南流，五十余丈，光明烛地，坠于河，声闻九百余里。其年，石勒死，而季龙杀勒诸子而篡位。

《隋书》曰：北齐孝昭皇建二年十月，天狗下于鄌山。于其下讲武厌之，帝将至，有兔惊马，帝肥，坠马而死。

又曰：武成清河三年春，天狗南流，下宋地彭城。其年，妖人反于邺，入北城，劫太师彭王潡为主，潡不从，见害。

又曰：周宣王大像元年五月，有流星大如二斗器，云从太微端门流入，有声如翻旗。其月，静帝立，隋公杨坚专政，俄而禅位。

又曰：静帝大定元年七月，有大流星如斗，出五车，东北流，光明烛地。是月，赵王招越王盛以谋执政，被诛。

又曰：隋炀帝大业十二年八月，夜有大流星如斗，出王良阁道，声如颓墙。其日又有大流星如瓮，出羽林，有声。明年，帝幸江都，天下大乱。

《山海经》曰：金门之山有赤犬，名曰天犬，其所下者有兵。郭璞注曰：《周书》："天狗所止地，须臾，光飞天为流星，长数十丈，其疾如风，声如雷，走如电光。"吴楚七国反时吠过梁野。

《兵书》曰：两敌相望，其云气如牛马状，头低尾仰，曰天狗。勿与战也。

枉矢

《河图稽耀钩》曰：辰星散为枉矢，流所射，可诛。

《河图》曰：枉矢东流，天下恐。

《尚书运授期》曰：白帝之治，六十四世，其亡也，枉矢射参。

《尚书中候》曰：夏桀无道，枉矢射。

《洪范五行传》曰：枉矢者，弓矢之象也。枉矢之所触，天下之所伐，灭亡之象也。

《春秋运斗枢》曰：黄帝行失枢，则枉矢出射所谋。谋易失枢之王，故以枉矢射之。

《春秋潜潭巴》曰：枉矢出，臣不忠。

又曰：枉矢或南或北，无聚众，伐战国。

《论语摘辅象》曰：虚王反度枉矢合。

《史记·天官书》曰：枉矢，类大流星，蛇行而苍黑，望之如有毛羽。

又曰：项羽救钜鹿，枉矢西流，山东遂合从，西坑秦人，屠咸阳。

《说苑》曰：秦二世立，枉矢夜光。俄而天下大乱，二世被杀。

《晋书》曰：武帝元康四年，枉矢北行竟天。次年，夜，枉矢自北斗魁东南行。占曰："以乱伐乱。"北斗主杀伐。是后赵王伦杀司空张华，废贾后。终自屠灭。

又曰：太熙元年，有枉矢西南流。怀帝永嘉四年，刘聪嘉平三年，星起牵牛，委曲蛇行，入紫宫，其光照地。其年，帝为刘聪所害。后三年，聪死国亡。

又曰：愍帝建兴三年，枉矢自文昌北流，至斗东，如一匹布，绛，蛇行，有手足，因变为云气，如人像，二臂一足。至五年，北平人吴祚聚众千人，立沙门为天子。四年，帝降刘曜。

又曰：元帝大兴三年，枉矢出虚、危，没翼。大宁二年，王敦杀谯王承及甘卓。

又曰：穆帝升平二年，枉矢自东南流于西北，其长半天。时所在拥兵，政非己出。

《隋书》曰：齐昏侯永光三年春，枉矢昼见西方，长十余丈。其年梁武举兵，东昏遇害。

又曰：隋炀帝大业十二年，枉矢二出北斗魁，委曲蛇行，注于南斗。后二年，宇文化及于江都僭号许，王世充于东都杀恭帝，僭号郑。

蚩尤旗

《河图稽耀钩》曰：荧惑散为蚩尤旗，主惑乱。

《河图提刘子》曰：帝将怒，蚩尤出乎四野。

《史记曰·天官书》曰：蚩尤之旗，类彗而后曲象旗，见则王者征伐四方。

《魏志》曰：嘉平四年六月，持节奉法驾迎高贵乡公于元城，是岁白气经天。大将军司马景王问王肃其故，肃曰："此蚩尤之旗也，东南其有乱乎？君若修己以安百姓，则天下乐安者归德，倡乱者先亡矣。"明年，镇东将军毌丘俭、扬州刺史文钦果反。

《皇览·冢墓记》曰：蚩尤冢在东郡寿张县阚乡城，中高七丈。民常十月祠之。有赤气出如绛，名为蚩尤旗。

狱汉

《河图稽耀钩》曰：填星散为狱汉。

《春秋合诚图》曰：狱汉主逐王。狱汉，填星精所为。

《史记·天官书》曰：狱汉星，孟康曰：青中赤下，有三彗纵横，亦镇星之精，一名咸汉也。出正北，北方之野，星去地可六丈，大而赤，数动，察之中青。所出非其方，其下有兵不利。

五残

《河图稽耀钩》曰：镇星散为五残，主奔亡。

《春秋合诚图》曰：五残主出亡。

《春秋考异邮》曰：五残，类辰星，有角，见则政在伯。

《史记·天官书》曰：五残星，出正东，东方之野星，状类辰星，去地可五六七丈。所出非其方，其下有兵，冲不利。

《山海经》曰：西王母是司天之五残。

国皇

《河图稽耀钩》曰：岁星之精流为国皇，主内难。

《春秋考异邮》曰：国皇，大而赤，类南极，见则兵起，天下急。宋均注曰：南极，老人星也。

《后汉书·天文志》曰：灵帝光和中，国皇见东南角，去地一二丈，如炬火，十余日。占曰："国皇为内乱，外兵丧。"其后黄巾张角、何进、袁绍、董卓乱，烧宫室，迁西京。

格泽

《广雅》曰：格泽，妖气。

《史记·天官书》曰：格泽星者，如炎火之状，黄白，起地而上，下大上兑。其见，不种而获，不有土功，必有大咎。

旬始

《河图稽耀钩》曰：填星散为旬始，主招横。

《春秋合诚图》曰：旬始主争兵。

《春秋考异邮》曰：旬始照，其下必有灭主。

《广雅》曰：旬始，妖气也。

《史记·天官书》曰：旬始出于北斗旁，状如雄鸡，其色青黑，像伏鳖。

《楚辞·远游》曰：重阳入帝宫兮，造旬始而观清都。

司马相如《大人赋》曰：重旬始以为惨。孟康曰：旬始，气，如雄鸡，在北斗旁，悬如葆卜，以为十二旒。

营头

《占》曰：流星昼行，亡君之戒。一曰：流星昼名营头，营头而下，流血滂滂。一曰：有云如坏山堕，所谓营头之星。其所堕，覆军流血。

《续汉书·天文志》曰：王莽地皇四年，遣王寻、王邑将兵至昆阳，围城数重。昼有云气，如坏山堕军上，军人皆厌，所谓营头之星也。占曰：“营头之所堕，其下复军流血三千里。”是时，光武将兵数千人赴救昆阳，击二公。会天大风，飞屋瓦，雨如注水，二公乱败，死者数万人。

《晋书》曰：惠帝太安二年，星昼流，矢北下，光变白，有声如雷。占曰：“为营首，营首所在，其下有大乱流血。”

又曰：穆帝永和八年，日未入，有流星大如三斗魁，从辰已上东南行，在箕斗间。占曰：“营首之下，流血滂沱。”是年，慕容儁称大燕，攻伐无已。

汉

《诗推度灾》曰：逆天地，绝人伦，则天汉灭见。

《史记·天官书》曰：汉者，金气之散，其本汉水，中星多则水少，即旱。

《竹书纪年》曰：晋定公六年，汉不见于天。

蓬星

《汉书·天文志》曰：孝景中三年六月壬戌，蓬星见西南，在房南，大如二升器，色白；癸亥，在心东北；甲子，在尾北；丁卯，在箕北。近汉稍小，且去时大如桃，壬申去，凡十日。占曰：“蓬星出，必有乱臣。”房心间，天子宫也。是时梁王欲为汉嗣，使人杀汉诤臣袁盎。

《晋中兴书》曰：太元二十年九月，有蓬星如粉絮，东行历女、虚危，及哭星。

太平御览卷第八百七十六 咎征部三

风

《尚书·洪范》曰：咎征，曰蒙，恒风若。君行蒙暗，则常风顺之。

《礼记·月令》曰：孟春行夏令，飘风暴雨总至。季秋行春令，则暖风来至。

京房《易传》曰：后专拜，厥风疾而树不摇；不循道，厥风不摇草。

京房《别对灾异》曰：回风起何？风者，天之号令也，当直而正，普而不偏。佞人众，君迷惑，则回风起。不救，则致逆风起。其救也，用公直，黜邪枉，此灾消矣。

《春秋潜潭巴》曰：疾风拔木，谗臣恣，忠臣辱。

《史记》曰：殷纣末年，大风飘牛马，坏屋，拔树飞飏数十里，周灭之。

又曰：秦始皇二十八年，渡淮至衡山，浮江至湘，遇大风。博士云："尧女舜妻葬于此。"始皇怒，使刑人三千伐湘山树。明年，东游至博浪沙中，为盗所惊，乃令天下大索焉。

又曰：项羽背约，都彭城，汉祖伐之，围汉三重。大风从西北起，折木发屋，楚军大乱。

《汉书》曰：吕后崩。后，吕产执北军，朱虚侯刘章入宫卫帝。见产廷中，遂击产。走，大风起，从官莫敢斗，章逐产杀之。

又曰：昭帝时，燕王旦都蓟，大风拔宫树十六，吹坏城楼。王反，伏诛。

又曰：济北王兴居反，始举兵，大风从东吹其旌旗，飞上，堕城西井中，马皆悲鸣不进。李廓切谏，王不听。俄而兵败自杀。

又曰：平帝元始四年冬，大风吹长安城门，屋瓦尽。

又曰：王莽天凤年中，大风拔树飞北阙，城门屋瓦缘边。大饥，人相食。

又曰：地皇四年，大风毁王路。其年，司徒王寻、司空王邑守昆阳，光武起兵南阳，至昆阳攻之。大风雷，屋瓦皆飞，雨下如注，滍川盛溢，寻、邑乘死人而渡。王寻见杀，军人皆散走。王邑还长安，莽败，俱杀之。

《后汉书》曰：安帝时，京师大风，拔南郊梓树九十六。后海贼张伯路略九郡。

《魏略》曰：正始元年，商风大起数十日，发屋拔树，动太家鼏。瘟泽正大会，风又甚，倾杯案，曹爽将诛之征。毌丘俭反，景王率众征之。

《晋书》曰：吴孙权太元初，大风，江海涌溢，平地水深八尺，拔高陵树二千株，动吴城两门，瓦飞落。是时赋役繁重，明年权死。

又曰：孙休永安元年十二月，孙綝出屯武昌。卫士施朔告綝欲反，綝闻之大惧。是夜，大风四转五复，发屋折木，扬沙石。綝益恐，明日腊会，称疾。休强起之，不得已，乃至会，张布、丁奉自左右缚之，綝叩头请为奴，不许，乃杀之。

又曰：孙皓末年狂暴，丞相陆抗与大司马丁奉谋欲废皓。太史令陈苗奏：久阴不雨，风气回逆，将有阴谋。皓深惊惧，抗遂寝其事。

又曰：晋武帝咸宁三年八月，大风拔木，暴寒且冰。其年，吴将孙慎入江夏。太康末，京都风，发屋拔木。

又曰：惠帝永康中，六月飘风，吹贾谧朝衣飞数百丈。明年，谧诛。其年十一月，京都大风，发屋折木。十二月，愍怀太子幽于金墉。

又曰：永康元年四月，张华舍飙风起，折木，飞缯轴六七枚。是月，赵王伦矫制废贾后，害张华、裴頠等。

又曰：赵王伦篡位，改玄建始。祠太庙，风暴起，黄尘四合。其年伦诛。

又曰：元帝永昌中，大风，拔木坏屋，拔御道柳百余株。时王敦害尚书刁协、仆射周顗等。

又曰：成帝时，刘胤镇寻阳，有回风从东来，入胤舡中，西出。状如匹练，长五六丈。术人戴洋曰："有刀兵死丧之乱。"顷，胤为郭默所害。

王隐《晋书》曰：王澄在荆州，率众军次江陵之东，堂皇北，救国难。飘风折其节。后为王敦所杀。

《晋中兴书》曰：桓玄入建康宫，逆风迅激，旌旗不立，仪饰一皆倾偃。是月酷寒，此日尤甚，"急，恒寒若"之应也。出游门外，飘风飞其仪盖。

又曰：符坚三年，长安大风，坚宫中树悉拔。是岁王猛死。

沈约《宋书》曰：孝武帝大明七年，风吹初宁陵隧口，左标折。钟山通天台新成，飞倒散落山涧。

又曰：徐羡之。文帝初作扬州，有摽风自西明门，须臾入城，直至厅前，绕帽及席，遥远云际。寻，羡之为文帝所诛。

又曰：文帝元嘉九年，寿阳骤雨，有回风云雾，广三十步，从南来，至城西，回散灭。当其冲者，室、树木皆摧到。其年，晋宁太守爨松子反。

又曰：元嘉三十年正月朔，上会群臣于太极殿。有大风拔木，雷电晦冥，冻杀牛马及人。明年，太子劭逆也。

又曰：孝武时，柳太尉乘车行，还，于庭中洗车。有大风从门而入，直来冲车。有声，车盖覆向天。其年明帝立，合门被杀。

又曰：竟陵王诞，文帝子。孝武时镇京口，夜大风，吹落屋瓦，城门鹿床倒覆。及镇广陵，将入城，冲风暴起。俄而反，伏诛。

又曰：顺帝升明二年，飘风起建康县，吹帛一匹入云。风止，下于御道上。俄而宋授禅，其君为匹夫之象。

《齐书》曰：明帝建武末，大风拔东宫门外杨树。齐，木行，东，木位，其衰乎！至东昏侯立，狂乱被害。

又曰：东昏侯宝卷永元元年，始安王遥光知政。入城，有飘风飘仪伞出城外。少日而反，被杀。

又曰：崔惠景围台城，有一五色幡，风吹飞翔在云中，半日乃下。

众见皆惊怪，相谓曰：幡者事当翻覆。数日，惠景败。

《隋书》曰：梁武帝太清二年九月，邵陵王纶出顿丘下。其日，天色阴惨，风尘萧瑟，咸以出军不祥。十一月，纶至江，遇风亟，溺，人马多损。

又曰：大宝元年，邵陵携王纶出镇南浦，僭拟施幄帐。无何，风起吹投于江。后为侯景将任约所袭，纶败走保汝南，为魏将侯万通所攻，城陷被杀。

又曰：元帝承圣三年，帝观讲武于津阳门。风雨总集，普天昏暗，旗帜飘乱。帝趋驾而回，无复次序还宫。至城，风雨随息，窃惊。俄为魏军所执，送岳阳杀之。

又曰：元帝徐妃初嫁夕，车至州西，疾风大起，发屋折木。无何，雪霰交下，帷帘皆白。及还之日，又大雷，震西州厅两柱碎。以为不祥。妃竟以淫秽自杀。

又曰：梁岳阳王督，昭明太子之子，西魏立为梁王。其年至江陵结营，夜疾风甚雨，水平地数尺。其月，督乃夜遁，为诸蛮断于山路，坠马，仅得脱。

又曰：侯景港梁，拜南郊，登坛，大风拔木，物尽吹散。见者莫不惊骇。俄而景被杀。

崔鸿《十六国春秋》曰：北燕冯跋太平二十一年二月，飘风入征南大将军上党公姚昭宅，至于司徒中山公宅而散。上党公家人问太史闵尚，曰："风者天之号令，所以吹尘去秽，除奸慝之祸。"至二十二年，跋弟弘篡立，以姚昭为大司马。昭贪暴，其子肇谏曰："大人不闻飘风之怪乎？"昭不纳。明年，冯弘杀昭并诸子侄四十余人。

又曰：前秦符生寿光元年，长安大风，发屋拔树，行人颠顿。宫中奔扰，或称贼至，门昼闭，五日乃止。生推告贼者杀之，刳出其心。左光禄大夫强平谏曰："元正盛晓，日有蚀之，正阳神朔风昏大起，愿陛下务养元元。"生大怒，凿其顶而杀之。

又曰：符坚建元十八年三月，大风吹坏长安西门，拔宫中大树倒根于上。至二十一年，坚为姚苌所杀。

又曰：李期玉恒四年三月，大风拔树发屋。四月，为李寿所杀。

又曰：蜀李寿汉兴三年二月，大风暴雨，震端门。至六年，寿死，子势立。三年，为晋将桓温所灭。

又曰：前赵刘曜，葬其父母，费用亿计，发掘古冢，暴骸原野，哭声盈衢。大霖雨，震曜父墓门屋，大风飘发其父寝堂于外垣五十余步。松柏众木，植已成林，至是悉枯死。曜竟为石勒所擒。

又曰：刘曜末年，与石季龙对军，不抚士众，专与嬖臣博饮。左右谏之，以为妖言，斩之。大风拔木，昏雾四塞。须臾见擒。

又曰：前凉张玄静四年六月，大风、震雷、晦冥，宫中雨水深四尺。时宋混兄弟擅权，玄静虚坐而已。

《后魏书》曰：孝文太和中，安定王祯出为湘州刺史。至日，暴风大雨，冻死者数十。是月，祯发背死。后宣武延昌三年，章武王熙除湘州刺史。七月入理，其日大风雨，冻死者二十余人，驴马冻死数十。熙闻祖父祯前事，心甚恶之。俄而举兵反，伏诛。

《北齐书》曰：后主天统年，大风昼晦，发屋拔木。和士开谮赵王睿生，坐死。士开出入宫掖，胡太后幸之。琅琊王俨矫诏杀士开于南台，俨伏诛。

又曰：后主末年，安德王延宗邺下宅被风吹，其厅栋榱相连，置外数百步。后主败，王亦被擒，入周，赐死。

《陈书》曰：陈文帝天嘉三年，梁永嘉王将司空王琳与陈将侯祯对军，其日东北风吹琳舟舰，琳军大败。

又曰：天嘉六年，大风西南吹灵台侯楼倒。

又曰：后主至德年，风吹朱雀门倒。又祯明年，大雨，风自西北激涛水入石头城。时后主昏，诛谏臣沈客卿。明年，陈亡。

又曰：隋文帝开皇中，宫都大风，发屋拔木。时独孤皇后干预政事，后宫多有滥死，又杨素邪佞。

又曰：开皇末，秦州商胡乘骡遇暴风，飘上空数百丈，俄而坠下，人骠俱碎。时晋王广矫诈取媚，谋危太子勇，勇竟废，死。立广为太子。

《淮南子》曰：人主之精通于天，故诛暴则多飘风。

暴风

京房《易妖占》曰：狱吏暴害，人臣专政，暴风折木。

又曰：暴风折柱，邑大忧；暴风木折，吹草上屋，且有急令；独禄风入宫，人主死；飘数相从入殿门，有凶、疾、忧，以此亡；飘留君门一日一夜不去，乱兵在门。独禄风者，回转风也。

京房《别对灾异》曰：狂风发，何？人君政教无法，为下所逆，则致狂风发泄。其救也，修政教，聘贤士，狂风消矣。

又曰：人君贼罚良善，政教无常，使命数变，则致暴风，折木、发屋、鸣瓦，或害杀人。其救也，修旧典，任忠臣，思过自改，则风灾消。

《六韬》曰：人主好田猎毕弋，则岁多大风，飘牛马，发屋拔木，民人飞扬数十里。

《汉书》曰：文帝时，吴暴风雨，坏城门。吴王濞反，卒服诛。其年楚王都彭城，大风毁市门，杀人。后王与吴王濞谋反同诛。京房曰："众逆同志，暴风将起。"

《晋书》曰：孝武太元二年春，暴风，折木发屋。夏，又暴风，扬沙石。三年，又暴风，折木发屋。时符坚强盛。

又曰：安帝元兴初，夜，大风雨，大航门飞落。明年，桓玄篡位。

沈约《宋书》曰：前废帝义符时，正月朔朝，暴风发殿前，会席翻扬数十丈。至五月，帝废为荥阳王。

《梁书》曰：昭明太子孙栋，简文大宝二年八月为侯景废，栋时与妃张氏锄菜，而法驾至，惊惧而泣，升辇。及即位，升武德殿，备陈文物于庭。有暴风自东来，吹旌旗悉倒。又有回风从地踊起，折竿翻飞华盖，经出端门不见。陪列者惊骇，时人知其不终。十一月，景废栋，景乃篡位。

崔鸿《十六国春秋》曰：南燕慕容超僭位，祠南郊。将登坛，大风暴起，天地昼昏，行宫羽仪皆坏裂。后超为晋将刘裕所灭，斩于建康市。

又曰：慕容盛建平元年八月，暴风拔阙前七树大。其月，步兵校尉马勒谋反伏诛。至长乐三年，盛为段缵子泰所杀。

又曰：后燕慕容垂遣太子宝伐魏，次参合。忽大风，黑气状若堤防，临复军上。沙门支昙猛言于宝曰："风气暴逆，魏军将至，宜遣兵御之。"宝笑而不纳。俄黄雾四塞，日月晦冥，魏师至，三军奔溃。其年垂死。

又曰：石季龙死，子遵立。其月，夜暴风拔树，震电雨雹。俄而遵见杀。

《隋书》曰：太子勇朝高祖于仁寿宫，还至岐山，偕妃玄氏止于周太王庙，因纵骑猎。须臾，暴风折树，雨雪深至人膝，天晦冥，咫尺不相见。妃因心痛，再宿而死。勇后废为庶人，炀帝杀之。

又曰：太子勇废，立晋王为皇太子。当受册，高祖曰："吾以大兴公成帝业。"令出舍大兴县。其夜，烈风大雪，地裂山崩，民舍多坏，死者百余。

又曰：炀帝大业十四年三月在江都，蜀王秀囚于右骁勇营。暴风吹尘昼昏，识者大以为异。秀谓防者曰："吾生年已来，未见斯变，亡国之祸，应在旦夕。"其日夜，宇文化及、司马德戡、裴乾通反。

《唐书》曰：玄宗天宝十一年，潼关口女娲墓因风雨失所在。后至肃宗乾元二年五月一日，其墓复旧。

黑风

《后魏书》曰：世祖太常元年二月，京师有黑风竟天，广五十余丈。其年四月，沮渠蒙逊寇张掖。

《古今五行志》曰：大业十三年二月，李密于巩县南设坛，刑白马祭天，称魏公，置僚佐，改元。升坛时，有黑风从坛北暴至，吹密衣冠，及僚属皆匍匐于坛下。沙尘暗天，咫尺不相见，良久，息。贼军恶之。俄而密败。

赤风

《春秋潜潭巴》曰：天赤，有大风，发屋折木，兵大起，行千里。

《汉书》曰：建元四年夏，有风赤如血，六月旱。

崔鸿《十六国春秋》曰：张天锡十一年，有赤风，昏暗。至十三年，符坚灭之。

雷

《古今五行记》曰：夏桀末年，雷震杀人。其年汤放之。

《左传》曰：僖公十五年九月晦，震夷伯之庙。董仲舒以为："夷伯，季氏之陪臣，不当有庙，明绝去僭差之类。"

《河图》曰：臣僭奢，下犯主，则雷电击庙。

京氏《易五星占》曰：雷霆杀人何？夫雷，天拒难之折冲也。人君承用节度，即雷风以节；暴行威福，则雷霆杀人。其救也，议狱缓死，则灾销矣。

京房《别对灾异》曰：雷鸣连而不绝者何？夫雷鸣万里惧，今鸣不绝，此谓人君行政事，民不恐惧也，故致游雷之灾。雷当先电而鸣，今雷电俱出，或鸣而后电，何？此谓执法者贪所致灾也。

《后汉书》曰：桓帝建和三年六月，雷震宪陵寝屋。先是，太后听兄梁冀，擅杀李固、杜乔。

《魏志》曰：明帝景初中，洛阳水桥同日俱震。时劳役大起。

《古今五行记》曰：吴孙权赤乌八年夏，雷震宫门柱，又击南津桥。至十三年，废太子和，立子亮。

又曰：晋惠帝永康初六月，震崇阳陵标西南五百步，标破。时贾后陷害大臣，终见杀。

《晋中兴书·征祥说》曰：元兴三年，永安王皇后至自巴防，将设威仪入宫，天大雷震，人马多死。

沈约《宋书》曰：元嘉十四年，震初宁陵标，四破至地。十七年，废大将军彭城王义康。

《后魏书》曰：太祖天赐六年，震天安殿东序。帝恶之，令佐校以冲车攻殿东西两序屋，毁之。

《唐书》曰：太宗贞观十一年四月，震乾元殿前槐树。

冬雷

京房《易妖占》曰：天冬雷，地必震。教令挠则冬雷，民饥。

《汉书》曰：昭帝五年十一月，大雷震。十二月，丞相王䜣薨。

《后汉书》曰：安帝永初六年十月，郡国大雷。延光四年十月，郡国凡三十雷。时邓太后专政，帝不亲万机。

《晋书》曰：吴孙亮建兴初十二月，大风雷。亮见废。

又曰：愍帝建兴初十一月，大雨，雷震。刘向以雷二月出，八月入，于此月雷电者阳不闭藏，失节之异。是时九州幅裂。至四年，帝降，刘曜害之。

《晋中兴书·征祥说》曰：太兴元年十一月，京都雷震。凡未应雷而雷，皆恒燠也。

又曰：升平三年十一月，雷。时皇太后临朝，政舒缓也。

崔鸿《十六国春秋·后赵录》曰：建武十三年十二月，雷，大雨霖。石虎问佛图澄："此何灾也？"澄曰："其为我耳。"至戊子而卒。

又曰：前秦符登攻姚苌。冬，大雷姚苌营，杀七人。苌军大败。

霹雳

《春秋合诚图》曰：霹雳击于宫殿者，妃后争政。

《春秋潜潭巴》曰：霹雳击宫，君精泄，下有谋起。宋均曰：君精泄，去也。

《春秋繁露》曰：王言不从，则金不从革，而秋多霹雳。霹雳者，金气也，其音商，故应之。

《续晋阳秋》曰：太元五年，霹雳含章殿四柱，杀内侍二人。

《晋朝杂事》曰：元康七年，霹雳破高禖石。占曰：贾后将杀愍怀。

《赵书》曰：前石时，暴风雷雨，霹雳云台，坏署。妇人震死，瘗之，三日重霹雳，出之。

蔡邕《封事》曰：臣闻天降灾异，缘象而至。霹雳数发，殆刑诛繁多之所生。

无云而雷

《洪范五行传》曰：秦二世元年，无云而雷。雷，阳也；云，阴也。有云然后有雷，有臣然后有君。无云而雷，亦君独处，无民臣也。

《史记》曰：晋庄伯八年，无云而雷。十年，庄伯以曲沃叛。

又曰：幽公十二年，无云而雷。至十八年，晋夫人秦嬴贼君于高寝。

又曰：秦二世时，无云而雷。二世不恤，天下有怨叛之心。是岁陈胜起兵，天下乱。

《汉书》曰：武帝征和四年，天清晏无云，有雷，声闻四百里。至后年，侍中莽何罗反。

又曰：成帝元延元年夏，无云而雷，光耀四照，昏乃止。是岁，赵飞燕害后宫皇子。

《后汉书》曰：献帝初平四年，无云而雷。时天下大兵，人民相食。

《晋书》曰：惠帝太安二年四月，诸将立李特子雄为王。八月，天中裂为二，无云而雷。成都王颖举兵，逼京师。

又曰：太安二年，无云而雷。其年，张方入京，烧服御，死者万计。石超逼帝幸于缑氏，王师不利，大饥，人相食。

《梁书》曰：大通六年十二月，西南无云，有声如雷，至地。是年，魏分为二，东西各主。

崔鸿《十六国春秋》曰：张重华三十九年十月，无云而雷，声皆东南引。四十一年，重华死，子曜灵立，为叔祚篡之。

又曰：南燕慕容超太上二年，无云而雷。七年，为晋将刘裕所杀。

《隋书》曰：文帝开皇二十年二月，无云而雷。四月，有声如泻水，自南而北。

又曰：无云而雷，其年，立晋王广为太子，皇太子勇废为庶人。立晋王为太子。

《唐书》曰：则天时，宗楚客以佞幸为内史。受命之日，无云而雷声震裂。未周岁而诛。

太平御览卷第八百七十七 咎征部四

云

《周礼·春官》曰：眡祲，掌十辉之法，以观妖祥。四曰监，八曰叙。郑司农曰：监，云气临日也。叙者，云有次叙，如山在日上也。

又曰：保章氏，以五云之物，辨吉凶、水旱降、丰荒之祲象。郑玄曰：物，色也。视日旁气云之色。降，下也。知水旱所下之国。郑司农曰：以二至二分观云色：青为虫，白为丧，赤为兵荒，黑为水，黄为丰。故《春秋传》曰：凡分至启闭，必书云物，为备故也。

京房《易妖占》曰：天无云，云自出，且有兵；出邑，且有水；如帚如鸟，其下有兵。

《洪范五行传》曰：云者，起于山，弥于天。云，阴也。王者失中，臣下咸蔽，君不明，则云阴众多蔽天光。有云如众，谓风师，法有大兵。

《吕氏春秋》曰：乱国之主，众邪之所积，其云状有若犬、若马、若白鹄、若众军；其状若人，苍衣赤首不动，其名曰天冲；其状若悬旌而赤，其名曰云旌；有状若众马以斗，其名曰谓。

《春秋潜潭巴》曰：云气沐沐，不浊，贤人去位，小人得禄。

《东观汉记》曰：二公围昆阳，正昼有云直营而陨，不及地而散，吏皆压佐。

袁山松《后汉书》曰：中平四年，云气如足相次，重叠弥天。

《国志历》曰：晋咸和元年七月，云斗，声如暴风雨。

五色云

《宋书》曰：前废帝景平二年，有云五色如锦。其年五月，司空徐羡之废帝为荥阳王。

青云

《河图》曰：青云刺月，五谷不熟；傍多赤云，如人头，大战；月旁有赤云如杵者三，贯月，六十日内有兵战；月始出有黑云贯，名激云，不出三日，暴雨。

黄云

崔鸿《十六国春秋》曰：后赵石勒建平四年，有赤黄云，如幕，长数十丈。其年勒死。

又曰：冉闵永兴三年，有云黄赤色，起东北，长百余丈。是岁，闵为慕容儁所杀。

《春秋运斗枢》曰：势集于后族、群妃之党，僭，黄云四合，女讹惊邦。

《春秋感精符》曰：妻党翔则黄云入国。候：今冬至日见云黑，有水；云黄白如人头、悬镜之状，祸流。

赤云

《左传》曰：哀公六年，有云如众赤鸟，夹日而飞，三日。楚昭王使问周太史，太史曰："其当王身乎！若禜之，可移於令尹、司马。"王弗荣而卒。孔子曰："楚昭王知天道矣。不失国，宜哉！"

黑云

《赵书》曰：石虎建武四年，东南卒有云，黑，稍分为三匹，又贯日。日没后分为七枚，相去数十丈，其间有白云如鱼鳞。虎子韬曰："当有刺客。"后果为太子宣所杀。

气

《释名》曰：祲，侵也，赤黑之气相侵也。

《周礼·春官》曰：眡祲，掌十辉之法，以观妖祥。一曰祲。郑司农云：祲，阴阳气相侵也。

《左传》曰：昭公十五年，春，将禘子武公，戒百官。梓慎曰："禘之日其有咎乎？吾见赤黑之祲，非祭祥也，丧气也，其在莅事乎？"二月癸酉，禘，叔弓莅事，籥入而卒。

《春秋运斗枢》曰：赤人刺房。赤人，贼气，而刺房。房，天王之明堂，火星也。

《吕氏春秋》曰：乱国之王，其气有丰上敛下，有若水之状，有若山之状，春黄、夏黑、秋苍、冬赤。

崔鸿《十六国春秋·北凉录》曰：玄始十一年春正月，飨群臣于谦光殿。沮渠蒙逊曰："南方有恶气经天，暴兵众也。不出一旬，必有寇。"闻命治兵东苑以备之。西秦遣骑七千来袭，至县孙猴岭，闻有备而还。

《三辅旧事》曰：汉作灵台，以四孟之月登台而观，黄气为疾病，赤气为兵，黑气为水也。

白气

《汉书》曰：哀帝建平元年，有白气从地至天，出参下，贯太庙，广如匹布，长十余丈。哀帝阴病候也。

《后汉书》曰：孝和永元十六年四月丁未，紫宫中生白气，如粉絮。占为丧。

又曰：孝灵嘉平二年八月辛未，白气如匹练，冲北斗第四星。占为大战。明年冬，扬州刺史臧旻攻盗贼于建康，斩者数千级。

《蜀李书》曰：哀帝即位，有白气二道带天。望气者言：宫中有伏兵。果为邛都公所害也。

《晋书》曰：怀帝永嘉三年十二月，有白气如带，自地升天，南北各二。至五年，石勒、刘曜、王弥皆寇洛阳，帝蒙尘于平阳，刘聪封帝为会稽公。

又曰：成帝咸和元年，后蜀李雄玉衡二十四年，雄死，太子班立，有白气如带经天。太史占有阴谋。班不悟，为李期所杀。

《宋书》曰：文帝元嘉二十六年十二月，夜有白气贯于北斗，属于地。至明年，魏太武至瓜步江。

《陈书》曰：文帝天嘉五年六月，夜有白气两道，出于北斗东南，属于地。后年四月，帝崩，太子伯宗立，废为临海王。

又曰：宣帝太建五年二月，夜有白气贯于北斗紫宫，属于地。至明年，北齐至于江。

《隋书》曰：萧吉，炀帝嗣位，拜太府少卿。行经华阴，见杨素冢上有白气属天。密言于帝，帝问其故。吉曰："其后素家当兵祸，绝灭之象，改葬可免。"帝后谓玄感曰："公家宜改葬。"玄感亦微知其故，以为吉祥，托以辽东未灭，不遑私门之事。未几，玄感以反族诛。

赤气

《汉书》曰：成帝永始三年二月，癸未夜，东方有赤白色气，大三四围，长二三丈，索索如树。南方有大树四五围，下茎十五余丈，皆不至地。谶占曰：东南之变气，状如树木，以此知四方欲动者。明年十二月己卯，尉氏男、子楚并等谋反。庚子，山阳谶官、亡徒苏令等为大贼。一日有两气同时起，而并、令等同月而俱发。

又曰：王莽建国四年夏，赤气出东南竟天。明年二月，元帝王皇后崩。

《后汉书》曰：献帝兴平末年，夜有赤气贯紫宫。明年，改元建安，政归曹氏。

《晋书》曰：惠帝太安二年，赤气竟天。又永兴二年十一月，夜有赤气竟天。其年十二月，成都王颖攻洛阳。

又曰：怀帝永嘉元年正月，天气昼赤，有声如雷。明年，刘玄海僭位。

《宋书》曰：文帝元嘉七年十一月，西北有赤气，中黑如旌旗。至八年，滑台为魏军围，粮尽，城中熏鼠而食之。

《后魏书》曰：庄帝永安三年十一月己丑，有赤气如雾，从显阳殿阶西南角斜属廊，高一丈，连地如绛纱，自未至戌不灭。帝见而恶之。

《隋书》曰：周静帝大定元年，有赤气起西方，东行遍天下。七月，隋公坚禅。

又曰：隋大业末，越王侗东都留为王世充所幽，世充自立为丞相，百官总已于尚书省，受册设乐，文武陪位于厅。西有赤气如绛幔，自辰至戌而灭。旬日，世充乃杀朝士元文都、卢楚，遂篡位。

黑气

《史记》曰：周灵王二十年，有五黑气，如日。至景王，五大夫争权。

《后汉书》曰：灵帝光和元年六月，有黑气堕所御温德殿庭。十月，皇后宋氏废。至中平元年，钜鹿人张角称黄巾，帅部三十六万同反叛。

《宋书》曰：明帝太始二年二月，夜有黑气五，东西经天，南行。

《隋书》曰：梁元帝承圣三年六月，有黑气如龙，见殿内。其年，元帝为西魏所擒。

又曰：陈废帝临海王时十月，日入时有黑气如云，入日中。其年见废。

雨

《史记》曰：夏桀末年，大雨水，俄为汤所放。

京房《易妖占》曰：雨鸣瓦，任威武；大臣专擅，霖雨坏道。

《尚书·洪范》曰：咎征，曰狂，恒雨若。君行妄，则常雨。

《左传》曰：庄公十一年。秋，宋大水，公使吊焉，曰："天作淫雨，害于粢盛，若之何不吊？"对曰："孤实不敬，天降之灾，又以为君忧，拜命之辱。"

《春秋繁露》曰：木有变则春多雨，此徭役众、赋敛重故也。

京氏《别对灾异》曰：人君擅私恩，恣意纵情，不与臣下同谋，即致偏雨夜堕也。不救，致苦雨降，万民愁劳，水绝道。其救也，兴公道，无私党，此灾消矣。

《汉书》曰：文帝后三年秋，大雨，昼夜不绝三十五日，流杀民家。

新垣平谋反之征。

又曰：昭帝时，秋大雨，自七月至十月。时帝幼，霍光专政。

又曰：成帝时，秋大雨，四十余日。时王氏举宗在朝之应。

又曰：哀帝时，夏大雨雹。又冬大风，雨雹。其年郡国四十一雨水。明年，京师及郡国又四十一雨水。海贼张伯路与平原刘文光等攻厌次，杀令长。

又曰：王莽地皇中，赤眉杀太师羲仲，莽遣太师王匡讨之。莽兵出东都门外，天大雨沾衣。长安父老叹曰："是为军泣。"时百姓饥荒，莽令煮草为酪，不可食，重于烦费。

又曰：四年六月，光武兵至昆阳，莽使司徒王寻、司空王邑将兵百万围之。会天大风，飞屋瓦，雨下如注。二公兵乱，败，自相残杀，滍水为之不流。

《后汉书》曰：灵帝时，夏，京师大雨水。其秋，中常侍曹节矫诏诛太傅陈蕃，将军窦武迁太后于北宫。至后年，京师又雨水暴出，其年窦太后崩。是苦雨之应也。

又曰：献帝初平初，董卓逼帝入长安。将入宫日，大雨，昼昏。卓杀太傅袁隗、太仆袁基及男女宗族五十余人。

又曰：献帝时，夏大雨水，时曹操杀皇后伏氏。

又曰：献帝末，司徒王允杀董卓。卓将李傕、郭汜攻陷长安，杀戮甚众，及收卓尸葬于郿。葬日，大风雨，雨水从藏溢，漂卓棺出于穴。俄而傕、汜皆被杀。

《后汉书》曰：建光元年，京都及郡国二十九淫雨伤稼。是时羌反，久未平，百姓屯戍，不解愁苦。

又曰：桓帝延熹二年夏，霖雨五十余日。是时大将军梁冀秉政。

又曰：灵帝建宁玄年夏，霖雨六十余日。是时大将军窦武谋废中官。其年九月，长乐五官史朱瑀等共中常侍曹节起兵阙下。武败走，追斩武兄弟，死者数百人。

《魏志》曰：明帝时，大雨杀鸟雀。时帝居丧不哀，出入弋猎，故有恒雨为罚植典。

《晋书》曰：元帝时，大雨四十余日，昼夜雷电。时王敦兴兵，王师败绩。

又曰：成帝时，频年大雨，恒雷。时苏峻余党犹据石头，帝幼，权在臣下也。

《齐书》曰：明帝时，王敬则为大司马。拜日，大雨洪注，文武失色。敬则后竟被诛。

崔鸿《十六国春秋》曰：后赵石勒将寇邺，霖雨三月不止。王师败李龙于臣灵口，赴水死者五百余人。勒军大饥，相食。

又曰：石勒元年，大霖雨，滂沱泛溢，冲山陷谷，巨松僵拔，东至于海，原隰之间皆如山积。后文骞击勒，姚苌大败而归。后又霖雨，中山暴水，流漂巨木百万。后有季龙篡夺之事。

《隋书》曰：魏静帝时，大雨七十余日。后元瑾、荀济、刘思逸谋杀齐文宣，不熟，咸被诛。

又曰：北齐武成河清年，大雨，昼夜不息数十日。山东大水，人多饿死。是年匈奴来寇并州。

又曰：后主天统三年，积阴大雨。时太后淫乱也。

《隋书》曰：文帝仁寿元年夏，骤雨震雷，大风拔木，宜君秋水移于始平。明年，独孤皇后崩。

《唐书》曰：则天长安四年九月，霖雨兼雪，凡阴一百五十余日。至神龙元年正月，五王诛二张，孝和反正，方见晴霁。

又曰：德宗贞元二十一年，顺宗风病，王叔文用事。连月阴雨，不霁。乃以宪宗为皇太子，制出日即晴。《传》所谓“皇之不极，厥罚恒阴”，皆此类也。

无云而雨

《春秋感精符》曰：失阳事则无云而雨。宋均注曰：四月纯阳用事，失阳，故无云而雨也。

《河图秘征》曰：主急妄怒，失阳事，则主无云而雨。

京氏《别对灾异》曰：无云暴雨，何？人君封拜无功、进无德，则致不云而暴雨。过恶暴扬，诛反受罪，密云而不雨。其救也，诛强恤弱，信及兆民，云雨时也。

《隋书》曰：梁武帝时，雨自七月至十月。是时频年兴师，士卒疲敝。

又曰：元帝承圣中，湘州贼陆纳推李洪雅为王，羽仪器甲甚精，徒党勇锐。时天日晴明，初无云雾，军发之际，忽然风雨。时人谓为“军泣”，百姓窃言，知其败也。元帝命竟陵太守王僧辨讨平之。

京房曰：若出军之日，无云而雨，此天泣，军没不还；雨不沾衣，名曰鬼泣，其军必败。

《抱朴子》曰：无云而雨，是为雨血，将军当扬兵讲武以应之。大雨军中，甚，必无功。

雨土

京房《易传》曰：内淫乱，百姓劳苦，则天雨土。此小人将起，是谓黄生目，土失其性则雨。尘土沙灰，皆土之类。

《尚书中候》曰：夏桀无道，山亡土崩。殷纣时，十日雨土于亳，纣竟国灭。

伏侯《古今注》曰：汉武帝元朔四年雨土。

又曰：昭帝始元二年雨土，昼昏。

又曰：元帝建昭四年雨土。

《梁书》曰：武帝大同元年，雨土。二年又雨黄尘，如雪，揽之盈掬。时帝溺于佛法，兴造尤甚。

《后魏书》曰：世宗景明四年，凉州雨土，如雾。时舅尚书令高肇专政，俄而被杀。

《隋书》曰：隋文帝开皇二年，京师雨土。四年，关中乱、饥，诸王各谋为逆。时内营都邑，后起仁寿宫，丁匠死者太半。

雨沙

《隋书》曰：梁简文时，雨黄沙。时侯景陵上，其年人相食。

雨灰

《隋书》曰：梁武大同年，雨灰，色黄。时帝恶人胜己，信佛法，舍身为奴，蔽贤绝道。后有侯景之乱。

雨血

《战国策》曰：齐湣王三十一年，侵伐邻国，穷兵极武，外怨于诸侯，内失于百姓。燕将乐毅连五国兵以伐之，湣王出走。楚使淖齿救齐，淖齿谓王曰："夫千乘、博昌间，地方数百里，雨血沾衣；嬴博之地，坼及至泉；有人当阙而哭，求之不得，去则又闻其声。王悉知之乎？"王曰："不知。"淖齿曰："天地人皆以告矣，而王不知，何得无诛！"遂杀湣王，以与燕斗而败。

《汉书》曰：惠帝时，宜阳雨血一顷。时诸吕用事，杀三皇子，建立非嗣，退大臣王陵、赵尧、周昌。后崩，大臣共诛灭诸吕。僵尸流血之应。

又曰：哀帝时，山阳雨血，广三尺，长五尺，大者如钱，小者如麻。后二年，王莽擅朝，诛贵戚，丁傅、董贤用事。

《晋书》曰：惠帝永康元年三月，尉氏雨血。明年正月，赵王伦篡位，迁帝于金墉城。其后天下大兵，祸流王室。

崔鸿《十六国春秋》曰：前赵刘聪建元元年十二月，雨血于左司隶寺，覆地。其月，又雨血东宫延明殿，彻瓦在地者深五寸。二年四月，雨血于东宫。其年十二月，又雨血于东宫，广袤顷余。麟嘉元年二月，雨血东宫。其月又雨血于光极殿。来年，雨血平阳，广袤十里。其月聪死，刘璨为靳、准所杀。

又曰：后赵石遵时，雨血，周遍邺城。俄为石鉴、冉闵所废。闵遂灭石氏，诛胡人。

又曰：南燕慕容超将败，东莱雨血。俄而国亡。

又曰：后蜀李势末年，天雨血，俄降于桓温也。

《隋书》曰：文帝时，突厥雍闾可汗境内雨血三日。俄而为隋师所灭。

《唐书》曰：高祖武德初，突厥处罗可汗欲侵中夏，会天雨血，三日乃止，而处罗疽发而死。

雨肉

《后汉书》曰：桓帝时，廉县雨肉，似羊肺，大如手。时梁冀专政，盗贼攻掠。明年，梁太后崩，冀亦败。

《魏志》曰：公孙渊将亡，襄平北市生肉，长围各数丈，有头目口喙，无手足而动摇。占曰："有形不成，有体无声，其国灭亡。"其年，司马宣王讨平之。

《晋书》曰：愍帝建兴元年十二月，河东雨肉。刘、石拥兵，帝竟遇害。

崔鸿《十六国春秋》曰：前赵刘聪时，有流星起于牵牛，入紫宫，龙形，委曲蛇行，光照地，落于平阳北十里。视之则肉，臭闻平阳，长三十步。旁常有哭声。

《墨子》曰：殷纣末年，天雨肉，其年为周武王所灭。

雨毛

京房曰：邪进贤退，前乐后忧，金失其性，则雨毛也。

《汉书》曰：武帝时，天雨白毛。明年又雨之。时征役繁兴，户口凋散。

《晋书》曰：武帝时，蜀雨白毛。益州刺史皇甫晏为牙门张弘谋害。

《隋书》曰：文帝开皇六年，京师雨毛，如马尾，长者二尺，余六七寸。其月，梁士彦、宇文忻、刘昉以谋反诛。明年，发十万人筑长城；又于扬州开山造渎以通运。众役繁兴，雨毛之应。

雨冰

《汉书》曰：桓帝时，京师雨冰。其年皇后梁氏崩，梁冀与妻自杀。

崔鸿《十六国春秋》曰：凉张骏二年九月，雨冰，状若丝纩，皆着草。

雨花

《隋书》曰：文帝仁寿年，在仁寿宫，频天雨花，大者径寸，小者如俞荚。

又曰：毛州天雨金银花，遍四十余里。

雨草

京房曰：君吝禄，信衰，厥妖雨草。火失其性，则草妖。

《汉书》曰：元帝时，雨草，而叶相摎结，大如弹丸。时帝外氏权盛。

京房曰：国破亡，若雨蘖，人主殃。

又曰：平帝时，雨草，状如元帝。时王氏专政，至于莽，乃篡位。政在私门之家。

《宋书》曰：明帝大始四年，雨草于宫。明年，魏侵青州，杀太守。

雨谷

《史记》曰：梁惠成王八年，雨黍于齐。京房曰：雨五谷，人相食。

又曰：燕丹囚于秦，天雨粟于燕。后，秦灭之。

《后汉书》曰：光武末，陈留雨粟，形如稗实。

雨鱼

《汉书》曰：成帝时，雨鱼，长五寸已下，时王氏专政。

崔鸿《十六国春秋》曰：后蜀李期末年，大雨鱼于宫中，其色黄。其年为李寿废，杀之。

又曰：夏赫连勃勃凤翔元年五月，雨鱼于统万。时兴役尤甚。

雨螽

《史记》曰：鲁文公三年，雨螽。刘向以为宋杀大夫而无罪、有暴虐赋敛之应。

雨钱

《广五行记》曰：后魏宣武景明年，海陵人黄寻家贫，忽风雨，钱飞至家。后巨富，钱数万。其后被诛。

雨水银

《隋书》曰：文帝仁寿四年八月，仁寿宫内再雨水银。又陕州雨水银。奏高祖，高祖知非祥。其年，太子逆杀，汉王谅举兵。天下将乱之应。

雨金

《史记》曰：晋惠公二年，雨金。至六年，秦穆公涉河伐晋。

雨续

《宋书》曰：孝武大明七年，会稽雨续，委于山泽。续如麻纻，脆似地毛。至八年，大饿，横尸原野。

雨原

《宋书》曰：文帝元嘉十七年七月，张仲舒晨夕辄见门侧有赤气赫然，空中忽雨绛罗于庭中，广七八分，长五六寸，皆以笺纸系之，纸广、长与罗等，纷纷甚駃。舒恶而焚之。舒经宿暴死。

太平御览卷第八百七十八　咎征部五

雪

《左传》曰：昭公四年正月，大雪。刘向以为昭公娶吴，婚于同姓。董仲舒以为季孙宿专政，阴气盛也。

《汉书》曰：武帝时，十二月，大雨雪，人冻死。时衡山王谋反，废而杀之。

又曰：元帝时，十一月，齐楚大雪，深五尺。时石显陷魏郡，太守京房杀之。

又曰：王莽天凤中，地震，大雨雪，深一丈，竹柏枯死。其年，琅琊女子吕母为子报仇，党至数万，时天下大乱，饥。

《晋书》曰：吴孙权时，正月，大雨雪，平地三尺，鸟兽死者大半。将军全琮于淮南，战死者数十万。

又曰：孙亮时，春，大雨雪，震电。既雷，则雪不当复降。而亮见废。

《宋书》曰：孝武帝时，大雪，平地二尺。明年，虏侵冀州。

《后魏书》曰：世祖太平真君八年，北镇大雪，人畜冻死。时正严急，司徒崔浩滥被诛。

不时雪

《左传》曰：桓公八年八月，雨雪。刘向以为夫人有淫行，将弑之象。桓公不觉，与夫人如齐而弑死。雪，又雨之阴，出非其时，迫近象，阴气盛也。

《易通卦验》曰：乾得坎之蹇，则夏雨雪。

《诗推度灾》曰：逆天地，绝人伦，则夏雨雪。

京房曰：夏雨雪，臣为乱。

《汉书》曰：文帝时，六月大雨雪。后二年，淮南王长谋反，迁蜀道，死。

又曰：武帝时，三月雨雪，平地厚五尺。是岁，御史大夫张汤有罪自杀。丞相翟严青坐与三长史弃市。

又曰：成帝阳朔四年，四月雨雪，燕雀死。后二年，许皇后废。

《晋书》曰：武帝时，大雪。其年吴将步阐败，死伤甚众。后又八月大雪，折木。

又曰：穆帝时，八月大雪，人马冻死。时政由臣下。

崔鸿《十六国春秋》曰：前凉张祚和平元年，大会，黑风冥暗，五月雨雪，行人冻死。祚广征兵三十余道，入击南山诸种，时入千里。张掖人王鸾上书谏言："军不可行，行有大变。"祚怒，以为妖言，斩之。祚与严展、吴绰升飞鸾观，征虏赵长、校尉张璹入谦光殿，拜张玄静为主，咸称万岁。祚愕然便下曰："欲杀我耶？"长曰："然。"遂刺祚，伤额，杀之。

又曰：后蜀李雄以晋咸康六年八月死。其日宫内积雪，自外则否。

《石虎邺中记》曰：虎以五月发五百里内万人营华林苑。至八月，天暴雨雪，雪深三尺，作者冻死数千人。太史奏：作役非时，天降此变。虎诛起部尚书朱轨以塞天灾。

《广五行记》曰：梁武帝时，三月大雪，平地三尺。时义州刺史文僧朗以州叛于魏。大同中，七月，青州雪害苗稼，交州刺史李贲举兵僭号。

《后魏书》曰：静帝兴和年，五月大雪。时北齐神武发卒十万筑邺城，又有无君之心。

又曰：武定时，二月大雪，人畜冻死，道路相望。时高欢专政，帝政临虚器。

《隋书》曰：北齐武成河清年二月，大雪连月，南北千里，平地数尺。时匈奴与周师入并州，杀掠吏人。

又曰：武成任用和士开，至后主复宠之。陇东王胡长仁，元舅之尊，欲理政，被士开所谮，出为齐州刺史。武平二年三月，天忽降雪一尺余。时生苗已出，雪覆之，盖垄，禾头微萎而不世。百姓相谓曰："禾不世，及坔冻。”长仁在齐州，密遣刺客杀士开。事发，敕遣使于齐州赐死。则“坔冻”之验。

赤雪

《晋书》曰：武帝大康七年，河阴雨赤雪二顷。

霜

谢承《后汉书》曰：郎顗上事曰：“入岁常有霜气，月不舒光，日不宣耀。陛下倦于万机，政有阙也。”

《抱朴子》曰：若霜气有围城，或入于城，则外兵得入；若霜气从内出，主人出战。

京房《易传》曰：兴兵妄诛，厥灾夏霜杀五谷；诛不原情，兹谓不仁，冬先雨，乃陨霜有芒角；贤圣遭害，其霜附木不入地。

《毛诗》曰：正月繁霜，我心忧伤。正月，夏之四月也。繁，多也。四月建巳，纯阳用事，霜多急，恒寒苦之异，伤害万物，故心忧也。

《春秋考异邮》曰：鲁僖公即位，陨霜不杀草，李梅实。梅李，大树，比草为贵，是君不能伐也。定公即位，陨霜不杀菽。菽者稼最强，季氏之萌。

又曰：穆公即位，仲夏霜杀草，日中不消。

《春秋命历序》曰：桀无道，夏出霜。

《师旷占》曰：春夏一日有霜者，君父母治政大严，大杀，天以示之。何以言之？霜威杀万草，坐大杀也。见变如此，宜损威杀，重人之命。

《汉书·五行志》曰：《左传》僖公时，八月，霜不杀草。谓襄仲专权，杀嫡立庶，公室遂弱。至三十三年冬，霜不杀草。刘向以为君诛不行，舒缓之应。是时，公子遂专政，三桓继为卿，皆为乱矣。

又曰：定公元年八月，霜杀菽。刘向以为诛罚不由君出，在臣下之象。是时季氏逐昭公，死于外。

又曰：武帝时，四月，霜杀草木。是时天下户口减耗。

又曰：玄帝时，三月，九月，陨霜杀稼。时弘恭、石显专政，迫逐忠烈，进用邪佞。

又曰：王莽天凤六年四月，霜杀草木，则专政已乱。至地皇四年秋，霜，关东人相食。马适、王匡等起兵，群盗大乱。

《晋书》曰：武帝时，八月，霜害豆。又五月陨雪，伤谷。时大举征吴。又五月，霜杀桑麦。时王濬大功被陷，无辜。

又曰：惠帝时，三月，霜伤木，五曰雨雹。时贾后废愍怀太子。

《隋书》曰：梁武帝时，三月、六月，降霜杀草。时发卒拒魏，百姓劳苦。

《唐书》曰：太宗贞观初，突厥颉利可汗部落五月霜降。至四年，为仆射李靖所灭。

昼霜

《隋书》曰：北齐武成时，昼霜下。其年传位于太子纬。

雹

京房《易飞候》曰：雹下尽树木枝、害五谷者，君赋敛克民。

《礼记·月令》曰：仲夏行冬令，则雹冻伤谷。

《左传》曰：昭公四年正月，大雨雹。季武子问于申丰曰："雹可御乎？"对曰："圣人在上无雹，虽有不为灾。古者日在北陆而藏冰，西陆朝觌而出之，其出入也时。今弃而不用，雹之为灾，谁能御之？"

《春秋考异邮》曰：僖公九年秋，昭三年冬，并大雨雹。时僖公专乐，齐女、绮画、珠玑之好掩月光，阴精凝为灾异。昭公事晋，阴精用密，故灾。

《史记》曰：周孝王七年，厉王生，冬大雹，牛马死，江汉俱动。及孝王崩，厉王立，王室大乱。

《汉书》曰：宣帝本始中，山阳、济阳雨雹，如鸡子；深二尺五寸，杀飞鸟，牛马皆死。七月，大司马霍禹谋反，皆伏诛。八月，霍皇后废。

成帝时，四月，楚国雨雹，大如斧，飞鸟死。王氏专政。

又曰：王莽时，雨雹，杀牛羊。莽杀其少子咸。时天下大乱，百姓穷愁，起为盗贼。

《后汉书》曰：安帝元初四年六月，郡国三雨雹，大如鸡子，杀六畜。时邓太后以阴盛专于阳政。

又曰：献帝初平四年六月，扶风雨雹，大如升，杀人。时天下溃乱，曹操专政，帝临虚器。

《吴志》曰：孙权时，雨雹。权听谗，太子和见废。

《晋书》曰：武帝时，五月，雹伤禾麦，坏屋。时王濬有大功被陷，帝不断，阴胁阳之应。

又曰：惠帝时，六月雨雹，深三尺。时贾氏专政，遂废愍怀太子。

又曰：元帝时，风雹杀人。时王敦拥兵不朝，内外戒严。

又曰：明帝时，京都大雨暴，燕雀死。

又曰：四月大雨雹，是年苏峻为乱。

又曰：穆帝时，六月雨雹，大如升。后四年，张祚在凉州为宋混所灭。

《宋书》曰：文帝元嘉三十年五月，盱眙雨雹，大如鸡卵。明年冬，太子劭兵乱。

《隋书》曰：梁武帝大通年四月，雹。时帝数舍身作奴，为沙门所制，阴胁阳之应。

崔鸿《十六国春秋》曰：后赵石勒时，暴风，大雨雹，震建德殿端门、襄国市西门倒，杀五人。雹起西河，大如鸡子，平地三尺，洼下丈余。行人、禽兽，死者万数。历千余里，树木摧折，禾稼荡然。勒问徐光，光曰："去年不禁寒食。介推，帝乡之神也，历代所尊，故有此灾。"

又曰：石遵时，雨雹，大如盂升。立百余日，为石鉴所杀。鉴为冉闵杀之。

《隋书》曰：陈宣帝太建二年六月，大雨雹。十年四月，又大雨雹。始兴王叔陵刺后主于丧次，据东府反，俄而伏诛。

雾

《礼记·月令》曰：仲冬行夏令，则气雾冥冥。霜雾之气也，散相乱也。

《晋书》曰：成帝咸和元年，大雾，步武不相见。会稽王道子专政之应。

《国志历》曰：晋咸和元年三月，雾杀桑、果。

《宋书》曰：晋安王子勋，帝子业景和年中即伪位，其日云雾四合，旬日被杀。

《齐书》曰：武帝时，大雾竟天，如烟，入人眼鼻。后二年，皇太子死。

《后魏书》曰：静帝武定年冬，大雾六旬，昼夜不解。明年，常侍荀济、华山王大器及元思仅等谋杀大将军高洋。事泄，荀济等并戮于市。

《隋书》曰：陈后主末年正月朔，大会群官。大雾四塞，人眼鼻辛酸。明年降隋。

《陆机别传》曰：机被诛日，大风折木，天地雾合。

《抱朴子》曰：伊尹受戮，大雾三日。

《兵书》曰：雾四面围城，必有兵到城下，不出其月。

黄雾

《尚书中候》曰：桀为无道，地吐黄雾。

《汉书》曰：成帝初即位，封舅王凤、王根等五人关内侯。其月，黄雾四塞，终日竟夜，着地者如黄土尘，夺日光。王凤等大惧。

又曰：王莽天凤元年六月，黄雾四塞。其年缘边大饥，人相食。

《晋书》曰：惠帝时，冬，黄雾四塞，六日乃止。明年，赵王伦篡位。时朝昏兵乱，帝屡蒙尘。

又曰：明帝初，频有黄雾四塞。时王敦害尚书刁协、仆射周顗。

又曰：穆帝时，凉州黄雾下，如尘。时张重华纳谮，后年重华死，嗣子见杀。

又曰：孝武帝时，黄雾四塞。时会稽王道子专政，亲近佞人。

又曰：安帝时，黄雾昏浊，不雨。时桓玄谋逆，帝返正。频年大雾。时帝室衰微，臣下拥兵反，土地非君之有。

《晋中兴书·征祥说》曰：大宁元年，黄雾四塞，王敦之应。

《宋书》曰：文帝元嘉二十九年十二月，黄雾四塞。

崔鸿《十六国春秋》曰：前凉张茂四年正月，黄雾四塞。其年茂死也。

又曰：前赵刘聪元年十月，聪将赵固与晋车骑将军王申相拒于延津。时黄雾昼夜，人不相见，固军大败。

又曰：后赵石勒建平四年，黄雾四塞，氛障蔽天。十月，大疫，死。

赤雾

《春秋运斗枢》曰：血浊雾。天下小冤。血浊雾浊如血。

《后魏书》曰：世宗正始二年正月，夜，阴雾四塞，初黑后赤。又延昌元年，黄雾蔽塞。时帝舅肇擅权，矫诏害诸王公之应。

黑雾

《晋书》曰：愍帝建兴二年春，雾着人如墨，连夜五日。时天下兵起。后二年，帝降刘曜。

又曰：元帝永昌元年十月，京师大雾，黑气蔽天，日月无光。十一月，王敦举兵。

崔鸿《十六国春秋》曰：前赵刘聪建元元年正月朔日，黑雾四塞，终日竟夜，着人如墨，五日而止。后三年，聪子粲杀其弟。

虹霓

《易通卦验》曰：虹不时见，女谒乱公。虹者，阴阳交接之气，阳倡阴和之象。今失节不见者，似人君心在房内，不循外事，废礼失义，夫人淫恣而不制，故曰女谒乱公。

京房《易妖占》曰：虹出君池，若饮君井，其君无后。

《春秋潜潭巴》曰：虹五色迭至，照于宫殿，有兵革之事。

《春秋感精符》曰：九女并讹，则九虹并见。

《黄帝占军气诀》曰：攻城有虹，欲攻之胜。

京氏《别对灾异》曰：虹霓近日，则奸臣谋；贯日，客代主。其救也，释安乐，试非常，正股肱，入贤良。

《汉书》曰：虹霓，阴阳之精。如淳曰：雄曰虹，雌曰牟蓊。

又曰：两虹下属燕王旦井中，饮井水竭。其后诛。

《后汉书》曰：灵帝光和元年，有黑气堕北宫温殿东庭中，如车隆起，奋迅，五色，有头，长十余丈，形似龙。上问蔡邕，对曰："所谓天投霓者也。不见足尾，不得称龙。"中平元年，黄巾贼张角等起。

《东观汉记》曰：光和中，有虹霓降嘉德殿。上引杨旸等入金商门崇德署，问以祥异，对曰："天投霓，天下恐，海内乱。"

《晋书》曰：愍帝建兴五年正月，帝在平阳，虹霓弥天。其年帝为刘聪所杀。

崔鸿《十六国春秋》曰：前赵刘聪麟嘉元年时，东西赤虹经天，南有一歧。

《隋书》曰：周武帝建德五年，围北齐后主于晋州。是夜，州城上有虹首，南向，尾入紫宫，长十余丈。六月，晋州陷，被擒。

白虹

《诗雅度灾》曰：挠弱不立。邪臣蔽主，则白虹刺日。为政无常，天下疑，则霓逆行。

《周礼·春官·眂祲》曰：掌十辉之法，以观妖祥。七曰弥。郑司农云：弥，白虹弥天也。玄谓：弥，气贯日也。

《史记》曰：邹阳上书曰："荆轲慕燕丹之义，白虹贯日。太子畏之。"应劭曰：燕太子丹，秦始皇遇之无礼，丹亡去，故厚养荆轲，令刺秦王。精诚感天，白虹为之贯日。《烈士传》曰：太子丹见虹贯日不彻，曰："吾五事不成矣！"

《汉书》曰：成帝即位，时年二十，委政诸舅，王凤、王愔等兄弟五人递为宰相。五人同拜封，号五侯。五侯专权，贤者屏退。京兆尹王章以直言被诛。正月，有白虹出于营室。

《后汉书》曰：唐檀，永建五年举孝廉，除郎中。是时白虹贯日，檀因上便宜三事，陈其咎征。书奏，乃弃官去。

《吴志》曰：诸葛恪自新城出住东兴，有虹见其船。还拜蒋陵，白虹绕其车，后遂被诛。

崔鸿《十六国春秋》曰：后赵石季龙建武六年，大旱，白虹经天。建武九年，白虹出太社，连天。至十四年，国乱。

紫霓

《太玄经》曰：紫霓围日，其疾不割。

太平御览卷第八百七十九 咎征部六

昼昏

《尔雅》曰：阴而风为曀。

《史记》曰：晋烈公二十三年，国大风，昼昏，自旦至中。明年，太子喜出奔也。

《后汉书》曰：献帝时，日昼晦。董卓拥兵发帝陵。

《晋书》曰：魏高贵乡公时，司马景王讨毌丘俭，大风晦暝，行者倾伏。刘向以为正昼而暝，阴制阳，臣制君之象。俭败见诛。

又曰：晋元帝时，京都昼昏，风云并起。时公室卑弱。

又曰：怀帝永嘉四年，日中昏。后刘曜寇洛川，王师败绩，帝蒙尘于平阳。

又曰：孝武时，大风晦暝。其后诸侯违命，干戈内侮。

崔鸿《十六国春秋》曰：前秦符坚时，大风从西来，俄而晦暝，恒星皆见。后为谢石所败。

又曰：南燕慕容超太上四年，超祠南郊，大风暴起，天地昼昏。至七年，超为晋将刘裕所灭。

《宋书》曰：孝武时，竟陵王诞镇广陵，将入城，昼晦而反，见杀。

又曰：晋安王子勋即伪位，拜安陵王子绥为司州，其日晦暝。俄子勋被杀。

《隋书》曰：梁元帝承圣中，日昼昏，天地昏暗。明年，为西魏所执，遇害。

阴

《汉书·五行志》曰：昭帝无嗣，立昌邑王贺。贺即位，天阴，昼夜不见日月。贺欲出，光禄大夫夏侯胜当车谏曰："天久阴而不雨，臣下有谋上者，陛下欲何之？”贺怒缚胜，以属吏，吏白大将军霍光。光时与车骑将军张安世谋欲废贺，光让安世，以为泄语，安世实不泄。召问胜，胜上《洪范五行传》曰：“皇之不极，厥罚常阴。时则有下人伐上。不敢察察言，故云臣下有谋。”光、安世读之大惊，以此益重经术士。后数日，卒共废贺。此常阴之明效也。

《晋书》曰：吴孙亮时，沉阴不雨三十余日。时将诛孙綝、谋泄，綝以兵废亮。

又曰：孙皓时，久阴不雨。太史奏将有阴谋，皓惊惧。时陆凯等欲谋废，不遂。皓既肆虐，群下多怀异图，终降晋。

崔鸿《十六国春秋》曰：前秦符坚时，久阴不雨。俄为姚苌废而杀之。

《隋书》曰：文帝开皇末，久阴不雨。是时独孤皇后与杨素谋废太子为庶人，而后杀之，立晋王广为太子。

《唐书》曰：睿宗先天二年，四月阴至六月，一百余日，至七月三日诛窦怀贞等十七家方晴。

旱

《尚书·洪范》曰：咎征曰僭，恒阳若。君行僭差，常阳顺之。

《礼记·檀弓下》曰：岁旱，穆公召县子而问然，然之言焉也。曰：“天久不雨，吾欲曝尪而奚若？”尪者面向天，冀天哀而雨也。曰：“天则不雨，而曝人之疾子，虐，无乃不可乎！”锢疾，人之所哀，曝之是虐。“然则吾欲曝巫而奚若？”曰：“天则不雨，而望之愚妇人，于以求之，无乃已疏乎？”“徙市则奚若？”曰：“天子崩，巷市七日；诸侯薨，巷市三日。为之徙市，不亦可乎？徙市者，庶民之丧礼也。今徙市，是忧戚于旱若丧也。

《左传·僖公》曰：夏大旱，公欲焚巫尪。臧文仲曰：“非旱备也。修城郭，贬食省用，务啬劝分，啬，俭也。劝分，有无相济。此其务也。巫尪何为？天欲杀之，则如勿生；若能为旱，焚之滋甚。”公从之，是岁饥而不害。不伤害民。

又曰：昭公时，郑大旱。使屠击有事于桑山斩其木，有事，祭也。不雨。子产曰："有事于山，艺山林也，艺，养护，令繁殖。而斩其木，其罪大矣。"夺之官邑。

《春秋考异邮》曰：旱之言悍也，阳骄蹇所致也。

《春秋繁露》曰：水干土则大旱。

《洪范五行传》曰：鲁桓公五年，大雩，旱也。先是，杀君而立，有危亡之心，而下有悲勤之气，外结大国，娶于齐，以为夫人。后此二年，天子使大夫来聘。桓上得天子之意，下得大国之心，则有亢阳之意以御臣下。兴邢丘之役，以劳百姓，则臣下离心而不从。故应是而秋大旱。

又曰：鲁宣公十年秋，大旱。是时，公与齐伐莱。夫伐国，亢阳节也；师旅，百姓所不欲也。故应是而大旱也。

又曰：旱，所谓常阳。不谓常阳而谓旱者，以旱为灾也。旱之为言乾也，万物伤于乾而不得水也。君持亢阳之节，暴虐于下，兴师旅，动众劳民以起城邑，臣下悲怨而心不从，故阳气盛而失度，故旱灾应也。

《物理论》曰：阳盈而过，故致旱。

《家语》曰：哀公问孔子曰："旱如之何？"孔子曰："凶年则乘驽马，力役不兴，驰道不备，驰道，君所行道。祈以币玉，有王所祈请，用币及玉，不用牲也。祭事不县不作乐也祀以下牲，当用大牢者用少牢。此则贤君自贬以救民之礼也。"

《史记》曰：纣末年，大旱，俄为武王所杀灭也。

又曰：晋庄伯元年，不雨雪。二年，翟人俄伐翼，至于晋郊。

又曰：共和十四年，大旱，火焚其屋。伯和篡位立，故有火灾。其年，周厉王奔彘而死，立宣王。

又曰：鲁庄公三十年冬，不雨。是岁一年而三筑台于郎，夏筑台于薛，秋筑台于秦。

又曰：僖公二年三月，春夏不雨。庄公夫人与公子庆父淫，而杀二公，国人攻之。庆父，桓公子，庄公弟。二公谓子般及闵公。

又曰：襄公五年秋，大雩。先是，宋鱼石奔楚，楚伐宋，取彭城以封鱼石。八年九月，大雩。季氏盛二十八年八月，大雩。晋使荀吴、齐使庆封来聘。是夏，郏子来朝。襄公有大应之。

又曰：昭公三年八月，大雩。公居丧不哀，亢阳失众。六年九月，雩。先是，莒牟夷以二邑来奔，莒怒伐鲁。亢阳动众之应。十六年九月，大雩。昭公夫人薨，昭公不戚，又大蒐于比蒲。鲁有大哀，君无戚容，殆其失国。二十五年七月，大雩，旱甚，又雩。刘歆以为时君与季氏有隙，昭公伐季氏，为季氏所败，出奔齐。

《汉书》曰：惠帝五年夏，大旱，江河水少，溪水绝。先是，发男女十四万人城长安。

又曰：文帝时，秋大旱。其年济北王兴居反，伏诛。五年春，天下大旱。匈奴入上郡、云中，烽火通长安，三将军周亚夫、刘礼、徐厉等出兵。

又曰：武帝元光六年夏，大旱。是年卫青、李广、公孙贺等四将军出匈奴。元朔五年春，大旱。十余万众征匈奴。元狩三年夏，大旱，是岁发天下民吏伐棘上林，穿昆明池。天汉中，频大旱。是年李陵没。征和元年夏，大旱。闭长安城门，大搜治巫蛊。明年，卫皇后、太子死。

又曰：宣帝本始三年夏，大旱，东西数千里。先是，五将军二十万众征匈奴，赵充国、范明友等为将。

又曰：和帝时，夏旱，伤苗稼。其年，武灵蛮陬叛，寇金城。

又曰：顺帝时，京师旱。扬州六郡贼寇四十九县，杀其长吏。

又曰：桓帝时，京师旱，郡国饥、疫，人相食。明年，皇后崩，梁冀用事尤盛。

又曰：献帝兴平元年秋，三辅旱，人相啖食，白骨委积。郭汜攻李傕，矢及御前，李傕逼乘舆幸其营垒。

《魏志》曰：有白毛玠出见黥反者，其妻子没为官婢。玠曰："使天不雨，盖此也。"太祖大怒，收玠付狱。大理锺繇诘玠曰："急当阴霖，何以反旱？"玠遂黜免。

《晋书》曰：武帝太始八年五月，旱。是时，帝纳荀勖邪说，留贾充，不复西镇，上下皆蔽之应也。又李喜、鲁芝、李胤等并在散职。

又曰：太始十年四月，旱。去年秋冬，采择卿校诸葛冲等女五十余人入殿简选，又取小将吏女数十人。母子号哭于宫中，声闻于外，行人悲酸。是始积阴生阳之应。

又曰：永宁元年春夏，郡国旱。是年，三王讨赵王伦，六旬之中，数十战，死者十余万。

又曰：怀帝永嘉初，大旱，河、洛、汉皆可涉。是年，东海王越归京都，遣兵入京，收中书令缪播杀之。又刘元海、石勒、王弥之徒，贼害百姓，流血成川。

又曰：明帝时，夏大旱。是时王敦有石头之变，二宫陵辱，大臣诛死。

王隐《晋书》曰：愍帝建兴四年，丞相府督军令史淳于伯刑于建康市。百姓喧哗，咸曰伯冤。于是大旱三年。

《晋中兴书·征祥说》曰：咸和十六年，夏旱。十七年，秋冬旱。是时烈宗仁恕，信任会稽王道子，亦舒缓之应。

又曰：隆安二年冬，旱，且寒甚。四年夏五月，秋旱。时孙恩作乱，桓玄疑贰，内外骚动，兵革方兴。

又曰：太元二十年冬，无雪。亦犹《春秋》之“无冰”，恒燠之罚也。是时，任会稽王道子，纵酒宴乐，不恤政事，舒缓之应也。

《宋书》曰：孝武时，频年大旱，人饥死者十有六七。时帝造明堂，又大兴师徒，南巡校猎，盛自矜大，故旱灾。

《梁书》曰：武帝时大旱，米升五千文，人多饿死。时与魏交兵，前后连年，百姓劳敝。

《魏书》曰：静帝天平年，诸州大旱，人多流散。是岁，齐武与魏战于沙苑，死者数十万。

又曰：武定年冬春大旱。西魏师入洛，齐神武亲帅军大战于北芒，死者数万。

《隋书》曰：北齐文宣天保年，夏大旱。时大发卒，筑长城四百余里。乾明年，春旱。先是，发卒数十万筑金凤、圣应、崇光三台，穷极侈丽，不恤百姓。

又曰：后主河清年，夏大旱。突厥二十万众毁长城，寇恒州，内外纂严。

又曰：隋炀帝时，大旱，人疫死，死人如山。明年，杨玄感反。于时群盗蜂起，天下离叛之应。又发卒百余万筑长城，百姓失业。至八年，天下旱，百姓流亡。时发四海兵亲征高丽，六军冻馁死者十八九。至十三年，天下大旱。时郡县乡邑悉筑长城，男女无少长皆就役。

《管子》：春不收枯骨朽胔，伐枯木而去之，则夏旱至矣。

《晏子春秋》曰：齐大旱，景公召群臣问曰："天不下雨久矣，民皆有饥色。吾使人卜之，祟在高山广泽。寡人欲赋敛以祠灵山，可乎？"群臣皆莫对者，晏子进曰："不可，祠此无益也。夫灵山，固以石为身，以草木为毛发。天不雨，发将焦，将热，彼独不欲雨乎！祠之何益？"公曰："不然，吾欲祠河伯可乎？"晏子曰："不可。河伯以水为国，以鱼鳖为民。天久旱不雨，水泉将下，百川将竭，国亡，民将灭矣，彼独不欲雨乎？祠之何益？"景公曰："今为之奈何？"晏子曰："君试避宫殿曝露，与山河共忧，其幸而雨。"景公即出曝露，三日，天果大雨。

《随巢子》曰：幽、厉之时，天旱地坼。

《尸子》曰：汤之救旱也，素车白马，布衣，身婴白茅，以身为牲。当此时也，弦歌鼓舞者禁之。

《韩子》曰：晋平公使师旷奏清征，师旷曰："清征不如清角。"平公曰："清角可得闻乎？"师旷曰："君德薄不足以听之，将恐有败。"平公曰："寡人老矣，所好者音，愿遂听之。"师旷不得已而鼓。一奏之，有云从西北方起；再奏之，大风至，大雨随之，裂帷幕，破俎豆，堕廊瓦。坐者散走，平公恐惧，伏于室。晋国大旱，赤地三年。公之身遂病焉。

《师旷占》曰：岁欲旱，旱草先生。旱草者，蒺藜也。

京房《别对灾异》曰：久旱何？人君无施泽惠利于下人则旱。不救，蝗虫害谷。又君亢阳暴虐，兴师动众，下人悲怨，阳气盛，阴气沉，故旱。万物根死，数有火灾，此金失其性。若夏大旱，则雩，祀之以素车白马，布衣，以身为牲。或云：诛谗佞之臣于市，则三日之雨降于天矣。

《说苑》曰：汤之时，大旱七年，洛川竭，煎沙烂石。于是使人持三足鼎祀山川，教之祝曰："政不节耶？使民疾耶？苞苴行耶？谗夫昌耶？宫室宫耶？女谒盛耶？何不雨之甚也？"

《黄帝占书》曰：日中三足乌见者，大旱赤地。

寒

京房《易传》曰：有德遭险，兹谓逆命，厥异寒。

《洪范五行传》曰：听之不聪，是谓不谋，厥罚恒寒。

《史记》曰：秦始皇九年四月，大寒，人冻死。时嫪毐及大臣二十人余车裂以殉，夷灭宗族。迁四千余家于房陵。

《晋中兴书·征祥说》曰：太兴四年冬，大寒，民冻死。是时王敦肆乱，天子弗能禁。

《魏书》曰：静帝武平年二月，大寒，人畜冻死。

疫

《史记》曰：秦始皇三年，虫起东方，蔽天而下。年为大疫。

《汉书》曰：哀帝永初六年夏，大疫。疫者，邪乱之气所生。延光四年冬，京师大疫，有绝门者。人惧。

又曰：桓帝元康元年正月，京都大疫。二月、九月，庐江又疫。献帝建安二十二年，大疫。至二十五年，禅位于魏。

《晋书》曰：魏文帝黄初四年三月，宛许大疫，死者数万。

又曰：明帝青龙二年四月，大疫。蜀相诸葛亮出斜谷，卒于渭南。又青龙三年正月，京师大疫。

《六韬》曰：人主好聚敛，人则多疫死。

太平御览卷第八百八十　咎征部七

地震

京房《易占》曰：地动，阴有余。

《左传》曰：南宫极震。南宫极，王子朝之卿士也。苌弘谓刘文公曰："君其勉之，先君之力可济也。先君，谓刘献公，文够愿也。献公亦欲立子猛，不欲令子朝得国。今南宫极震死，为天所弃，先君之功弃可成也。周之亡也，其三川震；今西王之大臣亦震，天弃之也。西王，谓子朝也。子朝居王城，故为之西王也。东王必大克。"敬王居狄泉，狄泉在王城之东，故曰东王也。

《史记》曰：周幽王二年，三川震。太史伯阳甫曰："周将亡矣。天地之气不过其序，若过其序，乱人之兆。阳伏而不能出，阴迫而不能升，于是也震。阳失而在阴，阴原必塞，原塞必国亡。昔伊洛竭而夏亡，河竭而商亡。今周如二代之季，其川原又塞，塞必川竭山崩。夫国必依山川，山崩川竭，国亡之征也。"

《汉书·五行志》曰：鲁文公九年，地震。刘向以为周襄王失道，楚穆王商臣杀父成王，诸侯皆不肖，权倾于下，臣下强盛，将动为害。

京房曰：臣事虽正，专必震。于水，水则波；于木，木则摇；于屋则瓦落；于山则出水涌。嗣子无德，臣专禄不食，动丘陵，水涌出。

又曰：鲁襄公十六年，地震。其后崔氏专齐，栾盈专晋，良宵倾郑，阍杀吴子，燕逐其君，楚灭陈蔡。

又曰：鲁昭公十九年，地震。刘向以为是时季氏将有逐君植典。

又曰：昭公二十三年，地震。刘向以为是时周景王崩，刘子、单子立王子猛，尹氏立王子朝，季氏逐昭公，黑肱叛邾，吴杀其君僚，宋五大夫、晋二大夫皆以地叛。

又曰：哀公三年，地震。仲尼见弃而季氏强。

又曰：赵幽王五年，代地大动，自乐徐以西，北至平阴，台屋墙垣太半坏，地坼东西百三十步。六年，大饥，秦灭之。

《汉书》曰：惠帝时，地震陇西，压四百余家。时诸吕用事。

又曰：武帝时，地震压杀人，明年皇后陈氏废。宣帝时，地震河南以东四十九郡，北海、琅琊，坏祖宗庙、城郭，杀人千余。后又京师地震，至北边郡国三十余，坏城郭，杀四百余人。后霍显、禹反，诛清河王，迁房陵，皇后霍氏废。

又曰：元帝建昭四年，蓝田地震，沙石流拥灞水，安陵岸崩拥水，水逆流。时石显用事。

《后汉书》曰：光武时，地震裂。至后年，南郡蛮、武陵蛮叛。后诏捕王侯，宾客坐死者数千人。阴气盛之应也。

又曰：和帝时，郡国十三地震。时将军窦宪谋逆伏诛。后又地裂及震，其年北海王威有罪自杀。

又曰：安帝时，郡国十六地震。明年，郡国十二地震，京师人相食。帝冲幼，邓氏执政。后又郡国九地震。明年，海贼张伯路与平原刘文何、周文光等攻战厌次，杀令长。后三年，郡国十八地震，淮南人饥。明年，邓太后崩，帝失政。

又曰：顺帝时，京师频地震、岸崩及地陷。其年，吴郡丞羊珍反郡府。后二年，凉州地百八十震，山谷坼裂。是日，徐、杨贼攻烧邑城，杀掠民吏。

又曰：冲帝时，京时载震，三郡沙涌土裂。时帝年二岁，母后临朝，群盗大起，发掘宪陵，攻烧城邑。

又曰：桓帝时，京时载震，荆扬人多饥死。后又震宪陵，寝屋瓦、宫庙瓦落尽。时梁冀专政。

又曰：灵帝时，地震，海水溢，又震鸿都府门。时阉竖专政。

又曰：初平二年，并州牧董卓焚烧洛阳，挟天子迁长安，自为太师，号尚父。京时载震，卓问着作郎蔡邕，邕对曰："地动，阴盛，大臣逾制。"又太史上言当有大臣戮死。卓遣人言太尉张温与袁绍交通，遂杀温。二年，司徒王允、仆射士孙瑞及卓将吕布谋诛卓，杀之。

又曰：献帝时，雍州地频震，三辅大旱，粟一石五十万，人相食。

《续汉书》曰：建康元年九月丙午，京都地震。时顺帝崩，太后摄政，为顺帝作陵，制度奢广，多坏吏民冢椁。尚书栾巴谏，太后怒，癸卯，收巴下狱，欲杀之。丙午地震，太后乃出巴，免为庶人。

《汉献帝春秋》曰：初平二年，地震。董卓问蔡邕，邕曰："天为阳，故运转于上；地为阴，故安静于下。而震，是失其性，以阴而阳也。明公车不当青盖，宜改之以应变。"卓改为绿盖。

《晋书》曰：魏明帝时，京都地震，隐隐有声，摇动屋瓦。明年，公孙文懿叛，自立魏。高堂隆曰："地震，臣下强盛，地故震动，冀所以警悟人主，不可不深思是灾。"及少帝继，废，竟禅晋。

又曰：齐王芳时，频年地震。时曹爽专政，迁太后于永寿宁，太后与帝相泣而别，故频震。

又曰：蜀刘禅时，地震。时黄皓专政。阉官无阳施，犹妇人也，此皓见任之应。是年冬，蜀亡。

又曰：吴孙权时，频年地震。时吕壹专政，又权信谗废太子和，步骘上书曰："伏见案事，吹毛求瑕，欲陷人成其威福，故地连震。"

又曰：晋武帝时，频年地震。是时贾充、杨骏，递弄朝权。

又曰：惠帝元康四年，郡国地震，淮南洪水出，或山崩地陷，坏城府，杀百余人。此贾后使楚王玮杀汝南王亮及太仆卫瓘，阴道盛，阳道衰微之应。

又曰：愍怀帝时，频年地震。时司马越专政，石勒寇汲郡。

又曰：元帝大兴元年，频地震，或水涌山崩，杀人。时江南淮北有大兵，刘曜、石勒僭位。

又曰：成帝时，咸和四年，频年地震，时苏峻作乱。

又曰：穆帝永和九年、十年，频地震，或有声如雷，鸡雉皆鸣。时帝幼，母后专政，石季龙僭号，王师频败。

又曰：十一年四月、五月，又频地震。是时姚襄入许昌，百姓愁苦之应。哀帝及海西公、简文、孝武时，皆频地震。是时人主幼弱，群小弄权，兵役连年，海西见废。

又曰：孝武太元年夏，震含章殿四柱，并杀侍者二人。后年，符坚略襄阳。

又曰：安帝义熙年，频地震，或有声如雷。时太尉刘裕谋逆。

《宋书》曰：孝武大明元年，地震，有声自河北来，鲁郡山摇地动，彭城女墙四百八十丈坠，屋倾。衮州地裂泉涌，二年不已。其后兖州刺史夏侯祖懽卒。

《齐书》曰：废帝东昏侯时，地震，一年不止。其年，护军崔惠景反，兵围城，帝闭门以拒之。

《隋书》曰：梁武太清二年八月，侯景举兵反于豫州，登坛歃盟，地震。及围城，死者太半。

又曰：太清三年，建康地再震。时侯景自为大丞相。

崔鸿《十六国春秋》曰：前赵刘聪建元元年三月，平阳城震，崇明观陷为池水。赤气至天，有赤龙奋迅而去。十一月，地震。二年八月，平阳地震，汾水大溢，流漂数百家。聪死，子粲立，为刘曜所杀。曜自立。

又曰：前秦符坚时，秦、雍二州地震裂，泉涌。长安大风震电，坏屋杀人。坚惧而愈修德政焉。俄而符双等伐长安，寻为战败。

又曰：后秦姚泓时，秦州地震三十二，殷殷有声，山崩舍坏。识者以为：秦州，泓之故乡，将灭之征。后宋高祖入长安，执于建康斩之。

又曰：姚兴四年，所在地震，前后一百五十六。公卿百司抗表请罪，兴曰："灾遣之来，咎在元首，近代或归罪三公，甚非也。朕当考躬省己，思宋景之义。公等何愆？宜悉冠履复位。"

《后魏书》曰：太祖道武天赐六年夏，地震。其年，帝爱姬万美人与清河王绍通，作乱，帝被绍及万美人杀之。

又曰：宣武延昌元年，沁州地震陷，杀人甚众。又累年沁州秀容敷城雁门山鸣，地震不止。其年，幽州沙门胡僧绍反。明年，胡太后临朝。后天下大兵，太后、少帝为尔朱荣投于河。

《隋书》曰：北齐武成清河年，并州地震。是时和士开专恣之应。

又曰：隋文帝开皇二十年，废太子勇，以晋王广为皇太子。将册之夜，烈风大雪，地震山崩，人舍多坏，杀人。太子卒与仆射杨素弑帝。

《吕氏春秋》曰：周文王寝病五日而地动，东西南北不出国郊。百吏皆请曰："臣闻地之动为主也。"群臣皆悲曰："请移之，兴事动众，以增国城。"文王曰："我必有罪，故天示此以罚我；今动众以增国城，是重吾罪，不可。"无几，疾瘳也。

地裂

《尚书说》曰：黄帝将亡则地裂。

《春秋考异邮》曰：臣恣盛，地裂坼。

《战国策》曰：齐闵王奔莒，淖齿数之曰："嬴博之间，地坼至泉，地以告也，而王不知戒，何得无诛！"乃杀之。

《竹书纪年》曰：夏桀末年，社坼裂，其年为汤所放。

《后汉书》曰：安帝时，缑氏地裂，后郡国地坼，或泉涌。越嶲夷杀长吏，烧城邑。

又曰：南地坼，长百八十二里，广五十六里。又洛阳新城地裂。又缑氏地陷裂，京时载陷。时帝幼冲，宦者用事。

又曰：建康元年，陇西、汉阳、张掖、北地、武威地百八十震，山谷坼裂，坏城。

又曰：冲帝初即位，葬顺帝。是日，雁门、京师、太原三郡地震，沙涌土裂。

又曰：桓帝时，河东地裂。明年，京师、云阳地震。时阉竖用事，皇后梁氏崩。后八年，缑氏地裂。是时频年兵革，又李膺等二百余人受诬下狱。又上党地裂，是时寇贼弥盛。

又曰：灵帝时，河东地裂二十处，长十里。是时阉竖用事，政在私门。

《续汉书》曰：和帝永和七年，赵国易阳地裂。京房《易传》曰："地坼袭者，臣下分离，不肯相从也。"是时南单于众乖离，相从也是时南单于众乖离汉军追讨。

崔鸿《十六国春秋》曰：西秦乞伏乾归太初十九年，苑川地裂。后四年，乾归为兄子够援所杀。

《抱朴子》曰：军中地裂，急徙居，不则军败。地震，必大战，或有谋反。

《墨子》曰：三苗欲灭时，地震泉涌。

地陷

《古今五行记》曰：夏桀末年，瞿山地陷，一夕为大泽，深九丈。其年为汤所放。

《晋书》曰：武帝太康八年，宣帝庙地陷。其年七月，殿前地陷，方丈，深数丈，中有破舡。是时，帝不用和峤之言，而信贾充之佞。至十一年，惠帝立，王室大乱。

又曰：惠帝时，五月，城中地陷，方三十丈，杀人。六月，又地坼，人家陷死。八月，地裂，广三十六丈，长八十四丈，人大饥。又上庸四处山崩地陷，广三十丈，长百三十丈，大水出，杀人。时贾后乱政。又夜暴雷雨，贾谧斋屋柱陷入地，压床帐。明年谧诛，天下兵乱，帝室从此微矣。

又曰：怀帝时，洛阳地步广里地陷，出鹅三。又当阳地裂三所，广三丈，长三百步。时司马越专政，王室离败，死者万计。

又曰：安帝时，山阴地陷，方四尺，有声如雷。后二年，西明门地穿，涌水毁门。太尉刘裕矫诏杀害朝士，俄而禅宋。

《隋书》曰：梁武帝普通二年，始兴郡石鼓村地自开成井，方六尺，深三十丈。侯景港梁，升御床，床脚陷入地。后景被杀。

崔鸿《十六国春秋》曰：前凉张天锡三年四月，延兴地震陷，水出。

又曰：前赵刘聪末年，武库地陷，深一丈五尺。时中常侍王沉、中宫仆射郭猗皆宠幸用事。聪游宴后宫，或百日不出。沉等奢僭贪残，贼害良善。御史大夫陈元达谏，聪不从，玄达自杀。

又曰：后秦姚泓永和元年，秦州地陷裂，岩岭崩坠，人舍坏。是年为宋高祖所擒，斩于建康市。

又曰：前秦符坚末年，洛阳地陷。坚后伐晋败焉。

又曰：安帝末年，桓玄篡晋，升太极殿，殿无故陷。旬月，宋高祖杀之。

又曰：北凉沮渠茂乾永和七年，太庙阶陷。六月，城门崩。其年九月，茂乾面缚降于魏。

又曰：西凉李歆嘉兴元年三月，敦煌谦德门陷。至四年，歆为沮渠蒙逊所败。

又曰：夏赫连勃勃凤翔七年六月，太庙基陷。其年八月，勃勃死。

《隋书》曰：北齐后主末年，穆后如晋阳向北宫辞胡太后，所乘七宝车无故陷入地，半没四足。是年齐灭，后与帝俱入长安。

又曰：隋炀帝大业十三年十二月，洛州乾阳门内地陷，周阔丈余。至十四年，帝遇杀，天下大乱。

《异苑》曰：晋武帝太康五年，宣帝庙地忽陷，梁无故自折。凡宗庙，所以承祖先嗣永世，不刊安居；摧陷，是烟绝之祥也。

地凶

《汉书》曰：光武时，岑彭伐蜀。去成都数十里，军营北有地名彭亡。彭闻之欲移，会日暮。是夜，彭为公孙述刺客诈为逃奴刺杀之。

《魏志》曰：太祖围吕布，大司马杨固救布，为其将杨丑所杀。杨将眭固又杀丑，屯兵射犬。巫诫之曰："将军字白兔，而邑名射犬，兔见必惊，宜急移去。"固不从，明日遂战死。

《晋书》曰：建业太社西宫地，吴时右司马丁奉宅，吴后主孙皓杀之，流徙其家。晋元帝初为仆射周顗宅，顗为王敦所害。后为冠军将军苏峻宅，峻反被诛杀。后为索悦宅，为会稽王道子所亲昵，缘道子见杀。又为章武王司马秀宅，秀亦凶。至宋孝武时，为雍州刺史臧质宅，质反见杀。故代称为凶地。宋吏部尚书王僧绰常谓宅无吉凶，请以为第，始造未居，为元凶所害。

王隐《晋书》曰：祖约为豫州刺史，府中地忽赤如丹，约竟败见杀。

土踊

《纪年》曰：梁惠成王七年，地忽长十丈有余，高尺半。周隐王二年，齐地暴长，长丈余，高一尺。

《汉书》曰：成帝河平四年，临淮县土踊起，高二丈。时王莽专政。

崔鸿《十六国春秋》曰：前凉张实五年，祁山地震，从中陶原坂三里冒复，下川忽如见掩，坂上草木存焉。

地生毛

《晋书》曰：武帝太始中，皇甫晏为益州刺史，西讨，屯兵，人咸死之，地生白毛。俄被牙门将所杀。

又曰：成帝时，地生毛。时天下大兵而中原扰乱，百姓疲怨。

又曰：孝武时，京都地生毛，而氐贼围绕襄阳、彭城，征戍连年不解。又京都地生毛，符坚灭，后人役劳，后又江陵交战不解。

又曰：安帝义熙十年，地生白毛，连年征讨劳扰之应。京房以为人劳之异，金失其性地生毛。

常璩《华阳国志》曰：晋武帝太始八年，蜀地生毛，长七八寸，生数里。李势欲亡，地又生毛。

崔鸿《十六国春秋》曰：后秦姚兴时，乞伏乾归镇州，地震生毛。而乾归太初十九年七月为兄子公府所杀。

又曰：北燕冯跋太平十五年，龙城地生白毛，长一尺二寸，月余乃灭。后辽西太守高潜谋反伏诛。

《隋书》曰：梁武帝大同年，地生白毛，长二尺。时筑浮山堰，功垂就而溃，百姓苦之。

又曰：陈后主末年，地生白毛。时功役不息，卒为隋灭。

又曰：北齐武成清河年初，沧州及长安地生毛。时北筑长城，内兴三台，人苦役焉。

《唐书》曰：则天天授初，淮南地生毛，或白苍，长者尺余，或遍居人床下。扬州尤甚，大如马尾，焚之如毛气。着作郎韩琬寓于扬州，亲掇之。其年称制。

太平御览卷第八百八十一 神鬼部一

神上

《易》曰：阴阳不测之谓神。神者，变化之极，妙万物而为言，不可以形诘者也。

又曰：知变化之道者，其知神之所为乎！夫变化之道，不为而自然。故知变化者，则知神之所为。唯神也，故不疾而速，不行而至。

《毛诗·嵩高》曰：维岳降神，生甫及申。

《礼记·孔子闲居》曰：清明在躬，气志如神。

又《中庸》曰：鬼神之为德也，其盛矣乎！视之而弗见，听之而弗闻，体物而不可遗。体犹生也。可犹所也。不有所遗，言万物无不以鬼神之气生也。使天下之人齐明盛服以承祭祠，洋洋乎如在其上，如在其左右。

《诗》曰：神之格思，不可度思，矧可射思？格，来也。矧，况也。射，厌也。言神之来，其形象不可亿度，况可厌倦乎？

又《祭法》曰：山林、川谷、丘陵能出云为风雨、见怪物皆曰神。

又《祭义》宰我曰："吾闻鬼神之名，不知其所谓。"子曰："气也者，神之盛也；魄也者，鬼之盛也。合鬼与神，教之至也。众生必死，死必归土，此之谓鬼。骨肉毙于下，阴为野土，其气发扬于上为昭明，荤蒿凄怆，此百物之精也，神之着也。因物之精，制为之极，明命鬼神，以为黔首，则百众以畏，万民以服。"

又《乐记》曰：明则有礼乐，幽则有鬼神。圣人之精气谓之神，贤智之精气谓之鬼。

《左传》曰：庄公。有神降于莘，有神，声以接人。莘，虢地。惠王问诸内史过曰："是何故也？"对曰："国之将兴，明神降之，监其德也；将亡，神又降之，观其恶也。故有得神以兴，亦有以亡。虞、夏、商、周皆有之。"王曰："若之何？"对曰："以其物享焉。其至之日，亦其物也。”王从之。内史过往，闻虢请命，反曰：“虢必亡矣。虐于民而听于神。”神居莘，虢公使祝应、宗区、史嚚享焉。神赐之土田，史嚚曰：“虢其亡乎！吾闻之：国将兴，听于民；将亡，听于神。神，聪明正直而壹者也，依人而行。虢多凉德，其何土之能得？”凉，薄也。为僖二年晋灭下阳传。

又《宣上》曰：昔夏之方有德也，远方图物，图画山川奇异之物献之。贡金九牧，铸鼎象物，象所图物，着之于鼎。百物为植蹈，使民知神、奸。图鬼神百物之形，使民逆备之。故民入川泽山林，不逢不若。若，顺也。螭魅罔两，螭，山神，兽形。魅，怪物。罔两，水神。莫能逢之。

又《昭元》曰：晋侯有疾，郑伯使公孙侨如晋聘，且问疾。叔向问焉，曰：“寡君之疾病，卜人曰：‘实沈、台骀为祟’，敢问此何神也？”子产曰：“昔高辛氏有二子，长曰阏伯，季曰实沈。居于旷林，不相能也，日寻干戈，以相征讨。后帝不臧，迁阏伯于商丘，主辰，迁实沉于大夏，主参。由是观之，则实沈，参神也。昔金天氏有裔子曰昧。为玄冥师，生允格、台骀。台骀能业其官，宣汾、洮，障大泽，以处大原。帝用嘉之，封诸汾川。由是观之，则台骀，汾神也。”

又《昭三》曰：石言于晋魏榆，魏榆，晋地。晋侯问于师旷曰：“石何故言？”对曰：“石不能言，神或冯焉，谓有精神凭依石而言。不然，民听滥也。抑臣又闻之曰：作事不时，怨讟动于民，则有非言之物而言。今宫室崇侈，民力凋尽，怨讟并作，莫保其性，石言不亦宜乎？”

《论语》曰：子不语怪、力、乱、神。神谓鬼神之事。

又曰：子路问事鬼神，子曰：“未能事人，焉能事鬼？”鬼神难明，语之尾嫳，故不答。

《家语》曰：不食者，不世而神。

《国语》曰：虢公梦在庙，有神人面、白毛、虎爪、执钺立于西阿之下。公惧而走，神曰：“无走，帝命曰使晋袭于尔门。”公拜稽首。觉，召史嚚占之，对曰：“如君之言，则蓐收也，天之刑神也，天事官成。”公使囚之，且使国人贺梦。舟之侨告其族曰：“众谓虢不久，吾乃今知之。”

又曰：有神降于莘。王问内史过曰：“是何故？”对曰：“昔夏之兴，祝融降于崇山；其亡也，回禄信于聆隧。商之兴也，梼杌次于丕山；其亡也，夷羊在牧。周之兴也，鸑鷟鸣于岐山；其衰也，杜伯射王于鄗。宣王杀杜伯，不辜。后宣王田于圃中，杜伯起于道左，衣朱冠，操朱弓矢，射宣王，中心折脊而死。今则丹朱之神也，虢其亡也。”贾逵注曰：祝融、回禄，火之神也。梼杌，鲧也。丹朱，尧子。

又曰：长勺之役，曹刿问所以战于庄公。公曰：“余不爱衣食于民，不爱牲玉于神。”对曰：“夫惠本而后民归之志，民和而后神降之福。匠搏惠以小赐，祀以独恭，小赐不咸，民弗归也；独恭不优，神弗福也。”

又曰：夏之衰也，褒人之神降，化为二龙，以同于王庭，而言曰：“余，褒之二君也。”夏后卜杀之、与去之、与止之，莫吉；卜请其漦而藏之，吉。乃布币焉而策告之，龙亡而漦在，椟而藏之。

又曰：古者民神不杂。谓司民、司神之官各异。民之精爽不携贰者，而又能齐肃衷正，其智能上下比义，其圣能光远宣朗，其明能光照之，其聪能听彻之，如是，则明神降之。在男曰觋，在女曰巫。

《河图》曰：东方苍帝，神名灵威仰，精为青龙；南方赤帝，神名赤熛怒，精为朱鸟；中央黄帝，神名含枢纽，其精为麒麟；西方白帝，神名白招矩，精为白虎；北方黑帝，神名叶光纪，精为玄武。

《龙鱼河图》曰：天岁星主德庆，其精下为大社之神；天太白星主兵凶，其精下为雨师之神；天荧惑星主司非，其精下为风伯之神；天辰星之气司灾，其精下为先农之神；天镇星主得土之庆，其精下为灵星之神。

又曰：东方太山君神姓圆名常龙，南方衡山君神姓丹名灵峙，西方华山君神姓浩名郁狩，北方恒山君神姓登名僧，中央嵩山君神姓寿名逸群，呼之令人不病。东方太山将军姓唐名臣，南方霍山将军姓朱名丹，西岳华阴将军姓邹名尚，北岳恒山将军姓莫名惠，中岳嵩高山将军姓石名玄，恒存之，却百邪。东海君姓冯名修青，夫人姓朱名隐娥；南海君姓视名赤，夫人姓翳名逸寥；西海君姓勾大名丘百，夫人姓灵名素兰；北海君姓禹名帐里，夫人姓结名连翘；河伯姓公名子，夫人姓冯名夷君。有四海河神名，并可请之，呼之却鬼气。

又曰：发神名寿长，耳神名娇女，目神名珠映，鼻神名勇卢，齿神名丹朱。夜卧三呼之，有患亦便呼之九过，恶鬼自却。

《史记》曰：赵襄子为智伯所败，走奔晋阳。原过从后，至于王泽。见三神人，自带以上可见，自带以下不可见，与原过竹二节，节莫通，曰："为我以是遗赵无恤。"原过既至，以告襄子，襄子齐三日，亲自剖竹，有朱书曰："赵无恤，余霍太山之阳侯，天使也。三月丙戌，余将使汝反灭智氏，汝亦立我百邑，余将赐汝林胡之地。"襄子再拜受，如三神之令，果以丙戌戌灭智氏。

又曰：始皇梦与海神战，如人状。问占梦博士，曰："水神，不可见，以大鱼蛟龙为候。今上祷祠谨而有此恶神，当除去而善神可致。"

又曰：始皇西南渡淮水之衡山南郡，浮江至湘山祠，逢大风，几椿得渡。上问博士曰："湘君何神？"博士对曰："闻尧女舜之妻也，而葬此于是。"始皇大怒，使刑徒三千人伐湘山树，赭其山。

《汉书》曰：高祖夜径泽中，有大蛇当迳，乃前拔剑斩蛇。后人来至蛇所，见一老妪夜哭，人问何哭，妪曰："人杀吾子。"人曰："妪子何为见杀？"曰："吾子白帝子也，化为蛇当道，今赤帝子斩之。"因忽不见。

又曰：张良尝游下邳圯上，有老父至良所，直堕其履道下，谓良曰："孺子下取履。"良因取之。父笑而去，良殊大惊。父去里余，复还，曰："孺子可教矣。后五日平明，与我会。"良怪之，跪曰："诺。"五日平明往，父已先在，怒曰："与老人期，后，何也？后五日复会，早来。"良半夜往。有顷，父亦来，喜曰："当如是。"出一编书，曰："读此，当为王者师矣。后十三年，孺子见我济北谷城下，黄石即我矣。"视其书，即《太公兵法》也。

又《郊祠志》曰：秦文公九年，获若石云，于陈苍北阪城祠之，其神或岁不至，或岁数来。来常以夜，辉若流星，从东方来集于祠城，若雄雉，其声殷殷云，野鸡夜鸣。

又曰：始皇游海上，行礼祀名山大川及八神，将自古而有之。或曰太公以来作之八神：一曰天主，二曰地主，三曰兵主，四曰阴主，五曰阳主，六曰日主，七曰月主，八曰誓时主。

又曰：武帝初即位，尤敬鬼神之祀。上求神君，舍之上林中磃音蹄氏馆。神君者，长陵女子，以乳死，见神于先后宛若，宛若祠之其室。平原君亦往祠之，其后子孙以尊显。

又曰：亳人缪忌奏曰："天神贵者太一，太一佐曰五帝。"谓青帝灵唾况，赤帝赤熛怒，黄帝含枢纽，白帝白招矩，黑帝叶光纪也。

又曰：游水发根言上郡有巫，病而鬼下之。上召置之甘泉。及病，使人问神君，神君言曰："天子无忧病，病少愈，强与我会甘泉。"于是上病愈，遂起，幸甘泉。病良已，大赦，置寿宫神君。神君最贵者曰太一，其佐曰大禁，司命之属皆从之。非可得见，闻其言，言与人音等。时去时来，来则风肃然。居室帷中。时昼言，然常以夜。天子祓然后入。因巫为主人，关饮食。所欲言，行下。又置寿宫、北宫，张羽旗、设共具，以礼神君。所言，上使受书，其名曰画法。其所言，世俗之所知也，无绝殊者，而天子心独喜其事秘，世莫知也。

又曰：公孙卿言见神人东莱山，若云欲见天子。天子于是幸缑氏城，拜卿为中大夫，遂至东莱。宿，留之数日，无所见，见大人迹云。

又曰：祠神人于交门宫，若有乡坐拜者。师古曰：如有神景象，向祠坐而拜也。或言益州有金马碧鸡之神，可醮祭而致。于是遣谏大夫王褒，使持节而求之。

又曰：谷永说成帝曰："昔周史苌弘欲以鬼神之术辅导灵王会朝诸侯，而周愈微，诸侯叛；楚怀王隆祭祀，事鬼神，欲以获福助、却秦师，而兵挫地削，身辱国危；秦始皇并天下，甘心于神仙之道，遣徐福、韩终之属，多赍童男童女，入海求神采药，因逃不还，天下怨恨。"

《汉书》曰：文帝思贾谊，征之。至，入见，上方受釐，坐宣室。上因感鬼神事而问鬼神之本，谊具道所以然之故，至夜半，文帝前席。

《后汉书》曰：光武渡呼沱河，至下博城西，遑惑不知所之。有白衣老父在道傍指曰："努力信都郡，为长安守。"光武即驰赴之。

又曰：何敞祖父比干，字少卿，经明行修，为汝阴县狱吏，决曹掾平，活数千人，淮汝号曰何公。征和三年三月，天大阴，而比干在家，日中，梦见贵客。车骑满门，觉以语妻。语未竟，而门有老妪八十余，头白，求寄避雨。雨甚而衣履不沾渍。雨止，遂谓比干曰："公有阴德，今天锡君策以广公之子孙。"因出怀中符策，状如简，长九寸，凡九百九十枚，以授比干，曰："子孙佩印绶者如此算。"比干年五十八，有六男，又生三子。本始元年，自汝阴徙平陵，代为名族。

又曰：宣帝时，阴子方者，至孝，有仁恩。常腊日晨炊，见灶神形见，《杂五行书》曰：灶神，长衣黄衣，夜被发从灶中出，知其名，呼之，而可除凶恶。子方再拜受庆。家有黄羊，因以祀之。自是已后，暴至巨富，田有七百余顷，舆马仆隶比于邦君。子方常言："我子孙必将强大。"至孙识三世而遂繁昌。故后常以腊日祠灶而荐黄羊焉。

又曰：班超至于寘，王广德礼意甚疏。且其俗信巫，巫言："神怒，何故欲向汉？汉使有騧马，急求取以祠我！"广德乃遣使就超请马。超密知其状，报许之，而令巫自来取马。有顷，巫至，超斩其首以送广德。

《吴志》曰：临海罗阳县有神，自称王表，语言饮食与人无异，然不见其形。又一婢名绩纺。遣中书郎李崇赍辅国将军罗阳王印绶迎表。表随崇俱出，所历山川，辄遣婢与其神相闻。表至，权于仓龙门外为立第舍。表说水旱小事，往往有验。

何法盛《晋中兴书》曰：王猛，北海人。少贫贱，尝至洛阳货畚。有一人于市买其畚，而云："无直。家近在此，可随我取利。"猛随去，行不觉远，而忽至深山中。此人语猛。"且住树下，当先启道君来。"须臾，猛进，见一公踞床头，须悉白，侍从十许人。有一人引猛，云："阁司马公可进。"猛因拜老公，公曰："王公何缘拜？"即什刀偿畚直，遣人送猛出。既顾视，乃嵩山也。

《晋书》曰：符坚入寇，会稽王道子以威仪鼓吹求于钟山之神，奉以相国之号。及坚至寿春，望八公山，草木皆类人形。若有力焉。

《后魏书》曰：初，圣武皇帝常率数万骑田于山泽，倏见辎軿自天而下。既至，见美人，侍卫甚盛。帝异而问之，对曰："我，天帝女，受命相偶。"遂同寝宿。旦请还，曰："明年周时复会此。"言终而别，去如风雨。及周岁，前所田处果复相见。天女以所生男授帝曰："此君之子也。善养视之，子孙相承，当世为帝。"语讫而去。子即世祖也。

又曰：段晖师事欧阳汤，汤甚器爱之。有童子与晖同志。后二年，童子辞归，从晖请马。晖戏作木马与之，童子甚悦，谢晖曰："吾太山府君子，奉敕游学。今将欲归，烦子厚赠，无以报德。子后位至常伯封侯，非报也。且以为好。"言终乘木马腾空而去。晖乃自知必将贵也。

太平御览卷第八百八十二 神鬼部二

神下

《北史》曰：神武以高昂为西道大都督，径趣商洛。昂渡河，祭河伯曰："河伯，水中之神；高敖曹，地上之虎。"

《齐书》曰：义乡县长风庙神姓邓，先经为县令，死遂发灵。周山图启乞加神位辅国将军。上曰："足狗肉便了事，何用阶级？"

《齐书》曰：李安民为吴兴太守，郡有项羽神，护郡厅事。太守到郡，必须祀以轭下牛。安民奉佛法，不与神牛，着履上厅事，又于上设八关斋。俄而牛死，安民寻卒。世以神为祟。

《梁书》曰：王神念为青州刺史，性刚正，所更州郡，必禁止淫祠。时东北有石鹿山，临海，先有神庙，神念至，便令毁撤神影，坏屋舍坐。栋上有一大蛇，长丈余，入海水。时阴子春为东莞太守，梦人通名诣子春云："有人见苦，被坏宅舍，既无所托，钦君厚德，欲憩此境。"子春心密记之。经二日而知之，甚惊，以为前所梦神，因办牲醑，请召安致一处。数日，复梦一朱衣人相闻辞谢云："得君厚惠，当以一州相报。"子春心喜，供事弥勤。经月余，魏欲袭朐山，间谍前知，子春设伏摧破之。授南青州刺史。

又曰：萧猷封临汝侯，为吴兴郡守。性倜傥，与楚王庙神交饮至一斛。每酹祀，尽欢极醉，神亦有酒色。祀祷必从。后为益州刺史，时江阳人齐苟儿反，猷乃遥祷请救。是日有田老逢一骑，络铁，从东方来，问去城几里，曰百四十。时日已晡，骑举矟曰："后人来，可令之疾马，欲及日破贼。"俄有数百骑如风，一骑过请饮，田老问为谁，曰："吴兴楚王，来救临汝。"当此时，庙中请祈无验。十余日，乃见侍卫土偶皆泥湿如汗者。是日，猷大破苟儿。

《唐书》曰：高祖义师次灵石县，隋将宋老生屯霍邑以拒义师。会霖雨积旬，馈运不继。有白衣老父诣军门曰："余为霍山神使谒唐皇帝，曰：八月雨止路出，霍邑东南，吾当济师。"高祖曰："此神不欺赵无恤，宁负我哉？"

又曰：初，薛延陀之将败也，有一客乞食于主人。主人引入帐，令妻具馔。其妻顾视客，乃狼头人也。妻告邻人共视之，狼头人已食主人而去。相与逐之，止郁督军山，见二人，追者告其故，二人曰："我则神人也。薛延陀当灭，我来取之。"追者惧而退走。延陀竟败于郁督军山。

《老子》曰：神得一以灵；神无以灵，将恐歇。

《庄子》曰：藐姑射之山，有神人居焉。肌肤若冰雪，绰约若处子。不食五谷，吸风饮露。乘云气，御飞龙，而游乎四海之外。

《管子》曰：桓公北征孤竹。未至卑耳之溪十里，闟然止，瞠然视，援弓将射，引而未敢发也，谓左右曰："见是前人乎？"左右对曰："不见也。"公曰："事其不济乎！寡人大惑。今者寡人见人长尺，而人物具焉，冠，右祛衣，走马前疾。事其不济乎！寡人大惑，岂有人若此乎？"管仲对曰："臣闻登山之神有俞儿者，长尺，而人物具焉。霸王之君兴而登山之神见。且走马，前道也；祛衣，示前有水也；右祛衣，示从右方涉也。"至卑耳之溪，有赞水者曰："从左方涉，其深及冠，从右方涉，其深至膝。已涉，其大济。"桓公坐拜管仲之马前，曰："仲父之圣至若此，寡人之罪也久矣。"

《墨子》曰：郑缪公处于庙，有神入门，身鸟素服，曰："帝飨汝明德，使锡汝寿十年有九。"公曰："敢问神名。"曰："予为勾芒。"

《韩子》曰：齐人谓齐王曰："河伯，大神也，王不识与之遇乎？请使王遇之。"乃为坛场大水之上，而与王立焉。有间，大鱼动，因曰："此河伯也。"

《随窠子》曰：昔三苗大乱，天命殛之，夏后受之。大神降而富也，司命益年而民不夭，四方归之，辟地以王。

《山海经》曰：丰山有神，耕父处之，常游清冷之渊，出入有光。清冷水在西鄂县山上，有祠，水赤有光。

又曰：昆仑山神陆吾，虎身而九尾，人面而虎爪。

又曰：西北海外章。尾山有神，人面蛇身而赤色，身长千里，其瞑乃晦，其视乃明。视为昼，瞑为夜。雨风是谒，能请风雨。是烛九阴，是谓烛龙。《诗含神雾》曰：天不足西北，尾蠡阳消息，故有龙衔火精照天门中。

又曰：蚩尤作兵犯黄帝，黄帝乃令应龙攻于冀州之野。蚩尤请风伯、雨师从大风雨，黄帝乃下天女魃止雨，遂杀蚩尤。魃不得复上，故所居不雨。

《黄庭内景经》曰：至道不烦决存真，泥丸百节皆有神。发神苍华字太元，脑神精根字泥丸，眼神明上字英玄，鼻神玉垄字灵坚，耳神空闲字幽田，舌神通命字正伦，齿神崿锋字罗千，一面之神宗泥丸。

又曰：心神丹元字守灵，肺神皓华字虚成，肝神龙烟字含明，肾神玄冥字育婴，脾神尝在字魂停，胆神龙曜字威明。皆在心内运天经，昼夜存之自长生。

《太公金匮》曰：武王都洛邑，未成，阴寒雨雪十余日，深丈余。甲子旦，有五丈夫乘车马从两骑止王门外，欲谒武王。武王将不出见，太公曰："不可。雪深丈余而车骑无迹，恐是圣人。"太公乃持一器粥，出开门而进五车两骑，曰："王在内，未有出意。时天寒，故进热粥以御寒，未知长幼从何起？"两骑曰："先进南海君，次东海君，次西海君，次北海君，次河伯、雨师。"粥既毕，使者具告太公。太公谓武王曰："前可见矣。五车两骑，四海之神与河伯、雨师耳。南海之神曰祝融，东海之神曰勾芒，北海之神曰玄冥，西海之神曰蓐收。请使谒者各以其名召之。"武王乃于殿上，谒者于殿下，门内引祝融进。五神皆惊，相视而叹。祝融拜，武王曰："天阴乃远来，何以教之？"皆曰："天伐殷立周，谨来受命。愿敕风伯、雨师，各使奉其职。"

《风俗通》曰：共工之子好远游，死为祖神。

又曰：秦昭王伐蜀，令李冰为守。江水有神，岁取童女二人为妇。主者自出钱百万以行娉，冰曰："不须。吾自有女。"到时装饰其女，当以沉江。冰径上神坐，举酒酹曰："今得传九族，江君大神，当见尊颜，相为进酒。”冰先投杯，但澹淡不耗，厉声曰：“江君相轻，当相伐耳！”拔剑，忽然不见。良久，有苍牛斗于岸。有顷，冰还，谓官属令相助曰：“南向要中正白，是我绶也。”还复斗，主簿刺杀其北面者。江神死，后无复患。

《博物志》曰：太公望为灌坛令。文王梦见妇人当道哭，问其故，曰：“吾太山之神，嫁为西海妇，灌坛令当吾道，不敢以疾风暴雨过也。”梦觉，召太公。三日，果疾风暴雨。

《三齐略记》曰：始皇作石桥，欲过海观日出处。于时有神人，能驱石下海。城阳一山，石尽起立，嶷嶷东倾，状似相随而行。云：石去不速，神人辄鞭之，皆流血，石莫不悉赤，至今犹尔。

又云：始皇于海中作石桥，海神为之竖柱。始皇感其惠，求与相见。海神答云：“我形丑，约莫图我，乃从石塘三十里相见。”左右巧人以脚画其状，神怒曰：“帝负我约，速去！”始皇转马还，马脚独立，后脚随崩，仅得登岸。脚画者溺于海死。

王韶之《始兴记》曰：滍水内有一处曰龙口，甚神明，经过莫敢倨视。舡载什物，置之不守可经月，人及鸟兽无犯者。

《淮地记》曰：按古《岳渎经》云：禹治水，止桐柏山，乃获淮涡水神。名曰无支祁。善应对言语，辨淮之浅深，源之远近。形若猕猴，缩鼻高额，青躯白首，金目雪牙，颈伸百尺，力逾九象。禹授之，庚申，遂颈锁大铁，鼻穿金铃，从淮之阴锁龟山之足，淮水乃安流，注于海。

《华阳国志》曰：周灭后，秦孝文王以李冰为蜀守。冰能知天文地理，谓汶山为天彭门，仿佛若见神。遂水上立祠三所，壅江作砍，穿郫江以行舟舡，又溉灌三郡。于是蜀沃野千里，号为陆海，天下谓之天府也。冰又作石犀五头以厌水精。时青衣有深水，出蒙山下，伏行地中，会江至南安触山崖，水脉漂荡，破害舟船。冰乃发卒凿平崖。时水神怒，冰乃操刀入水与水神斗。迄今蒙福。

《汉武故事》：上祀太畤，祭常有光明照长安城，如月光。上以问东方朔：“此何神也？”朔曰：“此司命之神，总鬼神者也。”上曰：“祠之能令益寿乎?”对曰:“皇者寿命悬于天,司命无能为也。”

《郡国志》曰:陵州仁寿县有陵井,出盐,井有玉女祠。初,玉女无夫,后每年取一少年,人擲置井中,若不送,水即竭。又蜀郡西山有大蟒蛇,吸人,上有祠,号曰西山神。每岁,土人庄严一女置祠旁,以为神妻,蛇辄吸。将不尔,即乱伤人。周氏平蜀,许国公宇文贵为益州总管,乃致书为神媒合婚姻,择日设乐,送玉女像以配西山神。自送之后,无复此害。

魏文帝《列异传》曰:袁本初时,有神出河东,号度索君,人共立庙。兖州苏士母疾,往祷,见一人,着白布单衣,高冠,冠似鱼头。度索君曰:“昔卢山共食白李,未久,已三千年,日月易得,使人怅然。”去后,度索君曰:“此南海君也。”

《搜神记》曰:蒋子文者,广陵人也。嗜酒好色,常自谓己骨青,死当为神。汉末为秣陵尉,逐贼至于钟山之下,贼击伤额,因解绶以缚之,有顷遂死。及吴先主之初,其吏见子文于道,乘白马,执白羽,侍从如平生,文曰:“我当为此土神也,为吾立祠,不尔,使虫入耳为灾。”吴主谓为妖言,后果有虫入人耳,皆死,医不能治。又云:“不祠我,将有大火。”是岁,数有火灾。吴主患之,封为中都侯,加印绶,立庙,改钟山为蒋山,以表其灵。

《幽明录》曰:晋孝武帝于殿北窗下清暑,忽见一人,着白夹黄练单衣,举身沾湿,自称华林池中水之神,名曰淋涔君也,若善见待,当相福祐。时帝饮已醉,取常所佩刀擲之,刀空过无碍。神忿曰:“不以佳事垂接,当令知所以。”居少时而暴崩,皆呼此灵为祸也。

《列异传》曰:费长房能使神。后东海君见葛陂君,淫其夫人,于是房敕系三年,而东海大旱。长房至东海,见其请雨,乃敕葛陂君出之,即大雨。

《异苑》曰:陶侃如厕,见数十人,悉持大杖,有一人单衣平帻,自称后帝,云:君长者,故出相见,三载勿说,富贵莫可言。侃起,遂失所在。有大印作公字,当其秽处。

《世说》曰：吴兴徐长夙与鲍南海有神明之交，欲授以秘术，先谓徐宜有约誓。徐誓以不仕，于是受箓。常见八大神在侧，能知来见往。才识日异，县乡翕然有美谈。欲用为县主簿，徐心悦之。八神一朝不见七人，余一人倨傲不如常。徐问其故，答云："君违誓，不复相为使，身一人留卫箓耳。"徐乃还箓，遂退。

宋玉《神女赋》曰：楚襄王与宋玉游于云梦之浦，使玉赋高唐之事。其夜，玉寝与神女遇，其状甚丽，玉异之。明日，以白王，王曰："其状若何？"曰："晡夕之后，精神恍惚，若有所喜，见一妇人，甚奇异。"王曰："其状如何？"玉曰："茂矣，美矣，诸好备矣；盛矣，丽矣，难测究矣，不可胜赞。其始来也，烂若白日初出照屋梁；其少进也，皎若明月舒其光。须臾之间，美貌横生。其盛饰也，则罗纨绮缋，灿烂文章。"王曰："若此，试为寡人赋之。"

王符《论》曰：今妇人不修中馈，休其蚕织，而起学巫祝鼓舞，事神，以欺诬细人，荧惑百姓。妻女羸弱疾病之家，怀忧愦愦，易为恐惧。至使奔走失时，去离正宅，增重祸祟。至于死亡而不知巫所败误，反恨事神之晚。

陈思王《洛神赋》曰：睹一丽人于岩之畔，乃援御者而告之曰："尔有睹于彼者乎？彼何人斯？若此之艳也！"御者对曰："臣闻河洛之神，名曰宓妃，则君王所见，无乃是乎？其状若何？臣愿闻之。"曰："其形也，翩若惊鸿，宛若游龙，荣耀秋菊，华茂春松。仿佛兮若轻云之蔽月，飘扬兮若流风之回雪。远而望之，皎若太阳升朝霞；迫而察之，灼若芙蓉出绿波。余情悦其淑美，心振荡而不怡。无良媒以接欣，托微波而通辞。愿诚素之光达，解玉佩以要之。"

太平御览卷第八百八十三 神鬼部三

鬼上

《易》曰：鬼神害盈而福谦。

又曰：睽孤见豕负途，载鬼一车。槛阁盈车，吁可怪也。

《左传·庄公》曰：齐侯田于贝丘，见大豕，从者曰："公子彭生也。"公见大豕，而从者见彭生，皆妖鬼。公怒曰："彭生敢见！"射之，豕人立而啼。公惧，坠于车，伤足，丧屦。

又《僖公》曰：晋侯改葬共太子。秋，狐突适下国，遇太子，太子使登仆，而告之曰："夷吾无礼，余得请于帝矣，将以晋畀秦，秦将祀余。"对曰："臣闻之，神不歆非类，民不祀非族。君祀无乃殄乎！且民何罪？失刑乏祀，君其图之！"君曰："诺。吾将复请。七日，新城西偏，将有巫者而见我焉。"许之，遂不见。及期而往，告之曰："帝许我罚有罪矣，敝于韩。"

又《文上》曰：有事于太庙，跻僖公，逆祀也。于是夏父弗忌为宗伯，曰："吾见新鬼大，故鬼小，先大后小，顺也。"君子以为失礼。

又《绪瀚》曰：楚司马子良生子越椒。子文曰："是必灭若敖氏矣。"及将死，泣曰："鬼犹求食。若敖氏之鬼，不其馁而？"

又《宣公》曰：初，魏武子有嬖妾，无子。武子疾，命颗曰："必嫁是。"疾病则曰："必以为殉。"及卒，颗嫁之。及辅氏之役，颗见老人结草以亢杜回，杜回踬而颠，故获之。夜梦之曰："余，而所嫁妇人之父也。尔用先人之治命，余是以报。"

又《成公》曰：晋侯梦大厉，被发及地，搏膺而踊，曰："杀余孙，不义。厉，鬼也，赵氏之先祖也。八年，晋侯杀赵同赵括，故怒。余得请于帝矣。"坏大门及寝门而入，公惧，入于室，又坏户。公觉，召桑田巫，巫言如梦。巫云：鬼怒，如公所梦。

又《昭二》曰：郑子产聘于晋，晋侯有疾。韩宣子逆客私焉，曰："寡君寝疾，于今三月矣，并走群望，有加而无瘳。今梦黄熊入于寝门，何厉鬼也？"对曰："昔尧殛鲧于羽山，其神化为黄熊，入于羽渊，实为夏郊，三代祀之。晋为盟主，其或者未之祀也乎。"宣子祀夏郊，晋侯有间。

又《昭二》曰：郑人相惊以伯有。曰"伯有至矣"，则皆走不知所往。郑人杀伯有，言其鬼至。铸刑书之岁二月，或梦伯有介而行，曰："壬子，余将杀带也；明年壬寅，余又将杀段也。"及壬子，驷带卒，国人益惧。齐及燕平之月壬寅，公孙段卒，国人愈惧。其明月，子产立公孙泄及良止以抚之，乃止。子太叔问其故，子产曰："鬼有所归，乃不为厉，吾为之归也。"

又《哀上》曰：初，曹人或梦众君子立于社宫而谋亡曹，曹叔振铎请待公孙强，许之。旦而求之，曹无之。戒其子曰："我死，尔振闻公孙强为政，必去之。"

又《哀下》曰：卫侯梦于北宫，见人登昆吾之观，被发北面而噪曰："登此昆吾之虚，绵绵生之瓜，余为浑良夫，叫天无辜。"本盟当免三死，并数一时之事，为三罪杀之，故自谓无辜也。

《论语》曰：樊迟问知，子曰："敬鬼神而远之，可谓知矣。"

《尔雅》曰：鬼之为言归也。

《史记·始皇本纪》曰：使者从关东夜过华阴，平野道有人持璧遮使者曰："为吾遗滈池君。"因言曰："今年祖龙死。"使者问其故，忽不见，遂乃置其璧去。使者奉璧具以闻，始皇默然，良久曰："山鬼固不过知一岁事也。"

《汉书·郊祀志》曰：既灭两粤，粤人勇之，乃言：粤人俗鬼，言其土俗尚鬼神之事。而其祠皆见鬼，数有效。昔东瓯王敬鬼，寿百六十岁。后世怠慢，故衰耗。乃命粤巫立粤祠，安台，无坛，亦祠天神帝、百鬼。

《汉书》曰：田蚡疾，一身尽痛，若有击者，呼服谢罪。上使视者瞻之，曰："魏其侯与灌夫共守笞，欲杀之。"竟死。

《后汉书》曰：第五伦为会稽太守。俗好淫祠，人常以牛祭神，百姓财产以之困匮。其自食牛肉而不以荐祠者，发病，且死先为牛鸣。伦到官，移书属县晓告百姓，其巫祝有依托鬼神诈怖愚民，皆案论之。后遂断绝。

又曰：宋均为辰阳长。其俗少学者而信巫鬼。均为立学校，禁绝淫祀，人皆安之。

又曰：刘根有神术，太守史祈以为妖，乃执而数之曰："若有神，可显一验。"根曰："颇能使鬼。"乃左顾右啸，祈之亡父近亲数十皆反缚在祈前，向根叩头曰："小儿无状，分当万死。"叱祈曰："汝子孙不能光荣先祖而辱如此，何不叩头谢之！"祈哀惊悲泣，顿首请罪。根默然，忽去，不知所之。

王隐《晋书》曰：镇南刘弘，以故刺史王毅子衡阳太守矩为广州。矩至长沙，见一人，长大，着布单衣，自持奏在岸上。矩省奏云："京兆杜灵之。"仍入舡共语，称叙稀阔。矩问："君京兆人，何时发来？"答曰："朝发。"矩怪问："京兆去此数千，哪得朝发今至？"杜答曰："仆曰天上在京兆，去此乃数万，何止数千乎！"

《晋书》曰：邹湛字润甫，尝见一人，自称甄仲舒，余无所言，如此非一。久之，乃悟曰："宅西有积土败瓦，其中有死人。甄仲舒者，予舍西土瓦中人也。"捡之果然，厚加敛葬。葬毕，遂梦此人来谢。

又曰：苏韶字孝先，安平人也，仕至中牟令卒。韶伯父第九子节在车上，昼日，韶自外入，乘马。日黑，又介帻黄疏单衣，白袜丝履，凭节车辕。节谓兄弟曰："中牟在此。"兄弟皆愕，视无所见，问韶："君何由来？"韶曰："吾欲改葬。"即求去。数日又来，兄弟遂与韶坐，节曰："若必改葬，别自敕儿。"韶曰："吾将为书。"节授笔，韶不肯，曰："死者书与生者异。"为节作其字，像胡书也。乃笑唤节为书曰："昔魏武侯浮于西河而下中流，顾谓吴起曰：'美哉，河山之固，此魏国之宝也。'吾性爱好京洛，每往来出入，瞻视邙山，乐哉万世之基也，北背孟津洋洋之河，南望天邑济济之盛。此志虽未言，铭之于心矣。不图奄忽，所怀未果。前去十月，便速改葬，买数亩地便足矣。”节延韶入室，设坐祀之，不肯坐，又无所飨，谓韶曰：“中牟平生好酒，可少饮。”韶手执杯饮尽，曰：“佳酒也。”节视杯空，既去，杯酒乃如故。前后三十余来，兄弟狎玩。节问所疑，韶言：“天上及地下事，亦不能悉知也。颜渊、卜商，今见在修文郎，凡有八人。鬼之圣者梁成，贤者吴季子。”节问死何如生，韶曰：“无异耳，死者虚，生者实，此其异也。”节曰：“死者何不归尸骸？”韶曰：“譬如断卿一臂以投地，就剥削之，于卿有患乎？死之去尸骸如此也。”节曰：“葬美坟，死者乐乎？”韶曰：“无在也。”节曰：“若无在，何改葬？”韶曰：“今我诚无所在，但欲述生时意耳。”韶欲去，节留之，闭门下锁钥，韶为之少住。韶去，节见门故闭，韶已去矣。韶与节别曰：“吾今见为修文郎，守职不暇得来也。”节执手乃别，自是遂绝。

《续晋阳春秋》曰：襄阳罗友在桓温府，屡以贫乞禄。温以其诞肆，许而不用。同府人有得郡者，温为坐别，友亦被命，至尤晚。温问之，曰：“出门于中路遇一鬼，大见耶揄，曰：‘见汝送人作郡，不见人送汝作郡。’友始怖终惭，不觉淹缓。”温笑而用之。

《晋书》曰：周访宿宫亭湖庙，晨起如厕，见一老父，访执之，化为雄鸭。

《晋阳春秋》曰：符坚未败，长安市鬼夜哭，一月止。

《前赵录》曰：麟嘉三年，螽斯则百堂灾。自此鬼哭赌蕃，夜夜不绝。

崔鸿《十六国春秋·后赵录》曰：魏豹字叔虎，范阳人也。迁中山太守，所在有治名。豹嬖妾先死，豹后守于廪丘南，妾形见，与豹言，翌日而卒。

《后魏书》曰：先是，河边人梦神谓己曰：“尔朱家欲渡河，用尔作灅波津令，为之缩水脉。”月余，梦者死。及兆至，有行人自言知水浅深，以草往往表插而导焉，忽失所在。兆遂策马涉渡。

《宋书》曰：刘伯龙少而贫薄，及长，历位尚书左丞、武陵太守，贫窭尤甚。尝在家慨然召左右，将营十一之方。忽见一鬼在傍抚掌大笑，伯龙叹曰："贫穷固有命，乃复为鬼所笑也。"遂止。

《梁书》曰：范云常与梁武同宿顾暠之舍，妻方产，鬼在外曰："此中有王有相。"云起曰："王当仰属相。"以见归，因是尽心推事。

《老子》曰：以道莅天下者，其鬼不神。鬼不敢见其精神以干犯人。非其鬼不神，其神不伤人。其鬼非无精神也，邪不入正，不能伤自然。

《庄子》曰：齐桓公田于泽，管仲御，见鬼焉。公抚管仲之手曰："仲父何见？"对曰："臣无所见也。"公反，诶诒为疾，数日不出。齐士有皇子告敖者曰："公则自伤，鬼恶能伤公。夫忿滀之气散而不反，则为不足；上而不下，则使人善怒；下而不上，则使人善忘；不上不下者，中身当心，则为病耳。"桓公曰："然则有鬼乎？"曰："有。沉有履，灶有髻；户内之烦壤，雷霆处之；水有罔象；丘有莘；山有夔；野有彷徨；泽有委蛇。"公曰："请问委蛇之状何如？"曰："委蛇，其大如毂，其长若辕，紫衣而朱冠。其为物也恶，闻雷车之声则捧首而立，见之者其殆乎霸。"桓公辴然而笑曰："寡人之所见者也。"

《墨子》曰：周宣王杀杜伯，不以罪。后宣王田于圃，见杜伯执弓矢射，宣王伏弓衣而死。

《吕氏春秋》曰：梁北有黎丘部，有奇鬼焉，喜效人之子侄昆弟之状。邑丈人有之市而醉归者，黎丘之鬼效其子之状，扶而道苦之。丈人归，酒醒而谯其子曰谯，让也："吾为汝父也，岂为不慈哉！我醉，汝道苦我，何故？"其子伏而触地曰："孽矣，无此事也。"其父信之，曰："嘻，是必奇鬼，我固闻之。明日复饮于市，欲遇而刺杀之。"明旦之市而醉，其真子恐其父之不能返也，遂往迎之。丈人望见之，拔剑而刺之。

《韩诗外传》曰：人死曰鬼。鬼者归也。精气归于天，肉归于土，血归于水，脉归于泽，声归于雷，动作归于风，眼归于日月，骨归于木，筋归于山，齿归于石，膏归于露，发归于草，呼吸之气，归复于人。

《淮南子》曰：苍颉作书，鬼夜哭。

董仲舒《五行逆顺》曰：人君简宗庙，不祷祀，则鬼夜哭。

《风俗通》曰：汝南周翁仲，初为太尉掾，妇产男。及为北海相，吏周光能见鬼书，署为主簿，使还致敬于本郡县。因告之曰："事讫，腊日可与小男俱侍祠。"主簿事还，翁仲问之，对曰："但见屠人，敝衣螽髻而踞神坐，持刀割肉，有衣冠青墨绶数人，彷徨堂东西不进，不知何故？"翁仲问妻曰："何以养此子？"妪大怒曰："君常言，儿体质声气喜学似我，公欲死，为作狂语。"翁仲具告之，曰："祠祭如此，不具服，子母立截！"妪泣涕言：昔以年长无男，不自安，实以女易屠者之男，裨钱一万。此子年已十八，遣归其家，迎其女，女嫁为卖饼者妻。后适陇西李文思，文思官至南阳太守。

《抱朴子》曰：案《九鼎记》及《青灵经》言：人物之死俱有鬼也，马鬼常以晦夜出行，状如炎火。

《玄中记》曰：姑获鸟，夜飞昼藏，盖鬼神类。衣毛为飞鸟，脱毛为女人，名为帝少女，一名夜游，一名钩星，一名隐飞鸟。无子，喜取人子养为子。人养小儿，不可露其衣，此鸟度即取儿也。荆州为多。昔豫章男子，见田中有六七女人，不知是鸟。匍匐往先得其毛藏之，往就诸鸟。诸鸟各走就毛衣，衣之飞去。一鸟独不得去，男子以为妇，生三女。其女母后令问父，知衣在积稻下，得衣飞去。后以衣迎三女，三女得衣，亦飞去。

《神异经》曰：东北方有鬼星石室，三百户而共一门，石榜题曰："鬼门。"昼日不开，至暮即有人语，有火青色。

又曰：南方有人，长三二尺，裸形而目在顶上，走行如风，名曰：魃。所见之国大旱，赤地千里。一名旱母，一名貉。遇者得之，投溷中乃死，旱灾销矣。

又曰：西方深山有人焉，长尺余，袒身，捕虾蟹。性不畏人，止宿喜依其火，以炙虾蟹，伺人不在而盗人盐以食蟹，名曰山猱，其音自叫。人常以竹着火中，烞音扑熚音卑而山猱皆惊。犯之令人寒热。此虽人形，亦鬼魅耳，所在山中皆有之。

《齐谐记》曰：广陵王琼之为信安令，在县，忽有一鬼，自称姓蔡名伯喈。或复谈议，诵《诗》《书》，知古今，靡所不谙。问是昔蔡邕不，答云："非也，与之同姓字耳。"问此伯喈今何在，云在天上，或下作仙人，飞来去，受福甚快，非复畴昔也。

《论衡》曰：上古之人，有神荼、郁垒者，昆弟二人，生而执鬼。居东海度朔山上，立桃树下，简阅百鬼。鬼道理妄兴人祸，荼与郁垒缚以芦索，执以食虎。

《幽明录》曰：阮瞻常着《无鬼论》，而一鬼通姓名作客诣之。寒温毕，聊谈名理，客甚有才辨。与言良久，及鬼神事，乃作色曰："鬼神，古今圣贤所共传，君何独言无？即仆便是鬼。"于是变为异形，须臾便灭。阮嘿然大恶之，年余卒。

又曰：王辅嗣注《易》，辄笑郑玄为儒，云"老奴尾室"。于时夜分，忽闻外阁有着屐声，须臾进，自云郑玄，责之曰："君年少，何以辄穿凿文句而妄讥诋老子也？"极有忿色，言竟便退。辅嗣心生畏恶，经少时，遇厉病而卒。

又曰：阮德如常于厕见一鬼，长丈余，色黑而眼大，着皂单衣，平上帻，去之咫尺。德如心安定，徐笑语之曰："人言鬼可憎，果然。"鬼即赧愧而退。

又曰：晋世王彪之，年少未官。常独坐，斋前有竹，忽闻有叹声。彪之惕然，怪似其母，因往看之，见母衣服如昔，彪之跪拜歔欷。母曰："汝方有奇厄，自今已去，当见一白狗，若能东行去千里，三年，然后可得免灾。"忽不复见。彪植弹怅达旦，既明，独见一白狗，恒随行止，便经营行装，将往会稽。及出千里外，三年乃归。斋中复闻前声，往见，母如先，谓曰："能用吾言，故来庆汝。汝自今已后，年逾八十，位班台司。"后皆如母言。

又曰：殷仲宗以隆安初入蜀，为毛璩参军。至涪陵郡，暮宿在亭屋中。忽有一鬼，体上皆毛，于窗棂中执仲宗臂，牵仲宗，仲宗大呼左右来救之，鬼乃去。

又曰：河南杨起，字圣卿。少时病疟，逃于社中，得素书一卷，乃谴劾百鬼法，所劾辄效。为日南太守，母至厕上，见鬼，头长数尺，以告圣卿，曰："此肃霜之神。"劾之，出来，变形如奴，送书至京师，朝发暮反；作使，当千人之力。

又曰：东昌县山有物，形如人，长四五尺，裸身被发，发长五六寸。常在高山岩石间住，喑哑作声而不成语，能啸相呼。常隐于幽昧之间，不可恒见。有人伐木宿于山中，至夜眠后，此物抱子从涧中发石取虾蟹，就人火边烧炙以食儿。时人有未眠者，密相觉语，齐起共突击，便走而遗其子，声如人啼也。此物便男女群，共引石击人，趣得其子，然后止。

太平御览卷第八百八十四　神鬼部四

鬼下

《异苑》曰：广州治下有黄文鬼，出则为祟。所着衣帽皆黄，至人家张口而笑，必得疫疾。长短无定，随篱高下。自不出已十余年，土俗畏怖惶恐不绝。

又曰：陆机初入洛，次河南之偃师。时夕，望道左若有民居，因往逗宿。见一年少，神姿端达，与机言玄门妙物。机心伏其能，无以酬抗，乃提纬古今，总验名实，此年少不甚欣解，既晓便去。机税驂逆旅，逆旅妪曰："此东数十里无村落，止有山阳王家墓耳。"机乃怪怅，然还睇昨路，空野霾云，拱木蔽日，知所遇者，信王弼也。

又曰：晋宣王诛王陵，寝疾，日见陵来，贾逵亦为祟。少日遂薨。初陵被执，经贾逵庙，呼曰："贾梁道，王陵魏之忠臣。"及永嘉之乱，有觋见宣王，宣王涕泗，云家国倾复，是曹爽、夏侯玄诉冤得伸故也。

又曰：夏侯玄为司马景王所诛，宗人为之设祭，见玄来灵坐上，脱头于膝，取食物酒截之属以内头中，毕，还自安头。而言曰："吾得请于帝矣，子元无嗣也。"

又曰：谢灵运以元嘉五年，忽见谢晦手提其头，来坐别床，血淋落不可忍视。又所服豹皮裘，血淹满箧。及为临川郡，饭中倏有大虫。谢熟被诛。

又曰：世有紫姑，古来相传，云是人妾，为大女所妒诬，以秽事相役，正月十五日，感激而死。故世人以其日作其形，夜于厕间或猪栏边迎之，咒曰："子胥不在，曹氏亦归。"曹即其大妇也。小姑可出戏，捉者觉重，便是神来。奠设酒果，亦觉貌辉辉有色，即跳躁不住，能占众事，卜行来蚕桑。又善射钩，好则大舞，恶即仰眠。平昌孟氏恒不信，躬试往捉，自跃穿帐顶而去，永失所在也。

《世说》曰：会稽贺思令善弹琴。尝夜在月中坐，临风鸣弹。忽有一人，形器甚伟，着械有惨色，在中庭称善。便与共语。自云是嵇中散，谓贺云："卿手下极快，但于古法未备。"因授以广陵散，贺遂传之，于今不绝。

又曰：阮脩字宣子，论鬼神有无。或以人死有鬼，宣子独以为无，曰："今见鬼者，云着生时衣服，若人死有鬼，衣服亦有鬼耶？"论者焚可。

《列异传》曰：南阳宋定伯年少时，夜行逢鬼，问曰："谁？"鬼曰："鬼也。"鬼曰："卿复谁？"定伯欺之，言"我亦鬼也，欲至宛市"，鬼言："我亦欲至宛市。"共行数里，鬼言："步行太极，可共迭相担也。"定伯乃大喜。鬼便先担定伯，数里，鬼言："卿太重。"定伯言："我新死，故重耳。"定伯因复担鬼，鬼略无重，如是再三。定伯复言："我新死，不知鬼悉何所畏忌？"鬼答曰："唯不喜人唾。"于是共道遇水，定伯命鬼先渡，听之了无声。定伯自渡，漼漼有声。鬼复言："何以作声？"定伯曰："新死，不习渡水耳，勿怪。"行欲至宛，定伯便担鬼至头上，急持之。鬼大呼，声咋咋，索下，不复听之。径至宛市中，着地化为羊，便卖之。恐其变化，乃唾之。得钱千五百，乃去。于时名"定伯卖鬼，得钱千五百。"

又曰：任城公孙达，甘露中为陈郡，卒。官将敛，儿及郡吏数十人临鬼。公孙达有五岁儿，欻作灵，音声若父，呵众人云："哭止，吾欲有所道。"呼诸儿以次教戒，儿悲哀不能自胜。乃慰之曰："四时之运，犹有所终，人物短脆，焉当无穷？"如此数千语，皆成文章。儿乃问曰："人死皆无知，大人聪明殊特，独有神灵耶？"答曰："告亡之事，未易可言，鬼神之事，非人知也。"索纸作书，辞义满纸，投地云："封书与魏君宰，暮有信来，即以付之。"其暮，君宰果有信来。

又曰：北海营陵有道人，能令人与死人相见。同郡人妇死已数年，闻而往见之，曰："愿令我一见，死亦不恨。"道人教其见之，于是与妇相见，言语悲喜，恩情如生时。良久，乃闻鼓声，遂别而去。

《搜神记》曰：汉九江何敞为交趾刺史，行部到苍梧，暮宿鹄奔亭。夜未半，有一女子从楼下呼曰："妾本居广信县，修里人，早失父母，无兄弟，嫁与同县施氏，薄命夫死。有杂缯百二十匹，及婢致富一人。妾孤穷羸弱，不能自振，欲之傍县卖缯，从同县男子王伯赁车牛一乘载缯。妾乘车，致富执辔，乃以前年四月到亭外。时日暮，行人断绝，不敢复进，因止。致富暴得腹痛，妾之亭长舍乞浆、火。而亭长龚寿操刀戟来至车傍，问妾曰：'夫人何从来？车上所载何物？丈夫何在？何故独行？'妾应曰：'何问之？'寿持妾臂曰：'年少爱有色，冀可乐也。'妾惧怖不应，寿即持刀刺胁下，一创立死。又刺致富，亦死。寿掘楼下合埋，妾在下，婢在上，取财物而去。杀牛烧车，车釭及牛骨贮在亭东井中。妾既冤死，痛感皇天无所告诉，故来自归于明使君。"敞曰："今欲发之，汝何以为验？"女子曰："妾上下着白衣、青丝履，皆未朽也。妾姓苏名娥，愿访乡里，以骸骨归死夫。"敞乃驰还，令吏捕寿，考问具服，问广信县，与娥语合。寿父母兄弟皆捕系狱。敞表"寿，常律杀人，不至于族，然寿为恶，隐密经年，王法自所不免。令鬼神诉者，千载无一。请皆斩之，以明鬼神，以助阴教。"

又曰：卢充，范阳人。家西三十里，有崔少府墓。充年二十，先冬至一日，出宅西猎戏。见獐，便射，中之。獐倒而起，充遂逐，不觉远。忽见道北一里许，高门瓦屋，四周有如府舍，不复见獐。门中铃下唱："客前。"有一人投一幞新衣，曰："府君以此遗郎。"充便着。已，进见，少府语充曰："尊府君不以仆门鄙陋，近得书，为君索小女为婚，故相迎耳。"便以书示充。父亡时，充虽小，然已识父手迹。便即歔欷，无复辞。便敕内："卢郎已来，可使女郎庄严。"至黄昏，内白女郎庄严竟。崔语充："君可至东。"崔女下车，立席头，即共拜。时为三日，给食毕，崔谓充曰："君可归去，女若生男，当以相还；生女当留养。"敕外严车送客。充便辞出。至家，母见问其故，充悉以状对。别后四年，三月，充临水戏，忽见旁有犊车，乍沉乍浮，既而上岸。四坐皆见。而充往开其车后户，见崔氏女与三岁男共载。女抱儿以还充，又与金碗，忽然不见。充后乘车入市卖碗，冀有识者。有一婢识此，还白大家曰：

"市中见一人乘车，卖崔氏女郎棺中金碗。"大家即崔氏亲姨母也，遣儿视之，果如婢言。乃语充曰："昔我姨姊少府女，未出而亡，家亲痛之，赠一金碗着棺中。可说得碗本末。"充以事对，此儿亦为悲咽，赍还白母，母即令诣充家迎儿还。诸亲悉集，儿有崔氏之状，又复似充之貌。儿、碗俱验，姨母曰："我外生也。"即字温休。温休者，是幽婚也。遂成令器，历郡守。其后植子毓，有名天下。

又曰：糜竺常从路归，未至家数十里，见路次有新妇，从糜求寄载。行一十余里，新妇谢去，谓竺曰："我天使也，令往烧东海糜竺家。感君载，故以相语。"竺请之，曰："不得不烧，君快去，我缓行，日中必发火。"竺乃急行至家，使出其财物。明日日中，果火大发。

又曰：临川间诸山有妖物，来常因大风雨。有声如啸，能射人。其所着者，有顷便肿，大毒。有雌雄，雄急而雌缓。急者不过半日间，缓者经宿。其旁人常有以救之，救之小晚则死。俗名曰刀劳鬼。

又曰：永昌郡不韦县有禁水，水有毒气，唯十一月、十二月可渡涉。自正月至十月不可渡，渡辄病，杀人。其气有恶物，不见其形，作声，如有所投击，中木则折，中人则害人，俗名鬼弹。

《文士传》曰：左思初作《蜀都赋》曰："鬼弹飞丸以礌砺"，后又改易无此语。

《南中八部志》曰：永昌郡有禁水，水有恶毒气。中物则有声，中树木则折，明鬼弹。中人则奄然青烂。

又曰：下邳周式，尝至东海。道逢一吏持一卷书，求寄载。行十余里，谓式曰："吾暂有所过，留书寄舡中，慎勿发之。"去后，式盗发视书，皆诸死人录，下条有式名。须臾吏还，式犹视书，吏怒曰："故以相告，而勿视之。"式叩头流血。吏良久曰："感卿远相载，此书不可除。卿今日已去，还家，三年勿出门，可度也。勿道见吾书。"式还，不出。已二年余，家人皆怪之。邻人卒，父怒使吊之。式不得已，适出门，便见此吏。吏曰："吾令汝三年勿出，今而奈何？吾求汝不见，连相为得鞭杖。今已见汝，无可奈何，三日中当相取也。"式还涕泣，具道如此。父故不信，母昼夜与相守涕泣。至三日，日中时即死。

《续搜神记》曰：淮南胡茂回，能见鬼，虽不喜见，而不可止。后行至扬州，还历阳，城东有神祠，中正值民将至祝祀之。须臾，群鬼叱曰："上官来。"迸走出祠去。回顾见二沙门来，入祠中。诸鬼两两三三相抱持在祠边草中，望沙门皆怖惧。须臾沙门去，鬼皆还祠中。回于是遂少奉佛。

又曰：王伯阳家在京口。家东有大冢，传是鲁肃墓。伯阳妇丧，乃平其坟以葬。后数年，伯阳白日在厅事，见一贵人乘平肩舆，将从数百人径来坐，谓伯阳曰："身是鲁子敬，安冢在此，二百许年。君何敢遽毁坏身冢？"因目左右："何不举手？"左右牵伯阳下床，以刀环筑之数百而去。伯阳登时绝死，良久乃苏。其斫处皆发疽，疽溃寻死。

又曰：会稽句章人东野还，暮，不及门。见路旁小屋燃火，投宿止。有一少女，不欲与丈夫共宿，呼邻人家女自伴。夜共弹箜篌，戏歌曰："连绵葛上藤，一绥复一组。汝欲知我姓，姓陈名阿登。"明至东郭外，有卖食母在肆中。此人寄坐，因说昨夜所见。母闻阿登，惊曰："是我女，近亡，葬于郭外。"

又曰：施续为寻阳督，能言论。有门生亦有理意，尝秉无鬼论。忽有人单衣白袷来，言及鬼，客辞屈，曰："仆便即鬼，何以言无？使来取君。"门生酸苦求之，鬼问："有似君者不？"门生云："施续下都督与仆相似。"鬼许之，俄而督亡。

《语林》曰：宗岱为青州刺史，着《无鬼神论》，甚精，莫能屈。后有书生诣岱，谈次及鬼论。书生乃拂衣而去，曰："君绝我辈血食二十余年，以君有青牛、髯奴，所以未得相困。今奴已叛，牛已死，今得相制。"言绝而失。来日岱亡。

邓德明《南康记》曰：山都形如昆仑，通身生毛，见人辄闭眼张口如笑，好在深涧中翻石觅蟹啖之。

又曰：木客头面语声亦不全异人，但手脚爪如钩利。高岩绝峰，然后居之。能斫榜，牵着树上聚之。昔有人欲就其买榜，先置物树下，随量多少取之。若合其意，便将去，亦不横犯也。但终不与人面对交语作市井。死皆知殡敛之，不令人见其形也。葬棺法，每在高岸树杪，或藏石窠中。南康三营代舡兵往说亲睹葬。所舞倡之节，虽异于世听，于风林泛响，类歌吹之和。义熙中，徐道复南出，遣人伐榜以装舟舰。木客乃献其榜，而不得见。

《述异记》曰：南康有神，名曰山都。形如人，长二尺余，黑色，赤目，发黄，被之。于深山树中作窠，窠形如坚鸟卵，高三尺许，内甚泽，五色鲜明。二枚沓之，中央相连。土人云上者雄舍，下者雌室。旁悉开口如规。体质虚轻，颇似木筒，中央以鸟毛为褥。此神能变化隐身，罕睹其状。盖木客山㺐之类也。赣县西北十五里，有古塘名余公塘。上有大梓树，可二十围。树老中空，有山都窠。宋元嘉元年，县治民哀道训、道虚，兄弟二人，伐倒此树，取窠还家。山都见形，谓二人曰："我处荒野，何豫汝事？巨木可用，岂可胜数？树有我窠，故伐倒之，今当焚汝宇以报汝之无道。"至二更中，内外屋上一时火起，合宅荡尽。

《志怪》曰：会稽常有大鬼，长数丈，腰大数十围，高冠玄衣。郡将吉凶，跂于雷门，示忧喜之色。谢氏一族，忧喜必告。弘道未遭母难数月，鬼晨夕来临。及后转吏部尚书，拊掌三节，舞自大门，至中庭。寻而迁问至。

又曰：夏侯弘忽行江陵，逢一大鬼，投弓戟急走，小鬼数百从之。弘畏惧，下路避之。大鬼过后，捉一小鬼，问此是何物。曰："广州大杀。"弘曰："以此矛戟何为？"曰："以此杀人，若中心腹者辄死，中余处不至于死。"弘曰："治此病者有方不？"鬼曰："杀乌鸡薄心即差。"弘曰："今欲行何？"鬼曰："当荆、扬二州。"尔时此二州皆行心腹病，略无不世者。弘在荆州，教杀乌鸡薄之，十得八九。今中恶用乌鸡，自弘之由也。

《本草》曰：枭桃在树不落者，杀百鬼也。

张衡《东京赋》曰：度索作梗，守以郁垒，神荼副焉，对操索苇。上古有神荼与郁垒昆弟二人，能执鬼。度朔山，鬼所出入。

太平御览卷第八百八十五 妖异部一

怪

《春秋潜潭巴》曰：异之为言怪也，谓先发感动。

《左传·庄公》曰：初，内蛇与外蛇斗于郑南门之中，内蛇死。六年而厉公入。公闻之，问于申繻曰："犹有妖乎？"对曰："人之所忌，其气焰以取之。妖由人兴也，人无衅焉，妖不自作。人弃常则妖兴，故有妖也。"

又《文公》曰：有蛇自泉宫出，入于国，如先君之数。伯禽至僖公十七君。秋八月，声姜薨，毁泉台。鲁人以为蛇妖所出，而声姜薨，故坏之。

又《襄六》曰：或叫于宋太庙曰："嘻嘻，出出。"嘻嘻，热也。出出，戒伯姬。鸟鸣于亳社，如曰"嘻嘻"。皆火妖也。甲午，宋大火，伯姬卒。

又《哀上》曰：有云如众赤乌夹日以飞，三日。楚子使问诸周太史，周太史曰："其当王身乎？日为人君，妖气中之，故以为当王身。云在楚上，唯楚见之，故祸不及索妃。若禜之，可移于令尹、司马。"

《家语》曰：季桓子穿井，获如土缶，其中有羊焉。使问之仲尼曰："吾穿井而获狗，何也？"对曰："以丘之所闻，羊也。丘闻之，木石之怪夔魍魉，木石谓山也。夔，一足趍，人谓山猱，或言独足。蝄蜽，山精，好效人声迷惑人。水之怪曰龙罔像，土之怪曰羵羊。"龙，神兽，非常所见，故曰怪。罔像食人，名沐瞳。羵羊，雌雄不成者。

张璠《汉记》曰：梁冀池中舡无故自覆，后被诛。

《后汉书》曰：彭宠自立为燕王，多见变怪。堂上闻虾蟆声在炉火下，凿地求之，不得。后为奴所杀。

《魏志》曰：钜鹿张臶才见切，正始中，戴鵀鸟巢门阴，臶告门人曰："夫戴鵀鸟巢门阴，此凶祥也。"乃援琴作诗，旬日而卒。

又曰：朱建平善相。相应璩曰："君年六十二，位为常伯。先此一年，当独见一白狗也。”璩年六十一，为侍中，直内省。忽见白狗，众人悉不见。于是并急游观饮宴自娱。年六十二卒。

《吴志》曰：诸葛恪将征淮南，有孝子着缞衣入其阁中。令外诘问，曰：“不自觉入。”时守备亦悉不见。后恪遂被诛。

《晋书》曰：齐王冏辅政。有一妇人诣大司马门，求寄产。吏诘之，曰：“我截脐便去耳。”言毕不见。明年冏诛。

王隐《晋书》曰：王浚居幽州，有狐踞浚府门中，翟雉入厅事。遂为石勒所杀。

《晋书》曰：赵王伦篡。时有雉飞入殿中，自太极东阶上殿，驱之，更飞西钟下，有顷飞去。又伦于殿上得异鸟，问皆不知名。翼日向夕，宫西有素衣小儿，言是服刘鸟。伦使录小儿并鸟，闭置空室。明旦开视，户如故，并失人鸟所在。伦目上有瘤，时以为妖焉。

又曰：温峤旋于武昌，至牛渚矶，水深不可测。世云其下多怪物，遂毁犀角而照之。须臾，见水族覆水，奇形异状，或乘车马着赤衣者。峤其夜梦人谓己曰：“与君幽明道别，何意相照也？”意甚恶之。至镇未旬日，因齿疾而卒。

《北齐书》曰：赵郡王叡奏后主云：和士开不宜居内。出士开为兖州刺史。太后欲留过百日，叡正色不许。叡出，夜方寝，见一人长可丈五尺，当门向床，以臂压王，良久遂失。甚恶之。而明日被诛。

沈约《宋书》曰：萧思话在青州，常所用铜斗覆在药厨下，忽于斗下得二死雀。思话叹曰：“斗覆而双雀殒，其不祥乎！”既而被系。

《宋书》曰：刘敬宣尝夜与寮属宴，空中有投一只芒屩于坐，坠敬宣食盘上，长三尺五寸，已经人着，耳鼻间并欲坏。顷之而败伤。

《易洞林》曰：吴兴太守袁玄瑛当之官，卜卦吉凶，曰：“至官，当有赤蛇为妖，不可杀。”至，果有赤蛇在铜虎符石函上蟠，玄瑛掷杀之。其后果为贼徐馥所害。

《唐明皇杂录》曰：李适之既贵且豪，尝列鼎于前，以具膳馐。一旦，庭中鼎跃出相斗。家僮告适之，适之乃往，以其所引酒自誓，而斗亦不解。鼎耳及足皆落。明日，适之罢知政事，俄为李林甫所陷，贬宜春太守而终。

又曰：李林甫宅屡有妖怪。其南北隅沟中有火光大起，或有小儿持火出入。林甫恶之。

又曰：李林甫之疾也，晨起盥饰，将入朝。命取书囊，即常时所要事目也。忽觉颇重于常时者，开视之，即有二鼠出焉。投下于地，即变为苍狗，雄目张牙仰视。林甫命弓射之，殷然即灭。林甫恶之，不逾月而卒。

《世说》曰：卫瓘，永熙中，家人炊饭堕地，尽化为螺，出足而行。瓘终见诛。

《列异传》曰：中山王周南，正始中，为襄邑长。鼠从穴中出在厅上，语曰："周南，汝以某月某日当死。"周南不应，鼠还穴中。至期，复更冠帻绛衣而语曰："周南，汝日中当死。"周南复不应。日适中，鼠曰："周南，汝不应我，复何道言？"鼠遂颠蹶而即失冠衣。周南使卒取来视之，如常鼠耳。

《搜神记》曰：汉武太始四年十月，赵有蛇从郭外入，与邑中蛇斗孝文庙下，邑中蛇死。后二年秋，有卫太子事，自赵人江充起。

又曰：王莽居摄，东郡太守翟义知其将篡汉世，谋举义兵。兄宣教授诸生满堂，群鹅雁数十在中庭，有狗从外入，啮之，皆惊。比救之，皆断头。狗走出门，求不知处。宣大恶之。后数日，莽夷其三族。

又曰：魏司马祖缘讨公孙渊父子。先时，渊家有犬，着赤帻绛衣。襄城北市生肉，有头目无手足而动摇。占者曰："有形不成，有体无声，其国灭。"

又曰：吴时，庐陵郡亭重屋中常有鬼物，宿者辄死。自后使官莫敢入舍。丹阳人应大者，胆武，至使庐陵，便入亭止。吏启不可，应不听。尽遣所将人还外。持一口大刀。至三更，闻有扣阁者。应遥问是谁，答云："部郡相闻。"应使进，相闻去。须臾，扣阁者如前，曰："府君相闻。"应复使进。着皂衣，又去。应谓是人，了无疑也。须臾，复扣阁，言部府君相诣。应乃知是鬼，持刀迎之。见三人，皆盛衣服，俱进。坐毕，府君者便与应谈。谈未毕，而部郡跳至应背后，应顾以刀击中之。府君下坐走，应追至亭后墙下及之，斫伤数下。应还卧达曙，将人往寻之。见血迹，追皆得之。云称府君者是老狶，部郡是老狸。自后遂绝。

又曰：夏侯藻母础困，将诣淳于智卜，有一狐当门向之嗥唤。藻愁愕，遂驰诣智。智曰："其祸甚急，君速归，在嗥处树下啼哭。令家人惊怪，大小毕出。一人不，且啼哭勿休。然后其祸仅可救也。"藻如之，母亦扶疾而出。家人既集，堂屋五间拉然崩。

又曰：淳于智字叔平，济北人。性沉深，有惠义。少为书生，善《易》。高平刘采，夜鼠啮其左手中指，意甚恶之。以问智，智为筮之，曰："鼠本欲杀君而不能，当相为，使之反死。"乃以朱书其手腕横文后三寸，为田字，辟方一寸。使露手以卧，其夜，大鼠伏死手前。

又曰：东阳刘宠，字道和，居于姑熟。每夜门亭有血数十，不知所从来，如此三四。后宠为折冲将军见遣北征，将行，而炊食悉变为虫。宠遂北征，军败于檀丘，为徐龛所杀。

《续搜神记》曰：广州有三人，共在山中伐木。忽见石窠中有三卵大如升，取煮之。始汤热，便闻林中如风雨声。须臾，有一蛇大十围，长四五丈，径来于汤中衔卵去。三人无几皆死。

又曰：代郡张平者，符坚时为贼帅，自号并州刺史。养一狗，名曰飞燕，形若小驴，忽夜上厅事屋上行，行声如常平。未经年，果为鲜卑所逐，败走，降符坚，未几便死。

又曰：新冶庾谨母础，兄弟三人悉在白日侍疾。常燃火，忽见帐带自卷上自舒，如此数四。须臾，闻床前狗斗，声非常。举家共视，了不见狗，止见一世人头在地。头犹有血，两眼尚动，甚可憎恶。其家怖惧，夜，不持出门，即于后园中埋之。明旦往视之，出土上，两眼犹尔，即又埋之。后旦亦复出，乃以砖着头合埋之，不复出也。数日，其母遂亡。

《异苑》曰：谢文静于后府接宾，妇刘氏见狗衔谢头来，久乃失所在。妇具说之，谢容无异色。是月而薨。

又曰：安固李道豫，元嘉中，狗当路眠，豫蹴之。狗曰：“汝停死，何以蹋我？”经年豫死。

又曰：晋惠帝羊后，将入宫，衣中忽有火光。自后蕃臣遘兵，洛阳失御，后为刘曜所嫔。

又曰：有人姓刘，在朱方，人不得与共语，若与之言，人必遭祸难及身死、疾。唯一士谓无此理，偶值人有屯蹇耳。刘闻之，欣然而往，自说被谤，君能见明。答云：“世雷同何足恤。”须臾火发，资畜服玩荡尽。于是举世号为刘鸺鹠。复遇诸途，皆闭车走马，掩目左避。刘亦杜门自守，岁时一见，则人惊散，过于见鬼。

又曰：太原王徽之，字伯猷。元嘉四年为兖州刺史，在道，有客。命索酒炙，言未讫而炙至。徽之取自割，终不入，投地大怒。少顷，顾视向炙，已变为徽头矣。惊愕反瞩，又睹其首在空中，挥霍而没。王至州便殒。

又曰：张仲舒，元嘉十七年七月中，晨夕间辄见门侧有赤气赫然。后空中忽雨，降罗于其庭，广七八分，长五六寸，皆以笺纸系之，纸广长亦与罗等，纷纷甚駃。舒恶，焚之。舒宿暴病而死。

又曰：王愉，义熙初，在中庭行，帽忽自脱，仍乘空，如人所着。及愉母丧，月期上祭，酒器在几上，须臾下地，复还登床。寻而第三儿绥怀贰伏诛。

又曰：檀道济，元嘉中镇寻阳。十二年，入朝，与家人分别，顾瞻城阙，歔欷逾深。识者是知道济之不南旋也，故时人为其歌曰：“生人作死别，荼毒当奈何？”济将发舟，所养孔雀来衔其衣，驱去复至，如此数焉。以十三年三月伏诛。

又曰：武昌戴熙，家道贫陋。墓在樊山南，占者云有王气。宣武桓公仗威西下，停武昌，令凿之。得一物大如水牛，青色，无头脚，时亦动摇，斫刺不陷。仍纵着江中，得水便有声如雷，响发长川。熙后嗣沦胥殆绝。

又曰：乌伤葛辉夫，义熙中，在妇家宿。至三更，有两人把火炬至阶前。疑是凶人，往打之，欲下杖，悉变蝴蝶，缤纷飞散。有一物冲辉夫腋下，便倒地，少时死。

《述异记》曰：郭仲产宅，在江陵枇杷寺南。宋元嘉中，起斋屋，以竹为窗棂。竹遂渐生枝叶，长数丈，郁然如林。仲产以为吉祥。及孝建中，被诛。

又曰：嘉兴朱休之，元嘉中，兄弟对坐。犬向休蹲，视二人而笑，摇头语曰："言我不能歌，听我歌梅花。今年故复可，奈汝明年何。"其家斩犬，榜首路侧。至梅花时，兄弟相斗，弟戟伤兄，收系皆死。

又曰：宋大明中，顿丘县令刘顺酒酣，晨起，见榻床氏有一聚凝血，如覆盆形。刘是武人，了不惊怪。乃令捣齑，亲自切血染齑食之，弃其所余。后十许载，至元徽二年，为王道隆所害。

又曰：周登之家在都。宋明帝时，统诸灵庙，甚被恩宠。母谢氏奉佛法。太始五年，夏月暴雨，有物形隐烟雾，垂头属厅事前地，头颈如大赤乌，饮庭中水。登之惊骇，谓是善神路之汲水，益之，饮百余斛，水竭乃去。二年而谢氏亡，亡后半岁而明帝崩，登之自此事业衰败。

又曰：宋骠骑大将军河东柳元景，大明八年，少帝即位。元景乘车行，还，使人在中庭洗车辕晒之。有飘风中门而入，直来冲车。明年而阖门被诛。

《幽明录》曰：吴北寺终祚道人卧斋中，鼠从坎出，言终祚后数日当死。终祚呼奴，令置犬。鼠云："亦不畏此，且犬入户必死。"犬至果尔。终祚常为商，闭户谓鼠曰："汝正欲使我富贵耳。今既远行，勤守吾房，勿令有所零失。"时桓温在南州，禁杀牛甚急。终祚载数万，窃买牛皮，还东货之，得三十万。还时室犹阖也，都无所失，其怪亦绝。自是浸富。

又曰：石虎时，太武殿图贤人之像，头忽悉缩入肩中。

又曰：义兴周超为谢晦司马，在江陵。妻许在家，夜遥见屋里月光，一死人头在地，血流甚，大惊怪。即便失去。后超被法。

又曰：元嘉九年，南阳乐遐常在坐，忽闻空中有人呼其夫妇名甚急，半夜乃止。殊自惊惧。后数日，妇屋后还，忽举体衣服总是血。未一月而夫妇相继病卒。

又曰：诸葛长民富贵后，尝一月或数十日辄于夜眠中惊起跳踉，如与人相打状。毛修之尝与同宿，骇愕不达此意。视之良久，长民告毛："公此物奇健，非我无以制之。"毛曰："是何物？"长民曰："我正见一物，甚黑而手脚不分明，每日中多夕辄实共斗。深自惊惧焉。屋中柱及椽桷间悉见有蛇头，令人以刀悬斫，应刀隐灭。去辄复出。悉以纸裹柱桷，纸内蔌蔌，如有物行声。"

又曰：刘斌在吴郡时，娄县有一女，忽夜乘风雨恍惚至郡城内。自觉去家一炊顷，衣不沾濡。晓在门上求通，言："我天使也，府君宜起迎我，当大富贵，不尔，必有凶祸。"刘问所来，亦不自知。后二十许日，刘果诛。

又曰：桓温时，参军夜坐，忽见屋梁上有一伏兔，切齿向之。兔来转近，引刀斫之。见正中兔，而实反伤膝，流血。

《甄异记》曰：徐州人吴清，以太元五年被差为征人。杀鸡求福，置鸡头柈中，忽然而鸣。其后破贼，贼帅邵宝临阵战死。于时僵尸狼藉，莫之能识。清见一人着白锦袍，疑是主帅，便斩以闻。推校之，乃是宝首。清以功拜清河太守。越自行伍，猥蒙荣位，鸡之妖更为祥。

桓谭《新论》曰：吕仲子婢死，有女四岁，数来为沐头浣濯。道士云其家青狗为之，杀之则止。杨仲亦言所知家妪死，忽起饮食，后醉而坐祭床氏。如是三四，家益厌苦。其后醉，形坏，但得老狗，便打杀之。推问乃里头沽家狗。

《玄晏春秋》曰：新安寺有槐，而鹊窠之。雄鸡夺而栖焉。永安令繁琏，予之族姑子也。其主簿以告予，予曰："鸡栖野，人必将寄次于野，县其空乎？"夏五月丙申，琏卒。丧次于县，空县送之。

贾谊《鵩鸟赋》曰：谊为长沙太傅，有鵩飞入谊舍，止于坐隅。鵩似鸮，不祥鸟也。

太平御览卷第八百八十六 妖异部二

魂魄

《易·上系》曰：精气为物，游魂为变。

《韩诗外传》曰："溱与洧"，说人也。郑国之俗，三月上巳之日，于两水上招魂续魄，祓除不祥。故诗人愿与所说者俱往观也。

《礼记·檀弓下》曰：延陵季子适齐。其反也，其长子死，葬于嬴、博之间。既封，左袒，右还其封，且号者三，曰："骨肉归复于土，命也。若魂气则无不之也，无不知也！"而遂行。

又《礼运》曰：体魄则降，知气在上。死者北首，生者南向。

又曰：作其祝号，玄酒以祭。君与夫人交献，以嘉魂魄。是谓合莫。

又《郊特牲》曰：凡祭慎诸此，魂气归于天，形魄归于地。故祭，求诸阴阳之义也。

又《祭义》曰：气也者，神之盛也；魄也者，鬼之盛也。

《左传·昭公二年》曰：子产适晋，赵景子问焉，曰："伯有犹能为鬼乎？"子产曰："能。人生始化曰魄，既能阴，阳曰魂。用物精多则魂魄强，是以有精爽至于神明。匹夫匹妇强死，其魂魄犹能凭依于人，以为淫厉，况良宵乎？"

又《昭公》曰：宋公宴饮，使昭子右坐，语相泣也。乐祁佐，退而告人曰："今兹君与叔孙其皆死乎？吾闻之：'哀乐可乐而哀而乐哀，皆丧心也。'心之精爽，是谓魂魄。魂魄去之，何以能久？"

《孝经援神契》曰：情者魂之使，性者魄之使。情生于阴以计念，性生于阳以理契。

王肃《丧服要记》曰：鲁哀公葬其父，孔子问曰："宁设魂衣乎？"哀公曰："魂衣起苑荆。苑荆于山之下道逢寒死友人羊角，哀往迎其尸。魂神之寒，故作魂衣。吾父生服锦绣，死于衣被，何用魂衣为？"

《史记》曰：高祖谓沛父兄曰："游子悲故乡。吾虽都关中，万岁之后，吾魂魄犹乐思沛也。"

《晋中兴书》曰：东海王越，妃裴，痛越棺柩被焚，乃招魂葬越于丹徒。中宗以为非礼，乃下诏曰："夫冢以藏形，庙以安蜀。今世招魂葬者，是埋神也。其禁之！"

《淮南子》曰：天气为魂，地气为魄。

又曰：魄问于魂曰："道何以为体？"曰："以无有为体。"魄曰："无有形乎？"魂曰："无有"。无形也魄曰："无有何得而问也？"魂曰："吾直有所遇之耳。视之无形，听之无声，谓之幽冥。幽冥者，所以喻道而非道也。"

《白虎通》曰：魂魄者何谓也？魂犹伝伝，行不休也。少阳之气，故动不息。人为外魄者，犹迫然着人也。此少阴之气，象金石着人不移也。魂者芸也，情以除秽；魄者迫也，性以治内。精神者何谓也？精者静也，太阴施化之气也。象水之化，须待任坐也。神者恍惚，太阴之气，出入无间。

《抱朴子》曰：师言欲求长生，当勤服大药；欲得通神，当金水分形。形分则自见其身三魂七魄，而天灵地祇皆可接，山川之神皆可役也。

又曰：太一召魂魄丹：法取五石，封之以太一泥。卒死三日以还者，折齿内一丸，以水送之入喉，活。活者皆见使者持节召之。

又曰：人无贤愚，皆知已身之魂魄。魂魄分去则人病，尽去则死。故分去，术家有录之之法；尽去，则礼典有招魂之义。此之为物，至近者也。然与人俱生，至于终身，莫或自闻见之者，岂可不闻见复言无乎？

又曰：轸星逐鬼，张星拘魂，东井还魄也。

《异苑》曰：新野庾寔妻，荥阳毛氏女。义熙中，五月，曝晒席，忽见女在席下荐上。以惊怛，便走。女真形在别床如故。下旬日而夭也。仲夏忌举床第，兹验矣。

《襄阳耆旧记》曰：羊公与邹润甫登岘山，垂泣曰："自有宇宙，便有此山。由来贤达胜士登此远望，如我与卿者，多矣，皆湮灭无闻，不可得知。念此使人悲伤。我百年后，魂魄犹当登此山。”

《十洲记》曰：聚窟洲，在西海中申未地。洲上有大树，与枫木相似，华叶香闻数百里，名此为反魂树。叩其树，树亦能自声，声如牛吼，闻之者皆心震神骇。伐其根心，在玉釜中煮，取汁，更微火熟煎之如黑饴，令可丸，名惊精香，或名之为震灵丸，或名之为反生香，或名之为鸟精香，或名之为却死香。一种五名，斯灵物也。香气闻数百里。死尸在地，闻仍活。

《博物志》曰：《援神契》云："五岳之神圣，四渎之精仁，太山天帝孙也，主召人魂。东方万物始，故主人生命之长短。”

王子年《拾遗记》曰：融皋山上有翻魂稻，言食者死更生。

《楚辞》曰：《招魂》者，宋玉之所作也。玉怜哀屈原，忠而斥弃，忧愁山泽，魂魄放佚，厥命将落，故作《招魂》。欲以复其精神，延其年寿。外陈四方之恶，内崇楚国之美，以讽谏怀王，冀其觉悟而还之也。

又《招魂》曰：帝告巫阳曰："有人在下，我欲辅之。魂魄离散，汝筮与之。”使筮其所宜，而与招其魂，使复其精神。

精

《易·上系》曰：男女构精，万物化生。

《礼记·祭义》曰：众生必死，死必归土，此之谓鬼。骨肉毙于下，阴为野土。其气发扬于上为昭明，荤蒿凄怆。此百物之精也，神之着也。

《唐书》曰：睿宗子申王㧑之初生，则天尝以示僧万回。曰："此儿是西域大树之精，养之宜兄弟。”则天甚悦，始令列于兄弟之次。

《管子》曰：故涸泽数百岁，谷之不徙、水之不绝者，生庆忌。庆忌者，其状若人，其长四寸。衣黄衣，冠黄冠。戴黄盖，乘小马，好疾驰。以其名呼之，可使千里外一日反报。此涸泽之精也。涸川，水之精者，生于蟡。于蟡者，一头而两身，其状如蛇，其长八尺。以其名呼之，可以取鱼鳖。此涸川，水之精也。

《列异传》曰：桂阳太守张叔高，家居鄢陵。里中有树，大十围。

遣客斫之，树大血出，客惊怖。叔高曰："树老汁赤耳。"斫之，血大流出。空处有一白头翁出走，高以刀斫杀之。所谓木石怪夔蝄蜽乎。

《搜神记》曰：孔子厄于陈，弦歌于馆中。夜有一人，长九尺余，皂衣高冠。大咤，声动左右。子路引出，与战于庭。仆于地，乃是大鳀鱼也。长九尺余。孔子叹曰："此物也，何为来哉？吾闻物老则群精依之，因衰而至此。其来也，岂以吾遇厄绝粮、从者病乎？夫六畜之物，及龟蛇鱼鳖草木，久者沙苍能为妖怪，故谓之五酉。五酉，五行之方皆有其物。酉者老也，故物老皆为怪矣。杀之则已，夫何患焉？"

又曰：吴先主时，陆敬叔为建安郡，使人伐大樟树，下数斧，有血出。树断，有物人面狗身，从树中出。敬叔曰："此名彭侯。"乃烹食之，味如狗。

又曰：诸葛恪为丹阳太守。出猎两山之间，有物如小儿，伸手引人。恪令曳去故地，死。参佐问之，恪曰："此事在《白泽图》，曰两山之间，有精如小儿，名曰傒囊。诸人未之见也。"

《异苑》曰：天门张某，与村人共猎。见大树下有蓬菴，似寝息处，而无烟火。须臾，一人形长七尺，毛而不衣，负数头猿，与语不酬。将归，闭之十余日。后送着先处。孙皓时，临海得毛精，如人而有毛。此将山精。

《幽明录》曰：汉武帝与群臣宴未央殿。方啖黍臛，忽闻语曰："老臣。"寻觅不见。梁上有一公，长八九寸，拄杖偻步。帝问之，公下稽首不言，目仰视屋，俯指帝脚。忽然不见。问东方朔，朔对曰："其名为藻兼，水木之精也。夏窠林，冬潜河。陛下兴造宫室，斩伐其居，故来诉耳。仰视屋者，殿名未央也；俯视脚者，脚，足也，愿止足于此也。"帝为此暂止。少时，幸河渚。闻水底有弦歌之声，肴膳芬芳。前梁上公及年少数人，绛衣素带，皆长八九寸，陵波而出。或有挟乐器者。帝命坐于食案上。老公曰："老臣前昧死归诉，幸蒙陛下即息斧斤，全其居宅，不胜欣跃，故私相贺耳。"便治弦而歌，声小大无异于人，而清婉绕梁。帝欣悦劝酒。乃献帝一紫螺，壳中有物，状如牛脂。

帝又曰："可思以珍异见贻？"老公顾命取洞穴之宝。一人下波渊底，倏忽还，得一大珠，数寸，明耀绝世。俄而公等忽然而去。东方朔曰："螺壳中是蛟髓，以傅面，令人好颜色。又女子在草中，用之产易。"

雷次宗《豫章记》曰：永嘉末，有大蛇长十余丈，断道。经过者蛇辄吸取吞噬，已百数。道士吴猛与弟子杀蛇。蛇死而蜀贼杜弢灭。

《玄中记》曰：千岁树精为青羊，万岁树精为青牛。多出游人间。事具牛部。

又曰：山精如人，一足，长三四尺，食山蟹，夜出昼藏。人昼日不见，夜闻其声。千岁蟾蜍食之。

又曰：玉精为白虎，金精为车马，铜精为僮奴，铅精为老妇。

《博物志》曰：山有夔，其形如鼓，一足。泽有委蛇，状如毂，长如辕，见之者霸。昔夏禹观河，见长人鱼身，出曰："吾河精。"岂河伯也？

《白泽图》曰：厕之精名曰依倚，青衣，持白杖。知其名呼之者除，不知其名则死。筑室三年，不居其中，有小儿，长三尺而无发，见人则掩鼻，见之有福。火之精名必方，状如鸟，一足，以其名呼之即去。木之精名彭侯，状如黑狗，无尾，可烹之食之。千载木，其中有虫，名曰贾诎，状如豚，食之如狗肉味。

又曰：上有山林，下有川泉，地理之间生精，名曰必方。状如鸟，长尾。此阴阳变化所生。玉之精名岱委，其状如美女，衣青衣。见之以桃戈刺之而呼其名则得。金之精名仓，状如豚。居人家，使人不宜妻。以其名呼之即去。死臧精名罔象，其状如小儿，赤色，大耳长爪。以索缚之则可得，烹之吉。

又曰：故门之精名野，状如朱儒，见人则拜。以名呼之，宜饮食。

又曰：故宅之精名曰挥文，又曰山冕。其状如蛇，一身两头，五彩文。以其名呼之，可使取金银。

又曰：故废丘墓之精名曰元，状如老役夫，衣青衣而好杵舂。以其名呼之，宜禾谷。

又曰：故道径之精名忌，状如野人。以其名呼之，使人不迷。

又曰：道之精名作器，状如丈夫，善眩人。以其名呼之即去。

又曰：故池之精名意，状如豚。以其名呼之即去。

又曰：故井之精明观，状如美女，好吹箫。以其名呼之则去。

又曰：绝水有金者，精名曰侯伯，状如人，长五尺，彩衣。以其名呼之即去。

又曰：故台屋之精名两贵，状如赤狗。以其名呼之，使人目明。

又曰：左右有石，水生其间，水出流千岁不绝，其精名曰喜。状如小儿，黑色。以名呼之，可使取饮食。

又曰：三军所载精名曰宾满，状如人头，无身，赤目。见人则转。以其名呼之即去。

又曰：故水石者精名庆忌，状如人。乘车盖，日驰千里。以其名呼之，可使入水取鱼。

又曰：丘墓之精名狼鬼，善与人斗不休。为桃弓棘矢，羽以鸮羽，以射之，狼鬼为飘风。脱履投之，不能化。

又曰：故市精名曰毛门，其状如囷，无手足。以名呼之即去。

又曰：室之精名傒龙，如小儿，长一尺四寸，衣黑衣，赤帻大冠，带剑持戟。以其名呼之即去。

又曰：山之精名夔，状如鼓，一足而行。以其名呼之，可使取虎豹。

又曰：故牧敝池之精名曰髡顿，状如牛，无头，见人则逐人。以其名呼之则去。

又曰：夜见堂下有小儿被发走，勿恶之，名曰沟。以其名呼之，则无咎。

又曰：百岁狼化为女人，名曰知女。状如美女，坐道旁，告丈夫曰："我无父母兄弟。"丈夫取为妻，三年而食人。以其名呼之，则逃去。

又曰：故溷之精名曰卑，状如美女，而持镜，呼之使人知愧。

王子年《拾遗记》曰：刘向校书天禄，专精不倦，假寐弥时。有人植青藜之杖，时夜已暗，乃吹其杖端，炯然火出。因以照向，则户内如灯烛也。向与言三代已前帝王兴亡之事，如目见焉。及说阴阳运数起灭之兆，向因受《五行洪范》之文。向问其姓名，对曰：“我太一之精，主天地图谶。闻子好学，下而观焉。”

《抱朴子》曰：万物之老者，其精悉能假托形以惑人，唯不能于镜中易形耳。是以古之入山道士皆以明镜悬于背后，则老魅不敢近人。

又曰：山之精，形如小儿而独足，足向后，喜来犯人。人入山谷，夜闻其音声笑语。其名曰蛟，知而呼之，即不敢犯人。一名曰超空，亦可兼呼之。

又曰：有山精或如鼓，色赤，一足，其名曰挥。又或如人，长九尺，衣裘带笠，名曰金累。又或如龙而五色，未有名，曰飞龙。见之皆以其名呼之，不敢为害。

又曰：山中大树能语者，非树语也，其精名曰去阳。以其名呼之即吉。

又曰：山中夜见胡人者，铜铁精也；见秦人者，百岁木精也。山水之间见吏者曰晢漖，以其名呼之则吉。

又曰：山中寅日有称虞吏者，虎也；称当路君者，狼也；称令长者，老狸也。卯日称丈夫者，兔也；称东王父者，麋也；称西王母者，鹿也。辰日称雨师者，龙也；称河伯者，鱼也；称无肠公子者，蟹也。巳日称寡人者，社神也；称时君者，龟也。午日称三公者，马也；称人者，老树也。未日称主人者，羊也；称吏者，獐也。申日称人君者，猴也；称九卿者，猿也。酉日称将军者，老鸡也；称贼捕者，雉也。戌日称人姓字者，犬也；称咸阳公仲者，狐也。亥日称臣君者，猪也；称妇人者，金玉也。子日称社者，鼠也；称神人者，伏翼也。丑日称书生者，牛也。知其物则不能为害。

又曰：山川石木、井灶洿池，犹有精气。人身之中，亦有魂魄。况天地为物，物之至大者，于理当有精神。有精神，则宜赏善罚恶。但其体大纲疏，不必机发而应耳。

太平御览卷第八百八十七 妖异部三

重生

《左传·宣上》曰：晋人获秦谍，杀诸绛市，六日而苏。

《后汉书》曰：献帝初平中，长沙人姓桓，死月余。其母闻棺中有声，发之，遂生。至阴为阳，下人为上。其后曹公由匹庶起。

又曰：建安四年，武陵女子李娥，年六十余，病物故。瘗于城外数里，已四十日。行人闻其冢中有人声，便语其家。家往视，闻娥声。出之，遂活。

《吴书》曰：孙休永安四年，吴民陈焦死。埋之六日，更生，穿土中出。

《前赵录》曰：麟嘉元年，大将军东平王豹卒。一指犹暖，遂不殡殓。至甲戌，乃苏。言见渊于不周山，经五日，遂复从至昆仑山，三日而复返。

《唐书》曰：贞元中，翰林待诏戴少平死，十六日复生。

《建康实录》曰：晋方士戴洋，字国流，吴兴长城人也。年十二遇病死，五日而苏。言执麾将士将往蓬莱、昆仑、积石、太室、恒、庐、衡等诸山，既而遣归。

葛洪《神仙传》曰：士燮尝病，死已三日，仙人董奉以一丸药与服，以水灌之，捧其头摇消之。食顷，即开目动手，颜色如故。渐复，半日能起坐。四日后能语，遂复常。

《搜神记》曰：晋武帝世，河间郡有男女相悦，许相配适。既而男从军。积年，父母以女适人，无几忧死。男还，悲痛，乃至冢所，欲哭之，叙哀而已，不胜其情，遂发冢开棺，即时苏活，因负还家，将养数日，平复。其夫往求之，其人不还，曰："卿妇已死，天下岂闻死人复活耶？此天赐我，非卿妇也。"于是相讼，郡县不能决，以谳廷尉，奏以精诚掷炅，感于天地，故死而更生，常理之外，非礼之所处，刑之所裁，断以还开家者。

又曰：汉平帝元始元年二月，朔方广牧女子赵春病死。既棺敛，六日出棺外。自言见夫死父，曰："年二十七，不当死。"太守谭以闻，说曰："至阴为阳，下人为上。"其后王莽篾位。

又曰：晋咸宁中，琅琊颜畿得病，就医张嗟使治，死于嗟家。家人迎丧，旐每绕树木不可解。送丧者或为之伤，颠仆称畿，言曰："我寿命未应死，但服药太多，伤我五脏耳。今当复活，慎无葬我也！"父拊而祝之曰："若尔有命，复当更生，岂非骨肉所愿？今但欲还家，不葬尔也。"旐乃解。还家乃开棺，形骸如故，微有人色，而手爪所刮摩棺材皆伤。于是渐有气息，以绵饮沥口，能咽。遂乃出之。日久，饮食稍多，能开目视瞻，屈伸手足，然不与人相当，不能言语，饮食犹常人。如此者十余年，家疲相供护，不复得操事。其弟弘，都绝弃人事，躬侍养，以知名州党。后气力稍更衰劣，卒后还死。

又曰：建安中，南阳贾偶，字文合，得病卒亡。死时有吏将诣太山，同名男女十人。司命阅呈，谓行吏曰："当召某郡文合来，何以召此人？"促遣令去。时日暮，治下有禁，不得舍。遂至郭门外大树下宿。有好女独行无伴，文合问之曰："子似衣冠家，何为步行？姓字为谁？"女曰："我三河人也。父见为弋阳令。昨错召来，今得遣去。遂逼日暮，惧获瓜田李下之讥。望君之容似类贤者，是以停留，依凭左右。"文合曰："悦子之心，愿交欢于今夕。"女曰："闻之诸姑：妇人以贞专为德，洁白为称。"文合与相反复，终无动志。天明别去。文合死已再宿，停丧当敛。视其面有色，摸心温，半日间苏。文合将验其事，遂至弋阳。问其令，则女父也，谒之。因问令："某月某日，君女宁卒亡而生耶？"具说女姿颜服色言语、相反夏本末。令入问女，与文合同，大惊。乃以女配文合。

又曰：临海松阳入柳荣，从张悌拒晋军，病死船中，二日。时军已上岸，无埋之者。忽然大呼，言人缚军帅，声激扬，遂活。人问之，言上天北斗门下卒见人缚张军帅，门下人怒荣，叱逐使去，荣惧怖，口余声发扬。其日悌战死。

《续搜神记》曰：武都太守李仲文，在郡丧女，年十八，权假葬郡城北。后有张世之代为郡。世之男子长年二十，侍从郡中。梦一女，年可十七八，颜色不常。自言前府君女，不幸早亡，会今当更生。心相爱乐，故来相就。如此五六夕，忽然昼见，解衣服，薰香殊绝，遂为夫妻，寝息，衣皆有污，如处女焉。后仲文妇遣婢视女墓，因过世之妇相闻。入室中，见此女一只履在子长床下，取之，啼泣呼言发冢，持履归以示仲文。仲文惊愕，遣问世之："君儿何由得亡女履耶？"世之呼儿，具陈本末。李、张并谓可怪，发棺视之。女体生肉，颜姿如故，右脚有履，左脚无也。自后遂死，肉烂，不复得生。后夕女来曰："夫妇情至谓偕老，而无状忘履，以致觉露，不复得生。万恨之心，当复何言！"泣涕而别。

又曰：东平冯孝将为广陵太守。儿名马子，年二十余。独卧殿中，夜梦见女子年十八九，言："我是前太守徐玄方女，北海人，不幸早亡。亡来至今四年，为鬼所枉杀。案《录》当年八十余，听我更生。要当有所依凭，乃得生活。又应为君妻，能从所陈，免活不？"马子答曰："可。"遂与马子克期当出。至期日，床前头发如人，正与地平。令人扫去，愈分明。始悟是所梦见者，遂屏除左右人。便渐觉额出，次复面出。一炊顷，形体尽出。马子便令前坐对榻上，陈说语言奇妙非常。遂与马子宿息，每戒云："我尚虚，君当衷节。"问何可得出，答曰："出当得本生日。"生日尚未至，遂往殿中，言语声音人皆闻。女计生日至，乃具教马子出己养之法。语毕拜去。马子从其言，至日以丹雄鸡一只，黍饭一盘，清酒一升，醊其丧前，去殿十余步祭讫，掘出开视，女身完全如故。徐徐抱出，着毡帐中，唯心下微暖，口有气。令婢四人守养之，常以青羊乳汁沥其两眼。开口能咽粥，渐渐能语。二百日中持杖起。一期之后，颜色肌肤气力悉复。乃遣报徐氏，上下尽来，选吉日下礼娉，为三日，遂为夫妇。生二男一女，长子字元度，永嘉初为秘书郎；小男敬度，太傅掾；女适济南刘子彦。征士，延世之孙也。

又曰：襄阳李除，病死中时。其妇守尸至夜三更中，崛然起坐，脱妇臂上金钏，甚遽急。妇因助脱，得，手执之，还卧。伺察之，至晓，心下更暖，遂渐渐得苏。既活，云："吏将某去，比伴甚多。见有行货得免归者，即许吏金钏。吏令还取，故归取以与吏。吏得钏，便放令还。"

《幽明录》曰：琅琊人姓王名志，居钱塘。妻朱氏，以太元九年病亡，有二孤儿。王复以其年四月暴死。下三日而心犹暖，经七日方苏。说初死时，有二十余人，皆乌衣，见录录去。到朱门白壁，状如宫殿。吏朱衣素带，玄冠介帻，或所被着，悉珠玉相连结，非世中仪服。复前，见一人长大，所着衣状如云气。王向叩头，自说妇已亡，余孤儿尚小，无奈何，便流涕。此人为之动容，云："汝命自应来，以汝孤儿，特与三年之期。"王又曰："三年不足活儿。"煮右有一人语云："俗尸何痴！此间三年是世中三十年。"因便送出。又三十年，王果卒。

又曰：桓玄时，牛大疫。有一人食死牛肉，因得病亡。死时见人执录，将至天上，有一贵人问云："此人何罪？"对曰："此人坐食疫牛肉。"贵人云："须牛以转输，肉以充百姓食，何故复杀之？"催令还。既更生，具说其事。于是食牛肉者无复有患。

又曰：于庆无病卒。吴猛语庆子曰："于侯算未穷，方为请命，未可殡殓。"尸卧净舍，唯心下尚暖，七日。时盛暑，庆形体向坏。猛教令属纩候气，续为作水，令以与洗并饮嗽，如此便退。日中许，庆苏。但开眼张口，不得发声。时合门欣喜，以向水洗含，吐腐血数升，能言语。三日，平复如常。说初见十数人来，执缚桎梏到狱，同辈十余人，以次语对。次未至，俄而见吴君北面陈释，听断之，王敕脱械归。所经官府，莫不迎接请谒，吴君皆与抗礼。未知悉何神耳。

《博物志》曰：汉末大乱，有发前汉时宫人冢者，宫人犹活。既出，平复如旧。魏郭后爱念之，录着宫中，常置左右。问汉时宫中事，说之了了，皆有次绪。及郭后崩，哭泣过，遂死。

又曰：魏大司马曹休所统中郎将谢漳部曲义兵奚依恩女，年四岁，病死故，埋藏五日复生。太和三年七月，诏令休使父母持送女来视之。其年四月三日病死，四日埋藏。至八日，同墟人采桑闻儿啼声，即语依妻，往发视，儿生活。今能饮食如常。

《陆氏异林》曰：锺繇尝数月不朝会，意性异常。或问其故，云："常有好妇来，美丽非凡。"问者曰："必是鬼物，可杀之。"妇人后往，不即前，止户外。繇问何以，曰："公有相杀意。"繇曰："无此。"勤勤呼之，乃前。繇意恨恨，有不忍心，然斫之伤髀。妇人即出，以新棉拭血竟路。明，使人寻迹之，至一大冢。木中有好妇人，形体如生人。衣青绢衫，丹绣裲裆。伤一髀，以裲裆中棉拭血。

变化上

《礼记·月令》曰：仲春鹰化为鸠。季春田鼠化为鴽。季夏腐草为萤。季秋雀入大水为蛤。孟冬野鸡入大水为蜃。

《左传·昭二》曰：昔尧殛鲧于羽山，其神化为黄熊，以入于羽渊。

《春秋潜潭巴》曰：女子化为丈夫，贤人去位，君独居。丈夫化为女子，阴气淖，小人聚。

《汉书》曰：哀帝建平中，豫章男子化为女子，嫁为人妇，生一子。长安陈凤言：此阳变为阴，将亡继嗣自相生之象。一曰：嫁为人妇生一子者，将复一世乃绝。

《后汉书》曰：灵帝时，江夏黄氏之母，浴而化为鼋，入于深渊。其后时时出见。初簪一银钗，及见犹在其首。

又曰：建安二十二年，越嶲有男子化为女子。时周群言：哀帝时亦有此，将有易代之事。至二十五年，献帝封于山阳。

《国语》曰：赵简子叹曰："雀入海化为蛤，雉入淮化为蜃，鼋鼍鱼鳖，莫不能化；唯人不能，悲夫！"

《洪范五行传》曰：魏襄王十三年，张仪诈得罪于秦而去。相魏，将为秦而欺夺魏君。是岁，魏有女子化为丈夫者。天若语魏曰："勿用张仪。阴变为阳，臣将为君。”是时魏王亦觉之，不用张仪。仪免去归秦，魏无害。

《纪年》曰：周宣王时，马化为狐。

《山海经》曰：姑媱音遥之山，帝女死焉。其名曰女尸，化为瑶草。其叶成，言叶相重。瑶亦音遥。其华黄，其实如菟丘。菟，兔丝。服者媚于人。为人所媚爱。一名荒夫草。

又曰：炎帝之女娃恶佳切游于东海，溺而死，化为精卫。其状如鸟，常衔西山之木石以堙东海。

又曰：夸父与日竞走。渴，饮河，河涸不足，北饮大泽。未至，道死，弃其杖，化为邓林。

又曰：钟山，其子鼓，此神名，钟山之子耳。其状人面龙身。是与钦䲹音邳杀葆江于昆仑之阳，帝乃戮之钟山之东，曰嶢音遥岸。钦䲹化为鹗，鹗，雕属也。鼓亦化为骏音俊鸟。

又曰：刑天与帝争神，帝断其首，葬之常羊之山。乃以乳为目，以齐为口，操干戚以舞。是为无首民。

又曰：太室嵩高成阳西，启母化为石在焉。

《庄子》曰：北冥有鱼，其名为鲲。鲲之大，不知其几千里也。化而为鸟，其名曰鹏。

又曰：列子行，食于道仄，见百岁髑髅。攓蓬而指之曰：“唯余与女知而未尝死，而未常生也。”种有几，得水则为继，得水土之际则为蝇蠙之衣。生于陵屯则为陵舄，陵舄得郁栖则为乌足。乌足之根为蛴螬，其叶为蝴蝶。蝴蝶胥也化而为虫，生于灶下，其状若脱，其名为驹掇。驹掇千日而化为鸟，其名为乾余胥。乾余胥之沫为斯弥，斯弥为食醯，颐辂生乎食醯。黄軦食醯，黄軦生乎九猷，九猷生乎瞀芮，瞀芮生乎腐蠸，腐蠸生乎羊奚。羊奚比乎不箰，久竹不箰。久竹生青宁，青宁生程，程生马，马生人，人又返入于机。万物皆出于机，皆入于机。此言一气而万形，有变化而无死生也。

又曰：苌弘死于蜀，藏其血，三年而化为碧石。

又曰：马血之为磷也，人血之为野火也，鹞之为鸇，鸇之为布谷，布谷之复为鹞也，燕之为蛤也，田鼠之为鹑也，老韭之为苋也，老羭之为猿也，羭，状羊。鱼卵之为虫也，此皆物之变者。

太平御览卷第八百八十八 妖异部四

变化下

《庄子》曰：夫白鶂之相视，眸子不运而风化。虫，雄鸣于上风，雌应于下风而风化。鶂以眸子相视，虫鸣以声相因，不待合而便生子，故曰风化也。

《淮南子》曰：夫历阳之都，一夕反为湖，勇力圣智与怯不肖者同命。历阳属九江郡。历阳县中，有老妪，常行仁义。有两诸生过之，谓曰："此国当为湖，妪视东城阃有血，便走上山，勿反顾也！"衷此妪数往视阃门，吏问之，对如其言。暮，门吏杀鸡以血途门阃。明日，妪往视门，见血，便走上山，因没为湖。

又曰：有牛哀者，病七日，化而为虎。兄启户而入，哀搏而杀之。

又曰：雌雄相接，阴阳相薄，羽者为雏鷇，毛者为驹犊，软者为皮肉，坚者为齿角，人不怪也。水生蚌蜃，山生金玉，人不怪也。老槐生火，久血为磷，人弗怪也。水生罔象，木生毕方，井生坟羊，人怪之，闻见鲜而所识浅也。

《论衡》曰：天地不变，日月不易，星辰不没，正也。人受正气，故体不变。男化为女，女化为男，由高岸为谷、深谷为陵也，应政为变，非常，怪也。蛴螬化为复育，转而为蝉，蝉生翼，翼不类蛴螬，凡诸暝类多化也。

《抱朴子》曰：周穆王南征，一军尽化。君子为猿为鹄，小人为虫为沙。

又曰：案《老子·玉策》："松脂入地，千年变为伏苓。伏苓千年变为虎魄，虎魄千年变为石胆，石胆千年变为威喜。千岁之狐，豫知将来；千岁之狸，变为好女；千岁之猿，变为老人。"

又曰：《伍被记》"八公造淮南王安，初为老公，不见通。须臾，皆成少年。"

又《墨子五行书》云："墨子能变形易貌，坐在立亡。蹙面则成老人，含笑则成女子，踞地则成小儿。”

《博物志》曰：化民食桑，二十七年，以丝自裹，九年死。

又曰：吴王江行食脍，弃于中流，化而为鱼。今鱼有名王馀者，长数寸，大如箸，犹有脍形。

又曰：无𦞦民穴居食土，无男女。死埋之，其心不朽，百年还化为人。

又曰：埋蜻蜓头于西向户下，则化成青珠也。

又曰：江汉有貙人，能为虎。俗云“貙虎化为人”，好着葛衣，其足无踵，有五指者，皆貙也。越隍之国，老者时化为虎，宁州南见有此物。

王子年《拾遗记》曰：昆仑者，西方曰须弥山。最下层有螭潭百里，多龙螭，皆白色，千岁一蜕。其五藏，潭侧有五色石，云是白螭之肠，化为此石。

又曰：因墀国去王都十六万里，有解形之民。放其身于空潭，先使头飞于南方，次使左手飞于东方，次使右手飞于西方，自齐以下，两足孤立。至暮，头还于体，两手不至。遇疾风吹两手于北海玄洲上，化为五足之兽，则一指为一足也。

《蜀王本纪》曰：蜀王之先名蚕丛，后代名曰柏濩，后者名鱼凫。此三代各数百岁，皆神化不死。其民亦颇随王化去。王猎至湔山，便仙去，今庙祀之于湔。时蜀民稀少。后有一男子，名曰杜宇，从天堕，止朱提。有一女子，名利，从江源地井中出，为杜宇妻。宇自立为蜀王，号曰望帝，治汶山下邑郫，化民往往复出。望帝积百余岁，荆有一人，名鳖灵，其尸亡去，荆人求之不得。鳖灵尸至蜀，复生，蜀王以为相。时玉山出水，若尧之洪水，望帝不能治水，使鳖灵决玉山，民得陆处。鳖灵治水去后，望帝与其妻通。帝自以薄德，不如鳖灵，委国授鳖灵而去，如尧之禅舜。鳖灵即位，号曰开明奇帝。生卢保，亦号开明。天为蜀王生五丁力士，能徙蜀山。王死，五丁辄立大石，长三丈，重千钧，号曰石井，千人不能动，万人不能移。蜀王据有巴蜀之地，本治广都，后徙治成都。秦惠王时，蜀王不降秦，秦亦无道出于蜀。蜀王从万余人东猎褒谷，卒见秦惠王。惠王以金一笥遗蜀王，蜀王报以礼物，物尽化为土。秦王大怒，臣下皆再拜贺曰："土者土地，秦当得蜀矣。"秦王恐亡相见处，乃刻五石牛，置金其后。蜀王以为金，便令五丁拖牛成道，致三枚于成都。秦道乃得通，石牛之力也。武都人有善知蜀王者，将其妻女适蜀王。居蜀之后，不习水土，欲归。蜀王爱其女，留之，乃作伊鸣之声，六曲以乐之。或曰：前是，武都丈夫化为女子，颜色美好，盖山之精也，蜀王取以为妻。不习水土，疾病欲归，蜀王留之。无几，物故，蜀王发卒于武都担土，于成都郭中葬之，盖地数亩，高七丈，号曰武担。以石作镜一枚，表其墓。于是秦王知蜀王好色，乃献美女五人与蜀王。爱之，遣五丁迎女。还至梓潼，见一大蛇入山穴中。五丁共引蛇，山崩，压五丁，五丁大呼秦王五女及送迎者，悉化为石。蜀王登台望之不来，因名五妇候台。蜀王亲理作冢，皆致方石以志其墓。

《列异传》曰：昔鄱阳郡安乐县有人姓彭，世以捕射为业。儿随父入山，父忽蹶然倒地，乃变成白鹿。儿悲号追鹿，超然远逝，遂失所在。儿于是终身不捉弓。至孙，复学射。忽得一白鹿，乃于鹿角间得道家七星符，并有其祖姓名，年月分明。睹之惋悔，乃烧去弧矢。

又曰：武昌新县北山上有望夫石，状若人立者，传云昔有贞妇，其夫从役，远赴国难，妇携弱子饯送此山，立望而形化为石。

《丹阳记》：孙皓宝鼎元年，丹阳宣蹇之母年八十，因浴于后湖，化为鼋。

《搜神记》曰：千岁之雉，入海为蜃；百年之雀，入江为蛤；千岁龟鼋，能与人语；千岁蛇断而复续；百年之鼠，能相卜：数之至也。春分之日，鹰变为鸠；秋分之日，鸠变为鹰：时之化也。故腐草之为萤也，朽苇之为蚕也，麦之为蛱蝶也，羽翼生焉，眼目成焉，心知存焉。此自无知而化为有知，而气易也。鹤之为鳖也，蚕之为虾也，不失其血气而形性变也。

又曰：土蜂名曰蜾蠃，今世谓之蜩蜓，细腰之类也。其为物，纯雄而无雌，不交不产，常取桑虫之子而育之，则皆化成己子焉。

又曰：麦之为蝶，由于湿也。尔则万物植典皆有以也。农夫止麦之化者，区之以灰；圣人理万物之化者，济之以道。

又曰：南方有落头民，其头能飞。其种人部有祭祀，号曰虫落，故因取名焉。吴时，将军朱桓得一婢，每夜卧后，头辄飞去。或从狗窦，或从天窗中出入，以耳为翼，将晓复还。如此，旁人怪之，夜中照视，唯身无头。其体微冷，气息裁属。乃蒙之以被。至时，头还，碍被不得安，两三堕地，噫咤甚愁。而其体气急，状若将死。乃去被，头复起，傅颈，有顷平和。桓以为巨怪，畏不敢畜，乃放还之。既而详之，乃知天性也。时南征大将亦往往得之。又尝有覆以铜盘者，头不得进，死。

又曰：昔者高阳氏有同产而为夫妇，帝杀之于崆峒之野，相抱而死。神鸟以不死草覆之，七年，男女同体而生，二头四足手。是为蒙双氏。

《续搜神记》曰：寻阳县北山中蛮人有术，能使人化作虎，毛色爪牙悉如真虎。乡人周眕有一奴，使入山伐薪。奴有妇及妹，亦与俱行。既至，奴语二人云："汝且上高树，视我所为。"如其言，既而入草，须臾，见一大黄班虎从草出，奋迅吼唤，甚为可畏。二人大怖。良久，还草中。少时，复还为人。语二人曰："归家慎勿道。"后遂向等辈说之。周得知，乃以淳酒饮之，令熟醉。使人解其衣服，及身体。事事详视，了无所异。唯于髻中得一纸，画作大虎，虎边有符。周密取录之，奴既醒，唤问之。见事已露，遂具说本末，云先常于蛮中告籴，有一蛮师云有此术，以三尺布、数升米面、一赤雄鸡、一升酒受此法。

又曰：清河宋士宗母，以黄初中，夏天于浴室里浴。遣家中子女尽出户，独在一室中。良久，家人不解其意，于壁穿中窥，不见人，止见木盆水中有一大鳖。遂开户，大小悉入，乃与人相承，当先着钗犹在头上。相与守之，积日转懈，遂自投出户外，其去甚駃。逐之不及，遂便入水。后数日忽还，巡行宅舍如平生，了无所言而去。时人谓士宗应行丧治服，士宗以母形虽变，而生理尚存，竟不治丧。与江夏黄母相似。

《异苑》曰：豫章郡吏易拔，义熙中，受番还家，远遁不反。郡遣追见拔，言语如常，亦为施设。使者催令庄束，拔因语曰："汝看我面。"仍见眼目角张，身有黄班。便竖一足，径出门去，家先依山为居，至林麓变成三足大虎，所竖之足即成其尾。

又曰：邵陵高平黄秀，以元嘉三年无故入山，经日不还。其儿根生寻觅，见蹲空树中，从头至腰毛生，色如熊。问其何故，答云：“天谪我如此，汝但自去。”哀恸而归。逾年，伐山人见之，其形尽为熊矣。

又曰：符坚建元年中，长安樵人于城南见金。走白坚，坚遣载取。到，化为铜鼎。入门，又变成大铎。

又曰：隆安中，东海错鱼皆化为虎，上岸食人。

《异物志》云：东海有虎错，或时变成虎。将是此耶？《吴都赋》所谓“沉虎潜鹿”也。越嶲河有鱼，皆人形而着冠帻。俗语曰：“故没郡，人悉变而为鱼也。”

又曰：司马轨之字道爰，善射雉。太元中，将雉下翳。此雉屡雊。野雉亦应。试令寻觅，所应者头翅已成雉，半身后故是蛇。晋中朝武库内忽有雉，时人咸谓为怪。张司空云：“此蛇之所作耳。”即使搜除库中，果得蛇蜕。

又曰：太元中，汝南人入山伐一竹，中央蛇形已成，枝叶如故。吴郡桐卢民尝伐竹，遗竹一兽，见竿化雉头颈尽，就身犹未变化。亦竹为蛇为雉也。

又曰：隆安中，有青雌鸡化而为赤雄。形尾都变，冠彩皆具，唯不能鸣。

又曰：元兴二年，衡阳有雌鸡化为雄。八十日，冠绥。后桓篡，八旬而败。

《幽明录》曰：宜阳县有女子姓彭名娥，父母昆弟十余口，为长沙贼所攻。时娥负器出汲于溪，闻贼至，走还。正见坞壁已破，不胜其哀，与贼相格。贼缚娥驱出溪边，将杀之。溪际有大山石壁，高数十丈。娥仰天呼曰：“皇天有神不？我为何罪而当如此？”因奔走向山，山开广数丈，平路如砥。群贼亦逐娥入山，山遂崩合，泯然如初，贼皆压死山里，头出山外。娥遂隐不复出。娥所舍汲器化为石形，头似鸡。土人因号曰鸡山，其水为娥潭。

《齐谐记》曰：义熙四年，东阳郡大末县吴道宗少失父，单与母居，未有妇。道宗收债不在家，邻人闻其屋中砰礚之声，窥不见其母，但有乌班虎在其屋中。乡曲惊怛，恐虎入其家食其母，便鸣鼓会人，以往救之。围宅突进，不见有虎，但见其母，语如平常，不解此意。儿还，母语之曰："宿罪见追，当有变化。"后一月日，便失其母。县界内虎灾屡起，皆云乌班虎。百姓患之，发人格击之，杀数人。后人射虎中膺，并戟刺中其腹，然不能即得。经数日后，虎还其家故床上，不能复人形，伏床氏而死。其儿号泣。如葬其母法，朝暝哭临。

又曰：太元元年，江夏郡安陆县薛道恂，年二十二。少来了了，忽得时行病。差后发狂，百药治救不损。乃复病狂走，犹剧忽失踪迹。遂变作虎，食人不可复数。有一女子，树下采桑，虎往取之食。食竟，乃藏其钗钏，着山石门。后还作人，皆知取之。经一年，还家为人。遂出都仕官，为殿中令史。夜共人语，忽道天地变怪之事，道恂自云："吾昔常得病发狂，遂化作虎，啖人一年。"中兼叙其处所并人姓名。其同坐人或有食父子兄弟者，于是号泣，捉以付官。遂饿死建康狱中。

顾徽《广州记》曰：浈阳县俚民有一家牧牛，牛忽抵此儿，抵处肉悉白，俄而死。其家葬此儿，杀牛以供宾客。凡食此牛肉，男女二十余人，悉变作虎。

太平御览卷第八百八十九 兽部一

叙兽

《国语》曰：兽三为群。

《尔雅》曰：四足而毛谓之兽。

《说文》曰：兽，守备者也。兽足谓之番。毳，兽细毛也。翰，兽豪也。荐，兽所食草也。

《周礼·天官上》曰：兽人掌罟田兽，辨其名物。罟，网也。以网捕所当田之兽。冬献狼，夏献麋，春秋献兽物。狼膏聚，麋膏散。聚则温，散则凉，以救时之苦也。兽物，凡兽皆可献也，及狐狸。时田，则守罟，备兽触攫。及敝田，令禽注于虞中。郑司农云：敝田，谓春火敝，夏车敝，秋罗敝，冬徒敝。虞中，谓虞人厘所田之野，及敝田植虞旗于其中，致禽而珥焉。兽人，主令田众得禽者置虞人所立虞旗之中，当以给四时社庙之祭。珥焉者，取左耳以致功，若斩首折馘。凡祭祀、丧纪、宾客，共其死兽生兽。共其完者。凡兽入于腊人，当干之皮。皮毛筋角入于玉府。给作器物。凡田兽者掌其政令。

又《天官下》曰：兽医，掌疗兽病、疗兽疡。畜兽之疾病及疡。疗同医。凡疗兽病，灌而行之，以节之，以动其气，观其所发而养之。疗畜兽必灌行之者，为其病状难知，灌以缓之，且强其气也。节，趋聚之节也。气谓脉气。既行之，乃以脉视之，以知所病。凡疗兽疡，灌而劀之，以发其恶，然后药之、养之、食之。亦先攻之，而后养之。凡兽之有病者、有疡者，使疗之，死则计其数，以进退之。

又《天官上》曰：内饔，辨腥臊羶香之不可食者。牛夜鸣则庮。羊泠毛而毳，羶。犬赤股而躁，臊。鸟皫色而沙鸣、狸豕盲眂而交睫，腥。马黑脊而般臂，蝼。腥、臊、羶、香，可食者，是别其不可食者，则所谓者皆臭味也。泠毛，毛长总结也。皫，失色不泽美也。沙，斯也。交睫，腥。腥，当为星，声之误也。肉有如米者，似星，般臂，臂毛有文。郑司农云：庮，朽木臭也。蝼，蝼蛄臭也。杜子春云：盲眂，当为望视。

又《夏官上》曰：服不氏，掌养猛兽而教扰之，猛兽，虎豹熊罴之属。扰，驯也。教习使之驯服。王者之教，无不服。凡祭祀共猛兽。谓中膳羞者。兽人冬献狼。《春秋传》曰：熊蹯不熟。

又《秋官下》曰：穴氏。掌攻蛰兽，各以其物火之。蛰兽，熊罴之属，冬藏者也。将攻之，必先烧其所食之物于穴，以诱出之，乃可得之者也。以时献其珍异皮革。

又曰：囿人，掌囿游之兽禁，囿游，囿之离宫，小苑观处也。牧百兽。备养众物也。今掖庭有鸟兽，自熊虎孔雀至于狐狸凫鹤备。祭祀、丧纪、宾客，共其生兽死兽之物。

又《司马职》曰：中军以鼙令鼓，鼓人皆三鼓，群司马振铎。车徒皆作，遂鼓行。徒衔枚而进。大兽公之，小兽私之。大兽公之，输于公也。小兽私之，以自畀也。

又曰：东北曰幽州，畜宜四扰。四扰，马牛羊豕。西北曰并州，畜宜五扰。五扰，马牛羊犬豕也。

《孟子》曰：当尧之时，天下犹未平，洪水横流，泛滥于天下；草木畅茂，禽兽繁殖；五谷不登，禽兽逼人，兽蹄鸟迹之道交于中国。

《列子》曰：东方有国，人数解六畜语，盖偏智之所得。

《吕氏春秋》曰：尧以天下让舜，鲧为诸侯，怒于尧曰："得天之道者为帝，得地之道者为三公。我得地之道，而不以我为三公！"乃使猛兽，欲以为乱。此兽之角，能以为城，举其尾，能以为旌。召之不来，彷徉于野。以患，帝舜于是殛之于羽山。

又曰：故享兽不足以尽兽，嗜其脯则几矣。然则王者有嗜乎理义也。

又曰：季秋之月，菊有黄华，豺祭兽，戮禽。戮，杀也。

《淮南子》曰：猛兽不群，鸷鸟不双。

又曰：毛犊生应龙，应龙生建马，建马生麒麟，麒麟生庶兽。凡毛者生于庶兽。食草者善走而愚，食肉者勇敢而悍。

又曰：鸟排虚而飞，兽跖实而走也。

《抱朴子》曰：称虞吏者，虎也；称当路君者，狼也；称令长者，老狸；称丈人者，兔也；称东王父者，麋也；称西王母者，鹿也；称三公者，马也；称主人者，羊也；称吏者，獐也；称人君者，猴也；称九卿者，猿也；称将军者，老马也；称姓字者，犬也；称阳城公者，狐也。

齐卞彬《禽兽决录》曰：羊性淫而很，猪性卑而率，狗性险而出，皆指斥当时贵势。羊淫很谓吕文显，猪卑率谓朱隆之，狗险出谓吕文庶也。

《异苑》曰：永康舒寿夫与同里猎于远山，群犬吠深茂。异而看之，见树下有一老公，长可三尺，头须蒙然，面绉齿落，通身黄衣，裁能动摇。因问为是何人而来在此？直云："我有三女，姿容美，兼多伎艺，弹琴赋诗，闲究五典。"舒夫等共缚束，令出女。公曰："我女仍居深房洞庭之中，非自往唤不可得也。请解我绳，当呼女也。"猎人犹不置。俄而变成一兽，黄色，四足，其形似皋，又复如狐，颈长三尺，头生一角，耳高于顶，面故类人。舒夫等大惧，狼狈放解，倏忽失处。

又曰：东阳西寺七佛屋，太元中，龛下有一物，出头如鹿。有法献道人迫而观之，于是吐沫喷洒，气若云雾。至元嘉十四年四月七日，此头复出。寻觅其处，亦无孔穴。年年有声，殷若小雷。

猛兽

《十洲记》曰：汉武帝时，月支国献猛什筵头，形如犬子，似狸而色黄。帝怪其羸细秃悴，问使者何谓猛兽。使者对曰："猛兽生昆仑，食气饮露。"帝使使者令猛兽发声，忽叫如天雷霹雳之声，诸牛羊马豕犬之属皆惊骇。以付上林苑，径上虎头，溺虎口，去十许步，虎辄闭目。明日，失使者及猛兽所在。

《博物志》曰：魏武伐蹹顿，经白狼山，逢狮子。使格之，杀伤甚众。忽见一物从林中出，如狸，上帝车轭上。狮子将至，便跳上其头，狮子伏不敢起，遂杀之，得狮子儿还。未至四十里，鸡犬皆无鸣吠也。

《后周书》曰：杨忠常从太祖狩于龙门，忠独当一猛兽，左挟其腰，右拔其舌。太祖壮之。北台谓猛兽为揜于，因以字之。

狮子

《说文》曰：虓，狮子也。

《尔雅》曰：狻猊，如虦猫，食虎豹。郭璞注曰：即狮子也。狻音酸，猊音倪。虦，音奸，文浅毛也。

《穆天子传》曰：狻猊，日走五百里。郭璞注曰：狮子也，食虎豹。

《东观汉记》曰：阳嘉中，疏勒国献狮子、封牛。狮子形似虎，正黄，有须耏音而，尾端茸毛大如斗。

司马彪《续汉书》曰：章和元年，安息国遣使献狮子，符枝，形似麟而无角。

《魏略》曰：大秦国无盗贼，但有狮子为害。行道不群则不得过也。

《宋书》曰：宗悫讨林邑王，范阳迈倾国来逆，以具装被象，前后无际。悫以为外国有狮子，威服百兽，乃制其形，与象相御。象果惊奔，众因此溃乱，遂克林邑。

萧子显《齐书》曰：王敬则，晋陵南沙人也。母为巫，生敬则而胞紫色，谓人曰："此儿有鼓角相。"敬则年长，两腋下生乳，各长数寸。梦骑五色狮子。后位至太尉、寻阳公。

《唐书》曰：隋大业中，有波斯胡人牧驼于俱纷摩地那之山。忽有狮子从地涌出，人语，谓之曰："此山西今有三穴，穴中大有兵器，汝可取。"之穴中，有刀及矟刃甚多，石上有文，教反叛，于是纠合亡命，渡恒昌水，劫夺商旅。其众渐盛，遂割据波斯西境，自立为王。波斯、拂菻各遣兵讨之，反为所败。其王姓大仓，名礮密模末腻，自云有国已三十四年，历三王矣。

又曰：中宗朝，大石国使请献狮子。姚璹上疏谏曰："狮子猛兽，唯止食肉。远从碎叶以至神都，肉既难得，极为劳费。陛下以百姓为心，虑一物有失，鹰犬不蓄，渔猎总停，不杀以阐大慈，好生以敷至德，凡在翾飞蠢动，莫不感荷仁恩。岂容自菲薄于身而厚资给于兽？

求之至理，必不然矣。”疏奏，遽停此使。

《十洲记》曰：聚窟洲，在西海中申未地，面各方三千里，北接昆仑山二十六里，有狮子、辟邪、凿齿、天鹿、长牙、铜头、铁额之兽。

宋炳《狮子击象图序》曰：梁伯玉说沙门释僧吉云：常从天竺欲向大秦，其间忽闻数十里外哮唬之声，惊天怖地。顷之，但见百兽率走，跄地至绝。而四巨象𧇾焉而至，以鼻卷泥自厚涂数尺，数喷鼻偶立。俄有狮子三头见于山下，直搏四象，崩血若滥泉，巨树草偃。

《法显记》曰：阿育王精舍后立石柱，作狮子，柱内西边有佛像，内外映彻，净若琉璃。有外道论狮子与沙门争此住处。时沙门理屈，于是共誓此处若是沙门住处者，当有灵验。作是言已，柱头狮子乃大鸣吼，见证。外道惧怖，心服而还。

《国史补》曰：开元末，西域献狮子。至安西道中，系于驿树，近井。狮子哮吼，若不自安。俄顷，风雷大至，有龙出井中而去。

虞世南《狮子赋》曰：有绝域之神兽，因重译而来扰。其为状也，筋骨纠缠，殊姿异制。阔臆修尾，劲毫柔毳；钩爪踞牙，藏锋畜锐；弭耳宛足，伺间借势。暨乎奋鬣舐唇，倏来忽往；瞋目电曜，发声雷响。拉虎吞貔，裂犀分象；碎随兕于龈腭，屈巴蛇于指掌。践藉则林麓摧残，哮呼则江河振荡。服猜心与猛气，遂感德以依仁。

麒麟

《说文》曰：麒麟，仁兽也，马身，牛尾，肉角。

《春秋运斗枢》曰：机星得则麟生。

《春秋保乾图》曰：岁星散为麟。

《尔雅》曰：麟，麇身，牛尾，一角。麇，居筠切。

《礼记·礼运》曰：天不爱其道，地不爱其宝，人不爱其情，故麒麟在郊薮。

《诗·国风·麟之趾》曰：麟之趾，振振公子，于嗟麟兮。

《左传》曰：鲁哀公十四年春，西狩于大野。叔孙氏之车子鉏商获麟，以为不祥，以赐虞人。仲尼观之，曰："麟也。"然后取之。时所未常见。故怪之为不祥。麟，仁兽，圣王嘉瑞。时无明王，出而遇获。仲尼悲周道之不典，感嘉瑞无应，故因鲁《春秋》而修中兴之教，绝笔于获麟一句。所感而作，故所以为终。

《家语》曰：叔孙氏之车士曰子鉏商，车士，将车者也。子，姓也。鉏商，名也。采薪于大野，《春秋经》：哀公十四年，西狩获麟。《传》曰：西狩于大野。今此日采薪于大野时，实自狩锄商，非狩者。采薪也而获麟，瑞物时见，狩获，故经书西狩。获麟焉。折前左足，载以归。叔孙以为不祥，弃之于郭外，《传》曰：以赐虞人。弃之郭外，将以赐虞人。使人告孔子曰："有麕而角者，何也？"孔子往而观之，曰："麟也，孰为来哉！"反袂拭面，涕泗沾衿。叔孙闻之，然后取之。子贡问曰："夫子何泣矣？"孔子曰："麟之至也，为明王也，出非其时而见害，是以伤焉。"

《孔丛子》曰：叔孙氏子鉏商获麟，以为不祥，弃之。冉有告夫子，夫子将观之。泣曰："予之于人，犹麟之于兽，出而死，其道穷矣。"乃歌曰："唐虞世兮麟凤游，今非其时来何求？麟兮麟兮我心忧。"因此忧愤，作《春秋》焉。

《孝经右契》曰：孔子夜梦丰沛邦有赤烟气起，颜回、子夏侣往观之。驱车到楚，西北范氏之庙，见刍儿捶麟，伤其前左足，束薪而覆之。孔子曰："儿，汝来，姓为谁？"儿曰："吾姓为赤松子。"孔子曰："汝岂有所见乎？"曰："吾所见一禽，如麕，羊头，头上有角，其末有肉，方以是西走。"孔子发薪下，麟视孔子而蒙其耳，吐三卷书。孔子精而读之。

《春秋演孔图》曰：苍之灭也，麟不荣也。麟，木精也。麒麟斗，日无光。宋均注曰：麟，木精。木生于水，故曰阴。木气好土，土黄木青，故麟色青黄。不荣，谓见绁也。麟龙少阳精，斗作于地，则日月亦将争于上也。

《尚书中候》曰：黄帝时，麒麟在囿。

《毛诗义疏》曰：白麟，马足，黄色，圆蹄，角端有肉，音中黄钟。王者至仁则出。

《大戴礼》曰：毛虫三百六十，而麟为之长。

《礼记》曰：麟凤龟龙谓之四灵。麟以为畜则兽不狘呼厥反。

《汉书》曰：终军从上幸雍。获白麟，一角畏赉。又得木，枝旁出辄复合。上异之，终军对曰："野兽并角，明同本也；众枝内附，示无外也。若此之应，殆将有解编发、削左衽、袭冠带、要衣裳而蒙至化者焉。"

《东观汉记》曰：章帝时，麟五十一见。

《晋书》曰：王濬平吴被谤，上表曰："夫猛兽当途，麒麟恐惧；况臣脆弱，敢不悚栗？"

何法盛《晋中兴征祥说》曰：麟，麕身，牛尾，狼头，一角，黄色，马足也。

《晋书·载记》曰：石虎时，郡国前后送苍麟十六，白鹿七。季龙命司虞张昌往调之，以驾芝盖，列乎充庭之乘。

又曰：吕光入姑臧，时麟见金泽县，百兽从之。光以为己瑞，以孝武太元十四年僭即三河王位。

《三国典略》曰：徐陵，东海郯人，梁太子右卫率摛之子。母尝梦五色云化而为凤，集左肩上，已而诞陵。年数岁，家人携之以候宝志。宝志摩其顶曰："天上石麒麟也。"

《春秋感精符》曰：麟一角，明海内共一主也。王者不刳胎，不破卵，则出于郊。

又曰：王者德化旁流四表，则麒麟臻其囿。

蔡邕《月令章句》曰：凡麟，生于火，游于土，故循其母致其子。五行之精也，视明礼修则麟臻。

《孙卿子》曰：古之王者好生恶杀，故麒麟游其郊野。

《牟子》曰：昔人不识麟，问人，答曰："麟如麟。"问者恶之。曾见者曰："麟，麕身牛尾，鹿蹄马背。"问者霍然而解。

何法盛《征祥记》曰：麒麟者，毛虫之长，仁兽也。牡曰麒，牝曰麟。牡鸣曰游圣，牝鸣曰归和。夏鸣曰扶幼，秋鸣曰养绥。

《说苑》曰：麒麟，麕身，牛尾，圆顶，一角。含仁怀义，音中律吕。行步中规，折旋中矩。择土而后践，位平然后处。不群居，不旅行。纷兮有质文也，幽间则严协如也。

《西京杂记》曰：五柞宫前有梧桐楼，楼下皆有石麒麟二枚。刊其为文字，是秦始皇骊山墓上物也。头高一丈三尺。东边者前脚折，折处赤如血。父老谓其神，皆含血属筋焉。

《抱朴子》曰：麒麟寿千岁。

《论衡》曰：蝗虫飞至万里，麒麟须献乃达阙，而蝗为灾，麟为瑞。麟四足不能自致，人两足安能自达？是以吕望白首而达也。

又曰：儒者说麟为圣王来，此言妄也。章帝之时，麒麟五十一至，章帝岂圣人也？

《楚辞》曰：使麒麟可得羁而系兮，又何以异乎犬羊？

班固《两都赋》曰：乃有九真之麟、大宛之马。

西凉武昭王《麒麟颂》曰：一角圆蹄，行中规矩。游必择地，翔而后处。不入陷阱，不罹网罟。无德而至，为之折股。

太平御览卷第八百九十　兽部二

獬豸

《说文》曰：獬豸，似牛，一角。古者决讼，命触不直。黄帝时有遗帝獬豸者，帝问何食何处，曰："食荐。春夏处水泽，秋冬处竹箭松筠。"

《神异经》曰：东北荒中有兽，如牛，一角，毛青，四足，似熊。忠直，见人斗则触不直，闻人论则咋不正。名曰獬豸，一名任法兽。张华曰：今御史法冠曰獬豸。

《论衡》曰：獬豸者，一角之羊，性识有罪。皋繇治狱，有罪者令羊触之。皋繇敬羊，跪坐事之。

《田俅子》曰：尧时获獬豸，缉其毛以为帝帐。

《唐书》曰：开元二十一年，有一角神羊产于京兆之富平县，肉角当顶，白毛上捧。识者以獬豸名之。

驺虞

《说文》曰：白虎黑文，尾长于身，食自死之肉，名曰驺虞。有志信之德，不食人。

《诗·国风·驺虞》曰：《驺虞》，《鹊窠》之应也。《鹊窠》之化行，则人伦既正，朝廷既治。天下纯被文王

之化，则庶类蕃殖，蒐田以时。仁如驺虞，则王道成也。彼茁者葭，一发五豝，于嗟乎驺虞。驺虞，义什藟。白虎异文，不食生物。有至德之信，则应之。

《草木虫鱼疏》曰：驺虞即白虎也，文异，尾长身，不食生物，不履生草。君王有德则见也。

《尚书大传》曰：文王因囚羑里，散宜生之于陵氏取怪兽，尾倍其身，名曰驺虞，以献纣。

《山海经》曰：驺虞如虎，五色具。一曰：尾长于身。出孟山，亦出鸟鼠同穴山，圉林氏之国。日行千里。《东京赋》曰：圉林氏之驺虞。

《晋书》曰：隆安中，新野驺虞见。

《宋书》曰：元嘉二十六年，琅邪有白驺虞见，二赤虎从之。

犀

《尔雅》曰：犀，似豕。郭璞注曰：形似牛，猪头，大腹，卑脚，有三蹄，黑色，二角，一在鼻上者，食角也，小而不堕，好食棘。

《东观汉记》曰：章帝元和元年，日南献白雉、白犀。

《晋书》曰：温峤还武昌，至牛渚矶。云其水多怪物，遂毁犀角而照之。见奇形异状，或朱衣，乘车马。峤梦人曰："与君幽明道别，何苦相照？"

《竹书纪年》曰：夷王猎于杜林，得一犀牛。

《韩诗外传》曰：太史南宫适至义渠，得骇鸡犀，以献纣。

《战国策》曰：张仪为秦破从连横，说楚王。楚遣车百乘，献骇鸡之犀、夜光之璧于秦王。

《离骚》曰：淹芳芷于腐臭，淹，渍。腐，臭。弃骇鸡于筐簏。簏，竹器也。

《范子计然》曰：犀角出南郡，上价八千，中三千，下一千。

《淮南万毕术》曰：犀角骇狐。犀角置狐穴，狐去，不敢复居也。

《抱朴子》曰：通天犀角有白理如綖音线者，以盛米置群鸡中，欲啄米，至则惊却，故南人名为骇鸡也。得真角一尺以上，刻以为鱼，而衔以入水，水常为开，方三尺，可得气息水中。以其角为义导者，得毒药以此搅之，皆生白沫；无复毒势，则无沫起也。通天犀所以能杀毒也，为物食百草之毒及众木棘。岁一解角，藏于山中。人以木如其角代之，犀不觉，后年辄复解。

《山海经》曰：琴鼓之山多白犀。

《蜀王本纪》曰：江水为害。蜀守李冰作石犀五枚，二枚在府中，一在市桥下，二在渊中，以厌水精，因曰石犀里也。

《林邑经纪》曰：犀行过丛林，不通，便开口露齿，前向直指，棘林自开。

《南州异物志》曰：犀如象大，色黑，头似豪妇猪，食草木也。

《南越志》曰：高州平之县，巨海有大犀，其出入有光，水为之开。

刘欣期《交州记》曰：有犀角通天，向水辄开。

万震《南州异物志》曰：犀有特神者，角有光耀，白日视之如角，夜暗之中理皆灿然，光由中出，望如火炬。欲知此角神异，置之草野，飞鸟走兽过皆惊。昔行野中见一世人，鸢乌欲往啄之，每至其头辄惊走飞去。怪而视之，其头中有犀簪，近此角也。

刘欣期《交州记》曰：犀出九德县，其毛如豕，蹄有三甲，头如马，有三角，鼻上角长，额上角短。

晋郭璞《犀赞》曰：犀之为状，形兼牛豕。力无不倾，呴无不靡。以贿婴灾，困乎角掎。

傅咸《犀钩铭》曰：世称鸡骇之犀，有以此钩见遗者，为之铭。曰：兽曰玄犀，处自林麓。食唯棘刺，体兼五肉。或有神异，表露以角。含精吐烈，望如华烛。蜀之荒野，禽兽莫触。

兕

《尔雅》曰：兕，似牛。郭璞注曰：一角，青色，重三千斤。

《说文》曰：兕如野牛，青毛，其皮坚厚可为铠。嶓冢之上，其兽多兕。

《诗》曰：我姑酌彼兕觥，维以不永伤。

又曰：匪兕匪虎，率彼旷野。

又曰：既张我弓，既挟我矢，殪彼大兕。

《春秋传》曰：犀兕尚多，弃甲则那！

《论语》曰：虎兕出于匣，槛也。是谁之过与？典守者过也。

《国语》曰：平公射鴳音安，不死，使竖襄搏之，失。公怒，将杀之。叔向闻之，夕。夕至于朝，君告之，叔向曰："君必杀之。昔吾先君唐叔，射鴳于徒林，殪，以为大甲，以封于晋。今君嗣吾先君唐叔，射鴳不世，搏之不得，是扬吾君之耻也。君蒲柏速杀之，勿令远闻！”君忸怩厚颜，乃趣赦之。

《战国策》曰：楚王游于云梦，结驷千乘，旌旗蔽日。野火之起若云霓，兕虎之声若雷霆。有狂兕，王弯弓而射，发而殪。笑曰：“乐矣！今日之游。千秋万岁之后，谁与乐此？”

《楚辞》曰：君王亲发兮发，射。惮青兕。惮，惊也。言怀王是时亲自射，以言常从君田猎；今狩，惊有兕牛，而不能制也。

《吕氏春秋》曰：楚庄王时，猎云梦，欲射杀随兕者，申公子培劫王夺而射之。王怒曰：“何其暴而不敬也！”欲诛之。左右谏乃止。不出三日，子培病亡。楚与晋战于两棠之地，大胜，赏有功者。子培之弟请曰：“人有功于军旅，臣之兄有功于车下。臣兄常读故记，曰：杀随兕者不出三日。故臣兄劫而杀之，果有病死。”王乃检故记，果有之，遂赏子培弟也。

《淮南子》曰：小国不斗于大国之间，两虎不斗于伏兕之旁。畏见食也。

《论衡》曰：尚父伐纣，渡孟津，杖钺呼曰：“苍兕，苍兕！”按苍兕，水兽也，善覆舟，因令急渡，苍兕害汝。河中有此兽，时浮出，一身九首，人恶畏之，未必能覆舟也。亦谓之苍雉。

《西都赋》曰：狂兕触蹶。

《江赋》曰：水兕雷咆乎阳侯。

曹洪《与魏文帝书》曰：若奔兕之触鲁缟，未足以喻其易。

晋郭璞《山海图赞》曰：兕唯壮兽，似牛，青黑，力无不倾。自焚，以革皮充武备，角助文德。

象

《春秋运斗枢》曰：摇光之星，散而为象。

《尔雅》曰：南方之美者，有梁山之犀、象焉。

《说文》曰：象，长鼻、牙，南越之大兽，三岁一乳。

《左传·襄公四年》曰：象有齿，以焚其身，贿也。

又《定上》曰：吴伐楚，针尹固与王同舟。王使执燧象以奔吴师。烧火燧系象尾，使赴吴师。

《汉书·大宛传》曰：身毒国，其人乘象以战。

《汉书》曰：武帝元始二年，南越献驯象。注曰：能拜，随人意。

《吴时外国传》曰：扶南王盘况，少而雄杰。闻山林有大象，辄生捕取之，教习乘骑。诸国闻而伏之。

又曰：贺齐为新都太守，孙权出，祖道，作乐舞象。《吴书》曰：权谓齐曰："今定天下，都中国，使殊俗贡珍，狡兽率舞，非君而谁也！"

《三国典略》曰：周军逼江陵，梁人率步骑开枇杷门出战。初，岭南献二象于梁，至是，梁王被之以甲，负之以楼，束刃于鼻，令昆仑奴驭之以战。杨忠射之，二象反走。

《隋书》曰：刘方授驩州道行军总管，经略林邑。大业元年正月，军至海口。林邑王梵志遣兵守险，方击走之。师次阇梨江，贼据南岸立栅。方盛陈旗帜，击金鼓，惧而溃之。既渡江，行三十里，贼乘巨象四面而至。以弩射象，象中创，却蹂其阵。王师力战，贼奔于栅，因攻破之，俘贼馘万计。

《唐书》曰：自永徽以来，文单国累献驯象，凡三十有二。皆豢于禁中，颇有善舞者，以备元会，充庭之饰。及德宗即位，曰："王者不尚异物，不贵难得之货。今官用费而物性不得，非宜也。"悉放于荆山之阳。

又曰：高宗时，周澄国遣使上表云："诃伽国有白象，首垂四牙，身运五足。象之所地，其土必丰。既有威灵，又弭灾患。力兼十象，强制百人。以水洗牙，饮之愈疾。请发兵迎取以献之。"上谓侍臣曰："夫作法于俭，其弊犹奢，谁能制止？故圣人越席以昭俭，茅茨以戒奢。《书》云珍禽奇兽，不育于国。方知无益之源，不可不遏。朕安用奇象，令其远献？"乃劳其使而遣之。

《山海经》曰：巴蛇食象，三岁而出其骨。

《帝王世纪》曰：舜葬苍梧，下有群象常为之耕。

又云：禹葬会稽，祠下有群象耕田。

《万岁历》曰：成帝咸康六年，临邑王献象一，知跪拜。

《文子》云：见象之牙，知大于牛。

《吕氏春秋》曰：肉之美者，髦象之约。高诱注曰：髦、象，肉之美者。

《吴录·地理经》曰：九真郡庞县多象，象生山中。郡内及日南饶之。

《江表传》曰：孙权遣使诣阙，献象二头。魏太祖欲知其斤重，咸莫能出其理。时邓王冲尚幼，乃曰："置象大舡，刻其所至，称物以载之，可知也。"太祖大悦，即施行焉。

又曰：魏文帝遣使于吴求像牙。群臣以非礼，欲不与。孙权敕付使者。

《论衡》曰：象耕鸟耘，虚言也。五帝三王，皆有功德，何独为舜、禹也？苍梧多象之地，会稽众鸟所居，象自蹈土，鸟自食草，土蹶草尽，若耕耘也。

又曰：夫十围之牛，为牧竖所驱，长仞之象，为越童所钩，无便故也。

蒋子《万机论》曰：庄周妇死而歌。夫通性命者，以卑及尊，死生不悼，不可论也。夫象见子皮，无远近必泣，周何忍哉！

《博物志》曰：南海四象，各有雌雄。其一雌死，百有余日，其雄泥土着身，独不饮酒食肉。长吏问其所以，辄流涕，若有哀状。

《晋诸公赞》曰：晋时，南越致驯象，于皋泽中养之。为作车，黄门鼓吹数十人，令越人骑之。每正朝大会，皆入充庭。帝行，则以象车导引，以试桥梁。后象以鼻击害人，有司启之而杀象，像泣血流地，不敢动。自后朝议以象无益于事，悉送还越。

万震《南州日南传》曰：扶南王善射猎，每乘象三百头，从者四五千人。

《异物志》曰：俗传象牙岁脱，犹爱惜之，掘地而藏之。人欲取，当主假牙，潜往易之。觉则不藏。

沈怀远《南越志》曰：象牙长一丈余，脱其牙则深藏之。削木代之可得，不尔，穷其土得乃已也。

《异苑》曰：会稽张茂，字伟康，尝梦大象。以问万推，推曰："当为太守，而不能善终。夫象者大兽，取诸其音，兽者守也。象以齿焚其身，后必为人所杀。"茂永昌中为吴兴太守，值王敦问鼎，执政不移。敦遣沈充灭之，而取其郡。

万震《南州异物志》曰：像之为兽，形体特诡。身倍数牛，目不逾狶。鼻为口役，望头若尾。驯良承教，听言则跪。素牙玉洁，载籍所美。服重致远，行如丘徙。

王韶之《始兴记》曰：伊水口有长洲，洲广十里，平林蔚然，有群象野牛。

《法显记》曰：蓝莫国王得佛一分舍利，起塔。塔旁有池，池中有龙，常守护。有群象，以鼻取水，杂香花，而来供养。

《后魏书》曰：乾陀国好征战，有斗象七百头。十人乘一象，皆执兵仗，象鼻持刀。

《岭表录异》曰：广之属郡潮、循州多野象。潮、循人或捕得象，争食蒲扒，云肥脆尤堪作炙。或云象肉有十二种，象胆不附肝，随月转在诸肉。楚越之间，象皆青黑，唯西方佛林大食多白象。又云南豪族，家多畜象，负重致远，若中国之牛马。汉使至其国，辄舞象，饰以金羁，皆合节奏。乾符中，占城献驯象，亦能蹈舞。